# 一切經音義三種校本合刊

索引

季羨林

修訂第二版

㊃

王華權　劉景雲　編撰

徐時儀　審校

上海古籍出版社

# 一切經音義三種校本合刊索引

# 目　　録

筆畫索引 …… 1

四角號碼索引 …… 157

索引後記 …… 343

# 筆 畫 索 引

# 説　明

一、凡相同的詞爲便於檢索酌情歸併爲同一詞目，[1] 逐一標明各詞所在頁碼。

二、詞目一般以《一切經音義》中出現的常用通行字爲首字，以詞目出現的先后順序排列。凡相同的詞其首字的異寫字（包括通假字和訛誤字等）酌情列於六角括號〔 〕内，常見通行字酌情列於圓括號（ ）内，并出注。[2] 如：

矛〔舒〕、卮〔巵、厄〕、凶〔兇〕、兇〔殉〕、吊〔弔〕、形〔彤〕、坏〔坯〕、坑〔阬〕、芙〔扶〕、豆〔荳〕、佇〔竚〕、灼〔怕〕、沃〔渎〕、泛〔氾、汜〕、妖〔媄〕、灾〔災〕、坻〔坁、坛〕、苑〔菀〕、拚〔抃〕、昆〔蚰〕、刮〔劀〕、衹〔袥〕、戾〔戻、㸨、菌、屎〕、迢〔苕〕、糾〔糺〕、挑〔拙〕、怨〔惌〕、疣〔肬〕、涎〔唌、次〕、派〔辰〕、穿〔穿〕、扂〔扉〕、耽〔媅、躭〕、唇〔脣〕、努〔勢〕、倏〔倐、儵、儵〕、胷〔匈、胸〕、涕〔洟〕、彗〔篲〕、堆〔自、垍〕、赧〔赦〕、掆〔扛〕、鹵〔滷〕、粗〔麁、麤〕、無〔旡、无〕、掣〔揧〕、蜱〔阜、蝗〕、鈎〔鉤〕、窻〔窓、窻、牕〕、嗤〔蚩、蚑〕、煜〔焴〕、煢〔惸〕、溘〔溘〕、棖〔樘、敦、敁〕、頷〔頜、顄〕、鴟〔鵄、鴟〕、瘻〔瘻〕、窺〔闚、闚〕、聰〔聦、聡〕、瞬〔瞚、眒〕、糞〔糞、坌〕、藁〔藳、藁、藳〕、擾〔擾、擾〕、謗〔謗〕、謫〔讁、謫〕、顛〔蹎、傎、蹎、顛〕、橐〔韛、韝、韛、韛〕、覸〔覵、僩〕、懶〔懶、嬾、嬾〕、鐵〔鐡〕、齎〔賫、賷〕、氍〔氀、氍〕、攣〔癵、癵、癵、臠〕、鼅〔蜘、鼅〕

三、凡相同的詞中非首字的異寫字列於六角括號〔 〕中，常見通行字酌情列於圓括號（ ）内，并出注。以詞目出現的先后順序排列。

四、對某些異文，酌情出注説明。[3]

五、本索引以詞條首字筆畫及筆順横竪撇點摺（一丨丿丶乛）爲序。

---

1 據凡例，詞目中不涉及字形分析的字酌改常用繁體字和新字形。

2 凡《玄》和《慧》轉録《玄》的相同詞目中用字不同的字酌改爲一致并出注。

3 凡不涉及辨析字形的異體字、俗字而據凡例酌情改用通行繁體字或習見字者一般不作改动，個别涉及《玄》和《慧》轉録《玄》的相同詞目中用字不同的字酌改爲一致。

## 一　畫


一　968
一一行相行　883
一一區分　862
一叉鳩王　964
一切　856
一切周給　878
一切宗信　880
一切智道靡不宣　859
一切樂器不鼓自鳴　887
一毛端量處　881
一分　1406
一仞　259
一百洛叉爲一俱胝　886
一至　1207
一弗[1]　348
一朩　340,1660
一牟呼囉多頃　719
一劫　69,663,929
一吽　1197
一抒〔杼[2]〕　401,1499
一杼〔杼[3]、粐[4]〕　318,1536
一剎那頃　719
一杷　1907
一弗　318,1536,1667
一的　358,1693
一函　233,577,1421
一盂（盂）　1516
一巷　560,613,625
一契　1458
一虺　1836
一峙　1162
一修多羅　951
一剃　1676
一挈　287,1461
一栽　269,1476
一荻　401,1499
一桄　376,1790
一捺　1193
一庖　448,1344
一盞　2102
一盌　1152
一俱胝　2272
一俱盧舍　884
一皺摩訶迦羅面　1177
一紙　1840
一掬　924,1580,2188
一掬華　837
一畦　358,1693
一兜　1937
一斛　1896
一袠　1949
一粒　607,2054
一婆訶　2297
一軼　1650
一間　469,1327
一蛤　340,1661
一腋　628,1163
一毯　2191
一渧　137
一尋　367[5],510,1733,1764
一棐　1608
一械　1907,2046
一撥　1162
一髆　1043,1368
一睫　496,1745
一椽　1612
一摶　727,784,785,832,913,1016,1368,1656,1682,1724
一摶食　758
一槩　1650,1938,2027
一裹　1905
一滴　675,719,756,842,984,1032,1039,1889,2054
一嫗　2105
一匱〔蕢、簣、簣〕　259,1838,1938,2162
一醆水　748
一礫　446,496,1342,1745
一磔手　843,923
一撮　1260,1886,2307
一踔　246,1429
一箱　1403
一鋪　1020
一餅　1939
一數　1594
一澮　827,1709
一擔　1589
一線　409,1250
一艤　113
一瓢　786
一鄹　423,1838
一穗　1844
一篪　2084
一繭　1581
一擲　1156
一羆　1716
一鍼　110,1117
一攕　340,1661
一羅婆頃　719
一臞　2161
一蟲　698
一雙　559
一鏃　1152
一鑊　724
一襲　390,1801,1967
一襻　1938
一縷　723


## 二　畫


二十二數　1405
二十五有　938
二匹　2188
二牧牛女　934
二空　2294
二叟　351,1645
二衹夜經　951
二指搩　1130
二庖　1716
二瓶俱破　952
二捥　1187
二插　1865
二喘　2195
二脛　1126
二踝　1126
二僑　1927
二橋士　1881
二隥　1704
二儀　521
二髀　1145
二趙[6]（趍）　317,1536
二黏　397,1495
二禬　2022
二轍　1649
二獺〔獺〕　1893
十一阿浮陀達摩　951
十二京　604
十二肘梯　1580
十二優波提舍　951
十力摧殄　858
十千層級　870
十千繒綺　870
十六大國　677
十六種行惡業者　933
十六輻　679
十方剎　974
十方無間　904
十住　957
十佉　169
十坩　182,1294
十毗佛略經　951
十絆　1511
十萬猛卒　899
十種不净　936
十複　2004
十艘（艘）　2066
七十二君　854
七子喻者　954
七仞　10,849,880
七牟娑洛揭拉婆　1075
七阿波陀那經　951
七枝　950
七卓　14,798
七葉花　945
七痛　62,650
七猗（猗）　1394
七塊　2202
七榻　1442

七竅　754,2130
七寶　930
七寶械　1026
卜筮　45,106,361,949,1272,1696,2259
卜羯娑　450,1346
八十四者惺　1403
八十朶　1166
八十種好　944
八十種禎　2010
八大人覺　938
八大河　935
八大净物　940
八方幡色　1137
八功德水　930
八埏　1973,2036,2099,2162,2337
八由行　67,661
八百万　140
八伊帝曰多伽經　951
八柧　281,1443
八株　1887
八紘　839,1965,2004,2043
八梵　9,848
八罡　448,1343
八法　952
八隻　599
八惟无[7]〔無〕　64,652
八棱　230,1418
八棹　1997
八凱　1997
八無暇〔暇〕　441[8],1006
八種術　935
八窖　234,1423
八楞　1935
八暇　1406
八廉　341,1662
八篇　370,1815
八駿　2020
八僊　2121
八蜡　2160
八藏　99,1271
八顆　123,1193
八臂天　956
人王都邑　887
人文　854
人杌　1052,1400
人迷四忍　855
人莽娑　2274
人捡　506,1760
人戢　2194
人蟒　1891
人輢(輢)　2130
人髓　576
人羂　1891
人邏　335,1546
人靨　18,803
入一豆稴　825
入天祠　937
入支　375,1790
入池自撫鞠　903
入匣　88,1070
入里　139,988
入苦籠檻　877
入衷字　585
入陛　352,1642
入笱　278,1475
入嵐毗尼林　1849
入維　1985
入篋　2068
入檻　1826
入艙　2178
入館　119,1110
入藕絲孔　885
几上　1512
几橙　1682
乂蒸[9](蒸)　1207
九級　672
九垓　2002,2040
九觜　1178
九種清净　936
九闍陀伽經　951
九閟　1992
九韶　256,1830
九樞　1395
九箴　2009
九瀛　2077
九癭　2020
匕首　238,386,1428,1794
匕景　1938
匕嘶　23,1229
乃往　864
乃萎　1936
乃毆　1918
乃穌　398,1496
乃縶　1924
乃纘　2004
刁斗　2019,2033,2333
刁長　51
刁長者　963
刀〔万〕仗　478[10],1385
刀挑　1224
刀匣　324,1543
刀矟　1020,1797,1850
刀砧　19,803
刀塊　793
刀戟　16,800
刀槍　492,1740,1774
刀劃　1248
刀鞘〔鞘〕　310,356,1139,1566,1691
刀鞘口　735
刀梨(槊)　763
刀鋸　1974
刀鍱　1438
刀稼　1906
刀擬　352,1639
刀鑹　695
刀櫟　842
力羸　1772
力贔　156,1271
又泯　1394
又殂　1915
又烙　2113
又荷　474,1333
了𠃉　274,1524,1901

## 三　畫

三十二相　944,958
三千大千　929
三元　2332
三水獺　1908
三枋　2138
三兆　438
三衣僧伽梨　298,1554
三拒木　768
三灾〔災〕　491,549,1739
三股　341,678,1216,1613,1662
三受記經　951
三念處　952
三界　809
三界冥　2286
三界焚如苦無量　882
三界獄免出　985
三括　351,1645
三昧　56,129,654,860,936,970
三重　678
三洲　364,1729
三級　1436
三厜　1821
三甜　1198,2269
三姥　17,802
三�　335,1547
三菩提　970
三掬　1181
三曼陀颰陀　1001
三唾　1196
三戟〔戟〕　1019,1159
三棱　1128,1197
三跋致　68,662
三掣　1236
三掣拍胸　1146
三復　856
三偲〔偲〕[11]　72,631,667
三跳　40,939
三稜草　1192

三鈷 1219
三塗 82,1117
三暮多 711
三槍 465,1361
三種凈肉 936
三種煩惱因緣者 958
三銖 1294
三辢(辣) 391,1786
三碣 322,1541
三罰 495,1744
三餅 1907
三慙 1394
三輩 1511
三維及八隅 862
三滿 362,1671
三篋 157,523,1069
三摩半那 437,729
三摩地 433,716,810
三摩呬多 474,568,696,729,1140,1331,1334,1341
三摩呬哆 437
三摩越 72,662
三摩跋〔跃〕提 741,824
三摩鉢底 720,874,2242
三摩拔提 947
三槩 2271
三臕 409,1250
三暈 808
三顉 117,1089
三覆 674
三藐〔藐〕三佛陀 962,973,2254
三謚 1933
三襲 2159
三饕 1999
干戈 685
干犯 1597
干覓 209,1373
于遁 1924
于闐 98,700,1047,1202,1572,1920,1927,2048
于闐國 2022
于隘 1336
工幻師 889
工匠 608
工業 469,1328
土丘 465,1361
土隙 323,1542
土封 376,1790
土星 2266
土蚤 1908
土堝 2191
土堆 1157,2281
土埭 2063
土埵 134,979
土梟〔梟〕 20,421,804[12],1239,1462
土梟鳥 1465
土塊〔甴〕 709,759,820,1074,1443,1601
土榻 2307
土墼 1007
土墢 396,1494
下尻 350,1649
下迁 2185
下車步進 905
下邳 2065
下矴 344,1664
下抹 1940
下俚 1993
下晡 377,1799
下釣 1998
下棚 2113
下蛘 117,1089
下褁(裙) 1609
下躡 1875
大王臨庶品 903
大目揵連 895,969
大生主 507,1760
大寺 339,1660
大朴 1207,2210
大臣輔佐 902
大名聞 859
大坑 814
大帆 238,1427
大刧(劫) 809
大劫庀那 1684
大吼歙 1478
大抵 2070
大侈 1958
大瓬 342,1662
大垍 1876
大柘林 1596
大牴 2143
大航欄 2064
大材 473,1333
大虬〔虯〕 401,1499
大青 442,480,1042,1387
大者 928
大雨名洪霔 889
大迦多衍那 631
大致 41,940
大圂〔榴〕 98,704
大涥 365,1731
大娑羅 495,1744
大窖 1406
大堆塔 1931
大探菽氏 631
大舶 42,756,941,1920
大豚 903
大族 600
大粱 922
大飲光 531
大蒜 1291
大隗 2124
大塊 2130
大棒 348,1667
大椿 1868,2010,2027,2152
大輅 674,2263
大較〔較〕 254,1829,1830,1998
大賈 1952
大魁 321,1540
大廈(厦) 1972
大賒 1404
大楠 1953
大撓 2160
大駭 1968,2143,2334
大猷 155,836
大辟99,196,1271,1311
大鯱157,1069
大腸 584
大樂 640
大檐 646
大應伽藥 908
大醫耆婆 953
大磧 398,1496
大噱 2025,2028
大積 1892
大謔 2127
大噉 1611,1626
大籃〔藍〕 426,1863[13]
大騷 2079
大鵬 2335
大瀛 1202
大鼇 1103
大穫 2339
万俟氏 1915
万岐〔歧〕 108,1267
丈夫 866
寸梠 2002
弋輪 367
弋論 1733
上至有頂 932
上咢 888
上尖 731
上牽 1836
上眄 208,1372
上氣喘 1043
上旋 108,1267
上插 1148
上僅 1131
上湍 342,1663
上錠 1809
上膠〔腭〕 1142,1144[14],1235,2269
上牖 779
上摡〔概〕 329[15],1532
上搗虛空 1141
上頷 964
上翳 274,1520

上儳　2027
上蹬　1682
上蠛蛭　1834
上鐫　2286
口中上腭　1828
口吃　1634
口如啞羊障　888
口嵲　1681
口爽　43,217,945,1339
口插　1178
口道　1152
口銜　689
口噤　84,247,274,302,436,1061,1105,1558,1817,2029
巾帊　1938
巾褐　2010,2079
巾馭汝寶乘　864
山名補怛洛迦　901
山坡　328,1531
山阜　2120
山岜　2189
山崗〔罡〕120,418,1276
山狖　435,725
山相　166,1002
山崖　531,580,602,1068
山磕　385,1793
山澤　507,1761
山壓　1849
山麓　397,1495,1959
山鶯　2185
千秋鳥　377
千姟　790,1892
千莖　528
千筋　735
千載　740
千斛　1841,2053
千楨　1978
千輻　1018,2011
千輻輪相　958
千辔　1849
乞匃〔匄、匂[16]、匃、(丐)〕38,58,86,455,494,657,756,763,778,934,1032,1059,1217,1286,1320,1351,1575,1592,1743,1886,1891,1942,2215,2239
乞貣　1955
乞縷雇織　1641
乞灑　943
乞灑二合字　586
川崖　1966
及一闡提　933
及藤〔籘〕342,1662
及梟　1169
及殍　2105
及豺　229,1418
及鄰　1982
及〔㚉〕奥　351,1645[17]
及遞　157,1037
及膩　795
及鎔　1350
及鑵　1612,1626
及鎔　454
及鰐〔鱷〕342,1663
凡夫嬰妄惑　895
凡百　455,1351
凡猥　817
久植　525
久眠　403,1501
久頒　2098
丸顇　1539
丸顡（顇）320
夕殞　2337
夕惕　673
勺撓　81
亡狙　1998
亾（亡）喪　673
之舛也　2011
之兆　64,652
之盳　687
之皱　719
之豝　703
之垛　1069
之祚　687
之廂　1249
之吻　1985
之玷　2026
之愲　2001
之酋　2004
之這　1874
之羞　1999
之屐　1890
之紐　1938
之埜（野）2127
之弶　1857
之輱　2182
之腋　1972
之觚　2025
之廐　1585
之綖　2004
之煦　2025
之愆　577
之數　685
之誼　67,661,703
之墟　1948,2143
之蔽　2142
之夥　2146
之稱　2198
之誚　2033,2199
之槧　2025
之垛　157
之賙　2127
之睬　2167
之儁　2038
之憓　2111
之儔　637,1369,1988,1998,2200,2202
之儢　2126
之闃　2160
之蹕　2042
之遴（遴）1914
之疇　167,1004
之鎧　1071,1896
之蘗　1201
之雛　2120
之龕　2134
之轍　2137
之躅　2039
之籟　675,2264
之籙　2159
之轡　2126
之蠹　2128
之龔　2130
之鑛　2198
尸任　21,805
尸半尸　461,1357
尸利沙　74,636,669,710
尸利沙果　962
尸利夜神　859
尸利毱多　954
尸波羅蜜　867
尸陀林　383,1791
尸毗王　964
尸棄　858,871
尸棄毗　711
尸骸　146,997,1399,1857
尸羅　718,989
尸羅訇　1857
尸羅幢　862
弓弢　389,1800,2235
弓把〔杷〕112,261,395,798,1040,1493[18]
弓弧像　1102
弓法　341,1662
弓盾　1986
弓弩　643
弓弩鎧仗　932
弓弰　1218,2215
弓稍　1135
弓韃　345,1659
已頭充滿　881
已〔巳[19]〕事　597
已署　65,652
已命　1859
已分　258,1511
已惑　1857
已索　171,1093
已〔巳〕箕　1977
已痨（瘠）1404
已豙　2032
已售　1524

已頒　2070
已瘘　1991
已辦　675
已點　1837
也　906
也字　541
也娑　906
女得　756
女媧　2133,2145
女醫　1579
刃砥　1914
刃稍　643
小甴　371,1816
小杓　2202
小枯　1938
小札　455,1351
小挑　704
小疣　843
小棗　762
小榻　1199
小橃　756
小螭　91,1259
小蟲　693
小迸　381,1781
小移　2066
小毱　1615
小蛃　2086
小悆　1999
小摶　1601
小團　1637
小甌　2063
小贏　1966
小鱓　1592,1600
小莖　136
叉　906
叉拏叉拏間　913
叉賸〔勝〕287,1461
子子　948
子胤　273,1519
子恪　2001
子莠　1395
子息　502,1756
子蒨立　1934
子駿　1985
子贇　1988,2150
子瑞　40
子驩　346,1657
孑然　274,464[20],1360,1519,1965
孑遺　1956,1999
么麼　2167

## 四　畫

王之寶祚　904
王四天下　876
王臣　1033
王后所生　883
王名迦多富　960
王奐　2064
王忱　2200
王坦　2143
王京都　880
王昶　2067
王這　1872
王紘　2150
王暕　1922,2001,2134[21]
王募　746
王堡人　2150
王欻一日發於善心　1886
王頍　2094
王該　2137
王縂　2005
王蕘　247,1817
王濛　1013,1999,2165
王嶷　2061
王謐　1913,1986,1999,2038,2143,2165,2335
王顒　1982
王彝　2005
王巋　2150
井蛙〔鼃〕1575,1589,2020,2123,2154
夫人采女　864
夫峭　2169
夫訕　2120
夫鹿　1857
夫嵐摩　1802
夫壻（婿）1469
夫甥　1460
天利　2337
天弓　432,713
天冊　854
天傘陀羅　877
天技　984
天雨　970
天拘蛩　777
天竺　47,318,379,951,1536,1779,2223,2242
天竺國　2307
天城寶堞　863
天梯　1983
天授　2021
天喈　2161
天咩〔咩〕(芊) 114,1158[22]
天睠　2040
天睹　2110
天溓　2055
天潢　2099,2182
天璪　2135
天祠　40
天紺　1024
天晴　177,797
天道　854
天意樹　936
天諸婇女　931
天繒纊　905
天魔　431,476
天魔波旬　893
天魔梵　1383
天藹　1941
天獻吉祥草　2188
无〔旡〕累　553
无態　63,650
无籃　342,1662
无擾　729
元元　149,426,1000,1851
元覞　2088
元熹　2109
云何行想　936
木札　328,1531
木盋（盂）759
木杮（柹）347,386,1666,1794
木杴　1635
木枋　1618
木枯　1627
木柵　1820,2190
木星　2265
木屐　303,1295,1559
木槿〔堇〕榮月　675,2264
木梗　417,1089
木桶〔筩〕41,322,941,1541
木弶　404,1502
木楔　1833
木槍　40,879,937,2315
木槍刺脚　1881
木檻　1177
木椙　198,1313
木摶　343,1664
木牓　318,1536
木蜜〔櫁〕131,975
木槿　342,1663
木槵　1153,1200,1929,2199,2274
木膠　1018
木檿　1201
木橛　678,2267
木簀　318,333,1537,1544
五十七煩惱繫縛　935
五个　1406
五叉礫　1438
五旬　68,176,662,786
五兵　66,110,653,1116
五股杵　1192
五刻　232,1421
五始　2263
五祚　2026
五帬　1939

五官　83,1060
五逆津　954
五皰　187,1302,1831
五埵　1827
五捺234,1423
五舶　2049
五運　2332
五種子　1443
五誑　1405
五欲所致　877
五渾　107,1241
五綴　299,1555
五穀　298,382,1218,1554,1782
五曀　358,1692
五篙　342,1663
五磨灑　1574
五蘊　683
五翳　957
五優陀那經　951
五藥　1137
五寶七寶　1137
支多　224,1489
支那國　2223
支侖　2067
支肩　302,1558
支派　492,1595,1741,1880,2099
支提　120,215,382,680[23],1271,1288,1782,2241
支提山　886
不匀　322,1540
不允　464,1360
不刊　2068
不可沮壞　862
不可治　690
不可紀極　864
不可擭　1826
不凸　637,1724
不凹　637,1724
不夗轉　1722
不孕　362,1671
不迲　1675
不存慮　836
不吃　694
不汙　39,59,657
不庠(庰,斥)　459,1355
不㱙(朽)　1936
不肖　14,167,224,270,436,506,725,798,1004,1489,1518,1759
不告勞　874
不串　306,1562
不剳　1641
不旬　697
不完　761
不良　293
不彴　587
不弛　892
不非先制　875
不尚　880
不咼　1132
不侚　557,612
不徇　603
不殉　10,849
不佼　767
不怯　553,718
不坼〔塝〕　330,1533
不狎　403,1501
不怙　166[24],1003
不净微行　876
不泄　87,1116
不空見如來　785
不追　1124
不垤　571
不相違　602
不迺　778
不革　370,389,1814
不耐　309,1219,1565,1777
不挑　1641
不挍　110,1116
不呰　725
不思議劫　857
不計　271,786
不恤　390,1801
不倦　1919
不欲　1635
不悛　2020,2046,2127
不窋　2016
不宥　180,1076
不批　63,650
不匿　944
不挾　82,1117
不缺　827,1122
不缺戒　793
不倚〔猗〕　185,837,1300
不唐捐　858
不案　304,1560
不捩　1606,1613
不務　136
不据　260,1481
不眴〔眴〕　377,532,581,743,827,1799,1884,1926,2199
不偉　397,1495
不欵　878
不窊　571
不能飛過　936
不能遊履　895
不捨衆善軛　886
不處於陸　884
不惛　2062
不俟　1402
不售〔雟〕　576,1131,1888
不揣　2042
不揆　2116
不訥　437
不訟　167,1004
不望　1096
不惋　62,650
不逮　479,1385
不俺　273
不喫　349,1668
不戢　1836
不閑　488,1736
不稂　2029
不腆　1893
不跌　180,258,1076
不違　436,726
不御　44
不啻　72,228,268,376,662,1415,1431,1790,1904,2146
不愜　74,231,637,669,1419
不減　548
不測　809
不退(退)　912
不棟　1211
不酬　542
不傴　725
不瘂　694
不孳　1894
不滋　275,1520
不媟　243,1411
不登　48
不禁　302,1558
不貲　1894
不訾　256,285,418,424,1473,1830,1835
不解　1403
不該　2194
不熯　1850
不溼　1841
不睦　191,1306
不歆　157,1069
不遜　1347
不嫫　261,1482
不摶飯　1641
不漉　2086
不槩　106,188,250,1269,1303
不暨　1948
不綜　1982
不駐　1892
不匱　132,880,977
不厭　826
不僥　67,660
不僑　160,916
不彰　185,1300
不隨魔　859
不嫪　148,999
不蹬　718

不遷身 875
不憖451
不撓〔橈〕 60[25],279,659,2029,2194
不撟 260,1481
不撟威儀 868
不噎 365,1731
不憚 18,70,236,553,568,599,634,668,670,803,840,899,1025,1425,1516,2287
不憚劬勞 1141
不懊 1680
不膀 395,1493
不嬈 57,655,698,1345
不嫽 352,1640
不豫 131,976
不憙 532
不鞭 718
不殫 457,1353
不餐 746
不瞋 67,661,1213,1725,1906,2213
不諳 1574,1777
不懈 687,776
不懌 1965
不藉耕耘而生稻粱 902
不燎 2149
不窺 1949
不磷 1911,1943
不擣白氎 1437
不瞬 837,877,1048,1145,1441,1710,2113,2228
不嚏〔嚔〕 254,995,1925,1979
不懱 548
不鎔 1238
不皦 1974,1997,2022
不獷 1683
不韙 2137
不繞 449
不蹶 399,1497
不譏 166,1003
不譏比丘 1453
不躅 419,1806
不羸 1099
不覺 715
不顧 559
不擾 1212
不躃 367,1733
不斅 2201
不爛 1772
不譴 459
不覿 395,1493
不瀆 1619
不韉前 1631
不攬 1773
不鑒 169,1072
不齵 395,1492
不齅 531,563,580,595,617,1802
不齹 395,1492
不躡 1630
仄陋 1617,2077
仄席 2095
犬〔夭〕喪（喪） 1219
太子泓 1982,2048
太史儋 2158
太白 936,2290
太賒（賒）遠 1369
太宰嚭〔嚭、嚭、嚭〕 1878,2033,2143,2333
太微 2336
太蔟 2004
尤重 496,1744
尤蛆〔蛆[26]〕 484,1402
尤蛆 1688
尤劇 1905
友而 165,1002
匹偶 760
厄至 260
巨力 458,1354
巨身 139,988
巨海 75,673
巨犉 2182
巨細 214,1287
巨勝 477,1384
巨富 510,1764
巨溟 1686
巨幟 1963
巨緪 1820
巨鑊 2138
巨轂 1971
巨壑 469,1327,1376
屯戹 2189
屯門 335,1546
屯聚 505,1759
屯蹷 1874
屯蹇 254,995
戈鋋劍戟 869
比丘 969,2264
比丘尼 969,2264
比丘咄 1446
比辰 1375
比度 555,611
比較 388,1800
比聲二十五字 42
互无 601
互相 1394,1773
互循復 862
互楻觸 712
切磋 1873,1885
切剎（刹） 7
切已 132,976
切以爲臛 952
切膾 743
牙莖 567,597
牙頷 1122
牙齙 387,1787
牙跂 234,1423
牙旗 319,348,1537,1667
牙嫩 2189
牙蹷 1932
牙囓蟣蝨 2191
牙齹 2271
瓦瓨 1152
瓦盔 1154
瓦瓶 643
瓦棔 1852
瓦椢 345,1685
瓦甌 1577,1590
瓦鍋 2323
瓦鬪 345,1658
瓦礫 137,562,613,678,921,984,1030,1040,1154,1238,1246,1289,1604,1973,2120,2321
瓦礫荊棘株杌 904
止泊 2094
止觀 954
止撥 1722
止態 458,1354
止蕢 2028
少戢 1967
少彎 1193
曰喃 417,1089
日月失度 2265
日旰 1594,1916,1943
日昳 156,319,1453,1537
日虹 21,805
日蝕 705
日嫪 1516
日暴〔曝〕 40,58,359,443,585,656,765,938,1105,1694,1861
日磾 1876,2127,2150
日躋 2230
日矟〔𩩲〕 259,1505
中夭〔殀〕 380,435,474,489,725,902,1334,1737,1780
中名 489,1737
中析 327,1530
中的 307,462,644,1358,1563
中級 244,1412
中逜 1514
中毒 561,576
中洟 754

中悔　880
中宵　903
中陰有三種食　958
中眵　418,1811,1844
中庸　475,501,1334,1754
中饌　1956
中噎　210,1374
中藤　1381
中曬　298,1554
内圮〔圯〕2182
内迮　1605
内瘢　1956
内甌　1643
内踝　1636
内襲　2073
内慼　187,1302
内噲　125
冈不均　859
冈上　2111
冈〔罔〕然　168,248,1005,1818
牛昕　2340
牛尿〔屎〕1185,2299
牛呞　95,322,1264,1541
牛坌　1187
牛桊　85,1062
牛脬　324,1543
牛貨洲　618,2219
牛棘　774
牛糞〔粪、坌〕1019,1186
牛湩　168,370,1005,1815,1899
牛飼　776
牛窪　1121
牛豬　1324
牛槍　1855
牛蹄搶地　1593
牛齝　797,1512
牛欄　1138
牛麝　816
牛齣　186,1301
毛孔量　905
毛冗　216,1665
毛滴　1024
毛毻　311,1567
毛氍　23,334,399,1230,1497,1546
毛道　76,680
毛睫　285,1473
毛褐　2191
毛緂〔毵〕1163,1577,1582,1606
毛髮　1097
毛麾　1336
毛聳　1149
毛毾　1442
毛磸　1618
毛氉　301,1558
毛嫱（嬙）　2160
毛鬣　1960
毛纛　965
手爪　1407
手把　986
手拊　227,1415
手捊　1387
手爬　1595
手掜　1588
手捺　1869
手掬　2190
手抱　49
手抱脚蹋　955
手捫　188,1303
手捲　1096
手探　17,801,1857
手腋　1771
手撥　326,1530
手搏　302,1031,1558
手摧　1612
手搦　342,1663,2063
手磋　2191
手劚　1833
手罯　1126
手擎　1905
手麾　200,476,1314
手擘　1437
升岵　2178
升陟　502,1755
升鉉　1972
升撮　1024
升攝波葉　1328
升攝波葉經　469
升晝　1207
天命　876
天壽　39,936
天殤　1441
仁孝　504,1757
仁者　166,1003
仁往　138,986
仁恕　882
仁等可來　758
仁慈孝友　903
仁慈祐物　857
什物　41,74,299,469,672,939,1327,1556
仆地　386,416,1088,1794
仆面　1191,2257
仆僵　271,787
仇匹　437,728
仇者　324
仇迦　251,1841
仇怨　168,1004
仇對　8,847,865
仇憾　415,1087
化地部　477,1384
化捄　1831
化政　166,1003
仍未　489,1737
仍託　365,1730
斤劖　1651
斤斵〔斲〕24,1231,2320
斤頭　320,1538
爪扴　298,1555
爪齒　538,758,1268
爪壞　952
爪擭　1844,1897
爪攫〔劚〕94,1263,1850
反支　1826
反抄　1641
反足鬼　704
反戾　1447
反旆而歸　1583
反握　2011
反魂　808
反遺　70,664
反質　489,1737
反噬　1993
反擲　1597
反躄　2289
反擪　1595,1601
反禴　1648
反覆　705
刈者　1337
刈穫　105,1164
介品　2177
介意　333,1544
介胄　1218
父肜　1914
父珉　2098
父瑕　2055
父褘　2096
父毅　1991
今享　252,1842
今般涅槃亦破四魔　934
今惰　2029
今臉　330
今贈　118
凶〔兇〕勃　494,647,1249,1680,1743,1775
凶訃　2172
凶愎　2131
凶險　1674
凶獷　2077,2133
凶猾　452,1348
凶禍　1007
凶竪〔豎〕155,836
分圮　1911
分位　1406
分析〔捁[27]〕447,696,718,923,1048,1094,1343,1398,1404,1770,2311
分別　989
分箾　1179

分陀利　66,2308
分陀利花　930
分受　1860
分級　1436
分陝〔陜〕　74,669[28]
分昞〔眕〕　120,1274
分剖　1102
分逵　259,807,1838
分減施　875
分牻　299,352,1555,1641
分絜　1913
分齊　638,1403
分解　198,596,1312
分賦　110,1116
分衞〔衛〕　87,151,350,829,1116,1649
分劑　841,1233
分壃　1443
分鑣　1375,1912,2027
乏尠　558
公嫗　1294
公傾　2072
月支　98
月鈘　841
月暈　1142
月厭　2270
月蝕〔飿〕　43,311,944,1211,1247,1567,1851
月虧　1952
月竄　2026
月壓　1200,1203
勿強　1214
勿提堤犀魚　2340
勿擾　166,1003
勿觸　776
欠欿　44,81,532,552,591,609,622,744,947,1122,1150,1635,1907
欠陷〔陷〕　1234,2298
欠賸〔艠〕　1181,2111
丹慊　2023
丹枕　44,132,576,948,977
丹墀　1938
印印　147,998
印物　1379
六尼陀那經　951
六物　371,1815
六府　409,1250
六栽　62,649
六處　432,714
六博〔簙〕　44,948
六湮　90,1114
六種震動　933,971
六種親屬〔属〕　284,1109
六瘤　10,849
六駮　193,1308
六親　10,849
六竅　1463
文字　489,1737
文字品　42
文身　473,1333
文相連屬　874
文殊師利　866,933,970
文揣　1916
文愜　1802
文榥　1969,2001,2037
文筆　987
文辭　753
文翬　2166
文驪　2184
亢骨　421,1462
亢宿　99,1271
亢〔亢〕陽　673,676,2266
亢龍　2148
方冊　2146
方届　1375
文便勉　977
方剎　131
方域　470,504,1328,1757
方睍　2126
方術　440,1006
方牽　554
方隅　901
方整　770
方道　108
方維　501,1754
方篇　1628
方頤大顙　1960
方蟄　1969
方懲　175
火阱　1900
火炙　737,743
火夷　1138
火星　2265,2290
火浣布　114,759
火〔大〕排　230,1418
火焫〔爇、焫〕　227,1415
火煖　1225,2220
火燎　1055
火樀　1325
火蟲槃火　960
火煬　418
火蝩　511,1765
火糟　188,237,494,644,1303,1426,1742
火藹　2077
火燔　1513
火焰　1686
火燧　360,1695
火檻　1922
火鎔　420,1807
火燼　396,1494
火艦　2050
火燎　286,1447,2322
火爛　1393
火鵶〔雞〕　464,1360
斗杓　2168
斗枅　1611
户扉〔印〕　317,1535
户向　299,341,380,1555,1662,1780
户排　189,321,1304,1540
户鈕　1631
户扉　299,1555
户楣　332,1544
户隙　1969
户樞　306,360,379,1235,1562,1695,1780,2287,2294
户牖　639,707,1068,1095,1123,1236
户鬮〔鑰〕　52,361,964,1670,1942
心行　56,654
心肝　538,584
心忪　398,1496
心忌　380,1780
心陀羅尼　681
心肺〔胂、胇〕　1214,1269,1870,2213
心府　473,1333
心戾　473,1333
心恒顧復　892
心脇　1247
心頃　580
心脾　770
心馳蕩　859
心栽　494,1742
心原　1402
心悸　228,1416,2055
心寇　390,1786
心戢　2033
心縱　1920
心膂　2079
心臆　2268
心詭　468,1326
心齋〔齌〕　1123,1193
心懷殘忍　880
心髓　567,597
冗雜　2341
卐字之文　707
卐字之形　862
尺椽　2002
尺鴳　2020
尺蠖　194,504,

1309,1703,
1708
尺鷃　451,1346,
2154,2335
引筰　2063
引饕　557,594
引飇　1144
巴吒　51
以八種聲　954
以仂　169,1005
以斤　298,1555
以此二緣　935
以炒　1202
以坌　1440
以角　1474
以杼　368,1812
以拊　1895
以枹　1024,2199
以柱髀　949
以核　1887
以祐(祐)　167,1004
以索　72,662
以索亡珠　808
以搭　1198
以砥　334,1545
以盎　1855
以笏　1877
以捋　96
以飦〔飤〕　97,1955
以爲其齎　899
以稍　1620
以詬　2125
以彙(彙)　1879
以稽　1955
以鋸　734,1609
以檄　1975
以賽　1517
以偈　129
以楔　211,1380
以楔出楔　1376
以賂　416,1088
以頌　809
以資　380
以肅　189,1304
以嬸　1179
以槌　791
以摘〔樀〕　348,1667
以蝦　1239
以鍋(鍋)　1582
以樂　61,659
以鍜　776
以藥坌之　955
以贍於我　876
以藺　359,1694
以鍼　1448
以蠟　1874
以氍　1894
允合　333,1544
允輯　2054
孔道　2066
孔雀　574
孔隙〔㙻〕　447,735,
828,1049,1343
孔罅〔鏬〕　301,318,
1537,1557
孔竅　744
水不能漂　952
水俠　1126
水苔　386,735,1794
水泡　729,834
水星　2265
水突　319,1538
水摟　1611,1626
水渚　366,1732
水陸　544
水族衆生　889
水蛭　1024,1127,
1579,2273
水蛙　1600
水觚　343,1664
水湍　422,1852
水滯　46,951
水滴　632,702
水澇　845,1050
水濟　1050
水湔〔濻〕　330,384,
1533,1792
水碓　1520
水腫　224,1489
水齊　2050
水撚　1938
水盥　261,1482
水濯　503,1756
水鵠　1850
水瀆〔瀆〕　421,1833
水獺　220,295,
1485,1552
水竇　322,346,
1540,1660
水瀇　326,1529
水罐　1590
幻化　1394
幻事　531
幻術　185,841,1300
幻師阿夷鄒　1880
㸦決　1398
㸦起　572

## 五　畫

玉枕　1142
玉扆　855
玉迻　1996
玉豪　685
玉牒　2154
玉帶　2162
玉榫　2167
刊山　2021
刊石　2106
刊定　470,675,
1329,1880,1928
刊梵言　677
末尼　475,1335
末尼珠　432
末奴沙　502,1755
末度迦果　1744
末祐　2037
末揭梨子　2318
末那　478,1384
末坻〔坻〕　96,778
末利　119,797
末利花　990
末利香　870
末伽梨　953
末陀酒　472,1330
末度迦果　496
末達那果　481,816,
1365
末搓　1152
末瑳寶　706
末搐畢彈　1184
末摩　432,445,714,
1341
末羅羯多　442,1042
末踟　159,1036
未孚　110,157,169,
1005,1069,1117
未旭　2152
未制　1656
未泯　1880
未聆　145,996
未逮　744
未階　1196
未愈　471,1329
未嘗　130,477,488,
875,972,1384,
1736
未曙　2321
未鍜　2169
未攄　1961,2026
未爇　2098
未纘　2070
井(井)絡　2087
示謁天廟　869
邗國　2004
邗溝　2107
巧出　38
巧匠　736
巧捷　787
巧屠　537
巧斷　905
正延　458,1354
正法味盈洽　894
正法餘八十年　939
正朔　686
正學　494,1742
正覺　856
卉〔𦬁〕木　136,
453,523,638,
688,816,983,
1298,1349,1572,
2242,2254
卉服　1972
邛僰　2099

凷〔由〕相 238,1428
凷擲 73,668
功德鎧 583
功績 157,1037
去其帽 1956
去帽 1970
去鉎 350,1649
去樹去舍 963
去癢 1648
去纏 1612
去藏 109,918
去鏉 697
甘脆〔胞〕 1248,2286,2298
甘甜 1436
甘執 468,1326
甘菩遮國 887
甘嗜 39,1858
甘〔竿、干、苷〕蔗〔柘、蔗〕 82,136,176,198,233,300,550,588,605,609,636,752,769,786,845,920,984,1117,1422,1464,1556,1861,1896
甘蕉 342,1662
甘鍋 50
甘蔛盛金 960
甘膳 36,300,704,931,1556
甘澱 1905
甘蟀 2176
甘饌 231,301,481,1365,1419,1557
世主天 461,1356
世事譊譊 777
世享 85,1062
世界名尸利 863
世界名多羅 863
世間共度 859
世尊凝晬 860
世祖焘 2144
世語（話） 752
世福 1514
世羅烏波 503
世羅鄔婆 1756
世嶄 2124
艾白 45,949
艾出 1238
艾納 1019
古貝 366,1731
古諜 2111
本名褘 2076
本系 2335
可汗 1966
可怪 2106
可祛 208,1372
可厠 510,1764
可揨 400,1498
可穌 2197
可賈（貿） 831
可徵 521
可諭 706
可鼰 1073
可暴（暴） 2017
叵我 62,171,247,649,1030,1093,1817
叵知 718
叵差 1466
叵得 1886,1890
叵階 2108
叵堪 1463
叵遇 1872
叵惻 2033
叵思 132
叵思議 859
叵觀 490,1738
左 942
左字 585
左脇〔脅〕 1215,1773
左笪 1235,2287
左眷 2173
左袒〔衽〕 371,1816,2009
左腋 2009,2313
左髈 1897
左髀〔髀〕 1177,1612
左道 453,1349
左髁 1145
左臀 888
左辮 1237
丕構 687
石田 820
石蛭 1325
石榴樓子 964
石隙 244,1412
石梁塢 2062
石斌 2062
石碏 2126
石楮 342,1663
石隥 2184
石撩 18,803
石廟 975
石墁 327,1531
石鏄〔鎛〕 201,1315,2076
石礦 2256
石韜 2062
石龕 1955
石飆 2139
石髓 1984
右手拓地 1153
右手攮 1125
右肩 680
右捽 371,1815
右睇 2173
右脇〔脅〕 705,731,747,758,779,1096,1447,2009
右搓 1193
右輔下牙 888
右跽 889
右髀 576
右髆 757,1204
布沙他 391,1668
布怛那 433
布剌〔喇〕拏 495,1163,1744
布施 118,1077
布娠 1068
布單那 716,810
布縠 246,1430
布薩 340,1661
布濩 843,913,1053,2015,2223
布灑他 495,1743
平坦 558,613,1031,2242
平畋 1192
平恕 439
平塏 1876
打杙 1592
打治 705
打（朾）刹 2095
打棒屠割 892
打棓 820
打揵稺 1722
打搭 1600
打罵（駡） 1676
打鼓時 913
打摑 152,1046,1169
打擲 596
打擲垍洲 960
打撲 299,1556,1607
打攥 1616
戉斧 1268
北拘盧洲 1224
北俱盧 885
北俱盧洲 474,528,1334
北轅 2029
北鬱（鬱）單越 938
占吝 782
占相 489,1737
占相星宿 937
占匐 232,1421
占婆花 932,955
占籌 1180
凸出 484,1390
凸腹 224,1489
凸髖 117,304,1089,1561
旦爽 2001
目〔自〕宂〔冗〕 170,1165
目企 409,1251
目偷 107,1242

目佉　1249,1927,1929
目呿　409,1251
目真鄰陀　710
目真隣(鄰)陀山　889
目真隣陀窟　887
目眩　413,451,471,1254,1276,1298,1329,1347,1809
目眩瞖　590
目脂鄰陀　719
目脂鄰陀山　434
目揵　128
目揵連　716,1702
目睞　1286,1472
目揥〔褅〕　107,1242
目竭嵐　1139
目踥　124,176,1172
目精　1237
目鍵連　1126,2272
目瞤　1023,1902,2324
且置　873
且艟(艫)　1876
且戮(斅)　2043
甲胄〔冑〕　9,48,253,348,457,595,868,1522,1667,1842
甲縺　1961
甲麝　2274
申述　383,1783
申恕　379,1779
申縮　761,1523
叶婆　154
号膢　121
号慴　125
田苹　329,1532
田蚡　2125
田家　287,1461
田埜　2155
田畦　1575,1584,1596
田殖　300,1557
田塘　1934
田畯　93,824
田隝　213,1368
田獵　138,2258
田疇　26,1233
由旬　36,972
由乾　11,850
由乾陀山　956
由提迦花　689,955
由鄙　498,1746
由禘　149,1009
由緒　406,1504
由藉　2195
史冊　2010
史儁　2015
史儋　2010
史籀　1875
央掘利魔羅　1724
央數　779
只底舸　1802
兄嫂　2327
叱之　1307
吒(叱)吒　1860
叱呵　100,1241
叱喝　1141
吒(叱)噉　1577
叩地　368,1813,1864
叨沐　1074
叨佷　378,1794
叨承　855
叨莑〔篴〕　2034,2335
凹凸　213,400,735,1371,1498
凹窊　225,1490
囚普　1163
囚縶　1280,1718
四十八年　935
四方撝　1188
四百四病　938
四吠陀　1054
四伽陀經　951
四伺　1405
四枚　1019
四梍　1690
四柯　1840
四河　109,918
四殑　67,661
四柧　90,1258
四毗陀論　955
四洲　433,716
四級　1294
四馬駟　931
四倒　560
四流漂汨者　907
四隅　831
四棱　385,1793
四軶　1672
四睇　2076
四蛘　1444
四厦　1877
四植　157,1069
四無所畏　962
四跳　1203
四種毒蛇　939
四維　75,679,896
四踝　526
四層　238,1428
四橛　1618
四徼　64,304,345,651,1453,1561,1658
四激　1172,1826
四錠　162,796
四雙　599
四褺　325,1528
四覆　1405
四瀑　1940
四瀛　2028
四邊緣　1142
四瀆　253,994
四繫　532
四竇　156,1030
四疊　186,297,1301,1554
四衢　47,132,600,619,1830
四衢道　864
生已　1055
生名陀笈　1849
生色可染　455,1351
生肬　341,1662
生萰　366,1732
生皰　1877
生挑　17,801
生涎　46,950
生埋　1091
生莖　1107
生莞　207,1338
生胞時　672
生蒳地獄　774
生涯　726
生觜　958
生稗　765
生蕈　216,1665
生皰　149,1000
生嫡　439
生櫝　391,1786
生皶　91,1259
生穗　177,1106
生藤　114,1159
生蟲　731
生難遭想　882
生黴〔微〕　327,1530
生腫　1827
生藺　1940
生蘖　1137
失收摩羅　295,1552
失跨　247
失魄　807
失緒　1023
失轄　352,1641
失獸摩羅　359,1694
失瘖　1936
失鞘　1835
矢溺　287,1461
乍可　505,1758
乍可量　874
乍起　211,1380
乍得　115,1076
禾菽　2029
丘坑　137,984
丘垤　160,918,2121
丘穽　2085
丘墟(墟)　1438
丘禱　2052
丘慈　98
丘聚　1082
丘壙　817
仕宦　411,1253
代地迦　1358

代勒迦梨 472
仙人名毗目瞿沙 898
仙窟 1149
仙輩 544
仙聖 1807
仙驥 1977
仡然 1870
仡 1159
仡哩恨拏 1139
仡喇 696
白分義 884
白怫 1102
白法羸 752
白挑 763
白虹 95,1264,2042
白透 1181
白毫 637
白紈 2019
白袷 84,1061
白睆 107,412,1242,1253
白暈 1192
白綫 1017,1187
白犛拂 1127
白縠 1186
白檀 636
白縵 1187
白墠 311,319,1538,1566
白墡 357,1692
白褺 2189
白鵠白鶴 932
白羸 1248
白羸爲釧 1156
白繩 768
白礬 1876
白骴 1513
白氎 1585,1599,1635
白鶬 276
白鶴 37,1632,2227
白癩〔癩〕 705,1066,1647
白鷗 400,1497
白鷳𪇰 2180
白疊 231,402,1420
白疊綫 1249
白驃駝 1936
白鷺 114,368,394,488,645,1158,1491,1737,1813
白鸛 575,2327
白氎 576,749,1018,1106,1151,1157,1477,1500,1648,1932
白氎綫 1172
他〔佗〕 541,906,942
他字 586
他支 235,1424
他庇 92,1257
他者 63
他侈 19,803
他惡 542
他溺 622
他穰 85
他鞞羅 1802
宂沙 2191
瓜蔓 1199
伶〔仔〕咜 410,412,1251
令我載此乘 896
令卷 309,1565
令擧(擧) 1133
令諸世事悉得宣敘 901
令讋 1219
令碩 1658
令殞 2274
令緝 2200
令熸 1618
令臉 1534
令翹 310,1566
令馥 1932
用剗 376,1791
用啖 350
用暢 508,1761
用磑 2197
用祛 1940,2086
用紓 1934
用蟲水 1585
用麴 335,1546
用氎 2266
用橒 1398
印可 488,1736
印度 493,1741
印駐 156,1031
印〔爬〕懺 359,1693
印璽 151,831,882,2245
印鏡 1404
印黏 2229
氐羌 1919
氐波 412,1253
氐宿 189,1303
句文羅 66,654
句逗 138,986
句睒 1107
句誄 159,919
句潭 118,1107
匃食 1093,1466
匃與 1290
册地 22,1229
册授 2073
犯忤 424,1863
外陀 2182
外坐 2004
外囿 1961
外愿 1939
外道唯觀六行 962
冬萁 2174
夗轉 1091,1168,1177,1182,1478,1514,1713,1868
包挫 1965
包容 167
包納 861
包裹 1407
包毓 272,1519
主宰 480,506,1365,1759
主稼 2236
主稼神 857
市井 117,1089
市肆 295,897,1552
市〔色〕廛〔厘、㕓〕 384,477,488,573,642,1384,1736,1792,2073
市廓(鄽) 2179
仄足 1595,1601
仄足行 1637
庀物 2127
立拒 49
立拒舉瓶 958
立佛支提 905
立屎〔屎〕 482,1366
立盪 1652
玄栂 2167
玄弭 1963
玄迴 767
玄奘 522,1923,1964,2075
玄扈 839
玄琬 1916
玄惲 1916,2341
玄督 2098
玄樞 2194
玄漪 1943
玄嶷 1923
玄藻 2200
玄暮 1370
玄轍 2169
玄黓 268,1431
玄飈 2192
忉利 38,1026,1973
忉利天 870,932
忉剎 847
半豆盧呬得迦 1580
半由旬量 884
半娜娑果 597,617
半粒 162,796
半闍羅天 956
半闍羅長者母 961
半檡迦 706
半笯蹉國 1876
半堞 1972
半榼娑 488,1736
半牑 1940
汀瀅 1972
汜汜〔汜汜〕 244,1412
礼覞 197,254,996,1311

永袪　674, 2263
永訣　879
永淳　687
永擯　1381
永謚　1038
穴泉　245, 1413
疋至　1481
必俤　2169
必勦　1458
必踵　2078
必斃　2066
司徒瑩　2005
司契　447, 1343
司隸(隸)　1964
司玁　380, 1780
尼民陀羅山　889
尼民陀山　884
尼民達羅　491, 1740
尼吒　129
尼陀那　876
尼延底　495, 1743
尼坘　72, 667
尼拘　74
尼拘陀　669, 769, 950, 957
尼拘律樹　898
尼拘蔞園中　1448
尼夜摩位　826
尼伽羅樹　944
尼剌　492, 1740
尼殺曇分　2217
尼咥　410, 1251
尼連禪河　73, 668
尼師壇　526
尼乾　138
尼乾子　215, 937, 1288
尼乾陀　953
尼乾陀若提子　2260
尼揵子　914, 987, 1260
尼揵荼書　478, 1385
尼揵荼書計羅婆論　730
尼婆羅水　950
尼鞞　16
尼摩羅天　64, 651
尼摩拏　1325
尼衛　350, 1649
屍〔戾〕不　303, 1559
屍也　105, 1164
屍血　1828
屍端　2087
屍臀(臀)　400, 1498
弗沙　871
弗省　2155
弗涅　2059
弗聆　2011, 2158
弗婆提　250, 381, 866, 1435, 1781
弗僘　2177
弗緇　2059
弗靡　2040
弘　1701
弘雅　791
弘敞　1952
弘廓　1457
弘裕　70, 671
弘廣及須跋　964
弘綽　110, 1116
弘毅　1957
出內　135, 147, 982, 998
出柔耎　971
出眺　1142
出夐　2147
出穀　1078
出離陀羅尼品　696
出礦　643
阡陌　394, 1492
阤　977
奴　971
奴僮　2114
丱歲　2075
加尸　70, 665
加祜　553
加祐　443, 1180
加被　909
加陵毗伽　1287
加趺　128, 502, 970, 1755
加梨加龍　73
加誣　217, 1403
召讁　1181
皮革　39, 306, 937, 1562
皮穿　539
皮裹　754
皮膚　637, 731
皮膠　678, 1128, 1248
皮緩　715
皮韋　300, 1556
皮連　306, 1562
皮剥　1831
皮綫　1614
皮皺　1447, 1705
皮韉　2113
皮屩　1631
皮襘　1112, 1437, 1443
皮韜　271, 786
皮囊　747, 1022
孕王　1257
孕婦　278, 1476
矛刺　775
矛盾　672, 1040, 2075, 2108
矛〔鉾〕矟　37, 436, 743, 946, 965, 1041, 1102, 1268, 1401, 1577, 1634, 1715, 1873, 1904, 2250
矛〔鉾〕戟〔戟〕　212, 792, 1367, 1908
矛箭　64, 652
矛楯　1859, 1953, 2046
矛〔鉾〕穳〔穳〕　20, 237, 259, 406, 594, 612, 804, 925, 1426, 1504, 1609, 1713, 1719, 1862, 1906
母芰　113, 1158
母邑　479, 1386
母腦　2238
母彪　1584
母豬　1715
幼童　977
幼稚　935
幼齡　921
巡環　576

## 六　畫

匡助　503, 1756
匡我　1854
匡領　404, 1502
耒木　100, 1241
耒呵　412, 1253
耒耜　1997
式　855
式叉摩拏　1573, 2328
式抃　2044
式閭　2154
幵度　2184
刑笑　1868
刑獄皆止措　903
刑戮　753
刑劓　920
刓刻　286, 1447
刓剔　2126
戎貉〔狛、貊〕　1986, 2062, 2149
迂哉　2029
迂嘍　17, 802
迂迴　201, 1315
迂〔迃〕遠　182, 1298
圭合　349, 1654
圭銖　283, 1431
圭竇　2085
寺廗〔廟〕　307, 1471, 1563
寺壙　2091, 2094
吉由羅　851
吉胝〔胵〕　215, 1288
吉祥茅國　606
吉祥瓶　1187
吉祥幄　863
吉遮　141, 992
吉孃二合字　586
考治　1514

考掠　189,781,1304
考量　510,1764
考檢〔撿〕376,1790
考覈　1990,2025
圪然　278,1476
老死笮　1840
老姆　1871
老叜〔叟〕85,1062,1594,1956
老姥　278,1476
老姥齎　1933
老耄　297,554,774,791,1021,1553,1888
老聃〔耼〕1985,1993,2000,2120
老窅　415
老邁　10,297,849,1553
老瞎　252,1842
老輩　1436
老貓　2326
老皺　1051
圯　977
圯〔圮〕坼　21,132,457,1353
圯〔圮〕岸　2318
圯塴　805,1944
圯〔圮〕裂　1630
圯〔圮〕頓　215,1288
圯〔圮〕傳驛　2055
圯壞　1954
地肥　229,389,1417,1800
地胇　2159
地菌　1156,1599
地跌　208,1371
地蜱　92,1257
地獄　129,607,621,971,2224
地獄一百三十六所　963
地穩　396,1494
地詆　122,1189
地篦　1246
耳圈　322,1540
耳筩　1600
耳渠　261,798
耳鉋　181
耳際　273,1469
耳須　401,1499
耳輪　460,1356
耳篦　1290
耳錘　371,1815
耳璫　310,365,449,762,843,898,1041,1159,1183,1187,1221,1248,1345,1566,1632,1730,2217,2227,2281
耳環璫　1442
耳齇　1121
芋根　325,1528
芋蒻　1914
共度　1123
共美　862
共貯　695
共賭　333,1290,1544,2164
共臻　674
共嗤　1620
共激　2077
共鯁　1944
共轍　2124
共鵰　181
共鯢　1397
芒衣　634
芒草箭　867
芒屩　2083,2151
芎藭　1019
芝荼　2128
朽木　1016
朽敗　1723
朽墜級　1504
朽邁　736
杌白蔕　2173
杒樹　2153
机隥　725
亘以　573
亘川　247,1817
亘生　13,852
亘然　86,171,346,792,835,1093,1115,1659
亘飛　2180
亘雲　1456
亘窮　439,815
臣佐吏民　982
臣叕　2038
臣僚　493,1741
再敲（敞）2033
再醮　1953
再黷　2024
西牛貨洲　528,1223
西弇　2162
西院　2101
西你迦　472,1330
西阿　12,160,851,919
西耄　1894
西郵　2176
西崦　2162
西軫　362,1796
西敧　1876
西漸　2168
西櫺　2133
西瞿陀尼　474,938,1334
在在所往　986
在屏廁處　936
在巢　1907
在弶　48,953
在握　687,1053
在鏃　1220
在潊（潎）1323
在礦　1048
在釋羇底　1448
百洛叉爲一俱胝　2228
百倍　1103
百釬　1624
百筋　731
百福　956
百腺　2185
百稍　1864
百廠　1982
百甖　2189
百輞　2318
百乘　61,660
百葉　95,1034
百穀　136,956,983
百億閻浮　937
百獸　959
百齡　1319
百臘　300,1556
百穳　22
百襵　353
有一國土名摩利伽羅　897
有四魔故　940
有見斷見　955
有伺　1714
有仵　276
有扼　381
有序　496,1745
有汪　1833
有掜　1781
有谷　383
有卒〔卆〕226,1413
有泄　243,1411
有疫　543
有音　1272
有紊　1607
有窌　1840
有翅〔翄〕59,556,611,658
有秘密藏　938
有拳　1337
有桴　70,　664
有娠　194,398,1309,1495,1603,2100
有埤　2131
有婆咀窶拉摩風　1711
有巢　2024
有貫　1656
有帽　1656
有滄　2028
有隳竭　1919
有隙　2150
有棍〔掍〕61,201,660,1315
有甜　762
有疵　843

有情 472,1332
有遏 1110
有創 1292
有愧生慙 577
有減 534
有鉉 173,777
有膶 732
有横〔擴〕 543
有諍〔評〕 486,1734
有複 1606
有窪隆 2052
有蕈 2105
有篅 244,1412
有皺 1820
有樂 1859
有殫 2182
有徽 1997
有瞖 1055
有瞔 448,1343
有燧 1172
有憾 268,1431
有翳 1322
有蟒 1081
有癘 543
有覆 1673
有黠 1273,1871
有簞 1909
有瀅 2090,2094
有癎 477,1384
有囊 342,1663
有鏃 1629
有癡 1673
有譜 1913
有鰇 1092
有蠱 1632
有靨 843
有釁 2122
有氍 282,1430
而汨 2042
而咏 2174
而炊 1966
而炷 2130
而悈〔忕〕乎 2125
而被 972
而常施恩 961
而竟不覩 884
而烙 236,1424
而陘 2100
而終 2035
而欸 489,1738
而搣〔槭〕 109,918
而隕 457,1353
而弑 48,953
而强爲説 893
而絣 1216
而斃 923
而穫 449,1345
而賦 251,1841
而踣 250,1439
而虀 312,1568,
1651
而謚 2029
而蹲 1892
而鰊 1861
而蹶 24,1231
而攜 726
匠椹 2138
匠瑩拭 643
匠鐫 1977
夸〔夲〕父 1961,
1972,2098,2145
夲强 2132
灰自 1873
灰燼〔夷〕 146,195,
434,469,493,
647,720,817,
997,1055,1202,
1247,1310,1327,
1382,1985
戍那 1764
戍陀羅 470,1328
戍達羅 546,559,589,
1014,2250,2310
戍邏 814
列陣 2183
列徥柱 2180
死肬 396,1494
死屍 554
死喪 1857
死斃 425,1858
成胚 781
成熟 1177
成告 2178
成積 1922
成簣 1971
成鏘 1630
成爛 2124
成釁 1948
成擔 176,1081
成辦 816
成觳 210,1379
成靏 1238
扞城 2150
扞敵 1624
扣玄機 2070
扣門 1607,1612
扣瓮 326,1529
扣時 1651
扣鉢 1677
扣齒 1987
扣絃 469,1327
扣開 187,1302
扣頭 1296
扣劍 390,1801
扣擊 211,500,813,
1149,1224,1380,
1753
扒〔杋〕去 327,1531
扠波 413,1254
扐行 1634
夷坦 860
夷則 922
夷邸 1972
夷峕 282,1431
夷悦 506,1759
夷敞 913
夷湍 234,1422
夷滅 190,285,1305,
1473
夷塗 441,1007
夷險道 898
夷驧 413,1254
至向 456,1352
至杪 366,1731
至肹 16,801
至法淵底 875
至奏 69,269,663
至第六天 932
至胛 383,1791
至瞑 2063
至頤 1571,1963,
1973
至欵〔款〕 252,1842
至凑 112,782
至厀(膝) 1197
至跨 744
至羅伐 431
至踌 744
与癒 1002
邪行 556
邪旬 1267
邪佚 472
邪忤 86,1063
邪命 557
邪鬼魅 1828
邪僞 988
邪僻 191,724,1306
邪魔之道 883
邪蠱 1012
此苦難處 980
此城爾時名迦毗羅衛
959
此常法稱 936
此善漁人 907
此輩 131,974
尖幖 736
光茂 856
光明鑒徹 880,885
光(尧)跗 2066
光瑞 1967
光腨 1809
光瑩〔鎣〕 860,1175
光踰暾日 879
光燿 81,1117
光熾 1398
光爚 2180
光鑠 1872
光爛 1128,1175,
1289
吁與 68,662
吁嗟 2325
吁嗞 2246
吐谷渾 1876
吐涎 1370

吐核在地 945
吐澑(溜) 2179
曳踵 1927
曳韊 1627
虫蛀 341, 1662
曲枝 162, 1040
曲戾 140, 990
曲限 212, 1367
曲撩 841
曲僂 358, 1693, 1723
曲磵 2309
曲蟺 222, 279, 358, 1474, 1486, 1693
曲鍋 1185
曲檽 81, 742
同愆 1632
同萃 706
同榻 2106
同嬉 2038
同剉 435
同臻 523, 1145, 1888
同臨有截之區 854
同燼 2033
同齡 459, 1354
同鑣 2165
吊〔弔〕唁 282, 1430
吃人 334, 1546
吃叨 424, 1113
吃哩爹 2271
吒 541, 906
吒字 396, 1493
吒吔荼組拏 42
吒迦 446, 1342
吒睇 1162
吒虀 222, 1486
因陀羅 771, 862, 962, 1055
因陀羅尼羅 888, 896
因陀羅網 896
因坻 68, 160, 663, 916
因抵 1108
因的 45, 949
因於撫擊 877
因風濟 883
因桴 46, 951, 1401
因舫 360, 1695
因彭 2176
因釘 237, 1427
因堤 176, 786
因提黎天 956
因楔 1048
因椭 152, 1046
因鉷 230, 1418
因燧 46, 950
因鑽 46, 950
吚利 170, 1165
吸水 508, 1761, 1970
吸氣 2026
吸欱 1204
吸欶 1246, 2107
吸船 1904
吸著 167, 1004
吸嗽 1185
吸精氣 810
吸諸風 1464
吸粹 1240
吸鐵 1054
屼頭 1163
帆主 1209
帆者 403, 1501
帆柁 1936
帆挽 25, 1232
帆飛 1053
冊(册)立 2312
岌岌 1970
岌多 100, 833
肉疱〔皰〕 738, 949, 1610, 1900
肉痟 1896
肉團 753, 758, 1260, 1799
肉髻 57, 655, 1075, 1223
肉噲 1108
肉臠 1593, 1901
年方 876
年紀 139, 989
年齒 879
年耆 1808
年蹌 687
朱彤 2063
朱顆 1140
朱鬣 705
先已 38
先已通達 934
先太子行 905
先尼及迦葉 964
先有先無 1337
先因 134, 980
先行 1247
先兆 489, 1737
先折 634
先陀婆 944
先哲 1024
先教技藝 934
先揲 1865
先喫 115, 1076
先螫 1888
先彎 2272
牝牡 198, 345, 1313, 1658
牝馬 2252
牝鹿 404, 1052, 1502, 2252
牝象 446, 1342
舌舲 93, 440
舌啜 217, 1402
舌舐〔舓〕 781, 1894, 2313
舌則卷縮 938
舌嚓 123, 820, 825, 1194
舌嗜 1025
舌縮 411, 1252
舌膠 1719
竹笏 282, 1430
竹笪〔笡〕 366, 385, 1731, 1793
竹笴稍 2100
竹筥 325, 1528
竹荻 636
竹葦 530
竹篋 1615
竹篙 328, 1531
竹鞞 277, 1455
竹篋 360, 1695
竹篿 332, 1535
竹籤 1605, 1619
迄于 420, 1807
迄今 124, 162, 253, 507, 796, 994, 1111, 1760, 1776
迄乎 2190
迄至 456, 1352
休祉 2062
休廢 2259
休〔林〕婁 411, 1253
休愈 448, 1344
伎樂 528
伏弩 454, 1350
伏瘵 1379
伏恒 2135
伏羲 2026
伏膺 1964
伏鼇 2150
伏鷄 259, 1838
伏轞 2032
俺 1030
俺真 155
伐地國 1950
伐地迦 462
伐折 438
伐勒迦梨 1330
伐蹉 498, 1747, 1770
伅他 16
伅必 17, 802
伅佢 157, 1069
伅泜 1896
伅喏那八 1396
佢寐 1442
仵庶 2057
任持 571
任娠 18, 803
延 969
延袤 881, 1875, 2226, 2238
延祺 1132
延裔 708
延縮 1236, 1296
延齡 2242
延齡藥 908
伀伀 416, 1088
兌兒 287, 1461

彶歆 2146
仰 942
仰躲(射) 560
仰睎 1939
仰蘗羅 783
伉談 808
伉敵(敵) 1678,1708
伉儷 90,1258,1593,2108,2322
仿佛 42
仿偟 1959
自他遞互 1403
自刎 243,389,409,510,1251,1411,1593,1764,1800,1891
自呈 482,1366
自呼 156,1030
自恃 533
自炒 300,1556
自挑 440
自盈其手 907
自浴并浴地 740
自炮 334,1545
自剜 1463
自敍 2065
自揣 2089,2094
自娛 983
自衒 69,664
自陷 549
自替 191,1306
自殖 534
自撥 458,1354
自貽 334,1545
自禁 277,1476
自鄙 136,983
自瀘 1291
自誇 228,1415
自摑 234,368,1423,1813
自踣 401,1499
自劚〔攫〕 1592,1600,1888
自潰 198,1312
自縋 384,1792
自鄶 1975
自殪 1959
自縊 1576,1578,1596,1932,2096
自檜 1888
自斃 1955
自糜 2043
自撲〔撲〕 1887,2190
自鍾 181
自擺 208,1372
自韙 125,784
自躄 98,234,297,1270,1423,1554
自醫 1249
自鋒 1145
伊忙 411,1252
伊吼 410
伊吼悉鹼菩哳 1252
伊沙天 68
伊沙馱羅 491,1739
伊剎尼 497,1746
伊師迦 457,470
伊撥末堆河 959
伊尼延 11,850
伊尼延鹿王腨 888
伊尼耶鹿王腨 1369
伊那跋羅龍王 898
伊那鉢那象王住金脅山 885
伊沙天 663
伊師迦 1328,1353
伊師迦草 953
伊跋羅象 771
伊羅婆拏大象王 900
伊羅跋提河 959
伊蘭 930
伊耊 2183
伊寧〔甯〕 321,1539
伊諧 98
伊矇 107,411,1242
伊矇郯地 1253
伊儸 17,802
伊爛拏 1877
血泒 1885
血脈 1022
血膋〔膂〕 113,1158,2175
血瘺 216,1665
血髓 1857
血鑊 1505
血瀆(瀆) 1240
向法次法 369,1813
向膠 1151
向詡 2177
囟上 248,1818
似慎 2167
似嚼 2015
似鱓 2015
似叢 1153
后薨 1459
行有所得 639
行列 1247
行至楞伽道 897
行者 683
行者欶 1463
行相 581
行浚(溲) 2144
行般 51
行般那含 963
行旅 213,1368
行漸次行 599
行褊 2028
行縢 307,1563
行躄 415,1087
行蠱 2064
庍分 1850
彶彶〔彶彶〕 121,277,834,1038,1837,1998
舟 896
舟航 116,1022,1274,1874,2033,2041,2134
舟楫〔檝、艥〕 12,398,851,907,921,1053,1496,1594,1966,1978,2029
舟艫 1946
戹〔戹〕滿 2153
全碩 344
合楿 770
合蔟 1247
合裹 1186
合鍊 1128
合擘〔捥〕 1157[29],1176
合嗇 2108
合霤〔雷〕 318,1537
企 712
企行 334,353,1545,1640
企牀〔床〕 312,1567
企望 243,346,370,1411,1659,1815
企摩 340,1661
企薩 1893
企懷 2193
兆垓 697
邠祁文陀弗 68,662
邠坻〔坻〕 48,387,1446,1474,1788,1892,1901
邠郊 1977
邠鄉 2163
邠耨 87,1115,1471
邠耨文陀 1059
邠耨文陀尼子 63,650,1007
邠耨文陀弗 175
兇〔殑〕悖 157,546,819,1037,2056
兇殘 2230
兇戲 988
兇黨 529,579,601
兇𪈁 1517
刖手 732
刖耳 1264,1833
刖足 50,95,435,456,642,722,1352
刖其 108,1267
刖其手足 960
刖鼻 743
刖刵 2176
刖挑 2231
肌肉 698,832,1889,1906
肌色 1071
肌肥(肥) 745,765
肌膚 1127

肌體 1861
肋二十四 731
肋骨 58,455,656,1351
夙夜 136,983
危脆〔胞、脆〕 564,596,617,786,1035,1072,1107,1283,1324,1812,1890
危樓逈帶 894
危憿 390,1802
危隥攲傾 1960
危險 2254
旭上 2322
旭日 1085,1207,2037,2210
旭旦 1595
旭照 807
旬擩 418
刎口 262
刎闍 113,1158
匈匈 282,389,1430,1800
匈凸 323,1541
匈凹 322,1541
舛駁 1868
舛謬 874
舛蹈 2002
舛闕 2049
舛雜 2057
各若干微塵 883
各訃 1191
各陞 1184
各剖 1179
各袖利刃 1956
各葺 1620
各跨(跨) 1912
各撤 2075
各鶩 2027
各勱〔勵〕 173,777
各選 259
各賷(齎) 138,738,986
咘(希)熙 2274
名不虛稱 934
名波都拏 1277
名振天下 878
名於 397,1495
名醎〔鹹〕 260,1481
名遏 8,847
名喃 1900
名鑒 509,1762
名頲 2113
名熹 2150
名爲度者鞞陀迦 1058
名爲蹋破 1059
名蹲 925
名譽 594,815,860,1291
名鰻 1237
多舛 1046
多芆 1009
多他 321,1539
多他陀馱那 42
多伽留香 411,1252
多伽婁香 948
多伽羅香 14,798,954
多含 39,936
多陀阿伽度 973,2254
多陀竭 786
多泄 731
多祉 2002
多律踟 414,1255
多稌 2133
多荄 149
多咩 154
多弭 116,1274
多眯 150,1008
多惡〔悪〕 172,783
多軼 158,1037
多揭羅 555,1017
多禖 85,1062
多嘔 27,1233
多攝 1437
多摩羅 555
多摩羅跋香 14,798,954
多摩羅跋旃檀香 984
多謫 122,1188
多賷(賚) 642
多皺 1831
多鞬陀 283,1459
多虧 1977
多顏(髯) 1831
多懵 2024
多釀 1619
多霤車 22
多羅 36
多羅三藐 970
多羅花 870
多羅果 480,1365
多羅聚落 935
多羅樹 139,931,940,989
多鱣 113,1158
争聳擢 861
争鶩 2034
色十種 954
色虹 394,1492
色貌 1857
色膜 376,1798
色綫 1196,2111
交阯 2065,2109
交迴 2107
交暎 640,681,1213
交絡 600,636,731,1213,1857
交涉 562,616
交趺 112,782
交擊 1141
交搆 1236
交徹 557
交翫 819
交繳 1177
交露 1107
交聒 1971
交縫 2296
交瞼 395,1493
衣以 195,1309
衣甲 1202
衣帊 378,1795
衣桁 339,1596,1660,2106
衣盋 1987,2071,2151
衣架 295
衣袷 2056
衣裓〔裓〕 132,156,359,976,1030,1075,1694,1888,2324
衣賑 2079
衣裹 621,1892
衣僅 453,1349
衣餄 1098
衣裳弊惡 903
衣襟 719
衣纈衣 1198
衣屧 229,1417
衣幞 1574,1596
衣鍋 302,1559
衣黻 1604
衣櫝 1574,1596
衣纈 1625
充足 36
充洽 889
充娧 1181
充溢 534,543,603
充噎 2108
妄瞤 1283
忖 973
忖度 1370,2133
忙囊 712
忚遽 2319
并擩 328,1532
并饕 242,268,1410,1431
米麨(麨) 1182
米餅 1178
米穀 1884
米潘 272,327,1520,1531
米隸耶酒 472,1330
米黏〔黏〕 341,1662
米禰迦 1176
米鞞羅 1125,1186,2301
冲虛 510,1764
冲寂 2041
冲邃 2016,2095
次音梵文 540
次捧 1199
次篋 1049

次飴　365,1730
次騈　2054
次壓　357,1692
汙湔　351,353,1643,1649
汙損　1612
汙綪　2168
汙篋〔篋〕 321,1540
汚　942
污之　1513
污池　2087
污〔汙〕身　296,1552
污泥　1029
污渥　697
污濺　1643
汙飾　324,1543
汙穢　136,982
江芃　2182
江〔沍〕殑　1589,2305
江沱　2001
江泌　2071
江浦　383,1791
江湄　2053
江滑　2091,2094
江瀆　2078
汍瀾　1964
汎大　1856
汎成　465,1361
汎漾　1887
汎漲　1220,1619,2077,2216,2312
汲井　868
汲引　790,1208
汲水　310,1002,1566
汲汲　1978
汲郡　2015,2334
汲冢　2016,2100
汲灌　1109
池沼　12,384,447,502,529,613,814,851,868,1040,1343,1755,1792
池湖　93,1262
池塹　2224
池濼　111
汝今適得　883
汝迺　172,783
汝曹　186,296,482,502,544,1301,1366,1553,1755
汝等絫　980
汝腕〔捥〕 734,1608
决度　367,1733
决定　859
汝撥　1381
决擇　542,1592
汜〔氾〕羅　175,1078
守宫　133,978
守院　1727
守羅　939
宅主　980
安多會　298,1554
安明由山　105,1163
安怛袓那　1234
安浮陀時　950
安堔　1605
安堵　2084
安措　191,1305
安跱　8,847
安鄯那　1201
安撫　543
安頜　1141
安橛於空　957
安塹　1612
安叡　1375,1998,2096
安膺　111
安膳那　713,1139
安膳那藥　483
安繕　432
安繕那　460,1356
安繕那藥　908,1401
安闍那藥　963
安隱無漏法　985
安簀木枕　948
安龕　1598
冰山　1216
冰矜　282
字音十四字　褁阿壹伊塢烏理釐釐藹汙奧闇噁　42
字愜　176
祁寒　27,1233
祁纖　2145
迅去　260,1481
迅速　566
迅飛　237,1426
迅駃　1478
弛紐　2038
阮韜　2078
收拔　1903
收税　1213
收骸　1957
收儦　150,1008
收穫　73,668
收〔収〕嚧　411,1252
防扞〔捍〕 1708,1715
防那　452,1348
防援　487,1735,1770
防禦　242,707,1410
防邏　381,496,1745,1781
那由他　864,898,989
那地迦城　508,1762
那伽　56,480,654,1386
那伽慧　884
那伽閼剌那　1877
那剌〔剌〕陀　768
那洛迦　1126
那哆　116
那姥　114,1158
那娜　23,1230
那唏　22,1229
那梯〔𢳾〕 18,802
那眵　178
那術　62,649,766,832
那庾多　432,479,527,535,714,1386,2246,2265
那蒐　344,1664
那落迦　477,1384
那塀延　1440
那提迦葉　969
那提乾天　68,663
那辢(辣)遮　1139
那睺沙　953
那睺沙王　964
那誐　1198
那羅　988
那羅延　157,497,600,857,887,947,991,1037,1211,1746
那羅陀花　871
那爛陀　2243
异度　2100
如三禪樂者　957
如川鶩　860
如孔雀胭　689
如斤　352,1640
如幻　638
如世生盲卒無覩　860
如札　490,1738
如穴　1720
如尼拘陀樹　958
如汜〔氾〕 610
如芊(羊) 1703
如牝　498,1747
如臼　1440
如如　478,1385
如芰　385,1793
如孛　369,1814
如杌　1198
如拒　382,1783
如坻　2029
如貝　58,656
如我惟忖　889
如析　754
如來十力　962
如來室　986
如來槊　1125
如盲　562
如盲瞽　860
如劵(券) 1337
如弗　398,1496
如屈厦挐没魯荼　1703
如珂　992
如是儀則　877
如毗濕飯怛羅　483,1321

如是觀行 934
如虹拖暉 1047
如虹蜺色 893
如秋髡樹 953
如重雲 861
如荻 379,1796
如陶 380
如砷 344,1658
如砥〔砥〕287,1454
如砥掌 699
如借 754
如釘橛 1143
如猪 180,1076
如乾草積 891
如蚖 1833
如甛（甜） 234,1423
如掐 350,1648
如掊 247,1817
如圈 372,1816
如毬 722
如笮〔笮〕 193,371,1132,1308,1815,1909
如魚在鐵 954
如猫伺鼠 937
如陽燄水 1285
如婆羅痆斯 1778
如琼 377,1798
如塊 1323
如晴 379,1779
如遏璽多 1708
如蛭 1404
如景 180,1076
如衆繢 863
如犀 739,1059
如蓖麻子 938
如稍 72,482,632,667,1366
如餅（餠） 1721
如趁 691
如睫 375,1789
如睡 1398
如罩 220,1484
如蛾 1322
如鉆〔鈷〕 482,1321
如痤 562
如槩 370、1814
如榖 1899
如榻 1955
如榍 735,1609
如塹 809
如蜺 1051
如稱 1107
如蔑〔篾〕 206,1337
如厭 345,1659
如箕 1440
如膀 88,1069
如僕 562,625
如餉 86,1063,2197
如瘠 1056
如漁 900
如綫 1837
如駛 1464
如駝〔馳〕食蜜 51,960
如種 72,667
如標 1262
如踞 161
如箭 99,491,1270,1739,1773
如鋒 1013
如瘡 543
如窯（窰、窑） 781
如鴆 464,1360
如橙 1371
如瞖 1224
如燎 531,566,580,602
如閻浮提 938
如鞞世 1381
如牆 1199
如鍊 1031
如濟客 907
如衝（衝） 632
如鎌 1389
如斷生瓠 961
如羅睺羅 929
如癡 562
如獼 385,1793
如礫 1909
如撲 1811
如噎 1923
如蜎 1876
如鋪多外道 1970
如熟烏麩 1827
如澗響 2161
如絙 244,1412
如樹心有蝎 1679
如燒杌樹 1592
如燈滅 1827
如縶 213,1367
如鍼 376,1798
如貘 2168
如蘊 228,1416
如瀅瀞水 1852
如瀉 2107
如纖 1865
如羸 2274
如礪 89,1070
如麵 255,1829
如霰 401,1498
如鷂 276,797,1525
如爛 1091
如鷃 472,1330
如龜藏六 933
如鑄 1127
如聾 562
如钂 1031
如鑽燧 867
如霹靂 1462
如癰〔癰〕 543,588,1675
妃妓 1902
妃娣 1707
妃嬪 2237
好忤 147,998
好拂 82,1118
好净 579
好樂 135,982
好憙 770
劦掣 346,1659
牟尼 379,859,1779
牟尼仙 438
牟侯利 912
牟芩 111
牟呼洛 433
牟娑洛揭婆 443
牟娑洛寶 480,1387
牟婆羅 459,1355
牟盧 711
糸懸須彌 952
巡匃〔丐〕 1953
巡行 1814
巡狩 2230,2256
羽翊 2153
羽葆 420,1807
羽蛻 2131,2152
羽翮 2202
羽檄 2333
羽寶 368,1812

## 七 畫

玕琪 2127
弄上 1643
玓瓅 112,670
形〔彤〕兆 198,1312
形惵 471,1329
形殂 2010
形褻 1806
形躁 2149
彤俣（形俁） 1183
彤謹 2057
戒雷 141,991
戒蘊 548
戒橃 1650
戒躅 1937
吞故 365,1731
吞啗 1209
吞噉 1202,1214
吞噬 174,281,779,921
吞嚼 1771
坏 865
坏〔坯〕瓦 592,753,2253
坏成 724
坏瓶 554,611
坏船 764
坏幻 2038
坏椀 2271
坏〔坯、杯〕器 746,1479,1580,1885,

2229
坏諭 1899
坜水 1605
坜底 1613
坜〔坜〕器 49,955
坜瓮 1860
坜甕 1859
坂坻 2181
走跳 761
走獸 1091
圻際 153
坋之 768
坋那 339,1660
坻祇 414,1255
坻闍〔闍〕 412,1253
赤石 227,1414
赤眚 1237
赤鄂衍那國 1950
赤紫〔觜〕 171,698,1093,1912,1920
赤紫烏 1982
赤膜 1192
赤隣轉 1456
赤毯 1618
赤顩 1982
坎窟 1019,1613,2279
坎壞〔壞〕 2033,2083,2101
均亭 2285
均贍 895
孝珩 2005
孝凱 2095
坑〔阬〕阱 1776,2109
坑坎 632,833,984,1097,2097
坑坎塠阜 904
坑穽 25,366,383,494,907,1232,1581,1732,1743,1791,1957
坑窖 422,1834
坑塹 1681
坑埳〔埳〕 72,667
坑澗 792
坑陷〔陷〕 1325
坑藝 2016
志尚涅槃 893
志逞 96,1034
志欲廣大 861
志獨無侶 877
志褒 2112
志緝 2334
却派 2079
却紫 1633
却敂〔敵〕 573,930
却賓 678,1234
劫 973
劫中飢饉 869
劫布呾那國 1949
劫比拏王 482,1321
劫比羅 734
劫比羅國 606
劫〔刼〕掠 1578,2076
劫貝 295,1552
劫貝娑花 954
劫波育 15,799
劫〔刼〕賓那 895,969
芙〔扶〕蓉 67,168,661,1005,1201,2270,2301
邯鄲 2136
邯鄲淳 1985
芸荾 1584,1599
芸薹 1193
芰荷 1139
芽生 1181
芽者 1398
芮芮國 2073
芮城 2100
芼扮 1643
花朶 770
花茸 210,1374
花堆 1129
花棓 1176
花勃 223,1487
花菩 384,1792
花搵 2269
花蒂 1772
花奩香篋 883
花錠 2105
花鬘 477,774,1079,1203,1394
花蘂〔蘂〕 708,858,2272
芴山 116,391,1274,1802
芥子 138
芬茨 1826
芬陀利 862
芬葩 155,253,836,995,1007
芬敷 895
芬敷布濩 896
芬馥〔馥〕 37,305,454,493,546,589,604,632,706,711,757,827,842,878,915,924,965,1012,1035,1068,1108,1145,1156,1204,1213,1349,1561,1741,2065,2218
芬馨 905,1969
芟夷 1396,1965,2340
芟足 2071
芟改 2106
芟彼 397,1494
芟草 1958
芟剉 26,1233
芟除 99,1271
芟截 246,1430
芟薙 2040,2175
芳苾 2065
芳絢 2170
芳餌 2252
芳橈 2029
芳羞 437,728
克伏 452,1348
克捷 2050
克湮 1395
克殄 859
克諧衆樂 877
克證 861
芭蕉 566,618,729,1058,1225,1861,2220,2253
杜多 435,471,541,552,587,1330
杜門 106,1272
杜〔社〕棹 411,1252
杜鄹 2027,2122
杜絶諸惡道 906
杜衡 2337
杜龕(龕) 1934
杆欄 2190
杠 398
杖剌 743
杖控 99,1271
杖塊 535,567
杖〔枝〕敲 259,1505
杖捶〔棰〕 732,1469
杖幹 949
杖鉞 1970
杖撥 1543
杖鑽 324
杌木 1609
杌樹 1600,1860
杙上 295,1552,1605,2306
杙有 1618
杙牀 1596
杙殃 1886
杙釘 1629
村屯 14,799
村柵〔柵〕 404,1502
村渃〔落〕 155,837
村墟 728
村隖 1441
杚〔扢〕土 246,1429
巫祝 70,664
巫師 349,1655
巫覡 1989,2065,2109,2152
杓子 2021
杞梓 2076,2094
李聃〔聃〕 2035,2337
李斌 1915

李寔 1993
李淼 2136
李嶷 2189
孛本 1918
孛本經 1911
孛題 96
車 906,972
車兵象馬步兵 961
車伽 411
車匿 758
車乘〔乘〕 129,569,723,809
車釭 98,157,702,1037
車渠 971
車軸 730
車軨 288,1461
車轆 1580
車軾 419,1806
車輅 449,820,1120,1192,1194,1200,1345,2275,2288,2308,2321
車路 435,723
車漸 1911
車轂 1708,1884
車輾 1601
車鶬聲 1465
車箱 1103
車轅 730
車輿 52,307,869,964,1563
車轢 270,362,1796,1887
甫此 26,1233
甫當 62,200,649,1314
甫爾 74,669
匣貯 1240
更互 1331
更添 1591
更無遺孑 1582
更貿〔貿〕 298,1554
更號 2039
更遞 2110
更適 324
更霸 1915
更馥 808
豆〔荳〕蔻〔蔻、蔻〕 1130,1169,1648,1680,1939,1968,2077,2288
豆盧㖞 2042
豆盧褒 1933
邴吉 2125
邳國 2098
否梨咶 413,1254
底磧 2089
夾路 1080
夾道 244,1412
夾膝 379,1795
尪劣 1520
尪〔尫〕狂 173,777
尪疾 1708
尪〔尫〕弱 409,1251,1440
尪綢 781
尪餘 2068
尪瘵 236,1426
尪〔尫、尲、尩〕羸 86,222,450,1063,1217,1346,1487,2215
尨毛 1634
尨色 1625
抪〔捬〕之 413,1254
扶柩 1936
扶柳 1913
技〔抜〕術 559,1018
技業 1331
技〔抜〕藝 557,593,624,675,2264,2309
扶箭 1325
托動 900,2232
抛打 2190
抛身 2191
抛鉢 417,1089
抛擲 1892
拒逆 608,622,627
拒敵 2276
批尼 1320
批〔枇〕那 243,1411
批其額 1957
批捥〔椀〕 396,1494
抄前箸後 944
抄掠 39,768,936,1675,2189
抄虜 452,1348
抄撥 405,1503
折吒王 1857
折伏 557,813
折角(角) 646
折骨 1292
折翅 2065
折樓蟲 381,1782
抓甲 1982
抓敎 1894
抓捶 1523
抓掌 709
扳上 253,1843
扳〔板〕稱 187,1302
抵玉 2162,2168
抵掌 2021
抑挫 73,634,668
投夾 345,1659
投穽 397,1495
投挂 1124
投掣 821
投壺 1292
投趣 563,596
投竄 694,814
投礫 1240
投甌 2023
投捭 1458
投淵 1860
投簪 1912,2050
投輪 454,1350
抆拭 509,1763
抆足 818
抆〔抆〕摸 377,1588,1799
抆摩 531,580,602
抆〔校〕淚 442,749
抆飾 1918
抆之 411,1253
抗拒 726
抗言 1984
抗迹 1986
抗莖 2173
抗對 596
抗衡 209,1373
抗邈然 1474
抗禪師 1936
抗禦 421,1833
抗轡 1985
抖捒 1573,1841
抖〔斗、十、㪷〕擻〔藪〕 111,220,305,329,389,793,1273,1484,1533,1561,1620,1643,1720,1800,1941,2325
抉口 1617
抉目 734,1609,1955,1961
抉其 1619
把 891
把拳 410,1249,1251
把颾 1812
把棓 757
抒大 187,1302
抒〔杼〕氣 82,222,1255,1486
抒〔杼〕船 372,1816
抒盡 1905
坒經 18,802
求匃 1855
求定 1853
求那 950
求求羅香 215,1288
求其罪釁 893
求索 983
求眺 148,999
求晴 512,1765
求路 370,1814
求斠 1873
求蠹 1976
迓之 1963
步屈 42,941
步驟 221,322,1485,1540
步搖 256,1830
步蠖 2148
步驟 1370

旱澇　2102,2257,
2299
里巷　166,296,1003,
1553,1857
里閈　472,1330
里程　93,1262
呈佛　389,1800
貝　975
貝子　1849
貝多　677
貝牒　855
吳會　1961
吳濞　2099
見杌〔杌〕1324,1389,
1700,1723
見邸　160
見幣　1112
見薪　1054
見擯　987
見甌　1827
見擒　1956
見斷　329,1532
見寶　138
吶嗽〔軟〕368,1439,
1812,1896
吶食〔飠〕492,726,
732,1240,1740,
1774
吱越　259
吱〔吱〕駐　92,1257
吠世師　477,1383
吠舍　470,559,1328
吠舍釐國　606
吠佛　1455
吠陜　2280
吠嵐僧伽　720
吠嵐婆　497,1745
吠嵐婆風　1708
吠瑠璃　491,535,
572,689,817,1740
吠憚　2253
吠曬　2190
吠藍婆風　456,1352
吠〔趺〕嚂　410,
1252
吺咀　147,235,998,
1131,1424
吟欣　1172
呀骨　225,1490
呀癩　454,1350
足右指蹴　1613
足岳　525
足趺隆起　904
足跂　1295
足趾　438
足跖　416,1088
足皴　1970
足跟　636,711,731,
888,1098,1577,
1604,1724,1941,
2228
足踏　753
足腨　1828
足踹　1617
足蹶　1905
足躡　1008,1464
虬螭　251,1435,1441
园方　1961
困瘵　1888
困躓　1986
串習　1031,1331,
1381
串脩　367,1733
串樂　190,1305
吶其　158,1034
吽　682
吽字　1236
吽矐　1129
吽嚇　1871
听然　2182
听爾　1998
吟哦　287,1454
吟嘯　770,2112
吻口　1843
吻噬　1991
吹　973
吹角　975
吹敂　2014
吹笙　154,835
吹笳　261,1843
吹脹　735
吹毳　295,1551
吹噓　2075
吹潠　1657
吹噭　112,670
吹篪　386,1794
吹激　1891
吮已　1442
吮乳　2250
吚扶　159
吚拔　1037
邑中　167,1004
別知　906
別時　786
吼　871
吼聲　821
吼謑　1179
吼嗺　418
岐道　194,1309,1440
岐〔歧、歧〕路　359,
421,461,1357,
1694,1838
岐〔歧〕嶷　112,
670,2098
删去　378,1795
删那　18
删珠　170
兕犀　401,1498
兕〔兜、兜〕來　153,
966
囧(冏)灼　120,1276
怉褱　2113
牡鹿　1052
告喻　134,980
利矛　907
利斧　763
利戟〔戟〕294,1551
利吒〔咤〕411,1253
利弗　386,1794
利剌(刺)　218,1402
利觜　99,1270,
2138
利鉄　23,1229
利鈍　1094
利養　973
利響　1081
利钁　941
利鎌　2241
利躓　249,1819
禿丁　2332
禿瞎　300,1556
禿瘻　781
禿驃　362,1671
秀出　863
秀呟　412,1253
秀峙　2096
秀傑　1968
秀巘　2037
私吒　47
私覢　2089
我今貧窶　876
我弄　775
我身薄祐　876
我弟子具十六行　963
我時尋覺　902
我曺　62,180,649
我頃　501,1755
我等欽風　876
我遠三乘　955
我當爲　976
我嘗　976
我適　49,140
我適欲問　957
我慢所吞　893
我慢原阜　882
我慢溉灌　883
我爲　1859
我躲　1900
我皻　1585
我齎　120,1274
每作　131,976
每言　504,1758
每剟　1945
每慨　1963
佞倖　2142
佞媚　2239
佞歌　495,1743
佞嬖　1517
佞孽〔蘗〕71,671
兵戈　588,605
兵仗　907
兵伍　196,1311
兵荐　1916
兵革　16,801

兵厮 385,1793
佉 541,942
佉吒 1198
佉吒迦 1145
佉字 586
佉玎 123
佉伽 805
佉伽婆沙 20
佉陀尼食 1263
佉陀羅 938,944
佉陀羅山 889
佉陀羅炭 952
佉珂 1194
佉勒迦形 862
佉啁 353,1640
佉啁羅床 332,1535
佉梨 493,1459
佉詶 244,1412
佉樓書 360,1695
佉達羅剌 759
佉堀陀 1249
佉羅帝耶山 438,808
佉羅騫馱 970
佉離 1741
佉駐 413
佉駐阿蜱 1254
何 682
何以故如滿月 938
何况從事 882
何耶揭哩嚩 1139
何況 869
何貌 592
何緣致此清净衆會 899
何异 2152
何妥 2008
何負 136,364,1729
何炟 2135
何訾 118,1091
何與 300,1556
何羅怙羅 436,726
但三 59,658
但坭 107,412,1242,1253
但畜 610
但教 131,974
但撥〔橃〕 365,1730
伸手 1175
伸傴 2161
佚 1330
作匕 302,1559
作枕 1826,1836
作把〔杷〕 310,1566
作穽 332,1544,1596
作桄 311,1566
作城 1091
作索 1196
作倡 37
作倡妓樂 932
作袜 299,1555
作拳 1178,1184,1322
作務 891
作敍勢 1125
作弶 317,1536,1645,1646
作棬〔捲〕 310,322,1187,1541,1565
作蛭 221,1486
作傔 2191
作發 348,1667
作槭 1131
作模〔摸〕 198,319,381,643,1243,1312,1538,1781
作鞠 335,1546
作摶 1646
作製 1973
作箸〔著〕 310,1565
作屣 358,1693
作緡〔緍〕 323,1541
作褶 299,1555
作鞪 304,1560
作箄 1202
作廣作陿 607
作劇 1168
作樂 131,975
作鍺 311,1567
作縈 323,1541
作髻 1199
作檿〔橜〕 1149,1152,1247
作縛 2274
作環 1129
作繭 762,769,795,1298
作醮 1186
作繀 299,1555
作繖 341,1662
作幰〔幰〕 307,1563
作鑒 1224,2219
作竇 1605
作襻 1605,1625
作怾〔怯〕 334,1545
作緫 336,1547
作饑 1645
伯仲 188,1303
伯纉 2028
伶人 1051
伶俜 17,136,252,801,983,1054,1618,1841,2180
你吚 2213,2229
你伽 463,1359
低下 907
低昂 1107
低屈 1225
低囉 16,801
住在畢利颶瞿洲 1862
住邪濟者 907
住對面念 826
住預 364,1730
位倴 1395
伴侶 616
佇〔竚〕立 88,441,576,1006,1070,2327
佇立未久 901
佇延 675
佇〔竚〕聆 2034,2083,2094,2107
佁儗 791
身上分 904
身上靡 904
身毛慫豎 1185
身分 578
身心憺怕 892
身肢 1177
身相休咎 883
身皰 2296
身索 1857
身飤 1968
身冒 271,787
身祟 395,1493
身康 293,452,1348,1550
身矬 509,1763
身僂 1835
身瑣 1860
身踣 2113
身篋 1797
身瘵 478,1385
身隶 1184
身餒〔矮〕 179,1103
身嬰 547
身嬰重疾 876
身纓長病 935
身纔 489,1738
皂利國 2077
伺之 294,1551
伺求 141,509,530,589,596,846,992,1031,1762
伺其過失 893
伺鼠 39
伺斷 2279
伲民 410,1252
佛 968
佛仍 20,804
佛垂般涅槃略説教戒經 1275
佛刹 860
佛栗氏子 484,1390
佛塔 121,868,1110
佛稍 1152
佛號娑羅王 863
佛窟 1199
佛褅 115,1243
佛蹠 2076
佛顗 1874,1887
伽 541,906,942
伽他 477,974,1384
伽字 586

伽那時　950
伽泜　410,1251
伽陀　876
伽耶迦葉　969
伽耶城　989
伽留荼　912
伽嘮　170,1165
伽恨　16,801
伽瓮　1908
伽瞿　1895
伽僁　186,1301
伽濘　176,1172
伽檯〔鐢〕413,1254
近之　884
近事　447,1343
近緣　1135
近壏　1986
近矚　1934
彷徉　97,242,302,340,358,1090,1410,1447,1448,1558,1594,1660,1693,1904
戹〔厄〕中　299,1555[30]
余慨　2009
希夷　440,1006
希〔睎、悕〕望　56,654,690,703,739,1043,1082,1388,1398
希締　2042
希鳌　412,1253
坐此　48
坐枯　1585
坐峙　1984
坐袪　2024
坐肆　44
坐處痺　1465
坐頭　252,1842
坐殯　2098
谷響　569,602,1016,2255,2287
孚乳　50,134,959,979
孚出　145,996
孚呼　288,1526
孚譴　268,1518
孚附　2309
含以　365,1730
含膠　1976
含燠　2005
含蠢　1239
含嚼〔囓〕1680,2091
坌之　49
坌以　763
坌我　577
坌身　845,1917,1929,1982
坌其身　1023
坌者　1472,1873
坌面　1889,1896
坌塵　1078,1464
坌擲　1908
谷廄　1811
肝肺　1522,1706
肝隔　91,1259
肝膶　770
肝膽　1214,2213,2238
肚不虫　771
肘行　1619
肘梯　1597
肘腕　1268
肘量　842
甸之　1973
邸店　1180
邸肆　447,1343
邸閣　416,1088
免溰〔濟〕146,893,997
劬拞　178
劬呫礼　1170
劬師羅長者　1970
劬勞　479,550,591,609,634,812,845,1219,1385,1406,1576,1702,1710
劬離　83,1060
狖鼠　153,212,1367
狂狷　188,1303,1989
狂悖　272,791
狂痟　1388
狂賊　560
狂憨　258,1444
狂瞀　2339
狂癳　412,1253
犾犾鬭諍　1469
狄道　2331
狄鞮　2149
卵〔夘〕觳〔㲉、毈、㲉〕473,489,611,623,761,962,1036,1333,1673,1682,1703,1738,1773,2241
肕生　559
角力　40,304,446,937,1342,1561,1592
角張　422,1834
角處　1877
角術　1885
角勝〔觲〕493,1193,1198,1741,2271
角絡　1127,1247
角〔佫〕試　1854,1981
角犎　451,471,1329,1347
角〔㕮〕睞　142,923,925,992,1039,1123
角論　1702
角顉　1990
角襵　1938
刡心　1607
彤赤　1139
彤華　280,1465
彤雲　2163
彤〔肜〕然　403,1500
彤管　1976
灸瘢　1186
迎翼　1125
迎睇　2096
系多　1258
系毗　17,802
系嫡　1875
系履　120,1276
系頭　344,1658
系捍〔杆〕20,804
言刈　2085
言咆　1455
言玷　2010
言挑　381,1781
言泆　465,1361
言詞　504,1757
言誼　2024
言薩　423,1839
言鍕　1808
言蘗〔糵〕320,1539
言聲　417
吏(鬧)亂　1626,1723
序　968
序讚　2056
庇利　170,1165
庇其　198,1312
庇蔭　879
疔腫　1174
疚手　330,1534
疚頭　329,1532
辛辞　179,1042,1707
辛葷　1141,1987
辛酸　557
辛頭波羅香　899
辛諝　1988,2034,2164,2334
辛膾　2063
辛彝　1987
忘倦　2048
忘疲　687
忘認　1262
忘筌　2059
忘翥　2067
忘䩶(報)　542
忮收　390,1786
忮羅　188,1303
忪忪　1853,1902,2197
忡忡　170,1165
忻求　568
忻樂　583,1080
忯桿國　1949

忼慨 1375,1688
忼愾 284,1827
快樂 1856
忸金 2041
忸怩 118,1091,2074
忸赧 1988
羌揭梨 1140
判合 48,954
邦伴 82,1117
灼〔灼〕惕 145,248,
282,996,1432,1819
灼熱 414,1086
炮垂 2130
冷煐 574,1595
汪水 94,303,328,
389,1263,1532,
1560,1800,1908
汪汪 1975
汪池 85,1062
汪泥 329,1532
汪哉 2194
汪洋 284,1109
汪濊 2097,2176
汧渭 2020,2154
汧陽縣 2047
汧隴 2054
沐浴 491,1739
沛王府 2041
沛然 115,1076,1204
沛施 1448
汴水 2147
沍 1979
沚清 2029
沙 540,906
沙字 586
沙汰 1933,2051,
2172,2335
沙利藥迦 461
沙門 130,816,868,
957,973
沙門衣盍 2147
沙門那 963
沙挐 179
沙〔砂〕鹵〔鹵、滷〕
38,924,934,1223,
2253
沙粱翟 1062
沙揉 1918
沙訶 62
沙詫 111
沙蜱 1153
沙麨 1875
沙數 680
沙潬 1125,1719
沙糖 342
沙彌 988
沙礫 1389,1937
汩淴 1951
汩灑 2036,2338
沖粹 2127
沖濬 1396
沃土 1144
沃口 84,269
沃日 98,704
沃以 482,1366
沃石田 807
沃田 919,2240
沃屹 2213
沃朕 674,2263,
2337
沃弱 397,1495
沃野 268,1431
沃揭羅長者 1764
沃〔渓〕焦 10,362,
849,1671
沃焦海 1218
沃溉〔漑〕 229,1417
沃潤 1107,2281
沃盪 2295
沃〔渓〕壤 238,
951,1017,1025,
1427,1438
汾晉 1966
沿時 522
泛大海 554
泛花 1145
泛芥舟 1376
泛長〔漲〕 40,304,
676,938,1560,
1878,1992,2266
泛於 820
泛〔氾〕流 154,
254,767,835,995
泛舸 2107
泛舶 2072
泛愛 1514
泛爾 1778
泛漾 384,574,1792
汦啚 2199
汦曇 176,1171
沕滑 2154
没力伽羅子 471,1329
没特伽羅子 433
没嘌多 2271
汍出 1337
汍膽 1711
沆瀁 1089
沆瀣 2037,2114
沉曀 1395
沉輪 818
沉麝 210,1379,1381
沈沔 1517
沈〔沉〕淪 685,
1405,2250,2282
沈痗 2185
沈痼 807,2027
沈〔沉〕溺 549,596,
1208,2241,2287
沈艎 2026
沁州 1935
完出 327,1530
完具 1066
完健 69,664
完器 1855
宋公瑀 2114
宏壯 449,1345
宏敞 1877
宏曠 363
宏遠 524
牢固 716,1041,1440
牢度跋提 1077
牢船〔舩〕 257,1480
牢敞〔般〕 65,653
牢韌 405,1503
牢靳 397,1494
牢鎧 1808
牢獄 746
牢籠 1036,1968
牢鞭(鞭) 762
冶容 1959
究究羅 49,956
究俤 16,800
究挃 411,1252
究槃荼 436,726
灾火 134
灾迅 422,1852
灾〔災〕疫 252,1842
灾虆 1325
良工 907
良久 900
良臣猛將 902
良沃田 877,901
良祐 14,47,798,952
良貰 2264,2294
良醫 869
良醫 1289
启妙覺 1949
启門 252,1842
初成道已破四魔 934
初無所損 908
初後皰雙前 1733
礿祀 2126
礿祭 2151,2175
社怛梵 1138
罕人 73,633
罕測 855
罕緻 1810
罕〔罕〕聞 508,1761
郯地 107,412,
1242,1253,1255
郯蛇 414
君持 294,1551
君稚迦 1960
君墀 2189
君慧比丘 896
即士釋 479,1386
即便有娠 962
即便竊竊 883
即莧 1992
即剖 2029
即探 278,1475
即捩 1141
即募 1891
即晞〔睎〕 418,1319,

1834
即嘘　1854
即瘳　2060
即碎　842
即厭　192,1307
即劓其鼻　960
即覷　404,1502
即襞　325,1528
即譖〔讒〕1175,1195
壯洪　1858
尾骼　226,1413
尾鑠　1159
局故　1720
局提　1937
局隨增　1734
改撥　1183
改醮　1617
忌憚　194,468,501,
1309,1326,1699,
1755
阿　681,916
阿氏多　500,1753
阿末多　2318
阿末羅　437
阿末羅果　729
阿史波室多　2250
阿世耶　469,1327
阿奴律陀　503,1756
阿戍笴　2190
阿吠邪鄧瑟嚌羅　1969
阿死羅摩登祇栴荼
464,1360
阿夷恬　168,1005
阿吒筏底城　694
阿吒嚩迦　711
阿字爲初　695
阿那邠坻　954,1289
阿那含　874,991
阿那波那　955
阿那婆王　908
阿那婆達多　970
阿那婆達多龍王　885
阿那羅王　899
阿娠　93,1257
阿車波坻　1099
阿利羅跋提河　35,
929
阿私仙　986
阿私陀仙　955
阿你乞縱鉢你　696
阿伽陀藥　907,947
阿含　950
阿坻　1290
阿若多　815
阿若憍陳如　969
阿茂咤　1278
阿叔迦樹　945,961
阿底目多迦　719
阿泥律陀　442,504,
1075,1757
阿泥盧豆　1096
阿泥盧馱　2314
阿波會天　64,651
阿波摩羅　823
阿波邏羅　1955
阿波魔那天　1270
阿伽　486
阿迦尼吒天　877,
909
阿迦尼沙託　913
阿迦花　215,1288
阿伽伽　1734
阿迦抳吒　971
阿迦膩吒　2218
阿迦膩吒天　1171
阿陀那識　1406
阿若憍陳如　2249
阿袛　410,1251
阿祇利　182
阿剌　443
阿昵　150,1008
阿毗脂地獄　1438
阿毗達磨　813,2326
阿毗曇　356,1690
阿笈摩　477,498,
813,1384,1406,
1714,1746,2310
阿修羅　857,931,
970
阿俞　157,1068
阿跂　178,1170
阿差末　836
阿洫　283,1454
阿耆尼國　1949,1950
阿耆陀翅舍欽婆羅
2260
阿耆波瀰　1877
阿姑　122,1189
阿紉　18,802
阿素洛　431,542,713
阿耆利　775
阿耆陀　953
阿拂〔梯〕149,1009
阿呼　336,410,1252,
1547
阿俾　149,1009
阿浮　410,1252
阿眵　107,1242
阿梨〔犁〕耶〔邪〕
25,1232
阿偷　1074
阿逸多　879,953,
988
阿庾多　898
阿惟三佛　62,649
阿惟越致　763
阿惟顔　65,87,653,
1116
阿菟羅　1887
阿婆頗娜伽　1142
阿婆魔羅　948
阿揷　161,966
阿耨　969,1074,2223
阿耨婆多　1651
阿耨樓馱　895,959
阿提目多　710,990
阿提目多伽花　955
阿揭陀藥　479,867,
1386
阿跋多羅　1045
阿跋多羅寶　151
阿須倫〔輪〕62,
649,697,766
阿嵦殊喹　1172
阿會亘修天　68,663
阿會豆修天　1270
阿夆茶　1960
阿夆茶國　1970
阿摜　708
阿路猱　1960
阿噎　176
阿嗦〔嚷〕412,1253
阿惱　150,1009
阿溼婆氏多　689
阿遬　284,1469,1922
阿遬達　1913
阿閦　71,671,985,
1012,1024,1926,
2259
阿閦佛　1057
阿閦〔闍〕婆　783,
828,991,1324
阿閦鞞　175,1141
阿閦鞸　2287
阿蜱　413
阿僧　973
阿僧企耶　469,1208,
1327,2211
阿僧伽　480,1387
阿僧祇　932
阿鼻　129,954,971,
2218
阿鼻地獄　875
阿鼻旨　492,1740
阿颰　1920
阿遮利耶〔邪〕435,
453,722,1349,
2308,2328
阿標叉　1887
阿麼　886
阿竭陀藥　939
阿樓那香　877
阿摩勒　938
阿摩勒水　950
阿摩勒果　166,956,
1003
阿履那　23,1229
阿練若　479,541,
587,987,1385,
2252
阿練兒　748,775
阿耨　970
阿耨多羅三藐三菩提
864,957

阿耨達　524
阿耨達池　934
阿薩闍病　74,669
阿輸迦　443,1280
阿輸迦　波吒羅　迦膩尼雉反羅花　怛羅尼瞿具愚反怛羅尼　719
阿輸柯　1802
阿盧那花　871
阿盧那香　898
阿盧那跋底香　899
阿賴耶　821
阿踰闍　119,797
阿闍世　931,954
阿闍梨　294,340,873,1551,1660,2257,2294
阿闍貰　1880,1927
阿鞞　57,134,655,1075
阿鞞跋〔拔〕致　980,1285
阿膻　178,1170
阿濕毗膩　844
阿濕摩揭婆　443
阿濕摩揭拉婆　1075
阿濕薄迦　1580
阿彌陀　174,778,985
阿彌陀佛　886
阿艄　411,1252
阿儵　1821
阿難　969
阿難陀　631
阿難慙　1466
阿疇那　1260
阿羅訶〔呵〕　962,973,2254
阿羅荼　815
阿羅漢　873,929,991
阿羅羅　964
阿羅羅阿波波　948
阿臘　1810
阿襘　176,1172
阿蹎　176,1172
阿譚　417,1089
阿蘭那行　75,679
阿蘭若法　856
阿蘭拏　24,757,1231
阿闡底迦　474,1334
阿顛（顛）底迦　474,1334
阿邏荼迦邏摩子　647
阿釁　699
阿顲　413,1254
阸險　1956
阽危　2162
阻涘　2183
阻壞　563,596,749
阻礙　2078
附之　1907
附舶　1943
陀咩　107,1242
陀俞　85
陀那婆神　931
陀弭　178,1170
陀破　377,1799
陀塞覉　1903
陀㖦　16,801
陀遬　174,778
陀瑅　16,801
陀縿　1125
陀羅　1799
陀羅尼　858,970
陀羅尼中云帝隸阿惰僧伽兜略　992
陀羅尼中字　676
陀羅尼帝替　712
陀羅花　971
陀羅弭拏咒　712
陀羅破　377
陀羅羅仙　955
陀羅驃　950
陀穰　1062
陂池　217,312,1323,1567,2232,2279
陂河　814
陂泉　689
陂湖　529,706,2307
陂隄　120,1274
陂澤　321,868,1540
陂濼　21,251,805,1435
姊妹　556
妓女　840
妓侍衆女　880
妓〔妓〕樂　589,864
妍神　2147
妍雅　1605
妍醜　2027,2155
妙法蓮花經序品第一　968
妙香氤氳　861
妙音遐暢無處不及　857
妙翅鳥　1674
妙翍〔翅〕　576,1682,2319
妙飾　1379
妙鍵　1046
妙氎　1201
妙賾　2143
妙躅　1650
妙瀴　2295
妊胎　2325
妊娠　178,1103
妖〔媄〕冶　114,199,258,350,760,1313,1444,1517,1655,1875
妖〔祅〕蠥〔孽、孼、蠥、孼〕　86,208,222,275,424,1063,1067,1113,1372,1487,1520,2144
妖魅　704
妖〔媄〕嫂　208,1372,1516
妖〔媄〕蠱　168,1005,1477
妖豔〔豔〕　10,331,848,1535
妐言　248,1818
妐姑　117,1111
妒心　723
妒詖　1183
妒嫉　1178,1184
妒㹮　1185
妒嫉　746
妒憋　939,1177
希有　560
甬生　1074
邵子明　2191
邵德　156
忍詬　1959
忍襟　1923
忍鎧　2043
孜汲　371,1815,2130
孜孜　1942,2043,2055,2072,2078,2183
災　980
災炭　449,1345
災禍　108,1267
災雹　825
災横〔撗〕　606,810
災癘　1858
㓹皮　308,1564
㓹析　2110
㓹剥　947,1217,1586,2215
㓹解　1609
㓹觺　506,1759
欥隸　439
希（希）冀　640


## 八　畫


玐聲　2199
奉法　1657
奉俸祿　935
奉屬　577
奉養　879
奉覲　534
奉祿　38
奉餉　321,1539
奉賫　1949
奉贄　1875
玩好　977

玩好之物　896
玩味不忘　888
玦石　2179
武𧩨　1933
青呱　1928
青荄　2180
青茜　1397
青虹　334,1546
青〔靑〕紅　109,918
青〔靑〕黄　409,1250
青翠(翆)　719
青淤　1388
青稞　1126
青紺　1716
青稊　1598,1627
青輅　2309
青瘀〔瘀〕　58,199,
498,529,533,656,
694,1313,1578,
1610,1680,1723,
1746,1777,1851,
2240
青澂　331,1534
青膖(膖)　1511
青綏　2180
青箱　2084
青繳　1999
青蠅　2253
玫〔玟〕瑰　37,61,
131,660,975,1463,
2008
玫〔玟〕瑰爲地　933
玦珇　302,1559
刱(創)作　2025
刱始　1632
盂蘭盆　284,1108
盉(盂)盛酪　2049
長生樂　1196
長表　137
長表金刹　984
長者　166,897,1003
長者子懼波羅　908
長抓　1826,1857
長取　366,1731
長風　866
長挹　1239
長憚　1624
長胭　1860
長捷　2076
長惛　2155
長訣　153,965
長椎　695
長短　916,1919
長跪　192,1306
長塍　2177
長跽　189,1303,1477,
2046
長綫　1897
長臛　1938
長攡　181
長撎　2042,2175
長緪　1960
長罹　2200
長餤　2169
長鶩　1940,1948
長嬰疾苦　891
刲刳　2128,2149
坏香　1169
坦　982
坦道　1405
坦然　135,155,569,
636,836
坦蕩自心　897
坱欝　2172
坰〔垧、坰〕野　455,
1351,1616
奓懱　1200
者　540
者仇　1543
者者　478,1385
坻多〔哆〕　84,1061
坻舍比丘　962
坻彌魚　962
坻彌羅　780
坻柢〔抵〕　170,1165
坻〔坛〕彌　26,51,
177,1080,1233
均尸　443
坭錍　83,1060
坭囉〔羅〕　410,1251
坡陀　1972
坡那　410,1251
刧庀拏　1505
刧比羅　1055
刧燒　863
坳〔拗〕凹　484,1390
坳堂　2014
坳塘　1977,2160
耵聹　424,1839
聑耳　442,1220,1293,
2216
聑耳劓鼻　952
聑劓　47,328,1531
刵其　1614
其心泰然　902
其心彌廣　878
其心曠然　879
其水瀾疾　934
其月冊　1976
其杪　269,923,1476
其性嫳惡　952
其柄　777
其相炳著　958
其音清亮　881
其炷　710
其盾　1979
其胖　2125
其緺　1584
其莖　689
其胜與膊　888
其痔病　1631
其擘(擘)　1200
其掌安平　888
其量七肘　884
其剩　1240
其聲所曁　859
其減　1406
其湩　1521
其靶　1605
其腰　1858
其塋　2077
其頟　1448
其操　1953
其徹　1986
其穗　816
其鎧　2167
其鬢　689,774
其蹬　576
其鏃　46,951,1870
其鰓　1197
其纋　1633
其靨　1600
耶旬　108
耶舍　507,1760
耶舍比丘　963
耶耶帝王　964
耶奢富那　956
耶娜　111
耶維　94,1263
耶輸陀羅　937,969,
2298
取量　576
苦的　907
苦海淪涽　883
苦瓠　745
苦軞　683
苦惱　753
苦楝　1202
苦槖〔橐〕　260,1481
苦蔘　231,1420
苦酷　209,1372
苦蹘　1083
苦綸　437,728
苦膽　692
苦濿　177
昔徭　757
苛呵　413,1255
苛剋　252,1842
苛虐　2047
苛瘵　2151
苛暴　26,1232,1958
若　541
若干箭　833
若干態　1511
若盂　1444
若耶　1194
若或從事　875
若卷　328,1531
若茜　319,1538
若是行者　934
若挑　357,1692
若昵　238,1428
若剝　1651
若起行　881

若舐 756
若剜 448,1344
若渫 1176
若專勵 881
若唼 756
若減 580
若痲 308,1563
若捺 1647
若秸 328,1532
若笮 1832
若飯食時 868
若猥 2137
若揃〔揃〕 303,1559
若搯(掐) 1646
若僂 1799
若飴 2166
若詶 390,1801
若熬(熬) 1097
若媲 1946
若榛 1686
若滕 306,1562
若僑 100,1241
若榜〔搒〕 311,1567
若膩 1773
若醍 445,1341
若瞟 376
若斲〔斲〕 448,1344
若頭 1069
若翳 376,1798
若澒〔滰〕 301,1558
若擯 1640
若牆〔檣〕 69,663
若擘 455,1351
若壁 1799
若鏵 236,1425
若繕 145,996
若蠅 1013
若鏇 351,1645
若黐 1572
若蘭 462,1358
若龕(龕) 1029
若屬 602
若飄 756
若讞 1175
若邏 295,1551
若穰 328,1532
若癬 308,1563
若鸞 1573
若癰 1687
若躡 1624
若鑱 311,1566
茂邸 125
茂盛 568
茂醍 16,800
苫末羅 859
苫由 2088
苫婆 115,1243
苫婆羅窟 887
苫麼也 1246
苫廬 1941
苜蓿 1018
苗裔 277,1464,
1476,1808
苗稼 136,984,2279,
2284
苗稼不登 903
英俊 476,1336
英傑 461,1331,
1357
英髦 1994
英叡 1332
邾亭湖 1981,2046
茵國 1922
苲作 326
苲蕚 2138
苲融 2153
苻姚 2336
苟杞 1019
苟能 50,958
苟欲 504,1757
苟避 481,1365
苑中 1296
苑〔菀〕囿 110,249,
394,994,1029,
1117,1491,2199
苞容 1004
苞裹 836
范義頵 1983
范曄 2143
范縝 2151
范蠡 2017
苾芬 87,124,1111,
1115,1525,2114
苾芳 2138
苾芻 1927
苾蒭〔蒭〕 543,809,
1398
苾蒭尼 544
苾頭 96,113,1158
苾闍 84,1061
苾馥 246,1430
苾翰 1176
直豎 1199
直劈 91,1259
直矚 342,1663
直濊 1201
苔衣 403,1056,
1501
苔浮 170,1165
茅衣 634
茅〔芧〕莰 2063,2143
茅〔矛〕荻 238,1428
茅蔵 1632
茅薦 2288
茅廬 490,1738
茅齋 1168
枉生 568
枉死 1018
枉横 1858
枅栱 1620
枅梁 332,1544
枅衡 329,1532
林郊 254,996
林微 40
林微尼園 937
林檎 2116
林壑 1441,1985
林藪 138,190,214,
453,768,868,986,
1018,1023,1041,
1287,1305,1349,
2097,2101
林藤 506,1759
林麓 147,998,2089
林巘 2169
枝岐 1241
枝柯 1151
枝派 731,1952
枝條 547
枝梢 1149
枝竦 1613
枝掖〔掖〕 69,161,
663,1060,1298
枝蔓 744
枝幹 1700
柨(柿)子 1130
杪 981
杪生 1902
杳杳 2189
杳漠 2124
杳邈 2338
杸毦 1826
杵索棓杈 1123
杵破 903
析彼 1238
析荅 1001
析除 571
析毫 1194
析〔�〕爲〔為〕 562,
595,617,626
析諸 1012
析乾薪 2196
析體 248,1818
�一 706
枱一毛 529
板片 554
板榫 758
來坌 61,660
來拙 108,1267
來室 138
來請衆僧 939
來嬈 530,602
來齧 1159
來睸 2027
來鎮 235,1424,
1872
來蹲 2049
來襲 1592,1607
來贖(贖) 1619
枌鄉 2168
松幹 1599
松檟 2036
杴鉏 402,1500
构瑟耻羅 1505

枕狗　954
枕僧伽胝　1704
杻　140
杼〔杻〕械　676,732,810,991,1479,2014,2265,2308
杻械枷鎖瘡疣　673
杻械枷鎖　1195
杻陽　2163
杝吒羅長者　962
杷〔把〕搔　1606,1851
杷钁　1579
杼軸　1940,1948,1991
東弗于逮　938
東毗提訶　474,885,1334
東莞〔莞〕　2053,2061,2078,2079,2200
東陲　523
東域　522
東勝身洲　528,1224
東踊　556
東虒　2168
東漸　2077
東甌　2089
東膠　2006
東暾　2162
東鰈　2002
東闈　1928
或云波耶　950
或以妙義授非其人　893
或芋　634
或名性超邁　865
或名簡言詞　865
或牟薩羅　891
或枯　1590
或挽　1598
或控　1626
或裸　2249
或吮　437,727
或言波耶　950
或言婆梨　950
或言鬱特　950
或修或短　862
或級　12,851
或級其頭　892
或展　1136
或推　814
或掐　1150
或啄　539,585
或甜　795
或渚　456,1352
或畚　90,1114
或晴　446,1342
或溗（溗）　760
或痰　590
或虜　334,1545
或榛　456,1351
或豎　844
或撟　560
或遺　10,849
或窳　225,1490
或趍　494,1742
或摹　2004
或嘯　1860
或歊　2323
或撥　1687
或蜎　385,1793
或躿　1828
或築　448
或瘦　386,1794
或甀　1828
或擘　1581,1625
或擲　564
或濫　819
或縹　781
或翹　470,1328
或獺　385,1793
或藕　634
或臢（臢）　1136
或覆或傍住　861
或罊　727
或攫〔郻〕　539,585
或鑞　1128
或齜　437,727
或亂　1974
或翦　2030
事泄　1874
事譊　173
事繁　1940
刺木　1130
刺股　2097,2105
刺〔刺〕刺〔刾〕　946,1857
刺殺　759
刺端銛　1055
兩方　1053
兩目　232,1420
兩相外道　1761
兩杈　216,1289
兩吻　91,1259
兩肘　527
兩股　215,251,1288
兩肩　1196
兩趺　526
兩翅　296,1553
兩埻　261,1843
兩脇　2226
兩舷　351,1645
兩脛　440,526
兩衰　2176
兩須　246,1429
兩掔（掔）〔腕〕　395,527,1493
兩腋　526
兩廂　1201
兩跟　526
兩腨〔蹲、膞〕　57,215,526,655,1288
兩箇　1131
兩踝　637
兩膝　526,1861
兩輪　228,1415
兩骽　2328
兩髀〔髀〕　57,526,655,1103,1196,1200,1407
兩褾　2022
兩臀〔臀〕　215,460,1288,1355
兩臂　527
兩臏〔膑、臏〕　67,661,781,1827
兩髆　448,526,1144,1344
兩轍　2192
兩闢　11,850
雨大法雨　706,973
雨大香雨　809
雨汝身田　934
雨淹　743
雨無盡寶　856
雨泡　1446
雨衆　470,1329
雨雹　707
雨澍　1235,1294
雨漬〔瀆〕　443,1105
雨霽　162,1890
雨轂　2173
協同　441,1007
研石　1611,1635
刳中　320,1538
刳〔刲〕心　87,1239,1256
刳四　329,1532
刳舟　1971
刳刮　302,1558
刳命　2022,2152
刳剔　1884,2114
刳斮　1964,2040,2150
刳腸　2198
刳腹　195,1310
刳解　417,1088
奈苑　1369,1922
奔走　255,1829
奔荼　433
奔荼（荼）利　2213
奔荼〔荼〕利花　574,592,719,1213
奔荼利迦　715
奔荼利迦花　555
奔突　1885
奔竄　1600
奔濤　480,1364
奔鶩　146,997
奇香發越　885
奇輅　1858
盍呿　1927
奄地　302,1559

奄暧　2124
殀殁〔妖殁〕　546,620
殀促　694
殀〔殜〕逝　454,1349
殩暴〔曓〕　233,1422
抴我　393,1491
抴電　235,1424
抴𩟗〔栧孺〕　170,1165
抙字　1191
妻　972
妻汝　190,1305
妻孥　461,1357,1913,1959,2106,2146
妻滕〔婁媵〕　1675,2110
拓石　454,1350
拓跋〔袥拔〕　2015,2336
拓地　19,803
拓鉢　2285
拓境　1958
拓頰　2308
抪草　352,1642
抪設　2175
抛撮　1240
拔有　561
拔肋　1263
拔芨(芙)　236,1425
拔萃　2142
拔身　121,1036
拔陂　179,1075
拔〔狀〕栽　254,1829
拔其　1196
拔扈　146,997
拔提王　953
拔提達多　931
拔猶預箭　897
拔箭鏃　1059
拔擢　64,282,652,1430
拔濟　597,621,912
拔鏃　920
抨乳　229,1417
抨則　194,1309
抨界道　1148
抨酪　1049
抨線　1121
拈香　1124
拈掐　925
拈筏　493,1741
抽杈　1887
抽毳紡綜　1097
抽擲　682,1141,2282
抽簪　2332
押額　181
拖　906
拖〔拕〕字　199,1313
拖〔拕、抡〕拽〔抴〕　244,1412,1885
拊手　487,1735
拊匈　245,1413,1864
拊抃　145,996
拊肩　1595,1637
拊奏　1717
拊革　469,1327
拊撫　70,664
拊膺　464,1360
拊擊　2253
拍　1235
拍石　311,1567
拍地　759
拍匊　1807
拍長　84
拍長者　1061
拍毬　1292
拍〔柏〕毱　44,454,948,1350
拍煞　275,1524
拍髀〔髀〕　1860,1885
拍頭　924
拍〔柏〕臏　161,254,995
抵言　253,1843
抵突　777
抵推　349,1655
抵慲　181
拘尸　1280
拘尸那　2232
拘尸那城　929
拘尸那國　677
拘文花　786
拘那牟尼　870
拘那含牟尼　951
拘吒聚落　908
拘吒賒摩利　1436
拘牟頭　2213
拘牟頭花　1213
拘利　832
拘陀長者母　961
拘陀羅女　929
拘茂陀花　1289
拘枳　181
拘枳羅　710,1210
拘枳〔抧〕羅鳥　508,768,1761
拘具羅花　922
拘物頭　2227,2232,2308
拘物頭花　864,930
拘舍拔提城　959
拘某陀花　555,574,592
拘律陀　710
拘胝　720
拘耆　171,1093
拘耆羅　214,1287
拘〔拘〕翅〔翍〕　232,1059,1420
拘峻　87,1256
拘郗羅　1891
拘羑　1996,2034
拘紖　246,1429
拘留孫　904,2279
拘貿　433
拘畝那花　719
拘剡彌　952
拘執　948
拘貿(貿)陀　715
拘椽花　1390
拘睒　1811
拘睒彌〔弥〕　754,1874,1885,2189
拘睒彌國　921
拘瑣　1888
拘賒梨子　2260
拘閦　2065
拘遮羅　295
拘屢　233,380,1422,1780
拘槃茶　952
拘隣〔鄰〕　87,231,258,382,1115,1419,1444,1782
拘謎陀國　1950
拘遲　179,1076
拘摩羅天　956
拘辨荼　97,1164
拘縶　642,647,1176,1953
拘箍　410,1252
拘翼　64,257,651,704,1480
拘蘇摩　2223
拘蘇摩花　877
拘礙　560,594,1836
拘攔荼　765
拘躄　941,1872
拘鹽　1110
拘驎　2189
拘襵〔攝〕　334[31],1546
抱不　235,1424
抱弄　1714
抱卵　376,1791
抱須彌　963
抱蹋　2183
拉天　2023
拉摺　2319
拌之　1202
拕那　716
拕掣　1903
拯二頭指　1128
拯左　1122
拯左指　2290
捥〔扼〕捥〔椀、掔、腕〕　422,454,508,1350,1761,1834,1924,2021,2028,2067
捥取　1707
捥尊者　1592
捥頭　1596
捥縛　1289

拂去 757
拂帚 1627
拂柄 1089,1646
拂懔國 1970
抳犁 98
拙訥 211,819,1380
拙澀 632
招提 350,1649
招提僧坊 955
招痾 1939
招僭 2134
披片 816
披拽 1142
披栗吒 1891
披緇 2243
披閱 210,497,1379,1394,1745,1975
披謗 1211
披擐 782,2296
披薜荔 2059
披纜 287,1454
拚〔抃〕舞 214,245,1287,1413,1643
拇指 841,1162,1225,2220,2279
拗折 1150
拗拉 1627
拗怒 2243,2339
拗脛 396,1494
拗捩 2112
拗舉 1935,2162
皆〔皆〕售 1901
到矴 324,1543
郅祢 149,1009
非一切衆生盡依飲食存 946
非考 482
非其匹偶 905
非現生後 960
非陋 610
非跖〔蹠〕 414,1086,1902
非愎 1184
非摸 169,1005
非辜 2231
非蔟 423,1852
非撥 724,1679
非鼰 749
非黷 2086
叔穸 1971
肯綮 1238
些吉 19,803
些設你 696
歧間 1152
歧蹬 23,1230
歧〔岐〕嶷 2090
卓詭 1915
卓犖 116,248,1111,1818,1862,1923,2051,2074,2094
虎皮褌 2267
虎兕〔兕、光〕 52,254,369,963,995,1814,1871,2195
虎豹 539,585,939,1022,1210,2212,2252,2328
虎狼 1810,2295
虎踞 2056
虎賁 1091
虎魄 135,982
虎韉 2121
虎蹲 1918
尚年 503,1756
尚於 980
尚殞 75,673
尚論 470,1328
盱〔眄〕衡 1968,2021,2083,2127
具茨 2124,2152
具幾 243,1411
具簾 397,1495
具譚 287,1461
具騰 247
昊天 2333
果從兜率 904
果蓏 936,986,1073,1090,1176,1463,1647,1889
果辢(辣) 495,1744,1776
味饌 744
昆弟 70,172,283,671,783,1431
昆〔蚰〕蟲 524,1131,2151,2203
呿字 58,656
呿陀羅尼撅(橛)利濘 411,1252
呿呾 412
呿提 192,1306
門阬(院) 2113
門扂 1201
門框 1632
門桂 1586,1599
門梱 387,1787
門扉 1967
門堞〔堞〕 73,635,669
門楣 322,1541
門樞 80,741
門裏 1858
門閫 12,40,67,171,243,278,307,321,353,360,405,661,738,741,768,782,826,851,923,926,938,1007,1092,1198,1248,1284,1411,1476,1503,1540,1563,1642,1694,1708,1901,2233,2296,2308
門篋 765
門橛 1059
門閾 89,233,287,387,423,844,1114,1421,1454,1787,1852,1908
門檐 1575
門鑪 1935
門闔 1495
門闌 150,320,342,353,831,1538,1640,1662
門闥 861,2222,2228
呵 541
呵叱 25,327,440,451,1232,1347,1531
呵利帝 2286
呵郢 1243
呵梨勒 383,1783
呵喝 435
呵鵰 1929
呵嘖 597
呵膢 188,1302
呵諫 612
呵嚁 93,1257
呵嗽 110,724,1275
昕赫 278,1476,1869
明析 1919
明〔朙〕星 1209,2211
明恂 1983
明帆 207,1338
明喆〔哲〕 145,214,242,996,1071,1287,1410,1844
明煥 1294
明惲 2191
明逾 1023
明踰 272,1524,2193
明練 896
明諜 1179
明鑒 1180
明鼰 2198
明觳 51
明矚 860
易叧 808
易得 1406
易韻 237,1426
易見 1214
易處 1261
易爲 597
易與 763
易解 544,718
易誨 882
易識 718
昂形 2098
旻法師 1936
昇航 1572
昉以 808
典荆伐 494,1742

典領 297,1553
典謨 2331
典誥 157,1037
眝階 2039
固悋 2288
固唯 489,1738
固鍇 2176
刪(刪)地 116,1243
刪定 1196,2070
刪削 1928
刪珠 1165
刪刪 803
刪補 1649
忠恪 248,1818
呾沫 445,1341,2257
呾春草 2164
呾嚼 133,482,505,737,978,1366,1648,1706,1758,1773,1939
呾呾羅 49,956
呾他揭多 2322
呾粹(辣)健國 1950
呾蜜國 1950
呾羅 2229
呻他 409,1251
呻吟 1615,1902,1934
呻號 2114
呻噤 2113
呪幻 937
呪响 413,1254
咒〔呪〕詛 508,749,906,1067,1180,1247,1525,1761,2245,2291
咒潩 1152
咒齵 1911
呬呬 116
呬摩怛羅國 1970
呬醘 2213
蚪楝 1968
呹帝 92,1257
咃沴 1170
咃者 651
呱然 395,1493
呼〔嘑〕吸 1514,1858
呼呷 362,420,1796,1807
呼剌 447,1343
呼哈 245,1413
呼歆 1853
呼噏 93,770,1262
呧嗟 1254
响喊 92,224,1257,1489
咆地 93,1262
咆吽 471,1329
咆勃 451,1347,2021
咆哮 248,1819
咆烋 2113
咆響 2102
呞食 23,1230
呡利 414
呡唎 哦啹 婆抵 1255
咄 982
咄叱 1858
咄吒迦音 1047
咄弄 1236
咄男 136,296,533,1552
咄咄 1166,1895
咄哉 489,594,1737,1772,2104
咄異哉 2131
咄咤 412
咄善 43
咄嚕唵 1197
咍笑 349,1654
咍然笑 2322
咍雙玄 2184
呦呦 123,1278,1908
牀枯 1574
牀陛 403,1501
牀専 1443
牀座 628
牀帷 734
牀薵 1464
牀榻 529,579,731,759,780,791,903,1129,1261,1869,1936,1942
牀敷 746
牀鋪 393,1172,1249,1491
牀褥 880
牀櫎 2324
牀簀 1864
狀如四洲 863
狀貌 567
岸崩 1339
岸褫 1865
岨邃 767
迥出 522,675
迥色 1331
迥路 2189
迥遠 700
迥樹 1144
岷峨 2086
岷嶓 2096
岧嶢 2003,2074,2179
帔袈裟 1094
囹圄 13,38,406,463,478,722,814,852,903,922,935,1219,1359,1385,1504,1525,1700,1726,2003,2215,2237
咼戾 115
咼面 154
咼斜 140,923,990
咼衺 1605
咼張 1678
垂胡 24,207,1231,1338
垂挑 224,1489
垂埵 1821,2010
垂毦 112,1040
垂蔆 2181
垂頞 161,398,1496
垂皺 770
垂諸華 977
垂髀 920
郋魯 2122
制止 974
制多 437,453,494,545,729,1348,1742
制底 1226,2283,2328
制怛羅 498,1747
制帝 2267
制徵 1129
制濘 107,1242
丞竄 2060,2190
丞驟 2202
知量 681
知諸制令 891
知諸稱謂 891
知肩 1389
知鉉 1923
知漏 1448
知諳 2315
知觸 2195
迭互 1081
迭代 1869
迭共 1398
迭相 785,1081,1172,2050
迭遷 2192
氛沵 2037
氛祲〔祲〕 2003,2111
氛郁 606,620
氛〔氲〕氳 108,638,915,1205,1261,1440,2079,2226,2302
氛翳 281,395,1493
迮意 1904
牧人 591
牧牛 38,483,1343,1401
牧牛女 634
牧驢頞李瑟吒 1687
物裨 343,1664
物撓 343,1664
物範 2066
物傷 273,1523
乖〔乖〕舛 1651,2025

乖訛　1775
乖穆　495,1744
刮去　1615,1713
刮舌　1626,1939
刮舌篦　1611
刮取　1656
刮〔剆〕㕞〔刷〕　187,1302,1826
刮洒　1474
刮治　781
和上〔尚〕　294,340,873,1551,1660,2257
和夷羅洹閱叉　65,653
和修吉　970
和埴　254,279,332,995,1475,1554
和揉　1599
和液　50,959
和稗　1194
和詫　82,1255
和鄲　261,1843
和鳴　130,973
和糅　477,1384
和穆　367,1732
和闍　182
和鞮　156,1030
和羅　698
和麯　1198
委佗　60,114,200,1098,1260,1315
委物　190,1305
委政　138,986
委埊（地）　1466
委賷　1972
委儈　253,995
秉二兆　2052
秉大　1015
秉法炬　621
秉笏　2065
秉智　1859
秉操　2073
秉顯　2259
岳跱　2200
岳嶸　1993
佳矣　131,974
侍衛　893
佢脚〔腳〕　328,1532
佶易　92,1257
供養瞻待　878
供贍　383,458,1354,1791
使吮　387,1788
使侘　410,1252
使覘　397,1494,1918
版泉　2154
版蕩　2087
版籩　1970
侄行　2135
佌瑣　1988,2072
侏佷　155,836
侏儒　330,1533,1583,1598,1627,1634,2327
侊侊　155,837
凭几　1656
凭倚　1240
泝泳　2183
侹直　225,270,274,419,1490,1524,1806
侜張　91,112,252,782,1258,1842
佩衆　1145
佩觿　1963
侈跧　107,1242
佼般（服）　759
依胇（肺）　732
依怙　135,324,498,563,596,715,821,864,981,1208,1460,1528,1708,1746,2211,2235
依泊　437,728
依著　1283
依隄　481,1365
依耐國　2020
依洫　1828
依睎　1921
依鈔　1832
依脾　732
依際　1007
依膽　732
依繕　1911
併不供養　940
併羅　2036
佽飛　2167,2185
侘　906
侘字　396,586,1493
侘傺　1966
侘飢　84
帛氍　1038
卑栗蹉　785
卑掾　1108
卑憖　114,761
卑〔埤〕濕〔溼〕　168,1005,2274
卑褫〔褫〕　161,966
的皪　2181
迫迮〔窄〕　587,603,720,757,900,1595,1685,1700,2239
迫隘　862,892
迫愶　94,447,820,1219,1262,1343
迫難　305,1561
很〔佷〕戾〔悷〕　73,509,668,711,746,752,813,955,1680,1688,1762,2240
阜恩　286,1459
侔尼　179,1172
侔造化　2127
吟欣　176
欣慰　893
欣樂　566,642
欣豫　72
欣懌　272,1524,1888
征〔佂〕彸〔伀、忪〕　173,270,777,1518
徂〔妲〕落〔姳〕　463,1237,1359
往討　45
往郣　2056
往短　1453
往撤　1893
往餉　284,1109
往嬈　779
彼已　883
彼匆　210,1379
彼溷　1889
彼塹　1820
彼遲　260,1481
爬地　1455
爬散　1601
爬摑　2322
爬劚　1573
所孕　476,1336
所好尚　869
所吸　1987
所吞　38,468,486,1327,1734
所押　233,1421
所往　138
所拘　1019
所使　981
所泄　707
所祈　450,470,1022,1328,1345
所保　296,1553
所度　382,1782
所莅　2125
所射　1857
所覃　1984
所慥　534
所貳　692
所都　443,1275
所眩　778
所報　821
所蚩　481
所惡　36,930
所惠　452,1348
所罥　197,1312
所遏　387,1787
所搏　1605
所湊　704
所眚（嘗）　1686
所頒　501,1754
所詭　2192
所詮　210,541,1379

所禀〔稟〕 382，576，603，1782
所蔽　1407
所摭　2124
所闋　1886
所圖　167，1004
所認　297，1553
所擒　1601，1857
所遮　534
所漂　740，791
所趣　974
所賚　817
所齎　2243，2340
所嬈　433，1052
所薦　439
所翫　1067
所憑　809
所縈　74
所螫〔螫〕 381，1083，1152，1781，1891，2017
所蜇　1156，1397，1591
所螫　453，1349
所蛆〔蛆〕 1448
所縶　646
所虧　758
所翳　1103
所蹈　569，636
所鎮　211，367，1380，1733
所難　982
所齧　1199，2300
所鐫　2144
所瀹　506，1759
所鑑　1853
所齅　1689
舍支　885，953
舍利　129，887，971
舍利子　433
舍利弗　895，959，969
舍迦囉　913
舍脂夫人　962
舍婆提城　959
舍婆提國　953
舍勒　327，1530
舍喃　186，1301
舍擄洲　492，1740
舍衛國　75，679
舍羅　439，814
舍廬　375，1789
舍櫨　1901
金　971
金日磾　2047
金星　2265
金光朙（明） 1011
金拂　108，1267
金刹　137
金牀　710
金柄　712
金瓮　252，1842
金桄　244，1412
金翅　1020，1858
金翅鳥　1436
金剛　679
金剛杵　864
金剛拳　682
金剛嵬　1808
金剛爲鬚　991
金剛槩　1175
金剛齊　857，860
金剛齊佛　902
金脇　1436
金屑　2242
金痍　97
金粖　1128
金嵬　1261
金植　282，1430
金帽　2325
金絛　1721
金貂　2158
金椎　37
金椎鉞斧　932
金椑　42
金鉅　1102
金鈚　157，1069
金扉　234，1423
金箭　1810
金瑣　1454
金牒　61，660
金鉦　88
金鈹　409，1251
金槍　375，1790
金匱　1973
金鋌　233，1016，1023，1193，1422，1478，1582，1598
金屣　1457
金幢　2197
金寶　1436
金鞘　418，1809
金甎〔磚〕 1112，1243
金篋　1203
金璞　638
金礦〔礦、鑛〕 42，497，672，707，766，944，1014，1054，1238，1262，1706，1746
金錍　2185，2241
金篦　941
金鋼　965
金鍱　70，665
金鏃　2004
金縷　766
金鏁（鎖） 706
金壜　1179
金贈　1107
金鏝　413，1254
金鑰　2105
金鑪　965
命之同坐　900
命命　14，794
命命鳥　502，576，990，1755
命衮　2166
命濟　2050
郃陽　2106
肴乾　2153
肴〔肴〕膳　130，722，972，1072，1082，1157，2281
肴饌　43，138，460，945，985，1356
刹〔剎〕那　612，987
刹那頃　1142
刹別　2247
刹利　380，934，1781
刹秒　1887
刹柱　770
刹〔剎〕帝利　558，1013，2310
刹帝利婆羅門　1221
刹那羅婆牟呼栗多　897
刹利王　883
刹（剎）膩迦　1049
斧斫　1859
斧㔉　335，1546
斧槊　2269
斧鞘　1247
斧藻　2078
斧钁　1584，1599
斧鑿　1290
受　985
受蒴　1835
受賑　2167
受跓　1511
受痱　1828
受種種如來命　902
受餒　867
乳哺　18，43，185，304，439，458，754，803，814，836，944，950，1109，1220，1300，1354，1453，1525，1560，1573，1901，2216
乳頊　1438
乳湩　1095，1843
乳滴滴　1462
乳醅　502，1756
乳養　39，936
乳嬰　381，1781
乳糜　1707，2188
乳麩　1129
采〔采〕畫　477，1383
采蓮　1104
念務皆息　883
昏詖　2078
昏痼　2182

昏鯁　2008
忿叱　379，1795
忿恨　2247
忿怒　2290
忿懟　436，725
忩遽　730，783，1214，1505
胝子　47，166，1003
胝〔胘〕柯　210，1379
肺肝　1644
肺俞　1463
肺肭　1840
肺腎〔腎〕　538，584
肺胰　91，421，1259
肢節　1180
肱挾〔挟〕　345，1659
服御　185，1300
服闋　2084
服膺　482，1366
肹〔肸〕蠁　1931，1978，2051，2075
朋友　504，1757
朋侶　622
朋儔　464，1360
朋黨　606
股肉　187，1302
股肱　416，1088，2231，2326
股間〔閒〕　312，1567
肪柵　58，115，199，259，359，421，538，584，656，1313，1694，1838
肪膏　342，1269，1285，1286，1358，1610，1663，1685，1858
肥〔肥〕丁　251，321，1539，1841
肥脆　247，1817
肥遁　2019
肥脹　1858
肥胰　172，784，2174
肥膸　2137
肥濃　1020
肥醲　1025
周帀　180
周匝填飾　879
周利槃特　954
周玘　1933
周陀莎伽陀　985
周挍　896
周迴旋轉　934
周啖　1655
周睇　2076
周章　134，980
周給　907
周障　133，1181
周墇　977
周聞　881
周聞十方　861
周憧　845，979
周瞰　1935
周窮　167，1004
周寰　574
周羅　12，385，851，1793
周髀　2144
周顒　2061，2078
周顗　1913，1986，1999，2136，2143，2165
周覽　580
昏墊〔墊〕　1049，2000，2020，2030，2154
昏〔昬〕霾　1395，2114
昏翳　621
兔〔兎〕角　1013，1045
兔猫　1082
兔腹　732
兔彪　2109
兔麈　2196
狮獲　109，193，212，832，1307，1367
狙之　2160
狙公　2025
狙詐　2026，2111，2162
狙獲　2139
狎下　1453
狎習　69，296，663，1552
狎惡　510，1763
狎猳　1836
臽〔舀〕孔　308，1564
狐兔　1210
狐狼　539，585，1858
狐狼野干　978
狐貁　737，1404
狐魅　1464
狐豽　1632
狐蹲　2011
狐麑　1807
狐獲　1021
忽懍　1951
忽〔拂〕懍國　1876，1878
忽露摩國　1950
狗踞　2011
狗踞狐蹲　2158
狗獭　341，1662
狗齧　1872
狗齩　23，221，375，1230，1485，1790
咎譴　1973
咎〔各〕疊〔疉〕　324，1528
狖　978
狖鼠　965
狖貍〔狸〕　133，182，1167
刳治　229，1417
炙身　1860
炙輠　2074，2164
炙燎　710
炙鐐　146，997
京者　677
京畿　151，829
享之　278，1475
享受　399，1497
享食　418
享兹　174，779
享福　332，1543
享饍　149，1000
享灌頂位　879
店肆　226，1414
夜久眠寐　902
夜叉　858，903，971
夜光　168，1005
夜神婆珊婆演底　901
夜售皮陀　1865
夜蹋　1399
夜鑠　123，1194
底沙　463，496，815，1359，1744
底沙佛　483，1321
底哩　2272
底泓　112，670
底拏　149，1009
底哩　1134
底唎　681
底舸　116，390，1274
庖炎　2016
庖廚〔厨、厨〕　335，366，1547，1732
庖犧　2154
卒生　609
卒破　628
卒得凶問　938
卒無　192，1306
卒暴　987
卒歲　2323
卒譪　2075
効驗　1192
郊外　365，1730
郊野　436
郊禋　2071
疝病　312，1568
疙囉　1163
疚心　1988
疚懷　1590
兖相荊楊　1972
放牧〔牧〕　59，550，609，657
放帚　1582
放泆　178，1170
放眉間白毫　971
放捐　757
放逸行　961

放箒　734
放習　224,1489,1928
妾媵　2048
盲者　527,578
盲眇　1085
盲〔旨〕冥　530,580,841,1033,1096,1830
盲傴　694
盲瞎　608,1599
盲瞑　984
盲瞽〔瞽〕　51,58,455,563,657,738,820,960,1351,1707
盲瞖　631
盲瞶　146,997
盲聾瘖瘂等　592
盲龜　2250
刻木　1968
刻鏤　347,1093,1666
於尒〔尔〕　308,1564
於糸　762
於河渚中　899
於剎　138
於某　136,983
於莒　2334
於罝　369,1814
於弶　1890
於塊　508,1762
於稱　1397
於複　2127
於蒜　1056
於跨　1235
於醒　1262
於檕〔橛〕　1596,1708
於藤（藤）　1404
於鑠　2004,2036
於髁　1204
於觳　743
於譏　568
於竈　1248
氓品　2072
氓俗　1960,1988,2153
氓庶　2099
氓隷　2128
育坻花　14,798
床米　307,1563
怯　988
怯下　722
怯劣　692,1701
怯怖　589,627
怯畏　622
怯弱　82,571,636,637,696,1096,1117,2288
怯悷　182,1955
怯憚　479,721,1386,1618
怯羸　1007
怯懼　645,1032,1217
怙恃　1031
怵心　2159
怵惕　122,157,278,1069,1077,1476
怖悸　258,1444
怖駭　285,1473
怖遽　43,944,1090,1294,2078
怖懅　1885
怖縮　1899
怖嚇　169,838
怖雹　92,1257
怗然　370,1815
怛利　1394
怛你也　933
怛垤他　踔計哳哳囉踔計曷　勞魯隸　摩訶曷勞魯隸　阿羅磨羅庫羅　莎訶　37
怛娜　92,1257
怛积尼　1919
怛策〔筞〕迦　481,500,1365,1753
怛薩阿竭阿羅訶三耶三佛　63,650
怛囉吒　1236
怛纜　451,681,1347
怏怏　1959,1979,2193
怏然　389,1801
怳忽　168,191,507,1004,1172,1306
怳焉　2148
怳然　2199
性戾　46,951
性袪　1581
性嵐　1322
性爾　871
性躁　1905
性囂　491,1739
怕怖　1248,1598
怢（快）説　1074
怟沈　1405
怫鬱　270,422,1470,1834
怪〔恠〕之　136,982
怪迕　399,1497
怪其　2113
怪愕　2321
怡悦　43,474,840,945,1334
怡暢　2254
怡暢心　899
怡適　720
怡懌　15,49,800,956
怦憾〔慮〕　85,1062
並凹　1932
並掞　2168
並稱　1887
並懥　2179
並〔竝〕鶩　1571,2154,2089
券（券）別　277,1837
券（券）契　1598
卷蟄　344,1664
卷縮　40,449,1345,1685
炬鋮　506,1759
炬熾　532
炊作　1446,1656
炊爨　1238,1604,1907
炒粳　19,803
炒穀　73,668
炕〔亢〕旱　818,845
炕陽　75
炕爊　1809
炎石　491,1739
炎旱　46,94,951,1263
炎旉　2088
炎熱　909
炎燎　469,1327
炎羲　2110
炎燠　2071
净滌　765
净濡　1025
净缾　1595
净綰　2164
净灑　2270
沫拌　776
沫流　1001
沫搏　834
法來　71,671
法帆　1856
法炬　859
法界周流無不遍　861
法祠　436,726
法潍　1918
法敞　2084
法渟　417,1808
法楷　2112
法綝　2063
法誼　1522
法涌　576
法葩　1258
法渧　1297
法鼓　705
法溟　459,1355
法厲　52,963
法鞦　151,831
法幢　706
法顭　2185
法螺　706,1261,2242
法鏘　2109
法羸　562,621,626,677,922,1015,1024,1035,1149,1856
法氎　1915,2072
泔汁　308,1564

泄出　370,1815
泄漏　381,1781
河沂　1135
河涘　2101
河渚　2228
河鉤　2132
河湍　1998
河濂　2166
河潬　1124,1138
河濱　462,706,1358,
1968
河瀆　457,1353
沾污　1857
沾淬　2167
沾濡　72,668,2200
沾濠　2165
沮屈　378,1795
沮致　1895
沮渠　1913
沮漳　2036
沮教　168
沮亂　1319
沮壞　8,39,59,211,
567,617,657,742,
755,763,847,922,
1033,1126,1149,
1193,1298,1380,
1872,2238,2242,
2268,2299
泱咽　2174
泱流　2172
油雲被八方　903
油瘦　1187
油糖　454,1350
泗水　388,1801
泗戲　333,1545
泠而　305,1561
泠泠　2243
沿江　1965
沿〔沿〕流　403,464,
706,1360,1501
沿㴅（漭）　1054
泡炎　842
泡沫　724,1007,
1439
泡起　1888
泝〔㴅〕水　403,1501
注霖　403,1501
泫其　523
泫然　1157,1887,
2281
泫露　1319,2173
泳沫　673,2263
泳游　2225
泥洹　1273,2339
泥娜　170,1165
泥〔埿〕揑　1181,
2283
泥犁　215,1288
泥淖　244,1412
泥滓　1127,1387
泥潦　11,850,883
泥墼　1337
泥鏝　335,1547
泥濘　2112
泥嚩些那　1952
泯一　459,1355
泯之　1988
泯末羅　783
泯棄　2016
泯然　92,175,1077,
1260,2029,2123
沸星　176
沸撓　365,1730
泓博　1916
泓然　372,421,1462,
1478,1817
泓澄　2153,2181
波叉　149,1008
波抴　96,365,1731
波吒釐　503,1757
波吒羅　945
波吒羅花　955,962
波吒羅國　677
波旬　681
波那和提天　68
波吽　412,1253
波利質多倶毗陀羅
766
波利質多樹　1218
波利質多樹花　932
波利質多羅　990
波利質多羅樹　900,
908
波泜　179
波柁〔拕〕　116,1274
波卑掾　709
波差憂波差　673
波沓波種　502,1755
波剌私　495,1743
波剌斯　1940
波振　2154
波崘　66,654
波笞　422,1851
波斯　2263
波斯匿　674
波斯匿王　672,952,
962
波跛　1398
波跰　114,1158
波湍　281
波演　348,1667
波頭摩　871,2227,
2232
波頗婆婆摩　42
波迸〔塴〕　83,1060
波毓　160,919
波頞　396,1493
波輸鉢多　465,1361
波頭摩地獄　948
波頭摩花　864,903,
930
波曇　66,654
波濤　509,523,714,
919,1762,2202,
2227,2253
波羅尼蜜天　64,651
波羅延　453,1349
波羅那提天　663
波羅柰〔奈〕　215,
958,1288
波羅疽　1336
波羅痆斯國　677
波羅痆斯　2190
波羅奢花　929
波羅奢樹　480,1364
波羅蜜逕　1099
波羅闍巳迦　472,1331
治打　766
治目　42
治外　1336
治汝　1859
治差　744
治補　1647
治葺　72,667
治罰　1223
治踵　839
治壓　41,940
治擯　1020
治鍊　1014
治鏇　1178
治寶　638
宗骰　2001
宗奉　138
宗族　191,1306
宗葉　446,1342
宗勣　2089
宗轄　1917,1924
宗鍺　2088
宗轍　2039
定鋤　1808
定瀲　1938,1945
宕　2041
宜用　147,998
宜挑　1580
宜時疾捨　876
宜澍　626
官稟　320,1538
官僚　447,470,
1328,1343
官爵　215,1288
宛轉　1021
空孕　174,828
空刓　118,1091
空缺　623
空拳　646
空捲　1058
空隙　544
空嶕　744
空壙　1212
空峒　2150
空歐　506,1759
空罄　1891
空罾　2210

穻醍 2096
穹脊 90,1258
穹隘 1920
穹廬 1216,1949
床户 341,1662
戻身 303,1559
戻亮 173,777
戻揥〔楴〕 84,1061
肩拘 307
肩項 637
肩〔屌〕臂 699,1268
肩髆 714,795,1104,1860,2228
房窄 1941
房穗 454,1350
房櫳〔龔〕 2116,2162
衦〔衦〕成 1581,1625
祆神 1149
祆祠 1137,2327
袛〔柢、抵〕多 87,93,1256,1258
衫襖 1599
祉緣 2138
祈道 1872
祈請 74,195,437,495,669,727,1310,1743
祇衼 309,1564
祇利 414,1255
祇陀 959
祇夜 876,974
祇洹 357,759,1691
祇速 1932
祇樹 75,679
祇禱 1594
建陀 948
建邪 1978
建旒 417,1088
建礫迦林 1150
建箭 109,1113
建旗 1933
帚柄 1967
帚筵 1591
居士名鞞瑟胝羅 901
居泜 1872
居倫 82,1117
居溼 1471
居廝 1893
届彼 738
届届彼 1610
届于〔於〕 1949,1964
届郎迦 1944
届都 1572
届節 1607
刷心 2107
刷批 1601
刷身 1850
刷削 1634
刷護 793
屈无〔元〕 262,1843
屈支國 1949,1950
屈屈吒山 1959
屈奇 172
屈柱 1235
屈蔞草 1233,2294
屈顯婆 1700
戻〔戾、菌、屎〕屎〔屎、泥、尿〕356,538,584,838,1261,1691,1706,1831
局(局)理 1400
弥帝隸 1260
弦彈 1592
弛法 2042
弧弓 109,1113
弧矢 869
弧矢劍戟 894
弞兮 2028
弞訛 1053
陌 990
陋訥 508,1761
陎轂 357,1691
降伏魔官 937
降制 705
降注 13,798
降祉 1925
降雹 141,991
降怨 1443
降誕 2314
降澍 632,676,695,1218,2266
降蹕 2060
降灑 696
限隔 543
限劑 940,1320
姑妐〔伀〕 257,270,331,1469,1480,1520,1535,1904
姑射 1997,2124
妸字 1202
妲己 2020
妲妃 2160
妲囉 1194
妬路毗尼 1078
妬憋 41,1195
妬羅綿 492
姐侈 1030
姐眵 156
姓 973
姓俞 2065,2087
姓靳 2108
姓蕡 2067
姓麴 2191
姝夫 71,671
姝態 105,1164
妳媪 2178
始洎 74,669
始褰持等 1716
帑藏 145,253,837,994,996,1960,2076,2151
拏 541,906
拏吉尼 1233
拏汝 1058
拏字 396,586,1493
拏枳你 1126
拏迦 1399
迢〔苕〕迢〔苕〕 174,778,2184
迢〔苕〕然 475,500,1335,1753,2148
迢〔苕〕遰 419,1806
虱齰 22,1229
迦 541,942,1125
迦尸迦 705
迦尸國 880
迦不多樹女 961
迦比羅 478,1385
迦止栗那綿 827
迦末羅病 471,1329
迦尼迦樹 945
迦多衍尼子 486,1734
迦多衍那 468,588,638,1212,1326
迦邑 2005
迦字 586
迦利 20,805
迦利邸迦月 697
迦利沙波拏 1017
迦私 215,1288
迦庇 182
迦呿伽呾俄 42
迦郄那 1641
迦迦羅 49,956
迦迦羅蟲 953
迦柘 1368
迦毗羅 957
迦毗羅城 901,953
迦毗羅衛國 677
迦毗羅論 955
迦咤 1246
迦帝迦王 953
迦栗沙鉢拏 508,1761
迦逋 207
迦留陀夷優陀夷 985
迦留羅 697,766
迦旃延 895,929,1049,1399
迦旃延天 940
迦陵伽衣 930
迦陵伽鳥 768
迦陵迦王 680
迦陵伽褐 1680
迦陵頻〔毗〕伽 14,214,798,932
迦陵頻伽鳥 908
迦理沙般拏 463,1359
迦師佶黎 2191
迦奢國 817
迦婁羅 931
迦梨迦龍 668
迦葉 687,870,964
迦葉佛 951
迦葉波 813,912

迦葉彌羅國　887
迦棹〔捭〕　237,410,1252,1427
迦啅　280,1465
迦僑〔偷〕　83,1060
迦睇　17,801
迦箄　251,1435
迦粹　92,1257
迦遮　817
迦遮末尼　441,552,610,622,1006
迦遮鄰地　719
迦遮隣〔鄰〕底迦　1213,2213
迦賓闍羅鳥　961
迦隣陀衣　900
迦隣提　935
迦隣提鳥　944
迦維　525
迦樓那摩訶　669
迦樓羅　858,970
迦摩羅病　953
迦轁　394,1492
迦澌　410,1251
迦履迦　635
迦盧陀夷　739
迦儢　58,279,657
迦膩　1081
迦膩色迦　2041
迦藍浮王　371,1816
迦螺　340,1661
迦濕彌羅　2243
迦簍　179,1076
迦嚕　411,1252
迦嚕羅　1209,2211
迦羅　991
迦羅迦樹　940
迦羅越　62,649
迦羅富城　964
迦羅富單那　952
迦羅鳩馱　871,953
迦蘭多迦　1208,2211
迦蘭陀　119,1275,2251
迦蘭陀竹林　959
迦蘭陀鳥　393,932,1490
迦蘭陀鴻　711
迦攝波　2279
迦嚂　111
迦囉吠羅　729
奸羈（䨲）　261,769,798
参倍　197
承旨　900
承足榩　1636
承祧　2341
承禀　504,1757
承蜩　2184
承櫨　2188
承攬　983,1273
孟陬　2166
孟娵　2011,2158
孟軻　2016
孟顗　1982,2065,2201
孤呫薄迦　1593
孤迸　97,1025
孤煢〔尜、惸〕　8,248,375,847,1219,1590,1790,1819,2215,2256
孤幹　1810
孤寠　283,1431
孤麑　417
孤嶼　1960
孤鷄　2179
亟立　351,1645
亟作　579
亟跂　2174
亟往　1052,1055
亟於　1873
亟徑　1920
亟留　2185
亟涉　2040
亟動　2094
亟淹　1958
亟深　2078
亟開　2200
亟發　1989
亟歷　1651
函杖　1689,1946,1975,2074
糾〔糺〕索　357,1692
糾紛　482,1366
糾舉（擧）　174,779
坌土　1279
坌中　1407
坌堆　1893

## 九　畫

契明嶹　2184
春蒐　2126
春蛙　2038
春鮪　2165
春鶯　575
珂月　141
珂貝　540,937,2243
珂貝璧玉　882
珂咄羅　1951
珂咄羅國　1950
珂乳　152,1046
珂雪　1018,2287
珂雪色　870
玷中　198,1312
玷缺　172,784
玳瑁　2190
珍那城　886
珍阿羅　851
珍玩　132,875,976
珍奇　1872
珍奇萬計　879
珍草羅生悉芬馥　862
珍座　874
珍羞　396,462,1358,1494
珍龕　2001
珍饌　10,439,849,869
珎（珍）膳　2254
珊地　116,1243
珊你弭迦　842
珊若娑病　508,1762
珊逝移　2318,2326
珊瑚　531,813,879,937,971,1121,2273
珊覩史多　607,631
珊闍　166,1003
珊闍耶　953
珊檀那舍　959
珉瑶　2161
珉（珉）玉　2168
毒不能中　908
毒刺　716,720
毒虵　694
毒滴　762
毒腨　506,1759
毒蟒　1518
毒鴆　414,1086
毒餤　714
毒螫〔蛰〕　59,657,1098,1576
毒薑　83,1060
毒蟲　588
苛　2125
苛篡　2020
封主　482,1321
封邑　492,1741
封著　1407
封緘　237,1426,1922
垣林　70,664
垣城　456,1352
垣墻繚繞　862
垣牆　197,293,573,1312,1550,2224,2226
垣壘　1968
城名多羅幢　899
城名迦陵迦林　900
城名婆怛那　906
城名無量都薩羅　900
城名墮羅鉢底　901
城邑宰官　864
城郭　137,863,985
城隍　175,828,1441
城隝　423,1839
城塹〔壍〕　672,2077,2099,2193
城闉　1604,1615,2070,2163
城廬　1117
赳赳　1979
垤韜　413,1254

埏主 393,1491
埏形 2043
垢 974
垢汗 538
垢坋 1835
垢膩 556,705,1860
郝 682
郝郝凡 448,1344
恧 1466
垓佛土 1029
垓劫〔刧〕 67,661
甚深妙 974
某摽 1647
荆〔荊〕棘〔竦〕 558,699,933,1022,1030,1209,2237
革〔革〕屣〔�〕 41,223,297,705,752,940,1143,1223,1295,1487,1553,1579,1612,1641,2218,2328
革鞘 320,1539
革囊 731
革躧 2056
茜色 326,1530
茜草 309,1565
荐食 2150
荐雷 2333
荐臻 84,1061,1974
荐餧 2096
巷術 393,1491
茀〔茀〕子洲 478,1385
荑草 735
草矛矟 1596
草苫 1630,2323
草芥 189,1304
草莛〔筳〕 924,1577,1628
草秸 296,1552
草庵 136,983,1592,2311
草蒸 260,1481
草貯 233,1421
草稕〔穄〕 1585,1613,1630,1636
草隸 1942
草薪 233,1421
草積 2240
草屨 1987,2147
草篆 1153
草蔡 95,1264
茵蓐〔褥〕 61,134,441,660,706,768,896,1006,1293,1893,2225
茵藹 2038
茯治 230,1418
菲(乖)角 1237
荏若 155,833
荏苒 451,503,577,645,1132,1347,1700,1756,1966,2088
荇蔆 2181
荃提 395,1492
荀勗 2146
茖葱〔苍〕 181,1291
荖陀 84,1061
荒見 169,1005
荒荐 2101
荒裔 1953
荄枯 285,1473
茨棘〔蒺、棘〕 381,1781,2029
茫怖 398,1496
茫茫 274,1524,1571,1997
茫眇 2124
茫滅 157,1069
茫〔芒〕然 166,213,463,1003,1319,1359
故二 294,1550
故質 118,1091
胡麻屑 1142
胡荽 1941
胡荾 319,348,1537,1667,1701
胡等 481,1365
胡跪〔跽〕 1144,1162,1260
胡寔健 1951
胡寔健國 1950
胡篋 2191
剋炳 2065
剋捷 285,1473,2191
剋勝 506,1759
剋勵 1835
茹毛 2015
茹芝 2063
茹食〔飠〕 94,418,688,774,1263
茹菜 47,305,1561
茹菜敢果 952
荔枝 280,1465
南逗 2054
南無現無愚佛 784
南庌 411,1249,1252
南裔 2101
南溟 1572
南無 131,884,975
南無純陀 934
南贍部洲 528,1223
南鶇 2002
柰氏 167,1004
柰林 1436
査椮(槮) 2132
枯悴 1020
枯荄 2128
枯涸 547,590,607,620,844,903,1024,1178,2223
枯腊 2130
枯瘁 1201
枯槁〔槀〕 124,137,443,446,696,903,984,1105,1111,1222,1239,1280,1296,1342,1958,2217,2237
枯顇 549,622
枯瘠 2196
枯痟 216,1665
枯燥 768,1592
枯鑠 2065
枯醮 2286
柯葉 1196
柯椑 98
柯箄羅城 1443
柯羅羅 1800
柩所 2112
柘羅迦波利 913
相干 272
相扣 10,849
相扠 138,988,1136,1599
相舛 2135
相扮 1849
相枕 2053
相伴 1142
相庇映 861
相柱〔拄〕 70,665,1128,1151,1192,1194,1236,1247
相和 61,201,660,1315
相要 366,1731
相拶 1216,2214
相眪 1899
相紃 2084
相掐 1864
相率 294,1551
相敢 347,1666
相著 609
相揩 335,703,762,1092,1388,1546
相跋 347,1665
相惰 2061
相貿(貿) 2016
相煽 2169
相槩 256,1830
相跓 1235
相磋 209,1373
相磕 364,1729
相礫 1894
相遺 300,1557
相嘲 397,1495
相儮 1909
相糅 487,1719,1735
相薄 409,1250
相諧 252,1841
相蹸 180,1076

相繳　1178
相濽　417
相攢〔欑〕　364,386,1729,1794
相穪　1597
相踵　1648,1942
相激　1439
相黏　1600
相應　1405
相敤〔棠、振、棖、揨、橖〕　98,111,171,255,273,311,375,782,1093,1270,1515,1566,1789,1830
相貇（貌）　971
相攛〔撲〕　223,941,988,1136,1487,1599,1606
相繚　2002
相斆　1900
相鬬　1987
相鑽　1092
柟薪　282,1430
枳吒　1580,1597
枳泜　1955
枳利　170,1165
枳榥　2037
枳園　1913
枳園寺　1982
枳孃　676
柺〔柺〕行　1583,1598
柵〔柵、栅〕欏〔籬〕　294,1551,1574,1600
柵子　178,1170
柞條　1939
柢殊俗　1948
枸枳羅鳥　948
枸奢得子及絍婆子　745
枸〔拘〕櫞〔櫞〕　498,1747,1778
枸〔拘〕櫞花　484
柳杭　1053
柳忱　2001
柳惔　2001
枹打鼓　1092
枹休羅蘭　1001
枹加　2121
枹鼓　1052,1983
柱〔拄〕亦　288,1460
柱地　1057,1900
柱杖　793
柱頰　1283
柱〔拄〕髎〔髂〕　1477,2294
柱髀　45
柱礎　384,1792,2002
柿樹　1936,2310
柁　540
柁折　1628
柁身　1464
柁那　433,722
柁樓　317,1535
枷杻　1169
枷縛　1020
枷壓　780
枷鎖〔鎖〕　676,732,774,810,1050,1163,2265,2295
棍　934
勃　886
勃如　1053
勃勃　1071
勃伽夷城　1971
勃狂　1894
勃逆　390,1801
勃惡〔恶〕　589,616,620
勃嘍　22,1229
軌生　1778
軌地　421,1833
軌度　863
軌範　488,533,556,578,591,813,1736
軌躅〔躅〕　524,1973,2169
剌也　412,1253
剌汆　151,829
剌那　56,367,655,1732
剌剌腳　1223
剌拏　1394
剌渴　1858
剌惹　438
亟塞　252,1841
亜婆　158,1037
亜灑　333,1544
要是壞色　936
要術　365,1731
叜（更）相　593
迺（乃）下　1880
迺臣　273,1469
迺至　384,1792
迺如是　1455
迺津　674,2263
迺致　2075
迺眷　2028
迺脩　1140
迺聖　839
迺辟　677,2294
迺趕　2065
逮〔棱〕子　44,948
咸慳　2101
咸綜　2239
咸綜鬼彪　919
咸綜無遺　906
咸闈　2029
威光赫弈　857,896
威惠　1999
威懾　1951,1956
威肅　588,605
研覈　1212,1583,1631,1914,1953,2040,2047,2072,2168
研精　1107
厚膜　2245
厚噎　213,1319
砂潬　1155,1588
砂磧　455,511,1351,1765
砂礫　676,707,1094
斫迦羅山　884
斫蒭　1185
斫截　1039
斫剉　229,1416
斫斲　405,1503
斫啾　16,800
砎〔砎〕砎〔砎〕　331,1535
砭石　2185
砭疾　2114
面門所出　933
面皯　1180
面竅　1150
面欵〔款〕　402,1500
面皺　161,715,769,966,989,1211,1237,1470,1676,1776,2017
面皭　1140
耎几　2084
耎〔耎〕中　11,850
耎〔耎〕草　689,711,1022,1078,1130,1174,1188
耎音　1150
耎美　766,1098
耎枘　221,1485
耎〔耎〕根　469,1327
耎脆　1887
耎〔耎〕愞　1295,1420
耎語　2109
耐辱　231,1419
耐羞　1993
耐酒　2153
耐痛　1836
耐椎　454,1350
耐磨　14,799
耏毛　770
郁伱〔企〕　83,1060
郁多　245,1428
郁郁　2334
郁伽　172,747,784,1929
郁伽長者　954
郁烈　926
郁耆　1444
郁鳩　15,800

郁羅 411
奎星 16,48,800,954
奎宿 189,1304
奓禰〔祢〕 179,1173
昚莫 2022
虺毒 344,1658
虺蜕 1810
虺蛇 145,996
殃咎 2288
殃疣 2155
殃掘魔羅 1856
殃釁 767,1073,1297
迥道 1971
殄彼 1976
殄〔殄〕滅 545,605,619,627,933
殆而 318,1536
殆非 2192
殆盡 446,1342
殆壞 331,1535
殑折 463,1359
拭脣 1193
挂 898
挂其 440
挂置 365,1731
挂輕 1143
挂縟 2162
挂髆 1605,1938
持珁 1040
持床 1512
持笏 2017,2072
持梢尾 920
持棓 1155,1193
持戟〔戟〕 244,346,1660
持毳 455,1351
持鈃 1446
持摭 2068
持業釋 479,1386
持鉡 303,1559
持操 2061
持櫛 1900
持綫 1369
持駛水 1012
持髻 440,637,1006
持擢 404,1502
持簪 1611,2315
持鍬 1233,2294
持縎 503,1756
持鎌 1828
持鞲 330,1533
持籌 1826
持轡 1437
持鰾 1941
拷〔栲〕掠 764,1273,1516,1853
拷〔栲〕治 1281
拷〔栲〕楚 737
拓定掌 1145
拋三 1844
拋其石子 1125
挃〔桎〕者 302,1558
拽娑二合字 586
拽聲 1177
挺沖和 1974
挺角出 1436
挺特 708
挺動 1859
括括 369,1813
拺〔棶〕鋤 112,670
挻土 272,1519
挻〔埏〕埴 17,217,368,391,422,435,723,801,1051,1339,1721,1812,1852,1937,1988,1996,2077,2101,2119,2229
拾取土塊 952
挑 892,900
挑火 1261
挑〔抴〕目 93,616,626,743,1262
挑出 1036
挑却 709
挑其 45,1292,1888
挑取 303,816,1559
挑施 1325
挑眼 595,722,753,834,1799,2189
挑象 1869
挑善行眼 1721
挑與 1040
指爪〔抓〕 992,1104,1888
指拈 1721
指屈 1540
指拯 1129
指㧜(斥) 1102,1322
指柱 1149
指挃 344,1665
指訂 2073
指揞 311,357,1566
指屜(屆) 322
指瘃 320,1539
指鉆 1320
指擿 2076
指適 2086
指擿 2312
指撝 396,1494
指撥 1854
指皦 2295,2288
指麾 23,1229
指戩(截) 1178
指轄 322,487,1540,1735,1771
指擢 1889
指髀 1831
指擘 2269
指覈 2073
指罅 1133
指臏 966
指擢 416,1087
指蹴 237,1426
指蹴也 1597
指鬘 500,1753
指攬 352,1640,2302
挍飾 899
拼之 244,1412,2001
拼弓 1869
拼〔栟〕石 342,1663
拼地 297,1553
拼〔栟〕直 255,371,1815,1829
拼其 1203
拼度 193,1308,1439
拼量 505,1758
拼〔栟〕毳 328,1532
拼壇 1234
按摩 814
拯〔极〕 38,685,869
拯含 522
拯拔 197,480,1312,1387,1649
拯物 2068
拯〔极〕溺 706,2055,2082
拯濟 534,583,712,1040,1080,1191,1522,1588
拶煞 422,1851
拵身 91,1259
甙同 416,1088
皆比下卸 1130
皆杜 399,1497
皆享 157,1069
皆使 1295
皆挾 712
皆得潤洽 885
皆從化 860
皆無瑕玷 874
皆鈍 567,597
皆搏 1182
皆漂 818
皆樂 792
皆萎 1864
皆躓 334,1545,1875
皆蓮 2099
勁夫 60,658
勁利 190,1305
勁勇 208,394,1372,1492
勁節 1976
韭山 2001
韭殲(薤)〔蘁〕 152,1046
背大 175,828
背彼 395,1493
背胛 2085
背腣(胯) 1635

背傴 135,981,1583,1598,1678,1957
背僂 45,549,562,949,1066,1705,2120,2319
呰毀 594
呰懱 1447
岐(歧)麓 2104
昧鈍 613,625
昧鞘 1202
昧瘴〔瘴〕 257,1480
貞實 1797
貞確 1618
貞操 1576
削稾 1964,2027
眄睞 777,1284,1835,1991,2113
是 973
是挻 330,1533
是羣 1625
是祟 1516
是捄 200,1315
是這 780
是筏 359,1693
是瘍 2176
是瘻 2176
是渾 478,1384
是禎 1382
是鮮 478,1384
是觸 1280
是瘤 2176
是疇 502,1756
畀廣 2181
眇目 136,983,1583,1598
眇眇 160,917,1997
眇眼 21,1228
眇然 442,511,1275,1764
眇漫 2077
眇莽 1997
眇漭〔漭〕 456,1352,2014,2193
眇邈 2011
眇觀 1651
眪有 2060
眪〔昺〕著 209,247,782,1023,1373,1817,1886
眪然 1396,2196
昺明 2169
昺徹 109,918
眂其 1292
盼水 2183
盼鮒 2137
眅多 22,1229
則凹 386,1794
則便謝 891
則得永斷 955
則爲不斷 897
則晞 376,1790
則靨 192,1306
盼目 1870
盼長路 2189
盼覩 173,217,1403
咺伽迦嚕哩醯 1252
映蔚 2161
映瞰 638
禺中 1840
冒〔冐〕死 191,1305
県〔梟〕其首 368,1812
県首 1448,1716
県斬 1986
県磔 1472
星迸 490,1738
星宿 39
星潯 2038
曷漩 1919
咰咽 98,1270
昴星 16,800,822
昵好 1619
昵近 435
昵邸 409,1251
昵陀 92
昵間 124
昵闍 178,1170
昭晰〔哲、晰〕 1875,1975,2165
哇哥 2154
哇歌 2019
哇聲 1994
咭帝 1194
咭唎 681
哂陀 340,1660
哂哂 252,401,425,1499,1842
哂爾 1954
哂談 2033
哂翅 413,1254
哂然 90,1115
哄娑〔婆〕 412,1253
咥哩迦 1573
咥低 413,1255
咥師 253,1843
咥挐〔拏〕 179,1171
咥耽 412,1253
咥喊 17,802
畎畝 1938
畎澮 2109
畏省 47
畏塗 859
毗尼 875
毗利耶 722
毗伽摩 728
毗佉擔 886
毗伽羅論 938,955
毗那〔郍〕夜迦 2303,2341
毗那怛迦 491,1739
毗沙門 384,858,992,1792,2286
毗沙門王 931
毗陀 382,1782
毗陀發妙光 884
毗耶離 165,1002
毗舍 934,2275
毗舍佉 383,734,1791
毗舍佉王 953
毗舍佉優婆夷 930
毗舍浮 871,2279
毗舍衆 883
毗舍闍 903,980
毗舍闍王 887
毗舍離 886,931
毗舍離城 959
毗舍離國 677
毗柰〔奈〕耶〔邪〕 441,618,1006,2326
毗笈摩藥 907
毗迷跱 825
毗挃〔桎〕 171,1092
毗留勒叉 384,1792
毗留博叉 384,1792
毗〔紕〕紐〔鈕〕 246,1155,1194,1291,1429
毗紐〔鈕〕天 950
毗梨耶 867
毗婁真王 953
毗婆尸 368,871,1812
毗婆尸佛 955
毗婆舍那 959
毗婆舍那河 959
毗婆沙 356,486,1690,1734
毗嵐 8,841,847
毗嵐弭僧 1052
毗訶羅 494,1743,2307
毗瑟笯 502,1755
毗瑟笯〔砮〕天 461,471,1330,1356
毗蒭 113,1158
毗鉢尸 820,2279
毗鉢舍那 529,813,867,2240,2255,2297
毗〔紕〕齊〔齋、齎〕 389,1800
毗濕〔溼〕婆風 456,1352
毗濕縛羯磨天 502,1755
毗濕縛藥 442,1042
毗樓博叉 858
毗瑠璃王 953
毗摩颰羅 1000
毗摩質多 953
毗摩質多羅 857,932,970

毗摩羅闍 956
毗盧 393,1491
毗盧宅迦王 480,1387
毗盧遮那 857,2259
毗盧遮那摩尼寶 898
毗盧擇迦 711
毗藍風 867
毗醯勒 774
毗離耶 989
毗羅胝子 2260
毗羅柢子 1237
毗羅婆果 470
毗羶闍 1286
毗蘭多 709
毗攝浮 440,820
毗籤奢 1700
毘(毗)若南婆薄八底也社底 1406
胃脬 58,656
胃膽脾 1325
胄胤 151,829
胄族 2317
畋遊 1615,1967,2087
畋〔畋〕獵 690,988,1067,1220,1576,2066
虹起 1268
虹電 503,1757
虹霓〔蜺〕 646,922,1237,1856,2200,2275
虵鴿 2064
虵獺 1441
虵蠶 1126
思 974
思趁 1857
思搆 642
思蹋 1237
品 968
品者 928
品彙 1571,2023
品類 1592
咽咀 878
咽病 318,1537
咽瘤 286,1445
哈焉 2036
咮羅 115,1243
咻咻 107,409,1241,1250
哆 906
哆字 58,199,656,1313,2239
哆唇 1583,1598
哆姪 123,1194
哆羅 411,1252
哆攤 124
咳笑 253,995
咳唾 2027
咩咩 325,1529
咪 414
咩咪 1255
咤之 68,662
咤噴 350,1649
咧鞞 402,1500
哦啹 414,1255
帞頭 281,1443
罘網 1220,2216
迴〔迴〕眄 192,1047,1307
迴復 7,49,365,846,1731
迴靶 1983
迴澓 1903
迴矙 2112
迴蹕 2110
迴旟 2098
罙(罕) 668
罙有 734
罙究 1927
骨陷 208,1372
骨粖 1200
骨皰 363,1797
骨幹 156,195,369,1038,1310,1813
骨骼 1827,2133,2169
骨撾 1198
骨髓 538,1012
骨瑣〔鎖、鎻〕 540,585,1056,1686,1734
峥嶸 2036,2184
幽冥 601
幽洌 2096
幽楗 2014
幽擿 2163
幽樱 2049
幽邃 136,983,2246
幽賾 2095
幽縶〔縶〕 439,463,814,1359,1615
靑(青)麐 2113
臿〔臿〕胏 1455
卸驧 2151
拜跪 139,989
拜署 12,851
拜謁 112,270,782
秥飯 303
矩方 1201
矩拉婆 1724
矩拉婆洲 492,1740,1774
矩矩吒 1943
矩摩邏多 507,1760
矩韈囉 1163
矧敢 2160
牲牲 2175
牴揬〔突〕 790,1901
牴僈 1291
牴蹋 1095
牴懱 323,1542
秕箁〔萿〕 312,1568
香水澄渟 862
香名先陀婆 900
香邸〔邳〕 405,1503
香浄 71
香葶 343,1664
香荾 487,1735
香氣芬馥 933
香氣發越 876
香秣 1019
香〔香〕匳〔奩、籢〕 210,323,1017,1374,1542
香陰 229,1417
香馝 2182
香餑 1124
香積 71
香〔香〕囊 589,606,619
秔米 81,645,1186,1969,2146,2323
秔稻 446,1342
秔糧〔粱〕 761,939,1268
秋晷 1054
秋龠 2168
秋鶖 1972
秋稄 192,1307
秋蟒 2038
秋露子 70,670
秋颰 2025
秋玃〔玃〕 2148,2149
重任 907
重沓 2003
重茵 1967,2062
重級 446,1342
重裿 2165
重雺 2135
重械 882
重敞 1988
重閣 1169
重綫塼 961
重擔 526,564,578,596,637,696,725,739,1011,1058,1094,1098,1225
重褁 2325
重複 2067
重纆 1398
重瞳 2102
重壘 505,1758
重疊 635
重覈 1922
重櫨 1977
重襧 2161
重皺 2022
笈多 1002,2155
笈防鉢底 631
笈播羅 1182
笈摩 1396
段段 1908
便 973
便刵 2091

便〔嫂〕娟　397,1495,2167
便搭　1611
便晴　195,1310
便瘳　1941
便臻　452,1348
俠怨　1860
舁還　1897
叟婢　113,1158
修〔脩〕伽陀　75,679
修行　129,971
修多羅　936,974
修舍佉女　759
修〔脩〕治　541,765
修迷留　913
修恂　1655
修短合度　904
修葺　404,1502,1576,2087
修緝　1197
修臂　865,900
修羅提岬　885
修瑩　1504
修纘　2073
俚耳　2147
俁唎野　1125
保母　1079
保任　132,479,977,1386
保釐　2338
保護　1177
促整　1604
俜遮　410,1252
俄舛　2073
俄誕　1079
俄爾　564,596
侮傲　628
侮蔑　509,1763
侮慢　10,849
俗話　367,1732
俗瘻　1876
俘囚　257,1479,1956
俘取　275,1521
俘虜　1583
俘馘　1972
俛仰　106,166,247,639,1003,1272,1817
係心　17,801
係縛　351,1645
係轋　2104
係在　388,1779
係屬　1297
信侅　2152
信度河　492,1740
信解　682
信樂不回　887
信餉　2055
迥然高出　881
迥曜　857
皇甫謐　2008,2024
皇矣　673,2262
皇極二十年　1961
皇闈　399,1496
皇頡　2146
鬼胭　506,1759
鬼魍　37,2022
鬼蜮　1948
鬼魅〔髟〕　545,588,678,882,1120,1902,1965
鬼膾　1716
鬼魑　2024
郵惸　2229
侵掠　459,1017,1025,1355
侵勍　567
侵〔僈〕嬈　40,939,1884
泉流縈映　901
泉澗　860
泉涸　2090
禹偰　2147
追譴　2122
俟一　347,1665
俟來　2192
俟用　89,1070
俟時　1207
俟彼　235,1423
俟施　1851
俟夏　321,1539
徇令　386,1794
徇行　423,1839
徇名　632
徇園　286,1286
衍拕　411
律汋　2000
律車　390,1802
律藏　293,1550
後庖　495,1744
後隊　2139
後登　211,1380
後填　495,1744
後櫳〔攏〕　207,1338
爬地　1584,1902
爬(爮)劚　1625
俞曰　260,1481
俞文　2015
俞旬　62,650,767
俞多　195,1309
俞急　135,982
郗恢　1878,2115
郗〔郤〕超　1999,2034,2143
郗愔　2038
郗嘉賓　2137
郗儉　2148
剉之　416,1088
剉切　402,1500
剉草　1580,1597
剉持　390,1788
剉斬　1832
剉膾　724
俎几〔肌〕　121,1836,2198
俎割　194,1309
俎醢　415,1087,1987
俎壞　936
郤送　2298
郤粒　768
爰　855
爰及　815
爰令　675
爰自　523
爰發　472,1332
爰懋　840
爰暨　1571,1918,2192
食尻　1460,1901
食以　195,1309
食芋　73,668
食米齊宗　483,1390
食汝　1163
食汝者　1162
食洟　1162,1163
食蔑　399,1497
食昨殘肉　1584
食啗　768
食噉　980
食棧　327,1531
食篅　411,1252
食椹　1988
食噎　1887,1986
食髓　1163
食麴　1121
食饞　778
逃迸　720,721,2089
逃逝　135,982
逃避　2307
逃竄　841,1612,1651,1861,2257
逃趫　1607
盆瓮　1337
盆瓬　1478
盆盎　1643
臭人　2004
臭〔梟〕鴈　898,932,2214
胐頤　2201
胚〔胨〕胎　147,269,998
胑分　1175
胜臊　1970
胞初生　638
胞段　876
胞胎　11,60,198,308,487,548,607,659,780,850,1035,1313,1564,1735
胞㲦〔罠〕　282,1430
朏朏　2184
朏然　2124
胎孕　1248,1861
胎卵　1673

胎膜 1717
胎㲉 2110,2152,2194
胆户 23,1230
胆蟲〔虫〕 169,222,371,1072,1486,1815,1851,1859,1894,1909
胆佞〔倿〕 20,804
胆蠅 238,1427
胆弊 333,1545
冊〔冊〕兜 58,657
冊液 795
匍匐 208,252,758,950,1337,1372,1464,1720,1842,1901,2136,2196
負笈 74,669,2013,2060
負扆 2017,2035,2079,2336
負袠 2060
負圖 2063
負馱 1853
負揵 226,352,1414,1644,1906
負蒟 694
負債 606,1214
負擔 1056,2203
負囊 2097
負橐 1375
斫斷 956
奐其 1958
勉出 137
勉勵 191,464,468,1212,1306,1326,1360
猛鬢髮 1826
風狂 549
風疽 1174
風痰 1055
風痿 2106
風癇 732,2228
風齲 119,1172
風痺 386
風黄淡熱 899
風雅典則語 882
風駛 1945
風濤 769
風飃 1773
風颼〔颸〕 446,1342,1722,1976
風霽 278,420,1475,1807
狡狗 2138
狡猾 20,88,253,405,804,1070,1503,1843,2334
狡獪 378,1795
狡戲 65,653
狩精彪 2196
訇磕 1974
逄在 2165
怨尤 452,1348
怨仇 188,308,387,1303,1564,1787,2199
怨恨 1062
怨嫌 988
怨嫉 2104
怨〔惌〕敵〔敵、敵〕 140,530,568,597,991,1324
怨殲〔殲〕 422,1852
怨譖 370,1815
怨〔惌〕讎 20,48,60,454,479,498,659,787,804,953,1323,1350,1386,1746,2326
急捉 1576
急憋 1108
急躁 1145
㐌羽 400
計利枳攞 1184
計度 1984
計都 1139,2290
計都末底山 884
訂正 1914
訃焉 2088
哀障 2122
哀婉 1907
哀羅伐拏 1671
哀慟 71,152,671,965
亭傳 150,830
亭歷子稽 937
亭館 437,728
亭邏 452,1348
度知 699,1012
度量〔量〕 560,763,1181
度娠 1637
度棧 2095
度塹〔塹〕 1058,1674
度無極 66,660
庭雰 2036
庭燎 14,49,87,210,433,719,798,834,956,1256,1374,1810
彥悰 1925,2175
彥琮 1043,1880,1923
庠序 200,1315,2333
庰中 18,222,803,1486
庰其 2033
庰逐 1591,1956
庰神 2026
疣疽 1860
疣瘙 781
疣〔肬〕贅 172,425,571,637,784
疥瘙 306,1562
疥瘙 328,1531
疥癰 549
疥瘻 1885
疥癩 732,2280
疥癬 571,637,1174,1203,2283
疫疾 1523
疫癘〔厲〕 438,1149,1150,1195,1371
痒脹 1713
施系 331,1534
施牀 752
施罠 416,1088
斾兜 277
施罟〔罟〕 249,1819
施棚 322,1541
施詑 1678
施婆羅比丘 961
施幰 322,454,1350,1541
奕〔弈〕奕 148,249,999,1819
奕葉 2006
迹泯 1996
迹隕 2162
音旨 1736
音韶 148,999
帝杙 638
帝系 2099
帝系譜 2008
帝青 432,480,713
帝相 137
帝昵 438
帝弭 111
帝乘四載 1997
帝釋 809
帝釋青 1387
帝釋頂 1039
帝露沾 931
帝麑 227,1414
帝嚳 2024,2144
竒(奇)特 1120
恇怯 399,1497,1951,1954
恇然 1376
恇攘〔㩮〕 997,1105
恇孃 146,274
恃巳〔己〕 561
恃怙 10,48,612,848,955
恃是 60,658
恃懱 1680
恎㤑 1177
恒佚 687
恒伽河 885
恒沙 971
恒河沙 930
恒挂 753
恒架 72,662

恒戢 169,1005
恒鉗 411,1252
恒邊沙 1099
恒鶪 1016
恢大 68,662
恢上 1110
恢弘 110,275,1116,1521
恢恢 2077,2096
恢疊 1948
恢廓 254,995,1285
恢闊 145,996
恍兮 2029
恍惚 835,2193,2307
恀步 423,1839
恀焉 417,1089
恬怕 727,738,836
恬怡最勝道 860
恬神 1572
恬惔〔澹、淡、憺〕 111,192,243,782,1256,1306,1411,1871,1886,2194
恬寂 1718
恬愉 2083
恬然 57,655
恬然宴寂 878
恬默 1176
恤民 235,1423
恰如 2190
恰恰 415,1087
恰述 2077
恰到 2017
恰周官 2091
恰須 829
恂恂 155,258,767,1445,1974,2005,2043,2095,2110,2152,2193
恪恭 781
恪勤 1879
恪慎 2095
恉甍 2116
恍忽 1403
悄(悁)自 1326
協(協)洽 1376
差〔𣦸〕舛 735,1323,1573
差脱 977
差〔荖〕跌 777,1446,1643
差誤 1239
美適 682
差難 1959,2109
差羅波尼 295,1552
美餗 2028
姜苟兒 1993
姜斌 1987
迸水 2190
迸〔迸〕石 297,1086,1554,1724
迸血 2322
迸淚 2106
迸落 1464
迸竄 2299
迸灒 1397
迸鐵 937
送殄 1938
迷伽伐瑳悉伽 730
迷怛羅 1128
迷泥 1711
迷惛 1514
迷踦 111
迷謬〔謀〕 607,621,623
迷瞀 2133
前四十年 939
前房 369,1813
前蹤 523
酋長 1979
首陀 380,883,934,1781,2275
首陀婆娑 393,1491
首冠十力莊嚴之冠 879
首訶既〔旣〕那天 64,651
首掠 1928
首閈 2162
首楞伽摩 477,810,1383
首楞嚴 912,913
首楞嚴三昧 962
首戴 1179
首盧〔盧、盧〕 361,1670
首曬 124
逆傲跳之 1854
逆津 48
逆旅 435,724
逆路 138
逆路伽耶陀 987
逆楔 1628,2199
逆楣 1618
炳現 1140,1144,1234
炳著 711,1222,1614
炳然 860,1077,1914,2026
炳然顯現 888
炳意 1110
炳蔚 2123
炳曜 2253
炯電 2139
炯徹 1880
玆基 152
炮字 116,1274
炮沙 411,1252
炮者 153,966
炮爈 2177
炷焦 1704
炫目 2123
炫煥 796
炫煌 71,671
炫燿〔耀〕 749,1031,1951,2066
炫麗 1041
炤灼 1874
炤炤 2137
炤燿 1297
剃刀心 1138
咨嗟 1023
咨嗟戀慕 897
姿偉 1183
姿態 45,760,949
姿豔 791
洪光 1905
洪炎 171,1093
洪音 672
洪澍 1212
洪濤 1965
洪纖得所 904
洒敝 1201,1908
洒除 777
洒浴 1153
洒滌 1146
洒塗 1635
洒漱 1200,2064,2067
洒濯 1138
洧水 2166
洊雷 2019,2033
洿田 168,1005
洿池 913,1276,1445
洿沙 386,1787
洮那 2301
洸洸 2152
洞清 108,1112
洞啟 861
洞然 66,260,654,891,1481
洞徹 888
洄澓 510,714,719,862,955,1209,1763,1856,2211,2222
洙泗 2104,2124
洗手 1573
洗汰 2127
洗拭 1447,1504
洗裙 1637
洗滌 1238,2239,2295
洗盪 1442
洗濯 723,1015,1472
涎沫 308,1564
涎〔唌〕流 727,2195
涎涕 755
涎〔次〕洟 510,1763,1809,1827,2280
涎〔唌、次〕唾 693,737,775,1136,1526,1610,1631,1872,1938,2067

涎淚 538,584
洎乎法界 889
派入 1914
派其 2024
派〔泒、𠂢〕别 151,829,1024
派〔𠂢〕流 446,1342,2148
派演 1872
派瀆 353,1642,1643
洮米 327,1531
洮汰 148,999
洮沙 196,1310
染衣倀 1636
染污 505
染污紆糾 1758
染沌 2184
染擗 299,1555
染翰 808
染纈 828
洶水 2154
洶湧〔涌〕 1965,2172
洛 540
洛叉 476,1336
洛沙 952
洛陽 1651
洋沸 749
洋銅〔洞〕 191,349,382,448,491,755,1215,1306,1344,1654,1739,1782
洴沙 64,652,1854
洲渚 475,493,534,563,595,596,628,1335,1741,2231,2275,2297
洲島 1041
洲潬 22,217,221,1229,1238,1322,1486
津涯 2340
津液 505,1758
津溜 106,1272
津媲 1323
津膩 643,1955
宣叶 148,998
宣敘 12,851
室利毱多 508,1761
室者二合字 586
室家 211,1380
室路迦 502,1755
室餕伽山 1961
室獸摩羅 486,1216,1735
室羅伐〔筏〕 712,1249,2222,2264
室羅筏國 677,894
宮荆 424,1863
宮亭湖廟 1919
宮闈 397,1495,2238
宮闕 464,1359
宋〔㖞〕寞〔嘆〕 986,1402
宋〔家〕静 753,774,841
宋嚜 1672
穽陷 2241
窀穸 2079
突吉羅 1293
穿決 41
穿沙礫 1396
穿〔穿〕穴 554,939
穿押 14,799
穿缺 840
穿脇 2214
穿舶 2315
穿窖 366,1732
穿窬 191,1306,1978
穿徹 716
穿鑿 755,985,2334
窆于(於) 2061,2067
客館 508,1761
冠王冠 907
冠以妙藏 905
冠花鬘 487,1735
冠衮 420,1807
冠冕 10,849
冠幘 1871
冠屨 2151
軍荼 1233
軍持 108,194,358,1193,1267,1309,1643,1693
軍旅〔旅〕 215,605,1288
軍衆 379,1779
軍敵 635
扂〔串〕户 305,1561
扂閉門 1574
扂鎖 2271
扁鵲 255,1829,1941,2062,2120
扃閉 2095
袜〔袜〕其眼 1144
祛蚊 1606
祜利 196,1311
祐助 59,658
祖送 153,965
祖𦜨 2146
祖祢〔禰〕 1595,1914,1924,2097,2139
神甸 525
神莂 2180
神衷 1961
神睞 1984
神鉦 2112
神質 2179
神璽 1982
神轡 2184
神驥 2194
神龜 741
祝祝 174,778
祝術 758
祝詛 140,360,991,1695,2286
祝禮 303,1560
袟帝 92,1257
祚胤 147,998
祇〔祇〕祟 235,1424
祇〔祇〕仰 434,722
祕扃(扃) 524
祕密 1381
祕賾 1036,1053,2153
祕躅 1036
祠天 61,296,660,1552
祠中 1292
祠祀 43,449,473,495,945,1333,1345,1743,2279
祠祭 2230,2260
祠禱 1716
祢瞿 52
韋拒 588
韋紐 1337
韋悰 1936,2035,2111
韋提希 953
韋提希子阿闍世王 970
韋幬 2021
郡市迦林 508,1762
既自充足 930
既悪 1991
既惠 2047
既覯 1983
既礫 2087
屍陀林 152,1046
屍疰 1196
屍骸 1610
屋宇 159,506,917,1759
屋舍室宅 929
屋甍 2113
屋檐 329,1533
屋廬 231,1420
屋霤〔霤〕 334,343,1545,1663
咫尺 1375
屏除 1017
屏〔屏〕處 139,988
屏㟪 282
屏氣 509,1763
屏營 124,173,258,777,1444
屏撥 1986
弭末羅 828
弭耳 321,1540
弭伏 284,1466
弭惹 1175
弭秣賀國 1949
弭秣駕 1951
弭謗 1453

弭隸　439
胥悅　2033,2333
眉毛　117,1111
眉睫　1000
陜山　274,1524
陛提　243,1411
陛楯　1203
陟屺　1973,2001
陟岵　2095
陗急　2101
陗絶　1877,1959
陞座　1181
陞舶　1594
除去　38,934
除却塹　1059
除苹　344,1665
除刮　1603
除垒　1096
除圂〔溷〕 1826,1831
除剔　172,783
除摒　269,1476
除愈　39,139,293,623,935,989,1550
除鬍　764
除穢忿怒尊　1137
除饉　71,172,272,671,783,1520,1525
除禳　1175
姞利　113,190,1261,1305
姞栗陀羅矩〔屈〕吒山　1877,2076
姞栗陀羅矩吒　1969
姞〔好〕寐　170,1165
姸蚩　2075
姥　1125
姥者　96
姥陀尼　1929
姥陀羅尼　2340
姥達　493
姥婆羅　1176
姥敮馱　1124
姱節　2038
姱僈　2132
姻媛　279,1465
姻媾　86,1062,1874
姝大　43,945
姝好　132,791,977,1082
姝妙　453,1349
姝姸　1437
姝特　776
姝悅　1175
姝麗　769,875,1055,1138,1248
姡卒　2183
姤羅綿　1741
姶娑囉　1177
姶播　1159
娧(娧)澤　1175
姚泓　1913,2144
姚萇　2053
姚萇卒　1921
姚墟　2003
姣輸　199,1313
姹　942
娜　540,676
娜字　586
姦宄　18,369,802,1813,1960
姦〔奸〕狡　239,845,1428
姦詐　748
姦猾　1439
姦詭　83,409,1251,1255
姦穢　1890
怒拳　1872
怒唬　2137
怒憾　463,1359
架抄　84,1061
架釜　1877
架險航深　855
飛則勁捷　908
飛鳥　255,1829
飛蕃　2009
飛蛾　2252,2283
飛甍　1068,1397,2036
飛颺　1618
飛欄　2037
飛鼯　2173
盈長　360,1695
盈缺(缺)　1053
盈溢　982,1015
盈儲　707
梟多河　1181
梟阿〔何〕 21,805
梟荷　87,1256
勇捍　625
勇悍　69,109,232,454,483,488,664,1113,1321,1350,1421,1685,1736,1771,1788,2106
勇猛　1197
勇喆　409,1251
勇鋭　132,606,620,758,977,1223
勇毅　225,1413
勇勵　596,723
勇躍　692
烝煮　1091,1128
癸癸　1246
癸礫迦　1138
蚤(蚤)起　1836
蚤得　1837
蚤〔蝨蝨〕蝨　737,1200,1611,1839
蝨〔蚤〕等　1217
臭煤　320,1539
柔兆　363
柔明　879
柔耎〔耎〕 129,572,623,636,774,787,916,1074,1110,1184,1213
矜伐　434,721
矜高　131,974
矜羯　886
矜誇(誇)　1713
孩稚　867
孩齔　2125
孩嬰　1937
紆昷(昷)　2179
紆伏哆　120,1276
紆〔紆〕鬱　435,722
紆(紆)屈　2154
紅茜　1634
紅碧　559
紅莓　2180
紅縹　59,563,657,1081
紇多　171,1092
紇哩　1196
紇露　1951
紃羊　326,1530
級其　60,200,658,1315
紉緇　2041
紉繩　504,1758

## 十畫

耕耘　1615
耕馭　1719
耕殖　1187,1993
耕墾　1584,1613,1223,1684,2218,2312,2327
耘除　41,868,940
耘鉏　1171
耘〔耨〕耨　1710,1863
耗爲　1184
耗減　1457
馬名婆羅訶　250,1435
馬芹　1019
馬珂　1463
馬師滿宿　963
馬喙　2120
馬榆　2053
馬蹟　416,1088
馬篼　2053
馬鬭　1810
秦佚　2009
珪璋　523,1964,2054
玼瑣　1923
珥璫　439,813
珠交露幔　973
珠貝　906
珠函之祕　855
珠把　418
珠弝　1809

珠柄拂 1457
珠珩 1878
珠琲 2184
珠璣 62,113,197,254,350,650,779,995,1311,1456,1655
珠璫 2076,2338
珕饌 814
珩珮 2115,2166
珮玦 1237
班下 13,852
班勇 2152
班〔斑〕宣 39,792,936
班倕 1973,2029
班彪 2331
珕須 231,1419
珕須那 1872
素在 40
素在後宮 937
素怛纜 470,1212,1328
素怛纜毗奈耶 1725
素泣謎 448,1344
素捏 1167
素嫉 2111
素鞢 1192
素略多惹那 1121
匿已 1777
匿疵 865
匿詑〔詑〕 97,697
匪局 1915
匪宜 511,1764
匪惶 283,1431
匪唯 642
匪懈 875,1951
栽杌 1677
栽忿 729
栽榫〔榫、櫱、拴、櫪、欒〕 83,279,375,435,725,1255,1475,1684,1702,1790,1871
赶尾 345,1659
趈 1125
埋大盆 1019
貢高 875
貢獻 367,1733
袁旍 2035
都不可得 876
都梁 227,1415
都較 82,159,919,1118
都鄴 1915
都澌 246,1429
都曇 448,1344
都籬 1656
耆艾 233,1421,1950
耆那 393,1491
耆婆耆婆鳥 932
耆毻仙人 964
耆宿 214,1286
耆耋 2044
耆毬 1401
耆闍崛山 128,525,968,2249
耄熟 447,1343
耄耋 2136
勎没 1112
勎突 1126
勎辱 596,1212,1218
勎虛 602
勎逼 1155
勎懺 560
勎蹿 2002
恐凹 220,1484
恐怛 236,1425
恐哧 217,1326
恐悚 1198
恐爲其患 952
恐慴 85,739
恐懷〔慽〕 60,658
恐嚇 22,220,1229,1484,2320
恐〔愨〕慑 260,548,1481
埃坌 2253
埃塵 367,491,1732,1739
聃(聃)術 2110
聃適 2140
毦帶 175,828
耿如 1903
耿价 1336
耽忙羅葉 1129
耽沔 1707
耽没羅洲 1862
耽耽 1978
耽〔躭〕染 595,645,814
耽〔媅、躭〕著 89,539,608,618,714,1032,1070,1107,1289,1396,1860
耽婬 1687
耽〔躭、妉〕湎〔媔、緬〕 46,134,461,481,815,950,980,1357,1365,1677,1679,2021
耽〔躭〕慾〔欲〕 557,1595
耽〔媅、躭〕嗜 1673,1689,1699,1726,2284
耽話 509,1762
耽餔羅 1680
耽諸 1674
耽摩栗底國 1969
耽毟〔毵〕 421,1833
耻媿 793
華足安行 976
華佗 2161
華孚 112,670
華沼 1440
華婥 1902
華榱 2167
華蓋〔盖〕 129,972
華鬘〔鬘、鬘〕 7,296,379,535,846,1384,1553,1779
莽字 2254
莽莽 1971
莽莫枳 2290
莽娑 1127
恭恪 86,270,697,704,764,790,835,880,1115
恭敬 1209
恭撝 2095
莖子 948
莖朵 1182
莖華 168,1005
莖稈 114,547,590,785,1094
莖幹〔榦〕 40,607,636,644,718,938
莖擢 1371
莫不自謂 874
莫呼洛伽 534,715
莫怕 1152,1153
莫咥 2162
莫者 588,605,619
莫哳 1188
莫異 696
莫賀延磧 1965
莫搪 1295
莫蹲 1295
莫媟 261,1482
莫窺 2194
莊筭 65,653
莊嚴巨麗 879
莊蹻 2146
莓苔 2108
荷字爲後 695
荷枕 305
荷負 495,680,983,1744
荷珮 1077
荷乘 458,1354
荷蓧 2160
荷擔〔儋、檐〕 75,637,640,680,706,747,763,1104,1269,1561,2096
莅中 2161
莅吒 268,1518
莅於 1453
莅職 2082
荼 540,886,906
荼抧尼 1122
荼迦 249,1820
荼毒 245,505,596,1429,1758

荼〔荼〕帝　230,1418
荼揭　346,1660
荼蓼　2016,2177
荼麼　122,1188
荼黔　115,1243
莝草　335,1547
莝碓　277,1469
荻林　74,669
荻苗　2306
莘里　1933
莘莘　2042
晋剡　2068
莣衣　73,668
莎升　1523
莎伽　137
莎呵　444,1107
莎訶　681
莎蕆　1683
莢若　116,1111
莞席　1914,1987,
2001,2147
真人　168,1005
真多摩尼　2298
真陀羅　697
真金爲囪　933
真胝〔胵〕　73,669
真越　65,652
真筌　1208
真諺　117,415,1087,
1111
荾花　1771
桂生　523
桂橑(橑)　2184
桔皮　829
桔略　150,1009
栖泊　814
栖託　1339
栖處　1394
栖慮　522
桎一敫(肢)　1236
桎沙桎麗　1401
桎致　179,410,1251
桎梏　26,192,244,
345,375,435,
722,1232,1307,
1412,1659,1789,
1880,1924,1989,
2060,2097,2130,
2194
桄桯　2079
桄梯　465,1361,
1708
桐宫　2154
株杌　558,612,716,
921,934,1031,
1138,1332,1680,
1906,2256
梃直　1831
梃樹　235,1424
栴檀　636,857,1012
栴檀香　556
桁杅〔竿〕　1574,
1583,1608
桁〔桁〕械〔㰂〕
19,246,378,803,
1429,1795
格上　285,1473
格量　459,1355
校量　1103
核内　1112
核韄　1603
样來　2322
栟櫚　1973
根子　948
根子莖子節子合子子
子　1443
根杌　1181
根系　482,1366,1979
根栽　452,629,1050,
1348,2313
根梢　1612
根株　634,703
根鈍　1033
根機　1019
根鬚　811
索了無所有　917
索拼　1774
索訶　439
索訶世界　2280
索訶界　2322
索綬　2340
索縷　647
索鏃　334,1545
軒宇　1054
軒暤(暤)　1868
軒窗〔牕〕　145,253,
994,996,1067
軒飾　130,972
軒檻　770,878,922,
1974
軒闥　145,996
軑　34
連柱　1681
連沠　2096
連紕　2077
連啑〔嚔〕　331,1534
連綴　49,955
連緜　61,660
連甍　1438,1956,
2001,2087
連擖　262,1843
連噤　2083
連鏕　1975,2037,
2147
尃弘　839
逋生　181,765
逋多　122,1188
逋沙　17,801
逋沙陀　1437
逋流　395,1493
逋逸　1953
逋慢　1595
哥羅分　873
鬲子　2169
鬲戾　2153
逗遛　2336
逗緣　2027
逗機　1963
栗呫毗王　606
栗呫婆子　1877
栗姑毗　1605,1598,
1631,1635,2308
栗姑毗園　1603
栗橐肶種　589
酌　541
翅羽　628
翅搜　98,1270
翅翮　1722,2308
唇口丹潔如頻婆菓
898
唇〔脣〕吻　901,
1239,1633,2233
唇哆　1902
唇〔脣〕腭〔齶〕　1048,
1289
唇頦　117,1089
唇齸　216
辱來　168,1005
展(展)轉　1286
砢　540,943
砢字　586
砰大　279,1475
砰然　415,1087
砰〔研〕磕〔礚〕　2067,
2107,2116
砧　879
砧字　1197
砧鎚　2047
砥掌　97,1209,2211
砥操　2161
砥礪　2074,2085,
2094,2099,2133
破印　865
破而聲嘶　938
破盂　1844
破析　1679
破舶　1588
破鴟　228,270,1416,
1470
破擗六大　955
破塘　1388
破瞖　1012
破瞉　447,1343
破壞生死　931
破魔　130,972
恧妙　785
恧等　1725
恧神香　1132
恧焉　2060
恧然　1889
恧膩　713
斘　1443
斘斯椿　2072
瓸瓸　230,1418

原赦 121, 1278
原陘 1951
原燎 2033, 2333
原隰 80, 647, 740, 807, 2230
剞劂 1957, 1960, 2012, 2158
逐塊 49, 764, 957, 2199
逐諸惡法 905
逐媎 1941
盞盌 1915
盞廟 2076
烈日 488, 1736
烈灰 365, 1730
殊沙花 971
殊禎 855
殊噬 176
殉世 2124
殉主 1998
殉有 362, 1796
殉死 1619
殉名 509, 1763
殉〔徇〕利 443, 457, 483, 1105, 1321, 1353
殉物 1982
殉〔狥〕命 482, 601, 1366, 1855, 2191, 2323
殉〔狥〕法 1943, 2340
殉逝 1676
殉道 2035
殉〔殉〕腸 361, 1696
鄌人 2106
挃小 1885
捕狙 357, 1691
捕榡伐素 1580
捕盧沙邪 447
捕獵放牧 895
捄世 2111
捄拯 2089
捄親 1841
振于 161, 796
振旦 85, 380, 1061, 1780
振多摩尼 2286
振羽 1967
振悚 1861
振恤〔邺〕 455, 895, 1351
振給 215, 235, 1287, 1424
振濟 95, 1264
振擺 321, 1540
振爆 40, 938
挾八 2168
挾先 327, 1531
挾帚 2102
挾持 25, 1231
挾怨 744
挾閣 898
挾〔挟〕鉢 311, 1566
挾書 2146
挾轂 1953
捎拂 1644
捍挌〔格〕 195, 1310
捏作 352, 1642
捏彼 1175
捏所 1237
捏素 1198
捏進力 1144
捏飾 1180
捏塑 2271
捉弦 2182
捉拽 1831
捉摝 168, 1005
捉塊 757
捉脛 309, 1565
捉腨 1611, 1626
捉瑱 324, 1543
捉攬馬一毛 825
捐捨 138, 705, 721, 986
捐棄 1222, 2218
捐揝 1692
挹 855
挹其 687
挹清流 1572
逝多 511, 1765
逝多林 894
逝瑟吒 843
挫外道 1942
挫折 1577
挫其鋭 2074
挫拉 1991, 2075, 2109
挫汝 481, 1365
挫身 1001
挫辱 642, 726, 1127
挫惡 925
挫捩 248, 1818
挫慢 1998
挫鋭 1959
挫颲 1179
挼手 1811
挼繩 1617
捊水 319, 1538
捊地 1885, 1908, 2110
捋身 1909
捋乳 1131
捋調 1861
換衣 123, 1193
挽弓 1235, 1870
挽出 303, 503, 1560, 1756
挽我 1104
挽底 1163
挽於 1860
挽紖 324, 1543
挽顗 2104
挽箭 824
挽攝 1176
捔力 1812, 2235
捔上 1617
捔處 2076
捔勝〔勝〕 709, 1775
捃多 450
捃多比 1674
捃〔攟〕(攈)拾 227, 274, 907, 1415, 1520, 2071, 2225, 2340
捃採 2078
捃道 2034
捃稚迦 1877
捃摭 1954, 1976, 2032, 2104, 2169, 2331
捃難 1129
捉門 1909
剗足 285, 1473
剗治 370, 1814
剗草 343, 1663
剗海 2021
剗貪 117, 1111, 2180
剗跡 2089, 2183
剗鏨 1934
致印 147, 998
致妳 24, 1231
致問 167, 1004
致猜 1991
致慨 2193
致饋 2147
致顤 1248
貣〔貳〕用 325, 1529
貣〔貳〕物 1050, 1936
貣財 775
峙立 1808, 1905
峙然 1934
峆 2268
柴薪 294, 1551
逌尔 463, 1359
虔誠 883
虔踟 412, 1253
時笮 343, 1663
時痕 480, 1365
時臻歲洽 855
時餤 1094
時縛迦 437, 728
時醫 324, 1542
時攘 1871
時瓤 498, 1747
時爝 1951
逞己〔已、巳〕 501, 1754
逞芬 2059
逞衒 2116
逞情 422, 1852
畢力迦 712
畢力迦香 954
畢舍遮 438, 486,

1734
畢舍遮鬼 810
畢洛叉樹 904
畢哩 678
畢唎禒俁 1175
畢㖒 1904
畢萃 1993
畢鉢羅風 456，1352
畢陵伽婆蹉 969，1893
畢殫 1241
畢蘭陀筏蹉 631
晟論 2174
晜水 1923
晜水上 2072
眹眼 22，1229
財貨 473，1333
財賄 94，173，249，
 270，390，421，747，
 775，784，1030，
 1262，1470，1802，
 1819，1833，1949
財弊 280，1465
財購 114，785
財贖（賰） 1222
眩目 1396
眩受 1071
眩動 1185
眩惑 11，231，850，
 1195，1419，1896，
 1985
眩愚 2122
眩亂 1721
眩瞖〔睊、冐〕 247，
 1817，1873
眩瞖 547，607，915，
 1394，1396，2245
眩矅 501，1445，
 1754，2110
眤那 412，1253
眤陀 1257
眤揭爛陀 2318
眠眩 38
眠䰀 2152
眠聽 2119
哮吽 471，1329
哮吼 49，451，749，

891，957，1347，
 1674，1718，1861，
 1901，2099
哮呼 244，1412，
 1871
哮嚇〔哧〕 95，1264
晃昱 1237，1901
晃煸 108，1267
晃煜 67，91，326，
 661，1082，1259，
 1530，1808，1932，
 1955
晃曜〔燿〕 570，637，
 869，915，1007，
 1015
晃爤 1184
剔翦 1988
剔頭 2328
剔鬚 1273
晏安 332，1164，1544
晏然 105，224，1489
喚銜 1013，1991
喚指 1901
哺乳 1887
哽塞 1515
哽〔嗄〕噎 35，730，
 817，907，929，1104，
 1218，2241，2319
喊言 253，414，
 1086，1843，1844
喊喚 390，1788
閃子 1154
閃見 368，1812
閃電 1166，1441
閃誑 223，1488
閃摩 321，1539
閃爍 1169
閃鑠 259，1838
剝肉 228，1415
剝除 797
剝斷 1939
咬鏡 894
唽唽 1725
晏方 365，505，1199，
 1224，1593，1731，
 1758，1775，1788，

2219
晏塞 925，1895，
 1901，2085
蚌蛤〔盒〕 451，
 737，1347，1610，
 1678，2123
蚖 978
蚖蛇 133，381，1210，
 1781，2212
蚖蝮 2281
蚖蠍 1195
蚑行 67，90，168，
 349，661，767，
 1004，1115，1279，
 1524，1642，1654，
 1871，2135
蚑行蝡動 1471
蚑多 156，1030
蚑〔蚑〕蜂〔蠡、蜂〕
 193，424，1073，
 1113，1307
蚍蜉 161，920
畔睇 1575，1578，
 1588，1604，1611，
 1634
畔喋婆 1719
蚳行 1717
蚳蛆 146，997
蚊〔蝨〕䖟〔虻〕 553，
 610，725，732，765，
 780，825，1018，
 1066，1155，1407，
 1504，1902，2065，
 2251，2273，2283，
 2295
蚊蚋〔蜹〕 60，659，
 795，882，1013，
 1032，1045，1238，
 1717，2244
蚊幬 1613，1625
蚊蟻 2310
蚊蠛 1719
蚖䗍 377，1713，1757，
 1773，1799
哨類 2175
唄匿 296，1553

唄唱 1935
唄讚 2110
唄響 1153
唲出 301，1557
圃神 1276
圃廁 146，329，997，
 1533，1644
圃腈 409，1251
圃豬〔猪〕 83，434，
 481，721，1255，
 1365
圃邊 1249
盎祁羅 1166，2280
盎甕〔瓮〕 1585，
 1591，1600
唏利 410，412，
 1251，1253
唏帝 179，1171
唏罿 119，1172
唏隸〔隷〕 16，800
牂殺 245，1429
牂〔牪〕羝〔羝、羝〕
 108，311，1267，
 1567
牂柯 1943
呼患 170，1165
呼梨 409，1250
唅 681
恩造 450，1346
恩吻 2026
喚唏 147，998
唖耳 326，1529
唁唔 1841
唧唧 208，403，1372，
 1501
啊 942
唉痾 258，1480
罝〔罝〕兔〔菟〕
 450，475，1335，
 1346，1616
罝罘 2087，2175
罝罟 152，1046
罝〔罝〕䍖 458，494，
 1354，1674，1742，
 1775，1788
罝羅 217，1403

峭峻 1951,2131
峭巖 2191
峨者 63,651
峨峨 1970
峨嵋 2056
峯〔峰〕崿〔咢、咢〕 1971,2108,2112
峯檐 2015
峯巖 644
峻坂 1599
峻峙〔峙〕 795,1376,1877,1959
峻峭 212,1367,1944,1965
峻滑 2190
峻險 840,916
剛愎 191,1306,2150
剛斬 159,919
剛毅 19,457,803,1353
剛橛 169,1071
笓〔笓〕蘇 123,1193
眚〔眚〕瘦 173,777
郵婆 85,1062
郵傳 1991
郵馹 2076
郵駿 1963
烏如朱之鼈 1998
烏煮 372,1816
缺犯 1079
缺戒 1066
缺崖 833
缺漏 1322
缺盆骨 1887
氤氳 151,604,829,1185,1440,1604,2223
氣劣 235,1424
氣泄 351,1649
氣啸 216,1665
氣悖 2153
氣嘘 953,1272,1523
氣嘘旃陀羅 957
氣噎 1835
氣瘶 388,403,1501,1801
氣縈 1056
氣騰 486,1734
氣讋 2182
特明 860
特垂矜念 876
特鍾 787
特敧〔敧〕揅伽他 1584,1648,2202
造化權輿 854
造父 1991
造立精舍 880
造書天 956
造膝 2164
造詣 42,941
造僧伽藍 906
牂羊 330,1533
牸牛 1202,1437,2298
牸牛并犢 1137
牸豺 2321
牸犢 1184
乘 972
乘除 211,1381
乘桴 242,281,1410,1430
乘舶 2097
乘馭 439
乘筴 365,1730
乘〔乗〕駕 465,1361
乘絙 1876
㔟身 147,998
㔟刻 417
㔟〔㔟〕擢 461,1357
舐耳 1886
舐血 1022,1026
舐足 824,1836
舐利 1828
舐吻 1238
舐菩薩足 1886
舐欶 393,1491
舐〔䑛〕掠 1194,1595,1601,2275
舐啜 394,1492
秣兔羅 1956
秣〔秣〕陵 1912,2067,2079
秥〔黏〕豆 225,1413
租賦 306,1562
秝羅矩吒國 1969
秖〔秖〕豆 224,1488
透出 1968
透擲 420,1462,1478
透徹〔徹〕 782,1243
笄漱 1191
筦兊(光) 1808
笑〔笑〕視 493,1741
笑睇 450,510,1346,1763
笎笏 225,1489
俸禄 343,824,1664
倕卧 300,1556
倕身 1201
借兵 1885
借稍 1990
傳刃 1945,1960
倩他 765
倩卿 1095
㑢(便)慧 545
假像 1122,1130
倚〔倚〕枕 719,759,794,1368
倚牀 37,931
倚〔倚〕法 62,650
倚倕 208,1372
倚發 296,1552
倢利 1702
倢疾 1269
師之 335,1547
倒孑 328,1532
倒仆 73,668
倒地 423,1839
倒猾谷 1932
俳説 97,297,698
俳掣 1828
俳戲〔戲〕 445,1341,2112
俳優 461,572,628,1221,1357,1705,2217
俶裝 1237
俶儻 2063
倮㢊(走) 1185
條析 522
條帚 1378
條榦 1572,1593
倏不見 2056
倏而 1968
倏有 1238
倏〔倐、儵、儵〕忽〔忽〕 72,157,632,644,667,1069,1323,1710,1919,2053,2063,2137
倏〔倏〕焉 1143,1984,2029
倏然 1148,2082
倏經 2191
倏〔儵〕爾〔尔〕 965,2196
倏〔儵〕歸 464,1360,2322
脩(修)陀耶 954
脩恂 349
脩嫭 2177
脩嗋 411
脩嗋衍柁 1252
倐然 1241
俱物頭 2258
俱舍 363,486,1729,1734
俱祉羅 509,1763
俱枳羅鳥 898
俱毗陀羅樹花 932
俱哆國 1906
俱帥 454,1350
俱郗羅 1126
俱胝〔胝〕 470,490,527,535,714,1096,1203,1213,1328,1738,1926
俱倦 2133
俱翅羅鳥 932
俱致 119,1276
俱眴 1286
俱湊 1202
俱瑟耻羅 2326
俱瑟祉羅經 484,

1390
俱臻 506,1759
俱盧舍 479,492,555,574,1386,1741
俱盧洲 618,1736,2219
俱蹲 1907
俱攞鉢底 1944
俱蘇摩德藏菩薩 881
俱繫羅 747
俱譚 268
俱譚滑提 180,917
俱蘭吒花 17,801
俱蹟 258,1444,2137
俱愧 123,1194
俱盧洲 488
俔伅 248,271,787,1182,1818
倡女 451,470,1329,1347
倡伎(伎、技) 214,297,495,750,1287,1554,1743
倡優 443,1105
倡豔 478,1385
候旭 2079
倭國 1932,2145
倁未 412
倁末咄咤 1253
倪三颰 120,1274
倪提 84,1060
倪樓 325,1529
倪謼〔謣〕 413,1254
倪檻鏠 175,1077
俾尸 365,1730
俾其 1319
俾〔陴、埤〕倪〔院、堄〕 38,66,171,361,384,654,935,1093,1171,1696,1715,1726,1792,2231
俾無癡惑 859
俾爾 677
俾樂色 869
倫匹 131,976
倫媲 2033,2334
倜儻 2047,2098,2123
隻千古 522
俯僂 1974
俯峻 644
倅略 277,1514
倣前 2196
倣斆 1182
倍挹 697
倍復 1097
倦 973
倓〔惔〕然 189,349,1304,1654
倥偬 2189
恖(思)忖 1012
健行 532,581
健沓和 697
健南 735
健達縛 542,715,1334
健詫 1175
健椎 1621
健達縛 433,474
健馱梨 497,1746
健辟 249,1819
臭茹 272,1519
臭胜 1470
臭處 978
臭澀 1774
臭穢 556,633,637,693,1096,2295
臭爛 844
射 867
射中 817
射的 363
射堋 221,403,1485,1501
射珥 285,1473
射師 787,908,1049
射堋 388,1801
射埻 281,405,1430,1503
射術 560,756
射窠 277,1469
射鞚 307,1563
息煨 2012
郫 2064
倨傲〔徼〕 484,1031,1183,1400,2091
師子湩 1895
師子虈 1120
師子頻申 863
師子頻申三昧 894
師子璫 937
師地 445,1341
師雨 503,1756
師保 186,1301
師郗 170,1165
師徒 504,1757
師拳 457,1353
師捲 214,441,1007,1287,1512
師傅 437,727
師資 477,1384
師薜 150,1009
師範 38,347,560,935,1040,1666
徒令 886
徒旅 870
徒跣 298,1554,2063,2095
徒隸〔隸〕 168,1005
徑順 1516
徐偡 2060
徐椿 1932
徐搖 898
徐緄 2134
徐鑣 2177
徦(很)弊 832
殷皮 268,1517
殷浄 493,1742
殷覬 2136,2143
般 971
般吒 356,1691
般利伐羅夕迦 490,1739
般者 928
般若 867,989
般若拘 1002
般若波羅蜜多 525
般涅盤〔槃〕 861,2232
般僧伽胝 537
般磋〔嗟〕 232,1421
般遮尸 953
般遮旬 68,156,663,1030
般遮羅 817
般闍于瑟 358,1692
般棱娑果 1954,1960
般羅若 716,722
般籌緘婆羅石 742
般囉 683
舨餌 2106
舨櫪 2119
釘 678
釘之 1438
釘其 1247
釘橛(橜) 1592,1624,2305
釘橛 壘裂 杇杙 1600
釘礫 181,765
釗殘 2076
途跣 1223
欱作 347,1666
欱取 1152
欱烟 331,1534
欱粥 1620
飦字 1176
飦飦 2267
飦吽 1129
飦泮 1195
倉(食)頃 563
釜銚 702
釜篋 1632
釜鍑 41,385,940,1793
釜鑊 744,1290,1954
瓵落 400,1498
舀大海水 1180
舀水 1855
舀漏 404,1502
豺犬 2176
豺心 2020
豺兕 1969
豺武 2151

豺虎 1913
豺豹 1108,1811
豺狼 58,487,656,705,939,1021,1210,1735,1948,1989,2212,2223,2252
豺貍 1858
豺獺 2125
奚用 328,1531
奚吼 87,1256
奚得 168,1005
奚囑 92,411,1252,1257
倉與篙 1610
倉窖 845
倉篙 2229
倉廩〔廪、亩〕 151,406,707,755,831,845,1221,1279,1504,1891
倉儲 1850
飣餖 1854
飰此 270
飤之 2065
飤四部 1905
飤鳥獸 1889
飤猛 1225
飢惄 2176
飢餒(餧) 147,998
飢〔饑〕饉 167,293,382,491,704,707,940,1004,1012,1078,1082,1150,1162,1578,1739,1783,2257,2306
飢羸 608
翁親 343,1664
胯膝 1600
胮脹 膿爛 青瘀 啄噉 骸骨 579
脛底 179,1173
脏肘 303,1559
胭匈 1162,1809
胭項 1188
胭喉 1322
胭頷 2091
胭頸 1261
脂肪 1810
脂那 171,1092
脂胰 401,1499
脂膏 2280
脂糂 401,1499
脂湠 231,1419
脂糟 1840
脂膩 762
脂髓 1438
脂髓膿 1150
脂胹 762
胸脅 1268
胷〔匈、胸〕臆 526,637,1610,2228,2250,2276,2331
胷肊 1149
胷〔匈〕膺 261,798
胷膈 1941
胷〔匈〕襟 507,1760,2096
脆不 273,1519
脆〔胞〕危 738,1610
脃想 775
脃草 771
胳肩 125,1075
脇不親物 2105
脇骨 540,585
脇尊者 509,1763
脇痛 561
烏伏 105,1271
烏角鵄 945
烏沙斯星 476,1336
烏長國 2223
烏勃林 1436
烏施羅末 506,1759
烏洛迦栴檀香 899
烏莫迦花等色 476,1336
烏娑跢囉迦 1126
烏巢 2200
烏瑟膩沙 436,460,570,637,727,1355
烏蒭 1195
烏蒭沙摩 2275
烏殟 146,997
烏雉 181
烏樞瑟摩 2266,2295
烏駮 1774
烏曇跋羅 726
烏曇跋羅花 436
烏蹉娜曩 1247
烏盧頻螺迦葉波 500,1753
烏鎩國 1971
烏黮 1992
烏鎩〔鎩〕國 1876,1961
烏鵲 539
烏鷲 895,2327
烏鱵 368,1813
狘吽 1856
狘响 224,1489
狘虎 2102,2113,2120
狘鬫 106,1272
狾狗 424,1515,1835,1911
狾狗齧 1919
狾狗齧王 1981
狷急 1953
狷獷 1960
狺狺 284,1466
逖聽 1949,2003,2070
狼狽 1972,2000,2047,2078
狼葪 333,1545
狼跡山 175,1077
狼〔狠〕踑 331,1534
狼藉 1458
狻猊 432,509,1762
狻猊領 714
逢迎引納 880
逢值 1195
敋打 1320
桀逆 276,1515
桀紂 2337
桀跖〔蹠〕 1964,2051
芻牧 1458
芻豢 1998
芻摩 1286
許露 1240
敍危 1055
敍鉢 1656
留〔畱〕邵 230,1418
討伐 139,988
訕大 214,1287
訕若 305,1561
訕責 350,1655
訕毀 1917
訕謗 443,500,1280,1753,1937
訖栗抧〔枳〕 490,1738
訖埵緣 477,1384
託事 2102
託跋壽 1986,2049
訓狐 20,261,410,797,804,1251
訓訢 116
訓馴 425,1862,1863
這入 1820,1906
這起 767,1855
記别〔莂、箣、謝〕 393,823,879,962,1171,1491,2061,2297
記糅 2068
記籍 2266
記論外道 480,1365
訒兮 2030
衮盼 1617
衰朽 543,604
衰秏 592
衰祚 1840
衰邁 132,976
衰耄 9,59,365,503,591,657,848,1730,1756
衷道 2040
高七多羅樹 902
高杙 1892
高苔摩 472
高祖毓 2201
高悝 1878,1933,

2001,2066,2162
高峻 688
高梯 644,1906
高掞 2104
高崖 746
高嵎 2162
高詁薄迦 1581
高燥 1093
高鐙 1007
高屧 2096
高翬 2138
高邈 2099
高懟 2176
高韇 1963
高麗 1972
高鶩 2104
高驪 2139
勍手 2085
勍殄 2072
勍寇 2077
勍鋒 2094
勍敵〔敵、敵〕 436,726,1371,1714,1921,1992,2047,2078
郭邑 366,1732
郭昕 2243
郭銓 2015
竝起 391,1668
竝將 2247
竝現 96
竝該 1918
竝豎 2289
席薦 1853
扆扆 2023
庬眉 1958
唐〔唐〕受 59,557,593,658
唐捐 43,140,470,488,613,625,696,945,991,1020,1328,1736
唐勞 185,1300
唐攬 500,1753
痀者 1872
病祟 1248
病愈 610
病愈 167,365,441,1004,1006,1731
病滲 1828
病瘳 1454
病篤 935
疽 981
疽病 698
疽惡 776
疽瘡 190,1305
疽癩 114,1038,1159
疽癬 723,1192
疾疫 1024,1857
疾痡 2083
疾瘳 2015
疨痒 1191
疹(疹)去 1071
疷〔底〕揥 111,825
疼痛 297,1554
疼痺 91,374,1259,1789
疼〔痓〕瘵〔燥〕147,997
疱凸 1859
疱烈 1775
疱瘡 1629
疱癃 1878
疱癩 2283
疰鬼 413,1254
痃癖 732,1162,1180,1199,1676,2267
疧斯〔廝〕 511,1765,1923,2076
疧斯國 1924
疿子 2328
痂痏 82,1117
疲苦 1858
疲倦(惓) 573,636,721,1094,1277,1895,2327
疲極 627,780
疲頓 527,879
疲勩 1966
疲厭 2297
衮冕 2088
衮飾 2021
衮龍 2033,2332
衺〔表〕裹 1443
蚉〔蠹〕蝱 47,952,1685
紊典 2042
紊指 1395
紊亂 1649,2100
剖形 350,1655
剖判 703,1038
剖析 472,1633,1775,795,1331,1942,1963,2014,2025,2059,2079,2160
剖胎 447,1343
剖華 1256
剖毫析滯 2201
剖裂 186,1149,1301
剖爲 537,583
剖腋 2131
剖腹 1895
剖擊 1873,1932
部分心城 905
部多 491,1739
部多宮 900
部袠〔帙〕 687,1918,2016,2152
竛竮 2178
竚對 2070
旁習 2155
旆〔旆〕兜 277,1476
旂旗 2123
旃陀羅 65,138,653,939,953,956,988
旃叔 93,1262
旃荼〔荼〕羅 432,475,530,562,715,907,1335,2218,2324
旃柘摩那 2188
旃蒙歲 675,2264
旃彈那 473,1332
旃檀 129,972
欬氣 1702
欬逆 45,781,949
欬遫 1122
欬嗽 737,846,2112
欬瘷 226,328,1414,1531,2289
欬嚏 2137
畜生〔牲〕 980,1514
畜衆 1647
畜箒 1611
畜髮 1641
悖惡 455,1351
悚慄 449,708,828,1144,1345
悚慴 2034,2334
悚懼 810
悍表 1400
悝商 2152
悟斯道 858
悃悃 1975
悃款 2023
悃愊 2050
悃御 1175
悁悒 416,1088
悁嫉 1477
悁慼 105,1164
悒快 2150
悒恨 841
悒悒 247,791,1817
悒遲〔遲〕 94,1263
悒遽 1516
悒慼 740,1285
悔過 1260
悋逆 1472
悋〔吝、悋〕惜〔惜〕 821,983,1015
悅豫 473,2243,877,1333,2313
悅懌 168,1005
悅〔倪〕憶 414,1086
悛改 1574,1576,1593,1919
悢悢 177,1107,1907,1935
悛法 424,1862
悛革 2086

牂羖　1429
羖羊〔羊〕 311,348,1442,1567,1667,1904,2256,2267,2327
羖羝　940
羖攊　107,1242
羞赧〔赦〕 1607,1725
羔犢　1967
恙蚌　1606
瓶匜　2173
瓶瓨　1523
瓶沙王　294,1551
瓶瓮　1893
瓶甌　1399
瓶罃　125,784
瓶罐　176,1081
瓶鑽　735
搦見　638
拳手　2257
拳肘　1591
拳摭　226,1414
拳擘　1576
拳敲　331,1535
拳擢〔搉〕 328,1532,1597
拳毆　1616
拳縮　737
粃糠　1884
粆糖　1663
粉捏　2286
粉黛　2201
烟熅　2010
烟爛　1701
粔籹　118,1111
秔米　925
料理　1187
料量　87,1116
益疢　1973
益其精爽　859
兼利　869
兼綜　1138
兼迥　2097
兼該　344,1658
烔烔　85,1062
烔然　601,1235,1463,1933
烙　1307
烙口　19,804
炫熱　151,831
剡山　2051
剡木　1931
剡州　2177
剡東　1913
剡浮　364,383,1730,1791
剡埤　113,1158
剡魔　438
剡魔王　811
剡縣　2064,2078
郯子　2043
焬(熓)稻　2267
凌侮　470
凌傷　196,658,1310
凌蔑〔懱〕 475,488,1736
凌轢　1917
凍暍　18,803
凍〔涷〕瘃　244,1412
凍餒　1960,2146
凄勁　505,1759
准平　82,1117
准陀　494,1743
脊骨　540
脊梁　1382
脊僂　232,1420
脊腿　1575
脊膂　400,449,1344,1498,2000
脊槫　18,803
脊骸　1596
凋悴　398,1496
凋落　599
凋頓　770
凋訛　2040
凋窘　2073
涼〔涼〕燠　1594,2072,2133
瓷器　1180
瓷匙　330,1533
瓷甖　1125
恣心　1291
恣汝　716
恣其　1214
恣訑　698
浡地　114,1158
浡浡　85
浡澥　1974
酒烝　352,1644
酒肆　166,1003
酒醉　1013
酒孽〔糵〕 280,1465
酒澱　320,1538
酒鮭　2155
酒鑪　229,1417
浹旬　2098,2151
浹辰　1954,1973,2132
浹洫　2041
浹渫　194,1309
浙左　2067
浙〔淅〕東　2089
涇渭　2338
涉暗　621
涉壙　550,609
娑　541,906
娑字　586
娑伽　906
娑伽羅　970
娑怛鍐　1296
娑哆　906
娑咩　799
娑度　2328
娑俞　23,1229
娑卸　802
娑梨藥迦　1357
娑偷波　913
娑婆　862,886,970
娑婆世界　933
娑郵　17
娑喃　23,1230
娑訶　649
娑麼　906
娑竭羅　858
娑頗　906
娑嚩　933
娑羅　35
娑羅林　896
娑羅娑鳥　934
娑羅葉　465,1361
娑羅雙樹　929
娑瀰　96
娑攤　176,1172
消化　38
消殄　1018
消除　1213
消冥　766
消涸　913
消皺　1320
消滅　1403
消殰　110,1116
涅　677,971
涅不緇　2201
涅緇　2142
涅槃　928
涅噬〔嗞〕 93,1257
涀篡　2020,2154
涓埃　2119
涓涓　387,1787
涓流　223,259,1488,1838,2201
涓辣　2027
涓澮　245,1413
涓滴〔滴〕 1926,1984
浿(没)踝　1178
浩汗　1975
浩晧　154
浩晧浩晧　836
淀澓　375,1790
海晏　855
海狶　1589
海蛘　864
海湑　2145
海島〔島〕 20,108,804,908,1240,1261,1619
海濤　837
海濱　151,1045
海鼈　1285
浴像　1109
浴摶　451,1347
浮沫　2064
浮泡　566,787,809
浮瓠　1713

浮趀　1620
浮澑(溜)沙　1294
浮譁　110,1116
浮磬　2179
浮囊　554,592,610,628,1650
流泛　1471
流梔〔梔〕　450,1346
流宕　147,998,2110
流胤　731
流派〔𠂢〕　919,1710
流涌　718
流涎〔次〕　770,1617,1870
流液　1207
流軇　1777
流睇　1945
流惻　47,953
流遁　2335
流湎　2037
流溢　693
流漣　2137
流漂　844
流遯　2175
流漫　1393
流駛　1922
流輩　1247
流澍　690,1075
流澾(達)　1631
流彌　852
流彌尼　13
流轉　447,1343
流轉遲迴苦趣中　883
流竄　828
涕泗　237,276,1426,1515,1914
涕泗咨嗟　883
涕泗悲泣　897
涕泣　35,137,929,984,1809,2301
涕〔洟、洟〕唾〔涶〕　36,359,487,538,584,718,732,749,764,1022,1096,1163,1269,1440,1648,1652,1694,1735,2253,2319
涕淚　490,1012,1018,1039,1738
涴染　1895,2240,2328
涴濯　765,2320
浪耆　461,1357
浸淫　362,463,1359,1796
浸潤　1772
浸壞　945
涒灘　363
涌　988
涌已　1442
涌出　826,1022,1073,1272
涌泛　496,1744
涌〔湧〕沸　846,1196,1628
涘利　410,1252
浚流　93,747,823
浚輪　238,1428
浚壑　1977
害憍　1396
宸扆　2175
宸眷　1972
宸睠　2077
宸鑒　1992
家貲　1597,2306
家牒　2006
家嗣　38
家纏五盖　855
宴　972
宴坐　166,451,1003,1297,1347
宴居　790
宴然　822
宴寢　871
宴默　130,153,894,966
窅以　2170
窅窅　34
窅冥　2019
窄狹　938
窄處　1137
窄陋　1039,1600
窄〔迮〕隘　1943,2090
窊木　2122
窊曲　140,990,1051
窊面　15,799
窊映　1123
窊隆　2038,2040,2109,2169
容皺　1241
容縱　816
容竄　1144
窈窈　1872
窈冥　1008,2041,2193
窈窕　2003
剜身　51,88,756,961,1069,1289,2200
剜灸　247,1817
剜掘　81,744
剜〔刓〕眼　1220,1293,2090,2216
剜割　2306
宰人　321,1540
宰官　140,458,816,991,1354
宰𦧺　2122
宰犧　2027
案如　389,1800
扆旒　2043
朗然　860
冢埌　146,997
冢間　691
扇帙略　503,1756
扇侘　1595,1627,1633
扇侘半擇迦　1573
扇姹半姹迦　1155
扇扇　1178
扇搋　592,1733,1776
扇搋半擇迦　475,487,556,611,1335,1680,1700,1736
扇搋半擇迦等　1332
扇櫥等　1715
扇樞　1608
袜額　2111
袪之　2126
袪內　1337
袪有漏　2199
袪篋　1999
袒裸　1826
袨服〔服〕　922,1958,2239
袨服莊嚴　879
袨麗　794
衸之　347,1666
衸〔衸〕髁　304,353,1560,1642
被大精進甲　902
被以火餤　905
被甲　870
被求一切智堅誓甲　904
被苦　1704
被析　496,1744
被帔　1631
被秣　2119
被服〔般〕　39,59,658,937
被帶　612,645
被筰　464,1360
被彍　432,715
被軇　754
被鉀　1370
被精　139
被精進　988
被髮　954
被褥　759
被戮　878
被蝥〔螌〕　1159,2281
被擯　1864,1891
被鎧　1141
被羈　1906
被氈　1810
祧墠　2163
冥者　167,1003
冥寂　2061
冥闇　1687
冥讁　1879
冤宛家　939

冤結 464,1360
寇賊 409,1250
書紳 2028
書撳〔檄〕 1716
書識 305,1561
幂應 1603
剥牛 731
剥皮 2199
屐支 322,1541
弱 1236
弱吽鑁斛 2268
弱冠 41,939
弱齔 2042
弱齡 1650,1876,2340
陸倕 2079
陵鯉 385,1793
陵嶒 400,1498
陳荄 1977
陳堡 1978
陭岸 2115
娿婆 273,1285
陮阜 634
陰晴 209,1373
陰〔隂〕瘂 454,1350
陰噎 188,1303
陰頹〔穨〕 216,1665
陰燧 377,1798
陰臏 1188
陶坏器 807
陶冶 99,1270
陶河 368,1813
陶師 294,723,1551
陶家 40,494,1743
陶家輪 937
陶現 109,918
陶鈞 685
陶誘 1917
陶演 249,1820
陶練 451,1347
陶鑄 1986,2119
陷他 2200
陷此 273,1518
陷〔臽〕穽 1222,2164,2217
陷㛋 1998
陋(陷)斷 819
娭姸 1593
娭媚 1222
姬媵 496,1744
娠微 2017
娙女 1182
娛樂 61,118,660,793,894,1057,1077,1256
娉半支迦 1248
娉妻 41,940
恕已 44,946
娘矩吒 492,1740
婀字 2239
婀婀 1225
砮得砥 2150
哿栗 378,1795
哿梨 113,1158
砲赤 1936
砲凸 425
砲初生 672,766
砲沸 302,1558
砲節 234,1422
砲雙 1776
砲瘡 1188,1193
砲潰 449,1345
砲癬 317,1536
脅肋 303,1559
脅諸 334,1546
脅壘 1925
脅嚇 110,1275
通敏 210,1379
通閡 2149
通溜 1240
能决 192,1307
能祀 470,1328
能祛 1769
能阻 552,609
能忍劬勞 894
能剌 567
能治 1211
能捐 727
能著 1262
能焕 607
能逮 638
能紹 561,614
能解 1159,1858
能瘉 2177
能詮 476,1383
能溺 1193
能罥 758
能暢 704
能斷(斷) 680
能擗 190,1304
能擐 438
能辦 537,596,597
能燥 1052
能濡 1052,1055
能羸 1234,2275
能闡 476,1383
能駿 1675
能螫 1857
能纂 1176
能聽 579
能攫噬 865
毒(毒)氣 2139
毒獸 2197
毒螫 1240
蚩弄 346,1660
蚩責〔賫〕 438,730
桑梓 1945,1966,2077
桑椹 1991
桑槃 2155
烝涌 1053
劬法師 1988
逡巡 192,1307
挽身 1900
孫陀羅難陀 969
孫綽 2047
孫臏 2133
孫勦 415,1087
純一 130
純白 1181
純陀 933
純尨 1646
純瘥 1998
純净 21,805
純淑〔洲〕 166,187,702,1003,1302
純粹 419,1834
純懿 1982
紉 974
紉〔網〕輓〔縵、緺、幔〕 50,419,432,714,924,986,1018,1103,1592,1600,1617,1806,2198,2228,2311
紉輓指 958
紉鑾 771
紕荃 1395
紕紊 34,1376,1917,1975
紕僻 2048
紕繆〔謬〕 175,426,1863,1955,2024,2073,2341
紕鞎(鞕) 1688
紗俱 170,1165
紗縠 1201,1203,2269
納衣梵志 964
納贊 2149
納麓 2338
紝婆蟲 960
紛糾 522,1983
紛紜 2106
紛梗 363
紛聒 442,458,1293,1354
紛〔絠〕葩 67,404,661,1502
紛綸 1207,2210,2340
紛糅 1874
紛擾 568,694,1636
紋身 216,1665
紋綵 2026
紋繒 2017
紡綫 723
紡績 304,330,723,1533,1560
紡織 1405
紐地 2001
紐地維 1993
紐成 1197

紐者　1976
紐虜　2085
紖促　1599
紖繫　369,1813
邕邕　2336

## 十一畫

彗孛　2062,2290
彗〔篲〕星　43,96,186,311,482,673,676,944,1017,1025,1301,1366,1567,2265
麨(麨)粖　1148
舂米　1097
舂炊　1892
舂暘　385,1793
舂磨　304,1560
舂擣　1580,1597,1617
砮統　2136
理册　395,1493
理惡　2162
理翮　2227
理攄　2160
理懵　2042
理襲　2153
理斷　900
責索　39
責索無所　935
彭而　2180
彭然　249,1819
彭淵　2090
現眇　1202
埞頭　1125
琉璃　480,931
琉璃琴　1456
琅玕　1978
琅琊王珉　2047
規矩　2194
規〔晛〕度　509,1763
規欲　39
規〔晛〕摸　609,627,2073
恐(恐)迫　607
焉夷國　2187
堵羅綿〔緜〕　554,628
堆〔𠂤、埠〕阜〔𠂤〕　137,558,612,708,792,920,924,944,984,1041,1057,1073,1209,1862,2237
堆〔埠〕惕　1464,2195
堆堞　1968
逵路　2249
堋而　2114
堋垛　1592
埳井　2147
蛩(蛩)聶　2133
啚〔啚〕口　147,998
赧王　2009
赧而　1221,2217
赧畏　2041
赧〔赧〕然　45,577,949,1993,2074
赧〔赧〕愧　458,1354
赧皺　1439
赦宥　345,426,1659,1851
教汝醫法　935
教詔　39,130,871,936,972
埻的　25,1231
培的　370,1815
培〔𡼏〕塿〔嶁〕　1960,2010,2153,2182
培鞞　18,802
逹(達)膩迦　1646
執仗　1333
執志　2150
執柁〔拖〕　1054,1594
執盾　360,1696
執〔執〕珽　1932,2164
執駐　364,1729
執變　1445
執穳　360,1695
執爨〔爨〕　1276,2064
堀倫　1938
辜(辜)磔　1448
斠稱　1050
堊之　113
堊飾　145,268,996,1518
堊醘掣呾羅國　1876
堊醘掣怛羅　1957
堊灑　225,1413
基址　2037,2140
基趾　1967
基墉　2066,2104,2162
基蹠　2063
基堵　867
基堦　1887
聃婆　92,1257
聆佛　2198
聆於　1238
聆音　457,1353,1976
聆流　2192
聆嘉　2075
聆語　2067
勘剗　2034
勘耐　625
聊紀　675
聊題　688
聊撝　2072
娶妻　494,1742
娶婦　1520
菁華　2075,2336
甛(甜)水　1154
甛味　1396
甛物　1394
甛美　740
甛膩　1021
著　1159
著于　1858
著甲　1797
著岸　1887
著亟縛屣　1970
著茸　320,1538
著星辰　674,2263
著後　43
著洿　260,1481
著屐　1637,1646,2051
著脛　1828
著帿　1827
著紫瓶　1648
著屣　1646
著圂　192,1307
著蕠　182,1294
著裓　1071
著麩　1456
著臺　1182
著膠　1686
著親　1055
著褶　307,1563
著鎧　1275
著衡　228,1415
著髖　1831
菱〔蔆、薐〕芰　321,308,1539,1564
菱角　383
菔摩　1952
菘菁　228,1416
菍(葱)蒜〔蒜〕　1129,2274
菍蘡　2126
菴麻子　1184
勒繕　411,1252
黄法甦　1923
黄柄　741
黄病　1174
黄能　2127
黄豹　1620
黄毯　770
黄鉞　2003
黄皴　463,1359
黄藟　2180
黄嘌　1579
黄髯　192,1307
黄鵙　575
黄鼬　21,805
黄鸝　434,721
莽莫枳　1137
菴末吒　1857
菴没羅　506,1759

菴没羅果 597,617
菴没羅果 半娜娑果 567
菴浮梨摩國 887
菴婆羅多迦 1436
菴惡 42
菴提 1926
菴摩羅樹 689
菴鞮 306,1562
菴〔菴〕羅 165,1002,1008
菴〔菴〕羅果 944,958,1404
菴羅衛林 440,1005
菴羅女 959
菴羅林 901
菴羅樹女 961
菲食 2127,2150
菲薄 1047
菖蒲 2305
萌芽〔牙〕 511,1457,1764
菌樹 2173
萵藥 153,966
萎黄 86,325,1063,1529
萎悴〔悴〕 719,1149,1574,1700,2099,2251
萎黑 1513
萎歇 645
萎蔫 261,798
萎燥 365,1731
萎顇 771,1218
萎爛 197,1311
萎羿 2195
菸茂 913
萆梨 85
萆龍華 96
萆輟 2029
萏謎(謎) 439
萏摩 438
菟角虚空 963
萃止 864
萃影 856
菸瘦 208,1372
菩晰 410
菩提場中 856
菩提薩埵 892
菩薩之身爲師子座 1138
菩薩無礙乘巾之出三界 894
菩薩爲一切衆生恃怙 897
菩薩摩訶薩 969
萍比沙 1474
萍薄 86
菅茅 464,1360
菅草 50,960,1905
菅葉 1826
菅針 26,1232
菅蔽 2174
菀莚 1821
菀蔣 2174
乾陀山 884
乾陀呵晝 69
乾陀呵晝菩薩 664
乾陀越國 69,664
乾陀譐 1170
乾陀羅 2242
乾陀羅國 887
乾坤 673
乾拭 1153
乾消 296,1553
乾痟 1647
乾痟病 1651
乾腊 1961
乾麨 731
乾藍澱 1154
乾燥 138,736,986,1023,1067,1772,2062,2299,2313
乾腒 2155
乾曝 457,472,1330,1352
乾闥 970
乾闥婆 128,858,931
乾闥婆城 885
乾曬 94,1262
乾麴 1939
菡萏花 894
菡藺〔萏〕 915,1051,1225,2220,2181,2222,2253
彬彬 2339
械心 1138
梵天 128,970
梵行 294,1550
梵行之道 897
梵衍那國 迦畢試國 1950
梵迦夷天 65,652
梵富樓 388,1778
梵經 941
梵摩三鉢天 68,124,663
婆婢 113,1157
梗正 2078
梗〔梫〕槩 736,1208,1609,1917,1924,1939,1961,1969,1970,1988,2075,2086,2165,2210
梗〔捙〕翜 65,437,652,729,2108
栭(柳)惲 2134
栭橙 2134
椓杙 325,1529
梐木 1594,1600
楞〔梜[32]〕棗〔棗〕 224,1488
梢枝 1148
梅怛麗藥 508,1761
梅窒 122,1188
麥芒 730
麥果 446,1342
麥〔麦〕稍 401,1499
麥〔麦〕麩〔麸〕 39,935,1439
麥〔麦〕鬻 280,1466
桴材 418
桴筏 159,1036
桴擊 1015
桼箠 425,1477
梓梢 416,1087
梓栢 245,1413
梓桂 1973
梓棺 270,1477
梓薪 282,1430
梳刷 1605,1635
梳縮 1182
梳髮 1129
梯山 1949
梯者 2188
梯航 1973
梯基 1998
梯〔挮〕淡 170,1165
梯梐 780
梯樀 259,1838
梯隥 220,502,716,747,1222,1485,1572,1604,1707,1755,1837,1946,1971,2189
梯嶝 1320
梯橙 821,1856,1920
梯蹬 646,1013,1577
梯隸 158,1037
梯羅 1256
梎檔 1513
梮多 1346
梮雉迦 1969
敕太 297,1553
敕乳 52,236,964,1425
敕指 331,352,1534,1640
敕毒 1168
敕瀝 2325
軥轂 569,636
軛取 580
軛靷 359,1694
斬截 796
軟夫 192,1306
軟中 379,1779
軟惵 232
專已 506,1759
專勵 1293
曹植 1985

敕 1125
敕警 1970
副軸 960
區別 100,833
區畛 2174
區疑 282,1432
堅手及持鬘 1733
堅凷 153,966
堅牢 1296
堅固鎧 1096
堅勁 325,473,1332,1350,1529
堅翅 559
堅著 60,196,659,1311
堅硬〔鞕、鞕、鞕〕 698,731,795,844,863,1032,1382,1479,1585,1630,1647,1684,1702,1859,1939,2327
堅毳 2130
堅緻 1183
堅韌 308,1563
堅頸 455
堅鞚勒 1999
堅鎧 1256
酗醬 283,1431
酖酒 174,779
酖醉 1030
酖嵐 1892
帶毦〔毦〕 223,1487,1634
帶門 1174
帶韄 1473
帶韁 1613
帶襻 1952
帶韉 285
戛石 2067
戛戛 398
厠篦 331,1534
研精 1107
硇壓 1909
硌硌 2152
硨磲 2181
勔俛 2050
匏木 1052
匏瓜 2154
惢腹 253,1842
奢 906
奢利耶 709
奢侈 511,1765
奢侘 1621
奢哦哯掘 1251
奢哦 410
奢迦夜牟尼 913
奢摩他 529,713,813,867,959,2240,2255,2296,2297
爽〔爽、爽〕塏 1593,1931,2006,2079,2131,2160,2180
爽塏 2071
爽（爽）失 735
殑伽 446,527,559,596,1249,1342,1776,2258
殑伽沙 433,476,716,1075,1336,2275
殑伽河 492,1740,2076
殑耆羅 488,1737
椷〔搋〕盛 676,2266
盛金盎 1154
盛夏水長 944
盛貯 546,619,809
盛髮之帒 741
盛燥 1072
盛篅〔篅〕 262,1843
匾㔸〔㔸〕 140,400,990,1123,1186,1104,1498,1634,1876,1902,1950
雪堆 1325
雪岫 1972
雩堧 2052,2201
掛錫 2189
掛旛 2151
措〔厝〕言 482,1366,1936
措〔厝〕懷 1922,1986
掾地 1181
掝背 93,1262
捺之 1144
捺〔榛〕落〔洛〕迦 487,734,827,1218,1382,1394,1397,1687,1735,2244,2321
捺髀 1552
捺羅 1163
捺囉 676
捺齲 1151
掩正 1650
掩泥 544,588,605,619
掩面 221,1485
掩袜其眼 1142
掩遏 636
掩雲 1914
掩齗 2167
掩蔽 1297
掩骼 2089
掩博 372
掩曜 2067
掩襲 329,1200,1232,1532
捷利 1018,1179
捷速 529
捷疾 710,753,1098,1455,1690
捷對 721
捷語 1599
捷慧 725
捷樹 361,1696
捿竄 1956
捷辯 768
捷〔揵〕闥婆鳥 932
排空 524
排抗 1874
排俊 1945
排筒 221,1485
排湯 237,1427
排搪 1887
排擠 243,1411
排擯 1238,1396,2126
排〔棑〕欑 643,1584
排鑹 1599
掉 1146
掉手 1130
掉衣 318,1536
掉弄 694
掉捎 351,1649
掉悔 2195
掉動 1860
掉悸 1895
掉頭 1891
掉轝〔舉〕 530,580,592,771,1405,1672,1714
掉戲 736,952,1394
掉臂 301,352,1558,1642
捫心 2040
捫足 440
捫持 1200
捫珠 2131
捫淚 75,639,679,764,785,923,2098
捫摸 11,214,296,445,775,849,882,1090,1171,1225,1319,1341,1552,1837,1893,2219,2225,2244
捫摩 566,2320
掆〔棡、掆、扛〕輿〔轝〕 227,1415,1916
捶 902
捶牛 1707
捶打 130,562,595,625,690,783,972,1104
捶拷 1397
捶鼓 1092
捶楚 814,2235
捶撻 506,1760
捶擊 2287
捼不 216,1665

捼〔棲〕手 351,418,1649
捼而 1109
捼掌 1203
捼使 1633
捼彼 256,1479
捼腹 1604
掬〔椈〕畔 412
推山 824
推手 736
推石 1401
推延 1599
推迮 1887
推劾〔刻〕 2110,2335
推究 603
推度 693,1679
推著 554
推排 132,977,1657
推揖 2022
推摩 1617
推徵 557,604
推燥 1471,1517
推鞠〔鞫〕 1240,2022
推攘 1295
捻諦 1389
拚繩 1152
頂囟 95,1034,1180
頂戴 845,1196,1321
頂顊 288,1460
捨之 2179
捨牽 330,1533
捨齗 222,1487
捨 541,943
捨一切烏波提涅槃法 892
捨字 586
捨掟 1269
捨軛 526,578
捨噢 1459
捨覩嚧 2300
捨諸罪軛 867
捨撤 2169
捨諠 528
捨橃 1917
捨鑑 422,1852
採芑 2154
採菽氏 601
採掇 1144
採揀 121,1036
採摭 1916
採摘 644,2072
採擷 2085
授 984
授戉 2126
授幻 1926
授啖 415,1087
捻取 1235
捻珠 1177
捻揑〔桎〕 233,1422,1893
捻掇 2095
捻置 343,1663
捻箭 124,817,1110
捻檀 1233
捻爕〔燮〕 416,1088
掏出 160,918
掏攬 2035,2337
掐〔掐〕其 1201
掐念珠 1130
掐〔掐〕珠 1122,1175,1177,2108,2256,2288
掐〔掐〕傷 208,300,1372,1556
掐〔掐〕齧 385,1793
掐〔掐〕數 678
掐〔掐〕數珠 1151
掬 1159
掬中 796
掬林 83,1060
掬取 1439
掬抱 236,1424
掬〔匊〕物 1122,1197,1234
掬於 1272
掬滿 762
掬擻(散) 1168
掠詎〔詆〕 236,1425
掖門 1933
捽〔拚〕母 233,1422
捽滅 346,1659
捽頭 2120
掊土 1525
掊水 346,1659
掊地 398,1496,1873,2326
掊汗 347,1665
掊刮 322,1540
掊剌拏 1386
掊發 95,1264
接紐 2074
接徸 2115
接踵 1919,2033,2332
接噫 2037
掮〔椭〕塵 404,1502
捲手 1320
捲打 1596,1832,2321
捲扠 1906
捲杷 1008
捲屈 1888
捲相 1059
捲華 2184
捲脊 961
捲誘 785
捲縮 796
掞雅 2074
掞藻 2165
控告 190,1305
控弦 454,787,1350
控制 1455
控寂 521
控御 1615
控總 1945
控轡 762
捩出 1152
捩取 1902
捩撮 1811
捩齒 734,1609
捩繩 221,1485
捩曬 321,1540
探本 148,998
探其 237,1426
探啄 449,755,1345,1774
探喙 492,1740
探道 171,1093
探摸 95,1264
探察 418
探〔搽〕賾〔贖〕 523,1996,2030,2041,2199,2334
探識 786
揵抳〔坻〕 189,423,1304,1839
揵陀 1024,1515
揵陀羅 63,651
揵吔 825
揵沓和 64,652,766
揵沓惒 1082,1297
揵茨 308,1564
揵度 97,356,1164
揵陟 278,395,758,1476,1492,1836
揵連 1274
揵椎 14,306,799,1142,1301,1562,1891
揵搥〔鎚〕 1083,1107,1401,1923
揵稙 348,1667
掃〔埽〕帚 1440,1951,2076
掃麩 302,1558
掃篲 319,327,1530,1538,1608,1895
掃灑 166,1003,1650
据路 410
掘土 180,1159
掘井 830
掘去 1125,1185,1199
掘生地 1383
掘地 300,678,1556
掘坑 1656
掘挽 1969
掘深 1197
掘蔭臽 1902
掘墾 1890
掘鑿 1715
掻(搔)刮 1850

掇其　2075
掇拾　2072
掇置　423,1839
掭及　934
婓婓　1975,2169
雊射　148,999
救之　1250
救援　455,1351
救療　135
𡿺裂　1168
㤅(愛)　942
㤅戀　1022
鹵〔滷〕土　474,1334,2267
鹵莽　2029
鹵鹽　308,1564
鹵䔵　1840
鹵楯　1415
鹵簿〔薄〕　228,323,1541
虛空可數量　680
虛耗　1650
虛捲　232,1421
虛閑　871
虛費　645
虛莲　1689
虛僞　599,1097
虛誕　282,1432
虛詐　1058,1674
虛〔虗〕羸　549,731
虛豁　2193
虗(虛)空　544
彪兔　1056
彪嘯　2011
處拼　322,1540
處圂　1904
處瘅　421
處癉　1462
敝幡　1887
敝壞　558
雀𧑒　110,1275
堂堂　157,1069
堂榭　856
堂礎　2088
常山王確　2005
常有希望　936
常眨　224,1488
常莅　2094
常衮　675,2264,2294
常筰　1902
常掔　180,1076
常爲　970
常嚱　573
常預　542
常摐子　2010
常跽　1448
常慘(慘)　697
常聡　1126
常翹　41,940,1019,1219
常聽　747
常䫄　709
眭希寂　2023
匙匕　319,1537
匙箸　2191
匙攣〔孌〕　829
野　942
野干　133,300,487,1210,1556,1735,2176,2325
野字　586
野狐　1897
野娜　438
野馬　66,653
野媪　2083
野鸐　1019
哺沙　169,1071
哺刺拏　1613,2318
哺時　187,297,730,1106,1302,1553
哺嘍　410,1252
哺囉　92,1257
晥然　2062
晾晾　1901
販賣〔賫〕　1641,1657,1889
販樵　1598
覓突〔寏〕　250,1435
晨朝　35
晨晡　900
晨翰　929
遏自　2039
敗衂　870
敗績　91,1259,2326
敗壞　604
販易　692
販賣　695,775
販鬻　1220
貶退　435,722
貶黜　1219
貶量　1734
眺日[33]　417
眺迦維　1961
眺望　770
眴　1900
眴目　2139
眴湼　410,1251
眴頃　1855
眵垢　509,1762
眵涕　1136
眵鼓　1170
眵淚　195,424,1192,1309,1839
眵提　18,802
眵瞶　539,584
眯目　2008
眯覆　481,1365
眼不謾顧　1175
眼眩　94,1262,1465
眼眠　253,1843
眼脈　2285
眼眴　756,1446
眼陷　193,1308
眼眵　388,754,1175,1779
眼暎〔映〕　187,1302,1369,1808,1820,1835
眼睛　570,2217
眼睞　2009
眼睫　233,600,637,1102,1422,1700,1831,1869
眼膜　1856
眼瞙　1588
眼瞎　200,1314
眼瞖　1031,1142
眼篋　375,1789
眼瞳　357,1691
眼瞳子　780
眼瞼　117,310,364,419,488,1098,1111,1178,1566,1729,1736,1770,1834
眸路　92,1257
圊中　2065
圊内　351,1645
圊圂　1445
圊屏　762
圊廁　15,48,754,799,829,954,962,1591,1600,1635
啞啞　450,1346
啞啞而笑　2257
喏也　410,1252
喏那　1396
閇傷　917
閉三惡道　1002
閉尸　473,1333
閉尸鍵南　1671
閉手時　950
閉向　318
閉氣不喘　961
勗哉　2015
勗〔勖〕勉　89,119,168,268,279,336,1005,1114,1431,1547
勗勵　419,1806
問訊　840,988,1446
問詰　542,619
問媄　2063
問緒　1398
問遺　1474
曼　971
曼今　309,1564
曼王　390,1802
曼陀羅花　932
曼陀吉尼池　1218
曼陀羅　870
曼荼〔茶〕羅　682,

2213,2268,2285
曼殊 1929
曼殊沙等 932
曼殊室利 1066
曼〔㝵〕殊颜華 70,664
曼倩 1976
曼馱多 498,1746
晧大 388,1800
晧昊 154,835
晦冥 500,1753,1859
晞坐 1453
晞乾 245,1428
晞晨 2091
啀喋 250,1435
唵 681
唵句 18,802
唵米 421,1838
唵砧 1236
唵婆 170,1165
唵婦 92,1257
唵嗒 157,1068
唵摩羅 1285
唵鞞 156,1030
冕服 1051
冕旒〔鎏〕 1056,2100,2137
啄木 1826
啄心 1864
啄食 1199,1903
啄啖 1686
啄噉 529,533,1215,2214
啚度 504,1757
晛掘 410
畦中 1724
畦畔 334,1546
畦啜 2064
畦稻 1778
畦瓏 1677,1709
異生 432,501,715,1754
異生性 473,1333
異係 245,1413
異操 2052
異轍 2164
異熟 473,1332
趺載 2162
趺折羅 2268
跂行 1906
跂鳳 2012
跂踵 2145
跂羅 116,1243
趾步 689
趾跪 1988
趾蹠 2076
啅帝 178,1170
啅啅 16,801
蛄蟦 99,1270
蛆〔蛆〕螯 404,1502
蛆〔蛆〕螫 124,209,271,455,1283,1350,1373,1677
蛆毗 323,1542
蛆蟻 424,1863
蛆爛 1200
蚰蜒 133,308,978,1067,1167,1217,1408,1462,1564,1773
蚰蟲 420
蚋蛇 341,1662
蚱蜢 261,1481
蚯蚓 178,735,2299
蛇〔虵〕池 245,1413
蛇〔虵〕虺 198,387,1071,1239,1313,1464,1787
蛇蚖 1098,1173,1512
蛇蛭鱓 1575
蛇〔虵〕欶 186,1301
蛇〔虵〕蜕 403,1501,2267
蛇〔虵〕蟒 1325,2196
蛇衛旃檀 913
蛇螫 296,1168,1552,1656
蛇〔虵〕蠆 269,346,610,1477,1660,1902
蛇〔虵〕蠍 547,725,1156,1163,1407,1505,1585,1776,2279,2301
蛇羅羅縛奢沙娑呵 42
唬咷 1274
累染 1011
累稔 1985
累蹟 2064
鄂公 1983
唱令家 475,1335
唱响 402,1500
唱和 297
唱唄 1040
唱嘯 1050
唱薩 340,1661
啝戾 762
啝斜 1085
啝偏 2096
婁星 16,800
婁迦讖 1918
國土名那羅素 898
國中 1466
國名達利鼻荼 897
國名輪那 900
國城財貝 882
患累 1097
患痔 2306
患噎 307,1562
唾汁 84,1061
唾洟 448,1344
唾涎 1831
唾壺 297,1553,2188
唾濺 159,918
唯目 497,1746
唯仰 47,952
唯伺 540
唯局 510,1764
唯極 544
唯然 75,137,531,545,679,709,812,826,974
唯諾 1460
唯髻 988
唯嗹 169,1072
啗之 1955
啗肉 2231,2242
啗餅 1656
啗嚼 1608
啤吡 1513
啁利 115,1243
啁唽 2180
啁噍 2125
啁調 1809
啖 981
啖吮 795
啖食 36,94,135,464,930,1200,1263,1291,1360,1718,1861
啖啖 320,1538
啖嗽 98,1270
啖盡 1591
啖之 2083
啖圂蟲 1513
啖啖 1463
啜菽(菽) 2115
啜嘗 423,1839
啜噉 1858
啑咤 411,1253
啝耶 410,1251
啼犯 1657
跀踐〔踧踐〕 410,412,1253
跀 1251
眾(衆)瘼 1188
朙(明)膜 1619
帳悏 747
帳輿 1971
崖岸 810,1680
崖〔厓〕底 148,776,999,1008,1170
崖揆 820
崖險 1129
崖隒 1935,2077
崖隒峥嶸 1961
崖龕 1443
崖隴 112,1040
崖巘 2163
剬割 226,236,1414,1425

崎〔﨑〕嶇　97,698,1925,1951,1966,2077,2105,2183,2187,2190
崦嵫　420,1807,2037,2136
罣〔罫、罜、罣〕礙　7,51,56,138,293,477,526,655,682,705,846,860,986,1099,1213,1383,1550,2225
罣礙鎧　1007
崑〔崐〕閬　1975,2012
崑崙虛　2077
崑崙語　1945
崑崾　2184
崔頤　2145
帽簪　2086
帷扆　2100
帷帳　95,187,1264,1302,1854
帷幔　71,671
帷幕　794,2311
崤函　2090,2094
崩倒　762
崩隤〔隮〕　1585,1589
崇飾寶埦　863
崇墉　1397
崇甍　2163
崇闡　524
崇巖邃谷　877
崆峒　1876,2000,2020
圈牛　1178
圈門　1701
崛多　1024
崫（崛）起　195,1309
過半　1857
過咎　876
過差　957
過隙〔隟〕　471,1329
過爾餤海　907
過膝　2228
過闋　162,796
過謬　1262
過謫　118,1077
過齎　1940
勖勖　19,803
觖〔鞅、抰〕減　593,620,690,786,1108,1277
甜脆　1248,2202
甜穌八味　936
舐其　1239
舐髻　732
秸　2082
秸泥　327,1531
秸草　98,256,1830
秸稾　1523
梨車毗童子　1012
梨耶　353
梨梯〔捸〕　410,1252
梨軶　668
梨穢　68,662
梨黮　134,981
梨黯　695
犁槅　396,1494,1512
犁耨　180
犁耬　780
犁鏵　383,1791
犁鑱　228,1415
逶迤〔池、佗〕　208,398,571,637,659,760,1372,1495,1832,2266
動他　100,1241
動眴　1322
動搖　140,991
動瞼　88,1070
笓竹　924
笪步　1201
笛　948,975
笮甘露　1826
笮作　1530
笮伏　272
笮融　2119
符坂　786
符擻〔檄〕　213,1368
符璽　2027
笠澤　2100
笥中　273,1518
笥觳　1453
第　968
第頟　1080
第纂　2155
筊赤建國　1949
笳吹　24,1231,2106
笳竽　176
笳聲　384,1792
笞罰　463,1359
敏捷　923
偃仆　1216,2101,2214
偃偃　399,1497
偃臥　1182
偃體　1457
偃蹇　59,200,647,658,914,1314
偪側　2003
偭跡　2057
偝方　1443
偝卧　1827
偝違　2145
側捩　1145,2297
悠遠　190,1304
偎人　2124,2143
偶成　38
偶成於字　935
偶得　186,1301
偶然　1243
偲法師　2112
偈　971
偉大　1956
偉壯　26,1232
偉矣　677
偉哉　871
偉風　260,1481
傀〔瓌〕偉　830,1605,1617,1981,2098
傀琦　791
偷婆　215,1802,1287
進邁　285,1473
偨衆　1889
停單　2163
停憩〔憇〕　25,1231,1612
偏抄　1601
偏局（局）　2196
偏剞　353,1640
偏袒　680,889,1058,1066,1213,1472
偏裨　2159
偏覆　559
偏黨　556,1013
兜　711
兜仇　16,801
兜沙　917,1918
兜沙經　1880
兜沙羅色　908
兜術　758
兜術天　791
兜術宮　1808
兜率　1054
兜率天　961
兜率哆　388,1778
兜率陀　696,858,1403
兜婆　281,421,1462
兜娑　1160
兜鍪　94,1262
兜羅貯　1641
兜羅毦　960
兜羅綿　689,949
皎日　1212
皎潔　634
躭味　874
躭樂　562,1441
假名　580
假借　753
假寐　674,2224
假藉　547,590,2288
偋廁　921
偓促　2035
偓齪　2149
偓躖　1978,2090
貨利習彌伽國　1950
貨賂　1878
貨鬻　2251
術藝　214,1287
徙多河　492,1740
徙置　893

從寓 2332
得人身難 935
得此解脱其已久如 902
得免 977
得陀羅尼 958
得享 270
得咽 246,1430
得衷 50,959
得砷 327,1530
得猗 1512
得痊 441,1006
得旋 1073
得跓 258
得艇 402,1500
得尊 308,1564
得愈 57,655
得預 892
得餐 1217
得擭 351,1649
得瘳 698
得竆 697
得臛 18,802
得蘗噬花 1129
從万 1003
從方 166
從削 283,398,1432,1496
從咽 244,1412
從容 254,341,462,995,1358,1662
從廣 660,864,1740
從義立名 934
從窠 24,1230
從擴 492
從諸佛 974
從諸善友而得出生 885
從嚾〔嚀〕 229,1417
從燧 1092
從輿 786
從齎〔臍〕 735,1604
從轂 866
從髆 1126
衒才 2097
衒之 2070
衒色 1573,1619
衒身 1002
衒〔衙〕賣〔賣、賣〕 41,139,458,646,749,940,988,1136,1283,1354
舳艫 2178
舸字 178,1170
舶上 1054
船〔舩〕人 365,1730
船師名婆施羅 900
船〔舩〕舫 46,140,295,951,991,1552,2225
船〔舩〕舶 12,217,851,1325,1326,1613,2307
船橃〔筏、撥、艥、栰〕 49,624,809,869,955,1212,1572,1619,1686,1723,1965,2212,2225,2237,2251
船艘 1588
船〔舩〕櫂〔擢〕 25,1232
船滰〔籓〕 359,1693
釪鏶 1634
釪瓊〔瓊〕 275,1518
釤鍬〔鍪〕 318,1537
釧 898
釣躲〔射〕 1050
釣素 675
釖稍 1903
釵股 248,1818
釵瑠 1184
釵鈿 1442
斜勒 1131
斜瞰 2036
殺 983
悉苦無味 902
悉知將有 893
悉達太子 905,937
悉稱 892
悉斃 2065
悉皷 2275
悉褫 179,1173
悉譚 414,1255
悉驗 410
悉譚 1255
欲扣 562,595,617,626
欲抒〔杼〕 325,1529
欲行天色行天 697
欲度溝洫 901
欲研 1236
欲剖 576
欲涸 1022,1851
欲紹 579
欲蜇 1616
欲睎 2098
欲喫 399,1497
欲詆 260,1481
欲道口 1859
欲渡者橃 1269
欲嗛 2128
欲摘 842
欲遮準陀 1719
欲撲 824
欲撞 65,653
欲質 269
欲澍 834
欲墜 824
欲擯 1039
欲攤 818
欲躃 703
欲數 1859
欲廛 1687
欲償 1656
欲躃 261,1843
欲齧 1890
彩旺 2185
彩絢 2041
彩雲 857
貪 974
貪色鬼魅 931
貪劮 1124
貪恚 1197
貪婪 456,1033,1352,1952,2122
貪惏 26,1232,1940
貪羨 1071
貪餮（飻） 333,778,1545
貪軛 501
貪軶 1754
貪駛 742
貪瞋癡 787
貪饕〔饕、饕〕 87,301,361,835,1115,1296,1557,1576,1581,1589,1670
貪齩 481,1365
貪鱇 1292
翎羽 1497,2192
貧匱〔匱〕 67,302,493,661,809,827,1121,1235,1558,1742
貧窶〔婁〕 9,120,149,168,259,414,738,848,1000,1005,1086,1277,1514,1593,1648,1838,1939,1951,2106,2322
貧窮孤露 879
爸去 1112
脝蘘 17,801
脺〔脺〕脹 528,533,632,1057,1404,1515,1578,1680,1777,2231,2240
脚夾〔夹〕 343,1663
脚趺 949
脚腨 303,1559
脚痺 1992
脚踏 1908,2282
脚鋌 2300
脚聯 419,1806
脚瘇 221,1485
脚躡 1821
脯腊 237,1426,1682
豚臭（魚） 2125
梟殜 280
梟汝 426,1851
梟翎 2272

梟鴆　2132,2149
梟鴞　400,1498
梟獸　1474
梟鏡　2012
鳥挩　1826
鳥跂　2163
鳥巢　1907
鳥菌　1285
鳥聒　2131
鳥喙　1413,1969
鳥觜　1463,1590
鳥篆　1973
鳥獸　1522
脛骨　382,1782
脛脡　1512
脛踝　510,1764,
1777,2273
脪帝　96
脬尿〔屎〕231,1419
脬胃〔膶〕538,584
脬膜　81,744
脱故　39
脱能　44
脱過　301,1557
脱屣　2000,2033,
2074,2202
脱躧　1926,2088
彫窨　1923
彫楹　2001
彫飾　1095,1627
彫攡　2184
彫斲　1689
彫輦　1079
彫窻　787
彫鏤　923
彫牆　2182
匐面　1204
魚捕　1220
魚蚌　1216
魚笱　342,1663
魚豢　2022
魚麗　1970
魚鱓　401,1499
魚〔奐、奂〕鼈〔鼈〕
737,844,1106,
1210,1441,2212
象牙杌　1574
象腋　1919,1926
象〔鳥〕廄〔廐〕189,
1022,1304,1614
象戲　1058
象蹈　1020
象蹋　2251
象鋈　1876
象蹌　1887
逸馬　189,1304
逸躁　1978
逸婆　541
逸鷃　2040
猜忌　1935
猜阻　495,1293,1743
猜度　450
猜焉　74,670
猜貳　439,814,1984
猜嫉　2064
猜嫌　1218
猜疑　274,441,646,
1006,1124,1520,
1616,1681
猜慮　1186,1617
猜隱　2097
猫兔　690
猫貍　487,1290,
1735,1860,1970
猗炙　1909
猗〔猗〕息　379,1780
猗著　767
猗喜　1444
猗〔猗〕適　640,
1183
猗證　1388
猗覺　867
猗覺分　912
猗蔚　2054
猗敷　2039
猖狂　25,348,493,
1232,1667,1742,
1860
猖言　2033
猖蹶〔厥〕481,1365,
1958
猖誖　2015
猘狗　238,1427,
1881,2104
猊國　2043
猝除　2145
猝〔倅〕暴〔暴〕603,
623,1166
猛烈　153,966
猛厲〔勵〕695,717
猛毅　194,1308
祭祠　2313,2320
祭酹　2115
祭餟　226,1414,
1853
衰　540
衰阿　489,1737
衰阿壹伊　1772
衰賢隖　1788
衰賢鄔等　1333
衰壹鄔等　473
詎有　47,480,952,
1364,2147
詎知　423
詎述　2154
詎容　1993
詎能　522,819
訝其　2076
訥口　188,1303
訥泚　1159,2281
訥訒　422,1852
訥鈍　167,729,1004
訥磋　1159
許諄　282
訛舛　1928
訛言　254,995,2000
訛病　416,1088
訛紊　2200
訛銳　642
訛謬　522,1938
訢婆　22,1229
訢逮　705
訡羅　84,1061
設支　503,1756
設利羅　546
設拉　446,1342
設咄嚕　2290
設婆　1056
設臘婆水相　1686
訪栝　642
訪霰　2061
訣辭　415,1086
毫末度空可知量　884
毫相　527
毫氂〔釐、氂、氂、氂〕
39,60,190,521,
791,936,1212,
1290,1305,1337,
1404,1733,2054,
2120,2212
孰有　895
孰能　882
烹肉　193,1308
烹俎　123,1278
烹雁〔鴈〕345,1659
烹煞　385,1793
烹鮮　1967
悳（德）曼　2168
袤軸　1917
庶令　472,1332
庶品　881
庶〔庻〕得　172,784
庶禆　1074
庶憑　1208
庶〔庻〕幾　349,394,
1491,1654
麻粈　328,1531
麻料　378,1795
麻枲　923,1682
麻紵　760
麻幹　358,1693
麻緼　246,1430
麻襦　2062
麻糧　2267
庵屋　273,1285
庵憎　2213
庵慢　326,1530
庾散　2051
庾頡　1914,1929
庳牀　1235
庳鉢羅樹　635
庳〔庳〕腳〔脚〕
1122,1157,2288,
2290

痔病　296,1199,1553,2283,2285
痔漏　626,2280
痔瘻　732,1188
痔瞖　226,1414
痏痏　327,1530
疵讁　2014
疵穢　1102
痊除　580,602
痊復　2105
痊愈　906
痕跡　378,1795
痒軫　1174
廊廡　88,1070,1629,2023,2071,2096
旃暮伽王　1176
旃皤　1175
庸人　452,1348
庸畫　1906
庸鄙　521
庸愚　510,1764
庸謏　2022
康泓　2063
鹿子母　383,1791
鹿苑　523,1008
鹿野　339,1296,1660
鹿舐　1907
鹿猋　1832
鹿腨　2228
鹿隙　112,670
鹿麛　406,1812
鹿蹲　740,786,1835
旌表　272,1524
旌旃　400,1498
旌鼓　80,740
族姓　130,767,973,1281,1516
旍旗　2121
旋兜　1077
旋珠　227,1414
旋旍　1615
旋嵐　362,1052,1123,1202,1222,1796,2217
旋過　2113
旋輪　1032
旋澓　857,1238,2224,2225,2236,2254
旋踵　2142
旋環　1246
旋殰　2077
章醮　2025
竟不可得　905
產生　979
產運　411,1252
翊化　1879
翊侍　1140
商佉　436,726,731,2296
商估　135,899
商〔賨、賫〕賈〔貲〕　301,470,624,628,816,1068,1221,1328,1557,1613
商鞅　2121
商搉〔榷〕　1939,1953,2072,2095,2096
商確　1984
葡翟　21,805
望旹(時)　2182
望得　1215
望規　2135
牽引　611
牽亐(兮)　1207
牽抛　2325
牽我　2227
牽拽〔拽〕　173,784,1054,1597,1601
牽挽　763,1320,1933
牽排　1646
牽將　1513
牽掣〔掣〕　642,1458,1857
牽御　879
牽裸　1926
牽瘴　747
牽撲　1470
率土　506,880,1759
率土咸戴仰　867
率惡　122,1189
率意　215,1288
率尒　477
情悸　1853
情涸　2142
情槩　2095
悵怏　43,468,945,1327
悵恨　36,930
悵望　496,1745
悵然　753
惜哉　561
惜軀　1214
悽挽　1978
悽傷　1022
悱悱　1976
悱憤　2168
悼屈原　2340
悼悸　1853
悼慨　251,1841
倮敢　192,1306
惕惕　251,275,1517,1521,1841
惘悒　2193
惹那　917
惹頭　179
俺襲　26
悁　1789
惧懼　2068
惧嘿　2172
悸愁　1808
惟　973
惟于頗羅天　64,651
惟仁　866
惟礎　1878,2162
惆悵　36,61,576,660
惛〔惽〕沈　552,1396,1672,1674
惛漠　2046
惛熟　1394
惛〔昬〕耄　432,715,757,2197
惛〔惽〕悴　237,1426
惛〔昏、惽〕寐　919,1403,2236
惛〔昏〕懵〔蕒〕　1241,2086
惛戇　2014
惇史　2147,2155
惇直　22,1229
惇庬　2120
惇肅　570,600,637
惘然　2035,2144
悰上人　2032,2038,2331
惋手　51
惋恨　86,1935
惋慨　1920
惋歎〔嘆〕　161,920
惋撫　675,2264
惙尒　464,1360
惙然　1026
羝羊　297,1394,1523,1553,1875
羝蜜梨迦　1396
眷西海　1948
眷眄　2038
眷砥途　2074
眷屬　1171
眷戀　155,836
粖　984
粖香　913
粖薪　1721
粗自　50,1214
粗自供足　958
粗有　1951
粗見　1074
粗拼　1597
粗弶　1833
粗絣　1612
粗與　2187
粗褐　1861
粗〔麁、麤〕澀〔澁、歰〕　153,868,939,990,1225,1379,1463,1860,1874,

1884,2084
粗澀穟褐 962
粗撲 1651
粗舉〔擧〕 697,768
粗舉都駮 836
粗鞕 1725
粗鞭 1598
粗綟 1625
粗〔麁、麄、麤〕獷 52,
471,558,691,699,
725,752,765,816,
825,865,925,963,
1038,1052,1072,
1103,1225,1329,
1401,1576,1684,
1820,1869,1887,
1897,2244,2296
粗髭 1657
粒食 1998
粍色 228,1416,1581
湊集 232,1421
剪拔 816
剪稠 673
焕乎 2070
焕明 8,847
焕爛 794,1194,1323,
2275
焰縠 108
烽燧 2333
焌燼 2132
粹哉 389,1800
清夷 40
清夷之處 938
清净行處 941
清泠 537,689,706,
770,774,809,1018,
1436,1949
清道 2033
清儁 2193
清確 2059
清潔 981
清澈 637
清噈 2064
清羸 1054
清瀨 2172
清颾 2037
清辯 1942
清醇 2123
添數 1406
渚中 1861
渚名拘耶尼 945
渚島 1141
淩侮 1329
淩傷 59
淩澌 2115
淩懱〔蔑〕 739,1335
淋下 212,1367
淋水 347,1666
淋甚 250,1435
淋鬼 1246
淋頂 412,1254
淋漏 41,449,940,
1345
淋落 2098,2106
淋瀝 732
淋灕 1203
淅〔浙〕米 261,
1843
淞井 2036
涯岸 281
涯際 707
淹久 639
淹留〔留〕 1138
淹雲 1922
淹漬 297,1553,2095
涿鹿 2020,2145
渠笭 1575
淑女 256,1479
淑忒 2337
淑慝 1953
淺深 1207
淖泥 1932
淖情 110,1116
淖蜜 229,1417
淲泉 2134
混太空 855
混車書 687
混著 1407
混假名 1046
混淆 2130
混殽 2062
混亂 720
混濁 964
淟池 834
涸池 1221,1872
涸無量愛欲海 906
渦水 2158
淮涘 2164
淮溆 2185
淟池 153
淴〔淚〕梨〔棃〕 116,
1243
淪永夕 859
淪没 486,1734
淪湑 1959,2038,
2043,2055,2110,
2162
淪溺 2244
淪漪 2166
淪滯 808
淪墜 453,1349
淪曀 243,1411
淆亂 2146,2151
淫哇 1989
淫婆 16,801
淰水 346,1659
淴滑 2020
淳化 148,999
淳净 578,1103
淳淑 168,766
淳粹 1959,2105
淳備 709
淳湩 98,702
淳源 687,2338
淳調 417
淳質 624
淳〔淳〕熟 555,592,
611,1322,2236
淳濃 727
涪多 119,1172
涪陵 2006,2112
淤泥〔埿〕 40,632,
681,682,705,787,
925,1294,1322,
1888,2063,2275
淤藍 1907
湴泥 386,1794
淡泊 673
淡陰 306,1562
淡飲 199,656,1313
淡薄 1985
淚洟〔涕〕 58,656
深入法旋複 897
深阱 2197
深坑 1849
深穽 48,953,2341
深疵 1976
深渦 2110
深淀 2114
深慜〔慜〕 507,1761
深峭 199,1314
深殖 166,1003
深奧 132,610,622,
976
深詣 2128
深駃〔駛〕 496,2050
深榛 212,326,1367,
1529
深塹 699
深樂對治 930
深澹 1153
深闊 1969
深濬 196,1311
深邃 39,471,744,
936,1292,1329,
1811
深賾 2105
深蘗 1241
深鼰 1256
淈泥 2000,2034
涽 942
涽字 586
婆 540,676,906,
970,1030
婆吒羅樹 898
婆吒霰尼 1241
婆利師迦 870
婆坧〔拓、坛、坵、抵〕
15,410,414,
799[34],1251,1255
婆私吒〔咤〕 951,
964,1320
婆私瑟搋〔搋〕 1718
婆斯瑟搋 1713

婆伽婆　56,654,962
婆伽羅目佉蟲　1292
婆系　158,1037
婆柁〔拕〕梨　498,1702,1746
婆使迦　719
婆使迦花　434
婆袈　156
婆南　389,1800
婆枳多城　959
婆哂　395,1493
婆咩　15
婆䀴　96
婆梟抳　1184
婆唻　331,1534
婆莆　22,1229
婆呼　122,1189
婆唅　412,1253
婆師花　938
婆師迦花　908
婆師香　945
婆師羅花　955
婆涑　21,805
婆啉　23,1230
婆槎〔搓〕　90,1114
婆鉦　16,801
婆嚛〔喋〕　422,1851
婆喝　493,1741
婆嵐　52
婆訶麻　493
婆訶麻婆訶　1741
婆須達多　896
婆須蜜多　901
婆駁婆　1195
婆瑳　122,1112
婆稚　128,859,970
婆雌　1634
婆雌子部　507,1760
婆溼波　1011
婆熙長者　957
婆誐鍐〔叐〕　1201,2301
婆蹬波言　504,1758
婆樓那天　901
婆樓那天佛　898
婆樓那風　908
婆嘻　37
婆踟　15,799
婆緻　410
婆鍉　92
婆蹉　762,1895
婆蹉婆　962
婆鍉　1257
婆藪天　956
婆藪仙人　964
婆羅門　380,447,559,868,934,957,973,1013,1343,1780,2310
婆羅河邊　959
婆羅翅樹　944
婆羅留支　962
婆羅痆　476
婆羅痆斯　442,460,738,1033,1042,1356,1605,1686,2306
婆羅痆斯國　1971
婆羅犀羅大嶺　1876
婆羅奢樹　944
婆羅訶摩　912
婆羅墮跋闍天　956
婆籛慈　2190
婆噫伽　932
婆鑠　1195
梁枰〔抨〕　196
梁棟　132,976,1077
梁棧　372,1816
梁椽　1337,1405
梁翟　85
梁滬　2107
涤海　2163
涾沱　2183
淄澠　1976,1989
涵潤　118,1113
寂泊　1987
寂漠無言　887
寂寥　1207
寂聲　221,1485
逭服　2153
宿〔宿〕植〔殖〕　548,903
宿憾　1954
窒曬　1176
窒利　405,1503
寇害　110,1116
寇敵　440,818
寇擾　1402
密奔　273,1523
密迹　11,850
密欸　89,1114
密滯　113,1158
密緻　43,880,944,1102,1135,1462,1582,1598,1625
密譜　2334
扈多　2336
扈從　419,1806,1978,2030
扈船　423,1852
扈斯　174,778
啟一切衆生心意　891
啟迪　1052
啓〔啟〕導〔道〕　458,875,1354
啓請　1177
啟轍　1984
袺星　1020
袺祟　1951,1958
袺誣　2052
袴褶　2111
視占　57,195,656,1310
視覘　440,817
視睞　775
視瞚〔瞬〕　45,795,949,2195
貧香　2200
逮十力地　887
逮成　766,869
逮於無上　873
逮教　796
逮得〔得〕　36,128,564,578,696,929,969,1011,1108,1208
逮清浄　1289
逮無　784
逮勝　1718
敢曼　1938
敢遡　2024
晝度宮　118,1077
晝焰摩羅棓　1169
尉伺　85
屠圩　287
屠羊　380,494,1742,1780
屠兒　138,988,2258
屠割　879
屠膾　546,589,1398
屠鹹　2178
屠獵　2226
犀提　83,1060
屏隈　39
將　990
將之死地　879
將大　234,1422
將〔獎〕化　449,1345
將帥　555,592,611
將欲涅槃　929
將紹　468,1326
將弛　2331
將弭　2111
將從　1856
將無　600
將詢　1879
將噬　1856
將暨〔曁〕　259,1838
將踧　71,671
將齗　1890
將寶　567
毒匳　925
張孔　2065
張邵　2060,2066
張泮　2155
張弛　2151
張施　980
張莫党　2191
張掖　1931,2187
張敞　2137
張綣　2067
張攡　1291
弶中　123,1278,1895
弶伽　681

弶伽河 2308
弶伽河沙 1068
弶取 1717
弶柵 2325
弶鹿 1575
弶網 95,1264
陵虛 531
陵蔑他人 902
陵誐 1247
陵遲 272,1524
陵轢 1990
陵奪 875
陋小 451,1346,1633,1677
陋劣 621,720,739,756,1096,1225,2242
陋長 570
陋者 706
陋故 1702
陿江 1772
陿塞 1642,1674
陻山 2114
郿 2094
郿縣 2061
階梯 1835,2195
階砌 708
階砌户牖 856
階級 1234
階隥欄楯 895
階墀 2222
階墀軒檻 895
隄防 297,769,1553
隄封 839
隄〔堤〕塘〔塘〕 41,271,382,494,708,939,1399,1686,1690,1742,1782,1873
陽郱 2115
陽病 320,1538
陽焰 618
陽燧 121,1278
陽燗 1146,1854
陽聾 236,1425
隅隩 2072
隈處 304,1560
隍池 434,720
隍壍 1078,1572
隗磊 1808
隗通 2179
隗隗 2184
隂(陰)尻 1861
隂疼 2015
隆 855
隆替 522
隆窊 2163
隆崫 2153
隆渥 2073
隊隊 243,1411
婕好 1977,1981,1985,2020,2143
婬佚 51,191,349,455,903,962,1306,1351,1654,1894,2237
婬怒癡 938
婬慝 48,953
婬慾 814
婬豫 276
婬〔媱〕劮 1273,1294
婢 972
婢媵 395,1492
婢諶 111,825
婚姻 50,958
婚娉 1869
婚媾 2324
婚禮 2312
婉約 570,637
婉娩 2020,2178
婉密 1913
婉樂 1850
婉戀 160
婉孌 917,2131,2151,2184
袈裟 294,868,1551,2226
欷唤 1908
敧生 1839
瓻〔瓻〕其 156,1030
習忕〔忲〕 256,1479
習習 44,947
習童蒙法 888
習緒 62,649
習蓼 2028
習鑿齒 2053
翌日 1925,1971,1978
翌軫 19,803
敮辭梵志 1881,1927
參〔条〕差 674,1646,2189
參綜 472,1332
參糅 2026
条倍 1311
鄉黨 2274
貫 879
貫邑 1293
貫鉀 837
貫徹 1384
貫習 98
紺色 307,705,1563
紺青〔靑、靑、靑〕 141,570,637,711,866,992,1877
紺青色 1201
紺蒲成就 888
紺琉 60
紺睫 2011,2158
紺瑠 37,659
紺翠 2002
紺髮 1187
紺黛 1109
紺艷 950
紱婆 426,1863
組織 2270
細柳 687
細剉 1555
細〔緰〕滑 527,709,1471,1511
細楔 1042
細擘 1611
細緻 1035
細氍 1971
細縺 343,1664
細〔緰〕襵〔襵〕 302,346,1559,1595,1601,1641,1660
絁離 410,1252
終已 1219
終不賈上 885
終措 243,1411
終馗 2010
終窶〔寠〕 2090,2151
終懵 2135
絆住 1055
絆繫 1471
紵木 1844
紵衣 1599
絀以 2043
紹三 36
紹三寶種 930
紹冑 197,1311
紹隆 165,631,868,1002
紹尊 528,764
紹繼 934,2240
巢穴 533,581,1858
巢窠 253,1843
巢窟 168,774,1005,1039,1072,1171
巢燧 686
絮 942
絮字 586
絮斯 1163
絮羅花 1213


## 十 二 畫


馭一境 2021
馭之 1879
馭日 2030
馭牝 2321
馭宇 1041,2295
馭車 388,1801
馭法 182,258
馭青 1620
馭者 1437
馭馬 2326
琵琶 2232
琴 975
琴簧 2120

琪璐　2163
琳琅　2005
琳璆　1964
琝荼　1905
瑁似　2133
瑛吉祥　121
琢石火　1050
斑豆　306, 1562
斑〔班〕鋋　318, 1536
斑屣　2038
斑〔班〕駁〔駮〕　115, 259, 361, 763, 1085, 1445, 1599, 1611, 1626, 1636, 1696, 1763, 1849, 2105
琰摩　490, 1738
琰曖　2116
琰魔　2280
琰魔王　616
琰罽　2101
琮義　1396
琬琰　2100
琛琛　170, 1165
琛麗　2143
貳吒　167, 1004
絮裹　340, 1660
替不　233, 1422
替善　495, 1743
髡頭　1273
髡頭沙門　1905
髡鬍　1521
裁蘖　254, 995
塀(坼)　977
塀如　2062
塀洗　1612
塀裂　1198, 1215, 1604
塀廠　2323
塳〔墶〕埻　1439, 1713
堪耐　1287
堪耐　214, 1030, 1293
堪盛　554
堪偕　162, 796
堪濟　1990
堪紹　怡悦等字　578
叜稻穀　1125
塔　971
塔寺　139, 989
塔棖〔振〕　406, 1812
塔婆　345, 1659
塔廟　130
堙方輿　1971
堙心　2178
堙婆　158, 1037
堙醯　93, 1257
堙羅　115, 220, 1243, 1484
項日　2001
項佷　64, 173, 651, 777
項胭　527
項領　330, 1533
項瘻　1466
翃翃　2168
越漠　855
趁而　397, 1494
趁〔趍〕逐　24, 1230
超四大而高視　855
超卓　87, 1116
超踔　279
超挺　713
超越　682
超然出現　878
超諸等列　874
賁沙〔跢〕　83, 1060
賁濘　412, 1253
賁識　279, 1475
場篅　1574
場壠　472, 1330
博叉　262, 1843
博弈　40, 73, 166, 358, 461, 668, 938, 1003, 1357, 1692
博訊　1868
博掩　311, 1567, 1816, 1830
博綜　9, 848, 1020, 1457, 1618, 2054
博戲　507, 1687, 1760
博〔愽〕聳　114, 1159
喜抃　482, 1366
喜愕　818
喜愉　1180
喜犍　284
喜樂之樂　1859
喜嘯　705
彭匯　74, 670
彭齒　2059
塊等　558, 596, 617
塊擲　634
報償　792
報賽　402, 1500
報讎　1291
達　541
達那　637
達你　443
達多　1927
達絮　572, 589, 601
達須　453, 1349
達弭羅　488, 1737
達兜　1906
達皪剖　1711
達駃　697
達〔逹〕嚫　309, 1281, 1522, 1565, 2189
達羅弭　471, 1329
達羅弭荼(茶)呪　457, 1353
達擲　12, 851
達邏　2225
惡　942
惡叉聚　460, 1356
惡師　67, 661
惡疰　1199
惡猒　768
惡蒳〔蒳〕　1320
惡跳　1163
惡賤　134, 323, 949, 981, 1012, 1289, 1542
惡踦　17, 802
惡憋　1891
惡癘　435, 723
惡鴟　2309
惡羂　1857
惡獸　296, 1552, 2269
惡露　1466, 1828
惡蠍　625
惡騺　1163
基博　1050
聒耳　414, 1086
聒地　1608, 2190
斯人尠　974
斯陀含　873,991
斯尚然　874
斯訃　2154
斯瑞　1297
斯徭　1220
斯諺　2159
斯轍　1915
斯鑑　2024
期契　557
期剋〔尅〕　20, 804
期頤　286, 1456, 1879
欺侮　72, 668
欺劾　812
欺紿　2184
欺詭　2146
欺誚　1954
葤葵　2162
葉粽　2201
葧蔞藤　1200
散他迦多衍那　457, 1353
散多尼迦　932
散陀那花　948
散香　41
散麴　1701
斮髓　2155
葳蕤　2015, 2075
葳蘩　2161
葬漨　1978
惹　676
惹字　586
貰許　1280
貰酒　1982
募人　190, 1305
募求　1286
募彼　1448
募得　1900
募索　159, 919
葺行　1961

葺宇　1959
葺茅　1019
葺蓋〔盖〕280,1465
葺蕙　2164
萬八千歲　854
萬邦遵奉　879
萬彙　2026
萬椶　1970
萬種繽紛下　883
萬騆　74,670
萬竅　2137
萬籟〔藾〕2041,2210
萞〔蜱、萞〕麻　40,
176,411,756,1253
葛粹(辣)都　2189
葛藟　1875,1932
萪藤　385,1793
葆羽　274,1105
葆吹　2068
葆鬟　2182
葅鮓　454,1350
葅醢　2122
茲菖　147,998,2165
葡〔蒲〕萄〔桃、萄〕
136,984,1633
葾慽　2258
葋多　121,1036
敬逺　148,999
敬戢　2039
敬諾　1523
敬憚　1722
敬淑　1185
葱翠　2227
葪羅果　1954
葶艾　1990
落苓　2152
落拓　2113
落荃　1989
落既　282,1431
落谅　1908
落發　307,1563
落簪　2127
荓沙　1875
荓流　2189
荓薄　1062
葷辛　375,1627,
1790,2079,2096
葷陀菜　1954
葷醪　2066
萹豆　318,1537
葦町　176
葦荻　1054
葦筒　412,1254
葦〔簞〕棧　318,
1537
葦廬　796
蕆衣　1888
戟〔榦〕婜　401,1499
戟稍　1701
朝宗　189,1304
朝貢　511,1765
朝菌　327,1531,
2020,2027
朝哺　1295
朝睟　2199
朝曦　2322
葮灰　2011
辜負　636
辜較　173,424,1113
辜搉　777
葵藿　371,961,1816
棖上　208,1371
棖食　1656
棖量　1192
棖〔樘、敦、振、瞉〕觸
〔𨊠〕19,42,209,
331,435,709,724,
804,941,1077,
1082,1179,1373,
1479,1534,1595,
1608,1938,2113
棒打　735
棱杵　1810
椰〔梛〕子　342,908,
1663,1877,1944,
1960,2257,2305
椰子果　1129
椰子漿　2190
楛矢　1971
植　874
植之　795
植妙因　1078
植葆　2166
植衆　544,559,573,
641
植槺　1982
植種　1107
植樹　187,1302
森梢　2075
森森　228,389,1415,
1801
森然　415,425,1087
森竦　250,738,1435,
1610
森蔚　913
棽儷　2247
焚身　37,931
焚𤎌　1957
焚滅　1381
焚漂　1195
焚蕩　1280
焚燒　132,232,478,
488,976,1384,
1420,1736
焚燎　460,493,746,
755,1216,1356,
1604,1741,2214
焚爇　1210,2238
楝宇　861,894
楝幹　1913
棕王　1286
椒房　397,1495
椒掖　1921
椒闈　1977
棲泊　88,1070
棲甃　2030
棧之　1633
棧道　1955
棧路　1922
排盾　1703,1715
棑稍　1581
棷畔袾剄哷浮題暾呿
哇　1253
椎打　672,1215
椎〔推〕胸〔胷、胷、匈〕
763,1023,1219,
1617,1626,2009
椎何　1859
椎杵　1442
椎拍　1904
椎棒〔捧〕448,1344
椎葦　1596
椎鉆　310,1566
椎撲　1104
椎鍾　138,775,986,
1050
椎髻　1937,1952,
1958
棹伽　111
棹柿　1954
棹〔掉〕桃〔挑〕303,
344,1559,1658
棹樓　178,1095
棹〔掉〕羅　213,1319
棚上　1585,1599,1636
棚車　1648,1939
棚閣　89,117,169,
230,311,791,835,
1005,1029,1111,
1114,1418,1566
棚覆　1574
棓　1247
棓木　423,1839
棓印　1181,1201
棓剌拏　480
棓擊　1986,2149
椌鵠　1997
楗槌　1058
楗椎〔稚〕1656,2327
椐梧　1992
椐路　1252
極鄙　382,1782
極劇　1106
極踴　542
極擊　543
極爆〔爆〕527,543,
578,588,2250
軻梨　11,850
軻藍塚間　824
軶陀　174,180,778,
917
軸鐧〔鐗〕402,1500
軛中　1709
軛觀　1511

軫宿　99,1271
惠砅　1811
惠施　9,848,869
惠舸　1990
惠昬　686
惑箭　2226
惑壍　2013
逼切　306,543,1562
逼斥　307,1563
逼迮　2260
逼迫　571
掔我　275,1521
掔俱　84,1061
覃　855
覃〔覃〕思〔恖〕　1370,1954
覃溟　1973
覃婢　113,1158
粟床　51,961
粟秫　1112
粟稗　446,1342
棗　1188
棗核　1600
棗陽　2054
棘林　2048
棘〔棘〕刺〔刺、朿、莿、莿〕740,825,834,1078,1081,1256,1408,1860,1887,2197,2301
棘樹　1399
酣伽　150,1009
酣醉　106,1272
酣醬　2149
戛戛　1496
尳尯〔尯〕　320,1539
尰血　216,1665
殘凍　1967
硱磳　2180
硠屐　2133
酟酒　72,668,940,952
硨磲〔渠〕　741,742,878,1020
确瘦　16
确盡　16,800
執(執)麈尾　2051
執鑰　2086
執契　1369
執矟　1154
埶钁　2111
敧　1205
敧〔敧〕彌　170,1165
欹〔敵〕仄　384,1791
殖多　596
殖衆　128,970
殖諸　1012
殘害　903
殘毀　892
殘跛　2188
殘膜　420,1462
裂眥　420,1807
雄虺　2012
雄悍　2107
雄傑　106,174,778,1272,1688,2091
雄毅　1239
雄憨　2094
殕壞　343,1664
雲表　50
雲表星　958
雲萃　2009,2158
雲涵　769
雲戟　1166
雲犇　1913
雲瑞　1978
雲楣　1977
雲雹　1166,2280
雲蜺　1052
雲褐　2027
雲翳　1079,1216
雲曀〔曀〕　1085,1460,1820
雰霏　400,1498,1704
雰霧　500,1754,1998
掎摩　465,1361
掎觸　495,1743
搜拔　1472
搜〔梭〕摵　159,246,918,1429
搭眼　107
搭眼方道　1242
搭肩　1940
搭鉤　1577
揊然　1933
揀〔柬〕擇　1169,2222,2236,2259
搽字　586
揁(摶)〔捐〕之　414,1255
揩泄　1574
揩拭　736,1441,1717
揩缺　1581
揩捩　921
揩齒　1248
揩摩　781,1631
揚治　234,1422
揚簸　1446,1626
提挈　1914
提挾　2077
提和　1170
提和竭　64,651
提舍　871
提洹竭佛　113
提賂　120,1274
提惔　150,1008
提婆達多　816,986
提堤犀魚　2243
提儆　1407
提渝　1456
提撈　2194
提詑　159,1037
提撕　1953,2075
提頭賴吒　384,1792
提囊　16,800
揖讓　99,1270
揭地洛迦　1739
揭坩　2102
揭其　2075
揭帝　444,683
揭庱　122,1188
揭棧　1171
揭揭　1037
揭提　159
揭路荼　433,534,715
揭路荼王　1012
揭貭　778
揭薜　92,1257
揭梨醯　1551
揭烏　1855
揭錫　1935
揭職國　1950
揾三甜　1247
揾取　154,835,2202
揾塗　1136
揾蘗　1192
揾嚕地囉　2299
揾蘇　1193,1248,2296
揣文　2101
揣食　878
揣財　1854
揣義　1024,1880,2143
揣摩　1237,2036
揣觸　366,1732
揖揖　2199
插入　1135
插口　1938
插四　1149
插在　736,1609
插作　1199
插者　2108
插枝　678
插〔捶〕婆　107,438,1242
插漢　2036
插箭　2284
插頭　2190
搜集　1984
搜擢　2077
搜〔拨〕綴　674,2263
揓撲〔撲〕　93,1258
揓壓　189,1304
揄揚　1686
揜唱　2051
揜頓　839
揜蔽　1886
揜興　2339
援西　2165
援助　14,244,333,390,799,1412,1544,1802
援盾　371,1815

援緇　1944
搒開〔閞〕　1234,2287
搒量　2267
掬致　786
揔〔捴〕猥　777,1820,1889
揔攝〔襵〕　530,1629
揥婆　386
揥跋　422,1852
揥隸〔隸〕　159,1036
搓以綫　1155
搓合　1133,1234
搓摩　107,1242
搓縷　1127,2273
揎調　425
揔（搜）記　2200
揔原　2196
揔問　1618
揔進　2146
揔選　2072
揔購　1964
揔揚　840
揮刀　508,1761
揮刃　449,1345
揮斫　682,1143,2282
揮涕　276,1519
揮淚　89,231,1114,1419
揮擊　1168
揮颯　2099
握槊　675,1949,2264
揲儅　1154
揲擋　343,1501,1539,1664,1795
揲譜　249,321,378,403,1819
揆則　59,200,658,1314
揆模〔摸〕　552,591
搔（搔）首　2040
搔蛘　247,1818
搔摸　347,1666
搔撻地雞　1436
搔動　2195
搔痒　1904
搔醢　825
揉捘　463,1359
換久　1081
督（督）令　351,1645
督住　109,918
雅思淵才　869
斐然　2172
斐暐　2131
斐粲　148,998
斐亹〔亹〕　191,1306,2138
悲耿　1955
悲浹　2183
悲笳　1978
悲惋　395,1493,1855
悲惻　214,820,1287
悲嘷　763
悲噎　725
悲懊　842
悲嗄（哽）　1023
悲嘶　1870
悲憹　281
惄是　2170
惄焉　2019,2333
棠爪　405,1503,2310
棠破　340,1661
棠利　492,1740,1774
棠距　1307
棠鴉　1000
紫紺　1077,1081,1478
紫礦〔鉀〕　122,207,484,498,1121,1137,1189,1215,1247,1338,1390,1582,1606,1747,2267,2271
紫橿木　1178,1188
紫縹　542
覘伺　1050
覘見　1981
覘候　2151
覘國　2083
覘望　1717
覘視　2201
瓫蓍　120,1276
瓫迷　2213
敞玄　1336
敞治　370
敞庫　1584
敞恍　2179
敞軒　2078
敞露　298,1554
崮鼻　116,1243
署頛　1217,1990
最勝　1011
剔項　1496
剔鉤　396,1493
暎發　719
暎蔽　528,574,635,692,1225,2220,2226
暎奪　720
暎徹　1077
暎澈　766
晰妙　1395
量度　699
量旋　989
量跡　161,966
量褊　2064
量纔　635
猒〔厭、猒〕足　541,571,610,695,741,763,1859
猒苦　1521
猒〔厭〕倦　541,596
猒〔厭、猒〕惡　210,366,566,633,690,695,755,1379,1731
睍暉　22,1228
睉眼　22,1228
晻〔晻〕忽　260,1481
覎幽　2003
貽訓　2335
貽彩　1977
貽厥　2200
貽簌　1959
晴明　474,1334
晴陰　109,918
掌縵　731
貯　899,907
貯水　723
貯而　796
貯聚　693,775,937
貯貲貨　1572
貯器　307,845,1563
貯積　780,1203,1684
貯蘇　643
貯麯　1606
睟瞎　1241
睇人　2177
睇眄　1912
睞眼　2111
睆翳　368,1813
睆爾　2097
鼎沸　270,1522
鼎峙　2143
戢之　1888
戢不　387,1787
戢在　89,234,368,1114,1423,1812
戢藏　415,1087
嗒兮　97,1164
嗒然　150,1009
喫酒　173,778
喫噉　19,803
開士　71,671,782
開坼〔墌〕　366,1731
開拓〔祏、柘〕　281,399,1497,2078
開披　270,1518
開專　1203
開剖　45,731,905,950,958,1185
開折（拆）　728
開誘　2009
開籢　1406
開隧　2055
開霍　1889
開豁　1236
開闔　90,1258
開闡　138,602,987,1022,1406,2236,2246
開闢　505,722,1758,2239

開闔　148,153,834,999,1458
閑婉　794
閑裕　207,1371
閑暇　766
閑敞　2104
閑樂　1858
間吿(世)　2184
間插　1139
間間　48,954
間峙　1956
間隙　2183
間無空缺　933
間無空處　891
間〔閒〕跱　195,1310
間鈿　794,1899
間錯　2306
間斷　678
間關　97,192,699,1306
悶愊〔幅〕　149,1000
喊喊　94,425,1263
晅晅　2061
遏伽　1196
遏寇　674,2263
遏惡　1522
遏部　96
遏梨　439
遏絶　64,234,651,1423
遏截〔㦸〕　323,1542
遏濕摩揭　1387
遏濕摩揭婆　480
晷刻　363
晷落　2232
晷漏延保　900
景則　112,782
景風　156,1271
晱彌葉　465
跖下　367,1732
跋山　1151
跋陀　1078,1274
跋陀婆羅　766,916
跋〔趺〕苓　376,1798
跋南國　1938
跋迭　443
跋涉　1858
跋渠　332,361,1535,1670
跋涪婆　406,1504
跋扈　2139
跋提　1891
跋跙　118,1076
跋楞迦　1176
跋詫　23,1229
跋駔羅　1177
跋墀　81,741
跋禄迦國　1949,1950
跋禄羯呫婆國　1969
跋橙　386,1787
跋窶　2314
跋邏攙　1725
跋難陀　970
跕〔跕〕屣　2037,2173
跏趺　639,678,699,1213,2223,2251
跛　540,942
跛字　585
跛羊　2120
跛跛　1439
跛蹇　15,65,653,698,781,799,1039,1057,1276,1864
跛躄　1184,1472,1629
貴糴　1598
蛣蜣　1873,1992
蛕虫　1259
蛕母　225,1490
蛕蟲　91,421,1464,1478,1909
蛭蟲〔虿〕　96,317,1013,1536
蛭鱓　1596
蛔蟲　1196
蛛蜘　412
蛛蝥　1051,1975,2125
蛟虬　212,1367
蛟螭　2133
蛟龍　109,404,832,1502,1166,1214,2280
勛華　2033,2332
啞尼　74,669
啞者　153,966
啞字　396,1493
啞迦　93,1257
啞隸〔隸〕　17,802
啞羅婆那　742
喂吟　410,1252
嗬如　177
嗬如幻　1073
嗑囉二合字　586
喁喁　254,274,995,1475,1520,1870,1998,2138,2166,2175
嗢多羅僧　507,1760
嗢拕　445,1341
嗢呾　1876
嗢呾羅僧伽　1580
嗢底迦　498,1747
嗢怛羅　488,1682,1737
嗢怛羅僧　1679
嗢波拕　1406
嗢陀南　1143,2268
嗢柁〔柂〕南　479,490,1331,1386,1504,1679,1684,1738,2307
嗢逝尼國　1573
嗢俱吒坐　1141
嗢達洛迦　815
嗢達洛迦曷邏摩　510,1764
嗢鉢　433,483,1036
嗢鉢羅　451,505,1347,1401,1759,2213,2258,2308
嗢鉢羅花　555,574,592,1213
嗢遮　489,1737
嗢噱　2174
嗢羯　207,1338
嗢〔嗢〕蹭　493,1741
喝吐　226,1414
喝咽　2168
喝捍國　1951,1967
喝國　1949
違拒　545,605
違忤　925
違陀天　940
違諍　2223
違㬥(暴)　681
喟而　157,1069
喟然　112,274,285,417,670,1089,1473,1519,2030
喟嘆〔歎〕　331,1534,2245
單己　1857
單孑　94,251,1263,1841
單拏人頭棓　1137
單縫　100,1241
喘息　762,767,1453,1464,1511,1592,1978
喘欷　1855
喘喘　1891
喘瘷　450,1346
喘懼　1054
啾吟　389,1801
啾唧　146,396,997,1494
啾堤　414,1255
啾啾　236,326,1238,1425,1530
喉吻　873,1942
喉閉　226,1414
喉棱　83,1060
喉筒　456,1352
喉腭　712
喉痺　108,1242
喉襝　1336
喉嚨　91,1258,1463
喻旬　832
喻健達羅　1739
喣沫　416,1088
喑啞　426,1851
喑者　2025

喑喑　93,260,279,1262,1476,1481
喑遇　93,1257
喑噫　222,323,353,1487,1541,1640
啼泣　745
啼唳　1903
啯伽　1260
嗟惋　1719,2079
嗟慨　1270
嗟嘆　148,999
喧聒　1592
喧桑　1630
喙長　647
喙棠　1446
凱風　1879
凱旋　1972
凱澤　1949
遄死　1991
遄彼　2175
遄速　1978
遄邈　1882
罥琮　328,1429,1532
罥〔罥〕索　37,933,1397,1870
罥絅〔綱〕　638,870,1015
帽等　374
崑嵐　2169
嵬然　2086
嵬嵒　2077
嵬嵬　394,1492
嵐毗　185,394,1300,1492
嵐毗園　2020
嵐婆　295,1552
嵐颲　1166
嵯　942
嵯者　63,651
嵯峨　117,1089,2139
嵯梨　323,1542
幄幔　187,1302
幃帶　61,576,660
圖衣　1940
黑肝　395,1493
黑蚖　1275,1326
黑說大說　452,1348
黑豹　1969
黑蜂　2217
黑瘦　2312
黑縹　1556
黑駮　725
黑黨　448,1344
黑糯　446,1342
黑黯　446,1342
黑黲　1177
黑纑　402,1500
黑靨　187,250,450,1301,1346,1435,1459,1584
圍陀　1055
圍罝　230,1418
娭甥　2310,2323
無上法雨　934
無中息　892
無乏　507,1760
無水不能爛　1403
無方無隅　886
無用捘底　1849
無〔无〕央　58,138,657,766,986,1108,1170,1284
無央數　859,1001
無央數劫　892
無主無待　893
無穴　1625
無尼延底　638
無行神通　826
無有瘡疣　893
無有蓏　1826
無圻　156,1069
無希　983
無明軗　1679
無明轂〔轚、轚〕　695,1067,1148,1581,1593,1612
無易　604
無秉作　793
無秔　447,1342
無所　39
無所拒　870
無所畏省　952
無所顧戀　875
無所適莫　875
無所觸嬈　892
無咎　186,1301
無底　68,663,1059
無怯　568
無怙　2247
無玷　1928
無毒虐　880
無屈撓行　874
無垢緂　1039
無〔无〕垠　171,1041,1093,1571,2133
無垛　25
無係　258,1480
無蚤　72,662
無翅　573,601
無缺　580
無倫匹　858
無高倨心　902
無胲　114
無恙　115,414,1076,1086,2193
無著無行　893
無梢　738
無軛〔軶〕　13,852
無爽〔奭〕　88,1069,2087
無〔无〕崖　352,1641
無陋　553
無〔无〕替　361,885,1670
無〔无〕喆　119,1110
無〔无〕辜　47,507,953,1761,2333
無揉　1926
無棼　157,1069
無〔无〕援　194,1309
無量義處　970
無間　1182
無間然　882
無蛘　1001
無智膜　722
無復　128,969
無鉤　633
無愠　272,1518
無愠暴（暴）　882
無費　1406
無隙　1685
無猒足　860,1224
無猒怠　860
無瑕　2274
無遐邇　881
無歇　1018
無暇　553,568,593,610,817
無疆　1977
無欆　1965
無資　2016
無緵〔綆〕　1611,1626
無閡　1293,1379
無聡（聰）敏　875
無厭〔懕、猒〕　561,746,1096,1208
無端底總持經　1982
無憚　1983
無斁（斁）　2030,2076,2085,2134
無耦　63,651
無撓〔橈〕　432,713
無暫已　862
無請　156,1030
無〔无〕瘢　178,1103,1128
無頦　1098
無嬈　1256
無險詖故　892
無遺隱　860
無擇報　1139
無膩　1059
無藁　2308
無濫　1772
無繁　503,1756
無縛無解　535
無擧　841
無翳　826
無讐　150,830
無翼　618
無邊身　933
無邊辯　537
無礙　130,974,1196,

2125,2177
無鏃箭 1168,1582
無躔 2165
無釀 1906
無譏醜 905
無躁競心 878
無變無易 587
掣网 1850
掣那 2268
掣拍 2287
掣振 1827
掣開 1142,2287
掣〔揥〕電 140,186,991,1301,1859
掣擊 2302
掣縮 1478
掣繩 748
缾缸 2257
短命 767,1716
短促 559,594,1012,1284,1388,1859
短褐 2174
短陋 556
短矟 841
短緵 2055
短襻 1619
頒叉 2213
頒瘦〔瘦〕 134,980
箛(箛)立 2309
剩其 1850
智昕 74,670
智碧 2099
智琚 2096
智敞 2061
智敫 2072
智鉉 1916,2073
智愷 1402
智僊 1915,2072
智噎 87,1256
智鑒〔鑒〕 195,1310
智璀 2096
智璪 2106
智璬 2070
智鍇 2104
智顗 1880,2194
智濲 2022
智鑽 1857
矬人 46,950
矬陋 135,549,764,981,1105,1132,1704,2112
矬痏 1398
矬醜 819
毳衣 49,957,1967
毳服 2085
毳時 1720
毳帳 1949
毳紵 300,1556
毳幙 2021
毱多 93,1049,1258,2111
毱名 1921
毱豆留〔畱〕 22,1229
犇而 1888
犇走〔丕〕 157,182,349,1069,1474,1655,1832,1885,1902
犇急 257,1479
犇逸 1082
犇馳 98,244,704,1412,2318
犍度 1691
犍黄 305,1562
犍椎 186
犍割 224,1489
剩食其人下文又云剩可爲夫妻2196
剩辯 510,1763
鈌(缺)而 523
嵇叔夜 2026
嵇康 2000
稍稍 917,1001,1108,1904
稍微 548
稍潵(散) 627
稍欸 458,1354
程士顒 2043
程鍔 2243
秎遨蜜 1836
秎竭 1893
秎羅子 2139
稀耎 762
稀穊 1102
黍米 2271
黍稷 214,1287
犂色 2131
犂軛 73
犂鎒 1290
棃棗 1650
稊莠 2160
稊稗 312,478,591,939,1384,1388,1568,1716,2040
稊羅 87
喬荅摩 432,493,714,1330,1741,2279
喬荅彌 507,1760
筐箕 2310
等咎 131,976
等胤 474,1334
等祐一切 896
等為 526
等涌 532
等視 35
等視衆生 929
等澍 136,983
等屧 335,1546
等磧 1770
等謝 486,1734
等觀 165,1002
筑笛 345,1659
策疑 2183
策〔筞〕勵 540,730,1015,1187,1576,1674,2244
策〔筞〕謀 324,1528
筒槽 2202
筏羅痆斯 2284
筏船 295,1552
筏羅捺斯 2298
筏喻 75,2256
筏〔橃〕諭 639,679
筏蹉 1699
筌蹄〔蹏〕 1917,1918,1975,1996,2039,2147,2249,2334
筋 908
筋皮 1890
筋骨 443,699,747,1022,1105,1269
筋骨髓 834
筋脈〔脈、脉〕 455,538,570,584,637,1033,1071,1080,1261,1351,1609,2231,2273
筋陡 397,1495
筋緩 1447
筋牽 1097
筋纏 754
箏笛 354,2232
筆削 855
筆墨 753
傲物 2026
傲很 1702
傲〔敖〕逸 488,1454,1736,1772
傲誕 212,462,1358,1367,1689,2295
傲〔微〕慢 59,200,560,587,658,865,1314
傲慢耐 840
傲憹 1920
傣和 2172
傣殷 2182
傎伏 359,1693
傎〔顛〕倒 548,749,1324
傚奴輜〔輻[35]〕那 93,1257
傜傜 96
備體 857
備鏊(整) 1017
備遭 608
備搜 1911
備擒 2004
傅之 347,1666
傅以 40
傅以妙藥 938

傅采　376,1798
傅飾　67,268,661,1517
傅殺　1879,1985
傅綷　2001,2095
傅藥　511,1764
傉檀　2063
舄帟　2006
舄〔舃、潟〕鹵　463,1359,1877,1952,1960
絛亦　1607
絛編　1626
絛襻　1184
堡塢　1703
堡聚　418
傂失　624
傖　113,1158
傖吴　343,1664
集戲　1893
焦灼　1671
焦炷　558,593,612,1399
焦悸　15,800,1833
焦然　1039
焦惱　534
傍生　441,594,1006
傍居　1941
傍偟　1090
傍棑　1196
傍敧　1725
傍蟹　1437
傔至　2050
傻(侵)害　1209
傻擾　1017,1248
蛆蟲(蛆蟲)　737
臯帝　992
臯〔皋〕繇〔陶〕　2009,2120,2337
蝗〔皇、皇〕螽　1217,1584,1599,2215
遑恤　2123
皓白　540
皓〔晧〕首　463,1359
皓齒　435,732
鬿魖　1828
衆苦大壑　877
衆刺　1821
衆祐　8,414,847,1086
衆毦　395,1493
衆峰齊峙　906
衆望都息　936
衆景奪曜　902
衆喻　553
衆罪由生　880
衆夥〔粿〕　2112,2178
衆噪　415,1087
衆難　980
衆纈　477,1384
衆蠹〔蠧〕　480,1364,1365
衆籟　2029
奧　942
奧箄迦　1588,1629,2202,2328
奧闍〔闍〕訶洛鬼　438,811[36]
奧粹　2083
奧皤　696
奧賾　1047
遁走　16,800
遁形　2266
遁邁　414,1086
遁藏　171,1093
街中　1168
街巷　61,573,660
御〔御〕衆　479,1385
御寒　1304
御寓　921,1922,2082
御群生　904
復能充足　930
復髆　1215
復頞　17,802
復掔　401,1499
復軔　2040
復靚　2085
復禮　2028
復饗　278,1475
復譺　1178
循大　277,1469
循勺　308,1564
循行　1875
循身　11,57,497,656,849,1745
循身觀　583,882
循其　446,1342
循岸　1022
循法　480,1364
循躬　524
循機　687
循環　187,549,608,720,1056,1211,1241,1302
徧劚　1292
徧饒　681
須大拏　117,1089
須那剎多　954
須陀食　95,1264
須延頭佛　66,653
須陀洹　873,991
須拔陀　953
須抳　150,1008
須臾　563,596,870,934
須夜摩　858
須毗羅　953
須炎　64,651
須(湏)剗　306,1562
須彌　1888
須插　1720
須曼香　990
須曼那花　964
須菩提　895,969
須婆睺　957
須楓(掑)　174,778
須達多　896,959
須跋陀羅　962
須〔湏〕銚　301,1557
須鎌　1720
須甖　2151
須滯〔甍、甍、甍〕天　69,110,663,917,1273
須賒佉　1260
須癄　180
須摩那　73,669
須摩那花　955
須摩提　119
須潰〔憒〕　213,1370
須鑰　324,1543
須彌光梵　857
頊弊　815
舒捲　1188
舒縮　1237
舒箑　2184
銒山　2166
艇舟　191,1305
鈇鉞　401,1219,1498,2215
鈇質　121,1472,1836,2198
鈇櫍〔櫍〕　277,1455
惏鈍　793
鉅鹿　2035,2145
鈍刃　2133
鈍根　720,1197
鈔功　1187
鈔賊　1281
鈔綴　1513
鈔擠　2114
鈴波　344,1658
鉛(鉛)性　360,1695
鉛錫　131,816
鉛槧　2068
欽重　497,1745
欽羨　247
欽婆羅衣　930
欽歎　896
鈂扶　374,1789
鈂婆　150,1009
鈕居　1608
鉤〔鉤〕挂　390,1801
鉤〔句、怐〕紐　1597,1607,1611,1626,1635
鉤〔鉤〕掾　377,1799
鉤深　2134
鉤牽　1859
鉤鬃　1104
鉤策　1572
鉤〔鉤〕餌　52,964,1718,1859,2217
鉤綴　738

鈎斸 1404,1574,
1596
鈎鉦 1516
鈎欄〔闌〕 741,1969
鈎〔鉤〕鵅 276,364,
400,1498,1729
鈎瑣 766
鈎〔鉤〕鎖 697,699,
827
舒(舒)箭 1404
逾之 363
逾彼 768
逾於 1011
逾珂雪 570
逾遠 673
逾邈 1955
翕眼〔眠〕 257,1480
翕然 1959,2059
翕欻 2124
翕習 125,1075
翕響 190,1305
殽亂〔殽〕 2013,2122
弑逆 2029
番禺 1375,1981,
2061,2079
傘 874
傘插 2307
傘〔繖、繖〕盖〔蓋、
葢〕 693,1013,
1127,1131,1139,
1152,1584,2273,
2282
傘屧 459,1355
禽貘 400,1498
禽獸 1092,1131,
1205,1278
爲一切 716
爲不斷絶 929
爲爪 922
爲向 37
爲阱 1617
爲杖 504,1758
爲但 593
爲作 35
爲作歸依 929
爲作靈藥 901
爲述 490,1738
爲其安立 904
爲枕 1679,1820
爲拕 1511
爲泭 2183
爲坫 1657
爲牀 1218
爲舍多羅 69,664
爲怗 346
爲抑 1455
爲栫 1935
爲竿 1808
爲桁 1611
爲靭 420,1807
爲荻 732
爲捍 24,1230
爲挫 507,1760
爲師爲導 595
爲拳 1199,1722
爲現不樂世間欲樂
902
爲梯 1292,2076
爲屐 41,940
爲掉 380,1780
爲笥 1876,1954,
2076
爲庵 2035
爲紵 230,1419
爲蛤 2000,2148
爲無 1405
爲無我 1405
爲敵難思 858
爲將爲帥 882
爲番 2056
爲棍 25,1232
爲筏 1218
爲普 716
爲湏 1096
爲隋 366,1732
爲幹 708
爲解 757
爲蜃 2000,2148
爲鈴 1967
爲飴 1522
爲嫉 380,1780
爲蔌 2169
爲墉 453,1349
爲貌 611
爲鋌 341,1661
爲齊 230,1419
爲複 1381
爲槊 1631
爲綻 1240
爲撮 1769
爲瞑 1444
爲幟 117,235,1089,
1424
爲摜 1181
爲誰守護 905
爲嬈 595
爲鞘 1122,1141,
1234,2290
爲橋 716
爲橃 1292
爲樽 1840
爲錍 231,1419
爲餧 1240
爲鍱 1956
爲龠 2053
爲糜〔麋〕 380,1780
爲隥 81
爲擷 230,1419
爲黠 591
爲竅 1145
爲繐 174,828
爲臛〔脽〕 47,247,
1817
爲蘇麨塗 955
爲護 165,1002
爲鎧 1820
爲蹬 1966
爲黥 2172
爲懀 2274
爲龕〔龕〕 2099,2144
爲篣 243,1411
爲纓 124
爲鐫 2311
爲髖 1808
爲襵 1952
貂蟬 1571
創孔 296,1553
創〔刱〕制 1573,1603
創被 1811
創痛 1470
創疣 765,1275
創病 767,1038
創皰 43,785,944
創痍 46,950
飫鳳 2071
飯食 75,231,1419
飯餌松术〔朮〕 1997
飲以甘露 907
飲光部 497,1745
飲吮 925,1719,1961
飲洊 2064
飲酣 274,1519,1863
飲屎 449,1345
飲餂 425
飲漱 1181
飲餧 39
飲餧調釋 935
飲懥 2135
飲餞 1961
飲齕 2169
脹那 801
脹滿 731
脹顋 2301
脹鰓 1635
腓髀 114,1158
䐗毳 147,998
腆美 268,1431
腴旨 2084
腴悅 1178
腴潤 1967
脾 886
脾腎〔腎〕 1214,1268,
1706,1870,2213
脾腨 1162
脾膽 538,584
腋 1129
腋下 1837
腋已下 1647
腋挾 1608
脺俞 1478
腕手比丘 963
勝〔勝〕氏樹 172,
783
勝〔勝〕身洲 618,

2218
勝隙〔阧〕 397,1494
勝鬘 1913,2083
腱揵 414,1255
鄔陀 1928
鄔陀夷 502,1755
鄔波 438,1192
鄔波尼〔尸〕煞〔殺〕曇分 442,456,530,1221,1352
鄔波拕〔柁〕耶 435,469,723,914,1327
鄔波第鑠 471
鄔波第鑠論 1968
鄔波索迦 433,475,544,718,1335,2309,2321
鄔波婆娑 471,1330
鄔波笫鑠 1329
鄔波斯迦 433,475,544,718,1335
鄔波馱耶 1573,2306,2320,2323,2328
鄔波勅耶 2243
鄔波離 1394
鄔柁〔拕〕南 433,486,1734
鄔馱南 826
猩〔狌〕猩〔狌〕 73,83,227,276,317,669,1255,1415,1536
猥生 2192
猥多 94,231,330,1263,1420,1533
猥來 2060
猥垂 1972
猥承 1956
猥乘 1457
猥鬧 1624
猥濫 2144
猥媟 1240
猥雜〔襍〕 549,590,608
猳玃 84,172,344,784,1658
獀〔蒐〕狩 2027,2128
猴玃 2196
猨狖 1960,2239
猨猴 235,376,465,725,1361,1423,1790,1860
猶如獵師 940
猶憭 2065
猶豫 131,380,450,553,556,611,974,1302,1331,1346,1723,1780,2275,2322
猶闃 2115
猗(猗)覺枝 1690
爲(象)馬 774
觚有 699
觚枝 196,1311
觝突〔揬〕 836,1108,1677
觝觸 1595
觝蹪 312,1568
猱猨 1985,2012,2148,2159
然舍利弗 976
然肌 1942
然藉 1770
然藎 67,661
貿一斗米 1887
貿(貿)少 1700,1710
貿衣資 1965
貿珍 2131
貿得 2196
貿猴子 1890
貿鴿 2188
貿〔貿、買〕易 137,511,589,724,754,828,985,1187,1275,1505,1597,1625,1636,1765,1870,2241,2251
貿(貿)之 1906
貿鷹 1889
貿〔買〕龜〔龜〕 185,1300
貿〔貿〕樒〔櫁〕 84,1060
鄒魯 2136
馮熙 2005
詁訓 457,1353
訶叱 820,1597
訶呰 447,1343
訶責 618
訶梨怛雞 493,1742
訶婆 906
訶齟 268,1517
訶擯 1714
訶嵐 96
訶駡(罵) 1213
訶麗 1173
訶譴 256,1479
訶邏 179
訹勸 2108
評之 262,1843
評曰 356,1691
評論 24,404,507,1230,1502,1760
評譠(諄) 1455
詀婆 1634
詐紿 2121
診之 44,945
診病 199,1313
診脉 1941
詆呵 2135
詆冒 1864
詆訶 1974,2059,2150
詆債 2260
詼容 1901
詼誘 1582,1612,2326
詼惑 1239
註記 136,983
詞葩 2025
詞殫 2034
就冥 1521
就趐 2166
就餐 1648
廁圂 249,1438,1701,1724,1819,1992
廁填 36,459,689,1355,2246
廁溷 357,1691,1907
廁瑱 930
廁竇 830
敦浮婁 953
敦喻 46,409,951,1251
敦肅 452,471,1329,1347
裒〔褒〕多 73,669
裒〔褒〕讚 465,524,1361
廐[37]馬 1614
痟痛 417,1089
痟瘦〔瘦〕 981,2228
痾略祇 1941
痤鬼 412,1254
痤瘻 1162
痤癤 728
痛痒 1888,2133
痛蛘 792,1038,1092,1511
痛辢(辣) 385,1793
痛徹 597
痛劇 1448
痛癢 836
痠〔痠〕疼 1470,1901
痠懺 2301
遊泛 628
遊玩 479,1386
遊〔遊〕幸 446,1342
遊萃 1040
遊跨(跨) 1375
遊踐 681
遊樂 989
遊憩 1054
遊戲 785
遊謔 753
遊獵 1811,2051
衺〔衺〕字 396,1493
竦肩 452,471,1329,1348
竦密 1723
竦然 1906
竦豎 1148,2282
竦慄 1224,2219,2301

竦變　1185
童子迦葉　963
童卯　2106
童真　106, 1272
童豎　503, 1756
童齓　95, 216, 1264, 1288, 2090
遂請　1656
竢覺　1571
棄在　1016
棄尸　2279
棄捐　699, 767, 1098
棄瓮翅　1465
棄諠　2048
惵惵　2134
慌忽〔惚〕　67, 661, 699, 1905
慌慌　115, 1076
惰瘑　2115
恓眩　935
愜夫　2011, 2075
愜奭　500, 1753
愜根　364, 1729
愜劣　835
愜弱　42, 941, 1953
愜　869
愜伏　1967
愜陀羅尼　1082
愜意　333, 1544
惻度　1262
惻愴　468, 1326
愠心　108, 199, 1267, 1314
愠恨　145, 212, 996, 1367
愠恚　404, 1502
愠暴　2245
愒日　2176
愒所　1985, 2149
愕〔愣〕然　117, 1001, 1089, 1104
惴惴　415, 1087
愀然　207, 1371, 1591, 1971, 2107, 2151, 2152
惶怖　980

惶荒　169, 1005
惶悾　160, 917
惶悖　208, 1372
惶慌　67, 661
惶亂　501, 1754
惶〔遑〕遽　771, 2049
惶懼　624
愧忸　1981
愧怍　2043
愧〔媿〕恥　783, 1016
愧〔媿〕惡　1047, 1223, 1615, 1985, 2218
愧靳　209, 1373
愧蹐　208, 1372
愉悦　1179
愉喜　1123
愉漫國　1950
憎憎　362, 1796
憎鬱　2097
傞泥哆羅　116
慨律藏　2187
慨悼　965
慨深　522
慨然　674
慨歎　94, 561, 1263
惛悶　844
惱懨　258
惱縮　846
善扼　1381
善言開喻　891
善知識之所致耳　907
善知識者是我師傅　897
善府　190, 1305
善挾　221, 1485
善唄　1927
善財言唯　897
善射〔躲〕　567, 638
善軛　468, 623, 1326
善馭　24, 1231
善軛〔柅〕　211, 625, 628, 637, 1380, 1400, 1610, 2226
善標　1854
善瑩　1442

善業　70, 670
善誘　1202
善綴　765
善縫　765
善濡　1256
善權〔攉〕　605, 797
善覈　2192
善髆　1584
羢形　361, 1670
翔翥　1964
翔鴨　2012
普莎訶　498, 1747
普洽　689, 755, 807, 983
普振　861
普照無私　889
普該　1571
普霄　136
普暨　1016
普霆　2225
普臻　1017
普燎　1144
普馥　1939
普徹　125, 784
普燭　452, 1348
奠食　335, 1547
尊云戍挐　1764
尊宿　905
尊嚴　857
逴華　2334
逴楗　1977
逴遠　2005
逴麗　1053
道之　1643
道叵　976
道囧〔囚〕　1918, 1936, 2065
道帚　1989
道挺　1912, 1921
道氪　1993
道徑　1870
道晞　2144
道碁　2056
道軻　83, 1060
道軼　1395
道跡　377, 1799

道該　2024
道誼　256, 1076, 1479
道騡　2099
道關　2074
道險易　882
道撿〔檢〕　46, 64, 89, 651, 951, 1114
道轔　1036
道嗳　2159
道懿　1989
道躓　2016
道龔　1880
道蠹　1873
遂古　524
遂挓　1611
遂捘　1958
遂竄　2105
孳生　1178
孳產　511, 1765, 1778
曾不顧懼　900
曾孫　2318
曾昀（昫）　703, 1869, 1888
曾為羯利王　640
曾瀾　278, 1476
焯熱　277, 1514
焜煌　109, 173, 258, 261, 777, 918, 1283, 1445, 1477, 1843, 2003, 2036, 2095
焰明　145, 996
焰熛　269
焰〔熖〕魔〔摩〕　432, 714
焰颷　460, 1356
欻不　1879
欻有　1702
欻作　623, 628
欻來　2017
欻逢　2182
欻然　132, 448, 573, 591, 645, 708, 809, 976, 1001, 1023, 1183, 1344, 1383, 1522, 1621, 1723,

1773，1861，1919，
2047，2225，2252
欻尔〔爾〕 473，528，
561，579，1333，1854
毰席 1939
毰毸 924
猋王 1170
勞乎 233，1422
勞來 157，260，461，
1037，1357，1481
勞倦 2215
勞賚 1446
勞廢 148，999
勞擾〔擾〕 187，1302，
1985
準〔準〕繩 783，2297
湊會 1184
湊聚 2312
湛然 1388
湛露 2091
渫何 2145
渤澥 923，1989，
2153，2190
湖利 107，1242
湮山 1916
湮没 417，1197，2076
湮埋 2116
湮祥 2163
湮滅 1956，2032
湮廢 2091
湞籤〔籤〕 309，1565
減省 1058
減食 1884
溢〔溘〕死 2162，2169
溢爾 2099
湒湒 1429
測度 544，612
測量〔量〕 749，1023
温故 49，957
温渜 2311
温習 469，1327
温痺 1111
温誦 495，1744
温適 1856
温潔 2123
温彝 2096
温蘸 1175
渴伽 356
渴伽月 1691
渭物攢子 1718
湍洄 478，1385
湍流競奔逝 866
湍浪 95，1264
湍馳 2244
湍馳奔激 882
湍激 919，2222
湍激洄澓 895
滑歧 778
滑跂 174
滑哉 703
滑湒 245
滑稽 405，1503
滑篦 418
滑澀 1771
湫水 1195
湫所 1168
湫湍 1177
湫隘 2010，2114
湩流 415，1087
湩現 255，1829
浸(浸)爛 821
溲麪 1187
淵渟 13，852
淵泓 1522
淵海 2192
淵微 1875
淵粹 2047
淵壑 2044
湟濁 1993
湇水 249，1819
湇雲 2071
滄風 523
滄〔滄〕晻 94，1263
溢穹蒼 2190
溢涌 2174
渢渢 2166
盜入宮闈 904
盜塔寺物 901
盜跖 1999，2035，
2110，2122，2146
盜鄶 1986，2149
註解 1975，2034
渟水 244，1412
渟流 151，829
游泳 755，1222，
1967，2163，2217
游福德海 899
滂流 1628，2077，
2087，2097
渧泣 730
渧數 1389
渧聚 1914
湔洗〔洒〕 174，778，
1516
湔浣 369，389，1801，
1813
湔濯 2084
滋茂 731，1073
滋味 59，170，658，
1165
滋蔓〔蔓〕 40，753，
937
滋榮 859，1020
滋潤 543，604
滋澤 682
滋蘩 1021
滋濃 1437
湪(溲)和 1195
渾而 2193
渾沌 1937
渾淆 1188
渾濁 9，186，447，
848，865，1301，1343
溉之 379，1779
溉田 1726
溉粗〔麁〕 480，1364
溉〔漑〕灌 11，44，
60，188，214，297，
453，567，597，617，
659，740，850，1135，
1303，1319，1349，
1387，1554，1590，
1677，1705，1874，
1891，2245
渥地 343，1664
湧浪 2227
潑之 1154
割其股 952
割股 756
割截 1198
割脞 2306
割劓 1725
寒素 276
寒儁 2071
寒澌 2176
寒噤 403，1501
寒癖 413
富那 964
富那及净 964
富那跋陀 957
富伽羅 780
富特伽羅 1081
富特伽耶 176
富樓那 895
富樓那彌多羅尼子 969
富蘭那 953
富蘭那迦葉 2260
富蘭陀羅 962
富贍斷其所作 900
寔多 501，1754
寔惟 674
寔賴 2061
寔繁 481，1366，1400
寓物 1952
寐洟羅城 1443
寐覺 494，1742
寐寤 743
寐〔寐〕鞮 84，1061
寓(宇)內 1999，2099
寓寰 1879
窖中 1185，1574
窗〔窓、窻〕向 62，
359，650，1694
窘迫 1957
窘急 419，1834
愙(怨)家 559
遍耳 45，949
遍扣 312，1568
遍徇 260，1481
遍詈 1188
遍捫 782，2296
遍澍 748
遍躡 1399
棨戟 2166

扉錢　269,1477
禆教　2042
裓上　698,1029
裓來　323,1542
補伽羅　875
補祇　411,1252
補陀落山　1195
補陀落迦　2235
補刺拏　1681
補特伽羅　437,445,483,712,783,892,1321,1341,2240
補喝國　1950
補綻　2101
補羯娑　546,562,589,785
補盧鍁　447
補盧沙　447,1343
補盧沙邪　447
補盧沙多真　447
補盧衫　447
補盧崽拏　447
補盧煞沙　447
補繕　268,1431
補襊　2021
裌〔夾〕紵　1974,2006
禍祟　86,1063
禍酷　95,325,1528
禄位　451,1347
尋亦去世　864
尋即敗壞　880
尋伺　478,572,603,1385,1396
尋香城　531,619
尋梁　742
尋閲　1928
尋穌　505,1758
尋緗　2084
尋繹〔繹〕　199,687,768,1313,2142
畫水　930
畫地　1196
畫師　1222
畫棓　1187
畫碌　2202
畫牆　2314
畫鴿　2029
畫績　1187
畫襊　1187
遐迋(征)　2138
遐峙　1976
遐裔　2126
遐溢　2170
犀牛　174,785,828,2238
犀角　1032
犀枕　2104
犀首　2010
屬累　140
孱那　343,1664
孱然　1879,2014,2015,2136,2159
孱焉　259
孱鴈　1838
弦懸　2061
羿(羿)乃　2145
弼我　675,2264
弼諧　2230
强扞　2056
强伽　177,1080
强拔　738
强使　982
强戾　725
强耐不吐　957
强悍　2084
强笑　1860
强梁　1890
强項　173,784
强逼　1406
强圉　363
强霸　835
强識　135
費長房　1880
費秏　1515
疏〔踈〕勒國　887,2242
疏瀹　2107
隕下　415,1087
隙〔隙〕中　364,1603,1729
隙光　2252
隙氣　2106
隙牖　2184
隖波索迦　1155
隖波離　631
隖盧頻螺　1707
隘　855
隘小　1850
隘窄　2273
隘陿　1209,2211
隘道　745
隳喝(隅)　287,1461
隆崖　1368
矟刺　232,735,1420,1609
矟等　1934
矟襊　398,1495
矟纛　1966
媒法　1641
媒娉　1579
媒衒　2336
媒媾　457,507,695,1353,1761
媒嫁　1636
媟〔媟〕慢　271,1275,1325
媟瀆　349
媟嬻　309,424,1113,1565
媟黷　1655
媿焉　1999
嫂怪　2307
媯汭　1976
媪患　1295
賀　943
賀字　586
賀糝　2287
耷荼國　1878
登入　2260
登陑　2177
登祚　20,381,497,804,1746,1782
登樞　687
登躡　1719
發引　528
發予　100,1241
發言誠諦　881
發荄　237,1426
發洩　2025
發趾　9,848,868
發軔　2075
發軫　259,807,1837
發揮　1239
發號施令　878
發撤　45,194,949,1308
發憤　447,1343
發擿　2019
發斂　1925,1979
皴　949
皴〔皴〕皮　1585,1599,1713
皴朽　1627
皴〔皴〕剥　425,1859
皴裂　903,1603,1619,1941
皴腫　2319
皴劈　1217,2215
皴〔皴〕蹬〔蹬〕　1085,2312
絫疃　2123
淼淼　2191
淼漫　2061
緁是　1934,1953,2154
緁南　364
緁諸　2136
結加趺坐　947
結泱　1180
結咆　2113
結梳　86
結跏　1074
結毦〔薙〕　307,1563
結憤　815
結緝　2182
結憾　1726
結縷　303,1560
結廬　1958
結聹　195,1309
結顙　1121,2270
絝　942
綱(網)〔綱〕絚　720
絍婆　51,2305

緰𥟖〔𥟖〕　578，913，1261
緰綈　1634
緰㲪　1650
緰𢶍　785
給孤獨　75，679
給恤　200，1314
給贍　122，1112
給賻　1991
媮食　1953
絶紐　1650，2032
絶倫　863
绝𦩁　2028
絳色　1967
絢煥　869
絢藻　462，1358
絡腋　1893
絡腋衣　1225，2220
絡髆　1153，1175
絡髆索　1183
絡縄　769
絞人　797
絞尼項　1601
絞頸　2315
絞飾　1075
統理　868
統攝　537，594，613
絣之　2289
絣地　2295
絣基　1579
絣絡　1630
絣爲　1122
絣繩　1137，2155
絣〔綼〕線　1632
絲筑（筑）　1618
絲縈　1579
幾失　191，1306
幾警　2000

## 十三畫

馱　942
馱字　586
馱都　438，496，636，730，1744
馱索迦　474，1334
馱嗽　92，1257
馴巨　2042
馺然　1986，2149
馺跛　17，802
馺駁　1153，1199
馺驁　2302
馺皤　122，1189
馺皤訶　1194
馺嚩　1180，2267
馺灑　2037
馳動　367，1733
馳逐　894
馳騁　47，135，450，690，691，703，764，774，791，812，951，982，1098，1346，1504，1612，2029，2197
馳鶩　915，1052，1976，2055
馳驟　523
勣深　1923
瑰奇（奇）　1923
瑰瑋　1899
瑟　948
瑟吒　541
瑟侘　1163
瑟祉　462，1357
瑟咤　92，1257
瑟縿　1195
瑟縿字　586
瑟𪓔　2267
瑇瑁　226，1056，1414
瑣浮　412，1253
瑆醯〔醓〕　411，1194，1252
瑆鷄　122，1189
瑞　971
瑞相　614
瑞應　841
瑜祁　1055
瑜伽　445，814，1331，1341，1927，2297
瑜伽師地　438
瑜歧　1234
瑳　942
瑳字　586
瑳禪師　1945
瑕玷　882，1196
瑕垢　710，787
瑕玭　834
瑕疵　51，131，703，960，974，1038，1098
瑕隙〔隙、隟〕　243，532，581，1411，1579，1608
瑕壂　1177
瑕蘙　1066
瑕瞖　1123，1192
瑕翳　1144
瑕穢　697，713，1035
遘〔薽〕疾　92，1260
遘善　1453
嫯解　735
頑佷〔很〕　893，1296
頑鈍　1086，1383，1895
頑愚　1066
頑㾺〔痺〕　225，277，1469，1490
頑魯　372，387，1788，1816
頑憒　1514
頑騃　832，1677，1906
頑嚚　38，115，453，480，501，549，590，608，724，875，914，935，1031，1076，1123，1176，1349，1387，1754，2121
頑癡　1261
髡彼　1615
髡削　2038
髡道　2127
髡割　1634
髡鉗　257，1480
髡頭　1886，2012
髡樹　47
髟鬌　440
肆力　135，982
聏（聊）因　1208
犎牛　207，238，311，377，1210，1247，1338，1427，1567，1799，2133，2212
犎胡　489，1737
填布　643
填飾妙花　860
填塞　242，1410
填瑠　213，1368
填積　192，1307
填滿　297，1553
填築　1192
填壓　770
載育　1032
載錫　2180
鄢郢　1983
趌趚　326，1529
越小　188，1302
越梁　405，1503
越牆　249，1819
越驀　1129，2299
越躑　297，1554
趍〔趨〕走　15，46，799，951
趍行　303，1559
趑趄　2003，2055，2183
遠祖　1614
遠邁　522
遠徹　1286
遠擲　986
遠齎　674
遠矚　1236
鼓　913
鼓吹　948
鼓枻　2165
鼓桴〔捊〕　374，1320，1789
鼓扇　866
鼓棹　1594
鼓揚海水　891
鼓檝　2041
鼓譟　449，1345
鼓槖　181
鼓韝　260，1481
鼓鰓　1906
鼓鼙　2123

鼓鱳〔鱶〕　364，487，1238，1729，1735，1771
勢峰〔峯〕　459，1355
塢　942
塢波　1165
塢波塞迦　2273
塢瑟膩沙　1123
艴如　1237
艴艴　405，1503
艴燭　1197
塚〔塜〕間　594，613
塉土　1994
壼奥　1975
毂中　2125
毂以　1576
穀千　1886
穀乳　1199
穀捋　1437
聖旨　167，1004
聖誥　353
聖喆　836，2121
聖翮　1186
聖躅　1572
蓁芿　2179
蒸民　145，996
戡戩　2001
戡濟　2143
戡難　1879
尠能　2053
尠得　1454
尠智　1023
尠福　1185
尠薄　792，813
斟一杓　1233
斟酌　301，739，782，1557
斟羹　1844
蓍龜　1986，2143，2339
蓪朱　1993
蔭蓋　1820
蔭鷚　237，1426
蓋笥　1960
靸繫　1707
勤伪　161
勤策男　475，1335
勤劬　1913
勤懇　1957
勤懿　160，917
蓮子瓤　1182
蓮花覆合　903
蓮梢　1634
蓮藥　1186
靳者　410，1251
靳固　396，1494，2008
靷靰　269
毦〔毷〕被　317，1535
毦〔鞲〕衣　44，247，948，1818
蓡母　1943，2035
蓐几　1646
蓐收　2145
蓐食　2108
蓽叉〔又〕　84，1061
蓽豆　362，496，1745，1796
蓽茇　1583
蓽門　1978，2085
夢已　1055
夢〔寱〕寐〔寐〕　1221，2217，2298
夢境　531
夢覺　1385
蒨草　405，1503
蒨練粲爛　1262
靚靚容　1573
蓖麻油　826
蒔耶　174
蓂　1159
蒼天　117，1089
蒼茫　406，1504
蒼頭　255，278，1476，1829
蒼蠅　764
蓊蔚　825，1055，1079，1479，2065
蓊鬱〔欝〕　37，457，740，762，932，1213，1353，1954，2213，2227，2231，2235
蓬勃　134，244，980，1412，2252
蓬餑　1909
蓬撵　2164
蓬髮　768
蓬髮躶黑形　1145
蒴草　38，934
蒴蔘　2127
蒴稾　370，1814
蒴蕘　2041，2075，2077
蒴摩　36，295，843，930，1552
蒴摩衣　1054
蓑草　1897
蒺莰　1990
蒺藜　86，212，254，349，995，1367，1654
蒟醬　1975
蓄疑　1976
蓄聚　211，1380
蓄積　458，1354
蒹葭　2147
蒲萄朶　1183
蒲匐　769
蒲健　1913
蒲闍尼食　1263
蒲薹　1594
蒲屬　2113
蒙昧　57，484，656，880，1402
蒙倛　2011，2158
蒙賚　1977
蒙積　2189
蒙鞮　2243
蒙籠　283，1466
蓂莢　2123
蔭蔽日光　932
蔭影　607
蔭澤　859
楔　908
楔木　2326
戠（栽）礈　721
椿菜　1141
椿菌　1989，2075，2138
椿詵　2087
椹脾　412，1253
槎匀牢　1137
禁我　1859
禁婎　1927
禁圄　350，1655
禁滿　309，1565
禁錮　2132
楚撻〔樘〕　45，452，732，949，1348
楚箠　2044
楚艍（都）　2036
梗（梗）難　2084
楝葉　1626
楝樹　1488
楝〔棟、揀〕木　340，1661
楝〔楝〕樹　223
械籠　228，286，1416，1446
楷〔揩〕定　497，1746
楷模　1919
楊玠　2020
楊松玠　2008
楊衒之　2014
楊葩　1941
楊榷　1987，2024
楊確　2015
楊鑣　1963
楬棧　178
想其容止　897
楞伽　151，1045，1046，1926，2225
楞嚴　843，1236
梗樹　2325
槐庭　1972，1984
槌〔搥〕砷　244，1412
槌胸〔胷〕　573，2252
楯　972
榆皮　736
榆枋　2147
楥榆　2148
椶櫚　1936，2305
楓香木　1178
楓櫨　2173

榹架　253，278，994，1475
榜（柝）木　1179
榜色　1388
槎上　1906
槎〔柤〕瀨　505，1758，1774
探（探）古　1007
楺木　1997
楺等　2158
楣棖　150，830
楣楹　2144
椽杙　1955
椽柱　742
椽桷　132，977
椽〔掾〕桷　351，384，1645，1792
椽梁　1505
榛髀　296
椅（椅）〔棓〕櫪　2173
椅明翩　2184
軾座　1626
軾處　1580
輀車　2189
輅上　326，1529
輅車　1620
較之　234，1423
較而　2042
較其　1977
較定　1874
較坻　84，1061
較略　145，996
較然　675，2264
較〔較〕試　748，2337
較論　1959
較談　2059，2136
軿羅　2000
剸拱　312，1567
胥膝　761
畺場〔埸〕　278，1475
畺埸　1912
剽〔剢〕剥　236，1425
剽掠　208，1372，1932
甄　990
甄陀羅　64，652
甄叔　140，1075
甄叔迦　710，991，1057
甄叔迦樹　689
甄叔迦寶　1077
甄明　1237
甄波　225，1490
甄迦羅　140
甄脾坻　778
甄説　1322
甄著　1922
甄鸞　2035，2110
賈人　188，759，1302
賈〔賀、賁、貲〕客　50，745，816，824，960，1632
賈販　1644，1894
酪底　696
酪瓶　385，1794
酬亢　821
酬酢　389，1800
酬答〔荅〕　234，619，1423
酬對〔對〕　167，1003，2048
酬懟　1176
酬賽　1615
㛋倒　1486
蜃畲（蛤）　2012
感德從化　878
感激　1887
硾脚　362，1796
碓臼　2189
碑文　2055
碑石　1973
碑誄　1996，2334
碑闕　85
碎末　540
碎金　590
碎磕　1885
碌碌　2065，2134，2148
碌磷　1935，2182
皵〔攲〕側　347，1666
皵〔攲〕身　352，1642
殟鉢羅花　715，719
殟殕　257，1480
殟殟　288，1526
殟遮界　1772
殨壘　2131
剺戶　2137
頋（顧）眄〔盻〕　9，46，231，304
電泡　1269
電鐙　1256
電鬘　1102
電燿　1975
雷電　2298
雷鼓　21，805
雷雹　842
雷霆　88，173，196，334，1070，1311，1546，1585，2026，2074，2257
雷奮　1001
雷震　2224
零落　540
雹雨　186，1301
撐〔樘〕棹　225，310，1490，1566
搆牛　234，774，1423
搆捋　936
搆百　635
搆角　1370
搆鵬鴳之寓言　1997
摸呼律多　844
摸法　304，1560
摸揩　1975
摸搽　349，1655
摸鼻　1440
摸買　1512
摸擊　1600
搢〔搢〕紳　1961，1975，1986，2013，2028，2120，2146，2334
搏山　2188
搏之　1836
搏取　1440
搏掩　256
搏逐　721，1167
搏鹿　194，1309
搏撮　133，979
搏蝕　2265
搏踏　258，1480
搏噬　92，1260，2240
搏齧　1902
搙績　1877
損炷　1702
損耗　791，907
損瘦　1471
蜇痛　1575
蜇螫　1902，2244
携持　769
搋落　92，1260
搋須　371，1815
搋築　327，1531
搬〔撚〕打　1611，1635
搬〔撚〕拍　1582，1598
搬〔撚〕放　1595，1601
摇車　736
摇裔　708
摇激　1142
摇擊　682
搯〔掐〕心　505，1759，1774
搯叩　1831
搯〔掐〕涵　2110
搥㨂鬼　413
搥㨂鬼寒癖　1254
搦擲　1143，1235，2268，2287
摘玉毫　1961
摘白　2181
摘悤（思）　2105
摘揆　2075
摘瑠（瑠）璃　2174
摘機　2134
搪〔唐〕揬〔突〕　121，185，1278，1300，1896
搪觸　1181
搒抬　194
搒掠　1470
搒笞　781，2237
搦取　250，1435，1437
搦殺　2309
搦拳　172，1008

搦箭　372, 1816
搦觸　448, 1344
攙拭　546
頓拙　758
頓祛　2075
頓槍　282, 1430
頓類　1938, 1949
頓躓　369, 1520, 1814
裘毳　1238
裘褐　1966
歲星　936
貲財　691, 1573, 2083
貲貨　70, 670
貲數　1277
貲輸　232，284，1421, 1461
觜星　16, 800, 843
觜宿　189, 1304
觜銛　1215
觜〔觜〕啄　1616，1955
觜端　2315
訾哉　389, 703, 1800
訾計　147, 998
訾量　110, 1117
訾聖　2011
虜掠　60, 200, 658，1315
虜扈　63, 243, 651，1411
粲麗　333, 1544
虞受　269
虞倕　2177
虞愿　2150
虞樂　156, 1030
颭婆　24, 1231
劇(劇)喪　1900
業具軍　476, 1383
業漂　676
業墜　523
嘗食　537
嘗啜　1672
嘗覦　1678
當以五繫　939
當宁　687
當㬎　234, 1422
當紹　1016
當敧　331, 1534
當跨　1149
當潰　1860
當舉其尸　961
當梟(梟)　1896
當盧　281, 1443
當斷　36
當斷其舌　931
睹肶　2229
睞眼　306, 1562
睚〔矓〕眦〔眯〕　269，424, 1113, 1477，1902, 1941, 2160
睫　904
睫瞤　97, 1026, 2298
睖毛　1999
睡眠　552, 1405, 1512
睡瞑　258
睡寤　741, 1022
睡寱　1014
睨眥　1902
睨鹿沭　2146
睢叫　256, 1479
睢吁〔盱〕　173, 778
睥睨　1446, 1821，1832, 2076
賄貨　462, 753, 1358
賄賂　160, 918, 2076
賆贅　1918
睟周　2076
睟容　2166, 2176
睠悦　2078
睒子　1913, 1926
睒子經　1881
睒末梨　490, 1738
睒奉　2076
睒倏　2138
睒電　1456
睒眼　22, 1228
睒婆　37, 410, 1251
睒婆利　931
睒睗　419, 1806
睒睒　1901
睒摩　438, 1025
睒彌葉　1361
睩瞬〔瞚〕　326，1529
嗜甛　1828
嗜慾〔欲〕　1925，2000
嗑齒　2132
嗑嚩　541
嘓〔嘓〕呿　17, 801
嗏字　396, 1493
嗏〔嚓〕末都　422，1851
嗹嗹　99, 329, 346，352, 402, 1128，1270, 1500, 1595，1601, 1629, 1635，1640, 1646, 1660
嗹唼　2274
嗹嗻　1533
喿(喪)失　554
喿兮(乎)　1207
嗷嗷　252, 282, 416，1087, 1430, 1842
嗉翼　1683
喇爲　2176
嚠牟　175, 829
鄙俚　471, 503, 1329，1756, 2125
鄙鄆　558, 1992, 2116
鄙悼　48, 954
鄙陋　1701
鄙媟　1573, 1578
鄙媟語　1584
鄙賤　865, 1859
鄙褻〔褻、䙝、褻、褻〕　209, 223, 253, 1373，1488, 1843, 1951，1956
鄙穢　593
闇愚　2138
暍死　375, 1276, 1790
暍烏　2166
閼於　1961
閼彩　1571
閼塞　379, 1795
閼羅　490, 1738
開闔　397
開邏　694
暐暐〔暐暐〕　387, 1787
暐曄　704, 963, 1457
愚妄(叟)　2142
愚愞　1976
愚蒙　508, 1762
愚惷〔惷〕　369, 422，440, 1033, 1062，1627, 1814, 1852
愚魯　460, 1356
愚蠢　85
愚騃　724, 790, 835，1441, 1581, 1832，1908
愚獷　2022
愚黠　2138
愚癡　1687
愚戇〔戇〕　90, 253，387, 424, 435, 480，508, 724, 790, 834，994, 1073, 1115，1359, 1386, 1762，1787, 1863
盟死　259
盟誓　65, 83, 387，653, 1788
畑公　2095
煦沫　1162
暗　942
暗冥　1212
暗鈍　622
暈虹　1130
暈淡　1145
暈適　1237
暈錯　1179
暉昱　2246
暉霍　1858
暉暎　689
暉澹　1200
暉豔〔艷〕　93, 771，1262
號泣　2236
號响　440
號咷　149, 186, 285，694, 1000, 1023，1301, 1473, 1886，

1941
號哭 35,929,1295
號訴 728
號詢 817
號絶 1517
號會 1075
號勝（勝）堅固如來 1279
號嘑 1864
號歎 1812
號嗥 2245
照矚 477,1384
照寤 1830
照鑠 2095
跬步 1581,1971,2021,2176
跱立 1820,2153
跍蹶 1901
跨上 116,1274
跨千古 2077
跨馬 150,334,1009,1545
跨秦 1572
跨罩 2076
跨懸度 1974
踤（跨）王 815
踤轢 2097
踤躡 2087
跣行 1937,2144
跣走 1966
跣足 1197,2190,2301
跣腳 2318
跣襪 276,1519
跣韈 1852
跐 1251
跎踦利 412,1253
跳行 1601,1636
跳故 793
跳枰 95,1264
跳跟 1809
跳踔 369,1814
跳蹀 254,995
跳擲 1369
跳蹻 1112,1155,1243
跳躑〔蹢〕 643,755,1192,1197,1573,1612,1630,1657,1679,1685,1860,2323,2325
跳躍 1716
跪伏 818
跪拜 767
路伽耶陀 987
路迦耶經 763
路渚 383,1791
路聒 2060
跢地 275,1524
跡泜 2034
跡深 423,1839
跟趺 2318
跟踝 1268
跟蹡 301,1557
園林 601
園林名嵐毗尼 904
園圃 9,405,848,868,1503
園觀 981
遣聘 1402
啜褚 2139
蜍地 1471
蜍觸 1588,1893,2113
蜹了 1849
蛺蝶〔蝾〕 1217,1585,1599,2215
蜆蛤 1711
蛷螋 114,1159
蜈蚣 133,146,978,997,1167
蜎飛 19,231,349,779,794,803,832,1059,1095,1273
蜎蜚 67,117,661,1089,1093,1872
蜎飛 1420,1654,2125
蛾蚊 1773
蜉蝣 1977,2010
蛻虫 261,1482
蛻（蜕）化 1874
蜂採 1859
蜂窠 1861
蜂蠆 1050
蜂螫 38,934
蜂蠆 384,1792,2282
蜂蟲〔虫〕 249,1819
蜂蟻 1575
蜣〔蜣〕蜋〔螂〕 738,933,1217,1523,1921,1982,2215,2244
蝍蛆 2021,2175
蛹生 1870
蛹蠶 1940
豊（豐）稔 1343
農夫 489,1737
農商〔賨〕 214,1287
嗇命 545
嗣前 489,1737
裝治 554
裝校 755
裝揀 378,1794
裝鈿 1177
裝潢 2017
裝褾 1051
嗘泥 1243
嗘泥呵郅 116
嗚呼 997
嗚咽 2100
嗚噎 1968,1978,2062
嗚嘁 257,1479
嗚咂我口 951
嗚嚕捺囉叉 1129
嗌瘴 922
嗜哆 1009
嗤往 2163
嗤〔蚩、吹〕笑〔笑〕 15,52,232,304,501,622,764,800,832,963,1029,1060,1291,1421,1560,1588,1701,1754,1890
嗤嫌 1614
嗤〔蚩〕誚 504,1200,1354,1725,1758
嗜哆 149
嗦婆 1137
置岣 1938
置居 1605
置臬 2107
置胯 2289,2297
置棓 1130
置普光明藏 870
置槃 1127
罪戾 48,954
罪愆 1212
罪戮 1860
罪藪 1283
罪疊〔䝉〕 12,703,851,1277
罩网 1677
罩籠 405,1503
罩羅 458,1353
蜀蟲〔虫〕 378,1799
圓光一尋 884
圓整 1139
圓穹 1975
圓湛 2041
圓棋 2188
冑（胄）膽 1706
歃歃 223,329,1487,1533
嵩高 67,661
嵩崋（華） 525
嵩貔〔貌〕 161,966
嵩嶽 1296
棨欔 2005
雉鳥 223,1487
雉堞 573,2229
雉堞崇峻 899
歃白馬 2000
歃朱 2127
稲那吅羅山 1876
稜伽 1132
稜層 455,1351,2198
稚 980
稚犫 347,1666
稗子 41,494,634,914,1442,1703
稗米 1595

稗莠 824,1073,1682
稗飯 1990
稠人 2082
稠林 689,766,1066,1103,1142,1269
稠胞 1049
稠密 571,637,881,1280
稠酪 731,1182,1609
稠穊 224,1488
愁悴 1857
愁惋 232,1421
愁慼 587
愁憒 698,962,1890,1904,1965
筴箸 335,1547
筰絶 416,1088
筦維 2146
節子 948
節節解 767
節踝腨滿 958
節類 228,1416
債主 1294
與趺 600,636
與箭 738
與較 2066
與矚 2048
傞羅 412,1253
傼〔倢〕額 1582,1591,1625
僅 870
僅以 2048
僅半 9,848
僅有 1613
僅而 332,1543,1968
僅全 2243
僅免 2108
僅得 1577,1933
僅稱 2153
僅辭 2148
傳來 904
傳述 471,1329
傳綷 2116
傳檄 2101
傴曲 450,1346
傴身 920,1081,1969
傴肩 1597
傴僂 225,920,1081,1085,1211,1439,1472,1489,2102
傴瘂 2283
僄樂 1826
毀形降脱 904
毀呰 36,136,299,476,495,785,869,930,983,1336,1556,1743
毀剥 1986
毀捺 1079
毀悴 1293
毀〔諠〕訾 533,560,591,843,1057,1443
毀攙 625
毀讟 462,1358,1958,2136
鼠塲〔傷〕 227,1414
鼠檻〔攂〕 308,1564
牒盈 1998
傾圮 1957
傾瓲 1968
傾悚 768
傾侸 1821
傾斜 1145
傾揺 639
傾積 1579
僂曲 442,1043,1820
僂步 195,1310,1886
僂伸 1886
僂者 1209,2211
僂前 450,1346
僂躄 15,799
賃婆果 496,1744
傷佉 179,1042
傷悼 461,1023,1357
傷惋 369,1813
傷殪 2004
傷斃 285,1473
傷蠹 1987,2059
傭 880
傭作 907
傭長 770,1085
傭直 1097
傭書 2057
傭停 1198
傭〔牗〕圓 432,570,637,2228
傭賃 135,982
傭滿 50,711
傭脞 756
傭髀〔髀〕 1821,2016
傭纖 740,746,1123
傭纖髭 2049
魁取 226,1413
魁首 346,1660
魁偉 150
魁磊 417
魁嶷 2005
魁膾 139,494,529,579,602,690,722,754,818,935,988,1148,1201,1456,1742,2216,2253,2258,2282
敫敫 2182
粵以 855
遞升 2089
遞互 471,692,793,1329,1374
遞共 786,1050,1323
遞更 1881
遞相 10,353,447,814,849,1047,1343,1640,2071,2233
遞〔遞〕爲 364,1730,2198
遞給 2100
遞襲 2169
徭陽 818
微服 93,308,390,1262,1564
微末底 1225
微隙 727
微鉢尸 2280
微褊 463,1359
微適 1368
微瀾 174,779
微(微)遞 1177
徯徑 159,1036
徯戀 1864
徬徨 177,283,1431
愆〔徳〕咎 107,1242,1276,1583,2295
愆著 2137
愆違 2239
覛往 2182
鉦鼔〔鼓〕 2091,2094
鉗鍵 1979
鉗鑷 907
鉗鑷 2241
鉢抴 378,1795
鉢盂 301,1557
鉢和羅飯 284
鉢和蘭 118,1107
鉢郎 17
鉢建提 947
鉢剌 1238
鉢剌婆 1968
鉢特 433
鉢特摩 505,1759
鉢特摩花 555,574,592,715,719,1213
鉢特磨 2213
鉢爹 802
鉢昕 802
鉢晝羅 950
鉢喇 1194
鉢喇底木叉 2326
鉢摩波底 1849
鉢頭摩 2258
鉢羅和飯 1109
鉢羅奢佉 474,1334
鉢羅賢禳 1321
鉢釁(釁) 1634
鉢孌 1595,1601
鉞斧 37,844,1041,1122,1126,1196,1216,2286,2287,2299
鈷子 1626
鈷拔 734,1609
鈷部盧 1687
鈷椎 695

鈷礫 1220
鈷鉺 1215,2214
鈿厠 2247
鈿厠其間 884
鈿飾〔餝〕 1143,1179,1203,2268,2297
鉀胄 1858
鉀縚 2302
鉎刃 2097
鈴鐸 1019,1106,1141,2256,2275,2295
鉤索 2264
鉋須 52
鉛槧 2172
鉛墨 2102
鉛錫 975,1055,1133,2240,2306
鉚穢 1403
釾斧 1246
釾矟矛 932
鈹刀 308,1564
畲頂 2183
愈睟 2162
愈縟 2165
僉日 2197
僉悟 2136
僉皆 11,849
僉然 74,247,672,698,1109,1525,1817
僉然坐 861
僉然備 903
會盾 2150
遥睹 1888
遥遯 2185
愛念情至 904
愛訒 1445
愛涎 1239
愛惡 1207
愛觚 1258
愛賕 2150
愛憎 563
愛羂 826
愛羅筏拏龍王 647
愛瀘 1200
貆貀 2322
飾繢 2131
飾繪 2020
飾僞 1072
飽齎 1891
飼〔飤〕虎 1876,1902
飼鷹 1878
飴之 1986
飴蜜 425,1862,1863
飪餬 149,307,435,442,462,723,936,1000,1358,1563
餅食 1604
餅麴 1612
覞仰 2137
頒之 1938
頒告 1222,2110
頒於 1975
頒賜 461,1357
膐骨 1610
腭喉 1711
腭〔齶〕痛 226,1414,1676
腠理 1971,2334
腠裏 2033
腷臆 1964,2169
腰印 1139
腰膂 526
腰〔䙅〕絛 1127,1198,1575,1613,1723,1939,2269,2299
腰〔䙅〕骬〔骼〕 115
腰髁 736,1612
腰髆 2272
腰髖 1285
腴藕梢 1180
腴葉 396,1494
鳧雁〔鴈〕 37,635,688,1177,2227
鳧鶩 2082
鳧鶴 1869
鳧鷖 574,1869
腸肚 1857
腸肺 769
膃摩 17,801
腥臭 744
腥臊 18,72,453,633,668,1123,1236,1349,1474,1906,1997
腥膆 802
腨上 844
腨足 1596
腨相 1289
腨〔蹲〕骨 45,540,949,1448,1831
腨傭直 1470
腨脛 1268
腫疱 590,620
腫皰 547,607
腹肋 1174,1268,1575,1596
腹拍 1892
腹脹 1192,2312
腹潰 249,1819,1899
腹髂 114,1158
腹羅 343,1664
腳陀迦旃延 2318
腳趺 1606,2314,2327
腳登 1900
腳跟 1194,1407,2325
腳腨 1869
腳踝 2328
腳踏 1146,2309
腳蹋 759,1439
賸德 122,1112
腿足 738
腦根 226,1414
腦胲 45,359,744,1694
腦胲諸脉 949
腦膜 538,584,1269,1285
腦溅 385,1794
詹波 88,1070
詹波迦花 922
詹堂 154,835
詹蔔 1048
雊呼 208,1372
猿猴 2253
鳩馱迦延 2260
鳩夷羅鳥 124
鳩那羅 82,1117
鳩垣 70,664
鳩洹 146,997
鳩翅羅鳥 954
鳩畔吒 1225
鳩留秦佛 951
鳩溜 1456
鳩集 463,1359
鳩遨 157,1068
鳩槃〔盤〕荼 711,858,979
鳩盤吒 810
鳩摩 57,655
鳩摩羅設摩 503,1756
鳩摩邏多 487,1735
鳩鋆 778
鳩藺 1195
鳩攤 15,800
解 981
解八種藥 944
解曰 678
解未 36
解未解者 929
解因自悟 893
解耶 543
解奏 786
解捲 1404,1926
解脰 1998
解嘲 1938
解頤 1979,1991
解懌 148,999
解澣 2084
解擘 1618
解籖 2076
解纓 2076
解讖 1924
解纜 2191
黿行 1058
黿的 638
黿〔麁〕捔〔犄〕 71,671
黿淺 787

麁細　226,1414
麁穬　844,1931
詧(察)事　2108
颫颫　2179
頞鉢羅　1124
頞鉢羅花　1129
試鍊　753
詸焉　2060
詽笑　1884
詿誤　1918,1956,1990,2038
詰言　580
詰虚妄　1262
詰處　1397
詰問　379,470,1328,1779
詰責　545
詰難　455,1350
誇〔謣〕衒　509,754,1763
誇無〔无〕　369,1813
誇説　325,1529
誇〔謣〕誕　509,1582,1615,1762,2008
謣(誇)讚　1608
誠如　136,983
誠言　505,1758
誠敬　887
誠亶　2145
誠慤　2110
誠矙　2124
誠懇　1141
訿〔訾〕毀　1888,1896
詷疾　434,721
誅國　479,1386
誅戮　1260,1442,1716
詵陀　238,1427
詵林　85
詵遮舲　2268
誕于　2123
誕生　442,881,1042
誕育　393,1491
詮而　1935
詮量　1742
詮諂　1387
詮窮　1043
詭名　186,1301
詭言　632,844
詭妄　2022
詭現　452,1348
詭設　509,1599,1762
詭異　711
詭詐　437,729,1218,1400,1679,1685
詭滑　2048
詭嫐　69,663
詭語　309,323,1542,1565
詭誑　357,1575,1615,1627,1692,1702
詭説　2000,2341
詭嬈　370,1814
諍食　1857
詢求　441,523,1006
詢問　1965
詢陀　87,1256
詢法　149,999
詣世尊所　1204
詣摽　2132
詻我　2147
該　875
該二　1186
該別人　1594
該那　96
該洞　1042
該通　482,1366
該涉　2060
該富　2072
該綜　926
該閲　1376
該練　919,2240
該羅　174,779
詳　973
詶詛　919,1081,2013
詫乎　2125
詫詫　122,1189
詡法　2087
敦祇　439
裹頷　1967
禀邪　869
禀善知識　899
禀食　236,1425
禀仰　1457
禀〔稟〕性　594,613,634,813,1012,1581
禀斯　1906
禀正　534
盧樓亘　777
廓法界之壃域　855
廓清　500,1754
廓然　186,1301,2193
廓徹心城　905
廓徹虚空　889
廉儉　560,594,613
痡人　216,1665
瘂羊　818,1032,1775
瘂者　527,579,1041
瘂或　244,1412
瘂默　1102,2328
痳〔瘺〕鬼　412,1254
痳病　1676
痳痢　2283
痳漏　1850
痳瀝〔癧〕　44,947
痱瘖　65,345,368,502,652,1659,1755,1813
痶瘓　225,306,1490,1562,1629
痼疾　494,1742,2062,2090
痼病　1178
瘑瘺〔痳〕　378,1795
瘻黄　1869,2305
瘻瘁　1112,1243
瘻熱　197,1312
瘻躄　1086
瘀壞　381,1781
痰等　1769
痰病　559,732
痰飲　1175
痰癊　737,754,1021,1162,1163,1191,1577,1585,1609,1626,2285
痰膿　538,584
瘄手　1039
廌底　178,1170
鄜城　2109
旒幢　15,154,800
旒鎖　771
旒冕　1992
旒蘇　80,741
靖帝　2002
靖約　1388
靖漠　1894
靖聽　147,998
新凈　988
新秔　1584,1599
新染　139
新摩利迦花　955
新臑　114
新鑽火　1142
鄣風　765
歆慕　156,1069
歆饗　1710
意旨　488
意指　1180
意這生　1836
意樂　541
意整　1072
煸駁　914
煸爛　123,145,249,996,1204,1819
雍和　174
雍肅　2228
�(愞)頂　1578
慨然　2135
慠慢　720,758
慎儆　19,803
慄　984
慆耳　2178
慊切　2067
慊至　351,1645,2200
慊言　2105
慊苦　72,662
慊恨　592,610,623,1293
慊慊　2178
慊懇　1977
愵態　350,1655
慉將　285,1473

義褭（褏）　1991
義藉　2040
豢龍　2145
粖婆　113,1158
粰糷　320,1538
煎炒　385,1794
煎憂　1869
慈仁莅物　880
慈意　141
慈意妙大雲　991
慈鎧　1030
遡來　2170
煙華　1968
煙等　1393
煙嵐（熏）　1128
煙焰　647
煙煥兗　1199
湮漲　1934
湮餤　1671
湮霞　1945
煩冗　2022
煩苛　350,1655
煩疼　1192
煩冤〔寃〕　94,147,404,596,998,1263,1502
煩拏　1911
煩挐　1918
煩猥　2016
煩惱障　1407
煩惱擾濁　862
煩惱縠　1097
煩媢　1708
煩躁　1472,2195
煖身　1671
煖性　675
煖法　1001
煖服　1940
煖種　1710
煖煴　1477
煖覺　1837
煬帝　1965,2021,2105,2151
煴相　1136
煴煖　1130
煜〔焴〕爚〔爚〕　145,174,192,227,779,996,1181,1307,1415,2037
煨燙　2143,2169
煨燼　1580,1597,1920,1934,2028,2050
煒如　1912
煒晃　1907
煒煒　1472,1572,1820
煒曄〔爗、燁、煠、熽、暈〕　14,52,269,798,915,1072,1204,1470,1518,1899,2008,2059,2022
煌煌　792
煖順　1382
煖觸　1054
塋域　1955
煢〔煢〕悸　123,1278,1908
煢〔惸〕煢〔惸〕　1092,2085,2107
煢嫠　2030
煢〔惸〕獨　399,1034,1496,1966,2237
煢獨羸頓　876
嫈娱　192,254,925,995,1307,1870,1886
嫈暝　350,1655
資以　1781
資生什物　880
資持　865
資財　72,668
資糧〔粮〕　554,618,2244,2247
資穡　437,728
滮〔滮、滮〕澒　174,778
溝坑　558,612,844,1090
溝巷　123,1113
溝阬　2237
溝洫　2016,2020
溝港　71,168,258,414,671,1005,1086,1511,1889
溝縫　197,1312
溝壑　137,810,985,2073
溘〔溘、溘〕然　393,1106,1491,1943,2077,2107
漣漪　1959,2179
溥示　1175
溥天　223,1488
溥首〔首〕　766,780,1071,1881,1890,1927
溥遍　1180
溥蔭萬方　878
溥演　145,996
滅擯　1573,1647
滅恚　1256
滅雙　1709
源底　595,616,625
源派　2341
溼木　1216
溼以　737
溼生　680,1225
溼皮　1858
溼吠帝　2267
溼相　837
溼煖　1770
溼麼　1313
紫利藍　950
紫草　954
滉瀁　2116
涓水　1932
溷中　1893,1970
溷漫　2132
溷殽　1375
滌垢　2254
滌食　322,1541
滌沈蔽　1375
滌除　482,859,1211,1298,1366,2193
滌煩　2001
滌慮　1208
滌穢　9,848,1925
塗　977
塗治　589
塗拭　1196
塗冠　460,1356
塗埵　298,1555
塗塗　1840
塗瑩　1162
滔天　171,1093
溪圻　2180
溪沼　468,1327
溪澗　1675
滄溟　2192
滄蕩　231,1419
溜山　2065
溜墮　383,1791
滂沛　398,1496,1889
滂淹（沱）　1914
滂流　250,757,1435
滂溢　1705
滄在　350,1655
滓濁　693
滓穢　775,1014
溢鉢　1641
溢廡　1974
溢瀁　1978
溟海　439,815
溟涬　808,1944,2010
溟滓　2145
溟渤　1925,2097,2245
溟壑　1048
溺者　233,1421
滖漉　1135
滖遠　807
塞迦　541
塞迦二合字　586
塞壅　1513
塞澀　1827
塞鷉　149,1000
寘懷　74,669
寙惰〔墮、惰〕　1050,1223,1315,1530
窠窟　63,146,650,1900
窠藪　414,1086

窣 886
窣朱 17,802
窣吐羅底迦 1573
窣堵利瑟那國 1949
窣〔窔〕堵〔覩〕波 437,458,500,546,589,605,619,727,738,783,817,1015,1031,1095,1221,1234,1354,1753,1862,1951,2217
窣堵魯迦香 448,1344
窣渾 1967
窣禄覩那 1876
窣〔窔〕羅迷麗耶末陀 494,1742
窣羅酒 472,1330
窟中 758
窟穴 1080
窟宅 1268,1856
甌甌 2000
褚翣 2137
褚〔褚〕繩 302,1558
裲襠 323,1541
裸〔倮〕 879,887,979
裸〔倮〕形 702,744,827,1095,1129,1217,1453,1456,1726,1938,2260,2302
裸形國 2190
裸〔倮〕者 738,782,1024,1120,1209,2211
裸跣 1831
裸露 1198,2223,2231,2314
裨之 1336
裨敗 1239
裨〔埤〕助 119,212,786,1367,1928
裨諶 2137
裨體 148,999
裨希吟 410
裨希吟婆繳 1251
褉飲 2003
福伽 848
福伽羅 10
福祐 167,589,1004
福祚 198,253,994,1312
福德淵 899
福蘊 1180
福轉 2308
福羅 330,1534
禋侫 377,1798
禋〔槱〕咤 122,1188
禋瘗 2128
禎瑞 2003
禕陀 149
禘郊 2003
禘祫 2151
禘婆達兜 1459
禘弥 257
煩首 2135
肅扆 2038
肅然 1110
肅穆 601
褁覆 1617
群僚 1968
群〔羣〕萌 8,137,847,878,985
群禰 1594
群輩 1273
彙(彙)征 2055
檗曰 1935
殿斫 411
殿斫郁羅 1252
辟支佛 973
辟支佛地 861
辟手 443,1105
辟從 271
辟散 2199
遲(遅)君來 2051
遲其 1561
愍念 69,663,1203
陛〔狴〕牢 277,1514,2021
隁提 1276
隆殄 1236
障累 681
障蔽 1014,1250
障閡 759,1175,1183
障翳 1289
際畔 2236
媾精 1110
媲偶 2043,2176
媲摩 1961
媲邏吒 1718
媲不 2160
嫉妒〔妬〕〔姤〕 131,633,749,775,782,793,974,1039,1067,1857,2017,2195
嫉結 1686
嫉慳 533,1722
嫉鞶 1396,1714
嫌代去 1656
嫌恨 632
嫌害 617
嫌隟 1564
嫌嫉 1851
嫌隙〔隟〕 309,1576
嫌誚 2105
嫁娶 2317
勠力 285,1458,1590,1921,1957
預立 211,1380
預播 1993
預流 469,873,1327
晉 1113
遜謝 596,617
綆汲 2172
綊紵 1876
經 968
經云陀羅尼真言 1174
經云尚多無數次文云爾所恒河沙數 679
經序 1046
經者 928
經恤 319,1537
經蒴 1928
經唄 1656
經部 477,1383
經書 987
經笥 1961
經械 1936
經緯 1855
絹縠 1139,1140,2273
絺綌 2120
絺緘 280,1465
綏化 252,426,1842,1851
綏〔娞〕恤 110,1116
綏撫 1857
絢彩 2097
綈衣 2020,2154
勦了〔子〕 248,1818
勦勇 396,1493
勦健 284,1505
勦疾 318,418,1537,1810
勦絶 2027
勦當累 1188
勦説 1989,2075
勦戮 2082
艅 678

## 十四畫

駏驉 245,283,309,370,1428,1454,1564,1815,1897,2000
馹字 1181
馲馬 227,1830
駁色 357,1692
駁道 2010
駁雜 2040
瑣屑 2341
瑣詞 1949
瑣瑣 1977,1984
瑣(瑣)骨 727,1000
静慮 433,469,716,1327,1673
静謐 1957,1972,2110
静躁 2193
静嫠 686
黤黑 1127
碧玉 226,1414

碧棫　2037
碧緑　587
璃把〔杷〕　405,1503
瑠璃　813,973,1387
瑠璃爲幹　856
斠格　247,1817
髦俊　1957
髦彦　1959,2088
髦馬　1414
髦〔毦〕尾　45,97,950
髣髴　941,1811,1873,1888,1954,1985,2030,2063,2194
塼未　731
塼板　2202
趙肅　1921
趙璧　2339
趙瀛　2086
墟聚　111,1076,1514
墟隳　148,999
墟齇　360,1695
嘉抃　2134
嘉苗　366,1732
嘉貺　1998
嘉瑞　500,916,1753
嘉猷　1974
嘉餚　813
皷聲　743
赫日　867
赫弈〔奕〕　460,496,633,1032,1356,1016,1151,1701,1744,2224,2290
赫胥　2334
赫赫　2309
赫然大怒　904
墉堞　398,1495
塾下　1234,2298
塾濕　1958
臺榭　770,1070,1175
臺觀　137,497,985,1745
壽命　35,928
壽量　989
瑦鳥　225,1490
竭地洛迦　491,1774
竭地羅　511,1765,2313
竭地羅木　1574
竭地羅鈎　1721
竭伽　469,1139,1327
竭遠　446
竭達　1342
竭樹羅　1013
竭藍婆　440,817
竭盤陀國　1971,2077
摻毒〔毒〕　1224,2219
摻害　1397
摻濁　153,965
摻黷　2154
聚沫　566,709,735,1460
聚落　132,297,368,864,976,1554,1733,2224
聚落名伊沙那　898
聚麀　2122
聚蹙　182
聚踧　1298
聚爝　1376
蔫乾　1590
蓺也　2159
靺師迦花　2270
靺嘌多　2269
靺羯頗梨　1041
蕁茨　2037
鞅掌　333,415,1086,1545,2150
鞅靽　401,1499
蔥山　2043
蔕芙蕖　2026
蔕芬　1131,2040
蔽　975,1859
蔽於　768
蔽袮　2174
蔽宿　1927
蔽諸　543,740
蔽襘　2013,2159
暮習　416,1088
摹太　2184
摹而　2148
摹畫　1180
摹影　1875
摹寫　1933
摹藺　2153
慕棕囉　1130
慕驥　2200
勱勵　146,997
蔓延　1327,1928,2251
蔓莚　134,456,469,980,1352
蔓菁　1185
蔓蒨　2008
蔓藤　2300
蔑〔篾〕戾〔隸〕車　453,547,562,573,590,1075,1203,1349,1968,2270
蔑屑　286,1459
甍棟　2226
甍棱　1969
蔔竈〔鼃〕　18,803
蔡䎃　2006
蔡躋　174,779
蔡愔　1879,1911,1932,1948,1985,2020,2046,2143
蔡樽　2078
蔗芎〔芋〕　1647,2108
蔗棗〔棗〕　2061
蔗餹　225,1413
斡運　2025
頡尾　364,1730
蒨練粲爛　94
嘢〔嘢〕浮　412
熙〔熈〕怡　57,509,526,578,655,682,846,1025,1080,1081,1204,1276,1286,1762,2224,2255,2258,2272,2297,2282,2310
熙怡微笑　888
熙融　1968
蔭魔　1856
蔭庇　162,796
蔚有　156,1271,2161
蔚迥　1932
蔚映　1869
蔚多　85,1062
蔚茂　20,194,804,1309
蔚耆　15,800
蔚然　333,1544,2188
蔚登　2194
蓼莪　2071,2177
蓼蘇　2138
爇草　702
欅〔擧〕棹　225,310,1490,1566
榛木　52,964,1887,2189
榛林　1836,1907
榛莽〔莽〕　227,1415
榛叢　1634
榛梗　479,1382,1386
構木　1178
構畫　1679
構隙　1937
構甓　2104
榬〔猿〕頭　243,1411
樺木　1771
樺皮　116,358,377,411,487,1126,1252,1594,1693,1735,1799,2271,2284,2300
樺樹　1578
榠〔摸〕放　506,1760
榠楷　2082
榠樣　1951
榝〔撴〕締　115,1243
榴煮　245,1428
榴呑　417
榩椎　2259
榻席　2327
搨（榻）坐　762
榷杠　285,1473
榹　541
槍林　691

槍刺　99,1271
槍貫　404,1502
槍稍　1130,1216,2190
㮶(膝)骨　540
榱　942
榱桕　1952
榱桁　1933
榱連　1969
榱棟　145,329,996,1532,2144
榜笞　1309
榜笞　13,852,903
榜楚　1862
槲香　2163
槲繝(繝)　2143
榠樝　1156
榓木　1126,1184
㮣施鳥翎　1130
鞑蜜　1108
輒正　1830
輒述　1651
輒呵　1547
輔弼　161,909,966
輕易　66,653
輕佻　109,918
輕泄　1192
輕泆　190,1305
輕傷　109,832
輕捷　1671
輕叐　527
輕蔑〔篾、懱〕　139,211,442,560,594,609,783,934,988,1058,1212,1380,2213
輕惘　1917
輕誚　590,608,621,820
輕穀　460,1356,2296
輕蹈之　944
輕邈　268,1518
輕闈　228,1416
輕躁　43,305,325,707,766,776,815,945,952,1275,1292,1326,1526,1528,1561,1577,1671,1860
輕矗　156,1271
塹　864
塹中　759
輓住　844
敱演　1472
敱(敱)榮　1650
歌利王　75,679
歌吹　2256
歌唄　131,975,1177,1464
歌謡〔謠〕　332,424,1544
歌羅分　75,680
歌羅羅時　950
歌羅邏　884
歌邏羅　731
歌懿　415
斲米　424,1113
㕟閈　750
匱乏　433,448,572,716,1020,1250,1344,1383
匱正法　548
匱法　607
匱惜　758
匱餧　2084
遭苦　554
遭苦厭　971
遭洽　342,1663
遬摩　1456
辢(辣)辛　1939
辢他　541
監領　15,800
監礙　70,664
緊池果　1224
緊那蟲　1856
緊那羅　858,931,970
緊迦羅　828
緊祝迦　774
緊紡線　731
緊捺洛〔落〕　433,534,505,715,1759
緊捷　1180
緊靭　2115
毉羅　1614
毉羅葉　1606
影畫　216,1389
酺醵　2021
酵煐〔烦〕　49,958
酷令　256,1479
酷法　1716
酷毒　66,504,654,1757
酷裂　1895
酷陀利　1906
酷怨　471,1329
酷異　450
酷暴　1346
酸荅　558
酸酢　1127
酸楚　864
酸酷　235,1424
酸鹹　787,1056
厲渡　282,1430
厲聲　840
遰高　2182
厭人　13,798
厭〔厭〕食　529,579
厭恔　247,1817
厭悔　1096
厭〔猒〕該　63,651
厭愾　542
碪前　695
碪椎　1988
碪鎚　1920,2002
碪薜　170,1165
碴齒　2011,2158
碴碴　2179
碶石　2181
碩學　363
碩難　74,670
碨礧　1828
磓磼　1312
碢壓　328,1532
磈硊　2181
磈磊　1970
磋之　68,662
磋切　172,783
磁石　961
奩子　366
奩底　50,60,958
爾〔尔〕炎　119,259,797,1838
爾焰〔熖〕　498,1746
爾燄　2241,2259
奪心　1024
奪取　749
奪聽　741
臧賕　437,727
殞矣　2198
殞没　446,1342
殞歿　488,562,1737
殞命　182,1289
殞欷　2182
殞絶　242,1410
殞滅　13,852,905,2238
殞墜　1084
霆擊　2090,2101
搘日　1572
摶不　1614
摶中　1700
摶如　764,1080,1673
摶若　1103,1592
摶食〔飠〕　296,379,754,770,830,963,1141,1388,1447,1553,1690,1779,1858,1868,1884
摶挽　726
摶飯　1444
摶摇　2027
摶霄　1618
摶撮　1464
摶僻　1831
摶截〔截〕　193,1308
摶繫　1739
摶擊　491
摶颸　1965
據(據)理　1403
摳衣　2026,2095,2173

摽瓦礫 524
摽揭 2052
摽擊 579,601
擠 1125
摴〔樗〕蒲 40,937,2306
攄〔櫨〕掣 133,146,244,425,448,487,539,585,979,997,1344,1412,1735,1774,1863
摑綑 2134
摑裂 400,836,1497,1717
摧 977
摧折 1195
摧拉 162,796
摧茹 91,1259
摧剉 2057
摧破 1400
摧捽 1458
摧過咎 739
摧殘已 1406
摧滅 526
摧鏠(鋒) 686
搗打〔杠〕 45,709,732,749,774,780,1261,1674,1705,1727,1885,1905
搗打楚撻 892
搗棒 1831
搗搒 1832
搗揵揮 1082
搗撲 797
搗鑱 841
摭之 1881,1926
摭採 1884
摭詞 1572
摭實 2024
摠論 2152
誓多林 442
誓期自勉 892
誓衆宣威 909
摘芝 1572
摘花 297
摘取 2324
摘果 1597
摘會 1984
摘頭 1987
摝(撮)集 1944
摝寫 1880
摺山嵩 2102
摎項 107,413,1242,1254
摜於 1141
摜習 550
摜頭 1546
摷啄 91,1259
摷罪 1909
鳶樓 2170
蜚尸 86,1063
蜚羽 2065
蜚蛾 1514
蜚屍 413,1254
蜚墮 221,1485
裴服 69,663
翡翠 341,575,1078,1661,1869
雌(雌)獮猴 2311
對面念 442
對治 545,742,1371,1402,2195
弊惡 945,987
弊尪 1445
弊瘵 2193
弊壞 593,1859
嘗血 1858
嘗〔常〕啖 177,1106
嘗澡 674
嘗啜 1706
暱近 722
暱夜 346,1660
暱偈 159,1037
嘖數 1090
賦陷 274,1519
睺睺 1260
瞜眼 21,1228
墅姥 2079
瞍〔哭〕咤 275,1521
賑施 2060
賑恤 813,1214,2160,2213
賑貸 2065
賑給 705,823,2200,2224
睬(睬)貫 249,1819
睬〔睬〕躭〔眈〕 280,1465
睬羯羅 769
睽眼 22,1228
睽違 1376
暢適 810
閩物國 172,783
閭邑 461,1357
閩海 2185
閩越 1375,1933,2071
閩藪 2132
闇闇 254,995
闋心 702
閥閱 2006,2256
閣葭 2189
嘫莌伶咩 1251
嘒提 100,1241
嘆咤 242,1410
嘈啐 1964,2173
嘈囋 2030
嗽吮 402,1500
嗽於 19,803
嗽喉 255,1829
嗽齚 402,1500
噉他 1598
噉肉 2063
噉食 146,1522
噉舐 1523
噉蒜 1637
噉嚼 1192,1579
嘔血 212,1366
嘔多 22,1229
嘔逆 737
嗃然 112,670
嗃師 2100
髭毿 44,92,232,306,948,1260,1421,1455,1562,1909
髭壁 72,672
踈膜 1396
踽躇 1974
踊 976
踊身 1260
踊〔踴〕躍 639,1081,1195,1213
踈向 309,1565
踈(疏)通 1106
踈寮 1877
蜻蜓 365,1730
蜥蜴〔蜴〕 224,1267,1489,1727
蜾螺 2127
蜾贏 1937
蜫勒 186,1301
蜫蟲〔虫〕 191,436,725,1306,2122
蜫蟻 1583,1608,1616,2152
蜴蜥〔蜥〕 108,1136,2214,2274
蝸牛 1678
蝸角 2009,2025
蝸蟲〔虫〕 470,1328
蝸贏 550,590,608,1169,1504
蜺纓 2011
蜱犁 23,1230
蜱肆 228,1415
蜱羅尸 25
蜿垂 2167
蜿蟺 2120
蜿轉 981
嘘 884
嘘〔嘘〕唏 1460,1870
嘘氣 2011
團圝 2273
團欒 91,401,1127,1259,1499
嘍梨 16,800
嘍濘 15,799
嗺喋 133,979,2259
嗺喋嘷吠 749
嘷 712
嗚枹 2185
嗚呼 146

嗚呦 160,918
嗚禽 2184
嗚蟬 2173
嗚鏑 1972
嗚鐃 2037
嗚聲 1618,2064
嘐波 215,1288
嶄巖 1826
嵳〔磋〕嶽 161,1029
嶇嶔 2170
幖〔標〕心 1296,1515
幖帖 1541
幖〔慓、摽〕幟〔慽〕 322,434,476,502,533,581,720,1139,1183,1233,1383,1649,1678,1710,1725,1755,1772,1865,1879,2268,2272,2276,2300
嶀嵊 2060
罰錢 227,1415
罰黜 214,450,1287,1346
罰讁〔摘〕 302,1558
署瘖 332,1535
幔幕 1167
幔障 1019
圖〔啚〕之 390,1802
圖苗 248,1818
圖書印璽 893
圖牒 1374,2083
圖讖 2046
嵺器 1647
嵺峞 2179
舞兔 2009
舞蹈 2314
製立 1382
製作 506,1759
製造 603
氳靄 2201
犗牛 907,2240
犛牛 116,385,1274,1662,1793
䟣手 221,1486
䟣足 2009
䟣〔䟣〕唇〔脣〕 1186,2049,2257
稫稫 998
種子精血究竟不净 960
種植 39,567,937,1260
種殖 1096
種紵 1934
種蒔 465,1361
種禎 2158
種稟(稟) 2177
種種稼穡 885
種種囊 1453
種稷 63,651
種德 894
種禖〔禖〕 249,1819
稱此 764
稱兩 882
稱寃〔冤〕 261,397,1482,1495
稱無 166,1003
稱稱 792
稱賣 2315
稱儁 1942
稱量〔量〕 627,638
稱機 578
稱錘 256,1830
稱權〔攉〕 500,1753
稱善(善) 2067
稱鏸 1236
熏坌 474,1335
熏修 931
熏〔熏〕習 1383,1403,1865
趖坑 1624,1630
箸屐 1601
箸攬 1128
箕踞 2012,2159
箬笭 2113
箋〔蔓〕其 275,1521,1894
算擇 96,1034
篡〔篡〕中 299
箄 1205
箄尸 217
箄尸伽 1402
箏 948
箛篍 342,1663
箏笛 1644,2255
管轄 2098
管闑 2009
管御 442
箜篌 577,678,948,2212,2232,2287,2297,2319
箜篌琵琶鐃 975
箐筳 1600
箘杖 2043
鯍萌 1918
僥天 1809
僥倖〔倖〕 71,87,236,279,671,792,1115,1424,1656,1927,2028
僥值〔値〕 268,1517
儆策 1185
僃(備)受 1214
僊僊 156,1030
僁犯 478,1385
僚〔僚〕佐 544,588,605,813
僚〔寮〕屬〔属〕 254,995,1872,2137
僕 976
僕隸〔隸、隸〕 73,511,609,669,1197,1765
僑泉 1274
僑履 1179
僑寓 2072
僞行 632
僞濫 1625
僦賃 326,1530
僮 976
僮僕 132,828,1016,1143
僮僕作使 881
僮竦 25,1231
僮孺 1110
僧友 1657
僧企 493,1741
僧那 99,1270
僧那僧涅 63,650
僧坊 44,139,878,989
僧佉 216,1339,1407
僧佉分 迦羅分 伽拏那分 漚波摩分 優波尸商分 720
僧伽胝 432,453,713,1349,1675,1939,2311
僧伽梨 868
僧伽跋撜〔隥〕 1820,1920
僧伽藍 17,296,801,867,1552
僧昉 1922
僧迦 350,1649
僧卻崎 1952
僧勐 1915,2109
僧捷 2037
僧脚〔腳〕攲〔攱、崎〕 1597,1612,1939
僧砉 1879,1913,1920,2048
僧婆訶 682
僧琨 1918,1923
僧揩 2057
僧跋 1525
僧瑋 2102
僧瑜 2065
僧稠 2101
僧塞迦囉八底也 1406
僧韶 2061
僧褘 2017
僧澀多律 1927
僧叡 1913,2048,2191
僧儔 2090
僧稟 2101
僧璩 1921,2065
僧澀多 1881
僧鎧 1919

僧懾憚　2091
蝨夷　2150
鼻吟　115,1242
鼻衄　210,1374
鼻揉　182
鼻撈之　1907
鼻梁皵　1021
鼻揹　208,1372
鼻崽　99,1270
鼻柔多羅　1289
鼻齅　599
魅著　560,563
魆鬼　1240
德(德)覆　1186
銜唇　1859
銜淚　332,1543
銜築　1879
銜啄　771
銜穗　248,1818
槃　971
槃裓　283
槃篵務　1446
勝(勝)辯　1279
銅拔　975
銅杓　2303
銅盂　2188
銅釜　1909
銅揩　1974
銅鈕　2203
銅鈸　693,794,1059
銅魁　252,347,1666,
1841
銅銚　1657
銅槪　194,1308
銅鍼　829
銅鏁　745,1051
銅鍱部　483,1401
銅鑞鍮石　2202
鋌杖　1203
鋌鎔銷　1364
鋌燭　1892
銑鋈　2012,2158
銛刀　1958
銛白牙齒　880
銛利　152,207,475,
492,755,1335,
1338,1724,1740,
1774,1856
銛剗　1130
銛撥　1183
銓日　1801
銓次　1932
銓量　389,462,470,
493,1329,1358
銓衡　2148
銚鐼　161,1060
銘其　1862
銘記　405,1503
銘譽　286,1458
鉸刀　221,1485,1606
鉸破　1625
銀　971
銀柴　255,1829
銀盌　2164
銀榼　2000
銀牒　2005
銀礦　1180,1966
鉾盾　74
鉾矟　744,827,2252
鉾穳〔穳〕　1020,
2132
鄱陽　2115,2147
貍　978
貍貓　1464
貌裁　2116
貌絶　1832
餌松朮　2065
餌星髓　2174
餌食　200,1315
餌能　483,1401
餌藥　1021
餉佉　450,470,
1328,1345,1701,
1710
餉佉　羯陵伽國　密絺羅國　般逐迦　伊羅鉢羅　揵陀羅國　婆羅痆斯國　1079
餉伽　2309
餅黏　301,1557
酡柯　426,1863
酡酵　2288
酡〔秘〕擔　113,1158
膞〔膘〕中　311,1567
膜拜　2042,2166,
2175
膈膞　1840
膗染指之黿　1998
膗婆　1775
遯世　2015,2039,
2128
領徒一萬　898
領袖　1208
膖臭　1901
膖脹　58,656,819,
1723,1859,2202
鳳穴　839
鳳凰　1211,1978,
2212
鳳琯　2168
鳳翥　1977
鳳翳　278,1476
夐古　1961,2094
夐居　2125
夐期　1987,2152
夐遠　2035,2106,
2336
雒邑　2046
鄮塔　1931,2066
鄮〔鄮〕縣　1921,
2162
疑爲劫盡者　954
疑剃〔葪〕　22,1229
疑滯　815
颰　969
颰陀　1108
颰陀　125,128,1250,
1882,1913,1929,
2258
颰陀和羅　1038
颰陀婆〔波〕羅　784,
970,1324
颰陀師利　1278
颰陀羅　1170
獄卒　908
獛　1992
誠脊　2026
誠勗　460,486,1356,
1734
誌名　340,1661
誶(詳)覈　2053
誣罔〔网〕　439,483,
599,813,1108,1401
誣笑　371,1816
誣訾　1931
誣説　333,1544
誣攢　1890
誣謗　229,1418
語主者言　879
語吃　1627
語鬼　1858
語鈷　271
誚言　1706
誚焉　1983
誚劇　1924
誤人　403,1501
誤舛　2323
誤落　1243
誤犯　1406
詡寶　1593
誥誓　2331
誘人　2060
誘化　633
誘進　1015
誘訹　155,256,343,
836,1479,1664
誘誨　859,2225
誐　942
誐字　586
誨誘　2246
誑惑　560
誑謿　1685
説十三偈者　945
説戒　293,1550
説易行難　2195
説應　130,973
説甌　229,1417
説欐　229,1417
認衣　1636
認取　362,1796
認過　229,1417
誦習　235,1424
裹収(收)　734
裹蘊　286,1447

褢體 1621
槀〔槁〕木 1922,1992
槀〔稾〕草 321,961,1539
槀〔稾〕街 1878,1924,1948,1975,2111
槀稈 1135
敲户 230,330,1419,1533
敲〔毃〕門 186,1301
敲節 345,1659
敲盤〔槃〕 332,1535
敲銅鈸 2188
毃骨 1220
歊暑 2180
歊赫 2176
豪芒 152,685,965
豪爽 190,1305
豪貴〔賨〕 135,982
豪傑 190,1305
豪稐 2131
豪氂 368,659
膏主〔炷〕 1054,1512
膏車鎋 1140
膏肓 2015,2027
膏腴 481,1365,1951,1952
廣長 1101
廣陜 712
廣樹 502,1756
廣脅 1943
廣袤 1931,1972
廣陋 825,1709,2010,2226
廣搜髦彥 1914
廣廡 2180
廣濟 1880
遮沙 774
遮車闍膳若 42
遮迦越羅 63,90,650,1115
遮遏 458,1354
遮噻 805
遮噻那 21
遮摩那 709
遮齲 111
麽 708,906,942
麽小 248,1818
麽吒 116
麽〔麼〕字 396,586,1493
麽迦吒〔咤〕 23,1229
麽麽 154,836
麽麽雞 1187
麽虫 169
麼尼 1881
腐肉 540,585
腐敗 816,976,1726
腐壞 1681,1860
腐爛 736,1651,2259
瘍癬 1153,1193
瘦短 776
瘦眚 276,400,1498,1515
瘦疵 1889
瘦瞿曇彌 957
瘦〔瘦〕饕 117,1111
瘦〔瘦〕瘠 225,1490,2319
瘟瘻 1676
瘦(瘦)中 1155
瘦極 620
瘊病 306,1562
瘖者 2002
瘖瘂 1522
瘖瘂 135,556,703,731,981,1057,1184,2258
瘖聾 2158
瘙癢〔痒〕 1611,1625
瘕疵 1325
塵宇 453,1349
塵坌〔坋〕 136,830,982,1210,1674,1942
塵相如故 883
塵埃 112,396,761,782,1494,1860
塵累 866
塵滓 2083
塵漪 1071
塵壓 259,1838
塵瞖 1672
塵曀 20,86,804,1115
塵翳 736
塵濁 1393
塵霧 1859
塵黷 434,721,1974,1990,2033,2043
旗旛 8,847
旗幟 2144
旗纛 1127
廖公 2102
韶武 2067
彰施 876
彰露 759
竭支 91,1259
竭帝 682
竭涸 676,1247
竭誠 620
竭厨 411,1253
端拱 623
端扆 1370
端宸 2038
端確〔碻〕 274,1520
颯至 1965
颯哆 1150
颯秣〔袜〕建國 1949,1951,1967
颯然 434,449,470,720,1328,1345
颱便 771
颱麽二合字 586
颱磨 541
颱灑 2185
適无 190
適心 368,1733
適生 58,185,297,657,1300,1554
適他 353,1640
適在 1444
適其 132,977
適彼 492
適莫 63,168,650,836,1005,1437
適被 1740
適從 130,973,1986
適無 61,660,1305
適意 296,1553
齊此 604
齊何 548,645
齊眦 2022
齊限 1012
齊峙 919
齊幾 765
齊鼓 19,804
齊馥 1047
齊齡 2052
齊鱺 2135
齊鑣 2089,2094
慚愧 618
慳 974
慳人 1406
慳垢 1677
慳吝〔吝〕 473,922,1333
慳悋〔悋〕 564,591,596,610,2239
慳惜 1096
慳嫉 1082
慳澀 736
慢捍 921
慢傲(傲) 541
慢瞼 1056
慢幢 2198
慢聳 2074
慺慺 159,917
慵懶 2317
慷慨 112,157,670,1037,1471,1874,2331
慞惶 901
慴伏 151,829
慴怖 1628
慴魔 2043
慴竄 171,1093
慘心 1239
慘〔傈〕毒 73,668,820,1522,1864
慘毒(毒)苦 914
慘烈 455,1351,1951

慘害　1613
慘愓　1894
慘悴　1858
慘舒　1937
慘然　694,1441,1886
慘〔傪〕厲〔癘〕 692,819
慘額　1705
慣見　672
慣習　388,591,608,645,863,892,1014,1048,1224
鄯於沮沫　1971
鄯善〔鄯〕 21,805,1921,2050
鄯善國　1876
養匃　1630
養飦〔飤〕 332,383,495,1543,1556,1743,1791
精進鎧　1143
精粗　2143,2164
精挍　1985,2192
精彪　2195
精懇　471
精粹　1052,1973
精衛　575
精懇　1329
精覈　157,1069
精廬　349,1107,1654
粹多　122,1188
粹哲　2061
歉食　245
歉腹　2177
鄭頣　2090
鄭藹　2142
槊〔矟〕刃　1591,1600,1628
槊〔矟〕印　1123,1181,1199,1200,2300
熌氣　40
熌(熌)蘇　736
熌煙光　1235
熢爟　2003
熇拘　1492
熇即　415,1087
熇拘羅王　394
熄煨　89,277,448,492,755,1114,1215,1344,1469,1589,1724,1733,1740,1774,1864
榮樂　426,1864
榮聲　1983
榮冀　168,1005
犖確　1202
熒惑日　2300
熒爛　1972
滎水　422,1852
熓之　1195
熓〔焰〕疼　268,1523
漬其氈　1200
漢日　685
潢水　357,1692
潢色　1936
潢池　226,324,1414,1543
潢洿　1976
潢潦　107,174,409,417,779,1241,1250
滿予　56,655
滿足八斛　945
滿匊〔掬〕 786,986,1008
滿泥自在王　1145
滿祝　71
滿祝子　671
滿脬　120,780
滿舶　1895
滿磦　119
漭沆　160
漆柈　181
漸染　348,1666
漸僫　1966
漸減　1078
漸漸　67,661
漸漸而斷　937
漸縮　1143
漕矩吒國　1970
漕瀆　2172
漱口　36,305,765,1020,1110,1129,1141,1233,1561
漱口澡手　929
漱水　2047
漱玉泉　1944
漱皐　330,1534
漱流　2052
漱掌　2197
漱漏　83,1060
漱糗　391,1786
漚令　322,1541
漚呵沙　1888
漚和　786,1029,1110,1900,2192
漚惒　1522,1882,1927
漚鉢羅　970
漚彌　1061
漂有海　1770
漂舟　1889
漂衣　1636,1641
漂疾　38
漂泛　1014
漂〔瀱〕没〔浸〕 673,714,747,764,1260,1858
漂物　1056
漂泳　1156
漂流　1073,1407
漂淪　859
漂將　833
漂溺　589,1013,1458
漂漾　464,1360
漂墮　140
漂憒　991
漂激　496,1707,1744
漼際淼難知　1572
滯毿　2134
滯礙　619
漫跟　306,1562
漫荼羅　678
漫讚　342,1663
滒水　1935,2010
漁〔魰〕捕　138,988,2226,2258
滸盧　439
漉水　1969,2056
漉水筩　1039
漉出　1215
漉著　347,1666
漉諸　505,1759,2232
漳滏　2002,2088
滴如　1216
滴知　1016
滴海　1015
滴數　563,595,617,626,1012
滴霤　2243
漩梨　111
漩過　2311
滬瀆　1932,2004,2036,2099,2158
滬瀆口　1878
滥捻　2191
演暢　131,976
漏泄　170,404,500,1092,1502,1676,1753
漏洩　1248
漏溢　349,1654
漏匱　469,1327
漲曰　1571
滲入　246,1429
滲〔滲〕没　209,1374
滲漏　89,819,908,1114,2242
寨木　2024
寬弛　2144
寬宥　904
寬窄　1154
寬陿　1705,1772
寬壙　761
寬曠　1689
賓坻〔坵〕 307,1563
賓夤　1811
賓〔賔〕傾　174,778
寠類　1590
寤世間　866
寤後　1055
寤時　639
寤寐　583,834,1880

瘺寑　537
瘺瘺　2217,2246
寢卧　935
窪曲　152,711
窪流　2057
寧受　871
寧爲多不　873
寧堙　1943
寧謐　687,1689
蜜提　235,1424
蜜摶　1890
蜜餳　280,1465
窻隙　754
窻〔窓、䆫、牕〕牖〔牗〕　768,827,982,2222,2227,2251,2321
寥寂　2185
皸坼〔塝〕　238,1428
肇(肈)　855
肇生　1976
肈闡　686
褐麗筏多　631
禕陀　1009
複殿　2002
複履　1966
褓持　1573,1579,1594
褊　900
褊小　1941
褊衣　1952
褊吝　385,1793
褊能　1961,2077
褊淺　2109
褊陋　2054
褊隘　1917,2150
褉契　1985
劃然　2194
盡　974
盡坑　2122
盡抹　984
盡県〔杲〕　346,1660
盡傷〔澌〕　160,916
盡聲　1812
暨于　2126
暨于法界　875
暨夫　1963
暨山　1055
暨今　145,389,996,1800
暨乎　739,840,1971,1973
暨迺　2032
暨龍朔　1279
臮貞觀　1876
臮(暨)令　1395
屢奮　2340
屢辯　482,503,1366,1756
屢聽　110,1117
屣履　795
隨喏　697
隨好　888
隨耶利　64,652
隨挂　1215
隨舶　1914,1922
隨嵐　1905
隨漢　2089
墮廁　1407
隤　976
隤穴　819
隤〔穨〕圮　1954,1957
隤光　2028
隤年　2199
隤〔穨〕陀〔陊〕　2109,2181
隤運　1279
隤紐　2332
隤綱〔綱〕　1650,1941,1965,2032,2037
隤〔隮〕壞　1598,1621
隤壤　1727
隩室　1369,1952
隩隅　2096
隣隟　281,1430
墜久(文)　172,784
墜生　1017
墜險　712
隧級　441,1006
隧隥　1707
嬒害　1183
嬒懠　1184
嫗煦　2135
嫩(嫩)花　759
嫩草　1573
嫕訶　179,1173
嫺睒　155,837
嫡子　813
嫡胄　397,1495
嫡婦　761
嫡嗣　2229
嫡嫡　94,1263
頗　541,942,973
頗有　75,138,357,679,816,896,987,1691
頗字　586
頗見　1261
頗胝　446,1342,1398,1878
頗胝迦　487,572,636,783,827,1735,1770
頗能　530,875
頗勒具那　498,1746
頗謅　1582
頗梨　35,130,929,973
頗梨色　861
頗富伽羅　957
頗胝迦寶　1223
頗黎椀　2073
頗穌　2281
翌性　1689
熊　939
熊兕　279,1475
熊馬　490,1738
熊羆　47,688,952,1052,1067,1090,1108,1210,1325,1591,1889,2212
鄧　1296
瞀呵　109
瞀亂　2037
愻悌　325,1528
貿(貿)緻　1890
貿莽娑　1127
貿鉢　1643
貿賣　1515
貿衆　2043
斲木　1997
斲斤　1439,1523,1608
斲石　2099
斲取　1969
斲斧　374,1789
斲〔鄧〕栜　272,1519
斲頂　1864
斲掘　1629
斲彫　1961
斲錐　1993
斲鑿　1913
緒〔緖〕分〔八〕　363,1797
綺帊　443,1105
綺盍　682
綺焕　876
綺鈿　449,1345
綺語　236,780,1296,1425
綺藻　2000
綺麗　1054
綺麗窗　860
綺〔綺〕繪　436,725
綺纘　148,999
綫金　740
綫拼〔栟〕　298,1554
綫結　829,1893
綫塼　51
綫繚　1605
綫縷　1199
緋裙　2289
緋縷　1193
綽　541
綽有　1976,2060
綽袖　1156
網絓　2013
網罭(罭)　2178
網橛　2289
網屨　2174
維邪　1063
維耶　86

維持　106,1272
維摩詰　165,1002,1007
維縶　2126
綿區　687
綿絡　673,2262
綿〔緜〕惙　399,1496
綿薵　719
綿〔緜〕續　106,1140,1272
綿纏　1169
綵女　1098
綵絢　1140
綵幔　711
綬帶　1156
綣卷　331,1534
綸紱　2166
綢雨　740
綢密　1619
綢繆　110,148,419,999,1116,1806,2084
綡（緤）蓻　2313
綜　34
綜栝　524
綜涉　1375
綜習　44,748,946,1614,1657
綜集　459,1354
綜解　255,1829
綜練　310,1566
綜縷　122,1189
綜攝　1105
綜覈　2143
綻壞　181,765
綰挈　2166
綰達　426,1862
綰髮〔髩〕　1582,2200
綰濟　2064
綰攝　2144
綩綖　61,132,576,660,699,703,759,768,779,922,977,1059,1808,1872
綩綣　420,1462
緀急　2260
緀索　1196
緀腕　1197
緑縹　604
綴以　574
綴比　2071
綴旃　2146
綴篇　2142
綴緝　475,1336,2072,2077
緇其　2165
緇俗　1042

## 十五畫

慧無厓　1256
慧瑜　2098
慧璩　2067
慧瓊　2201
慧顒　2144
慧瓚　2105
慧賾〔䞋〕　1370,1917,1923,2036,2074
慧巘〔獻〕　1941,1943,2109
慧昞　2095
慧眶　2087
慧眺　2100
慧旭　2067
慧炬　1650
慧晢　2072
慧嵬　2064,2187
慧詡　2078
慧愷　1394,1983
慧從　2109
慧銓　2114
慧懷　2100
慧頵　2098
慧驡　2100
璀璨　2034,2075
璇璣　2014
嗇（啬）然　1477
犛　975
犛之毛尾　1946
犛〔犂、犛、氂、犛〕牛　131,307,322,390,718,731,763,834,1049,1210,1224,1541,1563,1595,1606,1636,1640,1642,1958,2168,2191,2211,2219,2328
犛牛形　361,1670
輦　972
輦軒　757
輦輿〔轝〕　129,449,746,792,1221,1345,1440,2313
髽鬆　1437
髮毛　538
髮杪　91,1259
髮被　294,1551
髮舜　328,1531
髲下　1216
髻丱　1942
髻年〔季〕　1617,1982,2047,2109
髻齔　1522,1925,1943,1973,2049,2073,2230
髲下　2214
墳壠　2190
駔馬　2165
駛水　767,1873,2073
駛雨　2197
駛河　49,754,956,1885,1956
駛哉　921
駛流　468,678,696,714,819,823,866,1032,1326,1399,1504,1614,1809,1835,2246
駛惡　777
駉末　2138
駟　972
駟馬　36,129,1879,2339
駞口　730
駞貓　1770
駞〔駝〕驢　600,1049,1068,2258,2273
駝毛　348,1667
駝馬　1966
駈　983
駈擯　813
駙馬　2324
駐罕　2163
駐景　2025
駐蹕　1972,2098
駐趯　2167
駮駥　1808
駘足　1376,2070
聰慢　1704
趣足　25
趣谷　82,1118
趆第　118,1107
趆早穀　357
頡利　93,122,1189,1257
頡唎　404,1502
頡唎媲　1138
頡頏　1052,1974,2008,2136,2161
頡隸代〔伐〕多　455,1351
墠上　1970
墠周　1968
賣姓　268,1517
賣繟　2175
覩史多　433,715
覩史多天　474,1334
覩彙（彙）　2170
覩羅縣　569
熱瘀　613
熱暍　1853
熱饋　1626
熱變　286
赭土　311,319,1538,1566
赭色　193,1308
赭衣　98,702,1951,2127,2147
赭服　2014
赭時國　1949,1967
赭般　1620

赭容　1872
赭堊　1953
赭模　1538
摯鳥　1959
增上慢　974
增足　367,1732
增乘　1406
增彊　809
增靄　2132
穀積下　939
穀穡　1211
穀麩　330,1534
穀藉　40
擊牛乳頃　1368
歁(猒)銕　2104
歎吒　1810
歎波那食　94,1262
歎惋　1132
歎羨　739
歎訝　2096
鞋緩　735
鞋韈〔韈〕　114,761
鞋屨　1625
鞍韉〔韉〕　740,1574,1584,1596,1599
蕲鞞　178
蕙芷　1979
蕙帶　2011,2158
蕙蓀　1990
蕤子　344,1665
蕤木　1153
蕤汁　301,1558
蕤蔗　1650
蕤〔甤〕賓　1042,2121
蕞殘　2121
蕞爾　2149,2182
瞢昧　1399
瞢伽　96,177,1073
瞢健國　1876,1951,1970
瞢揭釐　1955
瞢揭釐城　1968
瞢悶　1135
瞢〔蔔〕瞢〔蔔〕　117,1111,1444
瞢憒　86,501,1754,1771
瞢瞀　200,1314
蕪呵　411,1252
蕪蕿〔穢〕　1876,1911
蕪穢　1928
蕛米　91,1259
蕛稂　2149
蕛稗　1651,1884,2139
蕕傷　257,1480
蕃屏　414,1086
蕃息　20,95,187,804,1264,1302
蕃邸　2003
蕩滌　1914
蕩療　2035
蕩沙　114,1159
蔬食　360,1695
蔬菜　448,1344
蔬蔌　2172
蔬糲　2201
蕶〔蔆〕　676,712
蔆帝　683
蔆嚕拏　1202
標(摽)誌　1140
標生遠　1370
標〔摽〕式　706,1179
標別　1331
標靜　2184
標嘉　1770
標〔摽〕牓〔榜〕　229,1417,1992,2146
標舉　2142
槿華　1901
橫宕　1586
橫郭　311,1566
橫馗　2131
橫〔撗〕概　310,1565
橫縵　2011
橫羅　981
槲櫟　1990
槽櫪　1935
槽頸　577
槮(椮)　942
樞要　1196,2050
樞扇　1709
樞機　1992,2028
樞闕　1945
樞閫　150,830
樗木皮　1123
樗皮　1704
樗〔樗〕樹　257,1480
樗離　158,1037
樝梨　2035,2336
榱　933,942
榱昆栝嚕迦　1124
榱榱　400
樘中　1157
樘身　1836
樘〔掌〕柱　18,174,778,803
頗鉢羅衣　1952
瘟〔瘟、盖、廅、廬〕天　69,98,110,180,663,917,1270,1273
瘟波摩那　180
瘟樓　173
樓由　285,699,1473
樓至如來　906
樓陀天　956
樓柅　96
樓睟　84,1061
樓馱　969
樓閣延袤　877
樓櫓　36,761,795,842,930,1095,1171,1436,1726,1812
樓櫓刦敵皆悉崇麗　864
樓纂　351,1645
檛〔撾〕打　631,763,1216
檛捶〔棰〕　1108,2138
檛鼓〔鼓〕　1002,1092
檛罵　1284
檛鎚　1186
楸作　1130
樊陽　2063
樊綽　2098
樊籠　420,483,752,1401,1807
麩片　1109
麪貯　1167
麪黏　1185
麨穀　308,1564
麨〔麨〕麩〔麩〕　281,1444
麨〔麨〕粭　318,1536
槲楸　280,1465
槲樹　2302
樚櫨　152,1046
樚轤　1628
樟柟梓　1459
樟梓　1889
樟薪　282,1430
榕木　1124
樛木　147,998
樌頭　334
樌體　1942
敷在　45
敷在身邊　949
敷析　2047
敷晵　72,668
敷〔敷〕愉　268,395,1493,1518,1979
敷蓐　1967
敷鮮　1808
輙呵　335
輥芥　2190
輞釭　402,1499
輞掾　1130
暫時　1438
暫特假寐　905
暫乘　688
暫替　271
暫損　1249
暫撝　2075
暫瞚〔瞬〕　845,2272
慙恥(耻)　631
慙恧　402,1500,1974
慙悟　2049
慙赧　1631,1970
慙惕　2040
慙愧〔媿〕　562,1075,

1091,1788,1885,2238
輪奐　1974,2028,2102
輪埵　60,571,637,659
輪圍　461,1357
輪圍山　474,1334
輪橖　1127,1150,2285
輪轂　2320
輪鷲　2165
輪轢　1513,1872
輪鑽　1577
輪鑹　1596
輨轄　15,154,800
輟已　875,1582,1595
輟我　333,1544
輟身要用　880
輟其　493,1742
輟草　178
輟哺　2053
輟軫　1923
輜軒　2185
甋甎　324,403
甎土　1438
甎瓦　716
甎石　1471,1966
甎坯　329,1532
甎垛　1608
甎揩　1603
甎跗　1162
甎塹〔壍〕　1585,1952
甎壘　1436
甎龕　1968
霈注　1200,2087
霈然　919,1212,2095,2242
霈澤清炎暑　860
甌別　331,1534
甌閩　1923,2073
甌器　1599
歐吐　410,1251
歐血　1959
歐逆　1676,2306
歐陽　2072,2201
歐陽紇　1376
歐陽頠　1375,1983
歐熱血　627
歐噦　1921,2048,2341
歐變　2324
毆〔敺〕擊　453,475,815,1335,1349
敺〔毆〕之　1921,1936,1989
敺〔豉〕漏　175,828
豎石　1630
豎伸　1182
豎柵　2062
豎匙　1590
豎概　1523
賢哲　451,1347
賢儁　1445
賢護　99,832
豍豆　111,227,324,346,1415,1543,1660
豌豆　46,115,227,322,763,951,1193,1198,1415,1439,1541,1589,2271
豌豆子　1193
遷(遷)易　783
遷苑　1945
遷城山　2104
遷移　901
遷提　340,1660
遷貿〔貿〕(貿)　1911,2099
遷動　604
醉傲　908
醇味　1902
醇酒　235,418,1424
醇醨　1953
醇〔醇〕醲　845,1879
醱〔餟〕祠　332,1543
慼忻　697
碼〔馬、瑪〕碯〔腦、腦、瑙〕　35,129,742,770,870,929,940,971,1020,1035,1180,1890
磊砢　787
憂悃　1965
憂婎〔媢〕　287,1461
憂灼　119,1276
憂畢叉　959
憂悴　870
憂燥　1621
憂瘀　147,998
憂濾　287,1461
憂憒(憒)　1403
憂摩陀　948
遼夐　2085,2178
磓石　1152
磓破(碾)　2105
磓磨　1701
磤聲　170,1165
磔口　92,1259
磔牛　193,1308
磔手　296,352,367,1067,1182,1248,1553,1641,1650,1701,1733
磔身　1204
磔其　1832
磔耶　1081
磔迦　1876,1956
磔迦國　1967,2076
磔〔椗[38]〕翅　122,1074
磔著　416,1087,1889
磔裂　2214
磔開　1125,1134,1148,1149,1176,1195,1446,2272
磔豎　1141
磅礴〔礴〕　1997,2020,2154
確不移　1933
確不從命　1955
確正　1512
確乎　2147
確法師　2095
確陳　1746,2035
確執　1771
確然　1498,1787,1841,1857,1965,2054,2078,2201
確爾　1942
確實　2025
碾殺　1576
碾磓　1240
鴈〔雁〕鵮　120,1113
鴈鶩　212,1367
豬身　1131
豬狗　2258
豬獵　401,1499
匳子　1731
匳底　569,636,659,1286
匳篋　2071
匳鏡　1976
震旦國　887
震烈　299,1555
震悚　275,1525
震動　36,929
震掀　2034
震越　256,1479
震塝(坼)　1240
震駭　1875
震慴　106,1272
震懾　157,1069,1616
撓大　45
撓大海　950
撓令　305,1561
撓色　201,1315
撓吾　426,1851
撓滅　156
撓容　2008
撓撈　261,1512,1843
撓亂　528
撓濁　47,458,952,1354
撓擾〔擾、擾〕　345,1614,1659,1861
撓攢　50,465,481,960,1178,1361,1365,1628,1721,1810,1855
撩去　1646
撩戾　1285
撩〔撩〕理　301,

1154,1557
撩與〔与〕　343,1664
撩亂　1597,2189
撩僧　1984
撩舉　1580
撩擿　1810
撩擲　99,837,1271
撲　1159
撲之　1600
撲火　1860
撲令　134
撲佛　1905
撲皆　1222
撲揥　2175
撲滅　1957
撲翦　1970
撮上　768
撮〔摍〕其　1323,1984
撮取　1525
撮略　1649,1935
撮〔摍〕摩　166,725,1003,1237,1797
撮磨　646,715,1225,1892,2220
撣指　1197,1855
撫而　1957
撫其孤弱　899
撫拍　1578,1619
撫恤　107,1242
撫踵　2123
撫膺　2340
撟設　473,1333
撟詐　557
撟亂　1331,1736
撟僞　2022
播拏　1175
播植　1879
播殖　158,1037,2133
播蔑　2191
播輸鉢多　490,1739
播發　416,1088,1889
擒去　1023
擒〔捡〕獲　233,1211,1422
擒縶　642
撝空　1016
撝面　1581
撝談柄　1998
撝義　458,1354
撚之　1142
撚成　1198,1202,2284
撚羊毛　1606
撚劫貝綫　1591
撚彼　2268
撚索　1196
撚為　1167,1177,1581
撚綫　1121,1625,2270,2313
撚髭　310,1566
撚糠　1617
撚縷　1637
撞弩　106,1269
撞擊　618,1770,2035,2337
撞鐘　1238,1899
撤去　1594
撤軔　2026
撤俸　2005
撤睡盖　907
撤膳　2095
撤懸　2063
撈出　2311
撈其　1844
撈接　107,409,1242,1250
撣狗　378,1795
撰焉　1370
撰集　140,383,990,1783
撰銘　426,1863
撥世　1772
撥劫　1905
撥取　1219
撥帝　2189
撥胷　2064
撥開　327,1142,1531
撥無　612,1331
撥煙霞　522
撥掣　1831
撥聚　328,1531
鴉足　489,1737
鴉音　97
齒木　327,1530
齒壯者　961
齒儧　1939
齒膠　1771
齒齗　1269
齒齧　1002
齒鬘　455,1351
齒齵　413,922,1254,2043
殞（殞）物　539
敹東　2196
劇苦　531,557,597,618,746,1067
劇談　2109
歔欷　121,216,243,349,464,771,923,1038,1360,1389,1411,1654,1886,1902,1933,1958,2066,2071,2096,2120,2201,2319
歔〔歔〕欣　1869
膚過　1043
膚腠　1237,2044
膚豔　1268
鄴下　1880
鄴中　2076
鄴城　1325,1926,2144
鄴都　1880
鄴隍　1389
憋妒　1903
憋性　1513
憋惡　1095,1453
賞迦羅　1195
賞賚　1906
戳遏　1262
戳蹴　2027
暴虐　903
暴燥　1358
暴漲　1853
暴藾　298,1555
暴鰓　2136
暴露　194,1309
暴曬　25,1231,1597
瞋佷　877
瞋恚　1861
瞋蔽　693
瞋謑　1184
賦給　50,958
賦與　301,1557
賭馬　2111
賭賜　1613
賤糴　1598
瞗〔瞗〕眼　21,1228
賜蜆　2164
賜縑　2100
賙給　1224,2219
賙救　190,1305
賙窮　1896
瞑眩　271,1688,1837
瞎者　409,1251
瞎瞽　320,1539
瞎獼猴　734,1887
瞎鼈　1920,1982
瞀眼　22,1228
瞑目　443,471,1105,1329
瞑佷　1907
噴吒　1458
噴鳴　278,1476,1870
噴噓　1133,1135,1589
噴灑　83,1026,1060
噎不得納　1907
噎氣　2035
噎塞　764,2196
噎噦　1599,1629
噎饑　1584
嘻梨　170,411,1165,1252
嘻隸〔隸、疑〕　16,83,800,1060
嘻羅　178,1171
噁　2268
嘶字　213,1319
嘶喝　72,668

嘶碎　271,1837
嘶破　744,831,1860
嘶聲　26,451,471,1232,1329,1347
嗟覩　1469
嘲之　1921,2051
嘲〔謿〕話　145,327,996,1531
嘲誚　568
嘲説　255,1829
嘲調　50,455,960,1351
嘲〔謿〕謔　405,1503,2061,2097
嘲戲　19,803
嘲譺　111,1076
嘲〔謿〕譺　149,1000
暴〔㬥〕惡　535
嗢娑呼浮　410,1251
號叫　1121
嚙噬　834
闠側　2116
閲叉　63,650
閲哀　1456
閲眾　1371
閲頭檀　90,1258
閬中　2063
閬州　2155
閬風　362,1796,2053,2136
閬菀　1997
噆食　421,1462,1478
噆膚　2177
影透　1213
踉蹌　1174
踉踞　779
踦躡　1295
踕來　1238
踐踏　771
踐蹋　678,1717,1828,1895
踐躡　1775,1968
踧然　2122
踧踖　257,475,1335,1480,2052,2182
踔〔趠〕足　175,1104
踔擲〔躑〕　271,1326
踝　1128
踝腕　760
踒傷　278,1475
踟跦　2192
踟蹰　81,326,741,1529,1923,2060,2079,2095
踣地　2284
踣面　1149
踣鈐　175,828
踡脊　1612
踡脚　1635
踡跼　457,472,1136,1330,1353,2067
踡縮　846
踠足　2026
踠轉　1870
踞地　1941
踞其　1090
踞草　1020
踞牀　349,1655
踏者　1181
踏蹻　1200
劚　1889
劚破　1438
劚烈　1398
劚攥　1181
劚〔劚、瓟[39]、攫〕裂　13,58,193,656,852,1308,1959
遺訣　2144
遺惐　2130
遺燼　50,537,959
蝘蜓　416,1088,2066
蝡〔蝡〕動　195,231,776,779,794,832,1055,1059,1073,1093,1110,1273,1294,1296,1309,1420,1511,1642,1809,1821,1888,1900,1904,2075,2125,2137
蝡蝡　2111
蝮　978
蝮蛸　272,1519
蝮蠆　1873
蝮螫　146,996
蝮蠍　37,133,933,1173,1210,2212
蝗毒　2064
蝗蛾　1575
蝗蟲〔虫〕　181,210,236,321,694,775,825,1181,1374,1425,1539,2299
蝗蜚　1837
蝯猴　214,1287
蝤蝶　113,1158
蝙蝠　310,487,695,1292,1565,1735,2012,2159
蝦蟇〔蟆〕　737,769,1080,1166,1169,1216,1399,1700,1890,2253,2312
蝝飛　1511,1904
罽那　188,1303
氀衣　321,1539
氀毼　47,952
數分　680
數以　690
數如是沙等恒河及經末云數佛世界　679
數取趣　533
數知　57,137,655,984
數垓　1297
數罟　2128
數得　1859
數瞚　505,1758
數數　602,643,1014,1177,1261
數噦　1249
數噫　1249
數瞤　1179,1886
數應　1194
數量　628,1406
嘬羅　346,422,1659,1852
嘿已　2164
嘿然　840,1203
嘿酬　1914
嘺唎　1130
嘸牙　10,849
嘸類　1950
嗥〔嘷〕叫〔叫〕　721,755,1724
嗥吠　134,979,2259
嗥咷　1873
嗥哭　842
噢咿　186
噢咿　118,161,274,279,414,920,1086,1091,1105,1301,1475
噢喃　16,801
噢噎　94,1263,1899
噏人　1158
噏取　1221
噏風　196,1310
噏氣　105,1164
噏取　2216
噏飯〔噉〕　303,346,352,1642,1559,1660
噏噬　288,1461
噂喈　2022
嘮　933
罵詈　138,775,987,1651
罷極　113
罷遊觀時　903
嶢屼　2179
嶜崟　1960
嶠山　2113
嶠阻　2164
嶠蕓　2164
嶔岑　1943
嶔崟　117,281,1089,1444
嶔巖　94,1263
幡鐸　589
幡纓　922
幡幟　385,1792
幢相　602
幢旌　1872

幢旗 1019
幢麾 233,1422
幢幟 1040
幢繖 1131
墨翟 2016,2119,2153
骸柩 2055
骸骨 529,533,540,583,1022,1718
稽大偽 1879
稽〔稽〕首 166,293,468,1003,1273,1326,1550
稽首作禮 877
稽留〔畱〕 61,192,553,641,660,1307
稽緇衣 677
稽遲〔遟〕 511,1764
稽顙 148,171,703,791,999,1965,1972,2041
稻 974
稻茅 57,198,655,1312
稻畦 1873,1974
稻粱〔梁〕 2236
稻稈 456,1043,1352,1390,1443
稻麩 1632
稻穀穭 2268
稻䕸 2281,2308,2339
稻穰 364,1730
黎元 251,1841
黎呫毗 1280
黎庶 325,454,1350,1528
稸用 739
稸氣 173,777
稸積 82,348,1117,1667
稼穡〔穑〕 363,475,492,809,1226,1335,1703,1706,1718,1741,1776,1797,2220
蝵斗〔蚪〕 90,100,1241,1258,2034
穛黏 957
篋 907
篋笥 100,170,253,692,833,994,1187
篋簏 1906
箱庾 2174
箱篋〔篋〕 344,547,590,607,621,753,775,940,1578,1665
箴帝 2147
箴規 1924,2332
箴醯鏃 113
篅上 312,1567
篅內 1600,1618
篅成 345,1658
篅衣 1631,1635
篅倉 1710
篅窖 1596
箭中 45,949
箭金 226,1413
箭栝〔括〕 319,386,465,1361,1538
箭笴 207,230,1338,1419,1600
箭笮 177
箭筈 560,613,1787
箭躲(射) 1296
箭矟 725,746
箭簳 1591
箭鏑 199,1314
箭鏃 762,2245,2300
篆銘 2053
篆籀〔籀〕 1942
傑侏 1967
僗伽 21,805
僵仆 463,488,1359,1736,1772,1941
儇儇咋咋 287,1461
僶未 83,1255
僶俛 190,268,332,1305,1544,2174
僑人 1617
僑子瑋 2062
僑爽 2056
僑遠 2049
僑裳 2085
僾然 2135,2163
儋死人 1294
億垓 112,780,1038
億姟 137,782,985,1871
億載 139,989
儀軌 1332
儀路 445,1341
儀範 1457
皚然 1966
皤亘 1934,2068
僻見 367,1733
僻易 178,797
僻執 1331
僻處 227,1415
僻限 68,663
躶黑 1236
躶〔倮〕體 1200,2202
質物 1290
質樸 699
質疑 156
德叉迦 858,970
德失 474,1335
德冏(冏) 2061
德跨 1279
德懋 1041
德徽 415,1086
德鎧 790,1098
德韜 414,1086
德馨 1297
德鬘 1256
衛世師 1339
衛世師論 955
徵詰 580,644
徵刻 2151
衝 897
衝屋 1861
衝薄 446,1342
徹枕 673,2263
徹過 672
磐石 1877
磐杵 2065
磐〔槃〕宕 411,1253
磐紆 2161
磐薄 1180
盤古 2021
盤裱 1459
盤蔚 2043
盤髻 1181
盤橵 1184
鉔子 1292,1633
鋪綺帊 576
鋘鈇 339,1660
銷杙 1876
銷秏 2241
銷除 1066
銷雪 566
銷減 696
銷滅 635,692
銷礦 644
銷釋 810
銷鑠 1175,1185
銷鎔 1724
鋤治 921
錠成 1145
銼鑹 346,1665
鋒出 1859
鋒〔鏠〕芒 49,736,957,1438
鋒〔鋒〕利 570,637
鋒矟 1148
鋒遬 108,1112
鋒鋭 1577
鋒穎 2076
鋒鍔〔鍔〕 1942,2133
鋒鏑 2046,2056,2098
鋭利 446,1342
鋭秣陀國 1950
鋃〔鋃〕鐺 120,256,1277,1479
劍把 2269
劍捊〔桴〕 371,1816
劍矟 740,1860
劍鞘 1811
劒(劍)刎 111,1274
貓伺 747
貓貍 914,1050,1709,2241

貎吼 1973
貏豸 2180
餔糟 2034,2336
餗餅 1148
餘不重受 883
餘殃 560
餘姚塢 2052
餘堉 2318
餘熸 2145,2169
餘餘〔餕〕 324,1542
餘燼 1215
餘膹 1137
膝伽 16,800
膝〔厀〕股 460,1355
膝脇 1827
膝腨 699
膝輪 637
膝〔厀〕踝 1216,2274
膞傭 711
膃彌 84
腸胃〔胃、腈〕 1214,1268,2213,2231,2238
膠香 930
膠黏〔粘〕 743,1711
膠漆 1788
膠輵 2340
膠濘 1720
艌戾 350,1655
鮁獵 546,1297
魯荼 477,1383
魯婁〔䫾〕 92,1257
魯朐 1080
魯扈 173,778
魯達羅天 461,1356
魯鈍 424,434,1113
魯樸 728
魯鵬 390,1786
須 540
須字 586
須婆二合字 586
須隸〔隷〕 175,828
獶者 344,1658
颸颸 2178
頷上 1285
頷廣 571
頜頷 2113
劉向 2336
劉虬〔虯〕 1914,2064
劉淯(涓)子 2010
劉逖 2005
劉悛 1934,2068
劉勔 2001
劉璆 1918,2335
劉勰〔勰〕 2061,2078,2132
劉韞 1934
劉繪 2079
劉瓛 2061
皺抐 325,1529
皺眉 760,1150,1159,1201,1835
皺瘤 1901
皺緩 1725
皺赧 924
皺襵 395,448,1344,1493
潁水 1047
請質 279
請禱 2122
諸心樂次第 884
諸仞 699,1892
諸佛齎中 904
諸根殘缺 876
諸徑 720
諸冥 364,486,710,1729,1734
諸捉 92,1259
諸崤 1993
諸痔 1630
諸渚 1401
諸署 281,1444
諸徭 1860
諸島 1941
諸麼 98
諸皰 731
諸維 456,1352
諸瘻 98
諸藏 255,1829
諸藕 1440
諸蘊 432
諸竅 571
諸轡 618
諸瓔 980
諸聾 88,1070
諸蠆 1939
諾健那 491,1739
諾踦 175,828
諾瞿陀 452,489,570,637,1348,1737
誹撥 1400
誹謗 138,549,561,563,987,1058,1106,1687,2282,2318
諏上 2034
諏乎 2008
課抒 1053
諈諉 1989
諛邪 2043
諛訑〔詑〕 178,797
諛詐 1176
諛諂〔諂〕 37,311,434,692,721,755,763,765,831,933,1059,1567
諛讇 779,785,1033,1108
諢呲 1360
諢訿〔呰〕 117,182,283,464,1111,1298,1466
論榻 2086
調匀 731
調投 196,1310
調笥 388,1801
調嬈 1514
調擲 2289
調鼎 211,1381
調馴 148,999
調話 223,1488
調謔 281,437,727,760
調戲 106,1270,1924
調濡 1400
調擬 148,256,350,353,797,999,1479,1644,1644,1649
諂曲 131,975
諂佞 367,1732
諂恌 1322
諂詭 252,1841
諂語 2319
諂〔謟〕誑 488,532,1736,2224,2232
諂諛 2259
諒亦 2025
諒資 2142
諒無 363
諒順 596
諒難 438,730
諒屬 921,1571
諄那 257,286,1459,1479
諄〔譂〕諄〔譂〕 148,344,999,1658,2135
談柄 2075
談話 453,785,1349,2313
談誚 2043
談謔 216,449,795,1222,1345,1368,2005,2099,2217
談叢 1606
談霸 1996
誼計 797
奭〔奭〕翅 113,1158
稾秸 2151
熟爆 1575
廝下 43,944,1222,2095,2217
廝下之人 961
廝〔厮〕役 151,831
廝徒 2149
廟祧 2134
摩 933
摩仇 177,1073
摩尼 856,971
摩尼跋陀 955
摩尼跋捺羅 1126
摩尼鍋 1178
摩尼羅亶 1880

摩尼醯　1285
摩奴沙　1121
摩夷　14,798,1913
摩休勒　697
摩那陀果　74,669
摩那婆　75,680
摩那婆伽　711
摩那斯　970
摩那斯龍王　885
摩那紕　1584,1626,1630,1636
摩拉〔抆〕　299,745,1212,1556
摩努沙　2271
摩利迦花　955
摩伽陀　2297
摩伽陀國　945
摩伽羅魚　13,852
摩系　179
摩陀羅　766
摩耶夫人　888,937
摩呬　445
摩怛理迦　469,816,1328
摩怛攞　1396
摩建地迦契經　1762
摩刷　1459
摩迦　452,1348
摩俟　113,1261
摩度羅城　886
摩祇〔祇〕　64,652
摩沓婆　1959
摩哂陀　1887
摩抄　288,409,423,1250,1461,1515,1839
摩爹　17
摩納　14,799
摩納婆　432,474,639,715,875,884,1334,2308,2324
摩納縛迦　463,1359
摩納薄迦　2318
摩窒里迦　2326
摩窒哩迦　1635
摩捫　57,656,2285
摩捼　770
摩啅　115,1243
摩啅羅　419,1834
摩得勒伽　346,1657
摩婁伽子　950
摩偷羅國　956
摩婆　886
摩揭陀國　606
摩揭陀　431,546,713,2307
摩猴羅伽　931
摩訶支那　2339
摩訶那伽　908
摩訶拘絺　969
摩訶拘絺羅　952
摩訶波闍波提　939,969
摩訶迦樓那　74
摩訶迦栴　969
摩訶迦葉　895,935,969
摩訶迦羅　676,2265
摩訶衍　672,869
摩訶斯那　952
摩訶棱伽　941
摩訶遮曷旋經　1880
摩訶諾伽那力　437,729
摩訶羅　94,1263
摩憷鵌　1151
摩渝　386,1787
摩毙　10,848,1407
摩裕羅　1957
摩摩異多　1721
摩㡖　1953
摩賀　933
摩睺　1274
摩睺勒　64,652,766
摩睺羅伽　858,971
摩竭　1214
摩竭魚　908,1197
摩竭提　7,846
摩竭提國　856
摩鞞　119,1172
摩瞪　123
摩蹬祇　1074
摩醯〔醓、醓〕　296,678,1137,1195,1291,1407,1553,2247
摩醯〔醓、醓〕首〔守〕羅　870,933,937,1233,2257,2266,2276
摩醓（醯）首羅天　956
摩鍮羅　1821
摩儵　376,1798
摩鍪　1699
摩羅延山　964
摩羅耶山　900,960
摩羅提國　908
摩蘭陀國　887
摩䶢　158,1037
摩齎　158,1037
麾惡　1202
麾纛　400,1498
褒述　2067
褒美　2095
褒訕　117,1111
褒〔褎、褏〕貶　501,1754,1984,1999,2341
褒爲　1993
褒寵　1600
褒〔褏〕灑陀　1573,1576,1612,1636,2310,2326,2328
慶幸　135,875,982
慶栫　1977
慶喜　1032
廠内　1584
廠庯　1598
廛吏　1922,2073
廛〔壥〕里　1209,2211,2228,2236
廛店　2232
廛店隣里　900
廛〔壥〕肆　739,2251
廡廊　171,1092
瘨狀　1616
瘞于　2091,2095
瘞而　2073
瘞葬　1957
瘜肉〔宍〕　46,381,950,1781
瘢痕　251,893,1202,1442,1616,2241,2266
瘢跡　1130
瘡胗　140,990
瘡疣　111,676,711,829,938,1221,1273,1599,1727,1900,2217,2225,2265
瘡疥　2305
瘡疱〔皰〕　1121,1152,1572,1604,2317
瘡痏　2134,2172
瘡痍　235,369,1424,1813,1820,1889
瘡痕　577
瘡痟　2028
瘡殰　2312
瘡瘢〔瘉瘰〕　70,108,665,745,1267
瘡瘳　414,1086
瘡癬　2280
瘡竅　1049
瘡黶　1629
瘤病　344,1664
瘤節　269,383,1476,1791
瘤癖　216,1665
瘤癭　425,1085,1863
瘠田　366,465,1361,1732
瘠病　2015
瘠薄　238,1427
敵論　501,1754
敲（敵）對　623
賨（商）舶　1938
賨（商）估賈　982
賨（商）販　1368
賨侶　925
頞痛　1159
頞頰　794

憘以　744
憘起　1401
憤毒　8,847,865
憤恚　72,436,488,572,632,667,726,1737
憤發　473,1333
憤懣　1682,2019,2033,2333
憤亂　724
憓利　2066
憓飛　2085
憓流　2033
憯悽　2182
憫而　2061
憫泣　257,1480
憫然　2106
憫殤　2021
憫默　2056
憒〔憒〕丙〔叏、鬧〕　41,60,139,300,451,474,561,658,693,745,764,842,940,989,1008,1032,1038,1042,1057,1103,1334,1346,1403,1556,1593,1859,1869
憒憒　1474,2086
憒亂　167,1004,1007,1037
憒擾　1028
憚多家瑟詑　1939
憚其　685
憮然　190,275,1305,1524,2131,2176
憍尸迦　543,961
憍拉婆　1049
憍盈　896
憍陣如　2254
憍高　722
憍陳那　497,631,815,1745
憍梵波提　956,969
憍奢邪　1287
憍奢耶　14,215,799,930,936
憍逸　609
憍傲　817,1702,1901
憍睒彌國　677
憍慠　752
憍慢　1830
憍慢貢高　935
憍薩羅國　606,677,768,783,952
憍曇彌　939,987
憍舉　533
憔〔顦〕悴〔顇〕　136,558,593,612,747,982,1578,1606,1725,2223,2305
懊恚　461,483,1331,1357
懊悔　1105
懊〔忺〕惱〔憹、惱〕　86,1023,1063,1821,2177
懊歎　1675
憧〔幢〕憧　415,1087
憐愍　564,1214
憎前　1904
憎惡　57,655,764,939
憎嫌　1186
憒然　424,1839,2038
翱翍　1218
羯句忖那　2280
羯吒布怛那　438
羯吒布但那鬼　810
羯吒私　490,1738
羯吒斯　461,1357
羯朱嗢祇羅國　1969
羯利　353,1640
羯利王　442
羯利沙鉢那　438,730
羯利藍頞部曇　1714
羯若鞠闍國　1968
羯刺藍　489,1671,1737,1802
羯刺羅　1406
羯泚　2279
羯毗　87,1115
羯洛　438
羯洛迦孫馱　439,813
羯洛迦孫馱如來　820
羯玼　1163
羯恥那　475,1335,2328
羯洟　108,146,997,1267
羯隨　120,1277
羯諾迦牟尼　439,813,2279
羯鴨　161
羯磨　294,873,1049,1057,1551
羯雞怛諾迦寶　1387
羯羅那　481,1365
羯羅頻伽〔迦〕　433,443,460,576,718,1075,1355
羯羅藍　473,1333
羯邏藍　735
羯囉赦　1194
羯鵽都寶　576
羯鞞　1821
羯餕伽國　1877
羯霜那國　1950
羯闌鐸迦　2306
羯邏　2253
糂米　335,1546
糊胡　1150
糊膠　1909
糇粒　2091
糅瓦石　1964
糅以　88,1069,1648,2097
糅在　1583
糅波　170,1165
糅毒　415,1087
糅雜　1941
遵令　1521
導道　1860
導〔導〕[40]嘍篳　2012
翦剋　1593
熯晨　2139
熛起　1512
覢電　23,398,1230,1496
覢鑠　351,1645
瑩心　2074
瑩如　1236
瑩明　2259
瑩治　633
瑩拭　1033
瑩然　1238
瑩飾　1221
瑩徹　1143,2239,2272
瑩徹心城　905
瑩燭　857
瑩體　1605
慾箭　682
濡(濡)音　842
熠熠　1241
熠燿　152,208,1051,1372,1617,2000,2138,2182
潔滌　1182
潛泳　1955
潛婆　158
潛伏　559,613
潛身　1017
潛寒暑　521
潛〔潛〕微　325,1528
澆草　1599
澆俗　687
澆風　807,1972
澆浮　1928
澆淳　1918,2070,2142
澆薄　2079
澆灌　1512
澆瀿〔瀿〕　63,301,333,354,372,651,1545,1558,1644,1816
澆潰(漬)　1442
澒涌奔馳　885
澒澒　1999
澍甘　440
澍甘雨　710
澍法　12,851
澍雨　1006,1166,

1176，2280
澍雹　755
澍瀼雨　1105
澌那　1474
澑寫　2172
潮汋　2145
潸婆　1037
潸歆　2001
潸多　114，1158
潸〔潸〕然　395，1493，1943，2337
潭水　377，1798
潭然　105，117，782，1111，1163
澟懷　2098
潦水　305，1561
潦溢　826
潚濘　2181
潚瀅　1924
潤沃　489，731，1737
潤谷　2302
潤洽　451，696，1347
潤滑　570，637
潤漬　48，953，1080
潰旅　686
潰散　479，1386
潰亂　925
潰潰　1463，1888
潰爛　490，539，585，1738，1942
潬上　403，1501
潬潭　1137
潒〔潒〕流　148，999
潒瀉　2174
潷飯　120，1277
潘中　353，1643，1644
潘溉　188，1303
潼譬喻　1920
澇水　201，1315
澋湲　269，2104
澋橫〔擴〕　161，966
澋澋　369，423，1814，1852
澋澮　1286
潩之　107，412，1242，1246，1253
潩毒　420，1807
澄汰　2101
澄迊　2231
澄眸　2078
澄渟　1014，1197，1387，2179
澄睟　782，2296
澄粹　739
澄漪（漪）　1925
澄潔　1018
澄潭　708
澄澈　2250
澄磴橙蹬　2062
澄霽　175，828
澚露　2162
寮孔　152，965
寮窗　110，1275
寮宲　2040
寮觀　8，847
寘〔寘〕噎　761，1924，2112
窮源　74
窮較　2142
窮頞　590，608，1179
窮覈　2077
窳惰〔憧、墮、憜〕　201，208，309，326，358，406，1372，1565，1692，1812，2218
窯中　1247
窯作　191，1306
窯室　456，1352
窯〔窰〕師　14，206，318，731，755，799，1338，1537
窯家　234，1423，1474，1901
窯竈　1711
鞌勒　1277
鞌〔鞍〕隥　394，1492
鞌轡（轡）　2325
頞多和　1524
頞那山　1871
頞吱　83，1060
頞你羅　1068
頞扶　178
頞帙帝　1170
頞哳吒　492，1740
頞部陀　473，735，1333，1609
頞順那　923
頞部曇　1671
頞浮陀　1402
頞悉多　1802
頞頔　1839
頞韝　2037
頞縛界　1773
頞緹　149，1009
頞濕縛羯拏　491，1739
頞瓶　413，1254
頞羅延　1927
奭停　147，998
奭客　310，340，369，1566，1661，1813
翩翩　83，1060，2189
翩翻　708，1616
褡襠　1152
褫皮　385，1793
褫脱　1934
褫落　132，571，1477，2115
褫運　2019，2332
褫照　2038
褫緗巾　2037
褫積　1943
褫龍　2161
褫魄　1241
鴆之　1937
鴆毒　271，787，1942，2104
鴆酒　1240
鴆鳥　2196
鴆〔酖〕煞　386，423，1794，1839
鴆餌　350，1655
憨風　1153，1193
慰安　859
慰閑　2015
慰賻　2094
熨治　300，1557
劈去　1477
劈破　1590，1600
劈裂〔裂〕　44，702，948，1320，1614，1811，1940，2133，2188
履水韡　1907
履軾　2099
履〔屨〕屣　1139，1261，1853，1895
履〔屨〕踐　562，616，626，1016，1078
履鞈　350，1655
履屨　1601
履襪　67，661
層級　474，492，1332，1334，1741，1968
層閣　393，1491
層樓　706，1440
層曜　2026
層巘　2090，2094
遲〔遅〕其　271，305，787
遲鈍　560，1777
遲緩　2255
彈箭　1629
彈斥　501，1754
彈指　1142，1324
彈棊　1291
選耎　118，271，1091
選得　186，1301
選擇　1058
險阻　608，814，1279
險易　898
險峻　1219
險徑　2197
險惡　548
險詖　739，782，1958，2296
險詖不修德　860
險道　609
險壙　691，825
險難　559
險巇　332，1544
險巇　2152，2188
嶌複　1180
嬈我　1093，1249

嬈固　89,166,1003,1114,2188
嬈害　922,1007,1249
嬈惱〔惱〕　552,609,1199
嬈亂　472,511,876,1032,1068,1330,1765,1778,1859,1927
嬈轉　716
嬉遊　147,998
嬉謔　106,1272
嬉戲　132,185,301,446,482,502,746,785,892,915,976,1067,1186,1203,1279,1300,1342,1366,1558,1755,1900,2236
嫽人　426,1851
嬋娟　2288
嫣川　1961
駑馬　198,1313
駑鈍　2039
駑與驥足　2158
駑駘　1978,2011
駕以駿馬　879
駕馭　879,1953,2295
駕駟　60,659,2230
毿〔毵〕毿〔毵〕　238,1428
翬飛　1958
翫閱　1024
豫且　2121
豫樟〔章〕　774,1973
蝥越　176,786
樂　970
樂近凡庸　888
樂味　41,941
樂法　172,783
樂法樂義以法爲樂　893
樂叜　625
樂香　37
樂香王　931
樂囿　1972
樂著　1261
樂乾　128
樂猇　2084
樂静　528
樂覩　716
樂歕　1125
樂變化天　474,1334
樂戆　361,1670
緝綵　1940
緤裹　698
緗史　1976
緗帙　688
緗縹　2166
緗簡　1876
緗囊　2146
練金　882
練摩　211,1380
緈字　586
緘口　341,1661
緘之　1874,1879
緘於　2143
緘嘿　2061
緘默　2127
緘婆　81
緘縢　344,1658
緘避　2090
緬至　2039
緬素　2130
緬惟　855,1949,1968
緬〔絗〕尋　674,2263
緬謝　2097
緾〔纏〕縺　89,1114
緾眠　1331
緾貪　1382
緹油　674,2263
緹幔〔慢〕　69,171,254,1093,2185
緹綺（綺）　2162
緹綠〔隸〕　158,1037
緹縵〔幔〕　664,995
緹幟　2163
緹麗　387,1787
緝句　1776
緝而編之　1911
緝麻　1599
緝爲　1592
緝績　1238,1720
緼〔緼〕摩　113,1158
緯候　2230
緦佩　2302
緱氏　1964,2153
緺煞　342,1663
線口　735
線綘　2266
緫萃　2147
綺畫　569,600,636
綺蓋　640
綺飾　527
綺幔　576
綺縠　843
綺謬　646
綺靡　637
締構　1913,1933,1976,2005,2096,2201
締賞　2027
緪索　1955
緪鎖　1968
緪繩　1854
縒　906,943
縒麼野　1175
編之　1881
編石　481,1365
編年　2008
編次　1199
編甿　1571
編草　898
編韋　2070
編軸　2016
編絡　754
編椽〔掾〕　47,825,924,952,1860
編載　1918
編摭　2339
編髮　168,1004,1323
緣一覺　671
緣一覺緣覺　71
緣外　1181
緣伋　2016
緣跗　2167
緣鎖　1857
線訶〔呵〕　21,805

## 十 六 畫

耩地　2159
耨　1296
耨檀國　2187
耨而　2029
璝琦　1295
璞玉　1572
璣蚌　1874
璣璜　2165
璣鄯尼　108,1267
髻環垂鬢　898
髻璲　741
髭鬢　762,1616
駱駞　1585
駱驖　96
駭曰　1959
駭忸　1983
駭服　1985,2201
駭怛　2127
駭浪　480,1364
駭惕　1897
駭蹙　2247
駢拇　2149
駢栂　1985
駢賓　2003
駢闐　1593,1633
駢蹤　1571
駢羅　1204,1956
趦趄　1475
噎吏　1042
噎法　1685
噎傅　350,1655
噎渴　1673
鬖髭　1678
縠净（凈）　1872
壃〔疆〕界　506,647,1760,2317
壇墠　2134
壇墠形　862
壇纂　2027
壈坎　2334
鼓殼　120,1277
磬聲　1256,1935

轂乳 1248
轂其乳 1198
轂取 1094
聯鎖(聯鎖) 1235
聯(聯)類 1650
聯鑣 2101
甏破 425,770
薳復 1940
薳縱 2112
鞕靴(靰)〔靰〕 120,
257,780,1480
鞘中 243,1411,1700
鞘紐〔紉〕 322,1541
燕坐 68,662
燕珉 2338
燕雀 1441
鞊羅崛吒國 287,
1453
鞔著 310,1566
鞔綱 569,636
薔〔蘠〕薇 250,
1435,1436
薉矣 2109
蕃子 1826
薑羯羅 728
薨亡 97
薨殞 256,421,1479,
1833
薨殪 149,1000
薨變 2338
薛賾 2151
薟苦 367,1732
擎以 2108
擎乳湩 1463
擎拳 1897
擎跽 2132
擎燈 1850
薦祉 2152
薦席 983,1987
薪積〔積〕 1057,1673
薏苡 1169,2300
薄 541
薄劣 608
薄伽伴〔畔〕 681,
2322
薄伽梵 431,525,
712,2210,2317
薄拘羅 969
薄矩羅 510,1763
薄祐〔祜〕 46,951
薄俱羅 929
薄尠 767
薄餅 1868
薄蝕〔飾〕 449,470,
1017,1067,1240,
1328,1345
薄膌 325,1529
薄詆鍐 2267
蕭哂 2078
蕭眕 2135
蕭倅 2184
蕭瑄 2037
蕭森 273,1519
蕭然 465,1361
蕭淵 2101
蕭瑀 2076,2077,
2096,2151
蕭摹 2059
蕭勱 2168
蕭颾 2174
蕭璟 1916,1983,
2004,2077
翰牘 2192
翰墨 524
薜 886
薜陀咒 2318
薜陀論 2326
薜舍 1014,2250,
2310
薜舍離 2306,2318
薜荔 16,63,199,
650,778,801,1314,
1900,2029,2338
薜荔中 1099,1273
薜荔〔茘〕多 678,
1225,2216
薜室羅末拏 2313,
2325
薩云若 62,650
薩伐若 435,476,
723,1336
薩陀 16,800
薩陀波崘 2270
薩哌 409,1251
薩和薩 68,663
薩迦邪見 530
薩迦耶見 473,595,
1332
薩哦 411,1253
薩柀若心 624
薩埵 716,916
薩埵剌闍荅摩 480,
1364
薩婆若 621,696,878
薩倰 150,1009
薩嗟 96
薩諺 179
薩遮尼乾 904
薩遮尼乾子 952
薩曇分陀利 1001
薩褒殺地 1955
薩頞 541
薩頞二合字 586
薩皤 122,175,828,
1188
薩羅羅 1365
薩羅羅薩 481
薩鬒 170,1165
樹林蓊鬱 901
樹杪 470,857,1328
樹歧 861
樹荄 269,420,781,
1462,1478
樹持刺刺 964
樹莖 1074
樹條 458,1354
樹揩 420,1462
樹稭 91,1259
樹觚棧 781
樹增 477,1384
樹膠 1637
樹勩(勩) 2074
散(散)憩 2050
橛子 1137
橛角 1991
橛釘 1903
樸令 979
樸素 1987
樸散(散) 2153
樸鈴 1907
樸敦觸 951
橋〔槁〕宕 248,1818
橋泉 120
橋津 61,660
橋船〔舩〕 534,747
橋梁 1049
橋飾 721
橋〔撟〕誑 601,624,
1182,1203
橋隥 1290
橋橃 1020
橋〔撟〕穢 540
樵木 1618
樵野 2011,2158
樵薪 324,1543
樵溼 867
樵蘇 1958
樽俎 2041
橡 708
橘柚 1599,2336
樊灼 685
橙子枝 1182
機杼 217,1339,2269
機捷 2096
機發 152,223,1046,
1050,1488
機會 200,1315
機紝 2012,2159
機微 1830
機黠 1675,1679
機譎 2089
機關〔關〕 563,626,
1097
機關木人 866
擭草 256,1830
擭持 279,1475
擭堆 1646
擭飯 346,1660
擈弄 1909
撼 1128
撼之 2112
撼手 1235,2287
撼喜見城 1907
撼頭 1811

撼爲鈴　1144
據傲　568
操刀　405,1503
操之　1912
操行　868
操杖〔扙〕 357,368,422,1692,1812,1852
操柳(柳)枝　1915
操枹　2116
操紙　808
操筆　1913,2048
操觚　1689
操鈹　2168
操翰〔乾〕 1964,2010
擇　541
擇滅　1405,1709
擐大悲甲　907
擐甲　366,459,842,922,1197,1355,1708,1731,2099,2218,2241,2255,2302,2310
擐身　1198
擐彼　827
擐服　1143
擐帶　593
擐精　1223
擐鎧　533,590
擐體　1629
擒　1977
擒光　1973
撿束　868
撿押　349,1654
撿閱　1630
撿繫其身　879
撿撓　226,1413
撿髮　305,1561
撿問　816
擔山林　441,1007
擔死人　1826
擔重擔　840
擔負　694,1261
擔揭　94,1263
擔〔檐〕棺　1887,1988
擔犨　1809
擔樵　1515
擅立　506,1759
擅名　452,1348
擅美　705
擁曲　570
擁閉　720
擁帚　2165
擁萃　2075
擁遏　493,1741
擁腫　1858
擁衛　602
擁簪　686
擁護　1012
擤芙蓉　2029
擗口　235,270,1423
擗地　982,1023,2299
擗匈　1657
擗咥　170,1165
擗踊　843
輻等　1734
輻湊　2065
輻軸　1387
輻輪　636
輻輞　2284
輻輳　1951
輻轄　769
輱軻　423,1838,1853
輼輬　1878,1934,2115
輲車　1933
輯睦　74,669
輸　678
輸拒　111
輸波迦羅　2340
輸琛　1974
輸敬　425,1477
輸頭檀王　93,937,1262
輸賝　1875,1997,2002
輶軒　1876,2040,2175
整　982
整理　1208
整旆　1591
整叕　340,1661,2106
整道　2016
整(整)衣　1521
賴締　52
橐扇　735
橐囊　695
橐〔槖〕籥〔龠〕 710,1323,1399,2121,2152
融冶　2194
融剖　1988
融銷　960,1673
融鍊　1054
頭尖　1858
頭陀　139,868,989
頭柢〔抵〕 97,1164
頭指捻　1129
頭然　753
頭綃　318,1536
頭髈　1833
頭蹟(殨)　417,1089
頭銛　1124
頭頭衣　295,1552
頭頞　1268
頭頸　531,580
頭鬊　1938
頭顱　68,662,2113
瓢杓　374,1789
瓢觚　2121
瓢孽哆　2229
醎味　567
醎病　730
醞酒　284,1461
醞釀　507,1760
醍醐　696,1212,1579,1777,1861,2131,2249
醒也　1473
醒者　293,1550
醒悟　38,135,527,579,794,893,939,982
醒悟之心　935
醜陋　594,868,1066
醝　942
醝字　58,199,656,1313
醣使　2022
醯死　1289
醯〔醯〕都　493,1741
醯哩　1020
醯〔醯〕嵬　245,1413
醯雞　2028
醯鏃　1158
醑醪　2155
頤貞　2191
頤神　2065
頤頷　527,2228
毉〔毉〕泥　637,1711
毉泥邪〔耶〕蹲　459,1355
毉泥耶仙鹿王腨　570
毉羅　114,1158
毉羅葉　1012,1166
毉羅跋那　865
毉羅跋底　1628
毉〔磬〕羅鉢　1636,1927
毉攞陀　886
磬玉　1931,1971
瞖目　493,555,847,1742
瞖眩　478,1385
瞖眼　1393
瞖膜〔瞙〕 465,729,895,1175,1185,1361,1769,2224,2237,2285
瞖瞑　1861
瞖囉　712
勵行　1140
磧中　25,1212,1231,1441
磧礫　2153
磦硌　2167
磣剌　2244
磣害　1597
磣〔碜〕毒〔毐〕 440,455,634,1350
磣黷　2019,2033,2333

靦面 1617
靦容 2034,2074,2335
靦顔 2041
歷穭 40
曆筭 2230
奮戈 449,1345
奮迅 139,532,576,597,826,915,988,1094,1172,1199,1323
奮宏轡 2052
奮發 2107
奮劍 1858
奮威 606,620
頬 904
頬車 1223
頬骨 540
頬頷 527
槩上 299,1555
槩杙 2322
慭然 2124
殪入 285,1473
豭貜 1061
殨風 360,1695
殨爛 754
殫生 2151
殫玉牒 2032
殫玉講 2332
殫世俗 2071
殫〔嬋〕言 1689,2001,2105
殫紀 2155
殫藻繢 2005
殫盡 162,796
霖雨 17,286,801,1121,1459
霖淫〔滛〕 493,1675,1742
霖婆 378,1795
霏那 229,1417
霏霏 1968,2321
霏霧 1139
霍靄 2111
霓冤 91,1259
霓裳 2027,2087
霍然 145,171,409,792,996,1093,1251,1887,1895,1904
霑污〔汙〕 51,792,963
霑彼 563,617
霑洽 909
霑濡 633
霑溼 2064
霆以 708
臻萃 88,1070
頸及 637
頸短 1820
頸項 754,1268
頸鴉 386,1794
頸瓔 1442
冀除 504,1757
冀得 934
冀望 875
頻伸 1122,2224
頻伽 225,1490
頻伽音 570
頻來〔来〕 71,414,671,1086
頻眉 1012
頻毗 124
頻毗娑〔婆〕羅 498,1746
頻婆人 18,802
頻婆果 74,669,992
頻婆娑羅 954
頻婆帳 876
頻婆羅 991,1324
頻婆羅香 876
頻跋羅 438
頻蠃〔螺、蠃〕 1080,1274,1861
頻蚤〔螽〕 705,1243
頻蹙〔蹴〕 280,722,980,1183,1465
餐飡 742
叡公 2065
叡通 1854
叡唐 921
叡喆 1038
叡達 1072
叡聖 686
叡想 2040
叡肇(肇) 1879
叡藻 1977
叡簿 1983
遽告 757
遽即 686,2225
遽即下 897
遽即往詣 899
遽務 463,1359,2246
遽然 1878,2143
遽違 921
遽發是念 902
盧地囉 1121
盧至 440
盧至如來 820
盧舍那 7,846
盧脂那花 948
盧揥 145,996
盧遮迦寶 706
盧簁 170,1165
瞥見 1458,2097
瞥若 2138
瞥想 2136
瞉治 1815
瞉罪人 1908
瞉前 1187
瞞陀 365,1731
瞞羅 281
瞟翳 357,1692
瞠尔〔爾〕 386,1787
曉悟 896
曉悟群蒙 866
曉誨 907
曉喻 458
曉薌 2128
賵贈 285,1473,2147
嘻陽 2167
曀染 2139
曀障 1268
曇斐 2061
曇瑎 2112
曇摩蜱 1920
曇摩蝉 1982
曇摩讖 1993
曇彌蜱 1881
黔啞 170,1165
瞋眼 729
瞰等 2073
噤口 2300
噤切 345,1659
噤塞 388,1801
噤戰 194,1308,2049,2188
噤齘 255,1829,1831
噷噷 1859
噬囀二合字 586
踳淪 2134
踳駁 1988
蹀足 175,1104
蹀躞 2121
蹈然 1878
噦吐 216,1665
噦嗌 2289
噦噎 44,454,947,1350,1873
踼突 194,1308
踵相 90,1258
踵前 1576
踵逸軌 2074
踰於 165,547,593,797,1002,1808
踰珂 637
踰城 185,912,1300,2323
踰增 1859
踰闍 2100
踰健達羅 491
踰隍 464,1359
踰須彌 860
踰摩 7,846
踰繕那 483,491,530,689,1068,1321,1739,2280,2284,2297,2320
蹉跣 349,1654
蹄喙 1505
蹉 541
蹉者 63,651
蹉跌 110,1117
蹉踖〔蹅〕 105,148,

999,1164
蹉蹌　743
蹉躡　1970
蹁蹮〔躚〕　237,1426
踴躍　637,697,1194
蹂埸〔場〕　193,1308
蹂婦　1604
蹂踐　1810
蟒　981
蟒吸　1370
蟒身　1724,2015
蟒蛇〔虵〕　245,780,1081,1131,1224,1428,1858,2022,2219,2273
蟒悲泣　1981
蟒頭　1919
螟子　172,362,765,783,1796
螘出　1222
螘穴　2218
螘夘（卵）　1688
螅以　150,1008
螅等　221,1486
螅蝨　363,1797
螉螺　422,1852
螉蟲　1853,1895
螏蝚　1063
螭面　914
螟蛉　1217,2127,2214
螟螣　2043
螟蟦　1916
螟蠕　1937
器皿　2311
器仗　361,450,858,1346,1696
器具　1904
器械　161
喀　676
戰悚　744
戰掉　36,929,1023,1043,1179,1195
戰痏　1034
戰悸　1934
戰頑　158,270,1470
戰慄　561,616,625,747,842,933,1110,1213,1992
戰澿　170,1165
戰讋　2166
噁水　334,1545
噉〔歐〕唽詀　448,1344
噉驃　1246
噬諸　9,848
噬諸煩惱　868
噬齧　693
噬竇　1239
噭喚　912
噭嚾　280,1443
噲彖　2148
噲樂　276,1525
噲鬪〔鬭〕　422,1852
鴦伽　1891
鴦俱尸　1195
鴦掘　1291
鴦崛　1927
鴦崛摩羅　960
鴦崛鬘　1821
鴦窶利　1877
噫夫　2249
噫乎　275,1521
噫吐　1525
噫自　308,1564
噫氣　390,1614,1788
噫病　1676
噫聖　2192
噫噦　410,1251
噫噫　378,1795
嘯吒　2177
嘯和　2225
嘯傲　2083
還莅　2332
還晰　2135
還襲　209,1373
罹此　2198
罹咎　1953
罻羅　2122
嶮峭　2179
橎〔幡〕使　344,1658
默　974
默赧　1588
默啜　1993
默然　1895
黔呲　208,370,1371,1815
黔蛇〔虵〕　323,1542
黔首　2042,2050,2146
黔黎　524,1022,1106
黕色　2319
骰腨　1601
骸放　2126
骸耍　2169
骯〔骯〕節　378,1795
髀內　844
髀股　1441
闍以捨囉梵　1139
闍智字　1144
闍門　1454
闍席　2060
闍閭　2026
憩七覺　2194
憩止　334,899,1545
憩此　1221
憩多　111
憩伽　1139
憩於　1913
憩息　399,1022,1168,1497
憩無　509,1762
憩漳濱　1916
憩〔憇〕駕　50,958,1026,1957
憩禪林　1998
舒起　2178
香㶿（香薰）　1294
穄〔糝〕米　226,323,343,1413,1542,1664
穄粟　371,1815
積同須彌　891
穅佲　1611
穅和　1128
築平　678
築神廟　2056
築時　323,1541
築階　1200
築摝　396,1494
篡立　1967
篡居　41,939
篡逆　160,917
篡弒　1953
篡奪　2257
篔簹　1977,2181
篠簜　2160
篦杓　1580
篦攪　2269
篭多　73,669
篙棹　1589
篙樀〔擿〕　325,1528
篣籬　2310
篩邪　778
舉帆　95,1264
舉足將步　888
舉要言之　882
舉著　699
舉恃　488,1736
舉措〔厝〕　26,1232,2153
舉頞　1200
舉體燋然　895
輿渠　106,359,381,710,1694
輿茸　1976
輿蕖　1781
輿瞿　1707
輿澍　710
學泅　367,1732
學架　808
學搽〔樣〕　456,1352
學諸技藝　937
學綜　2001
學殫　1976
學羸　1636
盥　1832
盥手　117,1111,2086
盥洒〔洗〕　73,633,668,829,1141,1922,1952,2056,2072
盥掌　9,848,868
盥飾　1200

盥漱　1648,1871,1938,1965,2037,2173
儔匹　705,768
儔焉　2077
儔量　2195
儔潔　1131
儔黨　787
儒爽　343,1664
儒童　448,498,1344,1746
儒語　2313
儒德　88,1070
儓負　2108
餐饋　347,1666
儃几　2059
儕類　26,1232
儕黨　2078
儐從　980
儜　677
儜弱　1899
儜鳥　1618
儜惡　1589,1635
劓去　404,1502
劓〔剁〕耳　732,742
劓汝　1908
劓刵　95,1264,2114
劓〔剁〕鼻　442,456,595,616,626,642,1130,1220,1293,1352,1953,2216
鼽鼻　1513
翱翔　559,594,613,749,1231,1349,1487,2139,2197
艈纜　1681
艫粲　1397
邀名　1218
邀利　223,1488
邀迭　157,1037
邀祈　1248,2190
邀契　628
邀期　1187
邀請　435,723,1020
邀憤　1458
徼妙　2028,2035,2336
徼於　2126
徼循　417,1088
徼冀　177,797
衡軛〔軶〕　351,1645
衡櫓　2085
衛世師　217
錏鍛　252,1842
錯勃　116
錯綜　468,1326,1331,1964
錯糅　711
錯〔鎝〕謬　1107,1721
錯繪　1045
錯繢　151
鍊　34
錢雇　278,1475
錢賄　1600
錫扣剖　1959
錫珪　74
錫貢　82
錫賚　461,483,1118,1331,1357
錫鑞　1180
錮石　197,1312
鍋中　735
錐頭　2190
錐鋸　1937
錐鏰　97,1164
錦衾　443,1105
錦鞔　1154
錍拔　159,1037
錍提　83,1060
錍箭　335,1442,1546
錍羅　225,1490
錠光　9,197,698,776,848,1311,1874
錠燭　112,284,670,1109
錠𪉖　1297
鍵　541
鍵乎　1395
鍵南　446,474,490,1334,1342,1682,1738,1802
鍵連　1243
鍵鑰　1916
鋸牙　1858
鋸解　616,724,1215,1671,1705
鋸截　915
錙銖　419,1834,1862,2106,2125,2198
歙人精氣　1163
歙煙　1632,1908
墾土　1275,1893,1940
墾田　1954
墾掘　1601,1643
墾殖　1284,1860
糞(糞)丸　765
糞(糞)血　1857
糞(糞)埽　793
甑瓻　94,272,1263,1524
餧身　1125
餞送　332,1543
餛飩　321,1540
餧五夜叉　2191
餧此　413,1254
餧狐狼　754
餧者　2064
餧〔萎〕飢〔飢〕　49,299,955,1584
餧飢　1836
餧〔餒〕餓　286,1459
餚饍　742,824,1140
餚饌　836,1644,1648,1907
飴時　1192
館〔舘〕舍　437,727
頷有　731
頷〔頜、頤〕車　114,371,738,1158,1610,1815
頷骨　45,540,585,949,1706,1840
頷〔頤〕輪　455,1351,1700,1723
頷頭　1420
頷臆　570,637
膩吒　1869
膩眉　1840
膩攞　1163
臈䩕　2275
膴膴　2164
雕文　37
雕文刻鏤　932
雕鷲　1048
鴟〔鵄〕吻　770,2102
鴟〔鵄〕梟　133,539,585,930,977,1608,1833,1858
鴟鳥　769,1881
鴟猪　256,1830
鴟等　1770
鴟撥　1619
鴟鴞　1991
鴟〔鵄、䲧〕鵂　207,368,421,1095,1371,1440,1462,1464,1812,1903
鮎㤰魚　914
穌息　381,465,1361,1782
穌達那等　483
鴝鵒羅　774
鴝鵒羅鳥　688
鴝鵒　377,1681,1799,1811,2281
龜毛　1013,1045,1325
龜茲　1002,2339
龜坼〔塝〕　105,1271
龜鼇　394,1491
龜鼉　99,364,1270,1729
龜龍繫象　854
龜鶴　2010
龜黿　1052
龜鼈　1184,1811,2190,2300
龜蠏　1706
龜鱓　343,1664
獨股　1143
獨股杵　1157

獨鰆　2181
獫玀　1875
邂逅　1202,1992,2270
獲泗　236,1425
獲鮀　2108
餤光　1888
餤慧　1239
餤摩　1197
鰕壞　1627
鴛鴦　37,575,932,944,1211,2227
憑怙　1892
憑俟　369,1813
憑螭　2013
謀議　501,1754
諜利　1181
諤〔諤〕諤〔諤〕1975,2336
諧雅　8,847
諧遂　211,1380
諧耦　63,166,223,280,452,651,829,1003,1348,1465,1487
謔之　2084
謂向　487,1735
謂稟　1319
諱詡　2001
諱鯍　2002
諱纛　2001
諱贇　2002
諭底迦　1124
諛然　344,1658
諷習　1922
諷詠　905,1142
諷頌　490,567,1738
諷誦　137,293,475,601,703,794,868,951,985,1082,1335,1550
諳究　2050
諳經籍　2008
諳篆隸　2073
諳練　2072
諺云　2192
諺言　247,1817
諦沵　1480
諦婆　243,1411
諦聽　2254
諦聽而聽　758
謗諸鬼神　1050
謎　886
謎那　1246
謎言　1136
諮詢　100,253,461,833,1261,1357,1842
諮諏　1457
諠叏　2284
諠呼　1860
諠聒　1584
諠猥　757
諠諍〔諍〕532,1775
諠静　1396
諠撓〔橈〕72,667,2108
諠戲　1841
諠譁　85,210,434,458,721,1062,1291,1354,1374,1627,1924,2096
諠雜　561,568,587,691,752
諠譟　456,1352
諠擾　1716
諝徒　1984
螫(螫)彼　2279
膂〔旅〕力　278,1476、2005
嫯姒　2185
熏竄　146,996
褏樣〔搽〕482,1366
瘠下　43,363,944,1676,1797
瘤瘤　1873
凝玄　521
凝沍　1966
凝夐　2042
凝旒　1973
凝滓　2014
凝滴　724
凝澱　2109
邅〔澶〕迴〔徊〕1571,2026,2134
磨　541
磨不磷　2201
磨以　984
磨貝　320,1538
磨軸　123,1194
磨鈍　2075
磨鋥　230,1418
磨瑩〔鎣〕557,638,642,754,1101,1677,1686
磨輾　230,1419
磨礪　383,1791
膺行　714
廩買　257,1480
瘷病　1676
瘷瘧　2285
癀瘧　1085
瘭病　225,1490
瘭疽　92,212,320,420,1259,1367,1462,1478,1539,1646,1909
瘭疾　386,1026,1513,1794,1903
瘰癧　1193,2275,2283
瘻病　1185
瘻瘡　2283
瘵其　211,1380
瘙〔瘙〕殘　549,1057,1479,1873,1895
瘙〔瘙〕疲〔跛〕941,2035,2337
瘳降　209,1373
瘳損　246,1429
瘳愈　766,1070,1633
瘫癎　723,1155
瘫瘻　1192
瘯瞿　1927
褢師　1457
麈尾扣案　2054
麈尾　1912,1991,2079,2094
麈鹿　173,784
麈麇　342,1663
辦　542
親友　137,985
親厚　295,1551
親附　981
親狎　634
親昵〔昵、暱〕19,105,208,274,390,452,624,628,803,925,1164,1348,1372,1460,1519,1684,1801,1860
親姻　436,726
親紆　2041
親理　119,1276
親戚　753,894,1870
親稟　1234
親欵〔款〕369,1814
親覘　1987
親親　189,1304
龍目　280,1465
龍庭　839
龍衮　2126
龍堆　2035
龍自　2039
龍湫　2269
龍澳　2184
龍淵　863
龍腦　89,1070
龍腦香　411,448,1252,1344
龍蟠　188,1303
龍鎮　491,1739
龍罍　1169
龍鼉　2196
龍驤　2053
嬴正　2012,2146
劑此　2128
劑限　534
劑膝　2271
竇深　637,711
竇藏菩薩　894
憾　681
憾喜　90,1258

憾恨 1225,2219
憾軨 1202
憾彌 1163
憸然 109,918
儌繞 1900
憺怕 137,153,432,455,478,497,510,539,585,619,697,703,767,790,834,984,1000,1029,1071,1140,1284,1351,1385,1464,1675,1725,1745,1763,1820,1853
憺慮 674
憺愉 1837
憺爾 2029
懈 973
懈〔解〕怠 130,380,545,558,579,766,973,1001,1035,1082,1094,1277,1321,1780
懈倦 553,1214
懈息 596
懈厭 1900
懈墮 1212
懈廢 529,727
懍然 2053,2085,2113
懍〔懔〕厲 207,1371,1859,2152,2176
懍〔懔〕懍〔懔〕 1884,1958
糕餅 1606
瓶瓶〔瓩〕 181,774
甑〔瓤〕堅 207,1338
燒炬 835
燒時 57,655
燒烙 192
燒掠 1986,2064
燒焯 1175,1202
燒炳〔焫〕 146,997
燒煉 643
燒鍊 638
燒胼 1439
燒殯 1612
燒爇 402,1202,1500
燒燼 456,1352
燒爍 1200
燌燌 1512
燂身 19,803
燂〔燅〕脂〔豬、猪〕 193,1308,1909
燎邪宗 1364
燔〔熸〕燼〔燼〕 150,830
燠醯 92,1257
燔之 255,1829
燔身 272,1524
燔炙 2182
燔屍 2065
燔燒 146,349,369,997,1654,1813
燔燎 182,1295
燔燼 2140
燉煌 1002,1876,1913,1920,1927,1965,2047,2062,2187,2337
熾 980
熾盛 530,2290
熾确 1971
熾然 1058,1283
熾徹 1175
熾劇 1857
燧人 2024
燧鑽 1860
螢火 530,719,1098
螢暉 808
螢爓 2065
營從 137,189,985,1304
營署 327,1530
營構〔搆〕 645,729
營衛 86
營耨 440,820
營辦什物 906
營壘 359,1694
縈身 1106,1196
縈帶 708
縈郄 1614
縈繞 1144,1169,1234,2301
縈繫 1858
縈羅 1635
縈纏 1719,1975
燖去 1219,2216
燈炷 908,1583,1899,2242
燈盛 326,1530
燈燎 710
燈鑪 40,938
燈燭 2201
濩落 1989,1998,2075,2341
濛汜 1972,1979,2124,2136
濛雨 1940
濛泉 2142
濛濛 2064
濛翳 2025
澣之 1875
澣衣 1337,1455
澣染 1636
澣濯 1807,1869
澿然 112,1040
澧水 1935
澧鄠 2101
濃厚 775
濃塗 1179
澡手 1521
澡豆 1020
澡身 2185
澡沐 2053
澡瓶 1286
澡浴 139,633,988,1012
澡盥 247,387
澡漱 152,878,965,1051,1297,1575,1590,1723,1894,2320
澡盥 1464,1479,1787,1817
澡罐 752,1183,1247,1606,1648,1967,2269
瀫愛 1704
澤鶂 2030
濁 974
濁渾 242,1411
激切 88,247,1070,1817,1988
激水 1022
激矢 925
激列 323,1542
激注 446,1342
激流 220,1485,1956
激動 345,1659
激湍 456,1352
激電 897
激磨 646
激發 308,1564
激楚 2067
激輪 438
激論 1679
激響 1571
澹泊 2042
澹淡 233,1421
澹然 62,649
澹潤 1812
澱迍其下 862
澴鯍 2126
澴濆 1234
憲制 47,952
褰衣 360,1696,2323
褰裧 2163
褰裳 674,2263
褰縮 990
寰中 2042,2335
寰寓 1875
窺〔闚〕人 1249,2079
窺天 521
窺〔闚〕看 134,979,1648
窺〔闚〕覘〔瞻〕 1123,1590,2323
窺窬 1601
窺覦 855,1616
窺鑒 1053
窺〔闚、闚〕闟〔窬〕 148,334,389,452,999,1348,

1545,1853,1800,
1868,1887
窻〔囱〕櫺　1611,1935
窶窟　997
窶拏折里多　1943
窶訶山　1969
窸廓　25,1231
禪　989
禪〔禪〕衣　84
禪那　867
禪定境排　883
禪畦　1945
禪窟　1296
禪頭　10,849
禪膩師　1017
褫柱　1181
賷寶　2039
闍　541
闍毗　930
闍梨　868
闍提　990
闍提比丘　957
闍提首那　964
閾内　1555
閹人　23,216,1230,
1665,1966,2014
閹身　425,1863
閹豎〔竪〕　1616,1948
閹塞　89,1114
闐闔　1997
閻浮金　936
閻〔閾〕浮提　250,
381,866,931,935,
1074,1435,1781
閻浮提金　984
閻浮檀　2222
閻浮檀金　861
閻羅　286,1447
閻羅界　863
閻魔王　885,2226
閼伽　678,1176,1235,
1248,2199,2269
閼逢　363
閾内　299
頵鬱　1977
壁枝　1007
壁蝨　1290
壁陪　2063
嬖女　2198
嬖臣　1988
嬖妾　415,1087
避從　786
避隈　191,1306
隙中　287,1461
隱机　2024
隱遁　279,1475,2332
隱須　197,1312
隱賑　2172
隱遯　2032
隱嶙　1959
隱嗑　231,1419,1872
隱蔽　566,577,1017
隱撩　1175
隳阬　2312
隳塹　456,1352
縉(縉)紳　1943,2098
縉雲　2084
縺綿　837
縛　540,906,934
縛伽浪國　1950
縛衹　68,662
縛喝國　503,1757,
1950
縛筏〔栰〕　705,1597
縛撲〔撲〕　1146,1198,
1202,2299
縛蒭河　492,1740
縛繳　228,1416
縟錦　2111
緻而　571
緻密　824,1635
縫紩　238,1428
縫掖　2015
縫綻　406,1504
縫縷　1474
縫繶　310,1565
縫補　734
縫綴　1033
縞素　1138
縗衣　321,1540
縗絰　2014
縊　942
縊之　2144
縊高　2151
縑緗　2024
縑纊　2082,2151
縑艆　1139

# 十七畫

駷順　2182
騁功　2131
騁壯思　1375
騁武　922
騁情　1862
騁棘　2199
騁騆　1395
駸駸　2185,2199
駭癡　1072
駿足　1835
駿馬　50,443,959,
1105
駿疾　36,742,930,
1268
駿疾如　931
駿捷　2056
駿逸　2051
駿駃　2183
駿驥　2001
璩公　2174
璩印　459,1355
璫渠　80
璫環　823
璫轆　741
環珮　1197,2238
環釧　712,824,843,
1014,1159,1290,
1849,2180
環髻　857
髻〔髺〕髮　245,1429
歔然　195,248,403,
1310,1501,1818,
1854,1891,1903
歔歔　107,1242
贅疣　2114
贅頭　320,1539
黿蚪〔虬〕　26,1233
黿鼈　1195,1985
黿鼉　38,167,255,
441,737,769,
924,934,1004,
1006,1106,1184,
1211,1441,1577,
1829,2139,2190,
2212,2256,2300
黿龜　1056
髾髮　1877,1958
鬁除　603,757,920
鬁落　633
鬁須　1104
鬁〔剔〕髮　756,
2039
鬁臊　350,1655
螫物　1052
螫噉　545,588,619
螫蟲　112,670
壖垣　1959
壕塹　769
壙野　533,554
戴逵　2143
戴憒　2061
戴顒　2170
蟄户　2333
蟄民　83,1255
蟄眠　401,1499
蟄蟲〔虫〕　280,369,
376,1465,1790,
1814,1985
褻被　1643
縶在　1708
縶意　1978
縶紲　146,997
縶維　1594,2098
縶縛　1183
轂輞　1018,1097,
1154,1387,2311
轂輞軸　642
聲〔声〕聒　242,426,
1411
聲覃　1880
聲嗄　2112
聲懋　2074,2084
聲曖　1872
聲颺　2109

聲鞁　40
罄　855
罄志　2230
罄佛　2192
罄捨所珍　880
罄無　2067
罄竭　187,274,461,1302,1331,1357,1519
罄盡　1017
罄熵　2044
縠　901
縠出　376,1791
縠破雛行　2052
縠那(卵)　555
藉已　1879
藉五輪　1279
藉以　735,1997
藉此　1016
藉如來　730
藉身　271,1524
藉草　12,851
藉餘　1406
鞆由　321,1539
聰俊　456,1352
聰〔聦〕敏　455,479,595,1351,1386
聰〔聦〕喆〔哲〕347,439,875,1665,1906
聰〔聡、聦〕叡〔叡、睿〕45,473,501,553,730,840,950,1018,1333,1404,1405,1577,1675,1688,1699,1754,1769,1986,2308
聰〔聡〕黠　776,1097
聯華　1976
聯翩　1618
聯環　2164
聯鎖　2294
艱難　137,472,985,1330
韓世　210,1379
韓陀梨山　884
韓侈　58,186,1301
韓侈遮羅那　657
韓舍　380,1781
韓呼　16,801
韓梨　1885
韓索迦國　1877
韓瑠璃　913
韓麼　2229
韓摩肅　1913
韓韓　85,1062
韓闌底　2311
韓禮多　1186
韓醯(醢)勒　1436
韓羅尸　1232
韓羅羨那　1523
韓鐃贏鼓　770
鞠和衍那國　1950
鞠育　107,409,1242,1250
鞠躬　251,1627,1841
鞠閔　155,837
鞠頻　277,1469
鞬陀〔咃〕83,257,1060,1480
鞬拏　1923,2073
鞬撅〔橛〕282,1431
鞬德　417,1089
藍婆女　931
藍博迦經　508,1762
藍澱　328,1532
薚花　2132
藏隈　1171
藏間　1221
藏妻(妻)　2111
藏舉　691
藏竄　980,1718
虧於　1296
虧盈　944
虧赧　837
虧損　537,1859
虧徵　687
藋菝　363,1797
藋葦　255,1829,1832
賫五符　2026
賫來　698
賫往　702
薰油　990
薰猶　1924,2013,2111,2150
舊垗　2096
舊款　1423
舊驚　741
舊欵(款)　234
薺苨　2191
隸鑠　443
檉栢　2107
檬罕牀　739
櫛笓〔比、批、枇〕1940,1914,1922,2001,2071,2145
櫛沐　1974
櫛梳　283,1431,2126
檄壓　1810
檢策　2236
檢〔撿〕繫　140,810,991,2265
檞麥　1102
檞麰　2029
檐扃(扁)　2002
檐〔擔〕簦　2013,2159
檐霤　2071,2078
檐邊　85,1062
檀　989
檀札　206,1338
檀波羅蜜　867,932
檀特山　117,1089
檀毚利迦花　955
檀膩鞆　1899,1905
檀谿　2087
檀覞　387,1787
檀欒　2174
檥方　1395
檥法舟　1939
檽苯蕁　2173
檽槮　2185
懋緒　2002
懋績　1991
醢　712
轅軸　1441
轅槅　36,930
轅軛　769,1593,1707
輾〔輾〕治　308,1564,1652
輾断　825
輾諸　223,1487
擊鼓　975
擊揵槌　1971
擊劍〔劒〕454,1350
擊擽　1464
擊櫪　1641
擊欜　2151
臨卭(邛)　2065
臨沂　1913
臨洮〔洮〕1875,2145
臨峭　2108
臨猊　2014
臨訣　2082
臨淄　2060,2124,2136
臨御大國　878
臨睨　2071
臨曖　2002
醨俗　2026
鑒(鑑)徹　739
翳　886,942
翳日　171,1093
翳目　8
翳其　1297
翳泥耶　1187
翳咥　170,1165
翳荼迦　755
翳眩　1382
翳眼　1211
翳暗　581
翳障　1185,1857,2222
翳說羅　1943
翳薈　1395,1976
翳覆　1443
翳螳　2148
翳闇　532,841
翳麗　1162
翳醯呬　1130
緊可　1689
緊泥　1725
緊〔毆〕梨　83,1060
厭背　593
磽确　243,475,495,

1335,1411,1575,1582,1590,1620,1744,1776,1951
磽磕　2191
壓地　769
壓身　1204
壓〔墜〕油　141,818,992,1273
壓舶　2190
壓拶〔桚〕　222,1486
壓〔厭〕笮〔苲〕　84,222,435,724,1061,1486
磔〔磔〕磔　177,1090
礀響　2183
磯激　325,1529
皾水　90,1115
韜窸　552
殭鞕　505,1759
霜你伽國　1949
霜封　443,540,1105
霜液　822
霜雹　818,1708
霜穫　1217,1990
霜鷄　2174
霢霂　457,1353
擡系　2203
擡使　1940
擡裙　1589
擡〔檯〕舉　363,1606,1797
擡腁　1125
擣以　678
擣昧　2034
擣香　699,792
擣簁　139,816,824,989,1019,1192
擣藥　1096
擩箭　275,322,1524,1540
擦　1159
擲溝　1889
擈碎　1169
擈破　1897
擈殺　1886
擬我　371,1815
擿口　198,1312
擿去　82,1117
擿花　1554
擿迦　1163
擿著　1441
擿笴國　2190
擿解　298,1555
擲石　45,949
擲汝　1466
擲杖處　792
擲著　1196
擲羂〔罥〕　228,952,1416,1858
擲拋　345,1659
擲於　2296
擲梭〔捘〕　334,1545
擲碣　2066
擲線　111,1274
擲躅　1178
擲散　1145
擲甎　1577
擯人　1285
擯出　746,1284,1656
擯〔檳〕㾐〔㾐〕　752,1579,1581,1598,1604,1618,1631,1868
擯除　1651
擯落　1944
擯棄　1049
擯遣　721
擯黜　511,817,1765,1868
擯(擯)治　1928
擯罰　1878
擢本　913
擢芳林　1079
擢知　2096
擢幹　857
擢臂　319,1538
齔齒　417,1089,1876,2108
豳州　1925
豳岐　1916
豳國　1964
罄空　1043
戲弄　774,1295,1374
戲吭　418
戲〔戯〕笑〔笶〕　866,1641
戲論　682,1184,1210
戲嬉　1125
戲樂　793,840,1015
戲謔　624,628,1124,1440,1629,2195
戲譺　272,1284
戲譚　2333
斃地　83,1255
斃者　2096
斃鬼　414,1086
瞫知　1183
瞫鞞　170
瞤動　95,251,390,422,1145,1218,1264,1801,1834,1841
瞤精　1183
瞤眼　306,1562,1634
瞴瞴　1961
購鉢　272,1524
購贖　1657
賻錢　2051
賻贈　2100
嬰妄想　902
嬰兒　39,490,936,1035,1738
嬰咳　185,1300
嬰孩　482,941,1366,1405
嬰疩(疹)　1403
嬰諸疾病　827
嬰纏　440,819
瞬〔瞚〕目　1124,1178,1185,1247,2233
瞬命　1369
瞬〔瞚、眒〕息　564,596,706,1222,1614,2124,2246
瞬〔瞚〕頃　830,1085
瞬動　1773,1868
瞳子　1512,1701
瞳睆　398,1496
瞪視　2077
瞪對　2180
瞪〔眙、治〕矚　106,151,419,1045,1272,1806
嚇呼　401,1499
嚏　1525
嚏故　322,1541
嚏時　1629
嚏移　157,1037
嚏噴　1607
闌格　310,1566
闌拏　1041
闌圈　411,1253
闃其　2030,2178
闃寂　1937
闃然　2034,2072,2334
闇中藤(藤)　1376
闇冥　563
闇鈍　1058
闇蔽　842
闊陿　1142,1151
闟(闟)塞　1213
嚂字　1141
曒若　1514
曒然　94,1263,1903
曖而　2038
蹎僵　446,1342
蹎蹪　2023
蹋刀山　1479
蹋之　2062
蹋芭蕉　1859
蹋處　2286
蹋發　1596
蹋張　94,1263
蹋蓮　1025
蹋蜱　413,1254
蹋頭　1149
蹋蹀磚　2101
蹋蹈　1831
蹋蹴　1478
蹋臘膘　912
蹸迦羅毗　1897
蹠筌　2123

蹝跚 2001
蹈 870
蹈七 138,985
蹈之 2232
蹈地 1090
蹈彼門閫 901
蹈空 714
蹈龍宫 808
蹈蹋 1872
蹈躡 730
蹈躤〔躪〕 188,1303
蹊徑 623,1900,1966
蹊逕 2098
蹐地 1998
蹌地 1889
蹌踣 244,1412
蹍而 2162
蹍室 2063
蹍除 825
蟥蜂 329,1533
蟒身 135
蟒類 1717
蝹拘 378,1795
螺 973
螺文 711
螺王〔玉〕 45,949
螺貝 693
螺角 1200
螺蚳 2176
螺蝸 643
螺縮 1809
螻蚓 1940
螻蟻 1149,2251,
2283
蟋蟀 1682,2083
覬〔覬〕固 162,1040
覬觸 1458
雖不踰本 906
雖跌 367,1733
雖温 2121
雖遊 2028
雖緬 2193
雖驊 2131
雖暴〔㬥〕 394,1492
雖蹶 497,1746
牆形 2288
牆〔牀〕者 65,652
牆茨 2147
牆〔牆〕柵〔柵〕
1596,1612,1624
牆堵 677
牆壁 566,672,1094,
1213,2252
牆墣 842
牆〔牆〕塹〔塹〕 732,
1686,1771,2033
嚌齒 1958
覬欲 2152
覬覦 1959
罽〔罽〕賓〔賔〕
920,1195,1208,
1394,1912,2017,
2038,2210
罽膩色迦王 2188
罾網〔綱〕 116,1274
罿網(網) 2165
嶾嶙 2172
嶷然 708,725,1280,
1437,1958,2190,
2230
嶷然住 884
嶷然高出 885
嶷爾 2041
嶷嶷 1945
嶽峙 1937
黚婆 805
黚婆利 21
點謎 1162
點頗 1182
點黶 1631
黜而 189,1304
黜者 1293
黜脐 1891
黝羅 23,1230
髁已下 843
髁肋 317,1535
髁骨 225,1490
髁奄 1619
髀上 1809
髀肉 2324
髀〔踔〕骨 260,
540,1448,1723
髀脇 1047
髀病 1148
髀脛 1041,2283
髀痛 1159
髀腨 714
髀膝〔厀〕 1123,
1268
髀踵 253,994
髀髆 711
髀膞 1369
髀醯得枳 1626
矯足 2159
矯害 533
矯現 614
矯異 212,1367
矯亂〔乱〕 488,694,
813
矯飾 434
矯誑 587,827,1580
矯穢 586
矯讐 2183
矰繳 1220,2088,
2200,2216
黏外 2198
黏汙 151,831
黏泥 1944
黏勇 469,1327
鍪鑁 318,1536
毯生 765
毯既 824
魏闍官 1936
魏闕 2178
魏鸞 1915
簣上 2108
篠楊 1651
篾中 1903
簞上 415,1087
簞筏 324,1542
繁 651
繁者 63
繁衍 389,1801
繁稠 1446
繁夥 2168
繁複 2077
繁縟 1874
繁褭 105,1164
繁膸〔賸〕(賸) 1928,
2340
輿 972
輿櫬 2130
擧世 895
鵂狐 228,1416
鵂侯 24,1230
鵂鶩 193,1307
鵂鶹〔鶹〕 26,283,
400,487,1013,
1049,1138,1232,
1393,1498,1520,
1586,1614,1674,
1711,1735,1771,
2324
鵂鶹子 481,1366
優沙 1061
優陀延山 957
優陀那 876
優波尸婆羅 961
優波尼 76
優波尼沙陀分 680,
873,891
優波提舍 974,1690
優波毱多 920
優波摩那 962
優波離 954
優波難陀 929
優迦 786
優婁佉 1339
優吵 84
優婆提舍 356
優婆夷 930,2265
優婆夷名休捨 897
優婆塞 930,2264
優婆塞優婆夷 971
優鉢釗 66,654
優鉢羅 2227,2232
優鉢羅花 861,930
優樓佉 957
優樓頻螺 954,2320
優樓頻螺迦葉 969
優曇 2252
優曇花〔華〕 636,909,
934
優曇鉢 1274

優曇鉢華　974
優曇鉢羅　710,2283
優蹹藍　1884
鼢鼠　2159
黛眉　1511
償他　1217
償對　1919
償畢　1214
傓同　1926
儐提捨洹那　180,917
顉起　225,1490
儲水　69,664
儲君　41,939
儲宮　397,1494,1868
儲偫〔待〕　262,275,1454,1521,1843
儲蓄　366,1731
儲資　1091
儲器　459,1355
儲積　208,298,1371,1554
槃魔文　2059
鼾眠　230,317,1418
鼾睡　305,398,1496,1536,1561,2201
鼾聲　371,1815,1833
頼面　155,181,209,837,1373
頼頭　288,254,370,995,1461,1814
皤吠　696
皤私　2315
皤訶　2229
皤拏　1176
皤詈　96
皤皤　2160
魍魎〔魎〕　51,134,502,605,619,979,963,1214,1249,1465,1755,2211
徽牘　2136
徽纆　896
禦之　15,799
禦捍〔扞〕　492,905,1740,1775,2239,2326
禦備　397,1495
禦寒　189
聳耳　329,1532
聳身　383,1791
聳若　2073
聳茂　1585
聳於　2148
聳珍　2038
聳峙　2050
聳幹　489,1737
聳然　770
聳搏　1904
聳豎　1183
聳翮　209,1373
聳擢　881
顉〔翌〕乗〔乘〕　564,746
艨公　2102
艨蘭　1985
艨唆　1933
黏茶〔荼〕　123,1194
黏黨　159,1036
黏比　249,1819
鍱腹　1984,2000
鍱裹　2267
鍱鍱　1905
鍱鐵　1967
鍊冶　1042,2243
鍊蠟　1142
鍊鐵　386,1794
鍸　34
鍼孔　912
鍼石　808
鍼刺　1021
鍼盲　2084
鍼脉　1919
鍼風　1711,1827
鍼槊　1831,1832
鍼筒　361,1670
鍼〔針〕箭　1593,1646
鍼鼻　1649
鍼綫　1974
鍼〔針〕鋒　1862,1873,2286
鍼鑽　1463
鍞頭　118,232,350,418,419,1091,1649,1806
鍚鷥　2123
鍬鍤　2096
鍾玦　1979
鍾虡　2145
鍛〔鍜〕金　638,1474,1702
鍛〔鍜〕師　735,781,1381,1593,1604,1620
鍛磨　1057
鍛鐵　695
鍮石　763,1178,1337,1582,1921,1958,1967,2055,2271
鍮石末　1198
鍮婆　231,1420
鎚打　766
鎚印　1139
鎚鉆　776
鎚銅　1128,2274
鎚擣　743
鎚鍛　1833
鎚鑽　1969
鎚鍱　2066
鎵火　1201
鍒金　1915,2071
斂指　260,1481
斂〔斂〕骨　271,1524
斂衽　524,1973
斂翮　2089
斂靄　2025
鴿色　540
鴿雛　97
鴿鷂　1023,1026
爵祿　934
貘豹　773
懇切　440,819
懇到　451,1346,2066
懇〔懇〕惻　86,246,351,748,1063,1645,1817,1837,1984,2050
懇節　1179
懇誠　525
邈矣　1572
邈然　1896
邈爾　2038
豁谷　136,186,631,826,983,1050,1301
豁澗　690,810,985,1220,2216
餬餬　1042
餬口　179,256,1103,1615,1830,1961,2083
餳哺　81
餳餔　744
餱糧〔粮〕　25,155,837,1232,2039
膿　992
膿血　235,1196,1424,1478,1685,1827,1860,1934
膿河　1393
膿爛　529,1016
臊陀　401,1499
臊疾　1905
膽勇　1130,1861
膽讋　397,1495
臆度　1047
臆皺　732
臇最　678
鮭米　2201
鮭鱎　1388
鮫魚　96,280,1034,1465,2305
鮫螭　1960
鮮支　434
鮮〔尠〕少　865,1951
鮮白　904
鮮白衣　877
鮮郁　574
鮮於　1025
鮮净　620
鮮葩　795
鮮䅟　2066
鮮榮　898
鮮潔　1012

鮮鯉 1958
獯狁 1876
獯狐 1991,2320
獯胡 2011
獯粥 2158
獷戾 460,1031,1356,2307
獷强 1001
獷倶 907
獷烈 1591
獷厲 2100
獷暴 1949
獰惡 2325
螽鼠 20
螽蝗 284,1505
螽蜇 213,1371
螽蟲 921
諱名 177,797
諱説 831
謨呼律 1126
謨呼律多 2273
謓也 1394
謓恚 1058
謌羅 113,1158
謩羅 23,1230
謝法 553
謝朏 2146
謝譓 2083
謝籥 2082
謝颶 2191
謗訕 109,146,272,832,997
謗讒 779
謗黷 1989
謗讟 507,1104,1174,1184,1277,1574,1580,1591,1760,1920,2008,2048,2333
謚比 275,1521
謙冲 110,458,1117,1354
謙恪 66,654,702
謙窓 1892
謙遜 1098
襄麓 1395
氈裝 2091,2191
氈褐 2187
氈罽 1889
氈褥 746,794
糜損 2127
糜餧 2115
糜盡 173,777
膺平 80,740
應如 1406
應吮 445,1341
應怗 298
應身 1014
應速蹋 817
應帖 1555
應拼 2268
應叙 389,1800
應訃 2178
應毫 2062
應時 37
應舐 445,1341
應娉 1957
應撤 1600
應踏 2302
應膀 1611,1626
應儀 172
應儀道 71,671
應擔 776
應鶚 1794
應襲 269,1476
褻女 2009
褻德 1879,1959
鵁在 287,1453
鵁鶄 66,106,149,254,394,575,654,995,1000,1269,1491,1903
癘瘡 147,997
嘶嗄 1033
嘶〔廝〕破 2255,2260
療 981
療治 41,941
療病 494,1742
療痔 1928
療諸 1011
癇〔癎〕病 247,413,1254,1818
癇〔癎〕瘨〔癲〕 286,1447
癉之 68,662
癉綻 439
癉彌 178,1171
麋生 378
麋鹿 177,229,360,698,1056,1090,1201,1417,1579,1614,1695,1820,1889
麋麂 276
麋麈 85,283,1062,1520
癈瘕 1085
齋戒 380,1780
賫書 923
賫饟 1458
甕器 820
甕船 1575
懮動 223,1488
懱他 1183
懱於 1297
懱醜 2064
懠心 1179
憐傷 835
鵁鵁 159,919
鵁鷄怛諾迦寶餘 480
糟 974
糟粕 70,181,664,1879,2086
糟滓 764
糟糠 1112
糞〔坌〕却 354,1644
糞屎 734
糞掃 591,765
糞掃衣 594,690
糞鍋 1610
糞〔棄、坌〕穢 914,1083,1215
糞〔坌〕壤 167,639,1004
糠 974
糠〔穅〕粃〔秕〕 1197,1682,1912,2301
糠麩 2202
糠糟 1269
糠〔康〕莒 223,1488
糠穢 2317
糠〔穅、穅〕穭 529,579,745,1437,1868,2198
糠〔穅〕麩 1591,1629,2256
糝婆 96
糝帽地 2258
燥牛糞 781
燥故 1388
燥溼 2229
燥溪 2269
燭幽夜 1862
燭樹 347,1666
燬之 452,1348
豋豆 371,1815
潬椶 1892
鴻鴈 574
鴻鵠 1833
鴻鸛 747
濤米 1523
濤波 867,964,1225,1396,1401,1710,1859
濤秔米 1157
濤浦 2095
濫觴 2029
瀰瀰 1998
壍路 1320
濡首 1926
濡溼 1892
濡滑 1387
濬東溟 1997
濬流 706
濬襲 1986
盪士 1453
盪除 1940
盪鉢 232,1421,1891
盪滌 193,253,308,448,994,1290,1308,1344,1564,2288
盪器 350,1649
盪瘵 2337

濕叜　1398
濕鮭　379,1795
濕痺　124
濕麼　199
濕廢多　1183
濕嚩　541
濠上　2039,2137,2148
濠梁　2176
濟拔　2260
濟恤　603
濟濟　1997
濯以　821
濯衣　1955
濯足　1573
濯流　706
濯衆　1001
濯清(清)　1688
濯滸　1954
澀〔澀〕滑　379,1237,1779,2232
豁悟　234,1422
豁然　166,728,1003
豁脱總撥爲空　1398
蹇　174
蹇陀達多　746
謇〔嚏〕吃　24,196,343,399,434,452,721,1230,1311,1347,1497,1513,1664,1909
謇〔謇〕訥　464,923,1221,1360,2027,2256
謇棘　2068
謇諤　2039
蹇鈍　1717
謇澀〔澀〕　471,752,1329,2255
謇聲　924
謇謇　2006
寱〔寱〕言　42,435,724,1240,1591
寱言刀刀　941
寱〔寱〕語　92,305,318,482,743,1121,1259,1366,1537,1561,1812,1909,2183
竆基　1978
邃眉　1860
邃鍵　2030
邃賾〔賾〕　675,2264
癁瘵　2054
鴳鳥　220,1484
襆衣　1649
襌衣　1061
襁負　124,1901,1905,2004,2114
襁褓　736,1609,2148
襈衣　2201
禯煑〔煮〕　158,192,1034,1307
禮路　268,1431,1517
襏〔撥〕衣　332,1535
翼〔翊〕從　879,904,1610,2238
翼鞬　1914,2150
翼衞　1208
壁跛　1283
壁蹇　778
臀頭　84,1061
臂釧　762,1129,1442,1970
臂傭　924,1025,1809
臂膅　747
臂膊〔髆〕　761,1198
臂鋸〔鋸〕　415,1087
擘口　1598
擘以　1716
擘地裂　2191
擘而　2105
擘身　1438
擘破　1939
擘過　1142
擘裂　763,835,948,1873,1885
擘開　1195,1235,2294
擘蓮花　1144
擘腴　1774
擘肿〔脵〕　505,1758
擘傷　1905
彌十方　856
彌布十方　888
彌佞　377,1799
彌李　439
彌伽　702,886,897
彌迦羅長者母　961
彌陀羅國　214,1287
彌荔多　439,813
彌貞　2034
彌舫　1513
彌帝隸　749
彌宣正法　880
彌勒　901,970
彌窒　61,201,660,1315
彌彰　211,1380
彌綸　8,860
彌樓山　770
彌盧藏雲　888
彌覆　861
彌濃　2039
彌離車　379,1779
隳肝　2040
隳廢　1956
隳壞　2107
嬪御有十億　902
嬪妃　1191
嬥曲　1992
盩膖　1217,2215
孺慕　2082
績縷　1641
縹色　188,1293,1303,1388
縹等　587
縹眇　2161
縹瞥　2184
縵衣　1646
縵瞼　2021
縵髁　1199
縷　875
縷茸　341,1662
縷陳　177,1107
縷線　1636
縷氈　1048,2270
縷纏〔繢〕　1575,1581,1597,1612
縲紲〔絏〕　162,796,1956,2034,2335
總布　245,1429
縱　972
縱任　537
縱汰　1985
縱賊　734
縱誕　73,668
縱廣　36,61,130,574,931
縱橫　685
縱撩　1958
縱櫂　2339
縱像　1124
縮向　1135
縮眉　1198
繆從　2104

## 十八畫

騏驥　162,1040,2011
駿迦山　1877
騎驀　1142
騄驥　2146
覩然　924
璿毫　2021
璿璣　2025,2139,2159
瓊葶(葶)　1186
瓊畹　2177
瓊編　686,1036,1571
瓊礎　1974
釐改　2073
鬚鬚　2189
髼鬆髮　817
璆璆　1971
聯(聯)緜　1183
翹大指　1193
翹心　522
翹足　644
翹英　2191
翹指　2202
翹脚　1858
翹勤　578
瞽目　481,1365

瞽俗　2197
瞽視　1915
瞽睃　2039
豁夫　674,2263
豁瑕　767
燾覆　1961
謦欬〔咳〕　140,300,331,739,782,990,1034,1048,1130,1135,1150,1278,1324,1534,1556,1589,1592,1600,1607,1629,1635,1907,1913,1921,1927,1978,1982,2068,2116,2202,2296,2327
謦唾　1124
謦瘷　1897
聶承遠　1991
聶道真　1880
藕花　1859
藕絲　731,2270,2289,2302
爇此　1238
爇火　1618,1966
爇除　2020
覲謁　874
鞭(鞕)椹　1613
鞮伽　376,1798
鞮歌　170,1165
鞮譯〔譯〕　839,2004,2036
鞦韆　1707
鞦紖　15,800
鞦轡　740
鞭打　743,765,1050
鞭杖　724,1015
鞭揖〔撖〕　277,1455
鞭笞　1835,2231
鞭榜　1513
鞭撾　1441
鞭撻　181,534,732,810,1066,1216,1218,1261,1718,2155,2214,2288,2321
艱(艱)辛　553
藪澤　677
薑〔藟、藟、藟〕蜇〔蝲〕　107,158,322,413,1037,1242,1254,1541
薑毒　1517
藺蕩　152,1046
繭栗　1999
繭絲　1625
藜藿　2189
藤根　2229
藤蔓　1397
藤蘿　2255
藤羅所罥　901
藤譬　211,1380
藷根　1944
藷薦　1634
蘊其　1918
蘊其深解　906
蘊摩　114,1159
蘊蕪　1395
藥叉　431,542,713
藥王菩薩咒　991
藥石　374,1789
藥汁名訶宅迦　908
藥名阿藍婆　908
藥名娑呵　956
藥名楞伽利　958
藥榫　1856
藥銚　2037
藥樹名珊陀那　908
藥囊　764
藥篋　302,1559
檯眉　769
檮杌　1997,1999
檮昧　1194,2335
皦坌　814
檻車　275,1524,1901
檻〔擓〕匱　326,1530
樸著　1438
檳榔　1944,1968
檽木　1167
櫂子　318,1537
櫂柁　2184
轉依　1445
轉蜕　1239
轉樞　1144
轉躁　1885
轉鐩　1872
轉霍　109,918
擘〔擘〕彼　227,1415
覩捨　557
覩眴　759
覩霽　1967
鹽　2034
譬賴　2064
醯青　331,1534
覆苫　132,300,352,464,977,1360,1556,1642
覆育　878
覆炤　2164
覆盔　1876
覆巢　2153
覆載　521
覆罩　72,632,667
覆蔽　591,698,731,1067,1111
覆膧　1715
覆臨　2146
覆翳　1407
覆燾　1952,1996
覆髆　1940
醪酒　362,1796
醪毒　1635
醫　981
醫王　1011
醫者　490,1031,1738
醫道　135
醫療　610
醫藥　535,572,843,1067
贀　942
蹙之　2132
蹙如　1144
蹙如寶形　1143
蹙其上節　1148
蹙眉　1141,2272
蹙頞　760,2147,2172
靨下　1629
靨在　1939
厭厭　2035,2338
礎臼　1937
礚傞　1908
礓石　174,217,250,329,394,828,1154,1326,1435,1437,1492,1533,1611,2107,2270
磁石　51,461,481,487,1056,1357,1365,1402,1735,1771,1960,2241
盤(鼇)座　2107
繫(縶)以　2147
殯〔殯〕斂　50,1521,1875
殯葬　2064
殯埋　1854
擷〔櫝〕利　412,1253
擾〔擾、攖、擾〕亂　353,545,561,681,1048,1151,1296,1640,1859
擾〔攖〕惱〔惱〕　529,579,625
擾〔攖〕動　478,763,1385
攄其　154,835
攄〔櫖〕蒲　1050,1291,1642
擺木　399,1496
擺捩　1720
擺撥　341,1662,2071,2098
擸擸　1620
豐登　2230
豐羨　147,998
豐渥　195,1310
豐稔　438,447,706,1016,1617,1706
豐溢　865
豐碣　1977
豐樂　1610
豐饒　1203
霧暧　1875

覆觀　1387
蹟不可見　1879
覷其　253,1843
覷眄(眄)　1201
虧鞅　704
懟恨　44,330,341,712,830,947,1533,1661,1919,2046
叢林　638,983,1166,2254,2281
叢冢　1858
叢廁　711
叢楹　2075
叢聚　1523
朦〔朦〕盲　95,1264,1903
朦瞍　2011
朦瞶　118,1091
題啾　412
題膀　2057
瞿夷　13,758,852
瞿低比丘　962
瞿伽離　954,962
瞿沙經　479,1386
瞿陀尼　250,1435,1781
瞿陀身　961
瞿耶尼　866
瞿拉坡　432,714
瞿波理迦　816
瞿波洛迦　500,1753
瞿翅羅鳥　357,1691
瞿師　153
瞿師羅　939,965
瞿然　2024
瞿摸怛囉　1138
瞿嘘　1112
瞿摩夷　678,1138,1236
瞿曇氏　865
瞿嚧　122
瞿縛迦　1762
瞿餕伽山　1876
瞿水　100,832
瞼上　1192
瞼下　2105
瞼翻　1631
瞻仰如來仁及我　889
瞻奉撫對　903
瞻眄　749
瞻盼　1642
瞻眺　1176
瞻婆城　958
瞻博迦　719
瞻博迦花　635,816
瞻睹　1121,2175,2271
瞻蔔　140,167,916,990,1004,1054,1157,1193,1223,2168
瞻蔔花　864
瞻蔔伽　73,669,710,711,2250
瞻蔔迦花　908
瞻察　130
瞻矚　1145,1871
曓(暴)乾　448,1344
顒顒　90,1258,1886
闔耳目　1985
闔〔闔〕衆　259,1838,2201
闔境　2099
闔羅　1294
闐城　1963
闐噎　1632
闐噎　2036
闐闐　274,1105
闐闔　1990
闐闠　2077
闓化　273,1518
闐衡　2005
闕庭　105,1164
曛黄　1603
曛暮　462,1358,1957
噗〔噗〕萀〔葹、葹〕410,412
嚘吼　383,1791
嚘嘍　23,1229
嚉咩　150,1009
曠劫　859
曠絶　985
躇馳　2074
躇步　112,387,415,670,1087,1788,1820
躇足　1810
蹲〔膓、膊〕腸　756,1000,1821,1886
蹫蹫　1964
蹠之　1933
蹠翁　417,1089
蹠踐　124,1283
蹠實　2178
蹠〔蹠〕俱羅　1102
壘栅　343,1663
壘堞　249,1434,1436
壘墼　1612
蟯蛸　1240
螗蛄　2020,2135
蟲〔虫〕豸　277,396,1455,1494,1513,2109
蟲〔虫〕胆〔蛆、胆〕46,456,496,539,585,950,1016,1352,1723,1745
蟲唼　1909
蟲鳥　1179
蟲毒(毒)　2245
蟲窠　1137
蟲蝗　99,1270
蟲螘　1204
蟲〔虫〕螟　152,1050
蟲〔虫〕蟻　154,835,1138
蟲齧　1081,1574
蟲〔虫〕蠹〔蠹〕345,1659
蟲〔虫〕齲　368,1813
蟬引　2180
蟬蛻〔蜕〕419,1862,2064
蟬聯　2021,2200
螺〔嘿〕蟲〔虫〕422,1834
蟭螟　2178
蟠木　1971,2124
蟠曲　478,1103,1385
蟠卧　1896
蟠於　1122,1192,2290
蟠桃　686
蟠屈　2164
蟠〔蟠〕結　255,497,1704,1746,1773,1829,1831,1903
蟠龍　44,90,947,1053,1258
蟠蘭椿輪　93,1262
蟠竄　2168
蟣〔譏〕蝨　556,611,1217,1624,1775,1908,2214,2273
韞兹　2075
韞異　2002
韞蓄　1681
韞韣　2138
鞞吒羅　83,1060
嚕地囉　2298
嬰怒　2183
羂取　529,579
羂索　477,796,1020,1102,1384,1592,1715,1926
羂弶〔弶〕208,1372
羂〔羂〕絅〔冈〕(網)690,1066
羂縛　1032
髏(髏)喉　1611
髂髀　398,1496
巀辥(辥)　2167,2181
幡鐸　620
黠人　1474
黠不　609
黠慧　552,573,792,1066,1221
黟荼　22,1229
黟乾　21,805
黟羅　21,805
黟〔黔〕闉　92,1257
鐯爼　1998

鵠鳫(雁) 698
穫草 1832
穫麦〔麥〕 261,1843
穡〔積〕中 1717
穢〔薉〕稻 243,1411
穢惡 1209
穢圂 2028
穢磧 478,1385
穢濁 1672
穢黷 2137
馥蕙 2085
穠華 2176
鵃梟〔梟〕 1477,1904
簙弈嬉戲 894
簪佩 2131
簪紱 2040,2175
簶子 2300
簡冊(册) 2024
簡静 465,1361
簡閱 115,1076
簡牘 1053,2024
簠叉 414,1255
簠尼 115,1243
簠厠〔廁〕 16,801
簨業 2177
鵝王羽翮 899
鵝腊 1920
鵝鳫〔雁〕 42,941,
1441
鵝鵠 1140
鵝鶩 1832
鼬(鼬)等 222,1487
鼷(鼷)鼠 804
雙足 621,1208
雙泯 482,1366
雙背 91,1259
雙跖 432,714
雙腨 636,915
雙眸 1614
雙竪 1941
雙膝〔膝〕 915,1941
雙蹋 1624
雙贏 1578
儭身 49,98,955,
1270
儭服 1979
儱㾾 2158
軀體 1442
翱翔 25,222,453
邊幅 68,662,917
邊鄙 589,1013
邊裔 1289
皦然 2336
皦潔 227,1414,2131
歸慍 2139
衝(衝)突 2314
衝天 1991
鬑〔頷〕髯 399,1497,
2097
鬑鬢 115
鏵鍬 227,1414
鏵钁 645
鎮星 2290
鎮頭迦果 940
鎮煞 248,1818
鎫字 1141
鎖自然 2115
鎖〔鎻〕械 1072,
1234,1250
鎖聯 2077
鎧 987
鎧甲 567,833
鎧仗 597,868,2241
鎧律師 1651
鎧翰 257,1480
鎩〔鎩〕翮 118,1113,
1969
鎗子 1608
鎗杓 2202
鎗然 2047
鎗銚 328,1531
鎗矟 1240
鎗鍠 2107
鎗鎗 122,1077
鎗鑊 1628
鎢錥 273,1286,
1904
鎬京 1978
鎬遊 2009
鎌刈 1337,1832
鎔冶 1923,2072
鎔消 1849
鎔流 1216
鎔笵 2088
鎔鈞 2060
鎔銅 480,735,763,
796,1275,1364,
1399,1609,1719
鎔銷 96,1014,1024
鎔鍊 641
鎔斲 1934
鎔瀉 1582
鎔鑄 1957
翻翥 2125
翻翻 335,1547
貙者 110,1116
貙虎 2178
貙犴 1979
雞翎 1605
雞鵁 2125
雞鶚 1658
鵶鳩 1662
餱羊 2027,2039,
2137
餱施 268,1517
臍 1129
臍上 1197
臍〔齋〕中 526,916
臍膂 1387
臍腰 2294
臍〔齎〕輪 1223,
2226
臏〔髕〕骨 1705
膾割 903,2237
膾陀 1052
膾迦 84,1060
膾頭 413,1254
獲鉢彌 2229
颺朁 113,1158
颺帆 1919
颼〔颼〕萝 412,1253
颸颸 1936
鯖魅 2132
獵者 618
獵師 1442
螣(螣)塵 2038
鬈藻 1827
謹孎 1136
謳合 118,1107,1997
謳歌 384,425,1792,
1863
謣夷 283,1431
譁羅 1920,1927
謾抵 1095
謾訑 423,1852
謾淪 180,1076
謾談 1178
謾誕 372,1817
謥〔謥〕詷 174,778
謫〔讁、謪〕罰〔罸〕
21,215,232,439,
765,775,805,813,
1039,1162,1293,
1421,1443,1771,
1851,1903
譀講 1858
謬忘 1197
謬承 524
謬誤 616,1171
謲毒〔毐〕 1577,1581
顏貌〔皃〕 637,749
雜沓 1174,2073
雜飣 396,1494
雜粗 1810,1988
雜插 2298
雜遝 1996,2034
雜絁 1009
雜猥 450,1346
雜糅 65,149,268,
311,418,447,653,
770,1000,1238,
1292,1343,1364,
1517,1567,1626,
1929,2073,2110,
2341
雜穢 226,1413,1454
雜檠 773
離陀 764
離妒 757
離呫種 440,1006
離桊 270
離於八難 935
離波多 895,969
離垢繒 881

離啖　410,1252
離婆　128
離婆多　954
離間　556
離絁　149
離搏　776
離諸難難　898
離諠憒　869
離散(散)　529
離翳　571,637,689
離繫(繫)　490,1739
離瓣〔瓣〕　115,1258
離離間語　533
癖子　1390
癖者　767
麌嚕　1163
旛鐸　606
懵字　2298
懵學　2199
懵焉　678
懵憒　1063
糒食　2101
糧貯　769
糟糁　1941
爀曜　1136
鎣以　574
鎣其　2039
鎣明　2169
鎣拭　1710
鎣凈　1294
鎣飾　631,727,1389,2115
鎣徹　1144,1296
鎣麗　1178
燼爲　1175
瀝(瀝)取　1109
瀗瀗　1511
濾水　1573
濾漉　1142,1613,1925,1984,2202,2273
瀸身　1181
瀸斅　1178
瀸灑　1124,1191
瀑水　213,1319
瀑布　1954,2054,2191
瀑長　390,1801
瀑雨　841
瀑〔瀑〕流　504,696,826,844,869,1047,1572,1577,1672,1678,1686,1709,1758,1776,2254,2282
瀑流軛　1734
瀑漲　2250
濺石　1856
濺圍　1896
濺灑　1169,2300
瀓漉　1627
瀏亮　2185
瀠中　1935,2098,2113
瀠澄　1912
瀉藥　1636
竄三苗　1997
竄伏　2241
竄居　2066
竄匿　870
竄過　1153
竅孔　36,930
竅穴　364,795,1236,1729
竅耶　1989
竅隙〔隙、隙〕　486,1051,1107,1703,1734,1770,2229,2281
竅體　2194
額　990
襟腑　2331
襘衣　349,1655,1952
禱祀　1263,1516
禱祠　1103
禱謝　235,1424
禱賽　252,1842
禰縛　1135
禰〔厭、㕟〕禱　86,304,353,461,506,545,588,810,1063,1149,1193,1247,1357,1560,1651,1759,2278,2284,2291
禰〔厭〕蠱　107,332,413,845,920,1155,1174,1242,1254,1543
禰　1125
禰〔祢〕喇　410,1252
禰瞿曇姓　964
隤〔頹、穨〕毀　132,1633,1608,2105,2191
鶡〔鶡〕鴒　1168,1616,1943
彝〔彝〕倫　1617,2070,2095
彝章　2040
彝訓　1911
璧玉　535,2244
璧瑺　2002
礔礰　1861
屩屐　395
屩履　1492
繞廇　2167
繞墣　1078
繖柄　1604
繖蓋〔盖、葢〕　794,813,1095,1110
繚以寶繩　881
繚戾　22,142,725,992,1229
繚綟　776,1176,1478
繚緣衣　2328
繟師　2087
繢掞　1983
織綜　2097
織總　280,1465
織氍毷　1127,2273
繕　855
繕埴　389,1800
繕構　2095
繕寫　1927,1971
繕縫　2271
繒交絡　1135
繒帛　1146
繒蓐　1112
繒綺　794
繒綵　36,843,1155
繒幡　2268
繒磬　1234
繒纊　13,134,852,980,2239
繝色　2309
斷　976
斷已　542
斷毛　261,1482
斷取一切　937
斷食　1971
斷食鞅　907
斷割　1405
斷嗣　1840
斷蕾〔蕾〕(蕾)　2011,2158
斷截手足　952
斷疑心者　955
斷截　562
斷緒　2286
斷諸惡已　937
斷敵　1607
斷覈　2095
斷齇　1874


## 十九畫


睫然　89,1114
騷驗〔驗〕　396,1494
駿〔鬘、鬘〕尾〔尾〕699,1594,2086
駿髦　1220,2216
騙象　159,919
騷(騷)毗羅　2305
騷〔騷〕動　108,1267,1870
騷揭多　478,1385
騷擾〔擾〕　1875,2144
騷韓　1205
騷騷　248,1818
瓌異　43,834
鬉角　2105
誓喝辯　632
蹺脚　353,1640

趫行 224,1489
壞弶 1634
鵶口 735
鵶音 698
鵶翅 2267
鵶鴉(鴟) 2272
聸耳 116,276,325,1243,1529,2004,2036
蕼佉 2268
蘶擔 1598
難陀 895,934,969
難陀波羅 934
難陀跋難陀 931
難陀優波難陀 898
難制沮 874
難沮 259,1838
難宣 860
難處 134
難處受生 892
難量 681
難訾 1911
難愈 494,1743
難解 1208
難稱 896
難詰 293,1550
難遭 1406
難暨 278,1475
難敵 644
難頭和難頭 704
難冀 49,955
難覩 2013
韡鞋〔鞖〕 1657,2325
韡帽〔惃〕 741,2053
韡等 1050
韡履 761
鞹頭 2328
鞖屩 1124
蘱草 2281
蘋蘩 2128
蘧麥 824
蘧瑗 2121
蘗葉 303,1559
蘆葦 544,588,636
蘆葦町 1081
蘆荻 328,1531
蘆菔 51,98,1853
蘄州 2094
勸督〔剳〕 155,837
勸喻 902
勸誅 66,99,105,654,1164,1270
勸獘 1870,1941
勸勵 39,548,845
孽捭 2257
蘇末那 719
蘇末那花 434
蘇利耶藏菩薩 881
蘇陀夷 507,1760
蘇陀味 449,1345
蘇刺多 439,815
蘇呾〔咀〕羅〔囉〕1396,2326
蘇迷盧 491,1739,2250
蘇迷盧山 474,528,826,1334
蘇莫遮冒 1211,2212
蘇扇多 617
蘇偷婆 250,1435,1438
蘇達那等 1321
蘇達梨舍那 491,1739
蘇揭多 434,719
蘇搵 1182
蘇搵兩頭 1130
蘇跋陀羅 439,815
蘇摩那花 908
蘇摩呼 2296,2299
蘇摩浮坻 762
蘇䕷 1393
蘇彌盧 2297
警心 309,1565
警宿 326,1529
警寤 234,1423,2321
警覺 488,1180,1234,1677,1699,1736,2274
藹吉支 1464
藹君子 2030
藹法師 1988
藹藹 2164
藹羅筏〔伐〕拏 496,1744,1776
藻掇〔棳〕 110,1275
藻飾 459,770,1355
藻績 1138
藻鏡 2142
藻黼 2003
藺未 2184
顛〔蹎〕仆 755,1717,1955
顛〔顚、蹎〕沛 106,237,1272,1426
顛墜 810,1769
顛〔蹎、傎、趚、顚〕蹶〔蹷〕 94,158,312,360,426,451,481,1035,1263,1347,1365,1398,1405,1568,1695,1702,1706,1851,1901,2198
櫝〔櫝〕躲(射) 1716
麓山 2060
攀上 1215
攀枝 552
攀緣 572,1860
攀藤 712
攀擊〔攬〕 250,1435,1722
攀鞦 2319
麴鴂 158,1037
麴蘖〔糵〕 507,1675
櫓船〔舩〕 295,1552
貐貔 1135,1154
轒媎 2111
鏨金陵 1912
鏨琢 2115
繫〔係〕念 57,457,557,655,1094,1353,1837
繫袜 1125
繫縛 553,1138
繫纜 1589
繫鬖帶 1578
繫脚拽 1893
繫項 1196
繫蝦蟇 691
繫閉 746
繫擦〔櫒〕 268,1518
轊刃 1102
轔轔 2167
醱蔑 2011,2148
橐〔韛〕袋 456,1352,2319
橐師 1797
橐扇 1609
橐〔韛、鞴、韝、鞲〕囊 24,269,311,421,510,776,781,1231,1462,1478,1566,1703,1763,1777,2231
覈 34
覈此 2142
覈身 248,1818
覈其 1938,2037
覈實 253,1843
醭出 1611,1626
麗掬〔椈〕 226,1413
麗咈 2161
礪律 1943
礪鉛 2335
礙易 58,656
礦論 1369
願得備瞻侍 905
願聽 843
殯(殯)斂(斂)棺盖 959
靨然 2144
璽印 841
璽書 2016,2071,2090
璽誥 2042
擵多 1716
擵拾 1925
攬(攬)光 1246
攬束 1279
攜〔欈〕從 459,1355
齗牙 1628
齗齒 188,1303
齗膠〔膠〕 1122,1174,1188

齗齸　11,850
齗齒　305,318,509,1537,1561,1763
黼縠　2042
黼黻　274,1105,1808,2122
贉婆　113,1158
贉鞞　1165
贈送　1597
贈遺　190,694,1304
鶡鳳　575
鶡鷄　97,575,698
曝　1158
曝翅　113
闞迴　2099
闞澤　1878,1984,2015,2020,2143,2336
關防　880
關店　1897
關閉　505,1758
關綴　1041
關〔關〕鍵　90,434,457,722,1128,1353,1973,2039,2266
關邏　775
關額　2201
關鬧〔鑰〕　138,437,729,986,1078,1191,2240
疇匹　68,662,791,1291
疇昔　707
疇咨　439,808,814
疇隴　1952
蹝脚　336,1547
蹶比　17,801
蹶失　433,716
蹶地　260,1481
蹶取　168,1005
蹶倒　244,1412
蹶舉　286,1458
蹶躓　371,1816
嚬溼㐱　1170
嚬妒　771
嚬眉　682
嚬蹙　526,1220,2216
嚬感　692
嚬蹙　775
嚬蹙　632
嚬蹙不喜　893
嚪步箷　826
蹻足　359,1694,1725
蹻脚　352,1642
蹻跖　2128
蹌彼　824
蹌剖　1711
蹌牆　1906
蹴其臆　1957
蹴株　1835
蹴〔蹵〕蹋　97,167,185,1004,1164,1270,1300,1401,1439,1633
蹴彌山　1892
蹲地　961,1611
蹲行　1637
蹲坐　1721
蹲跪　1601
蹲膜　2128
蹲處　768
蹲踞　134,727,869,914,979,1130,1139,1141,1197,1233,1464,1513,1605,2294
蹭伽　426
蹭蹬　2125
蹬祁　412,1253
蠓螨　1682
蠅呞　1633
蠅蚤〔蚤〕　1407,1448
蠅蛆〔胆〕　18,802,2314
蠅蝱　1217,2215
蠅墮　1859
蠅嚙　368,1812
蠅蟻　1268
蠅蠛　171,1093
蠍王　1927
蠍所　1614
蠍螫　1398
蠉飛　179,776,1294
蠉蝡　2127
蟾婆　123,1194
蟾蜍　207,1338
蟻子　1647
蟻封　349,1667
蟻垤　279,399,1497,2168
蟻飛　794
蟻冐（腰）　730
蟰蛸　503,1757
嚧地囉　2271
嚧遮那　1139
艶美　760
嚴公　2121
嚴酢　453,743,1349
嚴肅　905
嚴酷　1704
嚴潔　1121
嚴整　713
嚴麗　856,1103
嚴駕　298,1555
韜弓　2126
韜光　2193
韜真　1650
韜德　1924
韜聲　2024
韜韞　2332
獸呴　2131
嚫〔𧡤、儭〕施　1154,1913,1965,1977,2078,2147
嚫錫　2095
贎〔賻〕以　1926,1984
贎金　299,347,1556,1666
嚩　676,943
嚩日囉　2301
嚩字　586
嚩臾方　1139
嚩擦　1163
嚩囉呬天　1233
曠戾　1828
蹳走　1973
翾飛　273,1073,1519,1642,2135
翾鵬　2040
羂搦　374,461,1357,1789
羆　939
羆面　914
羆虎　1858
羆頭　1894
羆熊　1129
羆驢　490,1738
羅　969
羅芳　348,1667
羅犮私婆迷　2188
羅陀　149,1009
羅呢　410
羅和　179,1171
羅刹　930,992
羅刹可畏　931
羅刹鬼王　905
羅刹娑　492,614,624,628,1740
羅怙　1927
羅怙羅　479,631,1386
羅差　14,799
羅毦　23,51,1230
羅倪　174,778
羅捭　178,1171
羅婆果　1328
羅寇　152,965
羅惰　973
羅弶　2307
羅脾　1892
羅湜　114,1159
羅罩〔罩〕　673,2262
羅亶　1926
羅亶經　1276
羅媲　20,804
羅睺　35,857,970,2290
羅睺羅　969
羅麽　17,802
羅韶　170,1165
羅閲　61,294,649,779,1551

羅閱祇 786, 962, 1297
羅閱祇城 1082, 1810
羅閱國 794
羅摩王 953
羅縠 215, 1185, 1288, 2028, 2075, 2165
羅薜 170, 1165
羅憓 116, 1243
羅謎(謎) 17, 802
羅斃 23, 1229
羅濾 1940
羅轒 270, 1477
羅齵 149, 1009
儱倊 1961, 2002, 2167, 2179
懭盖〔蓋、蓋〕 546, 620, 1047, 1631
懭網 770
髆及剎 1576
髆印 1128
髆有 731
髆骨 540, 585
髆腋 570, 637
髆齊 1176
髆傭 2299
犢子部 483, 1401
犢子梵志 964
犢車 317, 1535
犢牸 2269
犪〔擾〕馴 146, 997
贊助 100, 397, 833, 1495
羆狗 2327
穨山 2102
穨焉 1922
穨褫 2076
穧穠 1378
穬〔穬〕麥〔麦〕 380, 1047, 1095, 1122, 1128, 1139, 1247, 1589, 1625, 1631, 1711, 1775, 1780, 1941, 2270, 2289
穬麪 755
簸之 2309
簸多龍王 1278
簸箕 1378
簸儜曳 1129
簸鞞 1170
篆篨庵 2086
簏 1158
簿漠 1442
簷廡 1237
簫 948, 975
簫〔蕭〕筑 88, 1070
簫笛 131, 1580
簫瑟 930, 2233
簫璟 1370
簫磬 2073
鵖響 2155
儳速 452, 1348
雙(雙)毯 2155
儴佉 46, 951, 1078, 1799
儴佉之國 2146
儴伽 1459
鵻螟 2013
魑魅 134, 510, 979, 1214, 1764
懲艾 2110
懲改 283, 1432
懲誡 1875
艬(賸)一人 1932
鏗然 87, 157, 699, 1069, 1116, 1917, 1935, 2073, 2075
鏗鍠 2032, 2332
鏗鏑 1974, 1989
鏗鏘 100, 394, 833, 1492, 1967, 2053, 2200
鏢鑽 302, 1558
鏤檻 2005
鏝陀 151, 831
鏝慈 1904
鏘金 2079
鏘鏘 2000, 2096
鏦金 2177
鏃身 1706
鏃箭 1442
鏇師 58, 199, 325, 656, 1313, 1529
鏇脚 1627
鏇器 311, 1566
鏡匳 1648, 1939
鏟以 87, 1116
鏟炙 1871
鏟髮 335, 1546
覼縷 1914, 1976, 2086, 2106, 2155, 2169
辭訣 195, 287, 1310, 1453, 2022
辭鶩 2174
辭懤 2170
饉飢(饑) 1550
鼗鼓 1592, 1635
颻〔搖〕颺 794, 1797, 2314
鵬舉 2097
鵬翼 1600, 2011
鵬鶤 2139
臘佛 352, 1642
臘沓子 2256
臘縛 482, 1366
鵰翎 1169
鵰鷲 133, 539, 585, 737, 774, 930, 978, 1021, 1464, 1616, 1632, 1830, 1857, 1889
劖刺 1439
鯌魚 51, 962
鯤鵬 2178
鯢魚 1184, 2036
鯢羅 93, 224, 1258, 1489
鯨波 1943
鯨海 1942
鯨魚 1600
鯨鯢 1970, 1998, 2013, 2089
鯨〔綜〕龍 114, 1158
鯨鷁 400, 1498
鯨鯢 769
鯨鱗 1594
鯨鼇 1184
艤棹 2108
獺皮 322, 1541
獺弁 2114
鵅食 1428
鵅啄 2325
蟹眼 341, 1662
蟹螯 250, 1435
鱖地 1177, 1192
譪吉 421, 1462
謿誂 1124
謿譁 172, 747, 784
譚俱 1517
譚者 84, 1061
譚婆 152, 1046
譚髀 116, 1243
譖入〔人〕 122, 255, 269, 1112, 1829
譖之 1521
譖曰 1458
譖毀 209, 1373
譙王 2050
譙國 1933
譙譊 424, 1113
譌也 1877
譌廢 2067
譜之 2070
譜第 807
譎怪 2149, 2194
譎詭 110, 1116, 1955, 2004, 2109
譎對 2102
譎誑 2160
譏弄 476, 1336
譏刺〔刺〕 505, 727, 1758, 1775
譏蚩 370, 1814
譏笑 750
譏貶 377, 1798
譏訶 1292
譏嫌 542, 603, 694, 1322, 1603
譏誚 1590, 1633
譏謗 887
譏懱 1195
鶉肉 319, 1537
鶉鳥 2324

鶉鴳 1886
靡 971
靡不 129
靡不充 874
靡不周贍 899
靡不咸覩 857
靡不該練 900
靡不驚懾 887
靡所資贍 874
靡所儔 875
靡措 1954
靡鹽 2150
靡覿 2035
廬從 2056
廬館 61,196,659,1310
瘵瘻 2282
癡疙 341,1662
癡冥 1896
癡疵 1071
癡淡 410,1252
癡惷〔惷〕 781,1903
癡噤 107,1242
癡膜 2254
癡騃 935,1029,1885
癡翳常蒙惑 859
癡瞢 7,432,714,847
癡觳 892
癔〔瘂〕瘆 200,279,1315,1809
麒麟〔麐、麔、麣〕 44,81,688,742,756,948,2002,2120
麔麑 2082,2107,2146
龐夘(卵) 2153
龐魚 321,1540
龐鹿 97,387,1788
龐隸〔隷〕 158,1037
羸貝 531,564,572
羸盃 1122,1141,1157,1199
羸鼓〔皷〕 1049,1272
羸髮龍王 1166
羸髻 217,1323,1891
羸聲 2255
羸罄 2202
羸 982
羸老 1092,1652
羸劣 577,642,704,714,793,1043,1074,1222,1331,1394,1709,1723
羸形 1171,1407
羸苦 1180
羸弱 1641
羸惙 94,419,810,1263,1689,1834
羸損 1268,1678
羸瘦〔痠〕 698,763,1015,1067,1081,1205,1440,2223
羸瘠 18,44,120,209,405,757,802,946,1022,1271,1373,1503,1606,2078
羸憊〔惫〕 148,999,1014,2201
羸頓 725
羸臞〔臒〕 272,1519
蠒〔齏〕醬 396,1494
齎〔齊〕心 505,1758
齎印 1139
齎輞 1149
懶〔懶、孄、嬾〕惰〔惰、媠、墮〕 612,618,695,707,833,915,1014,1025,1058,1224,1588,2259
懷木朽 1907
懷〔褱、襃〕孕 194,388[41],394,511,550,591,609,622,1031,1309,1492,1765,1779
懷迁 2309
懷姙〔妊〕 712,1079,2313
懷迪 1984
懷兔 484,1393
懷兔非月 1393
懷栟 1900
懷挾 1112,1892
懷敞 2072
懷鉛〔鈆〕 2041,2074
懷態 1644
懷媮諂想 1297
懷憾 72,632,668
憹〔攏、籠〕戾〔悷〕 167,458,478,495,745,764,1004,1297,1385,1678,1699,1744,1776,1855,1876,1902,1950,2230
羶臭 22,1229
羶勝 1647
羶腥 1939,2202
羶穢 2191
羹臛〔臒〕 329,761,1533,1593,1437,1585,1599,1620,1681
類槲 1958
爆火 208,1372
爆其 280,1465
爆破 1903
爆〔爆〕裂 796,1885,2095
爆聲 134,979
爍身 1216
爍底 1137,1163,1198
爍迦囉 1238
爍爍 2138
瀨悉 244,1412
瀨鄉 2039
瀚海 839
瀛岱 2119
瀛洲〔州〕 2096,2112
瀛博 2152
瀛渤 1237
寶脩 1153
鵷鶵 1137
寵遇 1145
寵懋 2014
羈上 269,1476
羈上馬 1130
羈馬 396,1494
羈騎 115,457,762,1353
襤褸 189,252,419,1304,1806,1841
襤縷 2063
臀(臀)不 1179
鬡作 403,1500
鬡毿〔鬖〕 1620,1941,2321
鬡鬱 196,1311
歠欲 1628
歠飲 537
歠粥 319,333,1537,1544
歠〔歠〕醨 2034,2336
歠縻 340,1661
鶏肉 319,1537
鶏鳥 310,375,1566,1789,1908
鶏鶉 348,1667
鶩驤 1395
繮〔韁〕絆 1458,1617,1821
繮鞚 81,742
繩柲 577
繩拼 448,1344,1908
繩棬 2322
繩紙 453,1349
繾綣 190,1305,2138
繳大 2154
繳右 1192
繳右指 1157
繳身 1906
繳取 1199
繳膂(腰) 1614
繳頭 1204
繪山 1201
繪以 771
繪車 449,1345
繪事 1055
繪飾 1085,2144
繡栱 2001
繡栭 2005
繡綾 1680

繡櫨　1969

## 二 十 畫

騂騮〔驪〕 1878, 2020
騬割　1514
騶虞　2002
瓌奇（奇） 702
瓌異　15, 799, 945
瓌〔瑰〕瑋　208, 1372, 2002
鬢髮　1065
攄風　1827
攄驚　1827
馨馥　1041
壤佉　1291
壤侘　919
鞾熒　2137
驀四　1619
蘡薁　1607, 2180, 2305
蘭香梢〔稍〕 1127, 1159
蘭泓　2056
蘭莒　2160
蘭葩　2036, 2338
蘭蓀　2170
蘭畹　2170
蘩藩　2337
蘖〔捽〕株　1877, 1959
蘖路荼　1126
蘖踏婆　1163
蘖蹉　1166
藤（藤）樹　1047
蘼蕪　2014
櫪櫔　256, 1830
櫨料　1932
櫨栱〔拱〕 323, 741, 771, 1542
櫨楝〔楝〕 302, 1558
櫨櫎　84, 1061
櫨錂　227, 1415
櫨櫧〔搏〕 15, 154, 329, 799, 1532
櫱〔櫳〕疏　158, 253, 331, 994, 1034, 1534
櫳〔籠〕檻　11, 160, 849, 918, 1048
櫬〔摫〕鉢　299, 1555
櫩宇　2163
麵　1441
麵飯　1109, 1636
麵蜜　1967, 2188
轘裂　2062
飄散　532, 1714
飄猋　2183
飄然　348, 1667
飄馳　1690
飄鼓　504, 1757
飄零　1440, 1882
飄薄　381
飄轉　610, 628
飄颺　554, 632, 1440
飄灑　1079
轖軻　1063
醴水　457, 1353
醴泉　2249
礧石　370, 1814, 2036
礧佛　333, 1544
礫石　631, 716, 779, 1894
攕羅　2183
攙搶〔槍〕 1948, 2003, 2138
攘　712
攘舍　321
攘衣　276, 1518
攘〔禳〕災〔烖[42]、灾〕 1151, 1851, 1857, 2026, 2153
攘故　1511
攘郤（卻） 1024
攘袂　207, 1371, 1966
攘禍　1474
攘厭　236, 1425
攘臂　92, 153, 454, 966, 1259, 1350, 2000, 2231
攘臂瞋目　900
酆鄗　1972
齣頸　505, 1758, 1774
齣食　311, 1567
齟掣　1861
齟齬　1862
齚殺　1900
齚楊　85, 1062
齚齧　52, 963
齠齔　525
鹹水　1188, 1445, 1859
鹹味　2225
鹹〔鹻〕鹵〔鹵、滷、澛〕 197, 494, 626, 646, 1312, 1442, 1590, 1718, 1743, 2270
鹹酢　709
鹹醋　1021
鹹鹻　1137
獻捷　2006
獻麨　2076
獻賝　855, 2036
黨援　1955
懸藤　1369
懸疣　2010
懸險　1067, 1856
懸絙　1920, 2188
懸餧　2126
懸櫛　1987
懸邈　2175
懸臃　22, 1229
懸覆住　862
懸繩　192, 1307
懸癰　321, 1540
鶡摩　260, 1480
矍然　1236
贍及　162, 796
贍部　491, 1739
贍部果　1055
贍部金　2312
贍部洲　474, 589, 618, 1334, 2218, 2265
贍部捺陀金　433, 719
贍部檀金　689
贍博花　434
闟頟　1615
闠閙　1703
闡陀　1322
闡陀論　476, 1336
闡提　1285
闡鐸迦　476, 1336, 1614
鶡旦　2119
鶡冠　2011
鶡鶡　1820
鶡鴨　109, 171, 832, 966, 1093
鶡鷄　774
曦景　2026
曦赫　543
躁求　1879
躁利　1777
躁急　476, 1336
躁動　379, 453, 501, 716, 744, 827, 865, 1015, 1025, 1033, 1048, 1224, 1349, 1754, 1780, 1863, 2219
躁蛘（蛘） 1478
躁慼　832
躁擾〔擾〕 591, 609, 622, 752, 781, 821, 1400, 1514, 1685, 1689, 1807
躁警　480, 1364
嚾舌　1827
嚾吼　1908
嚾呼　149, 1000
嚾猶　280, 1465
嚾駡　1513
蠓蠓　1717
蹡地　41, 135, 758, 939, 1191
蹡絶　1888
蹡踊　2333
蠣蟲〔虫〕 417, 1089, 1888
蠕動　1239
蠐螬　1575, 1596, 1705, 1722
嚂　681
嚶鳴　252, 1842
嚶嚶　177, 1107

嚼之　1603
嚼已　1900
嚼咽　1292, 1397
嚼食　349, 1668
嚼齒　1068, 1194
嚼噍　2112
巏嵍山　2073
巍巍　1470
巇嶮　155
巉絶　2179
巉嶮　1971
巉〔巉〕巖〔巗〕　212, 415, 457, 1087, 1353, 1367, 1936, 2112
黤黑　1453, 1907
黤黤　273
黤黮　120, 147, 222, 372, 394, 997, 1274, 1492, 1657, 1816
黤黯　1486
黤黲　1285
黥劓　2014, 2159
顙頷　18, 802
髏髑　1970
髑髂　2190
髑髏　1130
髎骨　382, 1782
羉(罤)瘦　1510
穭豆　1682
黧　990
黧皯　770
黧黑　418, 616, 626, 736, 1609
黧黮　147, 590, 608, 998, 1960
黧黯　510
黧變　1592
鶩鶩　443, 575, 1075, 1396, 1713
籌量〔量〕　612, 1157, 1322, 1394, 1699
籌置　1894
籌策　813
籌議　729, 1023
纂行　370
纂茂　1880
纂〔纂〕修　145, 235, 1424
纂集　1621
纂歷　2294
纂曆〔曆〕　677, 1974
纂龍樹　2331
籐(籘)繞　1865
齡唾　738
礐出　344, 1658
礐破　1625
礐〔礐〕裂　1577, 1592
礐瘂　1150
礐虛　1619
覺已　60, 658
覺胤　1239
覺悟　903, 951, 1293
覺勸　2063
覺寤　46, 476, 693, 793, 923, 1222, 1289, 1383, 2236
覺樹初綠　1945
覺觀　960
斆之　1130
鼯(鼯)鼠　2036
龕(龕)窟　1140
鐃銅　131
鐃鏡　145, 320, 996, 1538
鐇斧　385, 1793, 2061
鐙王　2124
鐙明　1821
鐙炷　1290
鐖樹　253, 994
鐖樹國　1869
釋氏　139, 989
釋迦文　975
釋迦因陀羅　858
釋迦牟尼　865, 886, 2279
釋迦譜　1874
釋剥論　2130
釋軌論　484, 1390
釋提洹因　932
釋提桓　870
釋提桓因　970, 1212
釋揭羅　1048
釋種女瞿波　904
鶉鷃　575
饒人　1836
饒益　985
饒裕　178, 1170
饐口　282, 1432
饋汝　347, 1666
饋〔饋〕遺〔遺〕　160, 236, 832, 916, 1170, 1425, 1460, 1955
饌具　1456
饌餟　423, 1839
臛〔腌〕臛〔腌〕婆　492, 1741
臚脹　285, 781, 1473
騰書　376, 1798
騰焰　481, 1365
騰羨　1817
騰〔艣〕驤　1594, 2337
騰〔艣〕躍　1054, 1275, 1326
鰻鱧　401, 1499
鰌鱓　1946
飃(飄)鼓　222, 1486
飃薄　1781
飃颺　67, 454, 661, 1349
獽三百　2112
觸抵　1474
觸〔皁〕故　1389, 2101
觸嬈　134, 297, 787, 981, 1553
觸嫐　257, 1480
觸髏　1580
獼〔彌〕猴　846, 1464, 1714, 1921
獼猴手　691
獼〔猕〕猴江　295, 1552
獠巳　330, 1534
獠身　244, 1412
護沙國　1950
護法陀羅尼　635
護藏　646
護魔法　1219, 2216
譚〔譚〕難　84, 1061
譴祟　416, 1088, 1896, 1907
譴責　58, 199, 657, 1314, 1954
譴罰〔罸〕　546, 589, 620, 627
譟弭　1178
譟讙　423, 1839
譯粹　1963
議仲　323, 1542
彃　933, 942
皷(敦)崇　1140
皷諸欲　1256
斅法界　600
魔王　713
魔波旬　932
魔鬼　704
魔怨　165, 1002
魔麾　332, 1544
魔羂〔罥〕　646, 710, 715
魔醯　37
魔醯首羅　2296
麼陶　2102
麙麃　194, 223, 1309, 1488
麛卵　2128, 2149
麛獵　2082
瀻塊　1185
瀻瘡　97, 698
癠蹲　1578
辮帶　322, 1541
辮髮　301, 388, 1094, 1202, 1558, 1779, 2272
競妍　2011
競奏　862
競軫　1963
競鼇　2182
鶣鶥　576
懽喜　1881
懽慘　1931
懺除　878
懺悔　785, 888, 1555

羺 73
羺〔羬〕羊 217,298,1394,1402,1555
羺莎 669
羺竭帝 1170
糯米 678
糲心 2184
糠(糠)穢 1885
鶪鶨 100,1241
爔〔熗〕然 1295,1809
爐冶 958
爓肩 1075
爓魔鬼界 595
爓瀹 2128
灌口 1061
灌綆 51
灌瓫 1892
灌溉 1932
灌蒨 2066
灌灑 696
灌瀐 1182
瀑〔瀑〕河 1211,2212
瀹繭 2175
瀸漏 1840
瀸壞 259,1838
瀺灂 2036
寶机 1238
寶多羅形 881
寶多羅樹 898
寶交露幔 986
寶芽 1124
寶吹 881
寶玩 508,539,1762
寶板 913
寶函 384,546,620,1792
寶〔寶〕垛 254,995
寶珂 1892
寶栅 384,1792
寶舫 573
寶屐 727,755,1871
寶翅 699
寶珥 173,776
寶渚 309,1564
寶瑛 149,1000
寶葉扶疎 856
寶塔 129
寶跋陀樹 881
寶爲(象) 1218
寶軸 1998
寶械 1022,1942
寶輅 795,2324
寶瑣 1197
寶塹 573,2231
寶賓 121,1036
寶線 174,828
寶〔寶〕篋 580,1150,1172,1196
寶髻 766,1020
寶鉀〔磺〕(鑛) 80,740,1280
寶顆 418
寶嶼 2191
寶壋〔璫〕樹 878
寶璫 796,2235
寶瓊 1936
寶鎧 1857
寶繩 2237
寶縵 699,1075
寶贏 1196
寶罌 66,654
寶爓 1127
寶鐸 528,574,689,1196
騫陀 410,1251
騫持 1727
騫唇〔脣〕 463,1359
騫〔騫〕翥 160,918,1618
寶熾 2006
贏長 249
躄〔躄〕行 352,1640,1915
躄者 926
譬喻 975
孀居 1590
孀孩 2169
孅指 195,1310
孃 942
孃矩吒 448,1344
鶩鴈 253,994
響聲 544
饗受 506,1759
繼縷 2052
繽〔繽〕紛 57,139,625,655,738,841,989,1008,1022,1068,1079,1085,1140,1235,1617,2108,2223,2259,2289
繼邁 248
繼嗣 1156,1290,1726
繼邁 1819
繼〔继〕踵 1946,1960

## 二十一畫

齧下脣 1141
齧半 1595,2202
齧其 1954
齧首 1774
齧毒 826,1136
齧脣〔唇〕 796,1821
齧損 2298
齧齒 2231,2267
齧斷 1957
驅役 724
驅逐 1388
驅逼 534
驅遣 591
驅傳 74,669
驅擯〔擯〕 829,1199,1204,1717,1777,2300
驅蹙 221,1485,1909
驃 681
驃騫 387,1787
騾驢 252,1841
騾驢 794
驂駕 118,159,169,918,1005,1091
騄(驂)馭 2146
蠢動 2257
蠢蝡 2126
蠢蠢 521,673,1924,2032,2332
瓔珮 1970
瓔〔纓、賏〕珞〔絡〕 856,1193,1890
瓔飾 794
鬘等 1397
鬖髟 2182
蘀蕣 88,1070
歡心 1997
歡娛 86,450,506,1062,1346,1759
歡喜 1704
歡讌 1590
夔樂 1977
權下 843
權〔攉〕現 1013,1019
權智 1138
權惛〔楕〕 257,1480
權會 2105
權斂 1936
攉輿 673
櫺子 310,321,1540,1565
櫺扇 2116
櫺窗 378,1795
櫼〔攕〕者 385,1793
欝(鬱)多羅僧伽 716
欄 972
欄〔闌〕楯 8,37,129,573,699,756,847,862,912,924,932,1029,1038,1056,1075,1077,1171,1436,1809,1875,1884,1936,2222,2227
欄〔闌〕甃 2012,2159
欄檻 1203,1958
轟然 2318
轟磕 1148
轟轟 242,420,1410,1807
轟鬱 794
轜車 2144

覽庡 1927
醻鑿 1864
酈食其 2102
確陳 498,1400
確然 209,251,387,400,1373
確實 1237
確論 1398
殲 2096
殲而 1912
殲其 1998
殲殄 2148
殲宿殃 1188
霸王 42,941
露枰 168,1005
露幔 130
霧流 1177
霧霈 2322
霹靂 707,1018,1039,1166,1199,1275,1591,1810,1821,1831,1870,1885,1902,2000,2188,2197,2252,2271,2298,2339
攝嚩 1127
攝韓 123,1194
攜一 2201
攜手 1458,1641,1957
攜引 1955
攜瓶 1940
齬齒 924
齩之 1526
齩牙 2267
齩心 1196
齩足 1774
齩者 1153
齩骨 254,995
齩食 1439
齩齧 193,275,1308,1521
齧齷 1856
齷齧 1893
齲齷 1589
饕意 1111
贔屓 237,1426
闢闠〔闠〕 459,1355,1952,1964,1971
闢重關 1279
闢圓 686
囈言 2320
囈語 345,1658
曩 942
曩世 858
曩字 586
曩久 1808
曩昔〔昝〕 86,387,459,1115,1355,1446,1787
曩於福城 907
曩修 1023
曩誐 1247
曩構 2030
曩實 1972
鶡哲 113,1158
躊躇〔躕〕 110,201,275,484,501,1116,1135,1315,1393,1523,1583,1618,1684,1724,1754,1771,1788,1966,2324
躑躅〔躅〕 173,395,747,756,784,924,1493,1944
躑跳 1320
躑躅葉 2266
躑躅花 1167
躍 976
躍鞘 2163
纍危 2184
纍紲 1051,1055,1989
蠟蜜 1440
躡(囂)匾 1578
躡虛 1705
躡撓 2102
躡動 605,1400
躡塵 194,1309
囂〔躡〕舉 455,1351,1688
囂埃 2320
囂〔躡〕聲 1599,1608
囂〔躡〕升 277,1469
囂謗 1769
巋然 1878,1957,1961
黮霸 2167
黰黑 250,1435
黯如 1085
黲黮 1811
髓血 762
髓腦〔㛈、腦、惱、膸〕 569,698,707,723,797,819,1001,1215,1269,2250
髓餅 319,1538
髓腸 1827
酇公 1965
酇國 2006,2099
儷人 1181
儼然 107,810,1184,1242
儼然坐 909
儹箭 1421
蠡(蟲)狐烏 1927
龕別 1922
鐵仗 492,1740
鐵臼 212,1215,1367
鐵叿 1439
鐵杙 194,386,1308,1794
鐵杈 1216
鐵杴 1605
鐵杷 377,1799
鐵弗 193,255,448,1308,1344,1829
鐵栿 1608
鐵砧〔椹、碪〕 91,221,323,1259,1485,1542,1909,1932
鐵〔鐵、鐵〕鉆 91,222,365,448,1259,1344,1439,1486,1715,1731
鐵鉆拔 1915
鐵剗 212,1367
鐵烙 344,1664
鐵箸〔著〕 735,1811
鐵軖 1829
鐵釴 1886,1909
鐵絆 1893
鐵〔鐵〕鈇 250,1435
鐵棓 1215
鐵〔鐵〕喙 146,997
鐵觜〔觜〕 24,449,755,1230,1345,1724,1909,2319
鐵矟 1176,2309
鐵箭 1908
鐵械 2066
鐵槍 212,230,259,1367,1418,1838,2106
鐵摶 816
鐵鋌 1128
鐵槽 755
鐵輞 1522
鐵檪〔欒〕 1131,1167,1239
鐵磧〔鐼〕 1726,1935,2115
鐵蟒 1909
鐵鉦 255
鐵錘 221,1485
鐵鎚 735
鐵壓 2164
鐵髆 385,1793
鐵〔鐵〕鍱〔鍱、鍱〕 190,749,1293,1305,1473,1582
鐵鍼 1808
鐵鍤 1608,1629
鐵鏊 250,1439
鐵鎖穿 2062
鐵鏤 1914
鐵〔鐵〕鏇 1397,1832,1908
鐵鐓 416,1088,2106
鐵轞 1908
鐵鐶 2203
鐵鑊 735

鐵囊　1215
鑊內　1578
鑊湯　755,1172,1644
鑊脚　914
鐸　678
鐸印　1139
鐸敧拏　1616
鐶釧　1176,1219,2216,2223,2284
鐶鈕　1605
鐫之　1918,1922,1936,2071
鐫石　1993,2002,2336
鐫勒　2102
鐫題　1625
鐫鏤　1957
鐫鑿　1969
鐮斫　1584,1599
鐴土　347,1666
飜騰　1719
鷗山　1474
鷄皃　1513
鷄毤　230,1419
鷄雁　2287
鷄鶚　344
鷄薩羅　906
鷄羅多摩　870
鷄鶩　147,193,282,998,1307,1432,1512,2173
鶬鴰　81,169,326,742,1071,1529
鶬鶴　1456
鶬鶘　575
饘粥　2083
鰥絶　2136
鰥〔鰥〕寡　441,1006,1219,1952,2215
鰥獨　235,1424
飇〔飈〕(飆)焰　351,1645
飇爾　2163
飇舉　2084
飇〔飈〕聚　98,704
飇〔飈〕火　293,1225,1550,2220
飇發　1957
驤〔驤〕昧　422,1851
譸張　169,274,1005,1520,1986,2149
讁阿　347,1665
讁罰〔罸〕　501,693,747,1288,1754
譺聞　2041
癩病　1219,1676
癩疾　547
癩瘡　1090
癩瘑　1187
靡熙　1972
麝香〔香〕　93,448,824,1019,1150,1261,1344
辯久　609
辯析　897,1240
辯囿　2025,2034
辯捷　2256
辯説　542
辯諸　2196
辯駮　2142
辯藴　472,1332
辯覈　2127
齎以　1945
齎此　2048
齎妙　672
齎〔賷、賫〕持　635,712,749
齎梵葉　1916
齎餅果　1965
齎稟　1194
夔龍　1990
懾化　2067
懾伏　109,197,1116,1312,1891
懾驚　415,1087
懾龍　2148
懼咤　115,1258
懼嬈　1895
爛〔爤〕糞〔坌〕　550,608
爛臭　819
爛壞　592,2202
爝〔爝〕火　2009,2017,2026,2034,2075,2147,2335
飆揩　1136
襪此　2197
顧叅　625
顧命　588
顧逮　2163
顧眄〔盻〕　447,502,734,760,848,951,1238,1239,1343,1419,1560,1588,1607,1755,1771,2089
顧盻　1858
顧復一切衆生　877
顧戀　541,593,1094
顧憎(惜)　564
鶴唳　2255
鶴樹　1395
鶴籥　2075
襯身　1958
襯臥　1606
襯體　1635
屬于　979
屬〔屬〕耳　210,442,479,1379,1386
屬圩　1461
屬斯　503,1756
屬有　808
屬續　2123
羼　541
羼底　722
羼帝　1058
羼提　867,912,989,1039,1048,1090,1285,1403,1879,1888,1905,1927
蠡度　2135
蠡酌　1973
纖(纖)介　1116
纖利　1203
纈目　206,1338
纈麗伐多　1505
纈麗縛多　914
續皃〔皃〕　1987,2152
纏縛　2259
纏〔緾〕壓　496,1681,1744

## 二十二畫

驍勇　285,436,726,1128,1155,1473
驍捍　2110
驍健　511,1765,1778
驍捷　106,1272
驍雄　1971
驕佚　2282
驕侈　2231
驕倨　771
驎陀　2256
驎駠　2133
鬚〔鬢、須〕髮〔髮〕　587,633,745,757,764,1644,2033,2077
鬚〔須、鬢〕蘂　1112,1139,1141,1182,2237
鬚鬣　1959
覿天　2042
覿遊　1628,1636
鷙鳥　171,232,1093,1421,1877,2002,2106
鷙影　1572
懿乎　386,1787
懿列王　2005
懿沙　780
懿典　2192
懿德　2070
懿摩　1868
聽不　715
聽我　1001,1859
聽往　528
聽著　764
聽許　531,1195,1279
聽許佛聽　758
聽訟　214,380,1287,1780

聽訟斷獄 909
聽聞 546
聽矚 2042
蘸之 1185
蘉〔憕、瞪〕瞢〔瞐、懵、蕄〕 39,90,246,358,403,464,496,947,1029,1114,1225,1237,1239,1360,1430,1452,1501,1511,1671,1684,1693,1705,1745,1771,1777,2195,2219
蘿菔〔菔、蔥、蔔〕 702,961,1129[43],1141,1595,1607,1628,2270,2303
蘿蔓 1968
蘿蔦徬 2185
蘗魯 1175
韁杙 1651
韁棄 1634
韁繼(轡) 1216,2214
韁鎖 1369
驚眩 1934
驚訝 1936,2114
驚惕 1171,1977
驚悸 84,397,441,1006,1495,1514
驚惋 333,1544
驚愕〔愣〕 726,982,1131,1620,1919,2299
驚惶 559
驚跳 2056
驚慴 1240,1710,1726
驚駭 8,447,577,847,865,1032,1035,1120,1343,1715,1726,1959,2235
驚躍 812
驚覺 1890
驚飈 1635
驚飈 1397
驚懾 1956
驚讋 2075
蘼蕪 2160
蘱〔蘱〕恃 113,1158
欃牆 391,1668
轒轤 326,1529
轢我 1091
轢身 91,1259
轢其 232,1420
轢帝王 2151
轢殺 1853
轢碎 413,1205,1254
轢諸 193,1308
醇(醇)化 807
醇凈 1140
醇醪 1954
鷗香 2181
鷩闉 1246
鑒於 394,1492
鑒面 1628
鑒能 2164
鑒照 1683
鑒察 1606
囊括 2194
囊杷 1863
囊裝 1999
囊撲 1240
囊襻〔襻〕 341,1661
霹陀 108,1113
霽澄 1238
邐迤〔峛崺〕 1885,1960,2037,2180
鄼(酇)川 1925
擾(擾)攘 2119
攦黑 1810
攞 886
攞字 116,1274,2239
攢茂 1041
攢呵尼 1160
攢眉顰蹙 1574
攢捻 1192
攢搓 2319
攢集 1581
攢箭 233
攢藥 1646
攢鋒 2251
攢櫨 787
齱齬 1131
驚弁 2042,2175
氍〔毹、氍〕毹〔毹、毹〕 44,304,719,948,1152,1286,1455,1561,1584,1599,1610,1627,1635,1636,1650,1681,1864,1904,1940,2327
贖之 1515
饕亂 107,1242
饕餮〔飻〕 149,193,415,437,450,568,729,767,1000,1035,1087,1308,1346,1595,1611,1629,1672,1706,1807,1852,1860,2326
饕穢 285,1473
躓利 113,1158
躓咤 412,1253
躓害 2321
躓頓 70,252,399,665,826,1153,1496,1585,1616,1633,1842,1936
躓礙 82,117,279,371,834,1111,1117,1457,1816,1835,2095
疊栱 787
疊榦 2075
疊磓 1438
囉 942
囉他二合字 586
囉字 585
囉呢 1251
囉剎娑 561
囉吟 19,804
囉咤 23
囉移 17,802
囉絃 16,801
囉惹 1195
囉緹 15,799
囉闍 1149
囉譎 111
曝(曝)誐 1181
羇他 62,650
羇死 2039
羇底 1452
羇旅 1953
羇游 1958
羇遊 449,1345
羇縶 25,283,1231,1432
羇籠 1079
羇纏 481,1365
邏戍 217,1326
邏字 58,656
邏伽 2229
邏惹 2268
邏剎娑 1067
邏啜 150,1008
邏攙 493,1741
巔墜 2033
巖穴 633
巖岫 2232
巖涯 2077
巖崿〔崿〕 13,852,1463
巖隒 2108
巖窟 678,1127,1891
巖龕 2071
巖巘〔巘〕 900,1969
巑岏 2172
體 678
體悸 1886
體胤 194,449,1309,1345
體瘃 347,1666
體皺 1809
體羸 2055,2083
髑髏 189,585,731,769,1169,1196,1268,1304,1603,1828,1857,2235
黐(䤻)芬 1025

黐〔黐〕膠 49,746,1057,1464,1576
穰草 96,1034,1853
穰麌梨 1159,2339
穰麩 1033
籗 114
籧〔籧、蘧〕篨〔蒢〕 1925,1978,2110
籧廬 2024
籐笋 730
籠罩 114,785,1986,2053,2074
籠輢 325,1528
儻能 252,1842
皭法師 2098,2107
𦪇(騰)踴〔踊〕 594,1700,1859
𦪇蛇 1996
𦪇(騰)騁 2179
𦪇鶍 2011
鑄一 1200
鑄金 1388
鑄金 713
鑄師 1112
鑄寫 2202
鑄鍊 707
鑯(鑯)爪 1438
鑯鋸 1903
鑑亡 2074
鑑地 521
鑑徒 1188
鑙銅 1129
鑌〔鑌、賔〕鐵〔鐵〕 1130,1176,1203
龕〔龕〕室 91,770,986,1033,1259
龕堀 1681
鰻魚 1931
玁〔獫〕狁 1916,1931,1972,2020,2065,2077,2110,2148
玁狁烽爟 2107
蠭蝶 737
瓤生 484,1390
顫疚 1831
顫頏 233,1421
顫動 250,1435
鷓鴣 340,1661
疊〔曡、疉〕疊〔曡、疉〕 155,237,833,1426,1894,1917,1978,2038,2052,2097,2131,2152,2201
癭鬼 1603
癭病 1163
癭尰 98,1956
癭瘇 91,703,1259
癭瘤 114,1159
癭癤 922
癬疥 846
癬皰 362,1796
麞鹿 765,1220,1269,1575,2190
聾者 527,578
聾盲 731
聾瘂 169,776,1573,2211,2308
聾劓 1000
聾聞 1915
聾瞎 2283
聾騃 135,776,981,1628
聾瞽 1032,1053
聾聵 9,424,738,848,880,1085,1514,1863
龔州 1944
襲予 674,2263
襲持 423,1839
襲師 463,1359
襲績〔續〕 117,1090
饔〔饔〕人 2154,2166
饔飱 2087
競(競)來 564
爆(爆)熾 1860
灘敦葉 1129
灘渚 2244,2311
灘過 1635
灘磧 1589,1720
灑 943,982
灑火 1877
灑地 37,135,577
灑捩 1575
灑散 324,1542
灑落 2056
灑塵 2097
灑歕 399,1497
灑潤 844
灒汙 1632
灒溢 1629
灒灑 1601
竊 561,981
竊自 2232
竊作 543,588
竊景行 674
竊懷 714
鬻金 2240
鬻〔鬻〕香 900,2229,2232
鬻德 2097
鬻賣〔賣〕 150,1009,1954
𢍰水 335
轡〔轡〕勒 73,187,353,633,668,896,1302,1572,1640
轡(轡)制 1275
彎弓 210,817,1145,1379,1381,1384,1685,1703,2287,2297,2314
彎弧 283,1431
孿子併 1692
孿併 357
纑縷 1157,1855
纏繞 605
臠腹 1858


## 二十三畫


韊攝〔襵〕 285,1473
鷰〔鷰〕麥〔麦〕 268,439,816,1517
鷰巢 1860
欑成 1322
欑峰(峯) 707
欑酪 1442
轥傷 2315
轥轢 1945
虌〔必、虌〕櫐〔栗〕 393,1136,1491,2255
鼈羯 439
鼈離 113,1158
鼈羅葉 446,1342
靨處 1592
魘〔厭〕鬼 149,1000
魘魅 1187
攫其 317,1535
攫面 1889
攫啄 220,1484
攫〔攫〕腹 505,1758,1774
攬水 1233
攬令 1192
攬池 2313
攬屏 397,1495
齰斷 1954
齮齧 146,997
齮齌 275,1521
齽 1159
齽齧 1909
齴齜 1439
贙兕 2024
囒地 116,1243
囇嘅 389
曬 676,1159
曬在 1604
曬衣 1574,1877,2188
曬袈裟 1959
曬狓 1168
曬〔曬〕婆 15,154,800
顯炫 1185
顯授 1031
顯著 1856
顯敞 719,1017,1138,1950,1967
矙遺 2059,2096
蠱 1024,1159
蠱爻 2043

蠱狐 147, 176, 257, 786, 997, 1480, 1912
蠱毒〔𧖞〕 11, 810, 850, 882, 1246, 2269
蠱祥 413, 1254
蠱道 39, 58, 199, 249, 309, 545, 588, 605, 619, 657, 937, 1067, 1219, 1295, 1314, 1466, 1565, 1819, 1831, 2216
蠱魅 1018
蠰佉 2136
蠰舍 1539
巘崿 1959
巘盪 2269
巘拏 1163
巘際 1323
黲布 1940
髖骨 45, 359, 455, 540, 585, 949, 1351, 1694, 1782
髖髀 496, 1745, 1777
髖臚 460, 1356
髕〔髖〕也 105, 1164
髕腨 94, 1263
艫舟 224, 1489
鑵綆 960, 2309
籥籆 1760, 1987, 2147
籥理 2025
籢鼓 19, 804
籤刺〔剌〕 1611, 1626
籤牓 1917
籤題 2025
鼷鼠 91, 133, 245, 425, 457, 978, 1167, 1259, 1353, 1429, 1464, 1860, 1970, 1975, 2013
鼷隙〔隙〕 41, 545, 939, 1068
鼷狡 1880
鼷隙 2130
鵂鶹 1616, 2310
鵂鶹鳥 1013
鑽(鑽)息 1710
鑠石 2000
鑠金 2025
鑠如 145, 996
鑠底 1130, 2280
鑠枳底旖 1186
鑠訖底 1126, 2301
鑠羯羅 1396, 1710
鑠鑁 2275
鑠靈 1987
鱓蛭 737, 1610
鱗鮔 223, 1487
鱒魴 401, 1499
讌集 12, 851
讌會 446, 770, 1342
讌於 2049
讇言 1629
讇佞 1014
讇語 398, 924, 1496
讇韡 21, 805
讇寱 1171
鷲峯〔夆〕 432, 523, 713, 1106, 2264
鷲峰山 578, 1011
鷲頭 685
鷲巖西峙 855
癰〔癕、瘫〕疽 549, 732, 938, 1022, 1026, 1652, 2126, 2280
癰痤 1617, 1630
癰腫 1174
癰〔瘫〕瘡 764, 1195, 1222, 2323
麟〔麟〕角 462, 493, 1357, 1590, 1700, 1718, 1734, 1741, 1775
麟負 1332
麟麐 2016, 2035, 2337
麐黍 1950
讋怖 213, 1370
齏菜 1601
爝煽 1136
顲 679
顲泯 1166
顲泯達羅 2280
蠲去 703
蠲除 38, 136, 460, 479, 537, 583, 791, 860, 934, 983, 1080, 1297, 1356, 1386, 1404, 1580, 1769
蠲嗜欲 1878, 2020
蠲棄 1007
蠲勞 712
蠲愈 1016
襵衣 1650, 2043
襵婆 1634
襵爲 1582, 1598
襵皺 363, 1797
襵縫 318, 1536
韉等 1124
纓貫 369, 1813
鸞羅 413, 1254
纖介 110
纖利 1700
纖長 152, 261, 570, 600, 636, 760, 798, 1016, 1051, 1438
纖毫 808, 1237
纖鋭 1102
纖傭 1899
纖雜 714
纖繳 464, 1360
纔 874
纔一 587
纔七日 769
纔入 448, 1068, 1344
纔分 2200
纔〔纔〕出 365, 437, 602, 728, 1730
纔〔裁〕有 41, 118, 940, 1091
纔全 245, 1428
纔足 1474
纔受 2275
纔晰 1480
纔高 2042
纔取 471, 1329
纔〔纔〕得 323, 820, 1542
纔起 1332
纔發 783, 2268
纔發心 1772
纔結 1157
纔稱 1243
纔誦 1199
纔聞 2285
纔覩 1688
纔驗 2177
欒一杓 2294
欒乳 1135
欒油 1154, 2303
欒空 99, 1270
欒酥杓 1130
欒〔彎〕取 310, 342, 1566, 1663
欒水 1889
欒大 1985
欒栱 1887
欒棘 675
欒棘 2264
欒櫨 2078
攣〔癒〕急 1725, 2111
攣縮 1486
攣〔癵、癒、癵、躄〕躄〔壁〕 549, 556, 562, 731, 915, 981, 1066, 1581, 1598, 1897, 1921, 2090, 2094
攣〔癵〕縮 222, 1463
變易 559, 600, 1406
變革 465, 1361
變現之戲 988
變滏令燥 889
變慴 1237
變態 753
變殞 349, 1655
戀著 558
戀嫪 269, 400, 1286, 1498
纏〔纆、緾、纒〕裹 537, 583, 693, 721, 795, 1074,

2245
纏擾 532


## 二十四畫


驝〔馲、槖、驝〕駞〔駝、駝、駝〕134,179,435,724,794,981,1124,1217,1397,1832,1921,1960,1969,2120,2215
驟移 1961
驟徙 1948
驟淹 1958
驟墮 186,1301
驟澍 1166
驟駕 1023
驟轡 1615
觀世音 123
觀行 38
觀身如篋 956
觀肪 1478
觀垣 360,1696
觀詧(察) 1042
觀銓 157,1037
觀膜 1463
觀矚 1438,1440,2169
蠹木 2013,2159
蠹害 2043
蠹簡 1963
蠹蝕〔虫〕162,177,797,1040,1895
蠹羅綿 442,1042
矗直 390,1802,1940
矗然 91,1259
邐者 1123
鸑鳥 1284
釀酒 196,1310
靈柩 258,368,1445,1813
靈模 2052
靈龕 1717
靈鷲 2017,2269,2270
靈鷲山 1260
靃靡 689,913,1397,1958,2015
蠶衣 2175
蠶絲 1176,1581
蠶繭 748,1048,2250
鬭〔鬪〕諍 841,1277,1857
鬭構 1057
攬掠 1885
顰睂(眉) 2289
顰喊 842
顰慼 1198
顰蹙 1280,1679,1820,1870,2266
齲齒 330,1533,1583,1598,1634
齵齒 1574,1919,1981
齲盧 439
囓嚼 1155
曭朗 2182
躞蹀 925
囑累 563,990
羈役 1888
羈制 1276
羈客 2073
羈勒 1809
羈〔鞆、羇〕絆 159,919,1454,1571,1579,1593,1596,1630,1811
羈〔羇、羈〕鞅 896,1854,2211,2225
羈〔羇〕鎖〔鏁〕935,1209
羈縻 1916,1923
羈繫 883,2246
羈羅 757
鼈齩 1576
鼈獼猴 1912
鼅〔蜘、䵹〕鼄〔蛛〕1191,1387,1829
籬上 348,1666
籬間 735
籬柵 1589
籬裹 1656
籬壍 1597
齅 881
齅七 1857
齅生 1394
齅地獄香 696
齅行者 1478
齅我 1603
齅者 838
齅相 837
齅香 729,941,1039,1464,1685,1714
齅跡 1904
齅嘗 1770
齅報 1240
齆差 2112
齆鼻 107,222,413,1242,1254,1487
衢巷 1079
衢路 2229
衢街 1080
衢道 535
飂亮 2173
鑪冶 50
鑪匳 2079
鑪錘 1997,2115,2130
鑪鍋 25,1231
鑪橐 100,833
鱯魚 222,1486
鱣那 92,1257
鱣脂 335,1546
鱣魚 212,234,322,359,376,414,1086,1367,1422,1541,1694,1707,1798
讙也 2028
讙吏 2088
讙呼 257,1480
讙呶 2174
讙譁 404,1502,1945
讙聊 795,1940
讖什 1966
讖記 48,197,955,1311,1885
讖書 1522
讖蒲 438
讖謎 443
讖緯 2121,2240
讖鵬 231,1419
讒死 2144
讒哳 257
讒構〔搆〕251,1040,1841
鸛雀 1131
鷹逐鴿 1515
鷹隼 122,1074
鷹狓 1194
鷹夋 1023
鷹窟 1580
鷹鶻 175,1077
鷹鶚 386
鷹鷂 1050,1135,1881,2002
鷹鸇 275,1521,2083,2152
癲〔癲、瘨〕狂 723,810,1066,1627,1652
癲等 1131
癲病 1676
癲〔瘨〕癇〔癎〕114,439,454,549,556,562,611,1121,1155,1158,1350,2239,2245
癲癩 1247
癮傴 2043
奲(嚲)然 1919
灞〔㶚〕上 1931,2147
灞川 1998
灞滻 2001
攢〔欑〕矛 220,362,375,454,759,1350,1484,1790,1796
攢逐 206,1338
攢棓 26,251,1232,1442
攢鋌 1361
攢鑱 735
鷸鴂 1961
鸊鷉 384,1792,2181

## 二十五畫


鬣毛　912
欝（鬱）多羅僧　1554
虋麥麩　2305
靉靆　136,983,1081,1166,1184,1442,1577,2112,2168,2191,2247,2321
顱顙　395,1493
矘眼　21,1228
贕（韇）不　1656
躡　867
躡女裙　2106
躡金　675,2264
躡金屣　748
躡畫　1187
躡霜　522
躡襈〔撰、樸〕　121,1431
躡瑠璃　1618
躡蹈　1831
躡懸絙　2049
黷黗　1827
鼉鰐　386,1794
鶤猴　1168
鶤鵬　1249
鱗（鱗）介　1053
鑯標　1031
鑯鋭　2169
籮中　227,1415
鑱身　1609
鑱刺〔剌、剌、刺〕　92,182,210,221,340,505,1259,1374,1485,1661,1759,1774
鑱鈹　1247,2269
饞嗜　458,1354
鸑鷟　1931,2136
鑰匙　251,342,1663,1841
廳房　1681
爔（爓）螢　2152
灣環　1241
斸斫　1049,1216,2214
鸋鴂　2035,2338
纘祖宗　2338
蠻獠　1877,1960
蠻屬　2123
臠肉　1109
臠割　736,1609,1833,1909
臠臠　256,1439,1830
臠膾　2155
闟　865
闟〔鑰〕牡　305,344,369,1561,1658,1813


## 二十六畫


驥駿馬　763
驢車　954
驢騾　1987,2022
驢斅　1908
欝（鬱）多羅究留　1437
釃酒　351,1644
齇腭〔膠〕　460,1356
矚之　1964
矚奕　2033
躧足　2135
躧褐　2161
氎　980
氎衣　1438
氎花　1215
氎絮　1699
氎縷　1121
黶子　1439,2317
黶黑　1705
黶月　1138
黶記　1169
黶點　571,637
黶然　156
讚唄　1981,2046
讚勵　564,573,609
讚槩　845
竊服　2040


## 二十七畫


驩州　1938,2101
驤首　1976
欝（鬱）禪耶城　1857
鬱（鬱）陀伽　955
鬱頭藍弗　963
鬱曇鉢林　953
齺足　505,1758
齺齒　398,1496
鸕鷀〔鶿、鷀〕　120,394,424,1113,1277,1491,1906
釁心　531,580,602
釁伐　2042
釁〔舋〕張　247,1817
釁遘　2123
黷武　1878
豔（豔）天　1514
鑽之　1964
鑽火　1172,1275,1511,2195
鑽孔　1605
鑽可　1461
鑽仰　874,1375
鑽作　1582
鑽身　1438
鑽研　2061
鑽穿　1832
鑽酪　1631
鑽搖　936,1056
鑽溼木　2196
鑽燧〔燧〕　199,509,1313,1320,1351,1389,1762,1996
讜言　2039,2127
讜泥〔埿〕　413,1254
讜聞　1297
讜論　1961
纜繫　1575
鑾輿　1971


## 二十八畫


鸛蚊　2039
鸛雀　368,1813
鸜鵒　1135
鑿之　1912
鑿石　2188
鑿井　636
鑿穴　2051
鑿穽　245,1428
鑿君荼　1142
鑿爲　1632
鑿壙　2055
鑿巃山　2065
鸚鵡　37,574,636,688,747,1048,1811,2211,2250,2281,2309
爨炭　1871
豔〔豔〕色　439,815
豔〔豔〕眄　148,999
豔發　2054
豔飾　2116
鬱（鬱）峙　1915
钁斵〔斲、斵〕　41,300,1556
戇愚　463,818
鸑鷟　206,1338


## 二十九畫


驪山　2102
驪戎　2114
驪珠　2012,2026,2159,2338
驪駒　2168
驪龍　418
鬱多羅僧　298
鬱多羅僧伽　756
鬱多羅鳩婁　1802
鬱皃　255,1829
鬱茂　1001
鬱金　493,1186,1742
鬱快　461,1357
鬱秘　2132
鬱哆　87,1256
鬱特　46
鬱烝〔丞、蒸、烝〕　43,408,453,821,944,

959, 1250, 1349
鬱垮 1237
鬱婆尸女 931
鬱單曰 380, 1781
鬱單越 250, 866, 1008, 1260, 1435
鬱單越國 932
鬱訓 330, 1534
鬱爾〔尔〕 470, 1328
鬱鞞 1890
鬱馥 493, 1741
鸛鵒 747, 774, 914, 1157, 1441, 1601
齷掣 193, 1308
齷齧 133, 979, 1861
钃斤 1149
爨〔爨〕之 370, 1815

## 三十畫

鸝黄 457, 1353
𪓔曲 1035
𪓔跛 1085, 1627, 1633
𪓔癖 1188

## 三十一畫

灩〔灩〕溢 456, 1352
鱺魃 1828

## 三十二畫

鸝瑪 575

## 三十三畫

鱻明 260, 1481
麤如 1938
麤細 97
麤踌 2017
麤觸 357, 1691
爩熱 632

## 注 釋:

1 《麗》本《玄》作“弗”,《磧》本作“弗”。據文意當作“弗”。

2 《麗》本《玄》作“杼”,《磧》本作“抒”。據文意當作“抒”。

3 《麗》本《慧》作“杼”,《磧》本《玄》作“杼”。據文意當作“杼”。

4 《麗》本《玄》作“籽”,《磧》本作“杼”。據文意當作“杼”。

5 《麗》本《玄》第十七卷無“一”,據《磧》本補。

6 《麗》本《玄》作“趼”,《慧》作“趣”。

7 《麗》本《玄》作“无”,《慧》作“無”。

8 《磧》本《玄》作“暇”,據文意似作“暇”。

9 《獅》作“蒸”,即“蒸”。

10 《麗》本《玄》作“万”,《慧》作“刀”,據文意當作“刀”。

11 《麗》本《慧》第八卷作“懲”,《慧》第十卷作“懲”,《玄》作“懲”。

12 《麗》本《慧》第十七卷作“梟”。

13 《麗》本《玄》作“籃”,《慧》作“藍”。據文意當作“籃”。

14 《麗》本《慧》三十六卷作“腭”。

15 《麗》本《玄》作“概”,《磧》本作“摡”。《麗》本《慧》作“摡”。據文意當作“摡”。

16 《麗》本《玄》第二卷、第三卷、第四卷〔此條據《磧》補〕、第二十二卷、第二十四卷作“匀”。

17 《麗》本《慧》作“及”,據文意似爲“及”增筆俗寫字。

18 《麗》本《慧》作“杷”,據文意當作“把”。

19 《麗》本《慧》第五卷作“巳”,據文意似當作“己”。

20 《麗》本《玄》二十二卷作“孑”。據文意當作“子”。

21 《麗》本《慧》九十六卷作“睞”,《獅》本作“睞”。

22 《麗》本作“咩”,即“咩”。

23 《麗》本《慧》作“攴”,據文意當作“支”。

24 《麗》本《玄》作“怗”,《磧》本作“怗”。據文意當作“怗”。

25 《麗》本《玄》第三卷作“橈”,據文意似當作“撓”。

26 《麗》本《玄》、《慧》作“蛆”,據文意似當作“蛆”。

27 拼,“栟”的訛俗字,即“析”。

28 《麗》本《慧》作“陝”,據文意當作“陜”。

29 底本作擊,“擊”的俗寫。

30 《麗》本《慧》作“厄”,據文意當作“危”。

31 橩,據文意當作“禰”。

32 《麗》本《玄》第十一卷本作“煐”,《磧》作“梜”。

33 曰,據文意似作“目”。

34 坧,《麗》本《慧》第十七卷本作“坵”,據文意似作“坻”。

35 《麗》本《玄》第四卷作“輺”, 似爲“輜”之訛。

36 闍,《麗》本《玄》第二十一卷作“闇”,據文意似當作“闍”。

37 廐,注本作“廐”,即“厩”。

38 椗,據文意似爲“柁”。

39 酟,據文意當作“斲”。

40 漢,《大正》作“導”。

41 “裹”爲“褏”的形近訛寫。

42 栽,即“裁”。

43 蔽,據文意似當作“菔”。

# 四角號碼索引

# 0


**$0010_1$**

27 蠻〔甂〕醬 396, 1494

**$0010_4$**

23 主稼 2236
主稼神 857
30 主宰 480, 506, 1365, 1759
17 童子迦葉 963
22 童丱 2106
童齔 95, 215, 1264, 1288, 2090
40 童真 106, 1272
77 童豎 503, 1756

**$0010_7$**

00 亹亹〔斖斖、亹亹〕 155, 237, 833, 1426, 1894, 1917, 1978, 2038, 2052, 2097, 2131, 2152, 2201
23 斖〔亹〕然 1919

**$0010_8$**

25 立佛支提 905
36 立邋 1652
51 立拒 49
立拒舉瓶 958
77 立尿〔屎〕 482, 1366

**$0011_1$**

00 痱癗 65, 345, 368, 502, 652, 1659, 1755, 1813
瘥瘻 2282
05 疵譴 2014
21 疵穢 1102
42 疪斯〔廝〕 511, 1765, 1923, 2076
疪斯國 1924

**$0011_2$**

00 疱瘡 1629
疱癩 2283
12 疱烈 1775
58 疱犧 1878
77 疱凸 1859
20 瘏手 1039

**$0011_4$**

00 痤癤 728
痤瘻 1162
26 痤鬼 412, 1254
00 癃〔癊〕疲〔跛〕 941, 2035, 2337
13 癃〔癊〕殘 549, 1057, 1479, 1873, 1895
00 癰〔瘫〕瘡 764, 1195, 1222, 2323
癰〔癕、癕〕疽 549, 732, 938, 1022, 1026, 1652, 2126, 2280
癰痤 1617, 1630
72 癰腫 1174
00 癕癤 723, 1155
癕瘻 1192
疣癊 781
疣疽 1860
58 疣〔肬〕贅 172, 425, 571, 637, 784
10 瘗而 2073
瘗于 2091, 2095
44 瘗葬 1957
26 痓鬼 413, 1254
28 痊復 2105
78 痊除 580, 602
80 痊愈 906

**$0011_7$**

疽 981
00 疽病 698
疽瘡 190, 1305
疽癩 114, 1038, 1159
疽癖 723, 1192
10 疽惡 776
瘟〔瘟、盖、盧〕天 69, 98, 110, 180, 663, 917, 1270, 1273
34 瘟波摩那 180
45 瘟樓 173
44 瘂者 527, 579, 1041
53 瘂或 244, 1412
63 瘂默 1102, 2328
80 瘂羊 818, 1032, 1775
66 疙囉 1163

**$0011_8$**

00 竝該 1918
16 竝現 96
18 竝鶩 2089
27 竝將 2247
47 竝起 391, 1668
77 竝豎 2289

**$0012_1$**

14 澌〔廝〕破 2255, 2260
61 澌嗄 1033
44 痾耆 1872
67 痾略祇 1941
72 疔腫 1174
80 痚人 216, 1665

**$0012_2$**

56 瘳損 246, 1429
77 瘳降 209, 1373
80 瘳愈 766, 1070, 1633

**$0012_7$**

00 病瘳 1454
22 病祟 1248
33 病滲 1828
80 病悆 610
病愈 167, 365, 441, 1004, 1006, 1731
88 病篤 935
00 痛痲〔痳〕 378, 1795
瘠病 2015
44 瘠薄 238, 1427
60 瘠田 366, 465, 1361, 1732
00 癘瘡 147, 997
癘癖 1188
55 癘曲 1035
64 癘跛 1085, 1627, 1633
00 痛痒 1888, 2133
痛癢 836
22 痛劇 1448
28 痛徹 597
50 痛辢〔辣〕 385, 1793
58 痛蛘 792, 1038, 1092, 1511
00 痟痟 327, 1530
痼〔痾〕病 247, 413, 1254, 1818
痼〔痾〕瘨〔癲〕 286, 1447
痟瘦〔瘦〕 981, 2228
瘍癬 1153, 1193
痟痛 417, 1089
10 癆下 43, 363, 944, 1676, 1797
17 痹子 2328
癤子 1390

**$0012_8$**

00 疥癩 732, 2280
疥瘙 328, 1531
疥癬 571, 637, 1174, 1203, 2283
疥瘥 1885
疥癕 549
疥瘙 306, 1562

**$0013_2$**

00 痃癖 732, 1162, 1180, 1199, 1676, 2267
痖痒 1191
60 痕跡 378, 1795

**$0013_3$**

00 疼痺 91, 374, 1259, 1789
疼痛 297, 1554
疼〔疰〕瘵〔燥〕 147, 997
40 瘀壞 381, 1781

**$0013_4$**

00 瘀病 306, 1562
疾瘳 2015

疾疫 1024,1857
疾瘉 2083

**0013$_6$**

00 瘙癢〔痒〕 1611,1625
21 蚕〔蠶〕柴 47,952,1685
40 瘜肉〔宍〕 46,381,950,1781

**0013$_7$**

00 癮〔瘾〕疹 200,279,1315,1809
瘟瘿 1676

**0014$_1$**

00 痔病 296,1199,1553,2283,2285
痔瘻 732,1188
37 痔漏 626,2280
71 痔蜃 226,1414
44 癖者 767

**0014$_2$**

52 疷〔底〕搠 111,825

**0014$_4$**

00 瘻病 1185
瘻瘡 2283
痿瘁 1112,1243
44 痿黄 1869,2305
痿熱 197,1312
70 痿躄 1086
00 癭病 1163
癭癖 922
癭瘤 114,1159
癭瘇 91,703,1259
26 癭鬼 1603
42 癭尰 98,1956

**0014$_7$**

00 瘢痕 251,893,1202,1442,1616,2241,2266
癈瘕 1085
瘕疵 1325
瘦〔瘐〕瘠 225,1490,2319
瘦〔瘐〕蠆 117,1111
瘦疵 1889
25 瘦眚 276,400,1498,1515
66 瘦瞿曇彌 957
81 瘦短 776
00 痠〔㾕〕疼 1470,1901
94 痠憷 2301
00 疫疾 1523
疫癘〔厲〕 438,1149,1150,1195,1371
11 疚頭 329,1532
20 疚手 330,1534
29 疲倦〔惓〕 573,636,721,1094,1277,1895,2327
44 疲苦 1858
疲勩 1966
47 疲極 627,780
51 疲頓 527,879
71 疲厭 2297
47 痠極 620
50 瘐〔瘦〕中 1155
60 瘢跡 1130

**0014$_8$**

46 癥塊 1185

**0015$_0$**

71 痱脹 1713

**0015$_1$**

00 癬疥 846
47 癬皰 362,1796
58 痒軫 1174

**0015$_6$**

11 瘴彌 178,1171
23 瘴綻 439
30 瘴之 68,662

**0016$_0$**

00 痼疾 494,1742,2062,2090
痼瘀 1178
痂疳 82,1117

**0016$_1$**

00 痞痾 1522
痞瘂 135,556,703,731,981,1057,1184,2258
01 痞聾 2158
44 痞者 2002

**0016$_2$**

00 瘤病 344,1664
瘤癖 216,1665
瘤癭 425,1085,1863
88 瘤節 269,383,1476,1791
00 瘤瘤 1873

**0016$_7$**

00 瘡瘢〔瘉瘵〕 70,108,665,745,1267
瘡瘳 414,1086
瘡痕 577
瘡疥 2305
瘡疱〔皰〕 1121,1152,1572,1604,2317
瘡疳 2134,2172
瘡痟 2028
瘡癬 2280
瘡痍 235,369,1424,1813,1820,1889
瘡疣 111,676,711,829,938,1221,1273,1599,1727,1900,2217,2225,2265
15 瘡殨 2312
30 瘡竅 1049
71 瘡曆 1629
78 瘡胗 140,990

**0017$_2$**

00 疝病 312,1568

**0018$_1$**

00 瘓瘓 225,306,1490,1562,1629
23 瘨狀 1616
00 癡疵 1071
癡疙 341,1662
37 癡冥 1896
39 癡淡 410,1252
44 癡瞽 7,432,714,847
47 癡縠 892
50 癡惷〔惷〕 781,1903
64 癡噤 107,1242
73 癡騃 935,1029,1885
74 癡膜 2254
77 癡翳常蒙惑 859

**0018$_2$**

00 瘷病 1676
瘷瘧 2285

**0018$_6$**

00 癲〔瘨〕癇〔癎〕 114,439,454,549,556,562,611,1121,1155,1158,1350,2239,2245
癲癲 1247
癲病 1676
41 癲〔癲、瘨〕狂 723,810,1066,1627,1652
88 癲等 1131
00 癩病 1219,1676
癩瘡 1090
癩疾 547
癩癇 1187
癀瘧 1085

**0018$_7$**

33 疢心 1988
90 疢懷 1590

**0018$_9$**

00 痰病 559,732
痰瘾 737,754,1021,1162,1163,1191,1577,1585,1609,1626,2285
75 痰膿 538,584
87 痰飲 1175
88 痰等 1769
66 瘯瞿 1927

**$0019_1$**

00 瘭病 225，1490
瘭疾 386，1026，1513，1794，1903
瘭疽 92，212，320，420，1259，1367，1462，1478，1539，1646，1909
44 瘵其 211，1380

**$0019_2$**

40 疥〔疹〕去 1071

**$0019_3$**

00 瘰癧 1193，2275，2283
21 癰傴 2043

**$0019_4$**

00 痳病 1676
痳痢 2283
26 痳〔瘋〕鬼 412，1254
31 痳瀝〔瀝〕 44，947
37 痳漏 1850
00 癳瘡 97，698

**$0019_6$**

療 981
00 療病 494，1742
療痔 1928
04 療諸 1011
33 療治 41，941

**$0020_1$**

25 亭傳 150，830
36 亭邏 452，1348
71 亭歷子穭 937
83 亭館 437，728

**$0021_1$**

00 鹿廱 406，1812
17 鹿子母 383，1791
22 鹿舐 1907
43 鹿猋 1832
44 鹿苑 523，1008
65 鹿蹲 740，786，1835
67 鹿野 339，1296，1660
72 鹿腨 2228
77 鹿隟 112，670
靡 971
10 靡不 129
靡不充 874
靡不該練 900
靡不驚懾 887
靡不咸覩 857
靡不周贍 899
46 靡覿 2035
54 靡措 1954
72 靡所儔 875
靡所資贍 874
78 靡鹽 2150
26 麤觸 357，1691
麤細 97
46 麤如 1938
65 麤蹲 2017
22 庇利 170，1165
44 庇其 198，1312
庇蔭 879

**$0021_2$**

00 庖廚〔廚、厨〕 335，366，1547，1732
28 庖犧 2154
90 庖炎 2016
27 庬物 2127

**$0021_3$**

00 魔麾 332，1544
10 魔王 713
魔醯 37
18 魔醯首羅 2296
26 魔鬼 704
27 魔怨 165，1002
34 魔波旬 932
60 魔羂〔罥〕 646，710，715
38 充洽 889
充溢 534，543，603
48 充娧 1181
60 充足 36
64 充噎 2108
46 兖相荊楊 1972

**$0021_4$**

00 廛店 2232
廛店隣里 900
廛吏 1922，2073
60 廛〔廛〕里 1209，2211，2228，2236
75 廛〔廛〕肆 739，2251
00 塵壓 259，1838
10 塵霧 1859
30 塵宇 453，1349
33 塵滓 2083
34 塵漪 1071
36 塵濁 1393
43 塵埃 112，396，761，782，1494，1860
46 塵相如故 883
60 塵纍 866
64 塵黷 434，721，1974，1990，2033，2043
塵曀 20，86，804，1115
77 塵瞖 1672
塵翳 736
80 塵坌〔坋〕 136，830，982，1210，1674，1942
00 塵麐 342，1663
塵鹿 173，784
77 麈尾 1912，1991，2079，2094
麈尾扣案 2054
10 麾惡 1202
50 麾纛 400，1498
37 產運 411，1252
25 產生 979
71 厎（厩）馬 1614
77 靡熙 1972

**$0021_6$**

10 竟不可得 905
40 競〔競〕來 564
41 競妍 2011
44 競鼇 2182
50 競奏 862
58 競軫 1963
77 庵屋 273，1285
90 庵愔 2213
96 庵慢 326，1530

**$0021_7$**

00 廆底 178，1170
羸 982
00 羸瘠 18，44，120，209，405，757，802，946，1022，1271，1373，1503，1606，2078
羸瘦〔瘦〕 698，763，1015，1067，1081，1205，1440，2223
12 羸形 1171，1407
17 羸弱 1641
24 羸憊〔憊〕 148，999，1014，2201
41 羸頓 725
44 羸苦 1180
羸老 1092，1652
56 羸損 1268，1678
77 羸臞〔臞〕 272，1519
90 羸劣 577，642，704，714，793，1043，1074，1222，1331，1394，1709，1723
97 羸惙 94，419，810，1263，1689，1834
00 麑鹿 97，387，1788
27 麑魚 321，1540
麑夘〔卵〕 2153
45 麑隸〔隸〕 158，1037
01 亢龍 2148
30 亢宿 99，1271
76 亢〔亢〕陽 673，676，2266
77 亢骨 421，1462
10 羸盃 1122，1141，1157，1199
44 羸鼓〔鼓〕 1049，

1272
47 羸罄 2202
羸聲 2255
60 羸貝 531,564,572
72 羸髮龍王 1166
羸髻 217,1323,1891
10 羸正 2012,2146
22 廬從 2056
83 廬館 61,196,659,1310
45 盧樓亘 777
71 羸長 249

**$0022_0$**

14 廁瑱 930
30 廁賓 830
36 廁溷 357,1691,1907
44 廁填 36,459,689,1355,2246
60 廁圂 249,1438,1701,1724,1819,1992

**$0022_1$**

10 廝下 43,944,1222,2095,2217
廝下之人 961
24 廝徒 2149
27 廝〔斯〕役 151,831

**$0022_2$**

序 968
04 序讚 2056
13 彦琮 1043,1880,1923
93 彦悰 1925,2175
80 廖公 2102

**$0022_3$**

00 齎稾 1194
21 齎此 2048
28 齎以 1945
44 齎梵葉 1916
49 齎妙 672
54 齎〔賫、賚〕持 635,712,749
88 齎餅果 1965
20 齊鱐 2135
21 齊此 604
齊何 548,645
22 齊幾 765
24 齊峙 919
28 齊馥 1047
齊齡 2052
44 齊鼓 19,804
60 齊甿 2022
77 齊限 1012
80 齊鑣 2089,2094

**$0022_7$**

00 帝麂 227,1414
10 帝露沾 931
11 帝弭 111
20 帝乘四載 1997
帝系 2099
帝系譜 2008
26 帝釋 809
帝釋頂 1039
帝釋青 1387
43 帝杙 638
46 帝相 137
50 帝青 432,480,713
67 帝昵 438
77 帝譽 2024,2144
00 膏肓 2015,2027
膏主〔炷〕 1054,1512
50 膏車鎋 1140
77 膏腴 481,1365,1951,1952
00 廊廡 88,1070,1629,2023,2071,2096
市〔色〕廛〔厘、廛〕 384,477,488,573,642,1384,1736,1792,2073
市鄽〔鄽〕 2179
55 市井 117,1089
75 市肆 295,897,1552
01 高詁薄迦 1581
11 高麗 1972
17 高翬 2138
18 高鶩 2104
22 高崖 746
23 高峻 688
26 高嵎 2162
34 高懟 2176
36 高邈 2099
37 高祖毓 2201
40 高七多羅樹 902
43 高杙 1892
44 高荅摩 472
48 高梯 644,1906
54 高轒 1963
59 高掞 2104
70 高驤 2139
77 高屧 2096
82 高鐙 1007
96 高悝 1878,1933,2001,2066,2162
高燥 1093
07 鷹鸇 275,1521,2083,2152
14 鷹豵 1194
20 鷹隼 122,1074
27 鷹鷂 1050,1135,1881,2002
30 鷹窟 1580
31 鷹逐鴿 1515
40 鷹夒 1023
67 鷹鶚 386
77 鷹鶻 175,1077
07 庸謏 2022
50 庸晝 1906
60 庸愚 510,1764
67 庸鄙 521
80 庸人 452,1348
10 商〔賫、賫〕賈〔賈〕 301,470,624,628,816,1068,1221,1328,1557,1613
14 商確 1984
24 商估 135,899
商佉 436,726,731,2296
45 商鞅 2121
54 商搉〔榷〕 1939,1953,2072,2095,2096
10 膺平 80,740
17 旁習 2155
21 膐行 714
00 方牽 554
20 方維 501,1754
21 方術 440,1006
22 方剎 131
28 方徼 175
38 方道 108
43 方域 470,504,1328,1757
44 方蟄 1969
58 方整 770
67 方睨 2126
71 方頤〔頣〕大額 1960
76 方隅 901
77 方屆 1375
方冊 2146
88 方篙 1628
23 廓然 186,1301,2193
28 廓徹心城 905
廓徹虛空 889
34 廓法界之壃域 855
35 廓清 500,1754
37 齊深 637,711
44 齊藏菩薩 894
33 齎〔臍、齊〕心 505,1758
57 齎輞 1149
65 齎蹲 1578
77 齎印 1139
40 腐壞 1681,1860
腐肉 540,585
68 腐敗 816,976,1726
97 腐爛 736,1651,2259
42 育坻花 14,798
44 席薦 1853

32 廟祧 2134

**$0023_1$**

00 廳庌 1681
廡廊 171, 1092
01 應襲 269, 1476
03 應訃 2178
22 應舐 445, 1341
27 應身 1014
28 應儀 172
應儀道 71, 671
35 應速蹋 817
41 應帖 1555
44 應毼 2062
45 應娉 1957
46 應如 1406
57 應擔 776
58 應撤 1600
應拼 2268
62 應踏 2302
63 應吮 445, 1341
64 應時 37
67 應鶚 1794
70 應劈 1611, 1626
87 應叙 389, 1800
91 應怗 298

**$0023_2$**

麼 708, 906, 942
00 麼麼 154, 836
麼麼雞 1187
30 麼〔麽〕字 396, 586, 1493
36 麼迦吒〔咜〕 23, 1229
50 麼虫 169
62 麼吒 116
90 麼小 248, 1818
20 纛黍 1950
30 扆扆 2023
32 康泓 2063
40 豪爽 190, 1305
25 豪傑 190, 1305
28 豪稽 2131
44 豪芒 152, 685, 965
50 豪貴 135
豪貴〔賫〕 982
58 豪氂 368, 659
77 庬眉 1958

**$0023_4$**

67 廮嚕 1163

**$0023_7$**

22 庶〔庻〕幾 349, 394, 1491, 1654
26 庶〔庻〕得 172, 784
31 庶憑 1208
36 庶禅 1074
60 庶品 881
80 庶令 472, 1332
28 廉儉 560, 594, 613
庾敳 2051
41 庾頡 1914, 1929

**$0024_1$**

10 庭雰 2036
94 庭燎 14, 49, 87, 210, 433, 719, 798, 834, 956, 1256, 1374, 1810
20 麝香〔畨〕 93, 448, 824, 1019, 1150, 1261, 1344
77 麛卵 2128, 2149
42 麛獵 2082
50 屏中 18, 222, 803, 1486

**$0024_2$**

21 底舸 116, 390, 1274
32 底泓 112, 670
39 底沙 463, 496, 815, 1359, 1744
底沙佛 483, 1321
47 底拏 149, 1009
62 底唎 681
66 底哩 1134, 2272

**$0024_4$**

77 廮陶 2102
麼尼 1881

**$0024_6$**

00 麞鹿 765, 1220, 1269, 1575, 2190
24 庫牀 1235
77 庳〔庳〕腳〔脚〕 1122, 1157, 2288, 2290
85 庫鉢羅樹 635

**$0024_7$**

00 麑麅 194, 223, 1309, 1488
20 夜售皮陀 1865
27 夜久眠寐 902
35 夜神婆珊婆演底 901
66 夜蹋 1399
77 夜叉 858, 903, 971
82 夜鑠 123, 1194
90 夜光 168, 1005
31 廃逐 1591, 1956
35 廃神 2026
44 廃其 2033
32 度壍〔塹〕 1058, 1674
41 度娠 1637
43 度棧 2095
60 度量〔暈〕 560, 763, 1181
80 度無極 66, 660
86 度知 699, 1012
40 慶喜 1032
慶幸 135, 875, 982
43 慶栫 1977

**$0024_8$**

00 廠庫 1598
40 廠內 1584

**$0025_1$**

00 庠序 200, 1315, 2333

**$0025_2$**

00 摩度羅城 886
摩摩異多 1721
01 摩訶波闍波提 939, 969
摩訶迦樓那 74
摩訶迦羅 676, 2265
摩訶迦葉 895, 935, 969
摩訶迦栴 969
摩訶拘絺 969
摩訶拘絺羅 952
摩訶棱伽 941
摩訶羅 94, 1263
摩訶那伽 908
摩訶諾伽那力 437, 729
摩訶斯那 952
摩訶衍 672, 869
摩訶遮曷旋經 1880
摩訶支那 2339
06 摩竭 1214
摩竭提 7, 846
摩竭提國 856
摩竭魚 908, 1197
10 摩醯〔醓、醯〕首〔守〕羅 870, 933, 937, 1233, 2257, 2266, 2276
摩醯〔醓、醯〕 296, 678, 1137, 1195, 1291, 1407, 1553, 2247
12 摩沓婆 1959
15 摩建地迦契經 1762
17 摩那靶 1584, 1626, 1630, 1636
摩那婆 75, 680
摩那婆伽 711
摩那斯 970
摩那斯龍王 885
摩那陀果 74, 669
摩耶夫人 888, 937
18 摩醯〔醯〕首羅天 956
20 摩系 179
摩齭 158, 1037
22 摩利迦花 955
摩唾 1953
23 摩俟 113, 1261

24 摩仇 177, 1073
摩納 14, 799
摩納薄迦 2318
摩納縛迦 463, 1359
摩納婆 432, 474, 639, 715, 875, 884, 1334, 2308, 2324
摩休勒 697
26 摩得勒伽 346, 1657
摩伽羅魚 13, 852
摩伽陀 2297
摩伽陀國 945
摩徿 158, 1037
27 摩儵 376, 1798
28 摩偷羅國 956
30 摩窒里迦 2326
摩窒哩迦 1635
32 摩祇〔祗〕 64, 652
34 摩婆 886
36 摩迦 452, 1348
38 摩渝 386, 1787
摩裕羅 1957
44 摩蘭陀國 887
46 摩賀 933
47 摩猴羅伽 931
摩奴沙 1121
摩努沙 2271
50 摩婁伽子 950
摩拉〔抆〕 299, 745, 1212, 1556
摩夷 14, 798, 1913
52 摩捼 770
56 摩揭陀 431, 546, 713, 2307
摩揭陀國 606
57 摩捫 57, 655, 2285
59 摩抄 288, 409, 423, 1250, 1461, 1515, 1839
60 摩羅 933
摩羅提國 908
摩羅延山 964
摩羅耶山 900, 960
61 摩哂陀 1887
摩啅 115, 1243
摩啅羅 418, 1834
62 摩蹬祇 1074
摩蹬 123
66 摩呬 445
67 摩睺 1274
摩睺勒 64, 652, 766
摩睺羅伽 858, 971
72 摩刷 1459
73 摩陀羅 766
77 摩尼 856, 971
摩尼跋捺羅 1126
摩尼跋陀 955
摩尼鍋 1178
摩尼羅亶 1880
摩尼黶 1285
80 摩爹 17
86 摩鉀 119, 1172
88 摩鍮羅 1821
90 摩尜 10, 848, 1407
94 摩㦬駼 1151
96 摩怛理迦 469, 816, 1328
摩怛攞 1396
99 摩鎣 1699

**0026$_1$**

00 磨磨 2082, 2107, 2146
10 磨不磷 2201
11 磨礪 383, 1791
28 磨以 984
47 磨靻 123, 1194
57 磨輾 230, 1419
60 磨貝 320, 1538
磨羅 37
85 磨鈍 2075
86 磨鋥 230, 1418
99 磨瑩〔鎣〕 557, 638, 642, 754, 1101, 1677, 1686
磨 541
75 店肆 226, 1414

**0026$_7$**

20 唐〔唐〕受 59, 557, 593, 658
56 唐捐 43, 140, 470, 488, 613, 625, 696, 945, 991, 1020, 1328, 1736
57 唐攬 500, 1753
99 唐勞 185, 1300

**0028$_0$**

60 庂足 1595, 1601
庂足行 1637

**0028$_6$**

00 廣衮 1931, 1972
廣廡 2180
30 廣濟 1880
40 廣脅 1943
44 廣樹 502, 1756
57 廣搜髦彦 1914
71 廣長 1101
廣陋 825, 1709, 2010, 2226
74 廣陜 712

**0029$_1$**

10 廩買 257, 1480

**0029$_4$**

00 麋麃 276
麋鹿 177, 229, 360, 698, 1056, 1090, 1201, 1417, 1579, 1614, 1695, 1820, 1889
麋麈 85, 283, 1062, 1520
25 糜生 378
50 糜盡 173, 777
56 糜損 2127
82 糜餧 2115
23 麻枲 923, 1682
麻紵 760
26 麻緼 246, 1430
31 麻襦 2062
48 麻幹 358, 1693
91 麻糟 2267
97 麻粃 328, 1531
99 麻料 378, 1795
90 床米 307, 1563

**0033$_1$**

00 忘疲 687
07 忘認 1262
29 忘倦 2048
44 忘翥 2067
47 忘𧦥（報） 542
88 忘筌 2059

**0033$_2$**

28 烹煞 385, 1793
烹鮮 1967
40 烹肉 193, 1308
71 烹雁〔鴈〕 345, 1659
87 烹俎 123, 1278

**0033$_6$**

21 意旨 488
22 意樂 541
30 意這生 1836
58 意整 1072
91 意指 1180
30 熏竄 146, 996

**0040$_0$**

15 文殊師利 866, 933, 970
17 文翬 2166
20 文辭 753
21 文便勉 977
27 文身 473, 1333
30 文字 489, 1737
文字品 42
46 文相連屬 874
文槐 1969, 2001, 2037
52 文揣 1916
71 文驪 2184
88 文筆 987
91 文愜 1802

**0040$_1$**

05 辛辣 179, 1042, 1707

07 辛謂 1988, 2034, 2164, 2334
11 辛頭波羅香 899
13 辛酸 557
44 辛葷 1141, 1987
78 辛膾 2063
80 辛羴 1987
**$0040_3$**
00 率意 215, 1288
10 率爾 477
率恧 122, 1189
40 率土 506, 880, 1759
率土咸戴仰 867
**$0040_4$**
67 妄瞯 1283
79 妾媵 2048
**$0040_6$**
10 章醮 2025
**$0040_7$**
20 享受 399, 1497
30 享之 278, 1475
31 享福 332, 1543
34 享灌頂位 879
80 享食 418
享玆 174, 779
88 享饑 149, 1000
**$0040_8$**
07 卒謂 2075
14 卒破 628
21 卒歲 2323
25 卒生 609
26 卒得凶問 938
60 卒暴 987
80 卒無 192, 1306
10 交露 1107
11 交甑 819
12 交聒 1971
27 交縫 2296
交絡 600, 636, 731, 1213, 1857
28 交徹 557
交繳 1177
31 交涉 562, 616
32 交迥 2107
55 交搆 1236
64 交暎 640, 681,1213
65 交趺 112, 782
67 交擘 1141
68 交瞼 395, 1493
71 交阯 2065, 2109
**$0041_4$**
00 離離間語 533
03 離誼憒 869
04 離諸難難 898
08 離於八難 935
28 離絁 149
34 離波多 895, 969
離婆 128
離婆多 954
42 離垢繒 881
43 離妒 757
48 離散〔散〕 529
53 離搏 776
57 離繫〔繫〕 490, 1739
61 離呫種 440, 1006
69 離啖 410, 1252
70 離躃〔躃〕 115, 1258
73 離陀 764
77 離間 556
離翳 571, 637, 689
90 離桊 270
**$0043_0$**
00 奕〔弈〕奕 148, 249, 999, 1819
44 奕葉 2006
**$0044_1$**
04 辯諸 2196
08 辯説 542
10 辯覈 2127
27 辯久 609
42 辯析 897, 1240
44 辯蘊 472, 1332
55 辯捷 2256
60 辯囿 2025, 2034
70 辯駮 2142
44 辮帶 322, 1541
72 辮髮 301, 388, 1094, 1202, 1558, 1779, 2272
辦 542
**$0050_3$**
00 牽瘇 747
12 牽引 611
22 牽掣〔揤〕 642, 1458, 1857
23 牽我 2227
27 牽將 1513
27 牽御 879
36 牽裸 1926
51 牽排 1646
52 牽撲 1470
54 牽拋 2325
牽拽〔拽〕 173, 784, 1054, 1597, 1601
57 牽挽 763, 1320, 1933
80 牽亏 1207
**$0060_1$**
07 音韶 148, 999
21 音旨 1736
15 盲聵 146, 997
21 盲傴 694
01 盲聾瘖瘂等 592
27 盲龜 2250
37 盲〔肓〕冥 530, 580, 841, 1033, 1096, 1830
44 盲瞽〔瞽〕 51, 58, 455, 563, 657, 738, 820, 960, 1351, 1707
盲者 527, 578
63 盲瞎 608, 1599
67 盲瞑 984
69 盲眇 1085
77 盲瞖 631
03 言誼 2024
07 言詞 504, 1757
11 言玷 2010
35 言泆 465, 1361
42 言刈 2085
44 言蘗(蘖) 320, 1539
言聾 417
言薩 423, 1839
51 言批 381, 1781
67 言咆 1455
86 言鉀 1808
**$0060_3$**
25 畜生〔牲〕 980, 1514
27 畜衆 1647
72 畜髮 1641
88 畜箒 1611
**$0061_4$**
07 註記 136, 983
27 註解 1975, 2034
**$0062_1$**
24 奇特 1120
**$0062_2$**
00 諺言 247, 1817
10 諺云 2192
**$0062_7$**
00 謗讟 507, 1104, 1174, 1184, 1277, 1574, 1580, 1591, 1760, 1920, 2008, 2048, 2333
02 謗訕 109, 146, 272, 832, 997
07 謗讒 779
64 謗黷 1989
10 訪覈 2061
42 訪栝 642
14 諦聽 2254
諦聽而聽 758
34 諦婆 243, 1411
37 諦沵 1480
60 讁〔謫、讁〕罰〔罸〕 21, 215, 232, 439, 765, 775, 805, 813, 1039, 1162, 1293, 1421, 1443, 1771, 1851, 1903
66 商瞿 21, 805
**$0063_1$**
04 譙譊 424, 1113
10 譙王 2050

60 譙國　1933

**$0063_2$**

02 詼誘　1582，1612，2326
30 詼容　1901
53 詼惑　1239
60 謫罸〔罰〕　501，693，747，1288，1754
71 謫阿　347，1665

**$0064_7$**

00 諄〔讙〕諄〔讙〕　148，344，999，1658，2135
17 諄那　257，286，1459，1479
04 謗諸鬼神　1050

**$0066_1$**

21 諳經籍　2008
25 諳練　2072
30 諳究　2050
88 諳篆隸　2073

**$0068_2$**

該　875
10 該二　1186
17 該那　96
23 該綜　926
25 該練　919，2240
30 該富　2072
31 該涉　2060
37 該洞　1042
該通　482，1366
60 該羅　174
該羅　779
62 該別人　1594
77 該閱　1376

**$0069_6$**

00 諒亦　2025
21 諒順　596
37 諒資　2142
40 諒難　438，730
77 諒屬　921，1571
80 諒無　363

**$0071_0$**

47 亡狙　1998

**$0071_4$**

26 雍和　174
50 雍肅　2228
46 毫相　527
50 毫末度空可知量　884
58 毫氂〔釐、氂、氂、氂〕　39，60，190，521，791，936，1212，1290，1305，1337，1404，1733，2054，2120，2212

**$0071_7$**

27 甕船　1575
66 甕器　820

**$0073_2$**

01 衮龍　2033，2332
60 衮冕　2088
88 衮飾　2021
02 褒訕　117，1111
20 褒爲　1993
30 褒寵　1600
31 褒〔褒〕灑陀　1573，1576，1612，1636，2310，2326，2328
33 褒述　2067
62 褒〔褒、褒〕貶　501，1754，1984，1999，2341
80 褒美　2095
11 玄弭　1963
13 玄琬　1916
22 玄嶷　1923
24 玄奘　522，1923，1964，2075
27 玄詧　2098
30 玄扈　839
34 玄漪　1943
41 玄樞　2194
37 玄迴　767
58 玄轍　2169
44 玄暮　1370
97 玄惲　1916，2341
73 玄颷　2192
64 玄黓　268，1431
44 玄藻　2200
46 玄枵　2167
21 裹頷　1967
28 裹收〔収〕　734
75 裹體　1621
44 裹藴　286，1447
00 衣裹　621，1892
21 衣緅衣　1198
衣纈　1625
24 衣僅　453，1349
28 衣以　195，1309
33 衣裓〔祴〕　132，156，359，976，1030，1075，1694，1888，2324
34 衣襟　719
38 衣祫　2056
41 衣櫃　1574，1596
衣桁　339，1596，1660，2106
42 衣幞　1574，1596
43 衣盔　1987，2071，2151
46 衣架　295
47 衣帊　378，1795
60 衣甲　1202
61 衣賑　2079
77 衣屧　229，1417
82 衣鉚　302，1559
83 衣餄　1098
90 衣裳弊惡　903
91 衣數　1604
21 褰師　1457
22 衰秏　592
34 衰邁　132，976
41 衰朽　543，604
44 衰耄　9，59，365，503，591，657，848，1730，1756
38 衰祚　1840
24 褱德　1879，1959
40 褱女　2009
04 裒〔褒〕讚　465，524，1361
27 裒〔褒〕多　73，669
30 褭〔衮〕字　396，1493
38 衷道　2040
40 褱樣　482，1366
94 哀慟　71，152，671，965
76 哀陣　2122
60 哀羅伐拏　1671
43 哀婉　1907
44 襄麓　1395
55 袠軸　1917
68 衮盼　1617
衰　540
71 衰阿　489，1737
40 衰壹鄔等　473
71 衰阿壹伊　1772
77 衰賢鄔等　1333
衰賢隖　1788
80 饔〔饕〕人　2154，2166
88 饔飧　2087

**$0080_0$**

00 六府　409，1250
六瘤　10，849
06 六親　10，849
21 六處　432，714
22 六種親屬〔属〕　284，1109
六種震動　933，971
27 六物　371，1815
30 六竅　1463
31 六湮　90，1114
43 六博〔簙〕　44，948
六栽　62，649
70 六駮　193，1308
77 六尼陀那經　951

**$0080_2$**

22 吏亂　1626，1723

**$0080_6$**

24 賨估賈　982
26 賨舶　1938
賨侶　925
61 賨販　1368
50 賨書　923

80 齎鑲　1458

**$0090_1$**

10 稟正　534
27 稟仰　1457
42 稟斯　1906
77 稟邪　869
80 稟善知識　899
稟食　236,1425
95 稟〔稟〕性　594,613,634,813,1012,1581

**$0090_3$**

22 紊亂　1649,2100
51 紊指　1395
55 紊典　2042

**$0090_4$**

21 槀街　1878,1924,1948,2111
26 槀稈　1135
44 槀〔稾〕草　321,1539
40 槀木　1922
21 稾街　1975
24 稾秸　2151
44 稾草　961
40 棄在　1016
56 棄捐　699,767,1098
77 棄尸　2279
03 棄諠　2048
90 棄毚翅　1465

**$0090_6$**

22 京畿　151,829
44 京者　677

**$0091_4$**

12 雜沓　1174,2073
20 雜穢　226,1413,1454
28 雜絻　1009
36 雜遝　1996,2034
46 雜猥　450,1346
47 雜槃　773
52 雜插　2298
81 雜飣　396,1494
97 雜粗　1810,1988
雜糅　65,149,268,311,418,447,653,770,1000,1238,1292,1343,1364,1517,1567,1626,1929,2073,2110,2341

**$0106_0$**

09 哂談　2033
10 哂爾　1954
23 哂然　90,1115
47 哂翅　413,1254
61 哂哂　252,401,425,1499,1842
73 哂陀　340,1660

**$0118_6$**

00 顫疢　1831
24 顫動　250,1435
71 顫頊　233,1421

**$0121_1$**

00 龍袞　2126
龍庭　839
27 龍皀　2039
32 龍淵　863
37 龍澳　2184
39 龍湫　2269
40 龍堆　2035
52 龍蟠　188,1303
57 龍罋　1169
60 龍目　280,1465
66 龍鼉　2196
70 龍驤　2053
72 龍腦　89,1070
龍腦香　411,448,1252,1344
84 龍鎮　491,1739

**$0121_7$**

51 甗甎　324,403

**$0124_7$**

27 敲盤〔槃〕　332,1535
30 敲户　230,330,1419,1533
77 敲〔㪣〕門　186,1301
87 敲銅鈸　2188
88 敲節　345,1659

**$0128_6$**

00 頦痛　1159
41 頦頰　794
26 顏貌〔皃〕　637,749

**$0140_1$**

00 聾盲　731
聾瘂　169,776,1573,2211,2308
15 聾聵　9,424,738,848,880,1085,1514,1863
22 聾劓　1000
44 聾瞽　1032,1053
聾者　527,578
63 聾瞎　2283
73 聾騃　135,776,981,1628
77 聾聞　1915

**$0144_7$**

22 皸〔敦〕崇　1140

**$0160_1$**

94 讐怖　213,1370

**$0161_0$**

77 訛〔訛〕毁　1888,1896

**$0161_1$**

00 誹謗　138,549,561,563,987,1058,1106,1687,2282,2318
52 誹撥　1400
30 謔之　2084

**$0161_4$**

07 誑謿　1685
53 誑惑　560

**$0161_6$**

17 謳歌　384,425,1792,1863
80 謳合　118,1107,1997

**$0161_7$**

21 詎能　522,819
30 詎容　1993
33 詎述　2154
40 詎有　47,480,952,1364,2147
86 詎知　423

**$0161_8$**

00 誣謗　229,1418
08 誣説　333,1544
21 誣訾　1931
54 誣攢　1890
77 誣罔〔网〕　439,483,599,813,1108,1401
88 誣笑　371,1816

**$0162_0$**

10 訂正　1914
05 訶譴　256,1479
11 訶麗　1173
17 訶齟　268,1517
21 訶呰　447,1343
22 訶嵐　96
訶梨怛雞　493,1742
31 訶邏　179
34 訶婆　906
50 訶責　618
53 訶擯　1714
64 訶叱　820,1597
77 訶罵〔罵〕　1213

**$0162_1$**

60 誷羅　113,1158

**$0162_7$**

50 謗夷　283,1431

**$0164_0$**

10 訐露　1240
44 訮其　2076
88 訮笑　1884

**$0164_6$**

27 譚俱　1517
34 譚婆　151,1046
44 譚者　84,1061
76 譚髀　116,1243

**$0164_9$**

00 評譠〔諄〕　1455
08 評論　24,404,507,1230,1502,1760
30 評之　262,1843
60 評曰　356,1691

諤羅 1920,1927
40 諤〔諤〕難 84,1061

**$0166_0$**

34 詁婆 1634

**$0166_1$**

00 語主者言 879
26 語鬼 1858
68 語吃 1627
81 語鉆 271
30 譖之 1521
60 譖曰 1458
77 譖毀 209,1373
80 譖入〔人〕 122,255,269,1112,1829
44 詣世尊所 1204
51 詣摽 2132

**$0166_2$**

38 譖遂 211,1380
56 諧耦 63,166,223,280,452,651,829,1003,1348,1465,1487
70 諧雅 8,847

**$0173_2$**

17 襲予 674,2263
25 襲績〔續〕 117,1090
27 襲師 463,1359
54 襲持 423,1839

**$0174_7$**

04 數諸欲 1256

**$0180_1$**

32 龔州 1944

**$0190_4$**

10 龔〔櫳〕疏 158,253,331,994,1034,1534

**$0211_4$**

24 氈裝 2091,2191
31 氈褥 746,794
36 氈褐 2187
60 氈罽 1889

**$0212_7$**

11 端礭〔確〕 274,1520
30 端宸 2038
端扆 1370
54 端拱 623

**$0220_0$**

40 刻木 1968
85 刻鏤 347,1093,1666
21 劑此 2128
74 劑膝 2271
77 劑限 534

**$0240_4$**

48 娶姒 2185

**$0242_2$**

08 彰施 876
10 彰露 759

**$0260_0$**

07 訓詛 919,1081,2013
12 剖裂 186,1149,1301
剖形 350,1655
20 剖爲 537,583
00 剖毫析滯 2201
42 剖析 472,1633,1775,795,1331,1942,1963,2014,2025,2059,2079,2160
44 剖華 1256
57 剖擊 1873,1932
70 剖腋 2131
73 剖胎 447,1343
78 剖腹 1895
92 剖判 703,1038
30 訓寶 1593
42 訓狐 20,261,410,797,804,1251
02 訓訢 116
72 訓馴 425,1862,1863

**$0261_4$**

02 誑誘 1989
50 託事 2102
63 託跋壽 1986,2049

**$0262_1$**

34 訢婆 22,1229
35 訢逮 705

**$0262_7$**

00 部袠〔帙〕 687,1918,2016,2152
27 部多 491,1739
部多宫 900
80 部分心城 905
00 譌廢 2067
44 譌也 1877
03 誘試 155,256,343,836,1479,1664
08 誘誨 859,2225
80 誘人 2060
24 誘化 633
30 誘進 1015

**$0264_0$**

01 詆訶 1974,2059,2150
25 詆債 2260
60 詆冒 1864
61 詆呵 2135

**$0264_1$**

00 誕育 393,1491
10 誕于 2123
25 誕生 442,881,1042

**$0265_3$**

00 譏謗 887
01 譏訶 1292
09 譏誚 1590,1633
10 譏弄 476,1336
22 譏蚩 370,1814
48 譏嫌 542,603,694,1322,1603
52 譏刺〔刺〕 505,727,1758,1775
62 譏貶 377,1798
88 譏笑 750
94 譏懱 1195

**$0267_0$**

00 訕謗 443,500,1280,1753,1937
40 訕大 214,1287
44 訕若 305,1561
50 訕貴 350,1655
77 訕毀 1917

**$0273_0$**

25 瓤生 484,1390

**$0292_1$**

00 新摩利迦花 955
20 新秔 1584,1599
34 新染 139
37 新净 988
71 新膈 114
84 新鑽火 1142

**$0312_1$**

34 竚對 2070

**$0313_4$**

77 誒覺 1571

**$0332_7$**

11 鷲頭 685
22 鷲峯〔夆〕 432,523,713,1106,2264
鷲巖西峙 855
27 鷲峰山 578,1011

**$0342_7$**

07 媥爛 123,145,249,996,1204,1819
74 媥駁 914

**$0360_0$**

10 訃焉 2088

**$0361_4$**

03 詫詫 122,1189
20 詫乎 2125

**$0361_6$**

00 誼雜 561,568,587,691,752
誼吏 2284
04 誼譁 85,210,434,458,721,1062,1291,1354,1374,1627,1924,2096
06 誼譟 456,1352
07 誼諍〔評〕 532,1775

12 諠聒 1584
23 諠戲 1841
46 諠猥 757
51 諠擾 1716
54 諠撓〔橈〕 72, 667, 2108
57 諠静 1396
62 諠呼 1860

**$0361_7$**

04 諠計 797

**$0362_2$**

50 諺毒〔毐〕 1577, 1581

**$0364_0$**

85 試鍊 753

**$0365_0$**

00 誠亶 2145
誠言 505, 1758
27 誠懇 1141
46 誠如 136, 983
47 誠愨 2110
48 誠敬 887
68 誠瞰 2124
07 識記 48, 197, 955, 1311, 1885
09 識謎 443
24 識什 1966
識緯 2121, 2240
44 識蒲 438
50 識書 1522
77 識鵬 231, 1419
誐 942
30 誐字 586
40 諴容 2026
60 諴勗 460, 486, 1356, 1734

**$0369_4$**

44 誅勸 2108

**$0391_4$**

27 就餐 1648
37 就冥 1521
42 就翅 2166

**$0428_1$**

09 麒麟〔麐、麔、麟〕 44, 81, 688, 742, 756, 948, 2002, 2120

**$0433_1$**

96 熟爆 1575

**$0441_7$**

21 孰能 882
40 孰有 895

**$0442_7$**

78 効驗 1192

**$0460_0$**

00 計度 1984
22 計利枳攞 1184
47 計都 1139, 2290
計都末底山 884
05 謝聽 2083
34 謝法 553
72 謝朏 2146
76 謝颬 2191
88 謝籥 2082
23 討伐 139, 988

**$0461_0$**

00 訛病 416, 1088
訛紊 2200
訛言 254, 995, 2000
07 訛謬 522, 1938
25 訛舛 1928
88 訛銳 642

**$0461_1$**

30 詵遮軨 2268
44 詵林 85
73 詵陀 238, 1427

**$0461_4$**

00 讙吏 2088
04 讙譁 404, 1502, 1945
44 讙也 2028
62 讙呼 257, 1480
66 讙噸 795, 1940
67 讙吸 2174
06 詿誤 1918, 1956, 1990, 2038
47 謹孎 1136

**$0462_7$**

02 誇〔誶〕誕 509, 1582, 1615, 1762, 2008
08 誇說 325, 1529
21 誇〔誶〕衒 509, 754, 1763
80 誇無〔无〕 369, 1813
07 訥訒 422, 1852
18 訥磋 1159
31 訥泚 1159, 2281
60 訥口 188, 1303
85 訥鈍 167, 729, 1004
40 譪吉 421, 1462

**$0463_1$**

20 譙集 12, 851
80 譙會 446, 770, 1342
27 誌名 340, 1661

**$0463_4$**

62 謨呼律 1126
謨呼律多 2273

**$0464_1$**

11 譸張 169, 274, 1005, 1520, 1986, 2149

**$0464_7$**

00 護魔法 1219, 2216
34 護法陀羅尼 635
39 護沙國 1950
44 護藏 646

**$0465_3$**

04 誶〔誇〕讚 1608

**$0465_4$**

08 譁說 831
27 譁名 177, 797

**$0465_6$**

03 諱贇 2002
07 諱詡 2001
40 諱熏 2001
80 諱毓 2002

**$0466_0$**

00 諸竈 1939
諸瘦 98
諸麼 98
諸痔 1630
16 諸瓔 980
20 諸維 456, 1352
21 諸徑 720
諸徳 1860
24 諸峭 1993
25 諸佛齋中 904
27 諸仞 699, 1892
諸響 618
諸蟲 1941
30 諸竅 571
33 諸心樂次第 884
34 諸渚 1401
37 諸冥 364, 486, 710, 1729, 1734
44 諸藏 255, 1829
諸藕 1440
諸聾 88, 1070
諸蘊 432
47 諸根殘缺 876
諸皰 731
57 諸捃 92, 1259
60 諸署 281, 1444
02 詁訓 457, 1353

**$0466_1$**

00 詰言 580
21 詰處 1397
詰虛妄 1262
40 詰難 455, 1350
50 詰賚 545
77 詰問 379, 470, 1328, 1779
52 詰誓 2331

**$0466_4$**

25 諾健那 491, 1739
64 諾踦 175, 828
66 諾瞿陀 452, 489, 570, 637, 1348, 1737

**$0468_1$**

40 謓恚 1058
44 謓也 1394

**$0468_6$**

28 讚檠 845
66 讚唄 1981, 2046
74 讚勵 564, 573, 609

**$0468_9$**
08 譈於 2049
**$0469_4$**
08 謀議 501,1754
22 諜利 1181
**$0492_7$**
08 勍敵〔敵、敵〕 436,726,1371,1714,1921,1992,2047,2078
18 勍殄 2072
20 勍手 2085
30 勍寇 2077
87 勍鋒 2094
**$0512_7$**
00 靖帝 2002
14 靖聽 147,998
27 靖約 1388
34 靖漠 1894
**$0519_6$**
22 竦變 1185
23 竦然 1906
30 竦肩 452,471,1329,1348
竦密 1723
77 竦竪 1148,2282
91 竦慄 1224,2219,2301
**$0562_7$**
34 請禱 2122
72 請質 279
**$0563_0$**
20 訣辭 415,1086
**$0563_7$**
22 譴祟 416,1088,1896,1907
50 譴責 58,199,657,1314,1954
60 譴罰〔剻〕 546,589,620,627
**$0569_0$**
10 誅焉 2060
13 誅戮 1260,1442,1716
60 誅國 479,1386
**$0612_7$**
00 竭帝 682
03 竭誠 620
36 竭涸 676,1247
40 竭支 91,1259
71 竭厨 411,1253
**$0645_6$**
韡 933,942
**$0662_7$**
00 謂稟 1319
27 謂向 487,1735
06 諤諤〔諤諤〕 1975,2336
**$0663_0$**
07 謥〔謥〕詷 174,778
**$0663_4$**
25 誤舛 2323
44 誤落 1243
80 誤人 403,1501
47 誤犯 1406
**$0664_0$**
01 諱訛〔訾〕 117,182,283,464,1111,1298,1466
61 諱呲 1360
**$0664_1$**
90 譯粹 1963
**$0664_7$**
02 謾誕 372,1817
04 謾訑 423,1852
09 謾談 1178
38 謾淪 180,1076
52 謾柢 1095
**$0669_4$**
04 譟讙 423,1839
11 譟弭 1178
57 譟抒 1053
**$0691_0$**
00 親稟 1234
06 親親 189,1304
16 親理 119,1276
21 親紆 2041
26 親覘 1987
27 親欵〔款〕 369,1814
40 親友 137,985
46 親狎 634
親姻 436,726
53 親戚 753,894,1870
67 親昵〔昵、暱〕 19,105,208,274,390,452,624,628,803,925,1164,1348,1372,1460,1519,1684,1801,1860
71 親厚 295,1551
74 親附 981
**$0710_4$**
22 望旹〔時〕 2182
26 望覘 2135
望得 1215
**$0711_0$**
10 颯至 1965
25 颯秣〔袜〕建國 1949,1951,1967
33 颯然 434,449,470,720,1328,1345
67 颯哆 1150
**$0712_0$**
24 翊化 1879
翊侍 1140
**$0712_7$**
90 鶉雀 1131
**$0722_7$**
43 鄌城 2109
47 鷊鵬 576
鷊鴣 340,1661
**$0724_7$**
77 骹骨 1220
**$0728_2$**
00 欬瘷 226,328,1414,1531,2289
37 欬遬 1122
38 欬逆 45,781,949
64 欬嚏 2137
67 欬嗽 737,846,2112
80 欬氣 1702
44 歊赫 2176
60 歊暑 2180
**$0733_8$**
60 戇愚 463,818
**$0742_7$**
27 鶉鳥 2324
37 鶉鵶 1886
40 鶉肉 319,1537
鵁在 286,1453
57 鵁鶄 66,106,149,254,393,575,654,995,1000,1269,1491,1903
23 郊外 365,1730
31 郊禋 2071
67 郊野 436
60 郭邑 366,1732
62 郭昕 2243
88 郭銓 2015
77 鄣風 765
**$0761_0$**
03 諷詠 905,1142
07 諷誦 137,293,475,601,703,794,868,951,985,1082,1335,1550
17 諷習 1922
81 諷頌 490,567,1738
**$0761_2$**
00 詭妄 2022
詭言 632,844
01 詭誑 357,1575,1615,1627,1692,1702
詭語 309,323,1542,1565
07 詭設 509,1599,1762
08 詭説 2000,2341
詭詐 437,729,1218,1400,1679,1685

16 詭現 452, 1348
27 詭名 186, 1301
37 詭滑 2048
44 詭嬈 370, 1814
60 詭異 711
66 詭甥 69, 663

**0761$_3$**

10 讒死 2144
45 讒構〔搆〕 251, 1040, 1841
62 讒嘶 257

**0761$_7$**

08 記論外道 480, 1365
62 記別〔莂、箣、蒴〕 393, 823, 879, 962, 1171, 1491, 2061, 2297
88 記籍 2266
97 記粿 2068

**0762$_0$**

00 讕言 1629
01 讕語 398, 924, 1496
30 讕竊 1171
21 讕佞 1014
46 讕鞞 21, 805
00 詷疾 434, 721
01 調譃 281, 437, 727, 760
02 調話 223, 1488
31 調濡 1400
07 調譺 148, 256, 350, 353, 797, 999, 1479, 1643, 1644, 1649
22 調鼎 211, 1381
23 調戲 106, 1270, 1924
57 調投 196, 1310
調擲 2289
72 調馴 148, 999
88 調笥 388, 1801
27 調匀 731
44 調嬈 1514
02 謝誂 1124
04 謝譴 172, 747, 784
20 謂乎 2008
21 謂上 2034
34 詡法 2087
詢法 149, 999
43 詢求 441, 523, 1006
73 詢陀 87, 1256
77 詢問 1965
44 詞葩 2025
16 詞殫 2034
80 訒兮 2030

**0762$_2$**

00 謬忘 1197
06 謬誤 616, 1171
17 謬承 524

**0762$_7$**

01 譎誑 2160
07 譎詭 110, 1116, 1955, 2004, 2109
34 譎對 2102
97 譎怪 2149, 2194
17 誦習 235, 1424
24 譜徒 1984

**0763$_2$**

00 認衣 1636
17 認取 362, 1796
37 認過 229, 1417

**0763$_7$**

04 諛訑〔詑〕 178, 797
07 諛諂〔諂〕 37, 311, 434, 692, 721, 755, 763, 765, 831, 933, 1059, 1567
諛讇 779, 785, 1033, 1108
08 諛詐 1176
77 諛邪 2043

**0764$_7$**

23 護然 344, 1658
22 設利羅 546
34 設婆 1056
40 設支 503, 1756
50 設拉 446, 1342
62 設咄嚕 2290
72 設臘婆水相 1686
77 謏聞 2041

**0765$_7$**

80 諍食 1857

**0766$_0$**

23 諮我 2147

**0766$_2$**

13 韶武 2067

**0766$_8$**

07 諮詢 100, 252, 461, 833, 1261, 1357, 1842
諮諏 1457

**0767$_7$**

01 諂〔諂〕誑 488, 532, 1736, 2224, 2232
諂語 2319
07 諂詭 251, 1841
諂諛 2259
21 諂佞 367, 1732
55 諂曲 131, 975
92 諂恌 1322

**0768$_2$**

27 歆饗 1710
44 歆慕 156, 1069

**0774$_7$**

00 氓庶 2099
28 氓俗 1960, 1988, 2153
45 氓隸 2128
60 氓品 2072

**0801$_1$**

37 㦓泥侈羅 116

**0813$_6$**

24 螌〔螯〕彼 2279

**0813$_7$**

07 跉姘 2178

**0821$_2$**

03 施詑 1678
20 施系 331, 1534
24 施牀 752
34 施婆羅比丘 961
43 施櫨 322, 454, 1350, 1541
47 施棚 322, 1541
60 施罛 416, 1088
77 施罟(罟) 249, 1819

**0821$_3$**

40 旒幢 15, 154, 800
44 旒蘇 80, 741
60 旒冕 1992
89 旒鎖 771

**0821$_4$**

08 旌旆 400, 1498
44 旌鼓 80, 740
50 旌表 272, 1524

**0822$_1$**

08 旂旗 2123
22 旃旛 1175
44 旃暮伽王 1176

**0822$_7$**

40 旝〔旅〕力 278, 1476, 2005
77 旆〔斾〕兜 277, 1476

**0823$_3$**

02 於讖 568
10 於弶 1890
16 於醒 1262
22 於稱 1397
於系 762
30 於竈 1248
31 於河渚中 899
38 於複 2127
42 於刹 138
44 於藤〔藤〕 1404
於莒 2334
於某 136, 983
於蒜 1056
46 於塊 508, 1762
47 於轂 743
60 於罝 369, 1814
64 於跨 1235
71 於槩(概) 1596, 1708
76 於髁 1204
80 於尒(尔) 308, 1564

82 於鑠 2004, 2036

**$0823_4$**

45 旅姓 130, 767, 973, 1281, 1516

**$0823_7$**

08 旍旗 2121

**$0824_0$**

17 放習 224, 1489, 1928

放帚 1582

28 放牧〔牸〕 59, 550, 609, 657

35 放泆 178, 1170

37 放逸行 961

56 放捐 757

77 放眉間白毫 971

88 放箒 734

32 敦祇 439

34 敵對 623

08 敵論 501, 1754

**$0824_7$**

16 旃彈那 473, 1332

27 旃叔 93, 1262

40 旃檀 129, 972

41 旃柘摩那 2188

44 旃蒙歲 675, 2264

旃荼〔茶〕羅 432, 475, 530, 562, 715, 907, 1335, 2218, 2324

73 旃陀羅 65, 138, 653, 939, 953, 956, 988

**$0826_9$**

86 旛鐸 606

**$0828_1$**

08 旋旍 1615

13 旋殯 2077

15 旋珠 227, 1414

16 旋環 1246

22 旋嵐 362, 1052, 1123, 1202, 1222, 1796, 2217

27 旋死 1077

37 旋過 2113

38 旋澓 857, 1238, 2224, 2225, 2236, 2254

58 旋輪 1032

62 旋踵 2142

42 旗幡 8, 847

43 旗幟 2144

50 旗纛 1127

**$0844_0$**

32 敦浮婁 953

50 敦肅 452, 471, 1329, 1347

68 敦喻 46, 409, 951, 1251

**$0861_1$**

23 詐紿 2121

**$0861_4$**

07 詮諮 1387

10 詮而 1935

30 詮窮 1043

60 詮量 1742

**$0861_6$**

00 説應 130, 973

40 説十三偈者 945

44 説檀 229, 1417

53 説戒 293, 1550

60 説易行難 2195

71 説甌 229, 1417

**$0861_7$**

10 訖栗抧〔枳〕 490, 1738

42 訖埵緣 477, 1384

21 謚比 275, 1521

**$0862_1$**

00 諭底迦 1124

**$0862_2$**

00 診病 199, 1313

30 診之 44, 945

73 診脉 1941

**$0862_7$**

46 論榻 2086

60 詅羅 84, 1061

**$0863_7$**

12 謙遜 1098

30 謙窓 1892

35 謙冲 110, 458, 1117, 1354

97 謙恪 66, 654, 702

**$0864_0$**

00 許諄 282

04 譈讜 1858

**$0865_1$**

詳 973

10 詳〔誁〕覈 2053

**$0865_3$**

25 議仲 323, 1542

**$0865_7$**

02 誨誘 2246

**$0866_1$**

30 譜之 2070

88 譜第 807

**$0874_0$**

34 敫法界 600

**$0925_9$**

00 麟麠 2016, 2035, 2337

27 麟〔麟〕角 461, 493, 1357, 1590, 1700, 1718, 1734, 1741, 1775

麟負 1332

**$0962_7$**

00 誚言 1706

10 誚焉 1983

22 誚劇 1924

**$0963_1$**

00 讜言 2039, 2127

08 讜論 1961

47 讜坭 413, 1254

77 讜聞 1297

**$0963_9$**

00 謎言 1136

17 謎那 1246

謎 886

**$0968_9$**

01 談謔 216, 449, 795, 1222, 1345, 1368, 2005, 2099, 2217

02 談話 453, 785, 1349, 2313

09 談誚 2043

10 談霸 1996

談覈 1606

41 談柄 2075

## 1

**$1000_0$**

一 968

00 一裹 1905

一袠 1949

01 一襲 390, 1801, 1967

10 一百洛叉爲一俱胝 886

一一區分 862

一一行相行 883

一至 1207

一盋（盂） 1516

12 一瓢 786

13 一醆水 748

15 一虺 1836

一磔 446, 496, 1342, 1745

一磔手 843, 923

17 一函 233, 557, 1421

一尋 367, 510, 1733, 1764

一鄹 423, 1838

20 一毛端量處 881

一雙 559

21 一尗 340, 1660

一攱摩訶迦羅面 1177

一粜 1608

22 一紙 1840

23 一牟呼囉多頃 719

一艤 113

24 一斛 1896

一峙 1162

25 一縷 723

一穗 1844

26 一線 409, 1250

27 一的 358, 1693

一俱盧舍 884

一俱胝 885, 2272

一㓘　259
一䀌　1152
一修多羅　951
29 一毯　2191
30 一滴　675，719，756，842，984，1032，1039，1889，2054
一渧　137
一澮　827，1709
34 一襻　1938
一婆訶　2297
41 一嫗　2105
42 一剎那頃　719
43 一盋　2102
一椷　1907，2046
一栽　268，1476
44 一荻　401，1499
一藡　1581
一劫　69，663，929
一巷　560，613，625
47 一杷　1907
一匏　448，1344
一切　856
一切樂器不鼓自鳴　887
一切智道靡不宣　859
一切周給　878
一切宗信　880
一杍（杼）　318，1536
49 一桄　376，1790
50 一蟲　698
53 一㦸　340，1661
55 一弗　318，348，1536，1667
一弗　348
一摶　727，784，785，832，913，1016，1368，1656，1682，1724
一摶食　758
一軼　1650
56 一撮　1260，1886，2307
57 一擔　1589
一掬　924，1580，2188
一掬華　837
一契　1458
一挈　287，1461
一抒（杼）　401，1499
一擲　1156
58 一蛤　340，1661
一撴　1162
59 一捄　1193
60 一羅婆頃　719
一罷　1716
61 一踔　246，1429
64 一畦　358，1693
65 一吽　1197
一睫　496，1745
70 一腋　628，1163
71 一匱〔蕢、籄、簣〕　259，1838，1938，2162
一檗　1650，1938，2037
73 一髆　1043，1368
76 一臞　2161
77 一叉鳩王　964
一兜　1937
一間　469，1327
80 一分　1406
82 一剃　1676
83 一鋪　1020
一鍼　110，1117
一餅　1939
84 一鑊　724
88 一篚　2084
一箱　1403
一鏃　1152
90 一粒　607，2054
97 一惚　1612
98 一斅　1594

**$1010_0$**

22 二僑　1927
24 二黏　397，1495
28 二牧牛女　934
二儀　521
30 二空　2294
32 二衹夜經　951
37 二襘　2022
40 二十二數　1405
二十五有　938
二趆（趆）　317，1536
42 二橋士　1881
47 二匏　1716
二獺〔獺〕　1893
51 二指揥　1130
52 二插　1865
53 二捥　1187
58 二轍　1649
62 二喘　2195
66 二踝　1126
71 二脛　1126
二匹　2188
72 二隥　1704
76 二髀　1145
77 二叟　351，1645
81 二瓶俱破　952
71 工匠　608
27 工幻師　889
32 工業　469，1328

**$1010_1$**

00 三摩拔提　947
三摩跋〔趺〕提　741，824
三摩半那　437，729
三摩鉢底　720，874，2242
三摩地　433，716，810
三摩呬多　474，568，696，729，1140，1331，1334，1341
三摩呬哆　437
三摩越　72，662
三衣僧伽梨　297，1554
01 三襲　2159
03 三謚　1933
10 三元　2332
11 三輩　1511
12 三水獺　1908
16 三碣　322，1541
20 三千大千　929
三受記經　951
三維及八隅　862
三重　678
三饕　1999
21 三偲〔偲〕　72，631，667
三顉　117，1089
22 三掣　1236
三掣拍胸　1146
三災　549
三種煩惱因緣者　958
三種浄肉　936
24 三稜草　1192
三甜　1198，2269
27 三級　1436
28 三復　856
30 三灾　491，1739
32 三兆　438
三洲　364，1729
38 三塗　82，1117
40 三十二相　944，958
43 三戟〔榦〕　1019，1159
44 三覆　674
三姥　17，802
三棱　1128，1197
三枋　2138
三藐三佛陀　973，2254
三暮多　711
三蒲　362，1671
三菩提　970
三藐三佛陀　962
48 三槍　465，1361
50 三辢〔辣〕　391，1786
51 三拒木　768
52 三慙　1394

三括 351,1645
三摟 335,1547
57 三掬 1181
60 三罰 495,1744
三界 809
三界焚如苦無量 882
三界冥 2286
三界獄免出 985
三曼陀颰陀 1001
三量 808
62 三跳 40,939
三唾 1196
63 三跋致 68,662
65 三昧 56,129,654,860,936,970
70 三膲 409,1250
71 三槃 2271
三厜 1821
77 三股 341,678,1216,1613,1662
80 三念處 952
84 三鈷 1219
85 三銖 1294
88 三餅 1907
三篋 157,523,1069
12 正延 458,1354
34 正法味盈洽 894
34 正法餘八十年 939
77 正覺 856
正學 494,1742
87 正朔 686

**$1010_3$**

04 璽誥 2042
50 璽書 2016,2071,2090
77 璽印 841
00 玉豪 685
24 玉牒 2154
30 玉扆 855
37 玉逯 1996
44 玉蔕 2162
玉枕 1142
46 玉槔 2167

**$1010_4$**

00 王該 2137
王京都 880
03 王謐 1913,1986,1999,2038,2143,2165,2335
17 王彝 2005
22 王巋 2150
王嶷 2061
24 王纮〔紘〕 2150
26 王堡人 2150
27 王奐 2064
王名迦多富 960
30 王逭 1872
王之寶祚 904
34 王濛 1013,1999,2165
36 王昶 2067
41 王頍 2094
44 王蕘 247,1817
46 王坦 2143
王緦 2005
60 王四天下 876
61 王顒 1982
65 王暕(暕) 1922,2001,2134
44 王募 746
71 王臣 1033
72 王后所生 883
94 王忱 2200
97 王欻一日發於善心 1886
10 堊醯掣怛羅 1957
18 堊醯掣呾羅國 1876
31 堊灑 225,1413
30 堊之 113
88 堊飾 145,268,996,1518
27 至欵〔款〕 252,1842
至向 456,1352
34 至法淵底 875
35 至湊 112,782
47 至厀〔膝〕 1197
49 至杪 366,1731
50 至奏 69,269,663
60 至羅伐 431
61 至頤 1571,1963,1973
64 至跨 744
65 至蹲 744
67 至瞑 2063
76 至胛 383,1791
78 至肣 16,801
88 至第六天 932
31 亜灑 333,1544
34 亜婆 158,1037

**$1010_6$**

10 亘雲 1456
12 亘飛 2180
22 亘川 247,1817
23 亘然 86,171,346,792,835,1093,1115,1659
25 亘生 13,852
28 亘以 573
30 亘窮 439,815
46 畺場 1912
畺場〔埸〕 278,1475

**$1010_7$**

00 五磨灑 1574
01 五誑 1405
02 五刻 232,1421
17 五帬 1939
21 五優陀那經 951
22 五種子 1443
26 五舶 2049
27 五旬 68,176,662,786
五綴 299,1555
30 五寶七寶 1137
五官 83,1060
37 五渾 107,1241
五運 2332
38 五逆津 954
五祚 2026
40 五十七煩惱繫縛 935
42 五埵 1827
43 五始 2263
44 五蘗 1137
五蘊 683
47 五轂 298,382,1218,1554,1782
五皰 187,1302,1831
54 五捺 234,1423
64 五噫 358,1692
72 五兵 66,110,653,1116
77 五叉礫 1438
五股杵 1192
五翳 957
80 五个 1406
87 五欲所致 877
88 五篙 342,1663
44 盂蘭盆 284,1108
53 盍〔盂〕盛酪 2049
10 互无 601
22 互循復 862
46 互相 1394,1773
49 互榿觸 712

**$1010_8$**

03 靈鷲 2017,2269,2270
靈鷲山 1260
41 靈柩 258,368,1445,1813
44 靈模 2052
80 靈龕 1717
21 豆盧褒 1933
豆盧暕 2042
44 豆〔荳〕蔻〔蔲、蔻〕 1130,1169,1648,1680,1939,1968,2077,2288
16 巫覡 1989,2065,2109,2152
21 巫師 349,1655
36 巫祝 70,664

**$1010_9$**

45 丕構 687

**$1011_1$**

10 霏霏 1968,2321

霏霧 1139
17 霏那 229,1417

**$1011_3$**

10 琉璃 480,931
琉璃琴 1456
30 疏(踈)寮 1877
37 疏〔踈〕通 1106
38 疏瀹 2107
44 疏〔踈〕勒國 887,2242
74 疏〔踈〕膜 1396

**$1011_4$**

29 霳以 708

**$1012_7$**

10 霶霈 2322
30 霶流 1177
23 霈然 919,1212,2095,2242
30 霈注 1200,2087
36 霈澤清炎暑 860
57 璃把〔杷〕 405,1503

**$1013_2$**

00 瓌竒〔奇〕 702
14 瓌〔瑰〕瑋 208,1372,2002
60 瓌異 15,799,945
瓌異 43,834

**$1014_1$**

17 聶承遠 1991
38 聶道真 1880

**$1014_3$**

73 霵陀 108,1113

**$1016_1$**

24 霑彼 563,617
31 霑濡 633
霑溼 2064
霑污〔汙〕 51,792,963
38 霑洽 909

**$1016_4$**

41 露枰 168,1005
46 露幔 130

**$1017_7$**

25 雪岫 1972
40 雪堆 1325

**$1020_7$**

42 雩㻌 2052,2201

**$1021_1$**

10 元元 149,426,1000,1851
40 元熹 2109
66 元覞 2088

**$1021_2$**

40 死喪 1857
73 死肬 396,1494
77 死屍 554
98 死斃 425,1858

**$1021_4$**

00 靃靡 689,913,1397,1958,2015
23 霍然 145,171,409,792,996,1093,1251,1887,1895,1904

**$1021_7$**

37 霓冤 91,1259
90 霓裳 2027,2087

**$1022_3$**

32 霽澄 1238

**$1022_7$**

00 兩方 1053
兩廂 1201
兩麥 2176
20 兩舷 351,1645
21 兩須 246,1429
30 兩肩 1196
70 兩臂 527
兩腋 526
31 兩褾 2022
40 兩埻 261,1843
46 兩相外道 1761
47 兩杈 216,1289
兩翅 296,1553
58 兩轍 2192
兩輪 228,1415
60 兩目 232,1420
65 兩趺 526
66 兩踝 637
67 兩跟 526
兩吻 91,1259
71 兩脛 440,526
72 兩腨〔踌、膞〕 57,215,526,655,1288
兩骸 2328
73 兩臏〔膹、髖〕 67,661,781,1827
兩髆 448,526,1144,1344
74 兩膝 526,1861
兩脇 2226
76 兩髀〔髀〕 57,526,655,1103,1196,1200,1407
77 兩股 215,251,1288
兩闢 11,850
兩髆〔臀〕 215,460,1288,1355
88 兩箇 1131
77 兩擘〔擘、腕〕 395,527,1493
74 兩肘 527
00 而竟不覩 884
03 而謐 2029
16 而强爲說 893
24 而穫 449,1345
26 而鯷 1861
27 而終 2035
28 而絣 1216
34 而被 972
36 而汩 2042
61 而蹶 24,1231
63 而賦 251,1841
而咏 2174
68 而蹲 1892
42 而甏 312,1568,1651
43 而弒 48,953
52 而攜 726
76 而隕 457,1353
71 而陋 2100
60 而踣 250,1439
55 而揪〔楸〕 109,918
90 而常施恩 961
而炷 2130
93 而悈〔悈〕乎 2125
97 而炊 1966
而烙 236,1424
而焮 489,1738
98 而斃 923
10 雰霏 400,1498,1704
雰霧 500,1754,1998
雨雹 707
雨霽 162,1890
27 雨衆 470,1329
34 雨汝身田 934
雨澍 1235,1294
雨淹 743
35 雨漬〔瀆〕 443,1105
37 雨泡 1446
40 雨大法雨 706,973
雨大香雨 809
47 雨轂 2173
80 雨無盡寶 856
17 鬲子 2169
30 鬲戾 2153
23 万俟氏 1915
24 万岐〔歧〕 108,1267
29 爾餤 2241,2259
90 爾〔尔〕炎 119,259,797,1838
97 爾焰〔焰〕 498,1746
62 霧曖 1875

**$1023_0$**

11 下矴 344,1664
17 下邳 2065
下褰 1609
26 下俚 1993
32 下迂 2185
47 下棚 2113
50 下車步進 905
55 下抹 1940
58 下蚌 117,1089

61 下躡 1875
63 下晡 377,1799
77 下尻 350,1649
87 下釣 1998

**$1023_2$**

10 霡霂 457,1353
11 弦彄 1592
12 震烈 299,1555
24 震動 36,929
40 震塝〔坼〕 1240
43 震越 256,1479
44 震掖 2034
60 震旦國 887
70 震駭 1875
91 震慴 157,1069,1616
95 震悚 275,1525
97 震慴 106,1272

**$1024_7$**

00 憂摩陀 948
憂瘀 147,998
34 憂濊 287,1461
42 憂媼〔嫋〕 287,1461
60 憂畢叉 959
97 憂惘(惘) 1965
憂灼 119,1276
憂憒〔憒〕 1403
90 憂悴 870
96 憂懆 1621
00 覆育 878
14 覆醢 2146
22 覆巢 2153
40 覆燾 1952,1996
43 覆盆 1876
覆載 521
44 覆蔽 591,698,731,1067,1111
覆苫 132,300,352,464,977,1360,1556,1642
60 覆罩 72,632,667
73 覆髆 1940
74 覆膧 1715
77 覆翳 1407
97 覆熖 2164

**$1024_8$**

覈 34
21 覈此 2142
27 覈身 248,1818
30 覈實 253,1843
44 覈其 1938,2037

**$1026_1$**

40 殕壞 343,1664

**$1029_6$**

00 獠鹿 1575
17 獠取 1717
26 獠伽 681
獠伽河 2308
獠伽河沙 1068
27 獠網 95,1264
47 獠柵 2325
50 獠中 123,1278,1895

**$1030_7$**

44 零落 540

**$1032_7$**

50 焉夷國 2187

**$1033_1$**

惡 942
00 惡癘 435,723
惡疰 1199
10 惡露 1466,1828
21 惡師 67,661
44 惡莿〔莿〕 1320
惡蕎 1163
57 惡蠍 625
60 惡羂 1857
62 惡跳 1163
63 惡賤 134,323,949,981,1012,1289,1542
惡獸 296,1552,2269
惡猒 768
64 惡踦 17,802
77 惡叉聚 460,1356
惡鵄 2309
98 惡憋 1891
惡 1466

**$1033_2$**

10 惡焉 2060
23 惡然 1889
35 惡神香 1132

**$1033_3$**

22 弦懸 2061

**$1040_0$**

16 耳環璫 1442
19 耳璫 310,365,449,762,843,898,1041,1159,1183,1187,1221,1248,1345,1566,1632,1730,2217,2227,2281
21 耳頞 401,1499
28 耳鯦 1121
31 耳渠 261,798
82 耳鍾 371,1815
87 耳鉋 181
88 耳篋 1290
耳篅 1600
58 耳輪 460,1356
60 耳圈 322,1540
77 耳際 273,1469
47 干犯 1597
53 干戈 685
77 干覓 209,1373
32 于遁 1924
77 于闐 98,700,1047,1202,1572,1920,1927,2048
于闐國 2022
78 于隥 1336

**$1040_1$**

57 霆擊 2090,2101

**$1040_4$**

21 要術 365,1731
60 要是壞色 936

**$1040_6$**

37 覃溟 1973
46 覃婢 113,1158
60 覃〔覃〕思〔恖〕 1370,1954
覃 855

**$1040_7$**

46 叜〔吏〕相 593
霎觀 1387

**$1040_9$**

42 平塏 1876
46 平恕 439
平坦 558,613,1031,2242
68 平畋 1192

**$1041_0$**

21 无態 63,650
51 无擾 729
60 无〔旡〕累 553
88 无籃 342,1662

**$1043_0$**

44 耎〔耎〕草 689,711,1022,1078,1130,1174,1188
耎枘 221,1485
00 耎音 1150
47 耎〔耎〕根 469,1327
50 耎〔耎〕中 11,850
01 耎語 2109
91 耎〔耎〕慄 1295,1420
77 耎脆 1887
耎几 2084
80 耎美 766,1098
天 2110
00 天魔 431,476
天魔波旬 893
天魔梵 1383
天意樹 936
04 天諸婇女 931
10 天雨 970
16 天璪 2135
17 天弓 432,713
22 天利 2337
23 天牟陀羅 877
天獻吉祥草 2188
24 天紺 1024
28 天繒纊 905
34 天潢 2099,2182
37 天祠 40
38 天道 854
天溓 2055
43 天城寶堞 863
44 天蘺 1941

48 天梯 1983
52 天授 2021
54 天技 984
57 天拘蚤 777
61 天嗜 2161
65 天晴 177, 797
68 天咩〔哶〕（芊） 114, 1158
69 天睠 2040
77 天冊 854
88 天竺 47, 318, 379, 951, 1536, 1779, 2223, 2242
天竺國 2307
**$1044_1$**
21 弄上 1643
**$1044_7$**
10 再醮 1953
64 再黷 2024
91 再敲〔敞〕 2033
**$1048_2$**
20 孩稚 867
22 孩齔 2125
66 孩嬰 1937
**$1050_3$**
10 戛戛 398
戛石 2067
戞戞 1496
**$1050_6$**
10 更霸 1915
更互 1331
28 更馥 808
30 更適 324
31 更添 1591
32 更遞 2110
61 更號 2039
77 更貿〔貸〕 298, 1554
80 更無遺孑 1582
**$1052_7$**
10 霸王 42, 941
**$1060_0$**
00 石廟 975
03 石斌 2062
14 石碏 2126
10 石礦 2256
33 石梁塢 2062
42 石韜 2062
44 石楮 342, 1663
46 石壜 327, 1531
47 石飆 2139
石榴樓子 964
51 石蛭 1325
54 石撩 18, 803
60 石田 820
72 石隥 2184
77 石隙 244, 1412
80 石龕 1955
98 石鼈 1984
81 石罅〔罅〕 201, 1315, 2076
41 面皯 1180
13 面皰 1140
77 面門所出 933
30 面疢 1150
24 面皺 161, 715, 769, 966, 989, 1211, 1237, 1470, 1676, 1776, 2017
27 面欵（款） 402, 1500
00 百廠 1982
14 百穳 22
28 百齡 1319
19 百稍 1864
20 百倍 1103
百乘 61, 660
47 百穀 136, 956, 983
20 百億閻浮 937
31 百福 956
72 百臘 300, 1556
31 百禴 353
37 百洛叉爲一俱胝 2228
63 百獸 959
66 百罌 2189
56 百輹 2318
88 百筋 731
44 百葉 95, 1034
81 百釬 1624
73 百朘 2185
24 西崦 2162
41 西敧 1876
西櫺 2133
25 西牛貨洲 528, 1223
27 西你迦 472, 1330
西郵 2176
58 西軫 362, 1796
44 西耄 1894
32 西漸 2168
66 西瞿陀尼 474, 938, 1334
71 西阿 12, 160, 851, 919
73 西院 2101
80 西弇 2162
**$1060_1$**
92 晉剡 2068
**$1060_3$**
10 雷雹 842
雷電 2298
雷霆 88, 173, 196, 334, 1070, 1311, 1546, 1585, 2026, 2074, 2257
雷震 2224
40 雷奮 1001
44 雷鼓 21, 805
48 吞故 365, 1731
62 吞嚼 1771
67 吞啗 1209
68 吞噉 1202, 1214
吞噬 174, 281, 779, 921
**$1060_6$**
30 畐塞 252, 1841
**$1060_9$**
22 否梨咭 413, 1254
**$1061_4$**
77 碓臼 2189
**$1062_0$**
08 可諭 706
22 可穌 2197
26 可齅 1073
27 可贸〔貿〕 831
28 可徵 521
31 可汗 1966
34 可袪 208, 1372
59 可撻 400, 1498
60 可㬥〔暴〕 2017
71 可厠 510, 1764
97 可怪 2106
**$1062_1$**
60 哥羅分 873
**$1062_7$**
14 磅礴〔礡〕 1997, 2020, 2154
28 醨俗 2026
**$1063_2$**
31 釀酒 195, 1310
**$1064_1$**
10 霹靂 707, 1018, 1039, 1166, 1199, 1275, 1591, 1810, 1821, 1831, 1870, 1885, 1902, 2000, 2188, 2197, 2252, 2271, 2298, 2339
**$1064_7$**
10 醇醨 1953
15 醇〔醕〕醲 845, 1879
31 醇酒 235, 418, 1424
65 醇味 1902
**$1064_8$**
28 醉傲 908
14 碎磕 1885
50 碎末 540
80 碎金 590
**$1065_1$**
17 醰醪 1954
24 醰〔醇〕化 807
37 醰净 1140
**$1066_1$**
11 磊砢 787
**$1068_6$**
08 礦論 1369
**$1069_4$**
12 磔〔磔〕磔 177, 1090

**$1071_2$**

10 雹雨　186, 1301

**$1071_6$**

10 霪霳　2111
37 電泡　1269
72 電鬘　1102
82 電鐙　1256
97 電燿　1975

**$1071_7$**

11 瓦坻　1152
12 瓦礫　137, 562, 613, 678, 921, 984, 1030, 1040, 1154, 1238, 1246, 1289, 1604, 1973, 2120, 2321
瓦礫荊棘株杌　904
41 瓦栢　1852
43 瓦盞　1154
47 瓦楣　345, 1685
71 瓦甌　1577, 1590
77 瓦閾　345, 1658
81 瓦瓶　643
87 瓦鍋　2323
27 黿龜　1056
52 黿蚪〔虬〕　26, 1233
66 黿鼉　38, 167, 255, 441, 737, 769, 924, 934, 1004, 1006, 1106, 1184, 1211, 1441, 1577, 1829, 2139, 2190, 2212, 2256, 2300
98 黿鼈　1195, 1985

**$1073_1$**

21 云何行想　936
10 雲雹　1166, 2280
12 雲瑞　1978
25 雲犇　1913
36 雲褐　2027
37 雲涵　769
43 雲戟　1166
44 雲萃　2009, 2158
47 雲楣　1977
50 雲表　50
雲表星　958
57 雲蜺　1052
64 雲曀〔曀〕　1085, 1460, 1820
77 雲翳　1079, 1216

**$1080_6$**

00 貢高　875
23 貢獻　367, 1733
27 賈衆　2043
61 賈販　1644, 1894
80 賈人　188, 759, 1302
賈〔貿、賷、賫〕客　50, 745, 816, 824, 960, 1632

**$1080_9$**

49 炗妙　785
炗妙　785
73 炗膩　713
88 炗等　1725
炗等　1725

**$1090_0$**

00 不諳　1574, 1777
不啻　72, 228, 268, 375, 662, 1415, 1431, 1790, 1904, 2146
不該　2194
不羸　1099
不唐捐　858
不瘂　694
不庠　459, 1355
02 不譏　166, 1003
不譏比丘　1453
不彰　185, 1300
04 不計　271, 786
不訥　437
05 不譴　459
07 不欬　878
不望　1096
不歆　157, 1069
08 不訟　167, 1004
10 不可擭　1826
不可紀極　864
不可沮壞　862
不可治　690
11 不非先制　875
12 不酬　542
不登　48
不刊　2068
不瑟　451
14 不耐　309, 1219, 1565, 1777
16 不殫　457, 1353
17 不翆　718
不務　136
不殉　10, 849
不豫　131, 976
不孕　361, 1671
18 不弛　892
19 不磷　1911, 1943
20 不佼　767
不售〔售〕　576, 1131, 1888
21 不處於陸　884
不劣　1936
不能飛過　936
不能遊履　895
不傴　725
不貲　1894
不呰　725
不訾　256, 285, 418, 424, 1473, 1830, 1835
22 不僑　160, 916
23 不稂　2029
不允　464, 1360
不綜　1982
24 不告勞　874
不僥　67, 660
不繞　449
不偉　397, 1495
不倚〔猗〕　185, 837, 1300
26 不齵　395, 1492
不覬　531, 563, 580, 595, 617, 1802
27 不餐　746
不解　1403
不佝　557, 612
不徇　603
不御　44
不夗轉　1722
不匀　322, 1540
不徇　587
不旬　697
28 不齴　395, 1492
29 不倦　1919
30 不案　304, 1560
不空見如來　785
不窺　1949
不良　293
不澸　2086
不窊　571
不完　761
不宥　180, 1076
不窋　2016
31 不顧　559
不迺　778
不還身　875
不滛　1841
不汙　39, 59, 657
不迃　1675
32 不測　809
不遜　1347
33 不追　1124
不滅　548
34 不泄　87, 1116
不瀆　1619
35 不逮　479, 1385
36 不遑　436, 726
不退　912
37 不净微行　876
38 不滋　275, 1520
40 不存慮　836
不獷　1683
不憙　532
不鞴前　1631
41 不埡　571
不鞕　718
42 不坼〔墎〕　330, 1533
不剳　1641
44 不革　370, 389, 1814
不藉耕耘而生

稻粱　902
不禁　302,1558
不嫽　352,1640
不嫫　261,1482
不嬈　57,655,698,1345
不媟　243,1411
45 不楝　1211
46 不覿　395,1493
不狎　403,1501
不相違　602
47 不嫪　148,999
50 不串　306,1562
不挍　110,1116
51 不擾　1212
不抴　63,650
52 不揣　2042
不撟　260,1481
不撟威儀　868
不撰　2116
不挑　1641
53 不捩　1606,1613
54 不擣白氎　1437
不撓〔橈〕　60,279,659,2029,2194
不挾　82,1117
55 不摶飯　1641
57 不据　260,1481
58 不攬　1773
不捨衆善軛　886
60 不蹕　367,1733
不思議劫　857
61 不蹶　399,1497
不躡　1630
62 不瞬　837,877,1048,1145,1441,1710,2113,2228
63 不戢　1836
不瞋　67,661,1213,1725,1906,2213
64 不睦　191,1306
不嚔〔嚏〕　254,995,1925,1979
不躂　2137
不噎　365,1731
65 不跌　180,258,1076
66 不躅　419,1806
67 不喫　349,1668
不眴〔眴〕　377,532,581,743,827,1799,1884,1926,2199
68 不吃　694
不噉　1974,1997,2022
70 不劈　395,1493
不駐　1892
71 不暨　1948
不匱　132,880,977
不匿　944
不斅　2201
不厭　826
不槩　106,188,250,1269,1303
74 不隨魔　859
75 不腆　1893
77 不凹　637,1724
不咼　1132
不覺　715
不凸　637,1724
不閑　488,1736
78 不鑒　169,1072
80 不孳　1894
83 不鎔　1238
85 不缺　827,1122
不缺戒　793
87 不欲　1635
90 不尚　880
不肖　14,167,224,270,436,506,725,798,1004,1489,1518,1759
91 不熛　1850
不愜　74,231,637,669,1419
92 不惛　2062
不惵　1402
93 不悛　2020,2046,2127
不惋　62,650
94 不怙(怗)　166,1003
不燎　2149
不懱　548
不怯　553,718
不俺　273
96 不憚　18,70,236,553,568,599,634,668,670,803,840,899,1025,1425,1516,2287
不憚劬勞　1141
不懌　1965
97 不懊　1680
不爛　1772
不懈　687,776
不恤　390,1801

**$1090_1$**

06 示謁天廟　869

**$1090_4$**

00 粟床　51,961
23 粟秫　1112
26 粟稗　446,1342
10 栗蘗肶種　589
41 栗呫婆子　1877
栗姑毗　1605,1598,1631,1635,2308
栗姑毗園　1603
61 栗呫毗王　606

**$1096_3$**

10 霜雹　818,1708
24 霜穫　1217,1990
27 霜你伽國　1949
30 霜液　822
44 霜封　443,540,1105
77 霜鷄　2174

**$1099_4$**

10 霖雨　17,286,801,1121,1459
32 霖淫〔滛〕　493,1675,1742
34 霖婆　378,1795

**$1110_1$**

12 韭殲〔薤、韰〕　152,1046
22 韭山　2001

**$1111_0$**

19 玼瑣　1923
26 北俱盧　885
北俱盧洲　474,528,1334
44 北鬱〔鬱〕單越　938
54 北韈　2029
57 北拘盧洲　1224

**$1111_1$**

10 非一切衆生盡依飲食存　946
16 非現生後　960
26 非鼰　749
40 非辜　2231
44 非蔟　423,1852
非考　482
非其匹偶　905
50 非蠹　2086
52 非撥　724,1679
54 非摸　169,1005
60 非蹠　1902
61 非跖　414,1086
71 非陋　610
90 非愎　1184
47 玩好　977
玩好之物　896
65 玩味不忘　888

**$1111_4$**

10 珪璋　523,1964,2054
理醯〔醢〕　411,1194,1252
27 理鵗　122,1189
10 班下　13,852
17 班勇　2152
22 班彪　2331
班倕　1973,2029
30 班〔斑〕宣　39,792,936

10 斑豆 306,1562
74 斑〔班〕駁〔駮〕 115,259,361,763,1085,1445,1599,1611,1626,1636,1696,1763,1849,2105
77 斑屣 2038
82 斑〔班〕毴 318,1536

**$1111_7$**

08 甄説 1322
22 甄鸞 2035,2110
27 甄叔 140,1075
甄叔迦 710,991,1057
甄叔迦寶 1077
甄叔迦樹 689
34 甄波 225,1490
36 甄迦羅 140
44 甄著 1922
67 甄明 1237
73 甄陀羅 64,652
76 甄脾坻 778
甄 990
00 瓨甕 1859
50 瓨瓮 1860
66 瓨〔坻〕器 49,955

**$1112_0$**

10 珂雪 1018,2287
珂雪色 870
22 珂乳 152,1046
60 珂貝 540,937,2243
珂貝璧玉 882
62 珂咄羅 1951
珂咄羅國 1950
77 珂月 141
13 耵聹 424,1839

**$1112_1$**

17 珩珮 2115,2166

**$1112_7$**

17 翡翠 341,575,1078,1661,1869
22 巧出 38
巧斷 905
55 巧捷 787
71 巧匠 736
77 巧屠 537

**$1113_2$**

10 琢石火 1050
77 璩印 459,1355
80 璩公 2174

**$1113_6$**

17 蜚羽 2065
53 蜚蛾 1514
74 蜚墮 221,1485
77 蜚尸 86,1063
蜚屍 413,1254

**$1114_0$**

14 玕琪 2127
19 珥璫 439,813

**$1116_0$**

50 玷中 198,1312
85 玷缺 172,784

**$1116_8$**

00 璿毫 2021
12 璿璣 2025,2139,2159

**$1117_7$**

60 聊〔聊〕因 1208

**$1118_6$**

11 頭頸 531,580
頭頭衣 295,1552
14 頭殯 417,1089
21 頭顱 68,662,2113
23 頭然 753
29 頭綃 318,1536
41 頭頰 1268
70 頭髈 1833
72 頭鬖 1938
73 頭陀 139,868,989
82 頭銛 1124
90 頭尖 1858
42 頭柢〔抵〕 97,1164
51 頭指捻 1129
77 頸鴉 386,1794
81 頸短 1820
11 頸項 754,1268
16 頸瓔 1442
17 頸及 637
00 項癭 1466
21 項頷 330,1533
27 項很 64,173,651,777
60 項日 2001
76 項胭 527
32 項浮 412,1253

**$1120_7$**

琴 975
88 琴簧 2120

**$1121_1$**

52 麗擲〔榭〕 226,1413
65 麗咈 2161

**$1121_6$**

41 殭鞭 505,1759

**$1121_7$**

11 瓬瓬 230,1418

**$1122_7$**

00 彌帝隸 749
彌離車 379,1779
02 彌彰 210,1380
10 彌覆 861
21 彌盧藏雲 888
彌佞 377,1799
彌貞 2034
24 彌勱 1513
26 彌伽 702,886,897
28 彌綸 8,860
30 彌宣正法 880
彌窒 61,201,660,1315
35 彌濃 2039
36 彌迦羅長者母 961
40 彌布十方 888
彌李 439
彌十方 856
44 彌勒 901,970
彌荔多 439,813
45 彌樓山 770
73 彌陀羅國 214,1287
08 脊膂 400,449,1344,1498,2000
25 脊僂 232,1420
40 脊檁 18,803
33 脊梁 1382
72 脊骽 1596
77 脊骨 540
脊腿 1575
21 背傴 135,981,1583,1598,1678,1957
24 背彼 395,1493
25 背僂 45,549,562,949,1066,1705,2120,2319
40 背大 175,828
74 背胯 1635
76 背胛 2085

**$1123_2$**

08 張施 980
12 張乱 2065
17 張邵 2060,2066
18 張弛 2151
29 張綣 2067
39 張泮 2155
44 張莫党 2191
50 張攤 1291
張掖 1931,2187
98 張敞 2137

**$1124_0$**

00 弭謗 1453
10 弭耳 321,1540
23 弭伏 284,1466
25 弭秣賀國 1949
弭秣駕 1951
44 弭惹 1175
45 弭隸 439
50 弭末羅 828

**$1126_1$**

88 彅箭 1629

**$1128_6$**

00 頑癡 1261
頑瘴〔痺〕 225,277,1469,1490
27 頑佷〔很〕 893,

1296
頑魯　372,387,
1788,1816
60 頑愚　1066
66 頑嚚　38,115,
453,480,501,
549,590,608,
724,875,914,
935,1031,1076,
1123,1176,1349,
1387,1754,2121
73 頑騃　832,1677,
1906
85 頑鈍　1086,1383,
1895
95 頑憒　1514
57 預搔　1993
30 預流　469,873,
1327
00 預立　211,1380
26 頂囟　95,1034,
1180
31 頂顙　288,1460
43 頂戴　845,1196,
1321

**$1133_1$**

瑟　948
23 瑟侘　1163
24 瑟縿　1195
瑟縿字　586
28 瑟鰜　2267
31 瑟祉　462,1357
62 瑟吒　541
63 瑟咤　92,1257
19 悲耿　1955
34 悲浹　2183
61 悲嗄〔哽〕　1023
62 悲嘶　1870
64 悲噎　725
66 悲嗥　763
88 悲笳　1978
92 悲惻　214,820,
1287
93 悲惋　395,1493,
1855
95 悲儂　281
97 悲懊　842

**$1140_0$**

00 斐亹〔斖〕　191,
1306,2138
23 斐然　2172
27 斐粲　148,998
64 斐暐　2131

**$1140_4$**

11 婓婓　1975,2169

**$1142_7$**

44 孺慕　2082

**$1161_1$**

31 釃酒　351,1644
77 甄閱　1024

**$1161_4$**

08 礭論　1398
23 礭然　209,251,
387,400,1373
30 礭實　1237
75 礭陳　498,1400

**$1161_6$**

10 礧石　174,217,
250,329,394,
828,1154,1326,
1435,1437,1492,
1533,1611,2107,
2270

**$1162_0$**

30 砢字　586
砢　540,943

**$1162_7$**

12 碼〔馬、瑪〕碯〔腦、
脳、瑙〕　35,129,
742,770,870,929,
940,971,1020,
1035,1180,1890
25 礪律　1943
88 礪鉛　2335

**$1163_4$**

10 碤石　2181

**$1164_0$**

10 研石　1611,1635
研覈　1212,1583,
1631,1914,1953,
2040,2047,2072,
2168
95 研精　1107

**$1164_9$**

14 砰〔硑〕磕〔礚〕
2067,2107,2116
23 砰然　415,1087
40 砰大　279,1475

**$1166_0$**

30 砧字　1197
87 砧鎚　2047
砧　879

**$1168_6$**

40 碩難　74,670
77 碩學　363
44 䫜鬱　1977

**$1171_1$**

11 琵琶　2232

**$1173_2$**

77 裴服　69,663

**$1180_1$**

07 冀望　875
26 冀得　934
78 冀除　504,1757

**$1180_6$**

28 貰〔貿〕緻　1890
40 貰賣　1515
44 貰莽娑　1127
85 貰鉢　1643

**$1210_0$**

10 刵耳　442,1220,
1293,2216
刵耳劓鼻　952
22 刵劓　47,328,
1531
11 到矴　324,1543
25 剥牛　731
40 剥皮　2199

**$1210_8$**

38 登祚　20,381,
497,804,1746,
1782
41 登樞　687
61 登躡　1719
71 登陑　2177
80 登入　2260

**$1211_4$**

17 璀璨　2034,2075
44 毦帶　175,828

**$1212_7$**

瑞　971
00 瑞應　841
46 瑞相　614

**$1213_3$**

80 聮鑣　2101
82 聮〔聯〕鎖　1235
91 聮〔聯〕類　1650

**$1213_4$**

10 璞玉　1572

**$1214_0$**

10 珽〔抵〕玉　2168

**$1215_3$**

14 璣璜　2165
55 璣蚌　1874
87 璣鄯尼　108,1267

**$1216_4$**

10 聒耳　414,1086
44 聒地　1608,2190
28 瑶似　2133

**$1217_2$**

16 聯環　2164
37 聯翩　1618
44 聯華　1976
89 聯鎖　2294

**$1219_3$**

22 聮(聯)緜　1183

**$1220_0$**

02 刓刻　286,1447
62 刓剔　2126
26 列徥柱　2180
75 列陣　2183
40 引夐　557,594
76 引颺　1144
88 引筰　2063

**$1222_2$**

20 彨毛　770

**$1223_0$**

00 水齊　2050
08 水族衆生　889
10 水不能漂　952
水碓　1520
22 水舧　343,1664
水休　1126
27 水鴿　1850

30 水滴 632, 702
水竇 322, 346, 1540, 1660
水渧 46, 951
水突 319, 1538
32 水湍 422, 1852
34 水瀆〔瀆〕 421, 1833
水瀆 326, 1529
水渚 366, 1732
水澍 1050
37 水泡 729, 834
水濯 503, 1756
38 水湔〔瀟〕 330, 384, 1533, 1792
39 水澇 845, 1050
44 水苔 386, 735, 1794
47 水獺 220, 295, 1485, 1552
51 水蛭 1024, 1127, 1579, 2273
52 水摟 1611, 1626
53 水撚 1938
54 水蛙 1600
60 水星 2265
72 水腫 224, 1489
74 水陸 544
77 水盥 261, 1482
84 水罐 1590
17 弧弓 109, 1113
80 弧矢 869
弧矢劍戟 894

**$1223_2$**

12 淼淼 2191
36 淼漫 2061

**$1223_4$**

17 殀殁〔妖〕 546, 620
26 殀促 694
32 殀〔殀〕逝 454, 1349

**$1224_4$**

35 痿凍 1967

**$1224_7$**

00 發言誠諦 881
12 發引 528
17 發予 100, 1241
35 發洩 2025
44 發荄 237, 1426
醱蔑 2011, 2148
50 發擿 2019
57 發揮 1239
發軔 2075
58 發撤 45, 194, 949, 1308
發軫 259, 807, 1837
61 發號施令 878
發趾 9, 848, 868
88 發斂 1925, 1979
94 發憤 447, 1343

**$1227_0$**

60 殈暴(㬥) 233, 1422

**$1233_0$**

40 烈灰 365, 1730
60 烈日 488, 1736

**$1233_9$**

98 憝悌 325, 1528

**$1240_0$**

10 刊石 2106
22 刊山 2021
30 刊定 470, 675, 1329, 1880, 1928
44 刊梵言 677
13 刑戮 753
22 刑劓 920
43 刑獄皆止措 903
88 刑笑 1868

**$1240_1$**

延 969
00 延袤 881, 1875, 2226, 2238
延裔 708
23 延縮 1236, 1296
28 延齡 2242
延齡藥 908
34 延祺 1132

**$1240_3$**

16 廵環 576

**$1240_7$**

12 癹癹 1246
15 癹礫迦 1138

**$1241_0$**

30 孔竅 744
33 孔道 2066
79 孔隙〔隟〕 447, 735, 828, 1049, 1343
81 孔鎛〔鎛〕 301, 318, 1537, 1557
90 孔雀 574

**$1241_3$**

27 飛鳥 255, 1829
44 飛甍 1068, 1397, 2036
飛蛬 2009
47 飛櫚 2037
53 飛蛾 2252, 2283
62 飛則勁捷 908
71 飛鼯 2173
76 飛颺 1618

**$1242_2$**

00 形褻 1806
17 形殂 2010
32 形〔彤〕兆 198, 1312
66 形躁 2149
91 形慄 471, 1329

**$1243_0$**

00 孤麑 417
27 孤鶵 2179
孤嶼 1960
30 孤寠 283, 1431
38 孤迸 97, 1025
48 孤幹 1810
61 孤呫薄迦 1593
99 孤煢〔惸、惸〕 8, 248, 375, 847, 1219, 1590, 1790, 1819, 2215, 2256

**$1249_3$**

21 孫綽 2047
24 孫勴 415, 1087
73 孫臏 2133
孫陀羅難陀 969

**$1260_0$**

00 酬亢 821
18 酬酢 389, 1800
30 酬賽 1615
34 酬對〔對〕 167, 1003, 2048
34 酬懟 1176
88 酬答〔荅〕 234, 619, 1423
55 副軸 960

**$1261_4$**

11 磓磥 1312
77 磓脚 362, 1796

**$1261_8$**

00 磑磨 1701
10 磑石 1152
17 磑硍〔碾〕 2105

**$1262_1$**

12 斫癹 405, 1503
36 斫迦羅山 884
44 斫蒭 1185
69 斫啾 16, 800
82 斫剉 228, 1416
93 斫截 1039

**$1263_4$**

22 醭出 1611, 1626

**$1263_7$**

00 砭疾 2114
10 砭石 2185

**$1264_0$**

11 砥礪 2074, 2085, 2094, 2099, 2133
56 砥操 2161
90 砥掌 97, 1209, 2211

**$1265_3$**

38 磯激 325, 1529

**$1267_0$**

99 酗酱 283, 1431

**$1269_4$**

10 磔石 631, 716, 779, 1894

**$1273_2$**

21 裂眥 420, 1807

**$1274_7$**

15 靉靆 136, 983,

1081, 1166, 1184, 1442, 1577, 2112, 2168, 2191, 2247, 2321

**$1290_0$**

12 剽〔剽〕剥　236, 1425
50 剽掠　208, 1372, 1932

**$1292_2$**

50 影畫　216, 1389

**$1293_0$**

22 瓢觚　2121
44 瓢孽哆　2229
47 瓢杓　374, 1789

**$1310_0$**

46 恥媿　793

**$1311_2$**

10 豌豆　46, 115, 227, 322, 763, 951, 1193, 1198, 1415, 1439, 1541, 1589, 2271
豌豆子　1193
19 琬琰　2100

**$1313_2$**

11 琅玕　1978
17 琅琊王珉　2047

**$1314_0$**

14 武護　1933
16 玳瑁　2190

**$1319_1$**

80 琮義　1396

**$1325_0$**

殲　2096
10 殲而　1912
18 殲殄　2148
30 殲宿殃　1188
44 殲其　1998
20 畝辭梵志　1881, 1927

**$1325_3$**

30 殘害　903
64 殘跛　2188
74 殘膜　420, 1462
77 殘毀　892

**$1326_0$**

10 殆而　318, 1536
11 殆非　2192
40 殆壞　331, 1535
50 殆盡　446, 1342

**$1328_6$**

44 殯葬　2064
46 殯埋　1854
87 殯〔殯〕斂棺盖　959
88 殯〔殯〕斂　50, 1521, 1875

**$1362_2$**

50 醪毒　1635
30 磣害　1597
50 磣〔磣、慘〕毒〔毐〕　440, 455, 634, 1350
52 磣刺　2244
64 磣黷　2019, 2033, 2333

**$1362_7$**

11 餔醵　2021

**$1363_2$**

77 碾屐　2133

**$1364_7$**

14 酸酷　235, 1424
18 酸酢　1127
23 酸鹹　787, 1056
44 酸楚　864
酸苔　558

**$1365_0$**

00 鹹病　730
65 鹹味　567

**$1410_0$**

22 斟稱　1050

**$1411_2$**

00 耽摩栗底國　1969
02 耽話　509, 1762
04 耽諸　1674
14 耽耽　1978
22 耽毵（毵）　421, 1833
31 耽〔躭、妉〕湎〔婳、緬〕　46, 134, 461, 481, 815, 950, 980, 1357, 1365, 1677, 1679, 2021
耽沔　1707
34 耽〔躭〕染　595, 645, 814
37 耽没羅洲　1862
42 耽婬　1687
44 耽〔媅、躭〕著　89, 539, 609, 618, 714, 1032, 1070, 1107, 1289, 1396, 1860
64 耽〔媅、躭〕嗜　1673, 1689, 1699, 1726, 2284
83 耽餔羅　1680
87 耽〔躭〕慾〔欲〕　557, 1595
90 耽忙羅葉　1129

**$1412_7$**

17 勁勇　208, 394, 1372, 1492
22 勁利　190, 1305
50 勁夫　60, 658
88 勁節　1976
21 瑒須　231, 1419
瑒須那　1872
24 功德鎧　583
25 功績　157, 1037
34 勐法師　1988

**$1413_1$**

08 聽訟　214, 380, 1287, 1780
聽訟斷獄　909
聽許　531, 1195, 1279
聽許佛聽　758
10 聽不　715
20 聽往　528
23 聽我　1001, 1859
44 聽著　764
67 聽矚　2042
77 聽聞　546

**$1413_4$**

40 瑛吉祥　121

**$1418_1$**

17 琪璐　2163

**$1419_0$**

13 琳琅　2005
17 琳璆　1964

**$1420_0$**

00 耐磨　14, 799
耐痛　1836
31 耐酒　2153
40 耐椎　454, 1350
71 耐辱　231, 1419
80 耐羞　1993

**$1421_2$**

27 弛紐　2038

**$1421_6$**

26 殑伽　446, 527, 559, 596, 1249, 1342, 1776, 2258
殑伽河　492, 1740, 2076
殑伽沙　433, 476, 716, 1075, 1336, 2275
44 殑耆羅　488, 1737

**$1421_8$**

80 殪入　285, 1473

**$1422_7$**

40 勠力　285, 1458, 1590, 1921, 1957

**$1424_7$**

52 皷折　463, 1359

**$1426_0$**

27 豬身　1131
42 豬獵　401, 1499
47 豬狗　2258

**$1428_6$**

17 殰〔殰〕矛　220, 362, 375, 454, 759, 1350, 1484, 1790, 1796
31 殰逐　206, 1338
40 殰棓　26, 251, 1232, 1442
82 殰鋋　1361
87 殰鑱　735

**$1460_0$**

42 酙斯椿　2072
酙　1443

**$1461_1$**
14 磽磕 2191
17 磽确 243, 475, 495, 1335, 1411, 1575, 1582, 1590, 1620, 1744, 1776, 1951
40 碪椎 1988
44 碪薜 170, 1165
80 碪前 695
87 碪鎚 1920, 2002
**$1461_2$**
10 酖醉 1030
22 酖嵐 1892
31 酖酒 174, 779
**$1461_4$**
10 確不從命 1955
確不移 1933
確爾 1942
確正 1512
20 確乎 2147
23 確然 1498, 1787, 1841, 1857, 1965, 2054, 2078, 2201
30 確實 2025
34 確法師 2095
44 確執 1771
75 確陳 1746, 2035
**$1461_7$**
14 磕磕 2179
21 磕齒 2011, 2158
28 磕傞 1908
**$1462_7$**
27 劻俒 2050
50 醐青 331, 1534
**$1464_1$**
37 醻鑿 1864
**$1464_7$**
00 破魔 130, 972
10 破而聲嘶 938
破盂 1844
26 破舶 1588
40 破壞生死 931
破塘 1388
42 破析 1679
47 破觳 447, 1343
50 破搒六大 955
77 破隝 228, 270, 1416, 1470
破瞖 1012
破印 865
91 酵煖〔煖〕 49, 958
**$1466_0$**
31 酤酒 72, 668, 940, 952
**$1466_1$**
12 酷裂 1895
27 酷怨 471, 1329
34 酷法 1716
50 酷毒 66, 504, 654, 1757
60 酷暴 1346
酷異 450
73 酷陀利 1906
80 酷令 256, 1479
**$1467_0$**
10 酣醉 106, 1272
26 酣伽 150, 1009
99 酣瞀 2149
**$1468_1$**
77 礎臼 1937
**$1513_0$**
10 玦石 2179
17 玦玨 302, 1559
**$1514_7$**
34 聃婆 92, 1257
**$1515_7$**
16 瑇瑁 226, 1056, 1414
**$1518_6$**
14 璌琦 1295
**$1519_0$**
00 珠交露幔 973
11 珠琲 2184
珠珩 1878
12 珠璣 62, 113, 197, 254, 350, 650, 779, 995, 1311, 1456, 1655
17 珠弝 1809
珠函之祕 855
19 珠瑠 2076, 2338
41 珠柄拂 1457
57 珠把 418
60 珠貝 906
**$1519_4$**
44 臻萃 88, 1070
**$1521_3$**
50 虺毒 344, 1658
53 虺蛇 145, 996
58 虺蜕 1810
**$1523_0$**
00 殃疣 2155
28 殃咎 2288
57 殃掘魔羅 1856
77 殃釁 767, 1073, 1297
**$1523_6$**
02 融剖 1988
33 融冶 2194
85 融鍊 1054
89 融銷 960, 1673
**$1528_6$**
77 殰風 360, 1695
97 殰爛 754
**$1529_0$**
31 殊禎 855
39 殊沙 花 971
63 殊噬 176
**$1540_0$**
08 建旟 1933
建旒 417, 1088
15 建礫迦林 1150
27 建郛 1978
73 建陀 948
88 建箭 109, 1113
**$1560_0$**
11 磚磲〔渠〕 741, 742, 878, 1020
**$1560_7$**
11 硨砈 2181
**$1561_8$**
12 醴水 457, 1353
26 醴泉 2249
**$1568_6$**
12 磧礫 2153
50 磧中 25, 1212, 1231, 1441
**$1569_4$**
12 礫裂 2214
17 礫耶 1081
20 礫手 296, 352, 367, 1067, 1182, 1248, 1553, 1641, 1650, 1701, 1733
25 礫牛 193, 1308
27 礫身 1204
36 礫迦 1876, 1956
36 礫迦國 1967, 2076
44 礫其 1832
礫著 416, 1087, 1889
47 礫〔椗、柁〕翅 122, 1074
60 礫口 92, 1259
77 礫開 1125, 1134, 1148, 1149, 1176, 1195, 1446, 2272
礫豎 1141
**$1610_4$**
04 聖誥 353
17 聖翮 1186
21 聖旨 167, 1004
44 聖喆 836, 2121
66 聖躅 1572
**$1611_0$**
69 現眇 1202
**$1611_3$**
00 瑰竒〔奇〕 1923
14 瑰瑋 1899
**$1611_4$**
01 理襲 2153
10 理恧 2162
17 理翮 2227
22 理斷 900
51 理攄 2160
77 理册 395, 1493
94 理懵 2042
**$1613_0$**
23 聰俊 456, 1352
27 聰〔聡、聦〕叡〔叡、睿〕 45, 473,

501, 553, 730, 840, 950, 1018, 1333, 1404, 1405, 1577, 1675, 1688, 1699, 1754, 1769, 1986, 2308
44 聰〔聰〕喆〔哲〕 347, 439, 875, 1665, 1906
64 聰〔聡〕黠 776, 1097
88 聰〔聰〕敏 455, 479, 595, 1351, 1386

**$1613_2$**

17 環珮 1197, 2238
72 環髻 857
82 環釧 712, 824, 843, 1014, 1159, 1290, 1849, 2180

**$1614_0$**

10 豍豆 111, 227, 324, 346, 1415, 1543, 1660
44 琝荼 1905

**$1614_4$**

17 瓔〔纓、賏〕珞〔絡〕 856, 1193, 1890
瓔珮 1970
88 瓔飾 794

**$1618_1$**

11 琨頭 1125

**$1621_7$**

12 殟殙 257, 1480
16 殟殟 288, 1526
30 殟遮界 1772
85 殟鉢羅花 715, 719

**$1623_2$**

60 殀壘 2131

**$1623_4$**

27 殟物 539

**$1623_6$**

03 强識 135
10 强霸 835
11 强項 173, 784
14 强耐不吐 957
25 强使 982
26 强伽 177, 1080
30 强戾 725
31 强逼 1406
33 强梁 1890
51 强扞 2056
53 强拔 738
60 强圉 363
88 强笑 1860
96 强悍 2084

**$1625_6$**

00 彈〔撣〕言 1689, 2001, 2105
10 彈玉牒 2032
彈玉講 2332
25 彈生 2151
27 彈紀 2155
44 彈世俗 2071
彈藻繢 2005
彈棊 1291
50 彈盡 162, 796
51 彈指 1142, 1324
72 彈斥 501, 1754

**$1628_6$**

17 殞殁 488, 562, 1737
23 殞矣 2198
27 殞絶 242, 1410
33 殞滅 13, 852, 905, 2238
37 殞没 446, 1342
47 殞欷 2182
78 殞墜 1084
80 殞命 182, 1289

**$1660_0$**

18 硱磳 2180

**$1660_1$**

10 碧玉 226, 1414
27 碧緑 587
43 碧械 2037

**$1661_0$**

01 靦顔 2041
10 靦面 1617
30 靦容 2034, 2074, 2335

**$1661_3$**

10 魄磊 1970
17 魄硊 2181
71 醜陋 594, 868, 1066

**$1661_4$**

44 醒也 1473
醒者 293, 1550
91 醒悟 38, 135, 527, 579, 794, 893, 939, 982
醒悟之心 935

**$1661_7$**

10 醞釀 507, 1760
31 醞酒 284, 1461

**$1663_2$**

16 硍礹 1828

**$1664_0$**

00 碑文 2055
05 碑誄 1996, 2334
10 碑石 1973
77 碑闕 85

**$1666_0$**

10 礌石 370, 1814, 2036
25 礌佛 333, 1544

**$1668_1$**

17 醍醐 696, 1212, 1579, 1777, 1861, 2131, 2249

**$1669_3$**

17 磦硌 2167

**$1710_4$**

00 亟立 351, 1645
08 亟於 1873
12 亟發 1989
20 亟往 1052, 1055
21 亟徑 1920
24 亟動 2094
28 亟作 579
31 亟涉 2040
34 亟淹 1958
37 亟深 2078
71 亟歷 1651
亟跂 2174
77 亟開 2200
亟留 2185

**$1710_7$**

24 盈儲 707
25 盈缺〔缺〕 1053
38 盈溢 982, 1015
71 盈長 360, 1695
21 盂顗 1982, 2065, 2201
47 盂娵 2011, 2158
51 盂軻 2016
77 盂陬 2166

**$1710_8$**

58 翌軫 19, 803
60 翌日 1925, 1971, 1978

**$1711_0$**

15 珮玦 1237
20 虱齭 22, 1229
47 珁聲 2199

**$1711_1$**

95 蹔性 1689

**$1712_0$**

07 羽翊 2153
17 羽翮 2202
30 羽寶 368, 1812
44 羽葆 420, 1807
48 羽檄 2333
58 羽蜕 2131, 2152
10 堋而 2114
47 堋垛 1592
12 玓瓅 112, 670
27 聊紀 675
52 聊攜 2072
61 聊題 688
34 刁斗 2019, 2033, 2333
71 刁長 51
刁長者 963

**$1712_7$**

00 鵶音 698
47 鵶翅 2267
60 鵶口 735
77 鵶鴟〔鵄〕 2272
17 耶耶帝王 964
20 耶維 94, 1263
27 耶旬 108

40 耶奢富那 956
47 耶娜 111
58 耶輸陀羅 937, 969, 2298
80 耶舍 507, 1760
耶舍比丘 963
弱 1236
22 弱齔 2042
28 弱齡 1650, 1876, 2340
37 弱冠 41, 939
65 弱吽鑁斛 2268
27 鳴鳥 225, 1490
37 郅袮 149, 1009
55 邛僰 2099
60 邳國 2098
鄧 1296

**$1713_2$**

96 聰慢 1704

**$1713_6$**

71 蛩〔蛩〕蟲 2133
79 蝨臘 1217, 2215

**$1714_0$**

17 珊瑚 531, 813, 879, 937, 971, 1121, 2273
27 珊你弭迦 842
32 珊逝移 2318, 2326
40 珊檀那舍 959
44 珊地 116, 1243
珊若娑病 508, 1762
46 珊覩史多 607, 631
77 珊闍 166, 1003
珊闍耶 953
60 取量 576

**$1714_7$**

00 瑕疵 51, 131, 703, 960, 974, 1038, 1098
11 瑕玼 834
瑕玷 882, 1196
12 珉瑶 2161
14 瓊礎 1974
23 瓊編 686, 1036, 1571
44 瓊蕚 1186
63 瓊畹 2177
21 瑕穢 697, 713, 1035
42 瑕垢 710, 787
44 瑕薉 1066
77 瑕瞖 1123, 1192
瑕翳 1144
瑕壓 1177
79 瑕隙〔隟、隟〕 243, 532, 581, 1411, 1579, 1608

**$1715_0$**

21 瑚〔聃〕術 2110
30 瑚適 2140

**$1716_1$**

10 聸耳 116, 276, 325, 1243, 1529, 2004, 2036

**$1716_2$**

10 瑠璃 813, 973, 1387
瑠璃爲幹 856

**$1719_2$**

78 珎〔珍〕膳 2254

**$1719_4$**

11 琛麗 2143
17 琛琛 170, 1165

**$1720_7$**

12 弓弧像 1102
19 弓弰 1218, 2215
弓矟 1135
20 弓秂〔矢〕 389, 1800, 2235
34 弓法 341, 1662
45 弓韃 345, 1659
47 弓弩 643
弓弩鎧仗 932
57 弓把〔杷〕 112, 261, 395, 798, 1040, 1493
72 弓盾 1986
20 了乚 274, 1524, 1901

**$1722_0$**

00 殉主 1998
10 殉死 1619
22 殉〔徇〕利 443, 457, 483, 1105, 1321, 1353
27 殉名 509, 1763
殉物 1982
32 殉逝 1676
44 殉世 2124
34 殉〔殉〕法 1943, 2340
38 殉道 2035
40 殉有 362, 1796
76 殉〔殉〕腸 361, 1696
80 殉〔殉〕命 482, 601, 1366, 1855, 2191, 2323
08 刀癢 1906
11 刀砧 19, 803
19 刀矟 1020, 1797, 1850
25 刀〔万〕仗 478, 1385
41 刀塊 793
43 刀戟 16, 800
48 刀槍 492, 1740, 1774
49 刀鞘〔鞘〕 310, 356, 1139, 1566, 1691
刀鞘口 735
52 刀劃 1248
刀挑 1224
57 刀擬 352, 1639
刀欅 842
71 刀匣 324, 1543
84 刀鍱 1438
87 刀鋸 1974
刀槊〔槊〕 763
88 刀鑛 695

**$1722_2$**

14 矛〔鉾〕穳〔穳〕 20, 237, 259, 406, 594, 612, 804, 925, 1426, 1504, 1609, 1713, 1719, 1862, 1906
19 矛〔鉾〕矟 37, 436, 743, 946, 965, 1041, 1102, 1268, 1401, 1577, 1634, 1715, 1873, 1904, 2250
23 矛〔鉾〕戟〔戟〕 212, 792, 1367, 1908
42 矛楯 1859, 1953, 2046
52 矛刺 775
72 矛盾 672, 1040, 2075, 2108
88 矛箭 64, 652

**$1722_7$**

00 帬應 1603
01 弼諧 2230
23 弼我 675, 2264
20 乃往 864
22 乃穌 398, 1496
24 乃纘 2004
44 乃萎 1936
乃縶 1924
71 乃敺 1918
鬻鬻 206, 1338
25 甬生 1074
40 邴吉 2125
41 帚柄 1967
88 帚筳 1591
44 鸝黄 457, 1353
80 酈食其 2102
20 鬻〔鬻〕香 900, 2229, 2232
24 鬻德 2097
40 鬻賣〔賣〕 150, 1009, 1954
80 鬻金 2240
98 胥悅 2033, 2333

**$1723_2$**

00 承禀 504, 1757
21 承旨 900
32 承祧 2341

41 承櫨 2188
57 承蜩 2184
58 承攬 983,1273
60 承足棋 1636
00 聚麀 2122
35 聚沫 566,709,735,1460
44 聚落 132,297,368,864,976,1554,1733,2224
聚落名伊沙那 898
53 聚蹙 182
67 聚踙 1298
92 聚孀 1376
40 豫樟〔章〕 774,1973
77 豫且 2121

**$1724_7$**

10 及一闡提 933
17 及殄 2105
24 及豺 229,1418
26 及鱷〔鰐〕 342,1663
27 及〔灶〕奥 351,1645
及梟 1169
32 及遞 157,1037
37 及鄴 1982
44 及藤〔籐〕 342,1662
73 及膩 795
83 及鎔 454,1350
84 及罐 1612,1626
46 猳玃 1061

**$1732_0$**

12 刃砥 1914
19 刃稍 643

**$1732_7$**

67 鄢郢 1983

**$1733_1$**

20 恐爲其患 952
64 恐哧 217,1326
恐嚇 22,220,1229,1484,2320
77 恐凹 220,1484
91 恐〔恐〕慑 260,548,1481
恐懅〔懅〕 60,658
94 恐愶 85,739
95 恐悚 1198
96 恐怛 236,1425
36 恐〔恐〕迫 607
37 烝涌 1053
44 烝煮 1091,1128
96 忌憚 194,468,501,1309,1326,1699,1755

**$1733_2$**

02 忍詬 1959
34 忍襟 1923
82 忍鎧 2043

**$1734_6$**

00 尋亦去世 864
20 尋香城 531,619
22 尋穌 505,1758
26 尋緗 2084
尋繹〔繹〕 199,687,768,1313,2142
27 尋伺 478,572,603,1385,1396
33 尋梁 742
77 尋即敗壞 880
尋閱 1928

**$1740_4$**

47 娶婦 1520
50 娶妻 494,1742

**$1740_7$**

10 孕王 1257
47 孕婦 278,1476
03 子贇 1988,2150
17 子孑 948
19 子瑠 40
22 子胤 273,1519
26 子息 502,1756
44 子蒨立 1934
子莠 1395
73 子駿 1985
74 子驥 346,1657
97 子恪 2001
23 孑(玄)然 274,464,1360,1519,1965
35 孑遺 1956,1999

**$1741_6$**

27 挽身 1900

**$1742_7$**

07 勇毅 225,1413
44 勇喆 409,1251
47 勇猛 1197
56 勇捍 625
67 勇躍 692
74 勇勵 596,723
88 勇鋭 132,606,620,758,977,1223
96 勇悍 69,109,232,454,483,488,664,1113,1321,1350,1421,1685,1736,1771,1788,2106
35 邛溝 2107
60 邛國 2004

**$1744_1$**

00 异度 2100
17 羿〔羿〕乃 2145

**$1750_6$**

12 翬飛 1958

**$1752_7$**

00 那庾多 432,479,527,535,714,1386,2246,2265
03 那誐 1198
21 那術 62,649,766,832
26 那伽 56,480,654,1386
那伽閼剌那 1877
那伽慧 884
37 那洛迦 1126
44 那地迦城 508,1762
那姥 114,1158
那落迦 477,1384
那蒐 344,1664
47 那墀延 1440
那娜 23,1230
48 那梯〔拂〕 18,802
50 那粹〔辣〕遮 1139
那由他 864,898,989
52 那剌陀 768
56 那提迦葉 969
那提乾天 68,663
60 那羅 988
那羅陀花 871
那羅延 157,497,600,857,887,947,991,1037,1211,1746
64 那唏 22,1229
67 那哆 178
那哆 116
那睺沙 953
那睺沙王 964
97 那爛陀 2243

**$1760_2$**

05 召讁 1181
00 習童蒙法 888
17 習習 44,947
24 習緒 62,649
37 習鑿齒 2053
44 習蓼 2028
93 習伏〔忕〕 256,1479

**$1760_7$**

20 君稚迦 1960
47 君墀 2189
54 君持 294,1551
55 君慧比丘 896

**$1762_0$**

27 硐響 2183
24 司徒瑩 2005
28 司隸〔隸〕 1964
42 司獵 380,1780
57 司契 447,1343
酌 541

**$1762_2$**

31 醪酒 362,1796

**$1762_7$**

00 郡市迦林 508, 1762

确瘦 16

50 确盡 16, 800

17 邵子明 2191

24 邵德 156

17 醑醪 2155

**$1763_2$**

12 碾磑 1240

47 碾殺 1576

17 碌碌 2065, 2134, 2148

18 碌磢 1935, 2182

**$1763_7$**

63 磓墜〔壓〕 328, 1532

**$1764_7$**

37 醊〔餟〕祠 332, 1543

47 磤聲 170, 1165

**$1766_0$**

00 酪底 696

**$1766_4$**

01 酪瓶 385, 1794

17 硌硌 2152

**$1767_7$**

71 硝壓 1909

**$1768_1$**

60 礙易 58, 656

**$1768_2$**

02 歌謡〔謠〕 332, 424, 1544

22 歌利王 75, 679

36 歌邏羅 731

47 歌懿 415

60 歌羅分 75, 680

歌羅羅時 950

歌羅邏 884

66 歌唄 131, 975, 1177, 1464

67 歌吹 2256

**$1771_7$**

00 已辦 675

已瘥 1991

已衾 2032

10 已頭充滿 881

20 已售 1524

40 已索 171, 1093

50 己〔已〕事 597

53 已惑 1857

60 已〔已〕著 65, 652

64 已黠 1837

71 已屏〔庰〕 1404

80 已分 258 已分 1511

已命 1859

81 已頒 2070

88 已箕 1977

**$1773_2$**

10 褁覆 1617

**$1777_2$**

45 函杖 1689, 1946, 1975, 2074

**$1780_1$**

21 翼衛 1208

28 翼〔翊〕從 879, 904, 1610, 2238

45 翼鞬 1914, 2150

**$1780_9$**

22 翜稻穀 1125

**$1790_4$**

10 柔爽〔爽〕 129, 572, 623, 636, 774, 787, 916, 1074, 1110, 1184, 1213

32 柔兆 363

67 柔明 879

**$1791_0$**

10 飄零 1440, 1882

23 飄然 348, 1667

31 飄灑 1079

43 飄猋 2183

44 飄鼓 504, 1757

飄薄 381

48 飄散 532, 1714

55 飄轉 610, 628

74 飄馳 1690

76 飄颺 554, 632, 1440

**$1811_1$**

瑳 942

30 瑳字 586

36 瑳禪師 1945

**$1812_1$**

24 瑜岐 1234

26 瑜伽 445, 814, 1331, 1341, 1927, 2297

26 瑜伽師地 438

37 瑜祁 1055

**$1812_2$**

00 珍座 874

11 珍玩 132, 875, 976

17 珍那城 886

40 珍奇 1872

珍奇萬計 879

44 珍草羅生悉芬馥 862

71 珍阿羅 851

80 珍龕 2001

珍羞 396, 462, 1358, 1494

87 珍饌 10, 439, 849, 869

**$1813_7$**

00 聆音 457, 1353, 1976

01 聆語 2067

08 聆於 1238

25 聆佛 2198

30 聆流 2192

40 聆嘉 2075

**$1814_0$**

16 玫〔玟〕瑰 37, 61, 131, 660, 975, 1463, 2008

玫〔玟〕瑰爲地 933

37 敢遡 2024

60 敢曼 1938

31 致顢 1248

45 致猜 1991

47 致妳 24, 1231

77 致問 167, 1004

致印 147, 998

85 致饋 2147

91 致慨 2193

**$1817_2$**

87 琀饌 814

**$1818_1$**

12 璇璣 2014

**$1820_0$**

引 1701

**$1821_2$**

34 弛法 2042

**$1822_2$**

00 弥帝隸 1260

24 殄彼 1976

33 殄滅 545, 605, 619, 627, 933

**$1822_7$**

00 矜高 131, 974

04 矜誶〔誇〕 1713

23 矜伐 434, 721

86 矜羯 886

**$1823_0$**

00 弘廣及須跋 964

弘廓 1457

07 弘毅 1957

21 弘綽 110, 1116

38 弘裕 70, 671

70 弘雅 791

98 弘敞 1952

**$1823_4$**

04 弦訛 1053

80 弦兮 2028

**$1832_7$**

71 鶩鴈 253, 994

70 鶩驤 1395

**$1833_4$**

77 憨風 1153, 1193

**$1844_0$**

18 孜孜 1942, 2043, 2055, 2072, 2078, 2183

37 孜汲 371, 1815, 2130

**$1860_4$**

22 昝亂 2037

61 昝呵 109

昝 1113

**$1861_1$**
30 磋之　68, 662
47 磋切　172, 783
30 醝字　58, 199, 656, 1313
醝　942
**$1861_7$**
20 醢雞　2028
22 醓〔醯〕䰠　245, 1413
47 醓〔醢〕都　493, 1741
66 醓哩　1020
71 醓旡　1289
88 醓鏃　1158
**$1861_7$**
醓　712
**$1862_0$**
18 矸矸〔砏砏〕 331, 1535
**$1863_2$**
10 磁石　961
**$1863_3$**
10 磁石　51, 461, 481, 487, 1056, 1357, 1365, 1402, 1735, 1771, 1960, 2241
**$1865_1$**
11 群輩　1273
24 群僚　1968
31 群襧　1594
44 群〔羣〕萌　8, 137, 847, 878, 985
**$1866_1$**
25 醋使　2022
**$1874_0$**
10 改醮　1617
52 改撥　1183
**$1916_6$**
16 璫環　823
31 璫渠　80
51 璫蟷　741
**$1918_0$**
28 耿价　1336
46 耿如　1903
**$1918_6$**
07 瑣詞　1949
19 瑣瑣　1977, 1984
77 瑣〔瑣〕骨　727, 1000
瑣屑　2341
**$1918_9$**
00 琰摩　490, 1738
琰魔　2280
琰魔王　616
22 琰嵕　2116
琰皭　2101
**$1922_7$**
14 稍穳　398, 1495
50 稍纛　1966
52 稍刺　232, 735, 1420, 1609
88 稍等　1934
**$1962_0$**
12 砂礫　676, 707, 1094
15 砂磧　455, 511, 1351, 1765
36 砂潬　1155, 1588

## 2

**$2010_4$**
04 垂諸華　977
06 垂韡　920
12 垂甠　112, 1040
21 垂頦　161, 398, 1496
24 垂皺　770
42 垂埵　1821, 2010
44 垂蔆　2181
47 垂胡　24, 207, 1231, 1338
52 垂挑　224, 1489
00 重裹　2325
10 重雰　2135
重覈　1922
12 重沓　2003
21 重緾　1398
22 重任　907
23 重綫塼　961
27 重級　446, 1342
31 重襧　2161
38 重複　2067
41 重櫨　1977
43 重械　882
44 重茵　1967, 2062
重巘　2022
重蓯　2165
57 重擔　526, 564, 578, 596, 637, 696, 725, 739,1011, 1058, 1094, 1098, 1225
60 重疊　635
重壘　505, 1758
重瞳　2102
77 重閣　1169
98 重敞　1988
**$2011_1$**
04 乖訛　1775
25 乖〔菲〕舛　1651, 2025
26 乖穆　495, 1744
**$2012_7$**
77 黐〔黐〕膠　49, 746, 1057, 1464, 1576
**$2013_2$**
26 黍稷　214, 1287
90 黍米　2271
**$2021_2$**
25 魑魅　134, 510, 979, 1214, 1764
**$2021_4$**
04 往討　45
58 往撤　1893
27 往郫　2056
81 往短　1453
87 往餉　284, 1109
44 往嬈　779
11 住預　364, 1730
34 住對面念　826
40 住在畢利颰瞿洲　1862
77 住邪濟者　907
僮　976
11 僮孺　1110
22 僮僕　132, 828, 1016, 1143
僮僕作使　881
45 僮敍　25, 1231
50 鍾挍　1880
79 鍾隙　2130
鍾隙〔隙〕 41, 545, 939, 1068
**$2021_7$**
01 伉敵〔敵〕 1678, 1708
09 伉談　808
21 伉儷　90, 1258, 1593, 2108, 2322
00 秃瘻　781
10 秃丁　2332
63 秃瞎　300, 1556
71 秃驟　362, 1671
**$2021_8$**
23 位侔　1395
**$2022_1$**
26 停憩〔憇〕 25, 1231, 1612
60 停罼　2163
**$2022_3$**
90 儕黨　2078
91 儕類　26, 1232
**$2022_7$**
00 爲庵　2035
爲縻〔麋〕 380, 1780
爲齊　230, 1419
爲誰守護　905
04 爲護　165, 1002
10 爲不斷絶　929
爲一切　716
16 爲現不樂世間欲樂　902
20 爲鏴　2311
爲番　2056
21 爲師爲導　595
23 爲綻　1240
爲紵　230, 1419
24 爲牀　1218
25 爲繐　174, 828

26 爲但 593
爲貌 611
爲纓 124
27 爲將爲帥 882
爲解 757
爲向 37
28 爲作 35
爲作歸依 929
30 爲竅 1145
31 爲湏 1096
爲禱 1952
33 爲述 490,1738
34 爲泭 2183
28 爲作靈藥 901
爲複 1381
40 爲嫉 380,1780
爲埔 453,1349
38 爲啟難思 858
41 爲桁 1611
42 爲橃 1292
爲橋 716
43 爲幟 117,235,
1089,1424
爲懀 2274
44 爲菻 732
爲栟 1935
爲其安立 904
爲嬈 595
爲蘇麴塗 955
爲蔌 2169
爲枕 1679,1820
爲坫 1657
45 爲杖 504,1758
46 爲棍 25,1232
48 爲幹 708
爲梯 1292,2076
爲樽 1840
49 爲鞘 1122,1141,
1234,2290
51 爲攋 230,1419
爲掉 380,1780
53 爲挖 1511
56 爲撮 1769
爲捍 24,1230
57 爲攢 1181
爲韌 420,1807
爲抑 1455
58 爲挫 507,1760
爲蛤 2000,2148
60 爲黥 2172
62 爲蹬 1966
64 爲黠 591
67 爲瞑 1444
70 爲隋 366,1732
71 爲矅〔朧〕 47,
247,1817
爲蜃 2000,2148
72 爲隥 81
爲爪 922
73 爲髖 1808
75 爲阱 1617
77 爲屐 41,940
80 爲龕〔龕〕 2099,
2144
爲普 716
爲舍多羅 69,664
爲無 1405
爲無我 1405
爲龠 2053
82 爲鎧 1820
爲鋌 341,1661
爲餧 1240
83 爲鮐 1522
84 爲鏶 1956
86 爲錍 231,1419
87 爲槊 1631
88 爲筏 1218
爲竿 1808
爲笴 1876,1954,
2076
爲鈴 1967
爲篣 243,1411
90 僞裳 2085
爲拳 1199,1722
91 爲怗 346
傭 880
40 傭直 1097
20 傭停 1198
22 傭賃 135,982
23 傭織 740,746,
1123
傭織毾 2049
28 傭作 907
34 傭滿 50,711
50 傭書 2057
60 傭〔牖〕圓 432,
570,637,2228
71 傭長 770,1085
傭脞 756
傭髀〔髀〕 1821,
2016
22 秀出 863
23 秀巘 2037
24 秀峙 2096
25 秀傑 1968
60 秀呟 412,1253
25 仿佛 42
26 仿偟 1959
傍偟 1090
25 傍生 441,594,
1006
27 傍蟹 1437
30 傍居 1941
41 傍敧 1725
傍棑 1196
26 徬徨 177,283,
1431
28 彷徉 97,242,
302,340,358,
1090,1410,1447,
1448,1558,1594,
1660,1693,1904
17 儁子璋 2062
34 儁遠 2049
40 儁爽 2056
80 儁人 1617
44 喬荅彌 507,1760
喬荅摩 432,493,
714,1330,1741,
2279

**$2023_2$**

24 儴佉 46,951,
1078,1799
儴佉之國 2146
26 儴伽 1459
14 依耐國 2020
28 依繕 1911
36 依泊 437,728
37 依泏 1828
44 依著 1283
64 依睎 1921
75 依胏〔肺〕 732
76 依隄 481,1365
依脾 732
77 依膽 732
依際 1007
89 依鈔 1832
94 依怙 135,324,
498,563,595,
715,821,864,
981,1208,1460,
1528,1708,1746,
2211,2235

**$2023_6$**

40 億垓 112,780,
1038
億姟 137,782,
985,1871
43 億載 139,989

**$2024_0$**

23 俯峻 644
25 俯僂 1974

**$2024_1$**

21 僻處 227,1415
44 僻執 1331
60 僻見 367,1733
僻易 178,797
76 僻隈 68,663
05 辭訣 195,287,
1310,1453,2022
95 辭懥 2170
99 辭鶯 2174

**$2024_4$**

17 倿歌 495,1743
24 倿倖 2142
44 倿孽〔薩〕 71,
671
47 倿媚 2239
70 倿孌 1517

**$2024_7$**

07 愛訒 1445
10 愛惡 1207
22 愛觚 1258
30 愛瀴 1200

32 愛涎　1239
60 愛羂　826
愛羅筏拏龍王　647
63 愛賕　2150
80 愛念情至　904
98 愛憎　563

**$2024_8$**

27 佼般〔服〕　759
67 倅略　276,1514

**$2026_1$**

00 信度河　492,1740
20 信侅　2152
22 信樂不回　887
27 信解　682
87 信餉　2055
28 倍復　1097
56 倍挹　697

**$2029_6$**

30 鯨戾　350,1655

**$2030_7$**

49 乏尠　558

**$2031_4$**

57 雒螟　2013

**$2031_6$**

17 鱣那　92,1257
27 鱣魚　212,234,322,359,376,414,1086,1367,1422,1541,1694,1707,1798
71 鱣脂　335,1546

**$2033_1$**

17 熏〔熏〕習　1383,1403,1865
27 熏修　931
80 熏坌　474,1335
23 焦然　1039
90 焦炷　558,593,612,1399
92 焦悴　15,800,1833
焦惱　534
97 焦灼　1671

**$2033_9$**

00 悉皷　2275
01 悉譚　1255
悉譚　414,1255
22 悉稱　892
32 悉褫　179,1173
34 悉達太子　905,937
44 悉苦無味　902
78 悉驗　410
86 悉知將有　893
98 悉鑿　2065

**$2034_8$**

27 鮫魚　96,280,1034,1465,2305
50 鮫螭　1960

**$2039_6$**

01 鯨〔鯨〕龍　114,1158
27 鯨鯢　769,1970,1998,2013,2089
鯨魚　1600
29 鯨鱗　1594
34 鯨波　1943
38 鯨海　1942
58 鯨鼇　1184
87 鯨鵡　400,1498

**$2040_0$**

24 千斛　1841,2053
29 千秋鳥　377
40 千姟　790,1892
41 千楨　1978
43 千載　740
44 千莖　528
51 千輻　1018,2011
51 千輻輪相　958
88 千筋　735
99 千罃　1849

**$2040_4$**

18 委政　138,986
22 委垄〔地〕　1466
23 委佗　60,114,200,1098,1260,1315
27 委儋　253,995
委物　190,1305
50 委賷　1972

**$2040_7$**

受　985
00 受雜　1828
22 受種種如來命　902
44 受蒴　1835
60 受跓　1511
71 受脤　2167
82 受餧　867
00 雙羸　1578
21 雙背　91,1259
28 雙〔雙〕毬　2155
37 雙泯　482,1366
60 雙足　621,1208
61 雙跖　432,714
63 雙眸　1614
66 雙蹋　1624
72 雙腨　636,915
74 雙膝〔膝〕　915,1941
77 雙竪　1941
05 孚譴　68,1518
22 孚出　145,996
孚乳　50,134,959,979
62 孚呼　288,1526
74 孚附　2309
20 隻千古　522

**$2041_4$**

27 雞胔　2125
67 雞鶚　1658
87 雞翎　1605

**$2042_7$**

27 禹偰　2147

**$2043_0$**

18 夭殤　1441
40 夭壽　39,936
80 夭命　876
26 奚得　168,1005
62 奚吼　87,1256
64 奚囒　92,411,1252,1257
77 奚用　328,1531

**$2044_7$**

爱　855
12 爱發　472,1332
17 爱及　815
26 爱自　523
44 爱懋　840
71 爱曁　1571,1918,2192
80 爱令　675

**$2050_0$**

00 手麾　200,476,1314
18 手磋　2191
48 手擎　1905
52 手捊　1387
手撥　326,1530
53 手搏　302,1031,1558
手捥　1588
54 手拊　227,1415
手捺　1869
手攉　1612
57 手把　986
手抱　49
手抱脚蹋　955
手搁　2190
手捫　188,1303
手搦　342,1663,2063
手探　16,801,1857
59 手捲　1096
62 手劚　1833
70 手腋　1771
72 手爪　1407
77 手爬　1595
手罾　1126
78 手擘　1437

**$2060_3$**

22 番嵐〔香熏〕　1294

**$2060_4$**

22 舌舐〔舓〕　781,1894,2313
23 舌縮　411,1252
28 舌舲　93,440
62 舌啜　217,1402
舌則卷縮　938
64 舌噤　123,820,825,1194

舌嗜 1025
76 舌膠 1719

**$2060_9$**

12 香水澄渟 862
23 香馝 2182
24 香馞 1124
25 香積 71
香秫 1019
27 香名先陀婆 900
37 香浄 71
44 香莩 343, 1664
香菱 487, 1735
50 香〔香〕囊 589, 606, 619
71 香〔𩠹〕匳〔奩、籢〕210, 323, 1017, 1374, 1542
77 香邸〔邳〕 405, 1503
78 香陰 229, 1417
80 香氣發越 876
香氣芬馥 933
60 番禺 1375, 1981, 2061, 2079

**$2061_4$**

60 雒邑 2046
62 雊呼 208, 1372

**$2064_8$**

37 皎潔 634
60 皎日 1212

**$2071_4$**

00 毳衣 49, 957, 1967
23 毳紵 300, 1556
41 毳帳 1949
44 毳幙 2021
64 毳時 1720
77 毳服 2085
00 毛麾 1336
02 毛毲 1442
11 毛礙 1618
12 毛孔量 905
28 毛聳 1149
29 毛緂〔毯〕 1163, 1577, 1582, 1606
30 毛滴 1024
36 毛褐 2191
37 毛冗 216, 1665
38 毛道 76, 680
40 毛嫱 2160
50 毛纛 965
52 毛氍 301, 1558
65 毛睫 285, 1473
72 毛髮 1097
毛鬣 1960
82 毛毻 23, 334, 399, 1230, 1497, 1546
92 毛毹 311, 1567

**$2071_7$**

78 艷腹 1858

**$2072_3$**

22 齰掣 193, 1308
57 齰齧 133, 979, 1861

**$2074_6$**

37 爵祿 934

**$2074_8$**

30 齩之 1526
33 齩心 1196
44 齩者 1153
57 齩齧 193, 275, 1308, 1521
60 齩足 1774
71 齩牙 2267
77 齩骨 254, 995
80 齩食 1439

**$2077_7$**

12 舀水 1855
37 舀漏 404, 1502
40 舀大海水 1180
24 臿牀 1455

**$2080_1$**

30 乏鼠 2060, 2190
77 乏騾 2202

**$2080_9$**

22 爨炭 1871

**$2090_1$**

乘 972
21 乘絙 1876
26 乘舶 2097
42 乘桴 242, 281, 1410, 1430
46 乘〔乗〕駕 465, 1361
77 乘馭 439
78 乘除 211, 1381
88 乘筞 365, 1730

**$2090_3$**

11 系頭 344, 1658
27 系多 1258
40 系嫡 1875
56 系捍〔杆〕 20, 804
61 系毗 17, 802
77 系履 120, 1276

**$2090_4$**

23 集戲 1893
27 糞血 1857
40 糞〔糞〕丸 765
44 采蓮 1104
50 采〔釆〕畫 477, 1383
44 禾菽 2029
47 糞埽 793

**$2090_7$**

10 秉二兆 2052
34 秉法炬 621
40 秉大 1015
56 秉操 2073
61 秉顯 2259
86 秉智 1859
88 秉笏 2065

**$2091_3$**

16 統理 868
51 統攝 537, 594, 613

**$2091_4$**

24 纏繞 605
00 纏〔纒、緾、纏〕裹 537, 583, 693, 721, 795, 1074, 2245
23 纏縛 2259
51 纏擾 532
71 纏〔緾〕壓 496, 1681, 1744
00 維摩詰 165, 1002, 1007
17 維耶 86
44 維縶 2126
54 維持 106, 1272
77 維邪 1063
稚 980
47 稚磬 347, 1666

**$2091_7$**

22 秔稻 446, 1342
90 秔米 81, 645, 1186, 1969, 2146, 2323
96 秔糧〔粱〕 761, 939, 1268

**$2092_1$**

00 綺靡 637
07 綺謬 646
44 綺蓋 640
46 綺幔 576
47 綺縠 843
50 綺畫 569, 600
88 綺飾 527

**$2092_7$**

21 穚黏 957
23 紡綫 723
紡織 1405
25 紡績 304, 330, 723, 1533, 1560
45 締構 1913, 1933, 1976, 2005, 2096, 2201
90 締賞 2027
50 縞素 1138

**$2093_2$**

00 縗衣 321, 1540
21 縗經 2014
23 穅侪 1611
26 穅和 1128
00 穰麌梨 1159, 2339
43 穰麩 1033
44 穰草 96, 1034, 1853

**$2094_0$**

22 紋綵 2026
27 紋身 216, 1665

28 紋繒　2017

**$2094_8$**

11 絞頸　2315
77 絞尼項　1601
80 絞人　797
88 絞飾　1075

**$2096_3$**

25 稽積　82,348,1117,1667
77 稽用　739
80 稽氣　173,777

**$2098_6$**

40 穬〔𪎊〕麥〔麦〕　380,1047,1095,1122,1128,1139,1247,1589,1625,1631,1711,1775,1780,1941,2270,2289
43 穬麩　755

**$2099_4$**

44 綵〔緤〕蘂　2313

**$2104_7$**

26 版泉　2154
36 版盪　1970
44 版蕩　2087

**$2110_0$**

00 上牽　1836
08 上旋　108,1267
10 上至有頂　932
24 上僅　1131
27 上儸　2027
32 上湍　342,1663
51 上摡〔概〕　329,1532
52 上插　1148
上搗虛空　1141
58 上蟻蛭　1834
61 上眄　208,1372
62 上蹬　1682
66 上咢　888
71 上膈　779
76 上膠〔腭〕　1142,1144,1235,2269
77 上翳　274,1520
80 上鏞　2286
上氣喘　1043
81 上頷　964
83 上錠　1809
90 上尖　731
22 止憩　458,1354
36 止泊　2094
44 止蕡　2028
46 止觀　954
52 止撥　1722

**$2110_1$**

07 些設你　696
40 些吉　19,803

**$2110_3$**

53 衍拕　411

**$2110_4$**

21 坒經　18,802
10 銜天　1991
30 銜〔銜〕突　2314
銜　897
44 銜薄　446,1342
77 銜屋　1861
44 街巷　61,573,660
50 街中　1168

**$2110_9$**

25 銜穗　248,1818
33 銜淚　332,1543
61 銜啄　771
71 銜唇　1859
88 銜筞　1879

**$2111_0$**

11 此輩　131,974
43 此城爾時名迦毗羅衛　959
44 此苦難處　980
80 此善漁人　907
90 此常法稱　936

**$2111_1$**

72 譝〔顬〕髯　399,1497,2097
譝鬢　115

**$2112_7$**

30 卐字之文　707
卐字之形　862

**$2116_0$**

17 黏勇　469,1327
23 黏外　2198
31 黏汙　151,831
37 黏泥　1944

**$2118_6$**

20 頦〔璽〕乘〔乘〕　564,746

**$2120_1$**

47 步譀　221,322,1485,1540
52 步搖　256,1830
54 步蠖　2148
77 步屈　42,941
步驟　1370

**$2120_7$**

彐　2125
88 彐篡　2020

**$2121_0$**

19 仳瑣　1988,2072
20 仁往　138,986
44 仁孝　504,1757
仁者　166,1003
46 仁恕　882
80 仁慈孝友　903
仁慈祐物　857
88 仁等可來　758
21 仳佴〔低〕　157,1069
24 仳他　16
32 仳泜　1896
64 仳喏那八　1396
33 仳必　17,802

**$2121_1$**

00 僱廉　2158
能辦　537,596,597
能羸　1234,2275
能瘉　2177
08 能詮　476,1383
俳説　97,297,698
21 俳優　461,572,628,1221,1357,1705,2217
22 俳掣　1828
23 俳戲〔戲〕　445,1341,2112
14 能聽　579
17 能忍劬勞　894
22 能斷〔斷〕　680
31 能濡　1052,1055
33 能治　1211
34 能祛　1769
35 能逮　638
能決　192,1307
37 能溺　1193
能祀　470,1328
44 能著　1262
48 能螫　1857
50 能擗　190,1304
52 能刺　567
56 能擐　438
能捐　727
能攫噬　865
66 能暢　704
75 能駛　1675
77 能買　758
能闡　476,1383
能阻　552,609
27 能解　1159,1858
能紹　561,614
88 能纂　1176
96 能燥　1052
97 能煥　607
21 徑順　1516
28 征〔征〕彸〔伀、忪〕　173,270,777,1518
77 侄脚(腳)　328,1532
80 儷人　1181
30 虐〔虛〕空　544

**$2121_2$**

00 虛〔虛〕羸　549,731
01 虛誑　1058,1674
02 虛誕　282,1432
22 虛僞　599,1097
30 虛空可數量　680
38 虛豁　2193
44 虛莛　1689
52 虛耗　1650
55 虛費　645

59 虛捲 232,1421
77 虛閑 871
21 僊僊 156,1030

**$2121_4$**

21 衢街 1080
38 衢道 535
44 衢巷 1079
67 衢路 2229
21 偃俹 399,1497
23 偃仆 1216,2101,2214
30 偃蹇 59,200,647,658,914,1314
75 偃體 1457
78 偃臥 1182
41 雚〔雌〕獼猴 2311
21 侄行 2135

**$2121_6$**

00 傴瘂 2283
25 傴僂 225,920,1081,1085,1211,1439,1472,1489,2102
27 傴身 920,1081,1969
30 傴肩 1597
55 傴曲 450,1346
21 貙犴 1979
貙虎 2178
44 貙者 110,1116
23 僵仆 463,488,1359,1736,1772,1941
27 貆貐 2322
75 軀體 1442

**$2121_7$**

10 盧至 440
盧至如來 820
30 盧遮迦寶 706
44 盧地囉 1121
50 盧搋 145,996
71 盧脂那花 948
80 盧舍那 7,846
88 盧篠 170,1165
26 虎魄 135,982
27 虎豹 539,585,939,1022,1210,2212,2252,2328
40 虎賁 1091
虎皮褌 2267
43 虎狼 1810,2295
47 虎鞹 2121
67 虎踞 2056
68 虎蹲 1918
77 虎兕(兇、光) 52,254,369,963,995,1814,1871,2195
27 俹身 1201
73 俹卧 300,1556
30 佤寐 1442

**$2122_0$**

17 何耶揭哩嚩 1139
20 何妥 2008
21 何訾 18,1091
26 何貌 592
27 何負 136,364,1729
何緣致此清净衆會 899
28 何以故如滿月 938
36 何况從事 882
何况 869
60 何羅怙羅 36,726
77 何异〔異〕 2152
何與 00,1556
96 何炟 2135
何 682

**$2122_1$**

08 行旅 213,1368
10 行至楞伽道 897
12 行列 1247
27 行般 51
行般那含 963
32 行漸次行 599
33 行褊 2028
行浚〔溲〕 2144
40 行有所得 639
44 行者 683
行者欶 1463
46 行相 581
50 行蠱 2064
70 行嬖 415,1087
79 行縢 307,1563

**$2122_7$**

00 儩方 1443
73 儩卧 1827
34 儩違 2145
00 儒童 448,498,1344,1746
01 儒語 2313
10 儒耎 343,1664
24 儒德 88,1070
60 觜星 16,800,843
61 觜〔觜〕啄 1616,1955
30 觜宿 189,1304
02 觜端 2315
82 觜銛 1215
08 虧於 1296
17 虧盈 944
28 虧徵 687
47 虧赧 837
56 虧損 537,1859
24 膚黯 1268
30 膚皀 63,243,651,1411
膚掠 60,200,658,1315
75 膚腠 1237,2044
37 膚過 1043
38 肯綮 1238
44 衛世師 217

**$2123_2$**

27 佷像 1122,1130
60 佷羅 412,1253

**$2123_3$**

47 傣犯 478,1385

**$2123_4$**

76 徭陽 818
20 虞受 269
22 虞倕 2177
虞樂 156,1030
71 虞愿 2150

**$2124_0$**

03 虔誠 883
66 虔踟 412,1253
47 鼾聲 371,1815,1833
62 鼾睡 305,398,1496,1536,1561,2201
67 鼾眠 230,317,1418

**$2124_1$**

00 處瘅 421
處癉 1462
58 處拼 322,1540
60 處圂 1904

**$2124_3$**

40 儁檀 2063

**$2124_6$**

便 973
00 便瘳 1941
12 便刵 2091
15 便臻 452,1348
46 便〔娪〕娟 397,1495,2167
54 便搭 1611
65 便晴 195,1310

**$2124_7$**

27 敍危 1055
34 優波毱多 920
優波離 954
優波摩那 962
優波難陀 929
優波尼 76
優波尼沙陀分 680,873,891
優波尸婆羅 961
優波尸商分 720
優波提舍 974,1690
優婆塞 930,2264
優婆塞優婆夷 971
優婆提舍 356
優婆夷 930,2265
優婆夷名休捨 897
36 優迦 786
39 優沙 1061

45 優樓頻螺 954, 2320
優樓頻螺迦葉 969
優樓佉 957
50 優婁佉 1339
60 優曇 2252
優曇鉢 1274
優曇鉢華 974
優曇鉢羅 710, 2283
優曇花 636, 909
優曇華 934
68 優踰藍 1884
69 優吵 84
73 優陀那 876
優陀延山 957
85 優鉢羅 2227, 2232
優鉢羅花 861, 930
優鉢釗 66, 654
55 僾(便)慧 545

**$2125_3$**

60 歲星 936

**$2126_0$**

60 佰跡 2057

**$2126_6$**

22 偪側 2003

**$2128_1$**

27 徙多河 492, 1740
30 徙寓 2332
60 徙置 893

**$2128_2$**

44 觚地 1177, 1192

**$2128_6$**

00 須摩那 73, 669
須摩那花 955
須摩提 119
須夜摩 858
須癠 180
10 須覈 2151
11 須彌光梵 857
12 須延頭佛 66, 653
14 須蹊 1888
17 須那剎多 954
25 須插 1720
34 須達多 896, 959
須婆睺 957
須滯〔躉、躉、犕〕天 69, 110, 663, 917, 1273
35 須潰〔憒〕 213, 1370
40 須大拏 117, 1089
44 須菩提 895, 969
47 須楓〔颯〕 174, 778
52 須(湏)剗 306, 1562
53 須拔陀 953
57 須扼 150, 1008
73 須陀洹 873, 991
須陀食 95, 1264
60 須曼那花 964
須曼香 990
61 須毗羅 953
63 須跋陀羅 962
77 須臾 563, 596, 870, 934
82 須(湏)銚 301, 1557
88 須鎌 1720
須鑰 324, 1543
90 須炎 64, 651
68 須賒佉 1260
63 頻跋羅 438
00 頻贏〔螺、贏〕 1080, 1274, 1861
25 頻伸 1122, 2224
10 頻蚤 705
26 頻伽 225, 1490
34 頻婆果 74, 669, 992
頻婆羅 991, 1324
頻婆羅香 876
頻婆人 18, 802
頻婆娑羅 954
頻婆帳 876
26 頻伽音 570
27 頻蠡 1243
40 頻來〔来〕 71, 414, 671, 1086
61 頻毗 124
77 頻眉 1012
61 頻毗娑〔婆〕羅 498, 1746
53 頻蹙〔蹴〕 280, 722, 980, 1183, 1465
12 頴水 1047
47 頠起 225, 1490
21 傾侹 1821
25 傾積 1579
47 傾圮 1957
52 傾搖 639
95 傾悚 768
71 傾厄 1968
84 傾斜 1145
頦 540
30 頦字 586
34 頦婆二合字 586
45 頦隸〔隸〕 175, 828
71 顱顙 395, 1493

**$2129_1$**

22 僄樂 1826

**$2132_7$**

00 与瘡 1002

**$2133_1$**

熊 939
60 熊羆 47, 688, 952, 1052, 1067, 1090, 1108, 1210, 1325, 1591, 1889, 2212
71 熊馬 490, 1738
77 熊兕 279, 1475

**$2133_2$**

28 愆〔諐〕咎 107, 1242, 1276, 1583, 2295
34 愆違 2239
44 愆著 2137

**$2133_4$**

25 忢(悠)失 624

**$2134_0$**

42 鮁獵 546, 1297

**$2136_0$**

91 鮎怔魚 914

**$2140_6$**

53 顰蹙 1198, 1280, 1679, 1820, 1870, 2266
63 顰喊 842
82 顰頞〔眉〕 2289
07 卓詭 1915
99 卓犖 116, 248, 1111, 1818, 1862, 1923, 2051, 2074, 2094

**$2142_0$**

30 舸字 178, 1170

**$2143_0$**

47 衡櫓 2085
51 衡軛〔軶〕 351, 1645

**$2144_0$**

00 幵度 2184

**$2146_3$**

27 艋舟 224, 1489

**$2148_6$**

10 頓面 155, 181, 209, 837, 1373
11 頓頭 288, 254, 370, 995, 1461, 1814
85 頌鉢羅 1124

**$2150_6$**

44 衛世師 1339
衛世師論 955

**$2154_7$**

72 犪〔擾〕馴 146, 997

**$2155_0$**

06 拜謁 112, 270, 782
60 拜署 12, 851
67 拜跪 139, 989

**$2160_0$**

00 占吝 782
27 占匐 232, 1421
34 占婆花 932, 955
46 占相 489, 1737

占相星宿　937
88 占篇　1180
40 鹵〔滷〕土　474，1334，2267
41 鹵樐　1415
44 鹵莽　2029
鹵蓐　1840
78 鹵鹽　308，1564
88 鹵簿〔薄〕　228，323，1541

**$2160_1$**

04 訾計　147，998
16 訾聖　2011
43 訾哉　389，703，1800
60 訾量　110，1117
77 呰毀　594
94 呰懱　1447
20 皆〔皆〕售　1901

**$2160_2$**

00 皆享　157，1069
21 皆比下鉀　1130
22 皆樂　792
25 皆使　1295
26 皆得潤洽　885
28 皆從化　860
31 皆漂　818
44 皆杜　399，1497
皆萎　1864
皆蓮　2099
53 皆摶　1182
54 皆挾　712
62 皆蹟　334，1545，1875
80 皆無瑕玷　874
85 皆鈍　567，597

**$2161_7$**

41 甑瓿　94，272，1263，1524

**$2164_7$**

51 敍打　1320

**$2168_6$**

00 頟廣　571
21 頟上　1285
81 頟頟　2113

**$2171_0$**

00 比度　555，611
47 比聲二十五字　42
50 比較　388，1800
72 比丘　969，2264
比丘咄　1446
比丘尼　969，2264
比辰　1375
60 匕景　1938
62 匕嘶　23，1229
80 匕首　238，386，1428，1794
11 屼頭　1163
21 齜齒　417，1089，1876，2108

**$2171_2$**

76 齇腭〔膠〕　460，1356

**$2171_4$**

21 齷齜　1439

**$2171_6$**

27 嶇嶔　2170

**$2172_0$**

11 齝頸　505，1758，1774

**$2172_7$**

10 師雨　503，1756
17 師子璫　937
師子湩　1895
師子頻申　863
師子頻申三昧　894
師子虆　1120
23 師傅　437，727
24 師徒　504，1757
26 師保　186，1301
37 師資　477，1384
44 師薛　150，1009
師地　445，1341
47 師郗　170，1165
59 師捲　214，441，1007，1287，1512
88 師範　38，347，560，935，1040，1666
90 師拳　457，1353
22 崿嵊　2060

**$2173_2$**

27 衒色　1573，1619
衒身　1002
30 衒之　2070
40 衒〔衒〕賣〔賣、賣〕41，139，458，646，749，940，988，1136，1283，1354
衒才　2097

**$2177_2$**

21 齹齷　1856
22 齒齲　413，922，1254，2043
齒斷　1269
24 齒憊　1939
齒壯者　961
40 齒木　327，1530
57 齒齧　1002
72 齒髮　455，1351
76 齒膠　1771

**$2180_6$**

14 貞確　1618
30 貞實　1797
56 貞操　1576
24 貲貨　70，670
58 貲輸　232，284，1421，1461
貲數　1277
64 貲財　691，1573，2083
77 釁兕　2024

**$2190_2$**

14 紫破　340，1661
22 紫利　492，1740，1774
61 紫距　1307
72 紫爪　405，1503，2310
77 紫鴉　1000

**$2190_3$**

10 紫礦〔鉚〕　122，207，484，498，1121，1137，1189，1215，1247，1338，1390，1582，1606，1747，2267，2271
21 紫縹　542
24 紫紺　1077，1081，1478
41 紫橿木　1178，1188

**$2190_4$**

44 柴薪　294，1551
術藝　214，1287

**$2191_0$**

00 紕紊　34，1376，1917，1975
20 紕僻　2048
27 紕繆〔謬〕　175，426，1863，1955，2024，2073，2341
41 紕韄〔韄〕　1688
44 紕荃　1395
16 紅碧　559
21 紅縹　59，563，657，1081
44 紅茜　1634
紅莓　2180
88 秕箬〔苦〕　312，1568

**$2191_1$**

經　968
00 經序　1046
07 經部　477，1383
10 經云尚多無數次文云爾所恒河沙數　679
經云陀羅尼真言　1174
24 經緯　1855
43 經械　1936
44 經蒴　1928
經者　928
50 經書　987
66 經唄　1656
88 經笥　1961
97 經恤　319，1537
25 緋縷　1193
37 緋裙　2289

**$2191_4$**

25 綞〔纏〕縺　89，

1114
67 緾眠 1331
80 緾貪 1382
**$2191_6$**
27 緪繩 1854
40 緪索 1955
89 緪鎖 1968
29 繮〔韁〕絆 1458,1617,1821
43 繮鞚 81,742
**$2191_7$**
25 纑縷 1157,1855
**$2192_7$**
77 絎〔紆〕屈 2154
**$2194_0$**
23 紆伏哆 120,1276
44 紆〔絎〕鬱 435,722
77 紆邑〔悒〕 2179
**$2194_3$**
26 緶錦 2111
**$2194_6$**
綽 541
35 綽袖 1156
40 綽有 1976,2060
37 綆汲 2172
**$2195_3$**
10 穢惡 1209
15 穢磧 478,1385
22 穢〔薉〕稻 243,1411
36 穢濁 1672
60 穢圂 2028
64 穢黷 2137
**$2196_0$**
04 緬謝 2097
10 緬至 2039
17 緬〔緬〕尋 674,2263
50 緬素 2130
90 緬惟 855,1949,1968
10 秥〔黏〕豆 225,1413
**$2196_1$**
10 縉雲 2084
25 縉紳 1943,2098
**$2198_6$**
11 纈麗伐多 1505
纈麗縛多 914
60 纈目 206,1338
**$2199_1$**
27 縹色 188,1293,1303,1388
69 縹眇 2161
88 縹等 587
98 縹瞥 2184
**$2200_0$**
22 川崖 1966
75 峅隤 2201
**$2210_8$**
12 豐登 2230
16 豐碣 1977
22 豐樂 1610
28 豐稔 438,447,706,1016,1617,1706
37 豐渥 195,1310
38 豐溢 865
80 豐羨 147,998
84 豐饒 1203
**$2210_9$**
77 鑾輿 1971
**$2212_7$**
23 巋然 1878,1957,1961
**$2213_6$**
10 蚩弄 346,1660
50 蚩責〔賚〕 438,730
44 蠻獠 1877,1960
77 蠻屬 2123
**$2218_2$**
22 嶔岑 1943
嶔巖 94,1263
嶔崟 117,281,1089,1444
**$2220_0$**
09 劇談 2109
44 劇苦 531,557,597,618,746,1067
10 劓〔劓〕耳 732,742
12 劓刵 95,1264,2114
26 劓〔劓〕鼻 442,456,595,616,627,642,1130,1220,1293,1352,1953,2216
34 劓汝 1908
40 劓去 404,1502
17 倒孑 328,1532
23 倒仆 73,668
44 倒地 423,1839
倒猾谷 1932
00 制底 1226,2283,2328
制帝 2267
21 制止 974
27 制多 437,452,494,545,729,1348,1742
28 制徵 1129
33 制濘 107,1242
96 制怛羅 498,1747
32 剬割 226,236,1414,1425
33 剜心 1607
40 劇〔劇〕喪 1900
53 側捩 1145,2297
60 刎口 262
77 刎闍 113,1158
**$2220_7$**
12 彎弧 283,1431
17 彎弓 210,817,1145,1379,1381,1384,1685,1703,2287,2297,2314
**$2221_1$**
22 巃嵸 1961,2002,2167,2179
**$2221_2$**
21 彪魒 1828
27 彪兔 1056
65 彪嘯 2011
**$2221_3$**
22 嵬嶨 2077
嵬嵬 394,1492
23 嵬然 2086
**$2221_4$**
00 崖〔厓〕底 148,776,999,1008,1170
22 崖岸 810,1680
23 崖巘 2163
52 崖揆 820
71 崖隴 112,1040
78 崖險 1129
崖嵰 1935,2077
崖嵰峥嶸 1961
80 崖龕 1443
22 毵毵〔毿毿〕 238,1428
41 任娠 18,803
54 任持 571
71 崔頤 2145
**$2221_7$**
13 兇殘 2230
20 兇孽 1517
23 兇戲 988
90 兇黨 529,579,601
94 兇〔殉〕悖 157,546,819,1037,2056
24 凭倚 1240
77 凭几 1656
26 齇鼻 107,222,413,1242,1254,1487
80 齇差 2112
34 嵐婆 295,1552
61 嵐毗 185,394,1300,1492
嵐毗園 2020
72 嵐颲 1166
**$2222_1$**
24 鼎峙 2143
35 鼎沸 270,1522
**$2222_7$**
00 嵩高 67,661

22 嵩崋〔華〕　525
嵩嶽　1296
26 嵩貌〔猊〕　161, 966
21 僞行　632
38 僞濫　1625
22 崩倒　762
臠臠　256, 1439, 1830
32 臠割　736, 1609, 1833, 1909
40 臠肉　1109
78 臠膾　2155
26 僑泉　1274
30 僑寓　2072
77 僑履　1179
75 崩隤〔隮〕　1585, 1589

**$2223_0$**

40 觚有　699
44 觚枝　196, 1311

**$2223_4$**

21 徯徑　159, 1036
22 徯戀　1864
24 嶽峙　1937
43 嵝〔礏〕嶽　161, 1029
僕　976
45 僕隸〔隸、隷〕　73, 511, 609, 669, 1197, 1765

**$2223_7$**

77 偃几　2059

**$2224_0$**

10 低下　907
60 低昂　1107
66 低囉　16, 801
77 低屈　1225
26 舐觸　1595
30 舐突〔揬〕　836, 1108, 1677
62 舐蹪　312, 1568

**$2224_1$**

22 岸崩　1339
32 岸虢　1865
40 侹直　225, 270, 274, 419, 1490, 1524, 1806

**$2224_4$**

60 倭國　1932, 2145

**$2224_7$**

12 後登　211, 1380
41 後櫳〔攏〕　207, 1338
44 後填　495, 1744
47 後跑　495, 1744
78 後隊　2139
17 俘取　275, 1521
21 俘虜　1583
60 俘囚　257, 1479, 1956
83 俘馘　1972
22 岌岌　1970
27 岌多　100, 833
23 優然　2135, 2163

**$2224_8$**

22 巖巘〔巘〕　900, 1969
25 巖岫　2232
26 巖崿〔崿〕　13, 852, 1463
30 巖窟　678, 1127, 1891
巖穴　633
31 巖涯　2077
78 巖陳　2108
80 巖龕　2071

**$2225_3$**

22 巀嶭〔辥〕　2167, 2181
25 幾失　191, 1306
48 幾警　2000

**$2226_1$**

26 嵴鼻　116, 1243

**$2226_4$**

16 循環　187, 549, 608, 720, 1056, 1211, 1241, 1302
21 循行　1875
22 循岸　1022
27 循躬　524
循勺　308, 1564
循身　11, 57, 497, 656, 849, 1745
循身觀　583, 882
34 循法　480, 1364
40 循大　277, 1469
42 循機　687
44 循其　446, 1342

**$2227_0$**

11 仙輩　544
16 仙聖　1807
30 仙窟　1149
71 仙驥　1977
80 仙人名毗目瞿沙　898

**$2227_2$**

47 崫〔崛〕起　195, 1309

**$2228_6$**

56 傎提捨洹那　180, 917

**$2229_3$**

10 緜亘　1934, 2068
23 係縛　351, 1645
33 係心　17, 801
40 係在　388, 1779
44 係轎　2104
77 係屬　1297

**$2233_1$**

38 嵐複　1180
47 盬狗　2327

**$2233_9$**

00 懸癰　321, 1540
懸疣　2010
10 懸覆住　862
21 懸絙　1920, 2188
27 懸繩　192, 1307
36 懸邈　2175
44 懸蘀　1369
48 懸櫛　1987
70 懸臃　22, 1229
78 懸險　1067, 1856
82 懸餧　2126
44 戀著　558
47 戀嫪　269, 400, 1286, 1498

**$2239_4$**

26 穌息　381, 465, 1361, 1782
34 穌達那等　483

**$2240_0$**

52 劖刺　1439

**$2240_7$**

16 變現之戲　988
變殞　349, 1655
21 變態　753
31 變湮令燥　889
44 變革　465, 1361
60 變易　559, 600, 1406
97 變慴　1237
17 孿子併　1692
28 孿併　357

**$2240_9$**

10 孌一杓　2294
12 孌酥杓　1130
孌水　1889
17 孌〔孌〕取　310, 342, 1566, 1663
22 孌乳　1135
30 孌空　99, 1270
35 孌油　1154, 2303

**$2241_3$**

00 乳糜　1707, 2188
10 乳醅　502, 1756
21 乳頃　1438
30 乳滴滴　1462
32 乳湩　1095, 1843
40 乳麩　1129
63 乳哺　18, 43, 185, 304, 439, 458, 754, 803, 814, 836, 944, 950, 1109, 1220, 1300, 1354, 1453, 1525, 1560, 1573, 1901, 2216
66 乳嬰　381, 1781
80 乳養　39, 936

**$2241_3$**

22 巍巍　1470

**$2244_1$**
27 艇舟　191,1305
**$2244_9$**
12 彎水　335
**$2248_1$**
10 嶷爾　2041
22 嶷嶷　1945
23 嶷然　708,725,1280,1437,1958,2190,2230
嶷然高出　885
嶷然住　884
**$2250_0$**
41 犁槅　396,1494,1512
51 犁耨　180
55 犁耬　780
84 犁鏵　383,1791
87 犁鑱　228,1415
**$2250_2$**
10 掣〔撦〕電　140,186,991,1301,1859
17 掣那　2268
23 掣縮　1478
27 掣繩　748
51 掣振　1827
56 掣拍　2287
57 掣擊　2302
77 掣開　1142,2287
掣网　1850
23 攣〔癵〕縮　222,1463
攣縮　1486
27 攣〔癵〕急　1725,2111
70 攣〔瘸、癵、癵〕躄〔躃〕　549,556,562,731,915,981,1066,1581,1598,1897,1921,2090,2094
**$2250_4$**
22 峯巖　644
26 峯（峰）崿（噩、噩）　1971,2108,2112
47 峯檜　2015
**$2250_7$**
71 毒㔸　925
**$2251_0$**
00 牝鹿　404,1052,1502,2252
27 牝象　446,1342
54 牝牡　198,344,1313,1658
71 牝馬　2252
**$2252_1$**
22 嶄巖　1826
**$2254_0$**
26 牴僂　1291
53 牴挨〔突〕　790,1901
66 牴蹋　1095
94 牴懦　323,1542
**$2260_0$**
17 刮取　1656
20 刮舌　1626,1939
刮舌篦　1611
31 刮洒　1474
33 刮治　781
40 刮去　1615,1713
74 刮〔刮〕㕞（刷）　187,1302,1826
33 剝治　229,1417
**$2260_1$**
22 嵤崟　1960
**$2260_2$**
22 岧嶤　2003,2074,2179
**$2260_9$**
22 巒〔巒〕　制　1275
44 巒勒　73,187,353,633,668,896,1302,1572,1640
**$2261_3$**
39 飜騰　1719
**$2261_4$**
27 嵟粲　1397
**$2261_8$**
23 豈然　1966
**$2262_1$**
72 斫斸　956
**$2264_0$**
10 舐耳　1886
22 舐利　1828
27 舐血　1022,1026
44 舐菩薩足　1886
50 舐〔䑛〕掠　1194,1595,1601,2275
57 舐欶　393,1491
60 舐足　824,1836
67 舐啜　394,1492
舐吻　1238
44 舐其　1239
72 舐髻　732
**$2264_6$**
34 嶓法師　2098,2107
**$2264_9$**
01 嶓訶　2229
22 嶓嶓　2160
嶓私　2315
47 嶓拏　1176
60 嶓詈　96
63 嶓吠　696
**$2271_1$**
22 崑崙虛　2077
崑崙語　1945
26 崑崘　2184
77 崑〔崐〕閬　1975,2012
**$2271_4$**
60 鑾羅　413,1254
**$2271_7$**
22 邕邕　2336
**$2272_1$**
斷　976
04 斷諸惡已　937
08 斷敵　1607
10 斷覈　2095
17 斷取一切　937
斷已　542
20 斷毛　261,1482
21 斷齒　188,1303
斷齗　11,850
24 斷緒　2286
27 斷疑心者　955
32 斷割　1405
43 斷截手足　952
44 斷蕭〔蕭〕〔蕭〕　2011,2158
58 斷鼇　1874
67 斷嗣　1840
80 斷食　1971
斷貪鞅　907
93 斷截　562
71 齗牙　1628
76 齗腭〔齶〕　1122,1174,1188
**$2272_7$**
21 齵齒　1574,1919,1981
齵盧　439
22 嶠山　2113
44 嶠甍　2164
77 嶠阻　2164
**$2273_0$**
00 幺麼　2167
**$2273_2$**
00 製立　1382
28 製作　506,1759
34 製造　603
22 㠊嵓　2169
**$2273_7$**
29 巉嶙　2172
**$2276_3$**
12 巛裂　1168
**$2277_0$**
03 凶訃　2172
37 凶禍　1007
40 凶獷　2077,2133
44 凶〔兇〕勃　494,647,1249,1680,1743,1775
47 凶猾　452,1348
77 凶豎〔豎〕　155,836
78 凶險　1674
98 凶愎　2131
14 山磕　385,1793
22 山崖　531,580,602,1068
山崗〔罡〕　120,

418, 1276
27 山阜 2120
山名補怛洛迦 901
山岊 2189
36 山澤 507, 1761
43 山狖 435, 725
44 山麓 397, 1495, 1959
山坡 328, 1531
46 山相 166, 1002
71 山壓 1849
99 山鶯 2185
22 丱歲 2075
24 豳岐 1916
32 豳州 1925
60 豳國 1964
32 幽冽 2096
33 幽邃 136, 983, 2246
37 幽冥 601
41 幽樱 2049
45 幽楗 2014
50 幽擒 2163
54 幽縶(縶) 439, 463, 814, 1359, 1615
75 幽賾 2095
46 甴〔由〕相 238, 1428
57 甴擲 73, 668

**$2277_2$**

00 出離陀羅尼品 696
10 出礦 643
17 出柔耎 971
27 出夐 2147
40 出内 135, 147, 982, 998
47 出觳 1078
62 出眺 1142

**$2280_1$**

40 趒坑 1624, 1630

**$2280_6$**

34 賃婆果 496, 1744

**$2280_9$**

災 980
00 災癘 1858
10 災雹 825
22 災炭 449, 1345
37 災禍 108, 1267
44 災横〔擴〕 606, 810

**$2288_6$**

78 巔墜 2033

**$2290_0$**

00 剩辯 510, 1763
17 利矛 907
21 利觜 99, 1270, 2138
27 利響 1081
43 利戟(戟) 294, 1551
52 利刺 218, 1402
55 利弗 386, 1794
62 利吒〔咤〕 411, 1253
利蹎 249, 1819
80 利斧 763
利鐮 2241
利養 973
85 利鈍 1094
利鈇 23, 1229
86 利鑁 941
26 絼促 1599
57 絼縶 369, 1813
28 糾紛 482, 1366
40 糾〔糺〕索 357, 1692
77 糾舉〔擧〕 174, 779
44 剿其 1850
73 剎〔剎〕膩迦 1049
80 剩食其人下文又云剩可爲夫妻 2196
剁羊 326, 1530

**$2290_1$**

22 崇巖邃谷 877
40 崇墉 1397
44 崇甍 2163
77 崇闈 524
88 崇飾寶辟垸 863

**$2290_3$**

62 糸懸須彌 952

**$2290_4$**

17 梨耶 353
21 梨穢 68, 662
48 梨梯〔拂〕 410, 1252
50 梨車毗童子 1012
53 梨軶 668
60 梨黯 695
64 梨黮 134, 981
樂 970
07 樂贛 361, 1670
10 樂耎 625
20 樂香 37
樂香王 931
22 樂變化天 474, 1334
32 樂近凡庸 888
34 樂法 172, 783
樂法樂義以法爲樂 893
44 樂著 1261
樂猇 2084
46 樂覩 716
47 樂歆 1125
48 樂乾 128
57 樂静 528
60 樂囿 1972
65 樂味 41, 941
30 巢窠 253, 1843
巢窟 168, 774, 1005, 1039, 1072, 1171
巢穴 533, 581, 1858
98 巢燧 686
40 欒大 1985
41 欒櫨 2078
48 欒栱 1887
55 欒棘 675
欒棘 2264

**$2291_3$**

34 繼邁 1819
繼邁 248
62 繼〔继〕踵 1946, 1960
67 繼嗣 1156, 1290, 1726

**$2291_4$**

14 種殖 1096
17 種彙〔彙〕 2177
種子精血究竟不净 960
22 種種稼穡 885
種種囊 1453
23 種紵 1934
24 種德 894
26 種稷 63, 651
31 種禎 2158
35 種褋〔褋〕 249, 1819
44 種蒔 465, 1361
種植 39, 567, 937, 1260
34 紝婆蟲 960
紝婆 51, 2305

**$2292_2$**

10 彩雲 857
12 彩毦 2185
27 彩絢 2041

**$2293_0$**

26 私覘 2089
62 私吒 47

**$2294_0$**

10 秖〔秖〕豆 224, 1488

**$2294_4$**

24 綏化 252, 426, 1842, 1851
58 綏撫 1857
97 綏〔妥〕恤 110, 1116

**$2294_7$**

10 稱兩 882
20 稱儁 1942
21 稱此 764
22 稱稱 792
23 稱鱇 1236
30 稱寃〔冤〕 261, 397, 1482, 1495
40 稱賣 2315

42 稱機　578
44 稱權〔攉〕　500, 1753
稱量〔量〕　627, 638
80 稱善〔菩〕　2067
稱無　166, 1003
82 稱錘　256, 1830
44 綬帶　1156
90 綒卷　331, 1534

**$2296_3$**

28 緇俗　1042

**$2297_2$**

28 絀以　2043

**$2297_7$**

20 稻穰　364, 1730
26 稻稈　456, 1043, 1352, 1390, 1443
33 稻粱〔梁〕　2236
43 稻麩　1632
44 稻芧　57, 198, 655, 1312
稻薢　2281, 2308, 2339
47 稻穀穭　2268
64 稻畦　1873, 1974
稻　974

**$2299_3$**

88 絲筑〔筑〕　1618
99 絲縈　1579

**$2299_4$**

27 綵絢　1140
40 綵女　1098
46 綵幔　711
60 秝羅矩吒國　1969

**$2300_0$**

86 卜羯娑　450, 1346
88 卜筮　45, 106, 361, 949, 1272, 1696, 2259

**$2310_4$**

40 坴堆　1893
坴土　1279
50 坴中　1407

**$2320_0$**

10 仆面　1191, 2257
21 仆僵　271, 787
44 仆地　386, 416, 1088, 1794
10 外惡　1939
23 外坌　2004
38 外道唯觀六行　962
60 外囿　1961
73 外陀　2182

**$2320_2$**

20 參倍　197
23 參綜　472, 1332
80 參〔叅〕差　674, 1646, 2189
97 參糅　2026

**$2321_0$**

56 允輯　2054
80 允合　332, 1544

**$2321_1$**

28 倥傯　2189

**$2321_4$**

22 僦賃　326, 1530
26 魆鬼　1240
侘　906
27 侘傺　1966
30 侘字　396, 586, 1493
87 侘飢　84

**$2322_1$**

00 佇〔竚〕立　88, 441, 576, 1006, 1070, 2327
佇立未久　901
12 佇延　675
18 佇〔竚〕聆　2034, 2083, 2094, 2107
儜　677
10 儜惡　1589, 1635
17 儜弱　1899
27 儜鳥　1618

**$2322_7$**

10 偏覆　559
36 偏裨　2159
偏袒　680, 889, 1058, 1066, 1213, 1472
42 偏剞　353, 1640
59 偏抄　1601
77 偏局〔局〕　2196
90 偏黨　556, 1013
22 徧劇　1292
84 徧饒　681

**$2323_4$**

00 伏膺　1964
伏瘵　1379
27 伏鷄　259, 1838
47 伏弩　454, 1350
58 伏韈　2032
伏鼇　2150
61 伏眶　2135
80 伏羲　2026
08 俟施　1851
10 俟夏　321, 1539
俟一　347, 1665
24 俟彼　234, 1423
40 俟來　2192
64 俟時　1207
77 俟用　89, 1070
26 狀貌　567
46 狀如四洲　863
27 倈衆　1889
49 獻麨　2076
55 獻捷　2006
67 獻睬　855, 2036

**$2324_0$**

44 代地迦　1358
代勒迦梨　472

**$2324_2$**

07 傅毅　1879, 1985
20 傅采　376, 1798
23 傅縡　2001, 2095
28 傅以　40
傅以妙藥　938
30 傅之　347, 1666
44 傅藥　511, 1764
88 傅飾　67, 268, 661, 1517

**$2325_0$**

01 戲譚　2333
戲謔　624, 628, 1124, 1440, 1629, 2195
07 戲譺　272, 1284
08 戲論　682, 1184, 1210
10 戲弄　774, 1295, 1374
22 戲樂　793, 840, 1015
44 戲嬉　1125
63 戲吭　418
88 戲〔戯〕笑〔笑〕　866, 1641
02 俄誕　1079
10 俄爾　564, 596
25 俄舛　2073
34 佯造化　2127
77 佯尼　179, 1172
44 伐地國　1950
伐地迦　462
伐勒迦梨　1330
52 伐折　438
68 伐蹉　498, 1747, 1770
63 臧賕　437, 727

**$2326_0$**

17 佁礙　791

**$2328_6$**

28 儐從　980

**$2333_1$**

77 黛眉　1511

**$2333_3$**

44 然藉　1770
然蓋　67, 661
77 然肌　1942
80 然舍利弗　976

**$2350_0$**

21 牟盧　711
27 牟侯利　912
34 牟婆羅　459, 1355
39 牟娑洛寶　480, 1387
牟娑洛揭婆　443
44 牟芩　111
62 牟呼洛　433
77 牟尼　379, 859, 1779
牟尼仙　438

**2350$_6$**

44 夆荼國 1878

**2351$_2$**

27 牻色 228,1416,1581

**2354$_7$**

24 牸豺 2321
牸犢 1184
25 牸牛 1202,1437,2298
25 牸牛并犢 1137

**2355$_0$**

00 我齋 120,1274
10 我弄 775
20 我爲 1859
我皾 1585
21 我頃 501,1755
26 我躶 1900
27 我身薄祜 876
30 我嘗 976
我適 49,140
我適欲問 957
34 我遠三乘 955
55 我曹 62,180,649
64 我時尋覺 902
80 我弟子具十六行 963
我今貧窶 876
88 我等欽風 876
90 我當爲 976
96 我慢溉灌 883
我慢所吞 893
我慢原阜 882

**2356$_1$**

25 犗牛 907,2240

**2360$_0$**

24 䤁酵 2288
41 䤁柯 426,1863
57 䤁〔秘〕擔 113,1158

**2365$_0$**

12 鹹水 1188,1445,1859
14 鹹醋 1021
18 鹹酢 709
21 鹹〔鹹〕鹵〔鹵、滷、滷〕 197,494,626,646,1312,1442,1590,1718,1743,2270
28 鹹鹻 1137
65 鹹味 2225

**2370$_0$**

44 馝芬 1025

**2371$_1$**

27 崆峒 1876,2000,2020

**2373$_4$**

26 巘崿 1959
36 巘盪 2269
47 巘拏 1163
77 巘際 1323

**2374$_7$**

24 峻峙〔峙〕 795,1376,1877,1959
29 峻峭 212,1367,1944,1965
37 峻滑 2190
41 峻坂 1599
78 峻險 840,916

**2375$_0$**

23 峨峨 1970
27 峨嵋 2056
44 峨者 63,651
28 巇嶮 155

**2380$_6$**

20 貸香 2200

**2380$_9$**

94 炱煤 320,1539

**2390$_3$**

60 絫瞳 2123

**2390$_4$**

27 枲多河 1181
44 枲荷 87,1256
71 枲阿〔何〕 21,805

**2390$_8$**

20 彖倍 1311

**2391$_2$**

22 綩綖 61,132,576,660,699,703,759,768,779,922,977,1059,1808,1872

**2391$_2$**

29 綩綣 420,1462

**2392$_1$**

00 紵衣 1599
40 紵木 1844

**2392$_7$**

10 編石 481,1365
27 編絡 754
30 編之 1881
37 編次 1199
40 編韋 2070
43 編載 1918
44 編草 898
47 編椽〔掾〕 47,825,924,952,1860
50 編摭 2339
55 編軸 2016
60 編眝 1571
72 編髮 168,1004,1323
80 編年 2008

**2393$_2$**

24 稼穡〔穡〕 363,475,492,809,1226,1335,1703,1706,1718,1741,1776,1797,2220

**2393$_4$**

27 綟急 2260
40 綟索 1196
73 綟腕 1197

**2394$_2$**

縛 540,906,934
26 縛伽浪國 1950
28 縛繳 228,1416
32 縛衹 68,662
44 縛蒭河 492,1740
52 縛撲〔撲〕 1146,1198,1202,2299
66 縛喝國 503,1757,1950
88 縛筏〔栰〕 705,1597

**2394$_7$**

34 紱婆 426,1863

**2395$_0$**

00 纖毫 808,1237
纖維 714
20 纖傭 1899
22 纖利 1700
28 纖繳 464,1360
71 纖長 152,261,570,600,636,760,798,1016,1051,1438
80 纖介 110
88 纖鋭 1102
08 緘於 2143
30 緘避 2090
緘之 1874,1879
34 緘婆 81
60 緘口 341,1661
63 緘默 2127
66 緘嘿 2061
79 緘縢 344,1658
22 纎利 1203
80 纎〔纖〕介 1116
23 織綜 2097
26 織總 280,1465
72 織氈 1127,2273

**2395$_3$**

24 綫結 829,1893
綫繚 1605
25 綫縷 1199
45 綫塼 51
58 綫拼〔栟〕 298,1554
80 綫金 740

**2396$_1$**

22 稽緇衣 677
37 稽遲〔遲〕 511,1764
40 稽大偈 1879
71 稽顙 148,171,703,791,999,1965,1972,2041
77 稽留〔畱〕 61,192,553,641,

660, 1307
80 稽〔稽〕首 166, 293, 468, 1003, 1273, 1326, 1550
稽首作禮 877
27 縮向 1135
77 縮眉 1198

**$2397_{2}$**

00 嵇康 2000
27 嵇叔夜 2026

**$2397_{7}$**

30 綰濟 2064
34 綰達 426, 1862
51 綰攝 2144
57 綰挈 2166
72 綰髮〔鬟〕 1582, 2200

**$2398_{1}$**

40 綻壞 181, 765

**$2398_{6}$**

28 繽〔繽〕紛 57, 139, 625, 655, 738, 841, 989, 1008, 1022, 1068, 1079, 1085, 1140, 1235, 1617, 2108, 2223, 2259, 2289

**$2399_{1}$**

綜 34
10 綜覈 2143
17 綜習 44, 748, 946, 1614, 1657
20 綜集 459, 1354
25 綜練 310, 1566
綜縷 122, 1189
27 綜解 255, 1829
31 綜涉 1375
42 綜栝 524
51 綜攝 1105

**$2399_{4}$**

01 線訶〔呵〕 21, 805

**$2409_{4}$**

17 牒盈 1998

**$2411_{7}$**

10 豓〔豔〕天 1514
12 豓發 2054
27 豓〔豔〕色 439, 815
61 豓〔豔〕眄 148, 999
88 豓飾 2116

**$2412_{7}$**

24 動他 100, 1241
52 動搖 140, 991
67 動眴 1322
68 動瞼 88, 1070

**$2413_{6}$**

34 蚪斗〔蚪〕 90, 100, 1241, 1258, 2034

**$2414_{1}$**

00 峙立 1808, 1905
23 峙然 1934

**$2414_{7}$**

44 歧麓 2104
62 歧蹬 23, 1230
67 歧(岐)嶷 2090
77 歧間 1152

**$2420_{0}$**

射 867
11 射珥 285, 1473
21 射師 787, 908, 1049
射術 560, 756
27 射的 363
30 射窠 277, 1469
40 射埻 281, 405, 1430, 1503
43 射鞚 307, 1563
47 射垜(垛) 221, 403, 1485, 1501
射堋 388, 1801
50 射中 817
21 豺虎 1913
26 豺貍 1858
27 豺豹 1108, 1811
33 豺心 2020
43 豺狼 58, 487, 656, 705, 939, 1021, 1210, 1735, 1948, 1989, 2212, 2223, 2252
豺犬 2176
47 豺獺 2125
53 豺武 2151
77 豺兕 1969
27 什物 41, 74, 299, 469, 672, 939, 1327, 1556

**$2421_{0}$**

10 魁磊 417
17 魁取 226, 1413
22 魁嶷 2005
24 魁偉 150
78 魁膾 139, 494, 529, 579, 602, 690, 722, 754, 818, 935, 988, 1148, 1201, 1456, 1742, 2216, 2253, 2258, 2282
80 魁首 346, 1660
18 化政 166, 1003
44 化地部 477, 1384
53 化捄 1831
30 仕宦 411, 1253
34 壯洪 1858

**$2421_{1}$**

17 先已 38
先已通達 934
21 先行 1247
22 先彎 2272
32 先兆 489, 1737
40 先太子行 905
先有先無 1337
48 先教技藝 934
先螫 1888
52 先折 634
先哲 1024
54 先揲 1865
60 先因 134, 980
67 先喫 115, 1076
73 先陀婆 944
77 先尼及迦葉 964
10 僥天 1809
24 僥倖〔倖〕 71, 87, 236, 279, 671, 792, 1115, 1424, 1656, 1927, 2028
僥值〔値〕 268, 1517
侁侁 155, 837

**$2421_{2}$**

他〔佗〕 541, 906, 942
00 他庇 92, 1257
10 他惡 542
20 他穰 85
30 他字 586
37 他溺 622
40 他支 235, 1424
44 他者 63
46 他鞞羅 1802
97 他恀 19, 803
22 躭樂 562, 1441
65 躭味 874

**$2421_{4}$**

僅 870
10 僅而 332, 1543, 1968
20 僅辭 2148
22 僅稱 2153
26 僅得 1577, 1933
27 僅免 2108
28 僅以 2048
40 僅有 1613
80 僅全 2243
90 僅半 9, 848
23 佳矣 131, 974

**$2421_{7}$**

26 鼽鼻 1513
27 仇怨 168, 1004
34 仇對 8, 847, 865
36 仇迦 251, 1841
44 仇者 324
71 仇匹 437, 728
93 仇憾 415, 1087
34 覰婆 24, 1231

**$2422_{1}$**

12 倚發 296, 1552
21 倚侹 208, 1372
24 倚牀 37, 931
34 倚〔倚〕法 62,

650
44 倚〔倚〕枕 719, 759, 794, 1368

**$2422_7$**

20 備受 1214
35 備遭 608
50 備擒 2004
51 備整〔整〕 1017
57 備搜 1911
75 備體 857
26 僂伽 21, 805

**$2423_1$**

佉 541, 942
00 佉離 1741
02 佉訓 44, 1412
11 佉玎 123
佉珂 1194
22 佉梨 93, 1459
26 佉伽 805
佉伽婆沙 20
30 佉字 586
34 佉達羅刺 759
41 佉堀陀 1249
44 佉勒迦形 862
45 佉樓書 60, 1695
60 佉羅帝耶山 438, 808
佉羅騫馱 970
62 佉吒 1198
佉吒迦 1145
67 佉啁 353, 1640
佉啁羅床 31, 1535
73 佉陀羅 938, 944
佉陀羅山 889
佉陀羅炭 952
佉陀尼食 1263
74 佉駐 413
佉駐阿蜱 1254
10 德〔德〕覆 1186
25 德失 474, 1335
28 德徽 415, 1086
42 德韜 414, 1086
44 德懋 1041
47 德馨 1297
60 德囧〔冏〕 2061
64 德跨 1279
72 德鬘 1256
77 德叉迦 858, 970
82 德鎧 790, 1098

**$2423_4$**

27 貘豹 773
31 僥〔僥〕額 1582, 1591, 1625

**$2423_8$**

27 俠怨 1860

**$2424_1$**

10 儔焉 2077
37 儔潔 1131
60 儔量 2195
71 儔匹 705, 768
90 儔黨 787
21 侍衛 893

**$2424_7$**

17 彼已 883
27 彼勿 210, 1379
36 彼溷 1889
彼遲 260, 1481
52 彼塹 1820
22 伎樂 528
85 皷鉢 1656

**$2425_6$**

23 偉矣 677
24 偉壯 26, 1232
40 偉大 1956
43 偉哉 871
77 偉風 260, 1481

**$2426_0$**

12 儲水 69, 664
17 儲君 41, 939
24 儲偫〔徛〕 262, 275, 1454, 1521, 1843
25 儲積 208, 298, 1371, 1554
30 儲宮 397, 1494, 1868
37 儲資 1091
44 儲蓄 366, 1731
66 儲器 459, 1355
26 貓貍 914, 1050, 1709, 2241
27 貓伺 747

**$2426_1$**

12 牆形 2288
32 牆〔牆〕塹〔塹〕 732, 1686, 1771, 2033
44 牆〔牀〕者 65, 652
牆茨 2147
牆堵 677
牆墣 842
47 牆〔牆〕柵〔柵〕 1596, 1612, 1624
70 牆壁 566, 672, 1094, 1213, 2252
19 借稍 1990
72 借兵 1885
60 佶易 92, 1257

**$2428_1$**

08 徒旅 870
45 徒隸〔隸〕 168, 1005
64 徒跣 298, 1554, 2063, 2095
80 徒令 886
22 傎〔顛〕倒 548, 749, 1324
23 傎伏 359, 1693
67 供贍 383, 458, 1354, 1791
80 供養瞻待 878

**$2428_6$**

25 觵魅 2132
88 儹箭 1421

**$2429_0$**

00 牀座 628
24 牀撗 2324
31 牀褥 880
40 牀帷 734
41 牀枯 1574
44 牀蓐 1464
46 牀榻 529, 579, 731, 759, 780, 791, 903, 1129, 1261, 1869, 1936, 1942
53 牀專 1443
58 牀敷 746
71 牀陛 403, 1501
83 牀鋪 393, 1172, 1249, 1491
88 牀簀 1864
00 休廢 2259
31 休祉 2062
50 休〔林〕婁 411, 1253
80 休愈 448, 1344

**$2429_1$**

25 僸休 1967

**$2429_6$**

24 僚〔僚〕佐 544, 588, 605, 813
77 僚〔寮〕屬〔属〕 254, 995, 1872, 2137

**$2431_4$**

27 鮭鱃 1388
90 鮭米 2201

**$2434_7$**

27 鰒魚 222, 1486

**$2436_1$**

27 鮨魚 51, 962

**$2440_0$**

24 升岵 2178
50 升晝 1207
51 升攝波葉 1328
升攝波葉經 469
56 升撮 1024
71 升陟 502, 1755
80 升鉉 1972

**$2441_2$**

22 勉出 137
74 勉勵 191, 464, 468, 1212, 1306, 1326, 1360

**$2444_7$**

00 皺瘤 1901
22 皺緩 1725
31 皺襵 395, 448, 1344, 1493
47 皺赧 924
54 皺衲 325, 1529

77 皺眉　760，1150，1159，1201，1835
皴　949
12 皴〔皴〕剥　425，1859
皴裂　903，1603，1619，1941
17 皴〔皴〕躧〔灑〕　1085，2312
40 皴〔皴〕皮　1585，1599，1713
41 皴朽　1627
70 皴劈　1217，2215
72 皴腫　2319

**$2451_0$**

00 牡鹿　1052

**$2454_1$**

20 特垂矜念　876
41 特敧（敬）拏伽他　1584，1648，2202
67 特明　860
82 特鍾　787

**$2458_6$**

17 犢子部　483，1401
犢子梵志　964
23 犢牸　2269
50 犢車　317，1535

**$2460_1$**

68 告喻　134，980

**$2461_2$**

81 舐飯　303

**$2462_7$**

00 劬離　83，1060
21 劬師羅長者　1970
32 劬呫礼　1170
51 劬拞　178
99 劬勞　479，550，591，609，634，812，845，1219，1385，1406，1576，1702，1710

**$2463_1$**

21 黏比　249，1819
44 黏茶〔荼〕　123，1194
90 黏黨　159，1036

**$2464_7$**

47 酵起　2178

**$2466_1$**

21 皓齒　435，732
26 皓白　540
80 皓〔晧〕首　463，1359

**$2467_0$**

22 甜穌八味　936
77 甜脆　1248，2202

**$2471_1$**

21 嶢屼　2179
𪘏齒　398，1496
60 𪘏足　505，1758

**$2471_4$**

27 巏嵍山　2073

**$2471_6$**

28 崦嵫　420，1807，2037，2136

**$2472_1$**

20 齮齰　275，1521
57 齮齧　146，997
21 崎〔崎〕嶇　97，698，1925，1951，1966，2077，2105，2183，2187，2190

**$2472_7$**

00 幼童　977
17 崤函　2090，2094
20 幼稚　935
28 幼齡　921
21 齠齔　1131

**$2473_2$**

31 裝褾　1051
33 裝治　554
34 裝潢　2017
40 裝校　755
55 裝揀　378，1794
86 裝鈿　1177

**$2474_7$**

22 岐〔歧〕嶷　112，670，2098
38 岐道　194，1309，1440
67 岐〔歧、歧〕路　359，421，461，1357，1694，1838

**$2476_1$**

21 齰齒　924
22 齰齗　1954

**$2478_6$**

21 巑屼　2172

**$2479_8$**

齒來　1159
57 齒來齧　1909

**$2480_6$**

17 貨鬻　2251
22 貨利習彌伽國　1950
67 貨賂　1878
74 贊助　100，397，833，1495

**$2489_6$**

17 繚已　330，1534
27 繚身　244，1412

**$2491_1$**

00 繞廧　2167
44 繞堞　1078

**$2491_4$**

04 絓諸　2136
40 絓南　364
60 絓是　1934，1953，2154

**$2492_1$**

11 綺麗　1054
綺麗窗　860
28 綺〔綺〕繪　436，725
40 綺盍　682
41 綺語　236，780，1296，1425
44 綺藻　2000
綺攢　148，999
綺帊　443，1105
86 綺鈿　449，1345
97 綺煥　876

**$2492_7$**

00 勦疾　318，418，1537，1810
08 勦說　1989，2075
13 勦戮　2082
17 勦了〔子〕　248，1818
勦勇　396，1493
25 勦健　284，1505
27 勦絕　2027
90 勦當累　1188
00 納衣梵志　964
44 納麓　2338
納贄　2149
10 稀爽　762
21 稀穊　1102
23 絺緘　280，1465
24 絺綌　2120
30 縿字　586
絝　942

**$2493_8$**

23 綊紵　1876

**$2494_1$**

22 緝綵　1940

**$2494_7$**

26 稜伽　1132
40 穫麥〔麦〕　261，1843
44 穫草　1832
77 稜層　455，1351，2198

**$2495_6$**

27 緯候　2230

**$2496_0$**

17 稲那唎羅山　1876
80 緒〔緒〕分〔八〕　363，1797

**$2496_1$**

秸　2082
00 秸稾　1523
37 秸泥　327，1531
44 秸草　98，256，1830
00 結廬　1958
13 結聹　195，1309
25 結縷　303，1560
27 結絹　2182
35 結決　1180
40 結梳　86
42 結毦〔毦〕　307，1563
46 結加趺坐　947

66 結跏　1074
67 結咆　2113
91 結纇　1121,2270
93 結憾　1726
94 結憒　815

**$2497_0$**

10 紺琉　60
17 紺翠　2002
紺瑠　37,659
23 紺黛　1109
27 紺色　307,705,1563
紺艷　950
44 紺蒲成就　888
50 紺青〔靑、靑〕　141,570,637,711,866,992,1877
紺青色　1201
65 紺睫　2011,2158
72 紺髪　1187

**$2498_6$**

27 續鳧〔鳬〕　1987,2152
37 纘祖宗　2338

**$2499_4$**

00 緤裹　698

**$2499_6$**

23 繚綟　776,1176,1478
27 繚緣衣　2328
28 繚以寶繩　881
30 繚戾　22,142,725,992,1229

**$2500_0$**

00 牛麝　816
14 牛豬　1324
23 牛齡　797,1512
牛坌　1187
24 牛貨洲　618,2219
27 牛齣　186,1301
30 牛窪　1121
32 牛湩　168,370,1005,1815,1899
47 牛欄　1138
48 牛槍　1855
55 牛棘　774
60 牛蹄搶地　1593
62 牛昕　2340
67 牛呞　95,322,1264,1541
72 牛脬　324,1543
77 牛尿〔屎〕　1185,2299
87 牛飼　776
90 牛糞〔犛、坌〕　1019,1186
牛桊　85,1062

**$2503_0$**

00 失瘖　1936
24 失緒　1023
26 失魄　807
28 失收摩羅　295,1552
44 失鞴　1835
53 失轄　352,1641
63 失獸摩羅　359,1694
64 失跨　247

**$2510_0$**

17 生皰　149,1000
生巳　1055
21 生縈　958
25 生穗　177,1106
26 生稗　765
27 生名陀笈　1849
生色可染　455,1351
28 生黴〔微〕　327,1530
31 生涯　726
32 生涎　46,950
40 生嫡　439
生難遭想　882
41 生櫨　391,1786
44 生蕁　216,1665
生藺　1940
生莖　1107
生蘗　1137
生莞　207,1338
生蕡　366,1732
生莿地獄　774
生藤　114,1159
46 生埋　1091
47 生皰　1877
生皰時　672
49 生鰲　91,1259
50 生蟲　731
52 生挑　17,801
72 生腫　1827
73 生肬　341,1662

**$2513_0$**

10 缺〔缺〕而　523

**$2520_0$**

00 舛雜　2057
07 舛謬　874
62 舛蹈　2002
74 舛駁　1868
77 舛闕　2049

**$2520_6$**

20 伸手　1175
21 伸傴　2161
23 使佗　410,1252
26 使覞　397,1494,1918
63 使吮　387,1788

**$2520_7$**

17 俜刃　1945,1960
37 律汋　2000
44 律藏　293,1550
50 律車　390,1802

**$2521_7$**

伅　1030
40 伅真　155

**$2521_9$**

44 魅著　560,563

**$2522_7$**

佛　968
10 佛栗氏子　484,1390
19 佛跗　1152
20 佛垂般涅槃略説教戒經　275
21 佛顳　1874,1887
27 佛仍　20,804
30 佛褅　115,1243
佛窟　1199
42 佛剎　860
44 佛塔　121,868,1110
60 佛蹠　2076
61 佛號娑羅王　863
24 倩他　765
77 倩卿　1095

**$2523_0$**

佚　1330

**$2524_0$**

03 健詑　1175
12 健沓和　697
21 健行　532,581
34 健達縛　432,474
健達縛　542,715,1334
40 健南　735
健椎　1621
70 健辟　249,1819
74 健馱梨　497,1746

**$2524_3$**

23 傳綷　2116
33 傳述　471,1329
40 傳來　904
48 傳檄　2101

**$2524_4$**

21 僂步　195,1310,1886
25 僂伸　1886
44 僂者　1209,2211
55 僂曲　442,1043,1820
70 僂壁　15,799
80 僂前　450,1346

**$2525_3$**

37 俸祿　343,824,1664

**$2528_1$**

00 倢疾　1269
22 倢利　1702

**$2528_6$**

00 債主　1294
10 殨焉　1922
22 殨山　2102
32 殨褫　2076

**$2529_0$**

21 侏儇　155,836

侏儒　330，1533，1583，1598，1627，1634，2327

**$2529_3$**

26 傣和　2172
27 傣殷　2182

**$2539_4$**

65 膝〔膝〕昧　422，1851

**$2546_0$**

21 舳艫　2178

**$2554_0$**

00 犍度　1691
32 犍割　224，1489
40 犍椎　186
44 犍黄　305，1562

**$2555_0$**

10 犇而　1888
27 犇急　257，1479
37 犇逸　1082
40 犇走〔丕〕　157，182，349，1069，1474，1655，1832，1885，1902
74 犇馳　98，244，704，1412，2318

**$2559_4$**

25 犊牛　116，385，1274，1662，1793

**$2560_0$**

00 告〔青〕瘦　173，777

**$2590_0$**

64 朱顆　1140
72 朱鬣　705
朱彤　2063

**$2590_4$**

24 桀紂　2337
38 桀逆　276，1515
61 桀跖〔蹠〕　1964，2051

**$2591_7$**

00 純瘫　1998
10 純一　130
26 純白　1181
37 純净　21，805
純淑〔沭〕　166，187，702，1003，1302
43 純龙　1646
47 純懿　1982
73 純陀　933
90 純粹　419，1834

**$2592_7$**

24 繡綾　1680
41 繡栭　2005
繡櫨　1969
44 繡棋　2001

**$2593_0$**

26 縺綿　837

**$2593_2$**

44 穠華　2176

**$2593_7$**

29 繾綣　190，1305，2138

**$2594_4$**

縷　875
21 縷纇〔纘〕　1575，1581，1597，1612
26 縷線　1636
44 縷茸　341，1662
72 縷氎　1048，2270
75 縷陳　177，1107

**$2598_6$**

25 績縷　1641
50 積〔積〕中　1717
77 積同須彌　891
59 績掞　1983

**$2599_0$**

27 秼兔羅　1956
74 秼〔袜〕陵　1912，2067，2079

**$2599_6$**

00 練摩　211，1380
80 練金　882

**$2600_0$**

00 白毫　637
白癩〔癩〕　705，1066，1647
白羸　1248
白羸爲釧　1156
12 白醭　1585，1599，1635
17 白鸖　575，2327
23 白綫　1017，1187
24 白紈　2019
26 白縵　1187
27 白鵠白鶴　932
白綳　768
32 白透　1181
34 白法羸　752
38 白袷　84，1061
40 白檀　636
44 白褺　2189
45 白帔　1102
46 白墠　311，319，1538，1566
47 白鶴　37，1632，2227
白縠　1186
白鵃　276
48 白墡　357，1692
51 白虹　95，1264，2042
52 白挑　763
58 白氂拂　1127
60 白疊　231，402，1420
白疊綫　1249
白暈　1192
62 白氎　576，749，1018，1106，1151，1157，1477，1500，1648，1932
白氎綫　1172
63 白晥　107，412，1242，1253
67 白鷺　114，368，394，488，645，1158，1491，1737，1813
71 白髒　1513
74 白驝駝　1936
77 白鷗　400，1497
白鷴鼠　2180
白翳　1876
80 白分義　884
00 自糜　2043
04 自誇　228，1415
14 自殪　1959
自殖　534
17 自盈其手　907
21 自衒　69，664
22 自刎　243，389，409，510，1251，1411，1593，1764，1800，1891
24 自他遞互　1403
27 自縋　384，1792
28 自縊　1576，1578，1596，1932，2096
32 自剜　1463
35 自潰　198，1312
36 自溫　1291
38 自浴并浴地　740
41 自敧　2065
44 自禁　277，1476
46 自娛　983
47 自檐　1888
52 自揣　2089，2094
自撲　458，1354
自撲〔撲〕　1887，2190
自挑　440
55 自替　191，1306
56 自擺　208，1372
自摑　234，368，1423，1813
57 自齧　1249
60 自踣　401，1499
自呈　482，1366
62 自呼　156，1030
自劚〔攫〕　1592，1600，1888
63 自眙　334，1545
64 自躂　125，784
67 自鄙　136，983
70 自甓　98，234，297，1270，1423，1554
77 自陷　549
82 自鍾　181
87 自鄶　1975
自鋒　1145
94 自恃　533

97 自炮 334, 1545
98 自斃 1955
99 自炒 300, 1556
21 囟上 248, 1818

**$2610_4$**

17 堡聚 418
47 堡塢 1703
23 皇矣 673, 2262
41 皇頡 2146
47 皇極二十年 1961
53 皇甫謐 2008, 2024
77 皇闈 399, 1496

**$2611_0$**

86 覬覦 1959
87 覬欲 2152

**$2620_0$**

17 伽那時 50
伽耶城 989
伽耶迦葉 969
24 伽他 477, 974, 1384
27 伽僁 86, 1301
30 伽字 86
32 伽泜 10, 1251
33 伽濘 176, 1172
41 伽櫨〔鑪〕 413, 1254
46 伽拏那分 720
66 伽瞿 1895
伽唄 170, 1165
73 伽陀 76
77 伽留荼 912
90 伽瓮 1908
93 伽悢 16, 801
伽 541, 906, 942
24 伯續 2028
25 伯仲 188, 1303
50 伆末咄咤 1253
伆未 412

**$2620_7$**

28 粵以 855

**$2621_0$**

00 但畜 610
10 但三 59, 658
47 但坭 107, 412, 1242, 1253
48 但教 131, 974
52 但撥〔橃〕 365, 1730
25 覷縷 1914, 1976, 2086, 2106, 2155, 2169
27 儭身 49, 98, 955, 1270
77 儭服 1979
27 貌絶 1832
43 貌裁 2116
44 覷其 253, 1843
61 覷眄〔眄〕 1201

**$2621_1$**

25 俔伅 248, 271, 787, 1182, 1818
94 徥〔很〕弊 832

**$2621_3$**

14 傀琦 791
24 傀〔瓌〕偉 830, 1605, 1617, 1981, 2098
20 鬼魑 2024
25 鬼魅〔鬽〕 545, 588, 678, 882, 1120, 1902, 1965
27 鬼魆 37, 2022
53 鬼蜮 1948
76 鬼胭 506, 1759
78 鬼膾 1716

**$2621_4$**

10 俚耳 2147
貍 978
24 貍貓 1464

**$2622_1$**

22 鼻嵦 99, 1270
26 鼻齅 599
27 鼻岬 210, 1374
33 鼻梁皶 1021
47 鼻楺多羅 1289
54 鼻揹 208, 1372
57 鼻揉 182
59 鼻撈之 1907
68 鼻吟 115, 1242

**$2622_7$**

23 偶然 1243
26 偶得 186, 1301
愵愣 2310, 2323
30 偈遮 410, 1252
44 觸嬈 134, 297, 787, 981, 1553
48 觸〔牮〕故 1389, 2101
52 觸抵 1474
66 觸嬲 257, 1480
71 觸髏 1580
53 偶成 38
偶成於字 935
62 帛氎 1038
傷 971

**$2623_0$**

34 偲法師 2112

**$2623_2$**

26 儇儇咋咋 287, 1461
30 泉流縈映 901
36 泉涸 2090
37 泉澗 860
80 偎人 2124, 2143

**$2623_4$**

齅 881
20 齅香 729, 941, 1039, 1464, 1685, 1714
21 齅行者 1478
23 齅我 1603
25 齅生 1394
40 齅七 1857
44 齅地獄香 696
齅者 838
46 齅相 837
47 齅報 1240
60 齅跡 1904
90 齅嘗 1770
66 侽呬野 1125

**$2624_0$**

10 俾爾 677
22 俾樂色 869
27 俾〔陴、埤〕倪〔隉、堄〕 38, 66, 171, 361, 384, 654, 935, 1093, 1171, 1696, 1715, 1726, 1792, 2231
44 俾其 1319
77 俾尸 365, 1730
80 俾無癡惑 859
20 貏豸 2180

**$2624_1$**

00 得瘳 698
得痊 441, 1006
得享 270
得衷 50, 959
08 得旋 1073
11 得預 892
16 得砰 327, 1530
21 得此解脱其已久如 902
22 得艇 402, 1500
27 得餐 1217
得免 977
30 得竆 697
44 得虆嚂花 1129
得猗 1512
54 得頀 351, 1649
60 得跓 258
66 得咽 246, 1430
71 得臛 18, 802
73 得陀羅尼 958
80 得人身難 935
得愈 57, 655
得尊 308, 1564

**$2624_8$**

23 儼然 107, 810, 1184, 1242
儼然坐 909

**$2626_0$**

21 倡優 443, 1105
24 倡伎（伎、技） 214, 297, 495, 750, 1287, 1554, 1743
倡豔 478, 1385
40 倡女 451, 470, 1329, 1347
77 偏同 1926

**$2628_1$**

58 促整 1604

**$2629_4$**

04 保護 1177
22 保任 132,479,977,1386
58 保釐 2338
77 保母 1079
20 倮丕〔走〕 1185
60 躶黑 1236
75 躶〔倮〕體 1200,2202

**$2631_1$**

77 鯤鵬 2178

**$2633_0$**

06 惒竭 1893
37 惒遨蜜 1836
60 惒羅子 2139
08 憩於 1913
21 憩此 1221
憩止 334,899,1545
26 憩伽 1139
憩息 399,1022,1168,1497
27 憩多 111
30 憩漳濱 1916
36 憩禪林 1998
40 憩七覺 2194
46 憩〔憇〕駕 50,958,1026,1957
80 憩無 509,1762
94 忽忖 1012
96 息煨 2012

**$2633_2$**

15 愳礫 1472
44 愳（梟、县）其首 368,1812
52 愳斬 1986
80 愳首 1448,1716
27 鰥絶 2136
30 鰥〔鰻〕寡 441,1006,1219,1952,2215
46 鰥獨 235,1424

**$2634_7$**

27 鰻魚 1931

**$2635_6$**

51 鱓蛭 737,1610

**$2638_1$**

25 鯷鱧 401,1499

**$2640_0$**

10 卑栗蹉 785
12 卑遜 114,761
31 卑〔埤〕濕〔溼〕 168,1005,2274
35 卑褅〔褫〕 161,966
57 卑掾 1108
21 舶上 1054

**$2640_3$**

00 臯帝 992
22 臯〔皐〕繇〔陶〕 2009,2120,2337

**$2641_3$**

17 魏讜 1915
77 魏闕 2178
魏閹官 1936

**$2643_0$**

21 臭處 978
臭穢 556,633,637,693,1096,2295
37 臭灑 1774
44 臭茹 272,1519
75 臭胜 1470
94 臭爤 844
36 吳濞 2099
80 吳會 1961

**$2660_1$**

27 訾負 2108

**$2661_0$**

07 覘望 1717
27 覘候 2151
覘伺 1050
36 覘視 2201
60 覘國 2083
覘見 1981

**$2662_7$**

20 碭手 221,1486
60 碭足 2009
71 碭〔䃃〕唇〔脣〕 1186,2049,2257

**$2671_4$**

22 皂利國 2077

**$2672_7$**

21 齵齒 330,1533,1583,1598,1634

**$2679_3$**

27 嵲峗 2179

**$2688_2$**

21 臮貞觀 1876
80 臮〔暨〕令 1395

**$2690_0$**

03 和詑 82,1255
21 和上〔尚〕 294,340,873,1551,1660,2257
26 和稗 1194
和穆 367,1732
27 和修吉 970
30 和液 50,959
44 和埴 254,279,332,995,1475,1554
46 和鞮 156,1030
48 和麯 1198
50 和夷羅洹閱叉 65,653
57 和揉 1599
60 和羅 698
67 和鄲 261,1843
和鳴 130,973
77 和闍 182
97 和糅 477,1384
02 細氈 1971
27 細縒 343,1664
28 細緻 1035
31 細〔緦〕福 302,346,1559,1595,1601,1641,1660
37 細〔緦〕滑 527,709,1471,1511
47 細柳 687
細楔 1042
70 細擘 1611
82 細剉 1555
10 緦耎〔㼓〕 578,913,1261
28 緦綈 1634
54 緦擣 785
62 緦㲪 1650
21 緗縹 2166
45 緗帙 688
50 緗囊 2146
緗史 1976
88 緗簡 1876

**$2691_4$**

40 程士顒 2043
86 程鍔 2243

**$2691_7$**

00 緼〔緼〕摩 113,1158

**$2692_7$**

20 綿〔緜〕纊 106,1140,1272
綿纏 1169
27 綿絡 673,2262
44 綿蕣 719
71 綿區 687
97 綿〔緜〕惙 399,1496
26 稠稠 998
43 稍數 458,1354
47 絹縠 1139,1140,2273

**$2693_0$**

40 總布 245,1429

**$2693_2$**

27 緦佩 2302
28 線絣 2266
60 線口 735

**$2694_0$**

17 稗子 41,494,634,914,1442,1703
44 稗莠 824,1073,1682
81 稗飯 1990
90 稗米 1595

**$2694_1$**

00 緝麻 1599
10 緝而編之 1911

20 緝爲 1592
25 緝續 1238, 1720
27 緝句 1776
12 釋剥論 2130
22 釋種女瞿波 904
36 釋迦 文 975
釋迦牟尼 865, 886, 2279
釋迦譜 1874
釋迦因陀羅 858
54 釋軌論 484, 1390
56 釋揭羅 1048
釋提洹因 932
釋提桓 870
釋提桓因 970, 1212
72 釋氏 139, 989

**$2694_4$**

77 纓貫 369, 1813

**$2694_7$**

00 緩衣 1646
68 緩瞼 2021
76 緩髁 1199

**$2695_6$**

21 繟師 2087

**$2698_1$**

11 緹麗 387, 1787
24 緹綺〔綺〕 2162
26 緹緩〔幔〕 664, 995
35 緹油 674, 2263
43 緹幟 2163
45 緹隸〔隸〕 158, 1037
46 緹幔〔慢〕 69, 171, 254, 1093, 2185

**$2699_3$**

24 縲絏〔紲〕 162, 796, 1956, 2034, 2335

**$2710_0$**

00 血瘺 216, 1665
31 血泝 1885
37 血瀆〔潰〕 1240
72 血脈 1022
74 血髓 1857
84 血鑊 1505
99 血膋〔膋〕 113, 1158, 2175

**$2710_4$**

14 墾殖 1284, 1860
40 墾土 1275, 1893, 1940
57 墾掘 1601, 1643
60 墾田 1954
30 壑空 1043

**$2710_7$**

35 盤褨 1459
40 盤古 2021
44 盤蔚 2043
48 盤檄 1184
72 盤髻 1181

**$2711_0$**

08 凱旋 1972
36 凱澤 1949
77 凱風 1879

**$2711_7$**

01 龜龍繫象 854
20 龜毛 1013, 1045, 1325
26 龜鱓 343, 1664
40 龜竈 1052
42 龜坼〔塝〕 105, 1271
47 龜鶴 2010
57 龜蠏 1706
58 龜鼇 394, 1491
66 龜鼉 99, 364, 1270, 1729
80 龜茲 1002, 2339
98 龜鼈 1184, 1811, 2190, 2300

**$2712_7$**

07 酆鄗 1972
25 郵傳 1991
34 郵婆 85, 1062
73 郵駿 1963
76 郵駔 2076
91 歸慍 2139
97 邮惸 2229

**$2713_2$**

00 黎庶 325, 454, 1350, 1528
10 黎元 251, 1841
61 黎呫毗 1280

**$2713_6$**

00 蠡度 2135
17 蠡酌 1973
43 蠡越 176, 786
42 蠡蟴 213, 1371
50 蠡蟲 921
56 蠡蝗 284, 1505
77 蠡鼠 20
58 蟹螯 250, 1435
67 蟹眼 341, 1662

**$2715_2$**

54 彝轅 1378

**$2720_0$**

16 夕殞 2337

**$2720_7$**

00 多摩羅 555
多摩羅跋香 14, 798, 954
多摩羅跋旃檀香 984
04 多譎 122, 1188
10 多惡〔悪〕 172, 783
多霤車 22
多釀 1619
11 多弭 116, 1274
20 多鱣 113, 1158
21 多虧 1977
多顇〔鬌〕 1831
24 多他 321, 1539
多他陀馱 42
多他陀馱那 42
多皺 1831
25 多舛 1046
多律踟 1255
多律踟 414
26 多伽留香 411, 1252
多伽婁香 948
多伽羅香 14, 798, 954
28 多稌 2133
31 多祉 2002
34 多祺 85, 1062
多泄 731
40 多賫〔赍〕 642
44 多荄 149
多茇 1009
45 多鞬陀 283, 1459
55 多軼 158, 1037
56 多攝 1437
多揭羅 555, 1017
60 多羅 36
多羅果 480, 1365
多羅花 870
多羅聚落 935
多羅三藐 970
多羅樹 139, 931, 940, 989
61 多嘔 27, 1233
68 多咩 154
69 多眯 150, 1008
73 多陀阿伽度 973, 2254
多陀竭 786
80 多含 39, 936
94 多懵 2024

**$2721_0$**

22 佩觿 1963
27 佩衆 1145
44 徂〔殂〕落〔殆〕 463, 1237, 1359

**$2721_1$**

20 麁穬 844, 1931
21 麁行 1058
26 麁細 226, 1414
27 麁的 638
33 麁淺 787
57 麁〔麁〕捔〔犆〕 71, 671
77 佷民 410, 1252

**$2721_2$**

21 魍魎 1828
魍魎〔魎〕 51, 134, 502, 605, 619, 979, 963, 1214, 1249, 1465,

1755, 2211
45 危樓迴帶 894
72 危隥攲傾 1960
77 危脆〔肐、脃〕 564, 596, 617, 786, 1035, 1072, 1107, 1283, 1324, 1812, 1890
78 危險 2254
97 危惙 390, 1802
55 夗轉 1091, 1168, 1177, 1182, 1478, 1514, 1713, 1868

**$2721_3$**

35 儳速 452, 1348

**$2721_4$**

26 偓齪 2149
偓促 2035
61 偓躖 1978, 2090

**$2721_6$**

27 俛仰 106, 166, 247, 639, 1003, 1272, 1817

**$2721_7$**

01 倪諱〔謣〕 413, 1254
10 倪三颭 120, 1274
41 倪橀(鳖)鏠 175, 1077
45 倪樓 325, 1529
56 倪提 84, 1060
18 鳧鷟 2082
47 鳧鶴 1869
71 鳧雁〔鳫〕 37, 635, 688, 1177, 2227
77 鳧鷖 574, 1869
71 皃〔鳧〕鴈 898, 932, 2214
80 鳧人 2004
27 僶俛 190, 268, 332, 1305, 1544, 2174
50 僶未 83, 1255
62 貎吼 1973

**$2722_0$**

07 向詡 2177
34 向法次法 369, 1813
76 向膠 1151
13 勿強 1214
27 勿觸 776
51 勿擾 166, 1003
56 勿提堤犀魚 2340
18 御群生 904
27 御〔御〕衆 479, 1385
30 御寒 1304
御寓 921, 1922, 2082
21 徇行 423, 1839
27 徇名 632
60 徇園 286, 1286
80 徇令 386, 1794
22 伺斷 2279
30 伺之 94, 1551
43 伺求 41, 509, 530, 589, 596, 846, 992, 1031, 1762
44 伺其過失 893
77 伺鼠 39
27 匍匐 208, 252, 758, 950, 1337, 1372, 1464, 1720, 1842, 1901, 2136, 2196
28 仰躲〔射〕 560
44 仰蘗羅 783
64 仰睎 1939
仰 942
29 倜儻 2047, 2098, 2123
39 匈沙 2191

**$2722_2$**

21 修行 129, 971
24 修纘 2073
26 修〔脩〕伽陀 75, 679
修緝 1197
27 修多羅 936, 974
33 修〔脩〕治 541, 765
39 修迷留 913
44 修葺 404, 1502, 1576, 2087
60 修羅提岬 885
70 修臂 865, 900
80 修舍佉女 759
81 修短合度 904
97 修恂 1655
99 修瑩 1504

**$2722_7$**

02 쮪刻 417
27 쮪身 147, 998
02 仍託 365, 1730
50 仍未 489, 1737
03 角(㑵)試 1854, 1981
08 角論 1702
11 角張 421, 1834
21 角處 1877
角術 1885
角顭 1990
27 角絡 1127, 1247
31 角襹 1938
40 角力 40, 304, 446, 937, 1342, 1561, 1592
44 角犎 451, 471, 1329, 1347
64 角〔㕡〕睞 142, 923, 925, 992, 1039, 1123
79 角勝〔觪〕 493, 1193, 1198, 1741, 2271
18 鵂鷟 193, 1307
27 鵂侯 24, 1230
42 鵂狐 228, 1416
77 鵂鶹〔鸜〕 26, 283, 400, 487, 1013, 1049, 1138, 1232, 1393, 1498, 1520, 1586, 1614, 1674, 1711, 1735, 1771, 2324
鵂鶹子 481, 1366
27 鵃梟〔梟〕 1477, 1904
00 胷〔匈〕膺 261, 798
34 胷〔匈〕襟 507, 1760, 2096
70 胷〔匈、胸〕臆 526, 637, 1610, 2228, 2250, 2276, 2331
71 胷膈 1941
77 胷肊 1149
41 脩嫭 2177
67 脩嗃 411
脩嗃衍柁 1252
73 脩〔修〕陀耶 954
97 脩恂 349
68 侈跧 107, 1242
77 希〔希〕熙 2274
87 鸕鷀〔鷀、鶿〕 120, 394, 424, 1113, 1277, 1491, 1906
90 鄉黨 2274

**$2723_2$**

00 象〔爲〕廄〔廏〕 189, 1022, 1304, 1614
23 象戲 1058
62 象蹈 1020
66 象踢 2251
68 象蹌 1887
70 象腋 1919, 1926
71 象牙杙 1574
99 象鎣 1876
00 衆〔眾〕瘼 1188
07 衆望都息 936
12 衆毦 395, 1493
21 衆纈 477, 1384
27 衆峰齊峙 906
34 衆祐 8, 414, 847, 1086
40 衆難 980
44 衆苦大壑 877
50 衆蠹〔蠧〕 480, 1364, 1365

52 衆剌　1821
60 衆景奪曜　902
衆罪由生　880
66 衆噪　415,1087
67 衆夥〔粿〕　2112,2178
68 衆喻　553
88 衆籟　2029
30 很〔佷〕戾〔悷〕　73,509,668,711,746,752,813,955,1680,1688,1762,2240

**$2723_4$**

10 倏〔倐〕焉　1143,1984,2029
倏〔儵〕爾〔尔〕　965,2196
倏不見　2056
倏而　1968
21 倏經　2191
23 倏然　1148,2082
27 倏(倐、儵、鯈)忽(怱)　72,157,632,644,667,1069,1323,1710,1919,2053,2063,2137
倏〔儵〕歸　464,1360,2322
40 倏有　1238
46 候旭　2079

**$2724_0$**

11 侜張　91,112,252,782,1258,1842
24 俶裝　1237
29 俶儻　2063

**$2724_1$**

00 偋廁　921

**$2724_2$**

將　990
07 將詢　1879
11 將弭　2111
18 將弛　2331
24 將〔獎〕化　449,1345
將帥　555,592,611
27 將紹　468,1326
28 將從　1856
將齚　1890
30 將實　567
將之死地　879
40 將大　234,1422
67 將踧　71,671
68 將噬　1856
71 將暨〔曁〕　259,1838
80 將無　600
87 將欲涅槃　929

**$2724_7$**

07 伋歆　2146
27 彶彶〔伋伋〕　121,277,834,1038,1837,1998
24 假借　753
27 假名　580
30 假寐　674,2224
44 假藉　547,590,2288
26 殷覬　2136,2143
37 殷凈　493,1742
40 殷皮　268,1517
30 侵〔侵〕害　1209
51 侵擾　1017,1248
34 夐遠　2035,2106,2336
40 夐古　1961,2094
47 夐期　1987,2152
77 夐居　2125
44 侵〔侵〕嬈　40,939,1884
侵剋　567
50 侵掠　459,1017,1025,1355
47 慇奴韜(轄)那　93,1257

**$2725_2$**

解　981
03 解識　1924
17 解耶　543
26 解纓　2076
28 解纜　2191
38 解澣　2084
50 解未　36
解未解者　929
解奏　786
59 解捲　1404,1926
60 解因自悟　893
解曰　678
67 解嘲　1938
70 解擘　1618
71 解脰　1998
解頤　1979,1991
80 解八種藥　944
88 解籤　2076
96 解懌　148,999

**$2725_7$**

17 伊那跋羅龍王　898
伊那鉢那象王住金脅山　885
21 伊師迦　457,470,1328,1353
伊師迦草　953
26 伊儸　17,802
30 伊寧　321
伊甯　1539
31 伊譖　98
39 伊沙天　68,663
伊沙馱羅　491,1739
42 伊剎尼　497,1746
44 伊耋　2183
伊蘭　930
50 伊挍末堆河　959
60 伊羅跋提河　959
伊羅婆拏大象王　900
63 伊跋羅象　771
64 伊瞜　107,411,1242
伊瞜邲地　1253
67 伊吼　410
伊吼悉鑰菩哳　1252
77 伊尼延　11
伊尼延　850
伊尼延鹿王腨　888
伊尼耶鹿王腨　1369
90 伊忙　1252
伊忙　411
97 伊爛拏　1877

**$2726_1$**

10 儋死人　1294
34 詹波　88,1070
詹波迦花　922
44 詹蔔　1048
90 詹堂　154,835

**$2726_2$**

27 偘偘　96
56 貂蟬　1571

**$2726_4$**

28 倨傲(慠)　484,1031,1183,1400,2091

**$2728_1$**

01 俱譚　268
俱譚滑提　180,917
11 俱瑟耻羅　2326
俱瑟祉羅經　484,1390
15 俱臻　506,1759
18 俱致　119,1276
21 俱盧洲　488
俱盧舍　479,492,555,574,1386,1741
俱盧洲　618,1736,2219
24 俱帥　454,1350
27 俱物頭　2258
29 俱倦　2133
31 俱祉羅　509,1763
35 俱湊　1202
44 俱蘭吒花　17,801
俱蘇摩德藏菩薩　881
46 俱枳羅鳥　898
47 俱翅羅鳥　932

俱郗羅　1126
56 俱攞鉢底　1944
57 俱繫羅　747
61 俱毗陀羅樹花　932
62 俱躓　258, 1444, 2137
67 俱哆國　1906
俱眴　1286
68 俱蹲　1907
72 俱胝〔瓬〕　470, 490, 527, 535, 714, 1096, 1203, 1213, 1328, 1738, 1926
80 俱舍　363, 486, 1729, 1734
96 俱愧　123, 1194

**$2728_2$**

12 佽飛　2167, 2185
47 歔欷　121, 216, 243, 349, 463, 771, 923, 1038, 1360, 1389, 1411, 1654, 1886, 1902, 1933, 1958, 2066, 2071, 2096, 2120, 2201, 2319
77 歔〔歔〕欣　1869

**$2728_9$**

23 倏然　1241

**$2729_2$**

26 你伽　63, 1359

**$2729_3$**

00 絛亦　1607
23 絛編　1626
34 絛襻　1184

**$2729_4$**

17 條帚　1378
42 條析　522
48 條幹　1572, 1593

**$2730_3$**

44 冬葚　2174

**$2731_7$**

27 鯢魚　1184, 2036
60 鯢羅　93, 224, 1258, 1489

**$2732_0$**

53 勺撓　81

**$2732_7$**

03 烏鷲　895, 2327
08 烏施羅末　506, 1759
11 烏瑟膩沙　436, 460, 570, 637, 727, 1355
16 烏殟　146, 997
21 烏盧頻螺迦葉波　500, 1753
22 烏巢　2200
23 烏伏　105, 1271
烏鱡　368, 1813
27 烏角鵄　945
37 烏洛迦栴檀香　899
39 烏沙斯星　476, 1336
烏娑跢囉迦　1126
41 烏樞瑟摩　2266, 2295
44 烏勃林　1436
烏蒭　1195
烏蒭沙摩　2275
烏莫迦花等色　476, 1336
47 烏鵲　539
60 烏曇跋羅　726
烏曇跋羅花　436
64 烏黮　1992
68 烏蹉娜曩　1247
70 烏駮　1774
71 烏長國　2223
80 烏雉　181
87 烏鎩國　1961
烏餟國　1971
88 烏鐵國　1876
12 鳥聒　2131
21 鳥粜　1463, 1590
22 鳥巢　1907
44 鳥菡〔糞〕　1285
58 鳥挩　1826
63 鳥獸　1522
64 鳥跂　2163
67 鳥喙　1413, 1969
88 鳥篆　1973
47 鵂鶹　1616, 2310
鵂鶹鳥　1013
鶔猴　1168
鶔䴉　1249
50 鴛鴦　37, 575, 932, 944, 1211, 2227
34 鄔（鄔）波　438
鄔（鄔）波婆娑　471
鄔波　1192
鄔波馳耶　2243
鄔波第鑠　1329
鄔波第鑠　471
鄔波第鑠論　1968
鄔波離　1394
鄔波尼〔尸〕煞〔殺〕曇分　442, 456, 530, 1221, 1352
鄔波婆娑　1330
鄔波斯迦　433, 475, 544, 718, 1335
鄔波索迦　433, 475, 544, 718, 1335, 2309, 2321
鄔波拕〔柁〕耶　435, 469, 723, 914, 1327
鄔波馱耶　1573, 2306, 2320, 2323, 2328
43 鄔柁〔拕〕南　433, 486, 1734
73 鄔陀　1928
鄔陀夷　502, 1755
74 鄔馱南　826
71 爲〔象〕馬　774

**$2733_1$**

01 怨譖　370, 1815
08 怨〔怨〕敵〔敵、敵〕　140, 530, 568, 597, 991, 1324
13 怨殲（殲）　422, 1852
20 怨〔怨〕讎　20, 48, 60, 454, 479, 498, 659, 787, 804, 953, 1323, 1350, 1386, 1746, 2326
24 怨仇　188, 308, 387, 1303, 1564, 1787, 2199
40 怨嫉　2104
43 怨尤　452, 1348
48 怨嫌　988
97 怨恨　1062
黧　990
22 黧變　1592
41 黧皯　770
60 黧黯　510
黧黑　418, 616, 626, 736, 1609
64 黧黮　147, 590, 608, 998, 1960

**$2733_2$**

10 忽露摩國　1950
90 忽〔搧〕懍國　1876, 1878
90 忽懍　1951

**$2733_3$**

03 懇誠　525
12 懇到　451, 1346, 2066
47 懇切　440, 819
88 懇節　1179
92 懇〔懇〕惻　86, 246, 351, 748, 1063, 1645, 1817, 1837, 1984, 2050

**$2733_4$**

10 憼焉　2019, 2333
60 憼是　2170

**$2733_6$**

11 魚麗　1970
26 魚鱓　401, 1499
53 魚捕　1220

55 魚蚌 1216
88 魚笱 342,1663
90 魚豢 2022
98 魚〔奐、奐〕鼈〔鼈〕 737,844,1106,1210,1441,2212
67 鱻明 260,1481

**$2733_7$**

53 急搃 1576
66 急躁 1145
98 急憋 1108

**$2740_0$**

00 身康 293,452,1348,1550
19 身瑣 1860
20 身毛慾豎 1185
21 身上分 904
身上靡 904
22 身崇 395,1493
25 身僂 1835
26 身纓長病 935
27 身纔 489,1738
30 身寐 478,1385
33 身心憺怕 92
40 身索 1857
44 身帔 2296
46 身相休咎 883
50 身衷 1184
60 身踣 2113
身冒 271,787
66 身嬰 547
身嬰重疾 876
74 身肢 177
80 身分 78
82 身餒〔餧〕 179,1103
88 身矬 509,1763
身篋 1797
身飫 1968

**$2740_7$**

60 阜恩 286,1459

**$2741_3$**

00 兔麈 2196
22 兔彪 2109
27 兔〔免〕角 1013,1045
44 兔猫 1082
78 兔腹 732

**$2741_6$**

33 免湓〔濟〕 146,893,997

**$2742_0$**

87 翱翔 25,222,453,559,594,613,749,1231,1349,1487,2139,2197

**$2742_7$**

00 芻摩 1286
28 芻牧 1458
90 芻豢 1998
18 鷄鶩 147,193,282,998,1307,1432,1512,2173
27 鷄皃 1513
44 鷄薩羅 906
60 鷄羅多摩 870
67 鷄鶚 344
71 鷄雁 2287
82 鷄毦 230,1419
郫 2064
27 鄒魯 2136
47 鴉鳩 1662
56 勢〔勢〕擢 461,1357
77 鶵鷗 575

**$2743_0$**

22 奧皤 696
75 奧賾 1047
77 奧闍〔闍〕訶洛鬼 438,811
88 奧箄迦 1588,1629,2202,2328
90 奧粹 2083
奧 942
44 奐其 1958

**$2744_0$**

舟 896
20 舟航 116,1022,1274,1874,2033,2041,2134
21 舟艫 1946
46 舟楫〔檝、艥〕 12,398,851,907,921,1053,1496,1594,1966,1978,2029

**$2744_7$**

般 971
18 般磋〔嗟〕 232,1421
22 般利伐羅夕迦 490,1739
28 般僧伽胝 537
30 般遮羅 817
般遮尸 953
般遮旬 68,156,663,1030
31 般逐迦 伊羅鉢羅 揵陀羅國 婆羅痆斯國 1079
36 般涅盤〔槃〕 861,2232
40 般橡娑果 1954,1960
44 般若 867,989
般若波羅蜜多 525
般若拘 1002
般者 928
60 般羅若 716,722
62 般吒 356,1691
66 般囉 683
77 般闍于瑟 358,1692
88 般籌緘婆羅石 742
41 船櫪 2119
81 船餌 2106

**$2744_9$**

00 彝〔彝〕章 2040
02 彝訓 1911
28 彝〔彝〕倫 1617,2070,2095

**$2746_1$**

20 船〔舩〕舫 46,140,295,951,991,1552,2225
21 船師名婆施羅 900
23 船艘 1588
26 船〔舩〕舶 12,217,851,1325,1326,1613,2307
38 船潷〔箄〕 359,1693
42 船撥〔筏、撥、䑧、栰〕 49,624,809,869,955,1212,1572,1619,1686,1723,1965,2212,2225,2237,2251
47 船〔舩〕櫂〔擢〕 25,1232

**$2748_1$**

20 疑爲劫盡者 954
34 疑滯 815
42 疑剃〔莿〕 22,1229

**$2748_2$**

67 欸喚 1908

**$2750_2$**

27 犂色 2131
51 犂軛 73
81 犂鎒 1290

**$2750_7$**

18 争鶩 2034
28 争聳擢 861

**$2752_0$**

26 物儩 273,1523
36 物襌 343,1664
54 物撓 343,1664
88 物範 2066

**$2752_7$**

10 鵝王羽翮 899
18 鵝鶩 1832
47 鵝鵠 1140
71 鵝鴈〔雁〕 42,941,1441
74 鵝腊 1920

**$2760_0$**

08 名於 397,1495

10 名不虚稱 934
11 名頞 2113
13 名酰〔甗〕 260, 1481
20 名爲度者鞞陀迦 1058
名爲蹋破 1059
26 名鵽 1237
34 名波都拏 1277
36 名遏 8, 847
40 名熹 2150
51 名振天下 878
64 名喃 1900
65 名蹲 925
77 名譽 594, 815, 860, 1291
78 名鑒 509, 1762

**$2760_1$**

10 磐石 1877
21 磐紆 2161
30 磐〔槃〕宕 411, 1253
44 磐薄 1180
48 磐柞 2065
47 響聲 544
50 詧〔察〕事 2108

**$2760_3$**

30 魯扈 173, 778
34 魯達羅天 461, 1356
42 魯樸 728
44 魯荼 477, 1383
45 魯隸摩訶曷勞
魯隸阿羅 37
50 魯婁〔軓〕 92, 1257
67 魯朐 1080
77 魯鵬 390, 1786
85 魯鈍 424, 434, 1113

**$2760_4$**

02 各剖 1179
03 各訃 1191
18 各鷲 2027
35 各袖利刃 1956
37 各選 259
40 各賣〔齎〕 138, 738, 986
44 各勸 173
各葺 1620
各若干微塵 883
58 各撤 2075
64 各踦〔跨〕 1912
74 各勵 777
各陛 1184
20 督住 109, 918
80 督〔督〕令 351, 1645

**$2762_0$**

00 句文羅 66, 654
05 句誄 159, 919
31 句逗 138, 986
句潭 118, 1107
69 句睒 1107
10 匐面 1204
14 訇磕 1974
22 的皪 2181
27 翻翻 335, 1547
44 翻翥 2125
30 甸之 1973
51 甸擩 418

**$2762_7$**

00 鵠鴈〔雁〕 698
67 鴝鵒羅 774
鴝鵒羅鳥 688
87 鴝鵒 377, 1681, 1799, 1811, 2281
76 鄱陽 2115, 2147

**$2764_0$**

00 叡唐 921
16 叡聖 686
33 叡肇〔肇〕 1879
34 叡達 1072
37 叡通 1854
44 叡藻 1977
叡喆 1038
46 叡想 2040
80 叡公 2065
88 叡簿 1983

**$2771_0$**

22 齟掣 1861
28 齟齬 1862
33 岨邃 767

**$2771_2$**

00 包裹 1407
24 包納 861
30 包容167
58 包挫 1965
80 包毓 272, 1519
10 麭豆留〔𨤲〕 22, 1229
27 麭多 93, 1049, 1258, 2111
麭名 1921

**$2771_3$**

22 巉〔巉〕巖〔巗〕 212, 415, 457, 1087, 1353, 1367, 1936, 2112
27 巉絶 2179
28 巉嶮 1971

**$2771_7$**

23 色綫 1196, 2111
26 色貌 1857
40 色十種 954
51 色虹 394, 1492
74 色膜 376, 1798

**$2772_0$**

21 幻師阿夷鄒 1880
幻術 185, 841, 1300
24 幻化 1394
50 幻事 531
27 匈匈 282, 389, 1430, 1800
77 匈凹 322, 1541
匈凸 323, 1541
匃與 1290
80 匃食 1093, 1466
飼食 311, 1567

**$2772_7$**

22 鷗山 1474
61 鴿啄 2325
80 鴿食 1428

**$2773_2$**

20 饗受 506, 1759
57 齱齺 1893
80 餐飡 742

**$2774_7$**

22 岷嶓 2096
23 岷峨 2086

**$2775_7$**

29 峥嶸 2036, 2184

**$2776_2$**

21 齠齔 525

**$2777_2$**

27 崛多 1024
50 島夷 2150

**$2777_7$**

12 臽〔舀〕孔 308, 1564

**$2778_2$**

25 歃朱 2127
26 歃白馬 2000

**$2780_0$**

44 久植 525
67 久眤 403, 1501
81 久頒 2098
96 久惕 673

**$2780_2$**

47 欠款 44, 81, 532, 552, 591, 609, 622, 744, 947, 1122, 1150, 1635, 1907
77 欠陥〔陷〕 1234, 2298
79 欠賸〔艠〕 1181, 2111

**$2780_6$**

00 負衺 2060
25 負債 606, 1214
30 負扆 2017, 2035, 2079, 2336
44 負蒳 694
50 負囊 2097
負橐 1375
55 負揵 226, 352, 1414, 1644, 1906
57 負擔 1056, 2203
60 負圖 2063
74 負馱 1853
88 負笈 74, 669, 2013, 2060

00 貿衣資 1965
10 貿一斗米 1887
18 貿珍 2131
26 貿得 2196
47 貿猴子 1890
60 貿〔貿、賈〕易 137,511,589,724,754,828,985,1187,1275,1505,1597,1625,1636,1765,1870,2241,2251
87 貿鴿 2188
90 貿〔貿〕少 1700,1710
00 貿鷹 1889
30 貿〔貿〕之 1906
27 貿〔賈〕龜〔龜〕185,1300
41 貿〔貿〕橇〔橇〕84,1060
**$2780_9$**
00 炙瘢 1186
24 炙燎 146,997
27 炙身 1860
56 炙輠 2074,2164
94 炙燎 710
**$2782_7$**
60 鄮國 2006,2099
80 鄮公 1965
**$2790_1$**
12 祭酹 2115
37 祭祠 2313,2320
87 祭餟 226,1414,1853
24 禦備 397,1495
30 禦寒 189
禦之 15,799
56 禦捍〔扞〕 492,905,1740,1775,2239,2326
**$2790_4$**
11 粲麗 333,1544
21 彙〔彙〕征 2055
槃 971
35 槃裓 283
88 槃簁務 1446
44 鬃藻 1827
梟 280
34 梟汝 426,1851
47 梟鴆 2132,2149
63 梟獸 1474
67 梟鴞 400,1498
80 梟鏡 2012
87 梟翎 2272
50 棃棗 1650
**$2791_0$**
23 組織 2270
63 租賦 306,1562
**$2791_3$**
纔 874
00 纔高 2042
07 纔誦 1199
10 纔一 587
12 纔發 783,2268
纔發心 1772
17 纔取 471,1329
20 纔受 2275
22 纔〔纔〕出 365,437,602,728,1730
纔稱 1243
24 纔結 1157
26 纔〔纔〕得 323,820,1542
40 纔〔裁〕有 41,118,940,1091
纔七日 769
纔有 1091
46 纔覩 1688
47 纔起 1332
60 纔足 1474
62 纔哳 1480
77 纔聞 2285
78 纔驗 2177
80 纔分 2200
纔全 245,1428
纔入 448,1068,1344
**$2791_5$**
21 紐虜 2085
44 紐地 2001
紐地維 1993
紐者 1976
53 紐成 1197
**$2791_7$**
08 絶賓 2028
27 絶紐 1650,2032
28 絶倫 863
22 繩紙 453,1349
43 繩柲 577
49 繩棬 2322
58 繩拼 448,1344,1908
**$2792_0$**
21 綱緪 720
10 綢雨 740
27 綢繆 110,148,419,999,1116,1806,2084
30 綢密 1619
17 稠略 731,1182,1609
21 稠概 224,1488
30 稠密 571,637,881,1280
44 稠林 689,766,1066,1103,1142,1269
77 稠胞 1049
80 稠人 2082
22 紉縚 2041
27 紉繩 504,1758
22 絢彩 2097
44 絢藻 462,1358
97 絢煥 869
24 網絓 2013
41 網櫥 2289
77 網屨 2174
網罭(罭) 2178
27 繝色 2309
絅 974
30 絅㙞(旒) 771
47 絅〔網〕輓〔縵、縵、幔〕 50,419,432,714,924,986,1018,1103,1592,1600,1617,1806,2198,2228,2311
絅輓指 958
**$2792_2$**
28 繆從 2104
**$2792_7$**
27 邾魯 2122
**$2793_2$**
10 緣一覺 671
緣一覺緣覺 71
23 緣外 1181
27 緣伋 2016
64 緣跗 2167
89 緣鎖 1857
21 緑縹 604
44 總萃 2147
**$2793_3$**
10 終不匱上 885
17 終已 1219
30 終窶〔寠〕 2090,2151
48 終馗 2010
54 終措 243,1411
94 終懵 2135
**$2793_4$**
22 縫纏 310,1565
23 縫綻 406,1504
25 縫縷 1474
縫紩 238,1428
27 縫綴 1033
33 縫補 734
70 縫腋 2015
72 緱氏 1964,2153
**$2793_7$**
28 縋煞 342,1663
**$2794_0$**
40 叔舂 1971
**$2794_7$**
08 綴斿 2146
21 綴比 2071
26 綴緝 475,1336,2072,2077
28 綴以 574
88 綴篇 2142
44 級其 60,200,658,1315

**$2795_4$**
27 絳色 1967
**$2796_2$**
10 紹三 36
紹三寶種 930
22 紹繼 934,2240
50 紹胄 196,1311
77 紹隆 165,631,868,1002
80 紹尊 528,764
**$2796_3$**
10 穭豆 1682
44 緇其 2165
**$2796_4$**
27 絡繩 769
70 絡腋 1893
絡腋衣 1225,2220
73 絡髆 1153,1175
絡髆索 1183
**$2799_1$**
10 穄粟 371,1815
90 穄〔粽〕米 226,323,343,1413,1542,1664
**$2810_0$**
02 以詬 2125
12 以砥 334,1545
19 以稍 1620
20 以爲其齊 899
以稽 1955
21 以此二緣 935
22 以樂 61,659
24 以彷 169,1005
26 以偈 129
27 以橐 1879
以角 1474
30 以賽 1517
34 以祐 167,1004
37 以資 380
40 以核 1887
以索 72,662
以索亡珠 808
以柱髀 949
44 以藺 359,1694
以藥坌之 955
47 以枹 1024,2199
以楔 211,1380
以楔出楔 1376
以杼 368,1812
以樋 791
48 以檄 1975
以嬒 1179
50 以盎 1855
以肅 189,1304
以擿〔樀〕 348,1667
52 以蠟 1874
以捋 96
54 以搭 1198
以拊 1895
57 以蝦 1239
62 以氍 1894
67 以賂 416,1088
以贍於我 876
72 以斤 298,1555
80 以八種聲 954
以坌 1440
81 以頌 809
83 以鍼 1448
以飣〔飤〕 97,1955
87 以鍋 1582
以鋸 734,1609
以鍜 776
88 以笏 1877
99 以炒 1202
**$2820_0$**
26 似鱓 2015
32 似叢 1153
62 似嚼 1921
97 似慎 2167
**$2821_1$**
00 作廣作陿 607
10 作弶 17,1536,1645,1646
作醮 1186
12 作發 348,1667
16 作環 1129
17 作務 91
21 作匕 302,1559
作敍勢 125
22 作劇 1168
作樂 31,975
作綇〔綇〕 323,1541
作縒 299,1555
作製 1973
作艥 1645
25 作縛 2274
26 作倡 37
作倡妓樂 932
27 作緦 335,1547
28 作傔 2191
作織 341,1662
30 作竇 1605
作穽 332,1544,1596
34 作襻 1605,1625
35 作袜 299,1555
36 作襉 299,1555
40 作索 1196
41 作槭〔槩〕 1149,1152,1247
43 作城 1091
作幰〔幰〕 307,1563
44 作藺 762,769,795,1298
作模〔摸〕 198,319,381,643,1243,1312,1538,1781
作靹 335,1546
作枕 1826,1836
作帴〔怯〕 334,1545
47 作柩 1131
49 作桄 311,1566
作棬 （捲） 310,322,1187,1541,1565
51 作蛭 221,1486
55 作摶 1646
57 作把 （杷） 310,1566
72 作髻 199
77 作屣 358,1693
作屧 304,1560
78 作鑒 1224,2219
82 作鎝 11,1567
88 作箄 1202
作箸〔著〕 310,1565
90 作拳 178,1184,1322
99 作縈 23,1541
**$2821_7$**
23 仡然 1870
62 仡唎 696
66 仡哩恨拏 1139
仡 1159
**$2822_1$**
34 偷婆 215,1802,1287
**$2822_7$**
14 傷殨 2004
24 傷佉 179,1042
50 傷蠹 1987,2059
91 傷悼 461,1023,1357
93 傷惋 369,1813
98 傷斃 285,1473
25 觴馳 704
46 倫媲 2033,2334
71 倫匹 131,976
62 觴唾 738
64 仱〔仔〕咜 410,412,1251
**$2823_2$**
28 伀伀 416,1088
**$2823_7$**
10 傔至 2050
25 伶俜 17,136,252,801,983,1054,1618,1841,2180
80 伶人 1051
**$2824_0$**
00 仵庶 2057
02 微刻 2151
04 微詰 580,644
08 徽於 2126
11 微冀 177,797

22 微循　417, 1088
49 微妙　2028, 2035, 2336
24 徽牘　2136
26 徽纆　896
02 傲誕　212, 462, 1358, 1367, 1689, 2295
27 傲很　1702
傲物　2026
37 傲〔敖〕逸　488, 1454, 1736, 1772
94 傲懱　1920
96 傲〔傲〕慢　59, 200, 560, 587, 658, 865, 1314
96 傲慢耐　840
28 敫敫　2182
30 微適　1368
33 微褊　463, 1359
37 微瀾　174, 779
50 微末底　1225
77 微服　1262
微服　93, 308, 390, 1564
79 微隙　727
85 微鉢尸　2280
32 微〔微〕遞　1177
37 徹過　672
44 徹枕　673, 2263
78 倣斅　1182
80 倣前　2196
88 儆策　1185

**$2824_1$**

10 併不供養　940
60 併羅　2036

**$2824_7$**

09 復讟　1178
21 復能充足　930
復須　17, 802
27 復饗　278, 1475
35 復禮　2028
56 復靚　2085
57 復挐　401, 1499
復軔　2040
70 復牓　1215

**$2825_1$**

41 牂柯　1943
81 牂〔牂〕羖〔羝、羖〕108, 311, 1267, 1567
87 牂羖　245, 1429

**$2825_3$**

54 儀軌　1332
67 儀路　445, 1341
88 儀範　1457

**$2825_7$**

28 侮傲　628
44 侮蔑　509, 1763
96 侮慢　10, 849

**$2826_6$**

00 僧廩　2101
07 僧韶　2061
11 僧璩　1921, 2065
14 僧勐　1915, 2109
僧瑋　2102
16 僧琨　1918, 1923
17 僧那　99, 1270
僧那僧涅　63, 650
僧蹬多律　1927
18 僧瑜　2065
24 僧儔　2090
僧佉　216, 1339, 1407
僧佉分　720
26 僧伽跋撜〔隥〕1820, 1920
僧伽藍　17, 296, 801, 867, 1552
僧伽梨　868
僧伽胝　432, 453, 713, 1349, 1675, 1939, 2311
27 僧稠　2101
僧叡　1913, 2048, 2191
30 僧塞迦囉八底也　1406
34 僧褘　2017
僧婆訶　682
36 僧迦　350, 1649
37 僧澀多　1881
40 僧坊　44, 139, 878, 989
僧友　1657
51 僧揩　2057
55 僧捷　2037
57 僧韜　1879, 1913, 1920, 2048
60 僧昉　1922
63 僧跋　1525
77 僧脚〔腳〕敧〔攲、崎〕　1597, 1612, 1939
80 僧企　493, 1741
82 僧鎧　1919
87 僧卻崎　1952
91 僧懾憚　2091

**$2826_7$**

26 傖吳　343, 1664
傖　113, 1158

**$2826_8$**

00 俗瘻　1876
02 俗話　367, 1732

**$2828_1$**

00 從方　166
從廣　660, 864, 1740
從臍〔臍〕　735, 1604
04 從諸佛　974
從諸善友而得出生885
10 從万　1003
30 從窠　24, 1230
從容　254, 341, 462, 995, 1358, 1662
47 從轂　866
54 從攢　492
66 從咽　244, 1412
從嘽〔嘽〕　229, 1417
73 從髆　1126
77 從輿　786
80 從義立名　934
92 從削　283, 398, 1432, 1496
98 從燧　1092

**$2829_0$**

67 伱(你)吚　2213, 2229

**$2829_4$**

24 徐偡　2060
26 徐緄　2134
45 徐椿　1932
57 徐搖　898
80 徐鑣　2177

**$2833_4$**

03 懲誡　1875
18 懲改　283, 1432
44 懲艾　2110
34 悠遠　190, 1304

**$2834_6$**

20 鱒魴　401, 1499

**$2835_1$**

08 鮮於　1025
26 鮮白　904
鮮白衣　877
鮮鯉　1958
37 鮮潔　1012
鮮净　620
40 鮮支　434
44 鮮葩　795
47 鮮郁　574
90 鮮豢　2066
鮮〔尟〕少　865, 1951
99 鮮榮　898

**$2836_1$**

26 鰌鱓　1946

**$2840_1$**

08 聳於　2148
10 聳耳　329, 1532
17 聳翮　209, 1373
18 聳珍　2038
23 聳然　770
24 聳峙　2050
27 聳身　383, 1791
44 聳茂　1585
聳若　2073
48 聳幹　489, 1737
53 聳摶　1904
57 聳擢　881

77 聳豎　1183

**$2842_1$**

80 媮食　1953

**$2845_3$**

41 艤棹　2108

**$2846_0$**

80 船〔舩〕人　365, 1730

**$2846_8$**

37 谿澗　690, 810, 985, 1220, 2216

80 谿谷　136, 186, 631, 826, 983, 1050, 1301

**$2851_4$**

28 牷牷　2175

**$2854_0$**

25 牧牛　38, 483, 1343, 1401

牧牛女　634

71 牧驢頞李瑟吒　1687

80 牧人　591

**$2855_1$**

80 牂羊　330, 1533

87 牂羖　1429

**$2856_2$**

艌　678

**$2860_4$**

05 咎讃　1973

77 咎〔各〕舋〔釁〕　324, 1528

**$2863_7$**

78 鹻鹽　1589

**$2864_0$**

23 皦然　2336

37 皦潔　227, 1414, 2131

**$2864_7$**

44 馥蕙　2085

**$2871_0$**

40 亾〔亡〕喪　673

**$2871_1$**

嵯　942

22 嵯梨　323, 1542

23 嵯峨　117, 1089, 2139

44 嵯者　63, 651

46 齚楊　85, 1062

47 齚殺　1900

57 齚齧　52, 963

**$2872_0$**

21 齡齒　305, 318, 509, 1537, 1561, 1763

**$2873_2$**

84 餐饋　347, 1666

**$2874_0$**

24 收僡　150, 1008

收穫　73, 668

28 收税　1213

53 收拔　1903

61 收〔収〕噓　411, 1252

70 收骸　1957

**$2876_2$**

峆　2268

**$2878_6$**

29 嶮峭　2179

**$2890_4$**

00 槃魔文　2059

**$2891_1$**

縒　906, 943

00 縒麼野　1175

**$2891_2$**

00 絁離　410, 1252

**$2891_6$**

57 纜繫　1575

**$2891_7$**

縊　942

00 縊高　2151

30 縊之　2144

10 紇露　1951

27 紇多　171, 1092

66 紇哩　1196

25 繼縷　2052

**$2892_7$**

00 綈衣　2020, 2154

12 紛聒　442, 458, 1293, 1354

21 紛紜　2106

22 紛糾　522, 1983

28 紛綸　1207, 2210, 2340

41 紛梗　363

44 紛〔紒〕葩　67, 404, 661, 1502

51 紛擾　568, 694, 1636

97 紛糅　1874

23 綸紱　2166

26 稊稗　312, 478, 591, 939, 1384, 1388, 1568, 1716, 2040

44 稊莠　2160

60 稊羅　87

**$2893_3$**

25 縂生　765

71 縂既　824

**$2893_7$**

20 縑纊　2082, 2151

26 縑緗　2024

27 縑艆　1139

**$2894_0$**

10 繳䙅〔腰〕　1614

11 繳頭　1204

17 繳取　1199

27 繳身　1906

40 繳大　2154

繳右　1192

繳右指　1157

10 緻而　571

30 緻密　824, 1635

41 繖柄　1604

44 繖蓋〔盖、葢〕　794, 813, 1095, 1110

50 敹束　2196

**$2894_1$**

20 絣爲　1122

26 絣〔絣〕線　1632

27 絣絡　1630

絣繩　1137, 2155

30 絣之　2289

44 絣地　2295

絣基　1579

**$2896_1$**

12 給孤獨　75, 679

63 給賻　1991

67 給贍　121, 1112

97 給恤　200, 1314

**$2896_5$**

繕　855

27 繕縫　2271

30 繕寫　1927, 1971

44 繕埴　389, 1800

45 繕構　2095

**$2896_6$**

00 繒交絡　1135

20 繒纊　13, 134, 852, 980, 2239

22 繒綵　36, 843, 1155

24 繒綺　794

26 繒帛　1146

42 繒幡　2268

44 繒蓐　1112

47 繒磬　1234

22 繪山　1201

28 繪以　771

50 繪車　449, 1345

繪事　1055

88 繪飾　1085, 2144

**$2898_1$**

縱　972

00 縱廣　36, 61, 130, 574, 931

02 縱誕　73, 668

22 縱任　537

34 縱汰　1985

44 縱横　685

47 縱櫂　2339

54 縱撩　1958

63 縱賊　734

97 縱像　1124

**$2910_9$**

86 鍪鑁　318, 1536

**$2921_2$**

倦　973

**$2923_1$**

21 儻能　252, 1842

**$2925_0$**

26 伴侶 616

**$2928_6$**

24 儐他 1217
34 儐對 1919
60 儐畢 1214

**$2928_9$**

23 倓〔惔〕然 189, 349, 1304, 1654
26 䑙爛 1681

**$2932_7$**

67 鷥鷺 443, 575, 1075, 1396, 1713

**$2933_8$**

53 愁慼 587
90 愁悴 1857
93 愁惋 232, 1421
95 愁憒 698, 962, 1890, 1904, 1965

**$2935_8$**

80 䑳〔鱗〕介 1053

**$2935_9$**

21 䑳艍 223, 1487

**$2942_7$**

53 騰蛇 1996
67 騰〔騰〕踴 594, 1859
騰鷃 2011
騰踊 1700
75 騰〔騰〕騁 2179

**$2943_2$**

44 膝蘭 1985
63 膝畯 1933
80 膝公 2102

**$2949_3$**

00 膝〔膝〕塵 2038

**$2972_7$**

22 峭嶷 2191
23 峭峻 1951, 2131

**$2978_9$**

00 餤摩 1197
55 餤慧 1239
90 餤光 1888

**$2992_0$**

27 紗俱 170, 1165
47 紗縠 1201, 1203, 2269

**$2992_7$**

28 稍微 548
29 稍稍 917, 1001, 1108, 1904
41 稍擻〔散〕 627

**$2995_0$**

20 絆住 1055
57 絆繫 1471

**$2998_0$**

10 秋露子 70, 670
秋罨 1054
24 秋穫 192, 1307
27 秋螽 1972
41 秋獮（獮） 2148, 2149
59 秋蟒 2038
73 秋飈 2025
80 秋侖 2168

**3**

**$3010_1$**

12 空刓 118, 1091
17 空孕 174, 828
空翌 2210
27 空峒 2150
40 空壙 1212
59 空捲 1058
60 空噍 744
78 空歐 506, 1759
79 空隙 544
85 空鈌 623
90 空拳 646
99 空豁 1891

**$3010_4$**

00 塞壅 1513
26 塞鼻 149, 1000
36 塞迦 541
塞迦二合字 586
37 塞灑 1827
22 室利毱多 508, 1761
30 室家 211, 1380
44 室者二合字 586
60 室羅伐 712
室羅筏 1249, 2222, 2264
室羅筏國 677, 894
63 室獸摩羅 486, 1216, 1735
67 室路迦 502, 1755
84 室餕伽山 1961
22 窒利 405, 1503
67 窒嘔 1176

**$3010_6$**

64 宣叶 148, 998
87 宣叙 12, 851

**$3010_7$**

34 宜澍 626
52 宜挑 1580
64 宜時疾捨 876
77 宜用 147, 998

**$3011_1$**

04 瀌諸 505, 1759, 2232
12 瀌水 1969, 2056
瀌水篅 1039
22 瀌出 1215
44 瀌著 347, 1666

**$3011_3$**

11 流輩 1247
流彌 852
流彌尼 13
22 流胤 731
30 流竄 828
流宕 147, 998, 2110
流液 1207
31 流遯 2175
流湎 2037
流漂 844
32 流遁 2335
流泛 1471
流派〔𠂢〕 919, 1710
流涎〔㳄〕 770, 1617, 1870
34 流澍 690, 1075
流澾〔澾〕 1631
35 流漣 2137
36 流漫 1393
37 流涌 718
38 流溢 693
41 流柂〔柁〕 449, 1346
53 流軶 1777
55 流轉 447, 1343
流轉遲迴苦趣中 883
68 流睇 1945
75 流駛 1922
92 流惻 47, 953

**$3011_4$**

08 灘敦葉 1129
15 灘磧 1589, 1720
34 灘渚 2244, 2311
37 灘過 1635
10 注霖 403, 1501
10 准平 82, 1117
73 准陀 494, 1743
30 窪流 2057
55 窪曲 152, 711
33 淮涘 2164
37 淮溆 2185
70 潼譬喻 1920

**$3011_6$**

44 窺基 1978

**$3011_7$**

23 瀛岱 2119
32 瀛州 2112
瀛洲 2096
34 瀛渤 1237
43 瀛博 2152
37 沆瀣 2037, 2114
38 沆瀁 1089

**$3012_1$**

12 渟水 244, 1412
30 渟流 151, 829

**$3012_3$**

30 濟濟 1997
53 濟拔 2260
97 濟恤 603

**$3012_7$**

10 滴霤 2243
38 滴海 1015
46 滴如 1216
58 滴數 563, 595,

617,626,1012
86 滴知　1016
17 滳聚　1914
30 滳泣　730
58 滳數　1389
30 滂流　250,757,1435
35 滂沛　398,1496,1889
38 滂沲〔沱〕　1914
滂溢　1705
**$3013_2$**
10 泫露　1319,2173
23 泫然　1157,1887,2281
44 泫其　523
21 濠上　2039,2137,2148
33 濠梁　2176
**$3013_6$**
55 蜜搏　1890
56 蜜提　235,1424
86 蜜錫　280,1465
**$3014_6$**
38 漳滏　2002,2088
**$3014_7$**
04 淳〔瀿〕熟　555,592,611,1322,2236
07 淳調　417
24 淳備　709
淳化　148,999
31 淳源　687,2338
32 淳湩　98,702
35 淳濃　727
37 淳净　578,1103
淳淑　168,766
72 淳質　624
90 淳粹　1959,2105
30 滂流　1628,2077,2087,2097
**$3016_1$**
27 涪多　118,1172
74 涪陵　2006,2112
**$3016_3$**
40 滀在　350,1655
**$3019_1$**
90 凛懷　2098
**$3019_6$**
97 涼〔凉〕燠　1594,2072,2133
**$3020_1$**
03 寧謐　687,1689
20 寧受　871
寧爲多不　873
41 寧堙　1943
**$3020_2$**
30 寥寂　2185
**$3020_7$**
00 穹廬　1216,1949
11 穹脊　90,1258
78 穹隘　1920
23 户牖　639,707,1068,1095,1123,1236
27 户向　299,341,380,1555,1662,1780
30 户扉　299,1555
41 户樞　306,360,379,1235,1562,1695,1780,2287,2294
47 户楣　332,1544
51 户排　189,321,1304,1540
77 户鼡(印)　317,1535
户闔〔鑰〕　52,361,964,1670,1942
79 户隙　1969
87 户鈕　1631
**$3021_1$**
21 窄處　1137
44 窄狹　938
71 窄陋　1039,1600
78 窄〔迮〕隘　1943,2090
22 完出　327,1530
25 完健　69,664
66 完器　1855
77 完具　1066
36 寵遇　1145
44 寵懋　2014
**$3021_2$**
55 宛轉　1021
**$3021_3$**
13 寬弛　2144
30 寬宥　904
寬窄　1154
40 寬壙　761
60 寬曠　1689
71 寬陋　1705,1772
**$3021_4$**
08 寇敵　440,818
30 寇害　110,1116
63 寇賊　409,1250
51 寇擾　1402
83 雇錢　269,1477
**$3021_7$**
10 扈至　1481
27 扈船　423,1852
扈多　2336
28 扈從　419,1806,1978,2030
42 扈斯　174,778
**$3022_7$**
01 窮頞　590,608,1179
10 窮覈　2077
31 窮源　74
50 窮較　2142
07 褅郊　2003
17 褅弥　257
34 褅婆達兜　1459
38 褅祫　2151
11 肩項　637
51 肩搊　307
70 肩〔肩〕臂　699,1268
73 肩髆　714,795,1104,1860,2228
20 膂停　147,998
30 膂客　310,340,369,1566,1661,1813
23 扇侘　1595,1627,1633
扇侘半擇迦　1573
30 扇扇　1178
41 扇樞　1608
42 扇榹等　1715
43 扇姹半姹迦　1155
45 扇帙略　503,1756
52 扇搋　592,1733,1776
扇搋半擇迦　475,487,556,611,1335,1680,1700,1736
扇搋半擇迦等　1332
25 房穗　454,1350
30 房窄　1941
41 房櫳〔龔〕　2116,2162
47 扁鵲　255,1829,1941,2062,2120
77 扃閉　2095
**$3023_2$**
03 永謐　1038
05 永訣　879
30 永淳　687
34 永祛　674,2263
53 永擯　1381
08 扆旒　2043
10 窊面　15,799
21 家緾五盖　855
家貲　1597,2306
24 家牒　2006
67 家嗣　38
21 禳此　2197
30 宸扆　2175
69 宸睠　2077
78 宸鑒　1992
90 宸眷　1972
40 窊木　2122
55 窊曲　140,990,1051
64 窊映　1123
77 窊隆　2038,2040,2109,2169
11 袨麗　794

77 袨服〔䑺〕 922, 1958, 2239
袨服莊嚴 879
94 窳惰〔墮、憜〕 1050, 1223, 1315, 1530
窳惰〔墮、墮、憜〕 201, 208, 309, 326, 358, 406, 1372, 1565, 1692, 1812, 2218

**$3023_4$**

00 戾亮 173, 777
27 戾身 303, 1559
50 戾㨹〔桸〕 84, 1061

**$3024_1$**

26 穿舶 2315
28 穿徹 716
30 穿〔穿〕穴 554, 939
穿窖 366, 1732
穿窬 191, 1306, 1978
35 穿决 41
37 穿鑿 755, 985, 2334
39 穿沙礫 1396
56 穿押 14, 799
74 穿脇 2214
85 穿缺 840

**$3024_7$**

00 寢瘵 2054
73 寢卧 935

**$3024_8$**

12 竅孔 36, 930
17 竅耶 1989
30 竅穴 364, 795, 1236, 1729
75 竅體 2194
79 竅隙〔隙、隙〕 486, 1051, 1107, 1703, 1734, 1770, 2229, 2281

**$3026_1$**

22 寤後 1055
30 寤寐 583, 834, 1880
寤寱 537
44 寤世間 866
64 寤時 639
30 寤寤 2217, 2246
扂〔串〕户 305, 1561
77 扂閉門 1574
89 扂鎖 2271
44 宿〔宿〕植〔殖〕 548, 903
93 宿憾 1954

**$3026_7$**

49 启妙覺 1949
77 启門 252, 1842

**$3027_2$**

30 窟穴 1080
窟宅 1268, 1856
50 窟中 758

**$3029_4$**

00 寱〔寱〕言 42, 435, 724, 1240, 1591
寱言刀刀 941
01 寱〔寱〕語 92, 305, 318, 482, 743, 1121, 1259, 1366, 1537, 1561, 1812, 1909, 2183
30 寐寤 743
35 寐洟羅城 1443
46 寐〔寐〕鞮 84, 1061
77 寐覺 494, 1742
30 床户 341, 1662

**$3030_1$**

34 進邁 285, 1473
36 邅〔邅〕迴〔徊〕 1571, 2026, 2134

**$3030_2$**

00 適意 296, 1553
10 適无 190
24 適彼 492
適他 353, 1640
25 適生 58, 185, 297, 657, 1300, 1554
28 適從 130, 973, 1986
33 適心 367, 1733
34 適被 1740
40 適在 1444
44 適莫 63, 168, 650, 836, 1005, 1437
適其 132, 977
80 適無 61, 660, 1305
05 遾請 1656

**$3030_3$**

00 寒癖 413
20 寒僁 2071
32 寒凘 2176
50 寒素 276
64 寒噤 403, 1501
00 遮摩那 709
20 遮齡 111
36 遮遏 458, 1354
遮迦越羅 63, 90, 650, 1115
39 遮沙 774
50 遮車闍膳若 42
64 遮嗟 805
遮嗟那 21
37 迹泯 1996
76 迹隕 2162

**$3030_4$**

28 避從 786
76 避隈 191, 1306

**$3030_6$**

47 這起 767, 1855
80 這入 1820, 1906

**$3030_7$**

00 之廐 1585
之廂 1249
03 之誼 67, 661, 703
09 之誚 2033, 2199
10 之弶 1857
11 之玷 2026
20 之雛 2120
之僑 2038
21 之愆 577
22 之稱 2198
之觚 2025
之轡 2126
之綖 2004
之黐 2198
24 之憓 2126
之儔 637, 1369, 1988, 1998, 2200, 2202
25 之舛也 2011
27 之紐 1938
30 之這 1874
32 之兆 64, 652
38 之祚 687
39 之遂 1914
40 之竈 2134
之龔 2130
41 之墟 1948, 2143
44 之蔽 2142
之帔 719
之蘗 1201
之埜 2127
47 之垛 1069
之垜 157
50 之蠹 2128
52 之槧 2025
53 之輒 2182
58 之數 685
之轍 2137
60 之眊 687
之罡〔罡〕 703
64 之疇 167, 1004
66 之蹕 2042
之躅 2039
67 之睬 2167
之黟 2146
之吻 1985
之煦 2025
之睭 2127
70 之腋 1972
77 之屣 1890
之闃 2160
80 之酋 2004
之羞 1999
82 之鎧 1071, 1896

88 之籟 675,2264

之籙 2159

91 之恉 2001

95 之憓 2111

10 窔于(於) 2061,2067

**$3032_7$**

44 騫〔騫〕翥 160,918,1618

54 騫持 1727

71 騫唇〔脣〕 463,1359

73 騫陀 410,1251

**$3033_1$**

21 窯〔窰〕師 14,206,318,731,755,799,1338,1537

28 窯作 191,1306

30 窯家 234,1423,1474,1901

窯室 456,1352

窯竈 1711

50 窯中 1247

30 惌〔怨〕家 559

**$3033_2$**

23 窻〔窓、窻、牕〕牖〔牖〕 768,827,982,2222,2227,2251,2321

79 窻隙 754

**$3033_6$**

22 憲制 47,952

41 窻〔囪〕櫺 1611,1935

**$3034_2$**

30 守宫 133,978

60 守羅 939

73 守陀 1727

**$3040_1$**

16 宰醍 2096

27 準〔準〕繩 783,2297

28 宰犧 2027

30 宰官 140,458,816,991,1354

41 宰嚭(嚭) 2122

80 宰人 321,1540

**$3040_4$**

00 安膺 111

21 安頷 1141

27 安多會 298,1554

安叡 1375,1998,2096

28 安繕 432

安繕那 460,1356

安繕那藥 908,1401

32 安浮陀時 950

41 安櫪於空 957

44 安堵 2084

47 安埰 1605

52 安塹 1612

54 安措 191,1305

58 安撫 543

64 安跱 8,847

67 安明由山 105,1163

72 安隱無漏法 985

77 安闍那藥 963

78 安膳那 713,1139

安膳那藥 483

80 安龕 1598

87 安鄯那 1201

88 安簀木枕 948

96 安怛袒那 1234

01 寠訶山 1969

47 寠拏折里多 1943

91 寠類 1590

宴 972

23 宴然 822

30 宴寢 871

63 宴默 130,153,894,966

77 宴居 790

88 宴坐 166,451,1003,1297,1347

**$3040_7$**

00 字音十四字褭阿壹伊塢烏理釐黳藹汙奥闇惡 42

91 字愜 176

**$3040_8$**

窣 886

25 窣朱 17,802

37 窣渾 1967

37 窣祿覲那 1876

44 窣〔窣〕堵〔覩〕波 437,458,500,546,589,604,619,727,738,783,817,1015,1031,1095,1221,1234,1354,1753,1862,1951,2217

窣堵利瑟那國 1949

窣堵魯迦香 448,1344

60 窣〔窣〕羅迷麗耶末陀 494,1742

窣羅酒 472,1330

64 窣吐羅底迦 1573

**$3041_7$**

27 究槃荼 436,726

究倂 16,800

30 究究羅 49,956

51 究揑 411,1252

**$3042_7$**

27 寓物 1952

30 寓寰 1879

40 寓〔宇〕內 1999,2099

**$3043_0$**

40 突吉羅 1293

**$3043_2$**

24 宏壯 449,1345

34 宏遠 524

60 宏曠 363

98 宏敞 1877

**$3050_2$**

00 牢度跋提 1077

27 牢船(舩) 257,1480

41 牢鞕〔鞭〕 762

42 牢靳 397,1494

43 牢獄 746

47 牢韌 405,1503

60 牢固 716,1041,1440

82 牢鎧 1808

88 牢籠 1036,1968

94 牢敲〔㲉〕 65,653

**$3050_6$**

22 鞌轡 2325

44 鞌勒 1277

72 鞌〔鞍〕隥 394,1492

**$3051_6$**

10 窺天 521

20 窺〔闚〕看 134,979,1648

26 窺〔闚〕覘〔瞻〕 1123,1590,2323

30 窺窻 1601

77 窺〔闚、闚〕闇〔窬〕 148,334,389,452,999,1348,1545,1853,1800,1868,1887

78 窺鑒 1053

80 窺〔闚〕人 1249,2079

86 窺覦 855,1616

**$3055_8$**

77 穽陷 2241

**$3060_1$**

04 謇〔騫〕訥 464,923,1221,1360,2027,2256

06 謇諤 2039

17 謇蹬〔蹬〕 471,752,1329,2255

30 謇謇 2006

47 謇聲 924

55 謇棘 2068

68 謇〔嚏〕吃 24,196,343,399,434,452,721,1230,1311,1347,1497,1513,1664,1909

50 窖中 1185,1574
92 害憍 1396
宕 2041
**$3060_4$**
83 客館 508,1761
**$3060_6$**
00 宫亭湖廟 1919
52 宫荆 424,1863
63 宫闕 464,1359
**$3060_6$**
77 宫闈 397,1495,2238
17 富那 964
富那跋陀 957
富那及净 964
24 富特伽羅 1081
富特伽耶 176
26 富伽羅 780
44 富蘭那 953
富蘭那迦葉 2260
富蘭陀羅 962
45 富樓那 895
富樓那彌多羅尼子 969
67 富贍斷其所作 900
**$3060_7$**
27 窘急 419,1834
36 窘迫 1957
**$3060_8$**
24 容皺 1241
28 容縱 816
30 容竄 1144
27 窗〔窓、窻〕向 62,359,650,1694
28 窅以 2170
30 窅窅 34
37 窅冥 2019
**$3071_4$**
00 宅主 980
**$3071_7$**
10 竄三苗 1997
23 竄伏 2241
37 竄過 1153
71 竄匿 870
77 竄居 2066
30 窀穸 2079
**$3072_7$**
30 窈窕 2003
窈窈 1872
37 窈冥 1008,2041,2193
**$3073_2$**
00 褰衣 360,1696,2323
23 褰縮 990
39 褰裓 2163
90 褰裳 674,2263
10 良工 907
27 良久 900
32 良沃田 877,901
34 良祐 14,47,798,952
40 良賁 2264,2294
71 良臣猛將 902
77 良毉 869
良醫 1289
30 寰寓 1875
50 寰中 2042,2335
**$3077_2$**
01 密譖 2334
24 密絺羅國 1079
27 密欸 89,1114
28 密緻 43,880,944,1102,1135,1462,1582,1598,1625
30 密迹 11,850
密滯 113,1158
40 密弆 273,1523
**$3077_7$**
00 官禀 320,1538
20 官爵 215,1288
24 官僚 447,470,1328,1343
**$3080_1$**
27 寔多 501,1754
57 寔賴 2061
88 寔繁 481,1366,1400
90 寔惟 674
38 定激 1938,1945
87 定鋤 1808
64 寘〔寘〕噎 761,1924,2112
蹇 174
73 蹇陀達多 746
85 蹇鈍 1717
90 寘懷 74,669
**$3080_2$**
26 穴泉 245,1413
**$3080_6$**
00 寶交露幔 986
寶羸 1196
11 寶珥 173,776
寶珂 1892
寶玩 508,539,1762
14 寶瑛 149,1000
17 寶函 384,546,620,1792
寶瓊 1936
19 寶璫 796,2235
寶瑣 1197
20 寶舫 573
26 寶縵 699,1075
寶線 174,828
27 寶絛 1153
寶多羅樹 898
寶多羅形 881
寶繩 2237
寶嶼 2191
寶為〔象〕 1218
30 寶寘 121,1036
34 寶渚 309,1564
41 寶板 913
43 寶械 1022,1942
44 寶塔 129
寶芽 1124
寶葉扶踈 856
47 寶〔寶〕垛 254,995
寶机 1238
寶栅 384,1792
49 寶壋〔璫〕樹 878
52 寶塹 573,2231
55 寶軸 1998
57 寶輅 795,2324
寶挐 699
61 寶顆 418
63 寶跋陀樹 881
66 寶罌 66,654
67 寶吹 881
72 寶髻 766,1020
77 寶屐 727,755,1871
82 寶鎧 1857
寶鉚〔磺〕〔鑛〕 80,740,1280
86 寶鐸 528,574,689,1196
88 寶〔寶〕篋 580,1150,1172,1196
97 寶燗 1127
21 賓〔賔〕傾 174,778
42 賓坻〔坘〕 307,1563
90 賓瓷 1811
93 寶熾 2006
**$3080_9$**
00 灾〔災〕疫 252,1842
20 灾糵 1325
37 灾迅 422,1852
90 灾火 134
**$3090_1$**
08 宗族 191,1306
44 宗葉 446,1342
47 宗殼 2001
50 宗奉 138
53 宗轄 1917,1924
54 宗勣 2089
58 宗轍 2039
83 宗鎋 2088
30 宋〔寂〕寞〔嗼〕 986,1402
57 宋〔家〕静 753,774,841
**$3090_4$**
30 窠窟 63,146,650,1900
44 窠藪 414,1086
30 窼窟 997
40 寨木 2024

46 案如 389,1800
80 宋公瑀 2114
66 宋嚜 1672

**$3090_6$**

12 寮孔 152,965
30 寮寀 2040
寮窗 110,1275
46 寮觀 8,847

**$3090_9$**

00 褰廓 25,1231

**$3092_7$**

竊 561,981
26 竊自 2232
28 竊作 543,588
60 竊景行 674
90 竊懷 714
77 竊服 2040

**$3094_7$**

30 寂寥 1207
34 寂漠無言 887
36 寂泊 1987
47 寂聲 221,1485

**$3111_0$**

17 洮那 2301
31 江滀 2091,2094
33 江泌 2071
江浦 383,1791
江沱 2001
34 江瀆 2078
37 江湄 2053
44 江芄 2182
45 江犺 2305
35 泏清 2029

**$3111_1$**

灑 943,982
00 灑塵 2097
37 灑潤 844
44 灑地 37,135,577
灑落 2056
47 灑歕 399,1497
48 灑散 324,1542
53 灑掠 1575
90 灑火 1877
17 瀝取 1109
36 涇渭 2338

**$3111_4$**

00 淫麼 1313
25 淫生 680,1225
28 淫以 737
40 淫木 1216
淫皮 1858
46 淫相 837
63 淫吠帝 2267
91 淫熛 1770
00 湮廢 2091
10 湮霞 1945
22 湮山 1916
29 湮餤 1671
31 湮〔煙〕漲 1934
33 湮滅 1956,2032
37 湮没 417,1197,2076
38 湮祥 2163
46 湮埋 2116
12 汪水 94,303,328,389,1263,1532,1560,1800,1908
31 汪汪 1975
汪濊 2097,2176
34 汪池 85,1062
37 汪泥 329,1532
38 汪洋 284,1109
43 汪哉 2194
22 涯岸 281
77 涯際 707
30 漑之 379,1779
34 漑〔漑〕灌 11,44,60,188,214,297,453,567,597,617,659,740,850,1135,1303,1319,1349,1387,1554,1590,1677,1705,1874,1891,2245
60 漑田 1726
97 漑粗〔麁〕 480,1364

**$3111_6$**

11 漚彌 1061
26 漚和 786,1029,1110,1900,2192
漚惒 1522,1882,1927
34 漚波摩分 720
61 漚呵沙 1888
80 漚令 322,1541
85 漚鉢羅 970

**$3111_7$**

26 滮泉 2134
45 沍〔江〕犺 1589
沍 1979

**$3112_0$**

30 河濱 462,706,1358,1968
32 河湍 1998
河沂 1135
33 河涘 2101
34 河瀆 457,1353
河渚 2228
36 河潬 1124,1138
38 河溓 2166
87 河鉤 2132
39 汀瀅 1972

**$3112_1$**

40 涉壙 550,609
60 涉暗 621

**$3112_7$**

00 濡〔濡〕音 842
21 灞〔溺〕上 1931,2147
22 灞川 1998
30 灞滻 2001
汚 942
27 汚〔汙〕身 296,1552
30 汚之 1513
33 汚濺 1643
34 汚池 2087
37 汚泥 1029
汚渥 697
31 瀰瀰 1998
濡溼 1892
37 濡滑 1387
80 濡首 1926
77 馮熙 2005

**$3113_2$**

00 涿鹿 2020,2145
60 漲曰 1571

**$3113_6$**

12 濾水 1573
30 濾漉 1142,1613,1925,1984,2202,2273

**$3114_0$**

21 汙穢 136,982
24 汙綍 2168
38 汙湔 351,353,1643,1649
56 汙損 1612
88 汙飾 324,1543
汙篋〔篋〕 321,1540
36 汧渭 2020,2154
71 汧隴 2054
76 汧陽縣 2047

**$3114_6$**

12 潭水 377,1798
23 潭然 105,117,782,1111,1163
30 淖蜜 229,1417
37 淖泥 1932
95 淖情 110,1116

**$3116_0$**

10 酒醉 1013
17 酒烝 352,1644
24 酒鮭 2155
37 酒澱 320,1538
44 酒孽〔糵〕 280,1465
75 酒肆 166,1003
81 酒鑪 229,1417
30 沾淬 2167
沾濠 2165
31 沾濡 72,668,2200
沾汚 1857
37 洒滌 1146
洒漱 1200,2064,2067

洒濯 1138

38 洒塗 1635

洒浴 1153

77 洒㕞 1201, 1908

78 洒除 777

**$3116_1$**

23 濳伏 559, 613

27 濳身 1017

28 濳〔潜〕微 325, 1528

30 濳寒暑 521

**$3116_7$**

30 澑寫 2172

**$3116_8$**

01 濬襲 1986

30 濬流 706

50 濬東溟 1997

**$3118_6$**

31 澒澒 1999

37 澒涌奔馳 885

88 澒〔沫〕籛 309, 1565

**$3119_0$**

12 沶水 2147

**$3119_1$**

00 漂疾 38

漂衣 1636, 1641

17 漂溺 588, 1013, 1458

27 漂將 833

漂物 1056

漂舟 1889

30 漂流 1073, 1407

32 漂泛 1014

33 漂泳 1156

37 漂〔澌〕没〔浸〕 673, 714, 747, 764, 1260, 1858

38 漂激 496, 1707, 1744

漂淪 859

漂漾 464, 1360

40 漂有海 1770

74 漂墮 140

94 漂憚 991

**$3119_6$**

00 源底 595, 616, 625

32 源派 2341

**$3121_0$**

27 祉緣 2138

**$3121_4$**

00 禋瘗 2128

21 禋佞 377, 1798

63 禋〔樫〕咤 122, 1188

**$3121_7$**

71 甂甌 2000

27 袛〔抵、柢〕多 87, 93, 1256, 1258

**$3122_7$**

21 禡上 269, 1476

禡上馬 1130

71 禡馬 396, 1494

74 禡騎 115, 457, 762, 1353

39 禰襠 323, 1541

62 禰〔祢〕喇 410, 1252

66 禰瞿曇姓 964

禰 1125

**$3123_4$**

23 禰縛 1135

34 禰〔厭、瘷〕禱 86, 304, 353, 461, 506, 545, 588, 810, 1063, 1149, 1193, 1247, 1357, 1560, 1651, 1759, 2278, 2284, 2291

50 禰〔厭〕蠱 107, 332, 413, 845, 920, 1155, 1174, 1242, 1254, 1543

35 祆神 1149

37 祆祠 1137, 2327

**$3124_0$**

53 衦〔衦〕成 1581, 1625

**$3124_1$**

00 襹衣 1650, 2043

20 襹爲 1582, 1598

24 襹皺 363, 1797

27 襹縫 318, 1536

34 襹婆 1634

**$3126_6$**

24 福德淵 899

26 福伽 848

福伽羅 10

34 福祐 167, 589, 1004

38 福祚 198, 253, 994, 1312

44 福蘊 1180

47 福鞔 2308

60 福羅 330, 1534

**$3128_6$**

12 禎瑞 2003

22 顧戀 541, 593, 1094

28 顧復一切衆生 877

40 顧叁 624

50 顧疌 2163

61 顧眄〔盻〕 447, 502, 734, 760, 848, 951, 1238, 1239, 1343, 1419, 1560, 1588, 1607, 1755, 1771, 2089

68 顧眄 1858

80 顧命 588

98 顧憎〔惜〕 564

37 顈泯 1166

顈泯達羅 2280

顈 679

**$3130_1$**

10 遷貿〔貿、貿〕 1911, 2099

24 遷動 604

27 遷移 901

43 遷城山 2104

44 遷苑 1945

56 遷提 340, 1660

27 逗緣 2027

37 逗遛 2336

42 逗機 1963

38 邐迤〔剫搋〕 1885, 1960, 2037, 2180

**$3130_2$**

43 迂哉 2029

65 迂嘍 17, 802

**$3130_3$**

04 逐諸惡法 905

46 逐塊 49, 764, 957, 2199

49 逐婣 1941

12 遽發是念 902

17 遽務 463, 1359, 2246

23 遽然 1878, 2143

24 遽告 757

34 遽違 921

77 遽即 686, 2225

遽即往詣 899

遽即下 897

44 遯世 2015, 2039, 2128

60 遷易 783

**$3130_4$**

30 迓之 1963

34 迂〔迃〕遠 182, 1298

36 迂迴 201, 1315

**$3130_6$**

10 迺下 1880乃

迺至 384, 1792

16 迺聖 839

18 迺致 2075

27 迺脩 1140

35 迺津 674, 2263

42 迺趕 2065

46 迺如是 1455

70 迺辟 677, 2294

71 迺臣 273, 1469

90 迺眷 2028

27 逌尔 463, 1359

36 逼迫 571

38 逼迮 2260

47 逼切 306, 543, 1562

72 逼斥 307, 1563

**$3133_2$**
23 憑俟 369,1813
50 憑螭 2013
94 憑怙 1892
**$3133_6$**
44 福賁〔煮〕 158,192,1034,1307
**$3148_6$**
07 頞部曇 1671
頞部陀 473,735,1333,1609
17 頞那山 1871
20 頞悉多 1802
21 頞順那 923
頞顛 1839
25 頞帙帝 1170
26 頞緹 149,1009
27 頞多和 1524
頞你羅 1068
32 頞浮陀 1402
36 頞濕縛羯拏 491,1739
42 頞魹 413,1254
46 頞鞞 2037
55 頞抶 178
60 頞羅延 1927
62 頞哳吒 492,1740
64 頞吱 83,1060
**$3168_6$**
額 990
**$3190_4$**
88 渠筌 1575
**$3210_0$**
00 測度 544,612
60 測量〔畺〕 749,1023
00 瀏亮 2185
27 淵壑 2044
28 淵微 1875
30 淵渟 13,852
32 淵泓 1522
38 淵海 2192
90 淵粹 2047
27 洲邑 1041
34 洲渚 475,493,534,563,595,596,628,1335,1741,2231,2275,2297
36 洲潭 22,217,221,1229,1238,1322,1486
**$3210_4$**
67 塹路 1320
**$3211_3$**
34 洮汰 148,999
39 洮沙 196,1310
90 洮米 327,1531
40 兆垓 697
**$3211_4$**
16 湩現 255,1829
30 湩流 415,1087
34 淫婆 16,801
64 淫哇 1989
77 澁際淼難知 1572
**$3211_8$**
10 澄霽 175,828
12 澄磴橙蹬 2062
30 澄渟 1014,1197,1387,2179
31 澄潭 708
32 澄近 2231
34 澄汰 2101
澄漪 1925
37 澄潔 1018
38 澄澈 2250
60 澄晬 782,2296
63 澄睟 2078
90 澄粹 739
**$3212_1$**
17 澌那 1474
33 淵濘 2181
39 淵瀅 1924
40 浙左 2067
50 浙〔淅〕東 2089
90 淅〔浙〕米 261,1843
23 漸縮 1143
32 漸漸 67,661
漸漸而斷 937
33 漸減 1078
34 漸染 348,1666
97 漸愋 1966
23 漸縮 1143
32 漸漸 67,661
漸漸而斷 937
33 漸減 1078
34 漸染 348,1666
97 漸愋 1966
**$3212_7$**
16 灣環 1241
30 湍流競奔逝 866
33 湍浪 95,1264
36 湍洄 478,1385
38 湍激 919,2222
湍激洄復 895
74 湍馳 2244
湍馳奔激 882
**$3213_0$**
18 冰矜 282
22 冰山 1216
23 泓然 372,421,1462,1478,1817
32 泓澄 2153,2181
43 泓博 1916
**$3213_1$**
12 泝〔洂〕水 403,1501
**$3213_2$**
30 派〔辰〕流 446,1342,2148
33 派演 1872
34 派瀆 353,1642,1643
44 派其 2024
62 派〔𠂢、辰〕別 151,829,1024
80 派入 1914
**$3213_3$**
58 添數 1406
**$3213_4$**
10 沃石田 807
17 沃弱 397,1495
20 沃〔渼〕焦 10,362,849,1671
沃焦海 1218
28 沃以 482,1366
沃屹 2213
31 沃溉(漑) 229,1417
36 沃盪 2295
37 沃潤 1107,2281
40 沃〔渼〕壤 238,951,1017,1025,1427,1438
沃土 1144
56 沃揭羅長者 1764
60 沃口 84,269
沃日 98,704
沃田 919,2240
67 沃野 268,1431
78 沃朕 674,2263,2337
37 溪澗 1675
溪沼 468,1327
42 溪圻 2180
**$3213_7$**
08 泛於 820
10 泛爾 1778
20 泛愛 1514
21 泛舸 2107
26 泛舶 2072
30 泛〔氾〕流 154,254,767,835,995
38 泛漾 384,574,1792
40 泛大海 554
44 泛花 1145
泛芥舟 1376
71 泛長〔漲〕 40,304,676,938,1560,1878,1992,2266
**$3214_0$**
60 汦啚 2199
汦曇 176,1171
**$3214_1$**
30 涎〔唌〕流 727,2195
33 涎淚 538,584
35 涎〔次〕洟 510,1763,1809,1827,2280

涎沫 308,1564
38 涎涕 755
62 涎〔唌、次〕唾 693,737,775,1136,1526,1610,1631,1872,1938,2067

**$3214_7$**

00 叢廁 711
17 叢聚 1523
37 叢冢 1858
44 叢林 638,983,1166,2254,2281
47 叢楹 2075
04 浮譁 110,1116
31 浮澑〔溜〕沙 1294
35 浮沫 2064
37 浮泡 566,787,809
42 浮瓠 1713
浮越 1620
47 浮磬 2179
50 浮囊 554,592,610,628,1650
30 潑之 1154
44 鼗鼓 1592,1635

**$3216_3$**

33 涾沱 2183
37 淄澠 1976,1989

**$3216_9$**

37 潘澱 188,1303
50 潘中 353,1643,1644

**$3217_7$**

10 滔天 171,1093

**$3220_0$**

27 剜身 51,88,756,961,1069,1289,2200
剜炙 247,1817
32 剜割 2306
57 剜掘 81
67 剜〔㓐〕眼 1220,1293,2090,2216
77 剜掘 744

**$3221_0$**

66 礼睍 197,254,996,1311

**$3221_3$**

46 祧墠 2163

**$3221_7$**

01 褫龍 2161
25 褫積 1943
26 褫魄 1241
褫緗巾 2037
37 褫運 2019,2332
40 褫皮 385,1793
44 褫落 132,571,1477,2115
67 褫照 2038
78 褫脱 1934

**$3222_1$**

05 祈請 74,195,437,495,669,727,1310,1743
38 祈道 1872

**$3222_2$**

37 衫襖 1599

**$3224_0$**

00 衹夜 876,974
22 衹(柢)利 414,1255
31 衹洹 357,759,1691
34 衹禱 1594
衹祓 309,1564
35 衹速 1932
44 衹樹 75,679
73 衹陀 959
22 衹〔祇〕崇 235,1424
27 衹〔祇〕仰 434,722

**$3224_7$**

00 襏〔撥〕衣 332,1535

**$3230_0$**

38 迥道 1971

**$3230_1$**

30 逃避 2307
逃竄 841,1612,1651,1861,2257
32 逃逝 135,982
38 逃迸 720,721,2089
47 逃遯 1607
01 遞襲 2169
10 遞更 1881
遞互 471,692,793,1329,1374
20 遞〔遽〕爲 364,1730,2198
24 遞升 2089
28 遞給 2100
44 遞共 786,1050,1323
46 遞相 10,353,447,814,849,1047,1343,1640,2071,2233

**$3230_2$**

10 遄死 1991
24 遄彼 2175
35 遄速 1978
36 遄邈 1882
11 逝瑟吒 843
27 逝多 511,1765
逝多林 894
近緣 1135
30 近之 884
48 近壗 1986
50 近事 447,1343
67 近矚 1934
28 透徹〔徹〕 782,1243
32 透出 1968
57 透擲 420,1462,1478

**$3230_3$**

21 巡行 1814
27 巡匃〔丐〕 1953
43 巡狩 2230,2256

**$3230_4$**

38 逶迤〔迆、佗〕 208,398,571,637,659,760,1372,1495,1832,2266

**$3230_6$**

12 遁形 2266
34 遁邁 414,1086
40 遁走 16,800
44 遁藏 171,1093

**$3230_7$**

31 遥遯 2185
64 遥睹 1888

**$3230_9$**

04 遜謝 596,617

**$3260_0$**

22 割劓 1725
44 割其股 952
71 割脛 2306
77 割股 756
93 割截 1198

**$3290_4$**

31 業漂 676
77 業具軍 476,1383
78 業墜 523

**$3300_0$**

00 心府 473,1333
心齋〔齋〕 1123,1193
07 心詭 468,1326
17 心忌 380,1780
18 心瞀 2079
21 心頃 580
心行 56,654
22 心綖 1920
30 心寇 390,1786
心戾 473,1333
43 心栽 494,1742
63 心戢 2033
70 心肺〔胏、肺〕 1214,1269,1870,2213
心臆 2268
71 心肝 538,584
心原 1402
73 心陀羅尼 681
74 心馳蕩 859
心髓 567,597
心脇 1247
76 心脾 770
90 心懷殘忍 880

91 心恒顧復 892
92 心悸 228,1416,2055
98 心忪 398,1496
24 必勳 1458
27 必僁 2169
62 必踵 2078
98 必㢤 2066

**$3310_0$**

32 沁州 1935

**$3311_1$**

34 涴染 1895,2240,2328
37 涴濯 765,2320

**$3311_4$**

11 滝〔滝、滝〕湏 174,778

**$3311_7$**

34 滬瀆 1932,2004,2036,2099,2158
滬瀆口 1878

**$3312_2$**

37 滲〔滌〕没 209,1374
滲漏 89,819,908,1114,2242
80 滲入 246,1429

**$3312_7$**

44 瀉藥 1636

**$3313_2$**

35 泳沫 673,2263
38 泳游 2225
44 浪者 461,1357

**$3313_4$**

22 涘利 410,1252
35 淚洟〔涕〕 58,656

**$3314_1$**

21 滓穢 775,1014
36 滓濁 693

**$3314_2$**

10 溥示 1175
溥天 223,1488
33 溥遍 1180
溥演 145,996
44 溥蔭萬方 878
80 溥首〔晉〕 766,780,1071,1881,1890,1927

**$3314_7$**

26 浚〔溲〕和 1195
27 浚壑 1977
30 浚流 93,747,823
58 浚輪 238,1428
35 瀀瀆 1234
80 瀀毓 2126

**$3315_0$**

20 滅雙 1709
40 滅恚 1256
53 滅擯 1573,1647
27 瀸身 1181
31 瀸灑 1124,1191
41 瀸皺 1178
37 瀸漏 1840
40 瀸壞 259,1838
80 滅食 1884
90 滅省 1058

**$3315_3$**

10 濺石 1856
31 濺灑 1169,2300
60 濺圍 1896
37 淺深 1207

**$3316_0$**

30 治容 1959
23 治外 1336
30 治寶 638
33 治補 1647
34 治汝 1859
44 治葺 72,667
51 治打 766
53 治擯 1020
60 治罰 1223
治目 42
62 治踵 839
71 治壓 41,940
80 治差 744
85 治鍊 1014
88 治鏇 1178

**$3318_6$**

56 演暢 131,976

**$3320_0$**

30 祕密 1381
祕扃〔扃〕 524
66 祕躅 1036
75 祕賾 1036,1053,2153

**$3322_1$**

30 衸之 347,1666
76 衸〔衸〕髁 304,353,1560,1642

**$3322_7$**

褊 900
00 褊吝 385,1793
褊衣 1952
21 褊能 1961,2077
33 褊淺 2109
71 褊陿 2054
78 褊隘 1917,2150
90 褊小 1941
21 補盧 447
補盧沙 447,1343
補盧煞沙 447
補盧衫 447
補盧崽拏 447
23 補綻 2101
24 補特伽羅 437,445,483,712,783,892,1321,1341,2240
26 補伽羅 875
28 補繕 268,1431
32 補衹 411,1252
52 補剌拏 1681
58 補鼈 2021
66 補喝國 1950
73 補陀落迦 2235
補陀落山 1195
86 補羯娑 546,562,589,785
33 黼黻 274,1105,1808,2122
47 黼縠 2042

**$3325_0$**

21 祴上 698,1029
40 祴來 323,1542

**$3330_2$**

10 遍耳 45,949
27 遍徇 260,1481
34 遍澍 748
56 遍扣 312,1568
57 遍捫 782,2296
60 遍罟 1188
61 遍躡 1399
25 逋生 181,765
27 逋多 122,1188
30 逋流 395,1493
37 逋逸 1953
39 逋沙 17,801
逋沙陀 1437
96 逋慢 1595

**$3330_3$**

75 遂賾〔賾〕 675,2264
77 遂眉 1860
85 遂鍵 2030

**$3330_4$**

32 逡巡 192,1307

**$3330_7$**

77 追服 2153

**$3350_7$**

肇〔肈〕 855
25 肇生 1976

**$3390_4$**

17 梁翟 85
33 梁滬 2107
41 梁枰〔抨〕 196
43 梁棧 372,1816
45 梁棟 132,976,1077
47 梁椽 1337,1405

**$3400_0$**

41 斗枅 1611
47 斗杓 2168

**$3410_0$**

10 對面念 442
33 對治 545,742,1371,1402,2195
10 澍雹 755
澍雨 1006,1166,1176,2280
30 澍瀀雨 1105

34 澍法 12,851
44 澍甘 440
澍甘雨 710

**$3411_1$**

10 湛露 2091
23 湛然 1388
20 洗手 1573
34 洗汰 2127
36 洗盪 1442
37 洗滌 1238,2239,2295
洗裙 1637
洗濯 723,1015,1472
53 洗拭 1447,1504
28 澆俗 687
30 澆淳 1918,2070,2142
32 澆浮 1928
34 澆灌 1512
澆瀆〔瀆〕 63,301,333,354,372,651,1545,1558,1644,1816
35 澆瀆〔瀆〕 1442
44 澆薄 2079
澆草 1599
77 澆風 807,1972

**$3411_2$**

00 沈痼 807,2027
沈痗 2185
26 沈艎 2026
31 沈沔 1517
37 沈〔沉〕溺 549,596,1208,2241,2287
38 沈(沉)淪 685,1405,2250,2282
32 池濼 111
37 池湖 93,1262
池沼 12,384,447,502,529,613,814,851,868,1040,1343,1755,1792
52 池塹 2224

**$3411_4$**

21 灌綆 51
31 灌溉 1932
灌灑 696
33 灌瀸 1182
44 灌蒨 2066
60 灌口 1061
80 灌瓮 1892

**$3411_6$**

10 淹留〔留〕 1138
淹雲 1922
27 淹久 639
35 淹漬 297,1553,2095

**$3411_7$**

10 溘〔溘〕死 2162,2169
溘爾 2099
23 溘〔溘、溘〕然 393,1106,1491,1943,2077,2107
22 泄出 370,1815
37 泄漏 381,1781
汍瀾 1964
38 灩〔灩〕溢 452,1352

**$3412_7$**

11 滿硬 119
17 滿予 56,655
26 滿舶 1895
27 滿匊〔掬〕 786,986,1008
36 滿祝 71
滿祝子 671
37 滿泥自在王 1145
60 滿足八斛 945
72 滿脟 120,780
12 洧水 2166
17 滯礙 619
29 滯甃 2134
22 淆亂 2146,2151
23 潸〔潸〕然 395,1493,1943,2337
34 潸婆 1037
47 潸欷 2001
34 洿池 913,1276,1445
39 洿沙 386,1787
60 洿田 168,1005
37 渤澥 923,1989,2153,2190

**$3413_1$**

00 法贏 562,621,626,677,922,1015,1024,1035,1149,1856
03 法誼 1522
11 法顴 2185
24 法綝 2063
27 法鏘 2109
30 法渧 1297
法渟 417,1808
33 法淰 1918
37 法祠 436,726
法溟 459,1355
法涌 576
40 法來 71,671
法幢 706
41 法楷 2112
42 法靴 151,831
法甦 1915,2072
44 法鼓 705
法葩 1258
47 法帆 1856
56 法螺 706,1261,2242
60 法界周流無不遍 861
71 法厲 52,963
91 法炬 859
98 法敞 2084

**$3413_2$**

10 濛雨 1940
26 濛泉 2142
34 濛濛 2064
37 濛汜 1972,1979,2124,2136
77 濛翳 2025
49 漆柈 181

**$3413_4$**

60 漢日 685

**$3413_8$**

27 浹旬 2098,2151
33 浹減 2041
34 浹渫 194,1309
71 浹辰 1954,1973,2132

**$3414_0$**

31 汝迺 172,783
55 汝曹 186,296,482,502,544,1301,1366,1553,1755
73 汝腕〔捥〕 734,1608
80 汝今適得 883
88 汝等累 980

**$3414_1$**

20 濤秔米 1157
33 濤浦 2095
34 濤波 867,964,1225,1396,1401,1710,1859
90 濤米 1523

**$3414_4$**

30 漭沆 160

**$3414_7$**

04 波薓〔墋〕 83,1060
11 波頭摩 871,2227,2232
波頭摩地獄 948
波頭摩花 864,903,930
12 波沓波種 502,1755
17 波那和提天 68
21 波頞 396,1493
22 波利質多俱毗陀羅 766
波利質多羅 990
波利質多羅樹 900,908
波利質多樹 1218
波利質多樹花 932
26 波卑掾 709

27 波旬 681
28 波崙 66,654
32 波湍 281
波泜 179
33 波演 348,1667
34 波濤 509,523,
714,919,1762,
2202,2227,2253
41 波頗婆婆摩 42
42 波斯 2263
波斯匿 674
波斯匿王 672,
952,962
43 波柁〔拕〕 116,
1274
51 波振 2154
52 波剌私 495,1743
波剌斯 1940
54 波扡 96,365,
1731
58 波輸鉢多 465,
1361
60 波羅闍巳迦 472,
1331
波羅疽 1336
波羅蜜逕 1099
波羅那提天 663
波羅柰〔奈〕 215,
958,1288
波羅尼蜜天 64,
651
波羅痆拏黠反
斯國677
波羅痆斯 2190
波羅奢花 929
波羅奢樹 480,
1364
波羅延 453,1349
波曇 66,654
62 波吒釐 503,1757
波吒羅 945
波吒羅國 677
波吒羅花 955,
962
64 波跛 1398
65 波吽 412,1253
69 波跸 114,1158
77 波叉 149,1008
80 波差憂波差 673
波毓 160,919
88 波筈 422,1851
10 洊雷 2019,2033
26 淩傷 196,658,
1310
28 淩侮 470
44 淩蔑〔懱〕 475,
488,1736
52 淩轢 1917
26 淩傷 59
28 淩侮 1329
32 淩澌 2115
94 淩懱〔蔑〕 739,
1335
34 浡浡 85
37 浡澥 1974
44 浡地 114,1158
濩落 1989,1998,
2075,2341

**$3416_0$**

27 渚島 1141
渚名拘耶尼 945
50 渚中 1861

**$3416_1$**

31 浩汗 1975
64 浩皓 154
浩皓浩皓 836

**$3416_9$**

27 潸多 114,1158

**$3417_0$**

34 泔汁 308,1564

**$3418_1$**

00 洪音 672
23 洪纖得所 904
34 洪澍 1212
洪濤 1965
90 洪光 1905
洪炎 171,1093

**$3418_6$**

12 潢水 357,1692
27 潢色 1936
34 潢池 226,324,
1414,1543
潢洿 1976
38 潢潦 107,174,
409,417,779,
1241,1250
31 瀵灑 1601
瀵汙 1632
38 瀵溢 1629

**$3419_0$**

10 淋下 212,1367
11 淋頂 412,1254
12 淋水 347,1666
26 淋鬼 1246
30 淋灕 1203
31 淋瀝 732
37 淋漏 41,449,
940,1345
44 淋落 2098,2106
淋甚 250,1435
38 沐浴 491,1739

**$3419_1$**

23 潾然 112,1040

**$3419_4$**

21 滐何 2145

**$3419_6$**

12 潦水 305,1561
38 潦溢 826

**$3421_0$**

96 社怛梵 1138

**$3421_7$**

39 褴褴 1152

**$3422_7$**

37 袴褶 2111

**$3423_1$**

30 袪之 2126
40 袪内 1337
袪有漏 2199
88 袪篋 1999
50 袪蚊 1606

**$3423_4$**

01 祅誣 2052
22 祅祟 1951,1958
60 祅星 1020

**$3423_8$**

23 裌〔夾〕紵 1974,
2006

**$3424_1$**

04 禱謝 235,1424
30 禱賽 252,1842
37 禱祠 1103
禱祀 1263,1516

**$3424_7$**

10 被弶 432,715
13 被戮 878
25 被秣 2119
28 被以火餤 905
31 被褥 759
40 被大精進甲 902
42 被析 496,1744
43 被求一切智堅
誓甲 904
44 被帶 612,645
被帔 1631
被苫 1704
48 被瞥〔瞥〕 1159,
2281
53 被擯 1864,1891
被鞔 754
60 被羈 1906
被甲 870
62 被氍 1810
72 被髮 954
77 被服(般) 39,
59,658,937
82 被鎧 1141
86 被鉀 1370
88 被笮 464,1360
95 被精 139
被精進 988

**$3425_6$**

73 禕陀 149,1009

**$3426_0$**

17 褚㚇 2137
27 褚〔褚〕縕 302,
1558
22 祐利 196,1311
74 祐助 59,658

**$3429_1$**

70 襟腑 2331

**$3429_4$**

00 襆衣 1649

**$3430_{1}$**
67 逵路 2249
**$3430_{2}$**
00 遭高 2182
**$3430_{3}$**
00 遠齎 674
28 遠徹 1286
34 遠邁 522
36 遠祖 1614
57 遠擲 986
67 遠矚 1236
**$3430_{4}$**
達 541
11 達弭羅 488, 1737
17 達那 637
21 達須 453, 1349
27 達多 1927
達你 443
36 達邏 2225
47 達絮 572, 589, 601
56 達攞 12, 851
60 達羅弭 471, 1329
達羅弭荼（茶）呪 457, 1353
64 達幞剖 1711
66 達〔逹〕嚫 309, 1281, 1522, 1565, 2189
73 達膩迦 1646
達騃 697
77 達兜 1906
**$3430_{5}$**
07 違諍 2223
51 違拒 545, 605
60 違㬥〔暴〕 681
73 違陀天 940
98 違忤 925
**$3430_{6}$**
00 造立精舍 880
01 造詣 42, 941
24 造化權輿 854
28 造僧伽藍 906
50 造書天 956
74 造膝 2164
80 造父 1991
**$3430_{9}$**
27 遼夐 2085, 2178
**$3433_{0}$**
97 懟恨 44, 330, 341, 712, 830, 947, 1533, 1661, 1919, 2046
**$3433_{2}$**
34 懣懣 1511
**$3440_{4}$**
婆 540, 676, 906, 970, 1030
01 婆訶麻 493
婆訶麻婆訶 1741
03 婆誐鍐〔㚢〕 1201, 2301
17 婆瑿波言 504, 1758
18 婆瑳 122, 1112
20 婆雌 1634
婆雌子部 507, 1760
婆系 158, 1037
婆稚 128, 859, 970
21 婆師花 938
婆師迦花 908
婆師羅花 955
婆師香 945
婆須達多 896
婆須蜜多 901
22 婆嵐 52
婆利師迦 870
婆私瑟搋〔搋〕 1718
婆私吒〔咤〕 951, 964, 1320
23 婆梟扼 1184
25 婆使迦 719
婆使迦花 434
26 婆伽羅目佉蟲 1292
婆伽婆 56, 654, 962
28 婆繳 410
31 婆溼波 1011
35 婆涑 21, 805
40 婆南 389, 1800
41 婆坧〔拓、坛、坧、柢〕 15, 410, 414, 799, 1251, 1255
婆斯瑟搋 1713
43 婆柁〔拕〕梨 498, 1702, 1746
44 婆莆 22, 1229
婆藪天 956
婆藪仙人 964
45 婆樓那風 908
婆樓那天 901
婆樓那天佛 898
46 婆㚲 156
婆枳多城 959
48 婆槎〔搓〕 90, 1114
60 婆羅翅樹 944
婆羅墮跋闍天 956
婆羅訶摩 912
婆羅河邊 959
婆羅留支 962
婆羅門 380, 447, 559, 868, 934, 957, 973, 1013, 1343, 1780, 2310
婆羅痆 476
婆羅痆斯 442, 460, 738, 1033, 1042, 1356, 1605, 1686, 2306
婆羅痆斯國 1971
婆羅奢樹 944
婆羅犀羅大嶺 1876
61 婆哂 395, 1493
62 婆呼 122, 1189
婆吒羅樹 898
婆吒霰尼 1241
婆呫 96
64 婆啉 23, 1230
婆嘻 37
婆嚛〔喋〕 422, 1851
婆噫伽 932
65 婆唻 331, 1534
66 婆踟 15, 799
婆喝 493, 1741
68 婆蹉 762, 1895
婆蹉婆 962
婆唅 412, 1253
婆咩 15
77 婆馺婆 1195
婆熙長者 957
82 婆鑠 1195
婆鉽 16, 801
86 婆鍉 92, 1257
88 婆籔慈 2190
**$3454_{7}$**
42 鞁坼〔塝〕 238, 1428
**$3460_{4}$**
30 涾字 586
涾 942
**$3490_{4}$**
00 染衣佷 1636
21 染纈 828
31 染污 504
染污紆剉 1758
35 染沌 2184
48 染翰 808
50 染擀 299, 1555
**$3510_{6}$**
21 冲虛 510, 1764
30 冲寂 2041
33 冲邃 2016, 2095
31 冲濬 1396
90 冲粹 2127
**$3510_{7}$**
30 津液 505, 1758
31 津涯 2340
37 津溜 106, 1272
46 津媲 1323
73 津膩 643, 1955
**$3511_{8}$**
12 澧水 1935
17 澧鄂 2101
**$3512_{7}$**
00 清辯 1942

清羸 1054
10 清醇 2123
14 清確 2059
20 清儁 2193
37 清潔 981
清净行處 941
清瀨 2172
38 清澈 637
清泠 537,689,706,770,774,809,1018,1436,1949
清道 2033
50 清夷 40
清夷之處 938
64 清噈 2064
73 清颸 2037
08 沛施 1448
10 沛王府 2041
23 沛然 115,1076,1204

**$3513_0$**

00 決度 367,1733
56 決擇 542,1592
30 決定 859
泱流 2172
66 泱咽 2174
34 漣漪 1959,2179

**$3513_2$**

38 濃塗 1179
71 濃厚 775

**$3513_4$**

20 湊集 232,1421
17 湊聚 2312
80 湊會 1184

**$3513_7$**

54 沸撓 365,1730
60 沸星 176

**$3514_4$**

14 淒勁 505,1759

**$3514_7$**

27 溝壑 137,810,985,2073
29 溝艖 197,1312
34 溝港 71,168,258,414,671,1005,1086,1511,1889
37 溝洫 2016,2020
40 溝坑 558,612,844,1090
44 溝巷 123,1113
70 溝阬 2237

**$3515_7$**

81 瀞飯 120,1277

**$3516_0$**

00 油瘦 1187
10 油雲被八方 903
90 油糖 454,1350

**$3516_3$**

33 潛泳 1955
34 潛婆 158

**$3516_6$**

34 漕瀆 2172
81 漕矩吒國 1970

**$3518_1$**

34 淟池 153,834

**$3518_6$**

08 潰旅 686
22 潰亂 925
35 潰潰 1463,1888
48 潰散 479,1386
97 潰爛 490,539,585,1738,1942
44 漬其氈 1200

**$3519_0$**

30 沫流 1001
55 沫摶 834
59 沫拌 776
36 洙泗 2104,2124

**$3519_6$**

00 涷〔涷〕瘃 244,1412
66 涷喝 18,803
82 涷餒 1960,2146

**$3520_6$**

00 神衷 1961
10 神璽 1982
22 神巒 2184
27 神龜 741
神甸 525
44 神蒴 2180
65 神睞 1984
71 神驥 2194
72 神質 2179
81 神鉦 2112

**$3521_8$**

67 禮路 268,1431,1517

**$3523_0$**

00 袂帝 92,1257

**$3529_0$**

21 袜領 2111
44 袜〔袜〕其眼 1144

**$3530_0$**

21 連紕 2077
22 連縣 61,660
27 連綴 49,955
31 連洏 2096
40 連柱 1681
44 連甍 1438,1956,2001,2087
57 連擦 262,1843
64 連噤 2083
65 連嘑(嚏) 331,1534
80 連鑣 1975,2037,2147

**$3530_3$**

08 逮於無上 873
26 逮得〔得〕 36,128,564,578,696,929,969,1011,1108,1208
29 逮覫 1718
35 逮清净 1289
40 逮十力地 887
48 逮教 796
53 逮成 766,869
80 逮無 784
10 迭互 1081
23 迭代 1869
31 迭遷 2192
44 迭共 1398
46 迭相 785,1081,1172,2050
17 逮〔椄〕子 44,948

**$3530_4$**

00 遘〔遘〕疾 92,1260
80 遘善 1453

**$3530_6$**

38 遭洽 342,1663
44 遭苦 554
遭苦厭 971

**$3530_7$**

15 遣聘 1402

**$3530_8$**

05 遺訣 2144
93 遺慽 2130
95 遺燼 50,537,959

**$3610_0$**

12 泗水 388,1801
23 泗戲 333,1545
20 洎乎法界 889
34 涸池 1221,1872
36 溷漫 2132
47 溷殽 1375
50 溷中 1893,1970
36 汨灑 2036,2338
37 汨淴 1951
38 洄澓 510,714,719,862,955,1209,1763,1856,2211,2222
34 涸池 1221,1872
80 涸無量愛欲海 906

**$3610_7$**

00 盪瘵 2337
37 盪滌 193,253,308,448,994,1290,1308,1344,1564,2288
40 盪士 1453
66 盪器 350,1649
78 盪除 1940
85 盪鉢 232,1421,1891

**$3611_0$**

27 覡仰 2137

**$3611_1$**
22 混亂 720
27 混假名 1046
34 混淆 2130
36 混濁 964
40 混太空 855
44 混著 1407
47 混殽 2062
50 混車書 687
38 滉瀁 2116
**$3611_4$**
涅 677,971
10 涅不緇 2201
22 涅緇 2142
27 涅槃 928
64 涅嚧〔嚂〕 93,1257
36 湟濁 1993
**$3611_7$**
00 温痺 1111
07 温誦 495,1744
17 温習 469,1327
44 温醮 1175
48 温故 49,957
17 溫彝 2096
30 溫適 1856
31 溫湙 2311
37 溫潔 2123
**$3612_7$**
26 渴伽 356
渴伽月 1691
27 渭物攢子 1718
30 涓流 223,259,1488,1838,2201
涓渧〔滴〕 1926,1984
36 涓涓 387,1787
38 涓澮 245,1413
43 涓埃 2119
55 涓棘 2027
濁 974
37 濁渾 242,1411
**$3613_2$**
10 瀑雨 841
12 瀑水 213,1319
30 瀑〔瀑〕流 504,696,826,844,869,1047,1572,1577,1672,1678,1686,1709,1758,1776,2254,2282
瀑流軶 1734
31 瀑〔瀑〕河 1211,2212
瀑漲 2250
40 瀑布 1954,2054,2191
71 瀑長 390,1801
30 滚〔滚〕流 148,999
37 滚潟 2174
**$3613_3$**
00 濕痺 124
濕廢多 1183
濕麼 199
10 濕奭 1398
20 濕鮭 379,1795
63 濕嚩 541
**$3614_0$**
22 渒〔淠〕梨〔棃〕 116,1243
**$3614_1$**
36 湒湒 1429
67 澤鷞 2030
**$3614_7$**
04 漫讚 342,1663
44 漫荼羅 678
67 漫跟 306,1562
**$3615_6$**
21 潬上 403,1501
31 潬潭 1137
**$3618_1$**
88 浞篡 2020,2154
**$3618_6$**
12 湏水 1932
**$3619_4$**
10 澡豆 1020
20 澡手 1521
27 澡身 2185
34 澡沐 2053
37 澡漱 152,878,965,1051,1297,1575,1590,1723,1894,2320
38 澡浴 139,633,988,1012
77 澡盥 1464,1479,1787,1817
澡盥 247,387
81 澡瓶 1286
84 澡罐 752,1183,1247,1606,1648,1967,2269
**$3621_0$**
07 祝詛 140,360,991,1695,2286
21 祝術 758
31 祝禮 303,1560
36 祝祝 174,778
21 視占 57,195,656,1310
26 視覘 440,817
63 視瞚〔瞬〕 45,795,949,2195
64 視睞 775
27 襯身 1958
75 襯體 1635
78 襯臥 1606
36 袒裸 1826
**$3622_7$**
11 褐麗筏多 631
**$3623_6$**
27 襁負 124,1901,1905,2004,2114
36 襁褓 736,1609,2148
**$3624_0$**
04 裨諶 2137
30 裨之 1336
40 裨希吟婆緻 1251
68 裨敗 1239
74 裨〔埤〕助 119,212,786,1367,1928
75 裨體 148,999
40 裨希吟 410
48 裨教 2042
**$3624_7$**
57 禝契 1985
**$3625_6$**
襌 989
00 襌〔禪〕衣 84
11 禪頭 10,849
17 禪那 867
30 禪定境排 883
禪窟 1296
64 禪畦 1945
73 禪膩師 1017
00 襌衣 1061
**$3629_4$**
裸〔倮〕 879,887,979
10 裸露 1198,2223,2231,2314
12 裸〔倮〕形 702,744,827,1095,1129,1217,1453,1456,1726,1938,2260,2302
裸形國 2190
44 裸〔倮〕者 738,782,1024,1120,1209,2211
64 裸跣 1831
54 褓持 1573,1579,1594
**$3630_0$**
迦 541,942,1125
00 迦庇 182
迦帝迦王 953
迦摩羅病 953
08 迦旃延 895,929,1049,1399
迦旃延天 940
10 迦不多樹女 961
迦栗沙鉢拏 508,1761
16 迦理沙般拏 463,1359
20 迦維 525
21 迦比羅 478,1385
迦盧陀夷 739

迦師佶黎　2191
迦止栗那綿　827
22 迦梨迦龍　668
迦利　20,805
迦利邸迦月　697
迦利沙波拏　1017
迦私　215,1288
24 迦憊　58,279,657
27 迦多衍那　468,588,638,1212,1326
迦多衍尼子　486,1734
28 迦偷〔偷〕　83,1060
30 迦賓闍羅鳥　961
迦遮　817
迦遮鄰地　719
迦遮隣〔鄰〕底迦　1213,2213
迦遮末尼　441,552,610,622,1006
迦字　586
32 迦澌　410,1251
33 迦逋　207
36 迦迦羅　49,956
迦迦羅蟲　953
迦濕彌羅　2243
40 迦奢國　817
41 迦柘　1368
44 迦藍浮王　371,1816
迦蘭多迦　1208,2211
迦蘭陀　119,1275,2251
迦蘭陀鴻　711
迦蘭陀鳥　393,932,1490
迦蘭陀竹林　959
迦葉　687,870,964
迦葉波　813,912
迦葉佛　951
迦葉彌羅國　887
45 迦樓羅　858,970
迦樓那摩訶　669
46 迦棹（捭）　237,410,1252,1427
47 迦郄那　1641
50 迦粹〔辣〕　92,1257
迦婁羅　931
迦末羅病　471,1329
51 迦攝波　2279
52 迦輜　394,1492
56 迦螺　340,1661
60 迦羅　991
迦羅富城　964
迦羅富單那　952
迦羅迦樹　940
迦羅鳩馱　871,953
迦羅越　62,649
61 迦毗羅　957
迦毗羅城　901,953
迦毗羅論　955
迦毗羅衛國　677
迦啅　280,1465
63 迦咤　1246
64 迦呿伽俄　42
迦嚧　111
66 迦囉吠羅　729
67 迦嚕　411,1252
迦嚕羅　1209,2211
68 迦睇　17,801
73 迦膩　1081
迦膩色迦　2041
74 迦陵伽褐　1680
迦陵伽鳥　768
迦陵伽衣　930
迦陵迦王　680
迦陵頻〔毗〕伽　14,214,798,932
迦陵頻伽鳥　908
77 迦留羅　697,766
迦留陀夷優陀夷　985
迦履迦　635
迦尼迦樹　945
迦尸國　880
迦尸迦　705
迦邑〔屺〕　2005
79 迦隣提　935
迦隣提鳥　944
迦隣陀衣　900
88 迦籆　179,1076
迦箄　251,1435
08 迴旟　2098
28 迴復　7,49,365,846,1731
38 迴澓　1903
47 迴靶　1983
61 迴〔迴〕眄　192,1047,1307
66 迴蹕　2110
68 迴瞰　2112
38 迫迮〔窄〕　587,603,720,757,900,1595,1685,1700,2239
40 迫難　305,1561
78 迫隘　862,892
94 迫憎　94,447,820,1219,1262,1343

**$3630_1$**

10 邈爾　2038
23 邈然　1896
邈矣　1572
17 逞已〔巳、巳〕　501,1754
21 逞衒　2116
44 逞芬　2059
95 逞情　422,1852
26 邏伽　2229
30 邏字　58,656
42 邏刹娑　1067
44 邏惹　2268
53 邏戍　217,1326
57 邏攙　493,1741
67 邏啜　150,1008
97 遑恤　2123

**$3630_2$**

00 邊裔　1289
41 邊幅　68,662,917
67 邊鄙　589,1013
07 遏部　96
10 遏惡　1522
22 遏梨　439
26 遏伽　1196
27 遏絶　64,234,651,1423
30 遏寇　674,2263
36 遏濕摩揭　1387
遏濕摩揭婆　480
43 遏截〔截〕　323,1542
26 遢自　2039

**$3630_3$**

01 還襲　209,1373
44 還莅　2332
62 還晰　2135

**$3702_7$**

44 邲地　107,412,1242,1253,1255
53 邲蛇　414

**$3710_7$**

44 盜塔寺物　901
61 盜跖　1999,2035,2110,2122,2146
80 盜入宫闈　904
87 盜鄗　1986,2149

**$3710_9$**

10 鑿石　2188
17 鑿君荼　1142
20 鑿爲　1632
30 鑿穽　245,1428
鑿穴　2051
鑿之　1912
40 鑿壙　2055
44 鑿巃山　2065
55 鑿丼　636

**$3711_0$**

18 沮致　1895
22 沮亂　1319
30 沮漳　2036
31 沮渠　1913

40 沮壞 8,39,59,211,567,617,657,742,755,763,847,922,1033,1126,1149,1193,1298,1380,1872,2238,2242,2268,2299
48 沮敎 168
77 沮屈 378,1795
31 汎漲 1220,1619,2077,2216,2312
38 汎漾 1887
40 汎大 1856
53 汎成 465,1361
37 渢渢 2166

**$3711_1$**

22 泥犁 215,1288
31 泥洹 1273,2339
泥淖 244,1412
33 泥濘 2112
泥滓 1127,1387
34 泥潦 11,850,883
47 泥娜 170,1165
56 泥〔埿〕捏 1181,2283
57 泥墼 1337
63 泥嚩些那 1952
86 泥鏝 335,1547
37 澀〔澁〕滑 379,1237,1779,2232

**$3711_2$**

35 泡沫 724,1007,1439
47 泡起 1888
90 泡炎 842
37 氾氾〔汜汜〕 244,1412
60 氾〔汜〕羅 175,1078

**$3711_3$**

32 瀺灂 2036

**$3711_4$**

00 濯衣 1955
21 濯以 821
27 濯衆 1001
30 濯流 706
35 濯清 1688
38 濯澣 1954
60 濯足 1573
44 渥地 343,1664

**$3711_7$**

00 沉麝 210,1379,1381
58 沉輪 818
64 沉曀 1395
58 溘捻 2191

**$3712_0$**

01 凋顇 770
04 凋訛 2040
30 凋窘 2073
44 凋落 599
90 凋悴 398,1496
12 洶水 2154
37 洶湧〔涌〕 1965,2172
22 湖利 107,1242
23 洞然 66,260,654,891,1481
28 洞徹 888
35 洞清 108,1112
38 洞啟 861
32 潤沃 489,731,1737
35 潤漬 48,953,1080
37 潤滑 570,637
38 潤洽 451,696,1347
80 潤谷 2302
33 淜泳 2183
37 潮汋 2145
汋滑 2154

**$3712_7$**

04 滑玻 174
23 滑稽 405,1503
24 滑歧 778
36 滑湒 245
37 滑澀 1771
43 滑哉 703
88 滑篦 418
10 滈露 2162
12 渦水 2158
17 鴻鸖 747
47 鴻鶄 1833
71 鴻鴈 574
涌 988
17 涌已 1442
22 涌出 826,1022,1073,1272
32 涌泛 496,1744
35 涌〔湧〕沸 846,1196,1628
33 湧浪 2227
34 漏泄 170,404,500,1092,1502,1676,1753
35 漏洩 1248
38 漏溢 349,1654
71 漏匱 469,1327
44 溺者 233,1421

**$3713_2$**

12 濄水 1935,2010
37 滖滑 2020
38 溕海 2163

**$3713_6$**

53 漁〔魰〕捕 138,988,2226,2258
54 蠡蝶 737

**$3714_0$**

40 淑女 256,1479
43 淑忒 2337
71 淑慝 1953

**$3714_7$**

00 泯棄 2016
10 泯一 459,1355
23 泯然 92,175,1077,1260,2029,2123
30 泯之 1988
50 泯末羅 783
12 汲水 310,1002,1566
汲引 790,1208
17 汲郡 2015,2334
34 汲灌 1109
37 汲汲 1978
汲冢 2016,2100
55 汲井 868
24 没特伽羅子 433
40 没力伽羅子 471,1329
61 没嘌多 2271
30 潺湉 1286
32 潺湲 269,2104
37 潺潺 369,423,1814,1852
44 潺横〔撗〕 161,966
30 浸漉 1135
34 浸遠 807
32 浸淫 362,463,1359,1796
37 浸潤 1772
40 浸壞 945
97 㴆〔浸〕爛 821
32 澱逕其下 862
41 溲麪 1187
66 沒〔没〕踝 1178

**$3715_6$**

10 渾而 2193
34 渾淆 1188
35 渾沌 1937
36 渾濁 9,186,447,848,865,1301,1343

**$3715_7$**

22 净縚 2164
31 净濡 1025
净灑 2270
37 净滌 765
88 净餅 1595

**$3716_1$**

23 澹然 62,649
36 澹泊 2042
37 澹潤 1812
39 澹淡 233,1421
30 沿〔㳂〕流 403,464,706,1360,1501
31 沿泝〔溯〕 1054

**$3716_2$**

22 溜山 2065

74 溜墮 383, 1791

**$3716_4$**

洛 540

39 洛沙 952

76 洛陽 1651

77 洛叉 476, 1336

**$3716_7$**

30 涒灘 363

**$3717_2$**

37 淈泥 2000, 2034

涵潤 118, 1113

**$3718_0$**

27 溟鍪 1048

34 溟浡 808, 1944, 2010

溟渤 1925, 2097, 2245

溟涬 2145

38 溟海 439, 815

**$3718_1$**

00 凝玄 521

08 凝旒 1973

27 凝敻 2042

30 凝滴 724

31 凝冱 1966

33 凝滓 2014

37 凝澱 2109

30 潠之 107, 412, 1242, 1246, 1253

50 潠毒 420, 1807

**$3718_2$**

00 次音梵文 540

55 次捧 1199

71 次壓 357, 1692

78 次駢 2054

83 次飴 365, 1730

88 次篋 1049

10 漱玉泉 1944

12 漱水 2047

26 漱卑 330, 1534

30 漱流 2052

37 漱漏 83, 1060

60 漱口 36, 305, 765, 1020, 1110, 1129, 1141, 1233, 1561

漱口澡手 929

90 漱掌 2197

96 漱糗 391, 1786

20 瀲愛 1704

22 次出 1337

77 次膽 1711

**$3718_6$**

20 瀨悉 244, 1412

27 瀨鄉 2039

**$3719_3$**

37 潔滌 1182

**$3719_4$**

00 深疵 1976

09 深誚 2128

14 深殖 166, 1003

21 深傯〔偬〕 507, 1761

22 深樂對治 930

26 深鼰 1256

27 深奧 132, 610, 622, 976

29 深峭 199, 1314

30 深穽 48, 953, 2341

31 深濬 196, 1311

33 深淀 2114

深邃 39, 471, 744, 936, 1292, 1329, 1811

37 深滄 1153

深渦 2110

40 深坑 1849

44 深孽 1241

45 深榛 212, 326, 1367, 1529

52 深塹 699

75 深阱 2197

深駃〔駛〕 496, 2050

深賾 2105

77 深闊 1969

80 深入法旋澓 897

21 滌穢 9, 848, 1925

滌慮 1208

34 滌沈蔽 1375

42 滌垢 2254

78 滌除 482, 859, 1211, 1298, 1366, 2193

80 滌食 322, 1541

91 滌煩 2001

**$3721_0$**

37 祖祢〔禰〕 1595, 1914, 1924, 2097, 2139

38 祖送 153, 965

61 祖䀮 2146

**$3721_4$**

00 冠衮 420, 1807

10 冠王冠 907

28 冠以妙藏 905

44 冠花鬘 487, 1735

45 冠帻〔帻〕 1871

60 冠冕 10, 849

77 冠履 2151

**$3721_7$**

00 冗雜 2341

**$3722_0$**

10 祠天 61, 296, 660, 1552

27 祠祭 2230, 2260

34 祠禱 1716

37 祠祀 43, 449, 473, 495, 945, 1333, 1345, 1743, 2279

50 祠中 1292

22 初後胞雙前 1733

53 初成道已破四魔 934

80 初無所損 908

27 翩翻 708, 1616

37 翩翩 83, 1060, 2189

27 礿祭 2151, 2175

37 礿祀 2126

**$3722_7$**

14 禍酷 95, 325, 1528

22 禍祟 86, 1063

23 祁纖 2145

30 祁寒 27, 1233

47 鵜鶘 1137

57 鸋鴃 2035, 2338

**$3723_2$**

20 禄位 451, 1347

43 冢埌 146, 997

77 冢間 691

**$3723_4$**

87 禊飲 2003

**$3724_7$**

40 [illegible]柱 1181

**$3726_1$**

00 襜衣 349, 1655, 1952

**$3728_1$**

00 襈衣 2201

**$3729_2$**

66 祢瞿 52

**$3730_1$**

12 迅飛 237,1426

35 迅速 566

40 迅去 260,1481

75 迅駛 1478

34 逸婆 541

66 逸躁 1978

67 逸鶡 2040

71 逸馬 189, 1304

**$3730_2$**

00 過齋 1940

過讁 118, 1077

07 過謬 1262

10 過爾餘海 907

28 過咎 876

74 過膝 2228

77 過閾 162, 796

79 過隙〔隟〕 471, 1329

80 過差 957

90 過半 1857

17 迎翼 1125

68 迎睇 2096

22 迴出 522, 675

27 迴色 1331

34 迴遠 700

44 迴樹 1144

67 迴路 2189

23 逈然高出　881
67 逈曜　857
37 通溜　1240
77 通闋　2149
88 通敏　210, 1379
40 遡來　2170
逯在　2165

**$3730_{4}$**

00 遐裔　2126
24 遐峙　1976
31 遐⿺辶正〔征〕　2138
38 遐滋　2170
24 逢值　1195
37 逢迎引納　880
32 邂逅　1202, 1992, 2270
17 遟君來　2051
44 遟其　1561

**$3730_{5}$**

22 遲緩　2255
44 遲〔遟〕其　271, 305, 787
85 遲鈍　560, 1777

**$3730_{6}$**

23 迢〔苕〕然　475, 500, 1335, 1753, 2148
34 迢〔苕〕遰　419, 1806
37 迢迢〔苕苕〕　174, 778, 2184

**$3730_{7}$**

05 追讁　2122

**$3730_{8}$**

00 遨摩　1456
10 選耎　118, 271, 1091
26 選得　186, 1301
56 選擇　1058

**$3733_{8}$**

04 恣詘　698
33 恣心　1291
34 恣汝　716
44 恣其　1214

**$3740_{1}$**

28 罕繳　1810
32 罕測　855
77 罕〔罕〕聞　508, 1761
80 罕人　73, 633

**$3740_{4}$**

21 姿態　45, 760, 949
24 姿偉　1183
姿豔　791

**$3741_{3}$**

24 冤結　464, 1360
30 冤宛家　939

**$3742_{7}$**

27 鴳鳥　220, 1484

**$3750_{6}$**

08 軍敵　635
軍旅〔旅〕　215, 605, 1288
27 軍衆　379, 1779
44 軍荼　1233
54 軍持　108, 194, 358, 1193, 1267, 1309, 1643, 1693

**$3760_{8}$**

68 咨嗟　1023
咨嗟戀慕　897

**$3771_{7}$**

20 瓷艷　1125
61 瓷匙　330, 1533
66 瓷器　1180

**$3772_{0}$**

23 朗然　860

**$3780_{0}$**

05 冥譴　1879
30 冥寂　2061
44 冥者　167, 1003
77 冥闇　1687

**$3780_{6}$**

20 資稸　437, 728
25 資生什物　880
28 資以　1781
54 資持　865
64 資財　72, 668
96 資糧〔粮〕　554, 618, 2244, 2247

**$3792_{7}$**

10 鄴下　1880
43 鄴城　1325, 1926, 2144
47 鄴都　1880
50 鄴中　2076
76 鄴隍　1389

**$3810_{4}$**

33 塗治　589
塗　977
37 塗冠　460, 1356
38 塗塗　1840
42 塗埵　298, 1555
53 塗拭　1196
99 塗瑩　1162

**$3811_{2}$**

37 湴泥　386, 1794

**$3811_{7}$**

00 溢廡　1974
38 溢瀁　1978
85 溢鉢　1641
28 濫觴　2029
30 溢穹蒼　2190
37 溢涌　2174

**$3812_{1}$**

33 湔浣　369, 389, 1801, 1813
34 湔洗〔洒〕　174, 778, 1516
37 湔濯　2084

**$3812_{7}$**

10 汾晉　1966
30 淪永夕　859
34 淪漪　2166
淪滯　808
37 淪沒　486, 1734
淪溺　2244
淪湑　1959, 2038, 2043, 2055, 2110, 2162
64 淪曀　243, 1411
78 淪墜　453, 1349
30 涕泣　35, 137, 929, 984, 1809, 2301
33 涕淚　490, 1012, 1018, 1039, 1738
36 涕泗　237, 276, 1426, 1515, 1914
涕泗悲泣　897
涕泗咨嗟　883
62 涕〔渧、洟〕唾〔涶〕　36, 359, 487, 538, 584, 718, 732, 749, 764, 1022, 1096, 1163, 1269, 1440, 1648, 1652, 1694, 1735, 2253, 2319
38 瀚海　839
44 瀹蘥　2175

**$3813_{2}$**

12 淰水　346, 1659
35 滋濃　1437
36 滋澤　682
37 滋潤　543, 604
44 滋蘩　1021
滋蔓　753, 937
滋茂　731, 1073
滋蔓〔蔓〕　40
65 滋味　59, 170, 658, 1165
99 滋榮　859, 1020
55 淞井　2036
64 滄〔凔〕唵　94, 1263
77 滄風　523
64 淞時　522

**$3813_{3}$**

37 淤泥〔埿〕　40, 632, 681, 682, 705, 787, 925, 1294, 1322, 1888, 2063, 2275
44 淤藍　1907

**$3813_{7}$**

10 泠而　305, 1561
38 泠泠　2243
91 泠煐　574, 1595

**$3814_{0}$**

00 激磨　646
08 激論　1679

10 激電 897
12 激發 308,1564
激列 323,1542
激水 1022
24 激動 345,1659
27 激響 1571
30 激流 220,1485,1956
激注 446,1342
32 激湍 456,1352
44 激楚 2067
47 激切 88,247,1070,1817,1988
58 激輪 438
80 激矢 925
21 滸盧 439
30 瀲漉 1627

**$3814_1$**

00 澣衣 1337,1455
30 澣之 1875
34 澣染 1636
37 澣濯 1807,1869
39 洴沙 64,652,1854

**$3814_6$**

10 滰雲 2071
12 滰水 249,1819
42 潬橃 1892

**$3814_7$**

31 游福德海 899
33 游泳 755,1222,1967,2163,2217

**$3815_1$**

35 洋沸 749
87 洋銅〔洞〕 191,349,382,448,491,755,1215,1306,1344,1654,1739,1782

**$3815_7$**

27 海島〔㠀〕 20,108,804,908,1240,1261,1619
31 海湑 2145
33 海濱 151,1045
34 海濤 837
44 海狶 1589
55 海蜯 864
58 海鼇 1285
60 海晏 855

**$3816_0$**

31 沿江 1965

**$3816_7$**

37 滄溟 2192
44 滄蕩 231,1419

**$3816_8$**

27 浴像 1109
55 浴摶 451,1347

**$3818_1$**

22 漩梨 111
37 漩渦 2311
38 淀澓 375,1790

**$3821_1$**

22 祚胤 147,998

**$3821_7$**

25 襤縷 2063
35 襤褸 189,252,419,1304,1806,1841

**$3824_7$**

77 複殿 2002
複履 1966

**$3830_1$**

00 迮意 1904
10 迄于 420,1807
迄至 456,1352
20 迄乎 2190
80 迄今 124,162,253,507,796,994,1111,1760,1776

**$3830_2$**

08 逾於 1011
11 逾珂雪 570
24 逾彼 768
30 逾之 363
34 逾遠 673
36 逾邈 1955

**$3830_3$**

17 送歿 1938
30 遂竄 2105
40 遂古 524
53 遂捩 1958
遂捥 1611

**$3830_4$**

05 邀請 435,723,1020
22 邀利 223,1488
27 邀名 1218
32 邀祈 1248,2190
35 邀迭 157,1037
47 邀期 1187
57 邀契 628
94 邀憤 1458
08 逆旅 435,724
28 逆傲跳之 1854
35 逆津 48
47 逆楔 1628,2199
逆槅 1618
67 逆路 138
逆路伽耶陀 987
10 迸〔迸〕石 297,1086,1554,1724
12 迸水 2190
27 迸血 2322
30 迸竄 2299
33 迸淚 2106
34 迸瀵 1397
44 迸落 1464
83 迸鐵 937
11 遊玩 479,1386
22 遊樂 989
23 遊戲 785
26 遊憩 1054
32 遊泛 628
34 遊讌 753
40 遊〔遊〕幸 446,1342
42 遊獵 1811,2051
44 遊萃 1040
63 遊踐 681
64 遊跨〔跨〕 1375
80 遵令 1521

**$3830_6$**

00 道該 2024
01 道龔 1880
03 道誼 256,1076,1479
17 道帚 1989
21 道徑 1870
30 道之 1643
47 道懿 1989
50 道蠹 1873
51 道軻 83,1060
52 道挻 1912,1921
55 道軼 1395
57 道砮 2056
58 道撿〔檢〕 46,64,89,651,951,1114
59 道轔 1036
60 道跡 377,1799
道囧〔囧〕 1918,1936,2065
61 道嚘 2159
62 道躓 2016
64 道晞 2144
道䯅 2099
71 道叵 976
77 道闋 2074
78 道險易 882
80 道氤 1993
11 遒麗 1053
34 遒遠 2005
44 遒華 2334
45 遒楗 1977

**$3830_9$**

64 途跣 1223

**$3834_3$**

38 導道 1860
61 導(遵)嚘聾 2012

**$3850_7$**

77 肇闡 686

**$3860_4$**

05 啓請 1177
38 啓〔啟〕導〔道〕 458,875,1354
58 啟轍 1984

**$3864_0$**

10 啟一切衆生心意 891
35 啟迪 1052

**$3866_8$**

23 豁然 166,728,

1003
78 豁脱總撥爲空 1398
91 豁悟 234,1422

**$3890_4$**

43 棨戟 2166

**$3911_1$**

39 洸洸 2152

**$3911_3$**

32 瀅澄 1912
50 瀅中 1935,2098,2113

**$3912_0$**

沙 540,906
01 沙訶 62
03 沙詑 111
11 沙彌 988
12 沙礫 1389,1937
21 沙〔砂〕鹵〔鹵、滷〕 38,924,934,1223,2253
22 沙利蘗迦 461
30 沙字 586
33 沙梁翟 1062
34 沙汰 1933,2051,2172,2335
36 沙潬 1125,1719
46 沙挐 179
49 沙麪 1875
56 沙蜱 1153
57 沙揉 1918
58 沙數 680
77 沙門 130,816,868,957,973
沙門那 963
沙門衣盋 2147
90 沙糖 342

**$3912_7$**

12 澇水 201,1315
14 消殰 110,1116
18 消殄 1018
24 消化 38
消皺 1320
33 消滅 1403
36 消涸 913
37 消冥 766
78 消除 1213

**$3918_0$**

12 湫水 1195
32 湫淵 1177
72 湫所 1168
78 湫隘 2010,2114

**$3918_9$**

36 淡泊 673
44 淡薄 1985
78 淡陰 306,1562
87 淡飲 199,656,1313

**$3930_3$**

07 迷謬〔謬〕 607,621,623
18 迷瞀 2133
26 迷伽伐瑳悉伽 730
37 迷泥 1711
64 迷踦 111
92 迷惛 1514
96 迷怛羅 1128

**$3930_8$**

14 逖聽 1949,2003,2070

**$3940_4$**

娑 541,906
00 娑度 2328
娑麼 906
01 娑訶 649
06 娑竭羅 858
22 娑梨蘗迦 1357
26 娑伽 906
娑伽羅 970
27 娑郵 17
28 娑偷波 913
30 娑字 586
31 娑瀰 96
34 娑婆 862,886,970
娑婆世界 933
41 娑頗 906
50 娑攡 176,1172
60 娑羅 35
娑羅林 896
娑羅雙樹 929
娑羅娑鳥 934
娑羅葉 465,1361
63 娑嚩 933
64 娑喃 23,1230
67 娑哆 906
68 娑咩 799
80 娑俞 23,1229
87 娑卸 802
96 娑怛鋑 1296

**$3990_3$**

22 綮利藍 950
44 綮草 954

## 4

**$4000_0$**

00 十方剎 974
十方無間 904
十六大國 677
十六輻 679
十六種行惡業者 933
10 十二京 604
十二優波提舍 951
十二肘梯 1580
十一阿浮陀達摩 951
20 十千層級 870
十千繒綺 870
十住 957
22 十種不净 936
23 十艘 2066
24 十佉 169
29 十絆 1511
38 十複 2004
40 十力摧殄 858
44 十坩 182,1294
十萬猛卒 899
61 十毗佛略經 951
44 乂烝(蒸) 1207

**$4001_1$**

左 942
00 左辮 1237
30 左字 585
32 左衽〔袵〕 371,1816,2009
38 左道 453,1349
70 左腋 2009,2313
71 左髀〔髀〕 1177,1612
74 左髂 1897
左脇〔脅〕 1215,1773
76 左髁 1145
77 左臀 888
88 左笪 1235,2287
90 左眷 2173

**$4001_4$**

24 隿射 148,999

**$4001_7$**

00 九癭 2020
07 九韶 256,1830
21 九觜 1178
22 九種清净 936
27 九級 672
30 九瀛 2077
40 九垓 2002,2040
41 九樞 1395
77 九闋 1992
九闍陀伽經 951
88 九箴 2009
21 丸頹 1539
丸頽 320

**$4002_7$**

00 力羸 1772
60 力贔 156,1271

**$4003_0$**

00 大羸 1202
大應伽藥 908
01 大謔 2127
大瓻 342,1662
04 大護 2339
08 大族 600
10 大賈 1952
大王臨庶品 903
大雨名洪霆 889
15 大磧 398,1496
18 大致 41,940
20 大乘律 180,182
大航欄 2064
大雞 1360
22 大牴 2143

大樂 640
23 大魆 157,1069
24 大魁 321,1540
25 大積 1892
大生主 507,1760
26 大舶 42,756,941,1920
27 大侈 1958
大名聞 859
30 大窄 1406
33 大梁 922
34 大浡 365,1731
36 大迦薑佉反多衍延典反那 631
39 大娑羅 495,1744
40 大堆塔 1931
大坑 814
大寺 339,1660
41 大槭 1953
大柘林 1596
43 大朴 1207,2210
44 大材 473,1333
大蒜 1291
大者 928
45 大棒 348,1667
大椿 1868,2010,2027,2152
大劫庀那 1684
46 大塊 2130
47 大埳 1876
大帆 238,1427
大刧〔劫〕 809
大檜 646
50 大較 254,1829,1830
大青 441,480,1042,1387
51 大排 1418
52 大採菽氏 631
大抵 2070
大虬〔虯〕 401,1499
54 大撓 2160
大較〔輊〕 1998
57 大輅 674,2263
58 大鼇 1103
60 大圂〔槶〕 98,704
大目揵連 895,969
61 大噱 2025,2028
62 大吼歙 1478
67 大噉 1611,1626
68 大賒 1404
70 大辟 99,196,1271,1311
大駭 1968,2143,2334
71 大臣輔佐 902
大豚 903
大厦〔廈〕 1972
76 大隗 2124
77 大鵬 2335
大騷 2079
大醫耆婆 953
78 大腸 584
83 大猷 155,836
87 大飲光 531
88 大籃〔藍〕 426,1863
17 太子泓 1982,2048
26 太白 936,2290
28 太微 2336
30 太宰嚭〔噽、嚭、嚭〕 1878,2033,2143,2333
44 太蔟 2004
50 太史儋 2158
68 太賒遠 1369

**$4003_4$**

32 爽塏 2071
42 爽〔奭、爽〕塏 1593,1931,2006,2079,2131,2160,2180

**$4003_8$**

38 夾道 244,1412
67 夾路 1080
74 夾膝 379,1795

**$4004_7$**

10 友而 165,1002

**$4010_0$**

27 土梟〔梟〕 20,421,804,1239,1462
土梟鳥 1465
40 土堆 1157,2281
42 土墢 396,1494
土埵 134,979
44 土封 376,1790
45 土埭 2063
46 土塊〔凷〕 709,759,820,1074,1443,1601
土榻 2307
47 土堝 2191
57 土墼 1007
60 土星 2266
72 土丘 465,1361
77 土蚤 1908
土隙 323,1542

**$4010_4$**

30 圭竇 2085
80 圭合 349,1654
85 圭銖 283,1431
30 奎宿 189,1304
60 奎星 16,48,800,954
44 臺榭 770,1070,1175
46 臺觀 137,497,985,1745

**$4010_6$**

43 查椽 2132

**$4010_7$**

27 壼奧 1975
33 直瀸 1201
61 直贖 342,1663
70 直髈 91,1259
77 直豎 1199
64 盍呿 1927

**$4011_4$**

27 堆〔自、垍〕阜〔𠂤〕 137,558,612,708,792,920,924,944,984,1041,1057,1073,1209,1862,2237
44 堆堞 1968
96 堆〔垍〕惕 1464,2195

**$4011_6$**

46 壇墠 2134
壇墠形 862
88 壇纂 2027

**$4011_7$**

23 矗然 91,1259
40 矗直 390,1802,1940
30 坑窖 422,1834
坑穽 25,366,383,494,907,1232,1581,1732,1743,1791,1957
37 坑澗 792
44 坑蘩 2016
47 坑坎 632,833,984,1097,2097
坑坎塠阜 904
坑埳〔埳〕 72,667
52 坑塹 1681
75 坑〔阬〕阱 1776,2109
77 坑隔〔陷〕 1325

**$4012_7$**

44 墉堞 398,1495

**$4013_2$**

10 壞琼 1634
23 壤侘 919
24 壞佉 1291
32 壕塹 769
88 桼箠 425,1477

**$4014_7$**

塝〔坼〕 977
00 塝廠 2323
12 塝裂 1198,1215,1604
34 塝洗 1612
46 塝如 2062
27 埻的 25,1231

**$4016_1$**
27 培的 370,1815
45 培〔峼〕塿〔嶁〕 1960,2010,2153,2182
46 培鞞 18,802
**$4018_2$**
25 垓佛土 1029
44 垓劫〔刼〕 67,661
**$4018_6$**
67 壙野 533,554
**$4019_1$**
47 壈坎 2334
**$4020_7$**
31 爹禰〔祢〕 179,1173
80 夸〔夰〕父 1961,1972,2098,2145
**$4021_4$**
00 幢麾 233,1422
08 幢旌 1872
幢旗 1019
28 幢繖 1131
43 幢幟 1040
46 幢相 602
10 在弶 48,953
在礦 1048
23 在巢 1907
26 在釋羇底 1448
38 在瀫〔瀫〕 1323
40 在在所往 986
57 在握 687,1053
77 在屏扆處 936
88 在鏃 1220
30 帷扆 2100
41 帷帳 95,187,1264,1302,1854
44 帷幕 794,2311
46 帷幔 71,671
**$4021_6$**
01 克諧衆樂 877
02 克證 861
18 克殄 859
23 克伏 452,1348
31 克湮 1395
55 克捷 2050
**$4022_1$**
77 猗〔猗〕覺枝 1690
**$4022_7$**
00 内廐 1956
01 内襲 2073
38 内迮 1605
47 内圮〔圯〕 2182
53 内感 187,1302
66 内踝 1636
68 内噲 125
71 内甌 1643
00 南房 411,1249,1252
南裔 2101
31 南逗 2054
37 南溟 1572
67 南贍部洲 528,1223
80 南無 131,884,975
南無純陀 934
南無現無愚佛 784
87 南鶫 2002
00 肉疱〔皰〕 738,949,1610,1900
肉痏 1896
22 肉臠 1593,1901
60 肉團 753,758,1260,1799
68 肉噲 1108
72 肉髻 57,655,1075,1223
00 有癡 1673
有疵 843
有紊 1607
有癇 477,1384
有序 496,1745
有疫 543
有音 1272
有卒〔卆〕 226,1413
07 有諍〔諍〕 486,1734
09 有讜 1913
10 有覆 1673
有一國土名摩利伽羅 897
16 有殫 2182
21 有癘 543
22 有巢 2024
有樂 1859
23 有秘密藏 938
有斜 383
24 有甜 762
有皺 1820
27 有伺 1714
28 有徽 1997
有件 276
30 有窮 1840
有窪隆 2052
31 有汪 1833
33 有減 534
34 有婆咀窶拉摩風 1711
有泄 243,1411
36 有遏 1110
38 有複 1606
有滄 2028
39 有瀅 2090,2094
41 有娠 194,398,1309,1495,1603,2100
42 有桴 70,664
44 有横〔擴〕 543
有貫 1656
有蕈 2105
46 有棍〔掍〕 61,201,660,1315
有帽 1656
有埤 2131
47 有翅〔翄〕 59,556,611,658
有鰇 1092
50 有蟲 1632
有橐 342,1663
51 有扼 381
53 有抳 1781
54 有蟒 1081
60 有見斷見 955
有四魔故 940
63 有瞋 448,1343
64 有點 1273,1871
71 有曆 843
72 有氍 282,1430
76 有腭 732
77 有釁 2122
有瞖 1055
有翳 1322
有隟竭 1919
79 有隙 2150
80 有鉉 173,777
82 有創 1292
88 有篇 244,1412
有箪 1909
有鏃 1629
90 有拳 1337
93 有憾 268,1431
95 有情 472,1332
96 有愧生慙 577
98 有燧 1172
04 脅諸 334,1546
60 脅壘 1925
64 脅嚇 110,1275
74 脅肋 303,1559
07 希〔睎、悕〕望 56,654,690,703,739,1043,1082,1388,1398
11 希冀 640
20 希締 2042
50 希夷 440,1006
58 希鳌 412,1253
08 布施 118,1077
31 布灑他 495,1743
34 布濩 843,913,1053,2015,2223
39 布沙他 391,1668
41 布娠 1068
44 布薩 340,1661
47 布穀 246,1430
52 布剌〔喇〕拏 495,1163,1744
66 布單那 716,810
96 布怛那 433
36 巾褐 2010,2079

47 巾杷 1938
77 巾馭汝寶乘 864
48 肴乾 2153
78 肴〔肴〕膳 130, 722, 972, 1072, 1082, 1157, 2281
87 肴饌 43, 138, 460, 945, 985, 1356

**$4023_2$**

10 獽三百 2112

**$4024_7$**

00 皮裹 754
12 皮剥 1831
21 皮膚 637, 731
22 皮緩 715
23 皮綫 1614
24 皮皺 1447, 1705
28 皮穭 1112, 1437, 1443
30 皮穿 539
35 皮連 306, 1562
40 皮韋 300, 1556
41 皮鞭 2113
42 皮韜 271, 786
44 皮革 39, 306, 937, 1562
50 皮囊 747, 1022
77 皮膠 678, 1128, 1248
皮屩 1631
94 麦懱 1200

**$4024_8$**

23 狡戲 65, 653
47 狡狗 2138
狡猾 20, 88, 253, 405, 804, 1070, 1503, 1843, 2334
48 狡獪 378, 1795
60 猝〔倅〕暴〔暴〕 603, 623, 1166
78 猝除 2145

**$4026_1$**

40 狺狺 284, 1466
黏黏 1135, 1154

**$4028_6$**

12 獷烈 1591
16 獷强 1001
30 獷戾 460, 1031, 1356, 2307
33 獷俍 907
60 獷暴 1949
71 獷厲 2100
40 麵麥麩 2305

**$4030_0$**

46 寸梠 2002

**$4033_1$**

00 志褒 2112
26 志緝 2334
36 志逞 95, 1034
46 志獨無侶 877
87 志欲廣大 861
90 志尚涅槃 893
10 赤石 227, 1414
21 赤顙 1982
赤紫〔觜〕 171, 698, 1093, 1912, 1920
赤紫烏 1982
25 赤告 1237
28 赤毯 1618
67 赤鄂衍那國 1950
74 赤膜 1192
79 赤隣轡 1456
60 悳〔德〕曼 2168

**$4033_3$**

78 恣腹 253, 1842

**$4033_4$**

10 燾覆 1961

**$4033_6$**

00 憙吏 1042
23 憙傅 350, 1655
34 憙法 1685
36 憙渴 1673

**$4034_1$**

00 寺廇 307, 1563
寺廟 1471
40 寺墉 2091, 2094
14 奪聽 741
17 奪取 749
33 奪心 1024

**$4040_0$**

26 女得 756
47 女媧 2133, 2145
77 女醫 1579

**$4040_1$**

27 辜負 636
50 辜較 173, 424, 1113
54 辜搉 777

**$4040_7$**

03 李斌 1915
12 李淼 2136
15 李聃〔耼〕 2035, 2337
22 李嶷 2189
30 李寔 1993
17 麥〔麦〕鬻 280, 1466
26 麥〔麦〕稍 401, 1499
43 麥〔麦〕麩〔麸〕 39, 935, 1439
44 麥芒 730
60 麥果 446, 1342
17 支那國 2223
27 支多 224, 1489
30 支肩 302, 1558
32 支派 492, 1595, 1741, 1880, 2099
56 支(攴)提 120, 215, 382, 680, 1271, 1288, 1782, 2241
支提山 886
80 支侖 2067
50 孛本 1918
孛本經 1911
61 孛題 96

**$4042_1$**

22 婍倒 1486

**$4042_7$**

22 劦掣 346, 1659
17 嫡子 813
40 嫡嫡 94, 1263
47 嫡婦 761
50 嫡冑 397, 1495
67 嫡嗣 2229

**$4043_2$**

孃 942
81 孃矩吒 448, 1344

**$4043_4$**

24 嫉結 1686
41 嫉妬 793, 1067, 2017
43 嫉妒 131, 633, 749, 775, 782, 974, 1039, 1857, 2195
77 嫉擘 1396, 1714
97 嫉慳 533, 1722

**$4044_0$**

40 卉〔芔〕木 136, 453, 523, 638, 688, 816, 983, 1298, 1349, 1572, 2242, 2254
77 卉服 1972

**$4044_4$**

07 姦詭 83, 409, 1251, 1255
08 姦詐 748
21 姦穢 1890
30 姦宄 18, 369, 802, 1813, 1960
40 姦(奸)狡 239, 845, 1428
47 姦猾 1439
18 奔鶩 146, 997
30 奔竄 1600
奔突 1885
34 奔濤 480, 1364
40 奔走 255, 1829
44 奔荼〔茶〕利 2213
奔荼 433
奔荼〔茶〕利花 574, 592, 719, 1213
奔荼利迦 715
奔荼利迦花 555

**$4044_8$**

58 姣輸 199, 1313

**$4046_5$**
12 嘉瑞 500,916,1753
44 嘉苗 366,1732
50 嘉抃 2134
66 嘉眖 1998
83 嘉猷 1974
84 嘉餚 813
**$4050_1$**
15 辜〔辠〕磔 1448
**$4050_3$**
16 牵强 2132
**$4050_6$**
27 韋紐 1337
45 韋幬 2021
51 韋拒 588
56 韋提希 953
韋提希子阿闍世王 970
93 韋悰 1936,2035,2111
**$4051_4$**
04 難詰 293,1550
08 難敵 644
11 難冀 49,955
難頭和難頭 704
21 難處 134
難處受生 892
難訾 1911
22 難稱 896
難制沮 874
27 難解 1208
30 難宣 860
35 難遭 1406
37 難沮 259,1838
56 難覯 2013
60 難量 681
71 難暨 278,1475
73 難陀 895,934,969
難陀跋難陀 931
難陀波羅 934
難陀優波難陀 898
80 難愈 494,1743
**$4060_0$**
04 古諜 2111
60 古貝 366,1731
20 右手拓地 1153
右手攥 1125
30 右肩 680
50 右捽 371,1815
53 右輔下牙 888
58 右搓 1193
67 右跽 889
68 右睇 2173
73 右髆 757,1204
74 右脇〔脅〕 705,731,747,758,779,1096,1447,2009
76 右髀 576
**$4060_1$**
12 奮發 2107
30 奮宏轡 2052
37 奮迅 139,532,576,597,826,915,988,1094,1172,1199,1323
53 奮戈 449,1345
奮威 606,620
82 奮劍 1858
23 嗇〔嗇〕然 1477
30 吉遮 141,992
38 吉祥茅國 606
吉祥瓶 1187
吉祥幄 863
40 吉孃二合字 586
50 吉由羅 851
72 吉胝(胝、胵) 215,1288
60 嗇〔嗇〕口 147,998
**$4060_3$**
44 昚莫 2022
**$4060_4$**
00 奢摩他 529,713,813,867,959,2240,2255,2296,2297
22 奢利耶 709
23 奢侘 1621
27 奢侈 511,1765
36 奢迦夜牟尼 913
63 奢哦 410
奢哦呪掘 1251
奢 906
**$4060_5$**
22 喜樂之樂 1859
25 喜犍 284
50 喜抃 482,1366
65 喜嘯 705
96 喜愕 818
98 喜愉 1180
**$4060_6$**
44 菖蒲 2305
**$4060_9$**
34 杳漠 2124
36 杳邈 2338
40 杳杳 2189
**$4062_1$**
20 奇香發越 885
48 奇乾 1858
**$4064_1$**
60 壽量 989
80 壽命 35,928
**$4071_0$**
00 七痛 62,650
17 七子喻者 954
21 七卓 14,798
23 七牟娑洛揭拉婆 1075
27 七仞 10,849,880
30 七寶 930
七寶械 1026
七竅 754,2130
40 七十二君 854
七猗 1394
44 七葉花 945
七枝 950
46 七塊 2202
七榻 1442
71 七阿波陀那經 951
**$4071_4$**
07 雄毅 1239
15 雄虺 2012
18 雄憨 2094
25 雄傑 106,174,778,1272,1688,2091
96 雄悍 2107
**$4071_6$**
00 奩底 50,60,958
17 奩子 366
**$4073_1$**
00 去瘱 1648
21 去纏 1612
44 去藏 109,918
去其帽 1956
去樹去舍 963
46 去帽 1970
85 去鉎 350,1649
88 去鏉 697
**$4073_2$**
08 袁旃 2035
**$4080_1$**
00 真諺 117,415,1087,1111
27 真多摩尼 2298
43 真越 65,652
72 真胝〔胵〕 73,668
73 真陀羅 697
80 真金爲囱 933
真人 168,1005
88 真筌 1208
47 爽〔爽〕翅 113,1158
62 走跳 761
63 走獸 1091
**$4080_4$**
67 趚踔 1475
**$4080_6$**
03 賁識 279,1475
33 賁濘 412,1253
39 賁沙〔跢〕 83,1060
10 賫五符 2026
20 賫往 702
40 賫來 698
26 賣鱓 2175
45 賣姓 268,1517
**$4080_9$**
27 灰自 1873

95 灰燼〔赆〕 146, 195, 434, 469, 493, 647, 720, 817, 997, 1055, 1202, 1247, 1310, 1327, 1382, 1985

**4081$_4$**

60 鞋羅副吒國 287, 1453

**4090$_0$**

10 木弶 404, 1502
木盃(盂) 759
20 木膀 318, 1536
30 木蜜〔樒〕 131, 975
40 木枋 1618
木柿〔梯〕 347, 386, 1666, 1794
41 木枯 1627
木梗 417, 1089
木橛 678, 2267
42 木札 328, 1531
43 木檻 1177
44 木槿 342, 1663
木槿〔堇〕榮月 675, 2264
45 木槵 1153, 1200, 1929, 2199, 2274
木摶 343, 1664
47 木桶〔筩〕 41, 322, 941, 1541
木杴 1635
木楔 1833
木榍 198, 1313
木柵 1820, 2190
48 木槍 40, 879, 937, 2315
木槍刺脚 1881
60 木星 2265
77 木屐 303, 1295, 1559
木膠 1018
木橛 1201
木簀 318, 333, 1537, 1544

**4090$_1$**

44 奈苑 1369, 1922
柰林 1436
72 柰氏 167, 1004

**4090$_3$**

01 索訶 439
索訶界 2322
索訶世界 2280
17 索了無所有 917
22 索綏 2340
25 索縷 647
58 索拼 1774
80 索鏃 334, 1545

**4090$_8$**

01 來襲 1592, 1607
05 來請衆僧 939
30 來室 138
44 來嬈 530, 602
54 來拙 108, 1267
57 來齧 1159
64 來贖〔贖〕 1619
66 來瞤 2027
68 來蹲 2049
80 來坌 61, 660
84 來鎮 235, 1424, 1872

**4091$_1$**

41 樚櫨 152, 1046
51 樚轤 1628

**4091$_3$**

23 梳綰 1182
72 梳髮 1129
梳刷 1605, 1635

**4091$_4$**

00 柱〔拄〕亦 287, 1460
14 柱礎 384, 1792, 2002
41 柱頰 1283
44 柱地 1057, 1900
45 柱杖 793
76 柱〔拄〕髀〔髀〕 1477, 2294
柱髀 45
21 椎何 1859
44 椎葦 1596
45 椎棒〔捧〕 448, 1344
48 椎杵 1442
51 椎打 672, 1215
52 椎撲 1104
56 椎拍 1904
72 椎髻 1937, 1952, 1958
77 椎〔推〕胸〔胷、胷、匈〕 763, 1023, 1219, 1617, 1626, 2009
81 椎鉆 310, 1566
82 椎鍾 138, 775, 986, 1050
24 樾牆 391, 1668

**4091$_6$**

檀 989
22 檀欒 2174
24 檀特山 117, 1089
28 檀谿 2087
34 檀波羅蜜 867, 932
42 檀札 206, 1338
66 檀覶 387, 1787
73 檀膩鞴 1899, 1905
90 檀㲋利迦花 955

**4092$_1$**

41 椅〔椅、棓〕櫪 2173
67 椅明翩 2184

**4092$_7$**

40 槁木 1992
43 榜笞 1309
44 榜楚 1862
88 榜笞 13, 852, 903
44 柿樹 1936, 2310

**4093$_1$**

31 樵溼 867
40 樵木 1618
44 樵蘇 1958
樵薪 324, 1543
67 樵野 2011, 2158

**4093$_2$**

榱 942
35 榱連 1969
41 榱桁 1933
45 榱棟 145, 329, 996, 1532, 2144
46 榱梠 1952
榱 933, 942
40 榱椽 400
60 榱毘柘嚕迦 1124
椽 708

**4094$_1$**

41 梓栢(柏) 245, 1413
43 梓棺 270, 1477
44 梓桂 1973
梓薪 282, 1430
45 梓柟 416, 1087

**4094$_6$**

40 樟梓 1889
44 樟薪 282, 1430
45 樟柟梓 1459

**4094$_7$**

27 檨色 1388
40 檨〔柝〕木 1179

**4094$_8$**

60 校量 1103

**4096$_1$**

棓 1247
40 棓木 423, 1839
52 棓刺拏 480
57 棓擊 1986, 2149
77 棓印 1181, 1201

**4098$_2$**

40 核內 1112
41 核鞕 1603

**4099$_4$**

05 森竦 250, 738, 1435, 1610
23 森然 415, 425, 1087
40 森森 228, 389, 1415, 1801
44 森蔚 913
49 森梢 2075

**$4101_1$**

00 尪〔尫、尵、尩〕羸　86, 222, 450, 1063, 1217, 1346, 1487, 2215

尪疾　1708

尪瘵　236, 1426

17 尪〔尫〕弱　409, 1251, 1440

26 尪細　781

41 尪〔尫〕狂　173, 777

88 尪餘　2068

90 尪劣　1520

**$4101_7$**

21 﨧虎　2102, 2113, 2120

65 﨧吽　1856

67 﨧哃　224, 1489

77 﨧闞　106, 1272

**$4106_1$**

95 懵悽　2182

**$4108_6$**

頰　904

21 頰頷　527

50 頰車　1223

77 頰骨　540

80 頰首　2135

**$4111_2$**

17 墟聚　111, 1076, 1514

21 墟鱸　360, 1695

77 墟隟　148, 999

**$4111_4$**

00 堙方輿　1971

10 堙醯　93, 1257

33 堙心　2178

34 堙婆　158, 1037

60 堙羅　115, 220, 1243, 1484

47 埵韜　413, 1254

**$4111_6$**

24 垣牆　197, 293, 573, 1312, 1550, 2224, 2226

43 垣城　456, 1352

44 垣林　70, 664

垣墻繚繞　862

60 垣壘　1968

壃〔疆〕界　506, 647, 1760, 2317

**$4111_7$**

00 埡底　1613

12 埡水　1605

**$4112_7$**

40 埥土　1994

41 堧垣　1959

**$4114_7$**

42 坂坻　2181

**$4119_0$**

坏　865

08 坏諭　1899

10 坏〔坯〕瓦　592, 753, 2253

27 坏船　764

坏幻　2038

43 坏椀　2271

53 坏成　724

66 坏〔坯、杯〕器　746, 1479, 1580, 1885, 2229

81 坏瓶　554, 611

**$4121_4$**

00 狂痟　1388

18 狂憨　258, 1444

30 狂癮　412, 1253

44 狂瞽　2339

46 狂狷　188, 1303, 1989

63 狂賊　560

94 狂悖　272, 791

**$4121_7$**

04 殖諸　1012

27 殖多　596

殖衆　128, 970

**$4122_7$**

24 麪黏　1185

63 麪貯　1167

47 獼〔猕〕猴江　295, 1552

獼〔彌〕猴　846, 1464, 1714, 1921

獼猴手　691

**$4123_2$**

44 帳帙　747

77 帳輿　1971

**$4124_0$**

67 奸黜　261, 769, 798

**$4124_7$**

26 散〔散〕憩　2050

80 散坌　814

31 敧散　120, 1277

85 玃鉢彌　2229

**$4128_6$**

頗　541, 942, 973

02 頗謝　1582

21 頗能　530, 875

22 頗梨　35, 130, 929, 973

頗梨色　861

24 頗穌　2281

27 頗黎椀　2073

30 頗富伽羅　957

頗字　586

40 頗有　75, 138, 357, 679, 816, 896, 987, 1691

44 頗勒具那　498, 1746

60 頗見　1261

71 頗胝迦寶　1223

72 頗胝　446, 1342, 1398, 1878

頗胝迦　487, 572, 636, 783, 827, 1735, 1770

**$4129_1$**

33 幖〔標〕心　1296, 1515

43 幖〔幖、摽〕幟〔懺〕　322, 434, 476, 502, 533, 581, 720, 1139, 1183, 1233, 1383, 1649, 1678, 1710, 1725, 1755, 1772, 1865, 1879, 2268, 2272, 2276, 2300

44 幖幟　1541

**$4141_1$**

40 婬女　1182

**$4141_6$**

67 嫗煦　2135

79 姬媵　496, 1744

**$4142_0$**

30 妸字　1202

婀字　2239

41 婀婀　1225

**$4143_1$**

01 嫕訶　179, 1173

**$4143_2$**

28 娠微　2017

**$4144_0$**

16 妍醜　2027, 2155

22 妍蚩　2075

35 妍神　2147

70 妍雅　1605

**$4146_0$**

60 姤羅綿　492

67 姤路毗尼　1078

98 姤憋　41, 1195

**$4146_3$**

10 孀孩　2169

77 孀居　1590

**$4151_6$**

00 韁棄　1634

22 韁攣〔彎〕　1216, 2214

43 韁栈　1651

89 韁鎖　1369

**$4154_6$**

40 鞭榜　1513

45 鞭杖　724, 1015

51 鞭打　743, 765, 1050

鞭揖〔揤〕　277, 1455

54 鞭撻　181, 534, 732, 810, 1066, 1216, 1218, 1261, 1718, 2155, 2214, 2288, 2321

57 鞭撾　1441

88 鞭笞　1835,2231
48 鞭鞅(軏)〔靰〕　120,257,780,1480

**$4154_7$**

44 鞎〔鞕〕椹　1613

**$4164_7$**

敁　1205

**$4168_6$**

01 頡頏　1052,1974,2008,2136,2161
22 頡利　93,122,1189,1257
45 頡隸代〔伐〕多　455,1351
62 頡唎　404,1502
頡唎媲　1138
77 頡尾　364,1730

**$4180_3$**

48 趚驚　1827
77 趚風　1827

**$4180_4$**

77 赶尾　345,1659
88 趠第　118,1107

**$4188_6$**

23 顛〔蹎〕仆　755,1717,1955
30 顛〔巔、蹎〕沛　106,237,1272,1426
61 顛〔蹎、傎、顚〕蹶〔蹷〕94,158,312,360,426,451,481,1035,1263,1347,1365,1398,1405,1568,1695,1702,1706,1851,1901,2198
78 顛墜　810,1769

**$4191_0$**

40 杌木　1609
44 杌樹　1600,1860
杠　398

**$4191_1$**

19 桂稍　1581
42 櫪槲　256,1830
48 櫳〔籠〕檻　11,160,849,918,1048

**$4191_4$**

10 枉死　1018
25 枉生　568
44 枉橫　1858
10 桎一敫〔肢〕　1236
18 桎致　179,410,1251
39 桎沙桎麗　1401
44 桎梏　26,192,244,345,375,435,722,1232,1307,1412,1659,1789,1880,1924,1989,2060,2097,2130,2194
40 梐木　1594,1600

**$4191_6$**

10 樞要　1196,2050
30 樞扇　1709
42 樞機　1992,2028
77 樞闞　1945
樞閫　150,830

**$4191_7$**

22 樝梨　2035,2336
24 櫨櫎　84,1061
44 櫨欂〔搏〕　15,154,329,799,1532
櫨枓　1932
櫨栱〔拱〕　323,741,771,1542
45 櫨楝〔楝〕　302,1558
87 櫨鎟　227,1415

**$4191_8$**

72 柩所　2112

**$4192_0$**

44 柯葉　1196
46 柯榫　98
60 柯羅羅　1800
88 柯箄羅城　1443

**$4192_1$**

41 桁杆　1574
43 桁〔桁〕械〔掝〕19,246,378,803,1429,1795
88 桁竿　1583,1608

**$4192_7$**

00 樗離　158,1037
40 樗木皮　1123
樗皮　1704
44 樗〔樗〕樹　257,1480
34 朽邁　736
40 朽木　1016
68 朽敗　1723
78 朽墜級　1504

**$4193_2$**

21 根上　208,1371
26 根〔橖、敦、振、殺〕觸〔龟〕19,42,209,331,435,709,724,804,941,1077,1082,1179,1373,1479,1534,1595,1608,1938,2113
60 根量　1192
80 根食　1656
26 櫞卑牀　739
43 椽杙　325,1529

**$4194_0$**

21 枅衡　329,1532
33 枅梁　332,1544
44 枅栱　1620
40 樓椎　2259
47 杆欄　2190

**$4194_6$**

44 梗樹　2325

**$4194_7$**

22 板片　554
46 板榫　758
40 椵〔梗〕難　2084

**$4195_6$**

10 梗正　2078
17 梗〔挭〕澀　65,437,652,729,2108
71 梗〔椵〕槩　736,1208,1609,1917,1924,1939,1961,1969,1970,1988,2075,2086,2165,2210

**$4196_0$**

02 栖託　1339
21 栖處　1394
栖慮　522
36 栖泊　814
60 柘羅迦波利　913

**$4196_2$**

30 楷〔揩〕定　497,1746
44 楷模　1919

**$4196_3$**

17 櫺子　310,321,1540,1565
30 櫺窗　378,1795
櫺扇　2116

**$4197_7$**

92 栭憕　2134
97 栭〔柳〕惲　2134

**$4198_2$**

17 橛子　1137
27 橛角　1991
81 橛釘　1903

**$4199_1$**

04 標〔摽〕誌　1140
20 標〔摽〕牓〔榜〕229,1417,1992,2146
25 標生遠　1370
40 標嘉　1770
43 標〔摽〕式　706,1179
57 標靜　2184
62 標別　1331
77 標舉　2142

**$4200_0$**

24 刈穫　105,1164
44 刈者　1337
30 剜戶　2137

**$4201_1$**

27 尰血　216,1665

**$4210_0$**

42 封剳　2128,2149

**$4211_3$**
21 跳行 1601,1636
41 跳趠 369,1814
跳枰 95,1264
44 跳蕎 1112,1155,1243
48 跳故 793
57 跳擲 1369
64 跳蹀 254,995
67 跳踉 1809
跳躍 1716
跳躑〔蹢〕 643,755,1192,1197,1573,1612,1630,1657,1679,1685,1860,2323,2325
**$4211_4$**
00 毦〔鞲〕衣 44,247,948,1818
34 毦〔⿱艹毦〕被 317,1535
**$4212_1$**
77 圻際 153
**$4212_2$**
22 彭蠡 2059
71 彭匯 74,670
**$4214_0$**
11 坻彌羅 780
坻彌魚 962
27 坻多〔哆〕 84,1061
42 坻柢〔抵〕 170,1165
11 坻〔坛〕彌 26,51,177,1080,1233
80 坻舍比丘 962
32 坻祇 414,1255
77 坻閤〔闔〕 412,1253
**$4214_1$**
00 埏主 393,1491
12 埏形 2043
**$4216_1$**
垢 974
31 垢汙 538
48 垢圿 1835
73 垢膩 556,705,1860
**$4220_0$**
12 剫剥 947,1217,1586,2215
27 剫解 1609
40 剫皮 308,1564
42 剫析 2110
60 剫羼 506,1759
22 刳刮 302,1558
27 刳解 417,1088
刳舟 1971
33 刳心 87,1239,1256
42 刳斮 1964,2040,2150
50 刳中 320,1538
60 刳四 329,1532
62 刳剔 1884,2114
78 刳腸 2198
刳腹 195,1310
80 刳命 2022,2152
47 猘狗 237,1427,1881,2104
**$4221_0$**
55 剋捷 285,1473,2191
64 剋勵 1835
79 剋勝 506,1759
91 剋炳 2065
**$4221_6$**
21 獵師 1442
44 獵者 618
**$4222_1$**
47 狾狗 424,1515,1835,1911
狾狗醫 1919
狾狗醫王 1981
**$4223_0$**
00 狐麑 1807
20 狐貁 737,1404
22 狐彪 1464
27 狐貐 1632
狐兔 1210
43 狐狼 539,585,1858
狐狼野干 978
46 狐玃 1021
68 狐蹲 2011
**$4223_1$**
17 獯粥 2158
42 獯狐 1991,2320
43 獯狁 1876
47 獯胡 2011
**$4224_7$**
43 猨狖 1960,2239
47 猨猴 235,376,465,725,1361,1423,1790,1860
**$4226_4$**
72 狧鬅髮 1826
**$4229_4$**
⿰犭巢 1992
**$4240_0$**
55 刑〔荆〕棘〔棘〕 558,699,933,1022,1030,1209,2237
**$4241_3$**
32 姚泓 1913,2144
41 姚墟 2003
44 姚萇 2053
姚萇卒 1921
**$4241_4$**
17 婬豫 276
24 婬〔媱〕劮 1273,1294
25 婬佚 51,191,349,455,903,962,1306,1351,1654,1894,2237
47 婬怒癡 938
71 婬慝 48,953
87 婬慾 814
41 妊娠 178,1103
73 妊胎 2325
**$4242_7$**
22 嬀川 1961
**$4243_4$**
24 妖豔〔豓〕 10,331,848,1535
25 妖魅 704
33 妖〔⿰女芺〕冶 114,199,258,350,760,1313,1444,1517,1655,1875
44 妖〔⿰女芺〕嬳 208,1372,1516
妖〔祅〕蠥〔孽、孼、蠥、櫱〕 86,208,222,275,424,1063,1067,1113,1372,1487,1520,2144
50 妖〔⿰女芺〕蠱 168,1005,1477
**$4246_1$**
60 姤羅綿 1741
**$4246_2$**
50 ⿰女𡿺患 1295
**$4246_4$**
00 姡卒 2183
35 婚禮 2312
45 婚媾 2324
婚娉 1869
46 婚姻 50,958
**$4250_0$**
57 靷繫 1707
**$4252_1$**
44 靳者 410,1251
60 靳固 396,1494,2008
**$4253_4$**
77 鞵屩 1124
**$4257_7$**
17 韜弓 2126
24 韜德 1924
40 韜真 1650
46 韜韞 2332
47 韜聲 2024
90 韜光 2193
**$4260_0$**
72 剳劂 1957,1960,2012,2158
**$4260_1$**
66 誓喝辯 632

**$4262_1$**

74 斮髓 2155

**$4271_7$**

14 甏破 425,770

**$4276_4$**

12 甛〔甜〕水 1154
27 甛物 1394
65 甛味 1396
73 甛膩 1021
80 甛美 740

**$4280_0$**

42 赳赳 1979

**$4280_1$**

24 趒牆 249,1819
33 趒梁 405,1503
44 趒驀 1129,2299
67 趒躑 297,1554
90 趒小 188,1302

**$4280_2$**

21 趫行 224,1489

**$4282_1$**

00 斯諺 2159
03 斯訃 2154
12 斯瑞 1297
21 斯愆 1220
58 斯轍 1915
73 斯陀含 873,991
80 斯人尠 974
88 斯鑑 2024
90 斯尚然 874

**$4290_0$**

00 剎〔刹〕帝利 558,1013,2310
剎帝利婆羅門 1221
17 剎〔刹〕那 612,987
剎那羅婆牟呼栗多 897
剎那頃 1142
22 剎利 380,934,1781
剎利王 883
29 剎秒 1887
40 剎柱 770
62 剎別 2247

**$4291_4$**

41 榷杠 285,1473

**$4291_7$**

榹 541

**$4291_8$**

17 橙子枝 1182

**$4292_1$**

00 析毫 1194
04 析諸 1012
20 析〔枂〕爲〔為〕 562,595,617,626
24 析彼 1238
44 析荅 1001
48 析乾薪 2196
75 析體 248,1818
78 析除 571
10 枂一 706
枂一毛 529

**$4292_2$**

42 彬彬 2339

**$4292_7$**

01 橋〔撟〕誑 601,624,1182,1203
21 橋〔撟〕穢 540
26 橋泉 120
27 橋船〔舩〕 534,747
30 橋〔槁〕宕 248,1818
33 橋梁 1049
35 橋津 61,660
42 橋橃 1020
72 橋隥 1290
88 橋飾 721

**$4293_4$**

44 樸著 1438
48 樸散〔散〕 2153
50 樸素 1987
80 樸令 979

**$4294_0$**

15 柢殊俗 1948

**$4294_1$**

40 梃直 1831
44 梃樹 235,1424

**$4294_7$**

44 桴材 418
57 桴擊 1015
88 桴筏 159,1036
47 椶櫚 1936,2305
48 楥榆 2148

**$4295_0$**

43 杽〔杻〕械 675,732,810,991,1479,2014,2265,2308

**$4295_3$**

07 機譎 2089
12 機發 152,223,1046,1050,1488
22 機絍 2012,2159
28 機微 1830
47 機杼 217,1339,2269
55 機捷 2096
64 機黠 1675,1679
77 機闗〔關〕 563,626,1097
機闗木人 866
80 機會 200,1315

**$4296_4$**

楯 972

**$4296_9$**

25 橎〔幡〕使 344,1658
26 幡綖 922
43 幡幟 384,1792
86 幡鐸 589

**$4300_0$**

58 弋輪 367
弋論 1733

**$4301_0$**

20 尤重 496,1744
22 尤劇 1905
57 尤蛆 1688
尤蛆〔蛆〕 484,1402

**$4301_2$**

20 尨毛 1634
27 尨色 1625

**$4303_0$**

66 犬〔夭〕喪（喪） 1219

**$4304_2$**

00 博弈 40,73,166,358,461,668,938,1003,1357,1692
07 博訊 1868
23 博戲 507,1687,1760
博綜 9,848,1020,1457,1618,2054
28 博〔愽〕聳 114,1159
54 博掩 311,1567,1816,1830
77 博叉 262,1843

**$4310_0$**

式 855
50 式抃 2044
77 式叉摩拏 1573,2328
式閭 2154
弍同 416,1088

**$4310_7$**

00 盝廟 2076
27 盝盝 1915

**$4312_2$**

30 墋害 1397
36 墋濁 153,965
50 墋毒〔毐〕 1224,2219
64 墋黷 2154

**$4313_2$**

17 求那 950
27 求匃 1855
30 求定 1853
40 求索 983
43 求求羅香 215,1288
44 求其罪釁 893
50 求蠹 1976
54 求斠 1873
62 求眺 148,999
65 求晴 512,1765
67 求賂 370,1814

**$4313_4$**

00 埃塵 367，491，1732，1739

80 埃坌 2253

**$4315_0$**

00 城廬 1117

07 城郭 137，863，985

27 城名多羅幢 899

城名墮羅鉢底 901

城名迦陵迦林 900

城名婆怛那 906

城名無量都薩羅 900

52 城塹〔壍〕 672，2077，2099，2193

60 城邑宰官 864

76 城隍 175，828，1441

77 城隖 423，1839

城闉 1604，1615，2070，2163

**$4322_1$**

10 獰惡 2325

**$4323_2$**

00 狼扇 333，1545

44 狼藉 1458

46 狼狽 1972，2000，2047，2078

60 狼跡山 175，1077

66 狼〔狠〕踉 331，1534

**$4323_4$**

00 獄卒 908

43 狀狀鬬諍 1469

84 猷〔猒〕餜 2104

**$4323_6$**

27 憓網 770

80 憓盖〔葢、蓋〕 546，620，1047，1631

**$4324_0$**

44 麩草 702

**$4324_2$**

95 狩精彪 2196

**$4324_7$**

47 狻猊 432，509，1762

狻猊頷 714

**$4325_0$**

40 彝麥 1102

44 彝麳 2029

**$4328_2$**

狖 978

26 狖貍〔狸〕 133，182，1167

77 狖鼠 965

**$4332_7$**

08 鶩鶩 1931，2136

45 鳶樓 2170

**$4333_3$**

23 慭然 2124

**$4340_7$**

00 妒齋 1178，1184

04 妒詖 1183

33 妒心 723

40 妒嫉 746

47 妒猘 1185

98 妒憋 939，1177

**$4341_2$**

22 婉樂 1850

婉戀 160

婉孌 917，2131，2151，2184

27 婉約 570，637

30 婉密 1913

47 婉娩 2020，2178

**$4341_4$**

姹 942

**$4343_2$**

17 嫁娶 2317

81 娘矩吒 492，1740

**$4345_0$**

17 戟〔戟〕翣 401，1499

19 戟（戟）矟 1701

51 孅指 195，1310

**$4346_0$**

30 始褰持等 1716

36 始洎 74，669

**$4348_6$**

27 嬪御有十億 902

47 嬪妃 1191

**$4350_0$**

30 鞁蜜 1108

**$4354_4$**

44 鞍韉〔韀〕 740，1574，1584，1596，1599

**$4355_0$**

00 載育 1032

86 載鍚 2180

**$4375_0$**

13 戡戩 2001

30 戡濟 2143

40 戡難 1879

44 裁蘖 254，995

**$4380_0$**

62 貳吒 167，1004

**$4380_5$**

34 越漠 855

**$4380_6$**

27 貣〔貳〕物 1050，1936

64 貣財 775

77 貣〔貳〕用 325，1529

**$4385_0$**

34 戴逵 2143

61 戴顒 2170

95 戴憒 2061

**$4391_1$**

柁 540

17 柁那 433，722

27 柁身 1464

45 柁樓 317，1535

52 柁折 1628

27 椌鵠 1997

**$4391_7$**

40 櫨木 1126，1184

梎 934

**$4393_2$**

49 根欓 1513

**$4393_6$**

40 櫶木 1167

**$4394_0$**

15 杙殃 1886

21 杙上 295，1552，1605，2306

24 杙牀 1596

40 杙有 1618

81 杙釘 1629

38 弑逆 2029

**$4395_0$**

21 裁〔栽〕穢 721

33 械心 1138

41 栽杌 1677

48 栽榫（榫、蘖、拵、櫱、糵） 83，279，375，435，725，1255，1475，1684，1702，1790，1871

80 栽忿 729

44 櫼〔攕〕者 385，1793

88 械籠 228，286，1416，1446

**$4395_3$**

30 棧之 1633

38 棧道 1955

67 棧路 1922

**$4397_2$**

40 榴木 1124

**$4398_6$**

47 檳榔 1944，1968

**$4400_0$**

12 剩水 90，1115

**$4402_7$**

77 協同 441，1007

**$4410_0$**

00 封主 482，1321

24 封緘 237，1426，1922

43 封邑 492，1741

44 封著 1407

**$4410_1$**

17 莖朶 1182

莖子 948

26 莖稈 114，547，590，785，1094

44 莖華 168，1005

48 莖幹〔榦〕　40,607,636,644,718,938
57 莖擢　1371

**$4410_4$**

10 莝碓　277,1469
44 坐草　335,1547
10 墊下　1234,2298
36 墊濕　1958
40 基墉　2066,2104,2162
41 基堦　1887
基址　2037,2140
44 基堵　867
60 基蹠　2063
61 基趾　1967
56 荃提　395,1492

**$4410_6$**

86 薑羯羅　728

**$4410_7$**

34 藍婆女　931
37 藍澱　328,1532
43 藍博迦經　508,1762
44 茲菖　147,998,2165
88 蓋笴　1960

**$4410_8$**

44 薆〔憕、瞪〕曹〔䀉、懵、瞢〕　39,90,246,358,403,464,496,947,1029,1114,1225,1237,1239,1360,1430,1452,1501,1511,1671,1684,1693,1705,1745,1771,1777,2195,2219

**$4411_0$**

23 茫〔芒〕然　166,213,463,1003,1319,1359
33 茫滅　157,1069
44 茫茫　274,1524,1571,1997
69 茫眇　2124
94 茫怖　398,1496

**$4411_1$**

12 堪耐　1287
14 堪耐　214,1030,1293
21 堪偕　162,796
27 堪紹　怡悦等字　578
30 堪濟　1990
53 堪盛　554
27 菲〔乖〕角　1237
44 菲薄　1047
80 菲食　2127,2150

**$4411_2$**

00 地誕　122,1189
22 地穩　396,1494
43 地獄　129,607,621,971,2224
地獄一百三十六所　963
44 地菌　1156,1599
56 地蜱　92,1257
65 地趺　208,1371
75 地胇　2159
77 地肥　229,389,1417,1800
88 地箎　1246
24 范縝　2151
27 范蠡　2017
64 范曄　2143
80 范義頵　1983

**$4411_3$**

44 蔬菜　448,1344
蔬蔌　2172
80 蔬食　360,1695
91 蔬糲　2201

**$4411_7$**

44 蓺也　2159

**$4412_7$**

00 蕩瘵　2035
24 勤伆　161
勤劬　1913
27 勤懇　1957
47 勤懿　160,917
88 勤策男　475,1335
25 蒲健　1913
27 蒲匐　769
44 蒲薹　1594
蒲萄朵　1183
77 蒲闍尼食　1263
蒲屩　2113
25 蒨練粲爛　94
27 蒟醬　1975
37 蕩滌　1914
39 藹沙　114,1159
40 坳塘　1977,2160
77 坳〔拗〕凹　484,1390
90 坳堂　2014
44 蓊蔚　825,1055,1079,1479,2065
蓊鬱〔欝〕　37,457,740,762,932,1213,1353,1954,2213,2227,2231,2235

**$4412_9$**

01 莎訶　681
24 莎升　1523
26 莎伽　137
44 莎蔗　1683
61 莎呵　444,1107

**$4413_2$**

44 藜藿　2189

**$4413_4$**

44 蒺茨　1990
蒺蔾　86,212,254,349,995,1367,1654
茯若　116,1111

**$4413_6$**

17 蟇子　1826
30 螯户　2333
50 螯蟲〔虫〕　280,369,376,1465,1790,1814,1985
67 螯眠　401,1499
77 螯民　83,1255
50 蠆毒　1517
52 蠆〔蠚、蠚、蠚〕蛪〔蜊〕　107,158,322,413,1037,1242,1254,1541

**$4414_0$**

44 葑葵　2162

**$4414_1$**

30 蓱流　2189
39 蓱沙　1875
44 蓱薄　1062

**$4414_7$**

00 菝摩　1952
鼓　913
47 皷聲　743
06 鼓譟　449,1345
24 鼓皺　260,1481
26 鼓鰓　1906
30 鼓扇　866
41 鼓棹　1594
42 鼓桴〔捊〕　374,1320,1789
43 鼓檝　2041
44 鼓鼙　2123
鼓柮　2165
47 鼓鞞〔鞞〕　364,487,1238,1729,1735,1771
50 鼓橐　181
56 鼓揚海水　891
67 鼓吹　948
10 菆爾　2149,2182
13 菆殘　2121
17 坡那　410,1251
73 坡陀　1972

**$4414_9$**

21 萍比沙　1474
44 萍薄　86

**$4416_0$**

60 堵羅綿〔緜〕　554,628

**$4416_1$**

塔　971
00 塔廟　130
34 塔婆　345,1659
40 塔寺　139,989
41 塔根〔振〕406,1812

**$4416_4$**
10 落弶 1908
12 落䀕 282,1431
落發 307,1563
44 落苓 2152
落荎 1989
51 落拓 2113
88 落簪 2127
**$4418_1$**
17 填瑠 213,1368
25 填積 192,1307
30 填塞 242,1410
34 填〔塡〕滿 297,1553
40 填布 643
71 填壓 770
88 填飾妙花 860
填築 1192
**$4418_2$**
55 茨棘(粿、棘)381,1781,2029
**$4418_6$**
41 墳壠 2190
**$4419_4$**
23 藻黼 2003
25 藻繢 1138
57 藻掇〔棳〕 110,1275
80 藻鏡 2142
88 藻飾 459,770,1355
44 蕠草 2281
**$4420_1$**
44 葶艾 1990
**$4420_2$**
44 蓼莪 2071,2177
蓼蘇 2138
**$4420_7$**
10 考覈 1990,2025
33 考治 1514
48 考檢〔撿〕 376,1790
50 考掠 189,781,1304
60 考量 510,1764
17 夢已 1055
30 夢〔寱〕寐〔寐〕1221,2217,2298
40 夢境 531
77 夢覺 1385
21 苓儷 2247
44 芎藭 1019
73 荖陀 84,1061
**$4421_1$**
00 荒裔 1953
44 荒荐 2101
60 荒見 169,1005
00 莞席 1914,1987,2001,2147
莌麻子 1184
15 茬融 2153
28 茬作 326
44 茬葶 2138
22 麓山 2060
44 蘼蕪 2160
76 椹脾 412,1253
**$4421_2$**
00 薨亡 97
14 薨殪 149,1000
16 薨殞 256,421,1479,1833
22 薨變 2338
44 菀蔣 2174
菀莛 1821
50 苑中 1296
60 苑〔菀〕囿 110,249,394,994,1029,1117,1491,2199
77 狁鼠 153,212,1367
**$4421_3$**
44 莸茂 913
**$4421_4$**
00 薩褒殺地 1955
07 薩詻 179
10 薩云若 62,650
21 薩頞 541
薩頞二合字 586
22 薩皤 122,175,828,1188
23 薩伐若 435,476,723,1336
26 薩和薩 68,663
30 薩遮尼乾 904
薩遮尼乾子 952
34 薩婆若 621,696,878
36 薩迦邪見 530
薩迦耶見 473,595,1332
42 薩埵 716,916
薩埵剌闍荅摩 480,1364
43 薩栰若心 624
44 薩萰 150,1009
60 薩羅羅 1365
薩羅羅薩 481
薩曇分陀利 1001
62 薩呧 409,1251
63 薩哦 411,1253
薩嗟 96
72 薩簀 170,1165
73 薩陀 16,800
薩陀波崘 2270
17 花朶 770
40 花棓 1176
花堆 1129
花奩香篋 883
44 花勃 223,1487
花蔕 1772
花萫 384,1792
花茸 210,1374
花虆〔蘂〕 708,858,2272
56 花揾 2269
72 花鬘 477,774,1079,1203,1394
83 花錠 2105
44 蘿荻 363,1797
蘿葦 255,1829,1832
荏苒 451,503,577,645,1132,1347,1700,1756,1966,2088
荏若 155,833
62 莊蹻 2146
66 莊嚴巨麗 879
88 莊筭 65,653
**$4421_7$**
00 梵摩三鉢天 68,124,663
10 梵天 128,970
21 梵經 941
梵行 294,1550
梵行之道 897
梵衍那國 迦畢試國 1950
30 梵富樓 388,1778
36 梵迦夷天 65,652
44 蘆荻 328,1531
蘆菔 51,98,1853
蘆葦 544,588,636
蘆葦町 1081
**$4421_8$**
08 莅於 1453
13 莅職 2082
50 莅中 2161
62 莅吒 268,1518
**$4422_0$**
60 葪羅果 1954
**$4422_1$**
02 猗證 1388
26 猗〔猗〕息 379,1780
27 猗炙 1909
30 猗適 640,1183
40 猗喜 1444
44 猗蔚 2054
猗著 767
77 猗覺 867
猗覺分 912
猗歟 2039
17 荷珮 1077
20 荷乘 458,1354
27 荷負 495,680,983,1744
30 荷字爲後 695
44 荷蓧 2160
荷枕 305
57 荷擔〔儋、檐〕 75,637,640,680,

706, 747, 763,
1104, 1269, 1561,
2096
44 荇蔆 2181
**$4422_2$**
00 茅廬 490, 1738
茅衣 634
茅齋 1168
44 茅〔矛〕菽 238,
1428
茅〔芧〕莢 2063,
2143
茅薦 2288
茅蕨 1632
**$4422_3$**
44 薺芑 2191
**$4422_7$**
44 菵藥 153, 966
00 薦席 983, 1987
31 薦祉 2152
10 萹豆 318, 1537
藊栗 1999
22 藊絲 1625
10 蕭瑄 2037
12 蕭瑀 2076, 2077,
2096, 2151
16 蕭璟 1916, 1983,
2004, 2077
20 蕭倅 2184
23 蕭然 465, 1361
32 蕭淵 2101
40 蕭森 273, 1519
44 蕭勱 2168
蕭摹 2059
61 蕭眪 2078
68 蕭眕 2135
73 蕭颷 2174
17 茀〔茀〕子洲 478,
1385
20 蘭香梢〔艄〕 1127,
1159
32 蘭泓 2056
44 蘭茝 2160
蘭葩 2036, 2338
蘭蓀 2170
63 蘭畹 2170
21 勬虛 602
30 勬突 1126
31 勬逼 1155
37 勬沒 1112
64 勬蹕 2002
71 勬辱 596, 1212,
1218
94 勬慽 560
22 艻山 116, 391,
1274, 1802
25 蒨練粲爛 1262
44 蒨草 405, 1503
27 芳絢 2170
44 芳苾 2065
芳檮 2029
80 芳羞 437, 728
81 芳餌 2252
27 蒟多 121, 1036
03 勸誅 66, 99,
105, 654, 1164,
1270
27 勸辫 1870, 1941
68 勸喻 902
74 勸勵 39, 548,
845
27 勸督〔督〕 155,
837
28 芬馥〔馥〕 37,
305, 454, 493,
546, 589, 604,
632, 706, 711,
757, 827, 842,
878, 915, 924,
965, 1012, 1035,
1068, 1108, 1145,
1156, 1204, 1213,
1349, 1561, 1741,
2065, 2218
44 芬葩 155, 253,
836, 995, 1007
芬蔹 1826
47 芬馨 905, 1969
58 芬敷 895
芬敷布濩 896
73 芬陀利 862
34 帶襻 1952
41 帶韁 1613
42 帶毦〔蘣〕 223,
1487, 1634
46 帶韅 285
帶韈 1473
77 帶門 1174
43 芮城 2100
44 芮芮國 2073
蔕芬 1131, 2040
蔕芙蕖 2026
菁華 2075, 2336
葡〔蒲〕萄〔桃、
萄〕 136, 984,
1633
蘭蕩 152, 1046
50 蘭未 2184
**$4422_8$**
17 芥子 138
**$4423_1$**
00 蔭庇 162, 796
蔭魔 1856
17 蔭鶵 237, 1426
36 蔭澤 859
44 蔭蔽日光 932
蔭蓋 1820
62 蔭影 607
17 蕤子 344, 1665
30 蕤〔甤〕賓 1042,
2121
34 蕤汁 301, 1558
40 蕤木 1153
44 蕤蔗 1650
**$4423_2$**
24 蒙倛 2011, 2158
25 蒙積 2189
40 蒙賚 1977
46 蒙鞮 2243
65 蒙昧 57, 484,
656, 880, 1402
88 蒙籠 283, 1466
44 藤蘿 2255
藤蔓 1397
藤樹 1047
47 藤根 2229
60 藤羅所罥 901
70 藤譬 211, 1380
47 猿猴 2253
**$4423_3$**
00 菸瘦 208, 1372
**$4423_7$**
44 蔗芎〔芋〕 1647,
2108
50 蔗棗〔棗〕 2061
80 蔗餹 225, 1413
**$4424_0$**
12 蔚登 2194
23 蔚然 333, 1544,
2188
27 蔚多 85, 1062
37 蔚迴 1932
40 蔚有 156, 1271,
2161
44 蔚茂 20, 194,
804, 1309
蔚耆 15, 800
65 蔚映 1869
42 荷姚 2336
**$4424_1$**
25 芽生 1181
44 芽者 1398
**$4424_3$**
28 蓐收 2145
77 蓐几 1646
80 蓐食 2108
**$4424_7$**
22 蘷樂 1977
04 獲麣 2108
36 獲泗 236, 1425
10 荐雷 2333
15 荐臻 84, 1061,
1974
80 荐食 2150
82 荐餧 2096
27 菱角 383
44 菱〔蔆、蔆〕芰 321,
308, 1539, 1564
40 葭灰 2011
44 菱花 1771
46 帔袈裟 1094
**$4424_8$**
蔽 975, 1859
04 蔽諸 543, 740

08 蔽於 768
30 蔽宿 1927
37 蔽襘 2013,2159
38 蔽祄 2174

**$4425_3$**

23 蕺矣 2109
30 藏竄 980,1718
50 藏婁〔妻〕 2111
76 藏隈 1171
77 藏間 1221
藏舉 691
30 蔑〔篾〕戾〔隸〕車 453,547,562,573,590,1075,1203,1349,1968,2270
77 蔑屑 286,1459
44 葳蕤 2015,2075
葳蘩 2161
53 茂盛 568
66 茂睍 16,800
77 茂邸 125

**$4425_6$**

44 幃帶 61,576,660

**$4426_0$**

26 猫貍 487,1290,1735,1860,1970
27 猫兔 690

**$4426_4$**

66 𦷨器 1647

**$4428_0$**

44 荄枯 285,1473

**$4428_6$**

44 獖者 344,1658
蘋蘩 2128

**$4428_9$**

44 荻林 74,669
荻苗 2306

**$4429_4$**

17 葆羽 274,1105
67 葆吹 2068
72 葆鬢 2182
33 莯治 230,1418
44 蘼蕪 2014

**$4430_3$**

12 蘧瑗 2121
40 蘧麥 824
28 蘧復 1940
蘧縱 2112

**$4430_4$**

17 蓮子瓢 1182
44 蓮花覆合 903
蓮蘂 1186
49 蓮梢 1634
24 蓬醇 1909
44 蓬勃 134,244,980,1412,2252
蓬蘗 2164
72 蓬髮 768
蓬髮躶黑形 1145

**$4430_6$**

50 蕾未 1993

**$4430_7$**

44 芝茶 2128

**$4432_7$**

22 鷰巢 1860
40 鷰〔鵜〕麥〔麦〕268,439,816,1517
27 鷲鳥 171,232,1093,1421,1877,2002,2106
62 鷲影 1572
48 蔫乾 1590
60 蓦四 1619

**$4433_0$**

00 苾皸 1176
11 苾頭 96,113,1158
27 苾芻 1927
28 苾馥 246,1430
44 苾蒭〔蒭〕 543,809,1398
苾蒭尼 544
苾芳 2138
苾芬 87,124,1111,1115,1525,2114
77 苾闍 84,1061

**$4433_1$**

00 赫弈〔奕〕 460,496,633,1032,1356,1016,1151,1701,1744,2224,2290
17 赫胥 2334
23 赫然大怒 904
44 赫赫 2309
60 赫日 867
00 熱痰 613
22 熱變 286
66 熱暍 1853
84 熱饙 1626
00 蒠衣 73,668
17 燕珉 2338
88 燕坐 68,662
90 燕雀 1441
20 蕪穢 1928
44 蕪蕺〔穢〕 1876,1911
61 蕪呵 411,1252
35 薰油 990
44 薰蕕 1924,2013,2111,2150
77 蒸民 145,996

**$4433_2$**

17 葱翠 2227

**$4433_3$**

44 蕙帶 2011,2158
蕙蓀 1990
蕙芷 1979
慕榇囉 1130
71 慕驥 2200
44 菍〔葱〕蒜〔菻〕1129,2274
71 菍驥 2126

**$4433_6$**

22 蔥山 2043
惹 676
30 惹字 586
44 薏苡 1169,2300

**$4433_7$**

兼葭 2147

**$4433_8$**

48 恭敬 1209
52 恭撝 2095
97 恭恪 86,270,697,704,764,790,835,880,1115

**$4433_9$**

24 懋績 1991
懋緒 2002

**$4434_2$**

薄 541
03 薄誐鍐 2267
26 薄伽伴〔畔〕 681,2322
薄伽梵 431,525,712,2210,2317
27 薄俱羅 929
34 薄祐〔祜〕 46,951
49 薄尠 767
57 薄拘羅 969
71 薄膌 325,1529
81 薄矩羅 510,1763
85 薄蝕〔飸〕 449,470,1017,1067,1240,1328,1345
88 薄餅 1868
90 薄劣 608

**$4434_3$**

44 蓴芡 2037

**$4436_0$**

00 赭衣 98,702,1951,2127,2147
10 赭堊 1953
27 赭般 1620
赭色 193,1308
30 赭容 1872
40 赭土 311,319,1538,1566
44 赭模 1538
64 赭時國 1949,1967
77 赭服 2014

**$4439_4$**

00 蘇摩浮坻 762
蘇摩呼 2296,2299

蘇摩那花　908
蘇甕　1393
12 蘇彌盧　2297
22 蘇利耶藏菩薩　881
28 蘇偷婆　250, 1435, 1438
30 蘇扇多　617
34 蘇達梨舍那　491, 1739
蘇達那等　1321
39 蘇迷盧　491, 1739, 2250
蘇迷盧山　474, 528, 826, 1334
44 蘇莫遮冒　1211, 2212
50 蘇末那　719
蘇末那花　434
52 蘇剌多　439, 815
56 蘇揭多　434, 719
蘇搵　1182
蘇搵兩頭　1130
63 蘇跋陀羅　439, 815
66 蘇呾〔咀〕羅〔囉〕　1396, 2326
73 蘇陀味　449, 1345
蘇陀夷　507, 1760

**$4440_0$**

22 艾出　1238
24 艾納　1019
26 艾白　45, 949

**$4440_1$**

21 葺行　1961
30 葺宇　1959
44 葺蓋〔盖〕　280, 1465
葺蕙　2164
葺茅　1019
莘莘　2042
60 莘里　1933
44 芋蒻　1914
47 芋根　325, 1528

**$4440_4$**

00 蔞帝　683
67 蔞嚕拏　1202
01 萎頽　771, 1218
06 萎韡　2195
44 萎黄　86, 325, 1063, 1529
萎蔫　261, 798
60 萎黑　1513
67 萎歇　645
90 萎悴〔忰〕　719, 1149, 1574, 1700, 2099, 2251
96 萎燥　365, 1731
97 萎爛　197, 1311
44 蘡薁　1607, 2180, 2305
46 婁婢　113, 1157
77 蔞母　1943, 2035

**$4440_6$**

00 草庵　136, 983, 1592, 2311
24 草秸　296, 1552
25 草積　2240
44 草蓑　260, 1481
草芥　189, 1304
草苫　1630, 2323
草莛〔筵〕　924, 1577, 1628
草薪　233, 1421
草蔡　95, 1264
45 草隷　1942
17 草矛矟　1596
20 草稕〔穛〕　1585, 1613, 1630, 1636
63 草貯　233, 1421
77 草屨　1987, 2147
88 草篆　1153
01 蓽龍華　96
22 蓽梨　85
47 蓽輟　2029

**$4440_7$**

11 孝珩　2005
27 孝凱　2095
12 蔓延　1327, 1928, 2251
44 蔓菁　1185
蔓蒨　2008
蔓藤　2300
蔓莚　134, 456, 469, 980, 1352
芰荷　1139
18 芟改　2106
24 芟彼　397, 1494
43 芟截　246, 1430
44 芟草　1958
芟薙　2040, 2175
50 芟夷　1396, 1965, 2340
60 芟足　2071
78 芟除　99, 1271
82 芟剗　26, 1233
孽〔蘖〕　676, 712
55 孽捭　2257

**$4440_8$**

21 萃止　864
62 萃影　856

**$4441_1$**

22 嬈亂　472, 511, 876, 1032, 1068, 1330, 1765, 1778, 1859, 1927
23 嬈我　1093, 1249
30 嬈害　922, 1007, 1249
55 嬈轉　716
60 嬈固　89, 166, 1003, 1114, 2188
92 嬈惱〔惱〕　552, 609, 1199
姥　1125
31 姥殿馱　1124
34 姥達　493
姥婆羅　1176
44 姥者　96
73 姥陀羅尼　2340
姥陀尼　1929

**$4441_2$**

93 葅憾　2258

**$4441_3$**

27 菟角虛空　963

**$4441_7$**

12 執〔執〕珽　1932, 2164
14 執穳　360, 1695
22 執變　1445
25 執仗　1333
40 執志　2150
43 執柁〔拖〕　1054, 1594
70 執駐　364, 1729
72 執盾　360, 1696
77 執爨〔爂〕　1276, 2064

**$4442_7$**

00 蒻稾　370, 1814
蒻摩　36, 295, 843, 930, 1552
蒻摩衣　1054
勃　886
10 勃惡〔恶〕　589, 616, 620
26 勃伽夷城　1971
38 勃逆　390, 1801
41 勃狂　1894
44 勃勃　1071
46 勃如　1053
65 勃嘍　22, 1229
44 蒳蔞藤　1200
17 萬彙　2026
22 萬種繽紛下　883
30 萬竅　2137
43 萬梭　1970
57 萬邦遵奉　879
76 萬騆　74, 670
80 萬八千歲　854
88 萬籟〔藾〕　2041, 2210
24 募彼　1448
26 募得　1900
40 募索　159, 919
43 募求　1286
80 募人　190, 1305
26 娉優　2132
88 娉節　2038
27 勢峰〔峯〕　459, 1355
34 嫣汭　1976
44 蒻草　38, 934
蒻蕘　2041, 2075,

2077
90 蒴蔘 2127
44 荔枝 280,1465
74 勱勵 146,997

**$4443_0$**

10 莫不自謂 874
30 莫窺 2194
44 莫耆 588,605,619
莫媟 261,1482
46 莫賀延磧 1965
50 莫搪 1295
60 莫異 696
61 莫咥 2162
62 莫呼洛伽 534,715
莫晰 1188
68 莫蹲 1295
96 莫怕 1152,1153
21 樊綽 2098
76 樊陽 2063
88 樊籠 420,483,752,1401,1807
44 葵藿 371,961,1816
蒵 1159

**$4443_4$**

41 娸妍 1593
47 娸媚 1222

**$4444_1$**

30 葬涯 1978

**$4444_3$**

30 莽字 2254
39 莽娑 1127
44 莽莽 1971
莽莫枳 2290

**$4444_4$**

00 蓌衣 1888
44 荓莫枳 1137

**$4444_7$**

22 妓〔妓〕樂 589,864
24 妓侍衆女 880
40 妓女 840

**$4444_8$**

36 藪澤 677

**$4446_0$**

20 茹毛 2015
44 茹菜 47,305,1561
茹菜敢果 952
茹芝 2063
80 茹食〔飠〕 94,418,688,774,1263
24 姑射 1997,2124
48 姑妐〔伀〕 257,270,331,1469,1480,1520,1535,1904

**$4446_1$**

10 姞栗陀羅矩〔屈〕吒山 1877,2076
姞栗陀羅矩吒 1969
22 姞利 113,190,1261,1305
30 姞〔好〕痲 169,1165

**$4446_5$**

01 嬉謔 106,1272
23 嬉戲 132,185,301,446,482,502,746,785,892,915,976,1067,1186,1203,1279,1300,1342,1366,1558,1755,1900,2236
38 嬉遊 147,998

**$4448_6$**

94 藾〔蘋〕恃 113,1158

**$4449_4$**

21 媒衒 2336
34 媒法 1641
43 媒嫁 1636
45 媒媾 457,507,695,1353,1761
媒娉 1579
34 媟瀆 349
44 媟嬻 309,424,1113,1565
64 媟黷 1655
96 媟〔嫚〕慢 271,1275,1325

**$4449_6$**

80 嫽人 426,1851

**$4450_0$**

25 犎牛 207,238,311,377,1210,1247,1338,1427,1567,1799,2133,2212
47 犎胡 489,1737

**$4450_2$**

10 摹而 2148
30 摹寫 1933
40 摹太 2184
44 摹藺 2153
50 摹畫 1180
62 摹影 1875
17 葷醪 2066
40 葷辛 375,1627,1790,2079,2096
73 葷陀菜 1954
21 攀上 1215
27 攀緣 572,1860
44 攀藤 712
攀枝 552
49 攀鞦 2319
78 攀擘〔攬〕 250,1435,1722
27 摯鳥 1959

**$4450_4$**

10 蓽豆 362,496,1745,1796
44 蓽茇 1583
77 蓽門 1978,2085
20 華孚 112,670
23 華佗 2161
37 華沼 1440
40 華榱 2167
41 華婥 1902
44 華蓋〔盖〕 129,972
60 華足安行 976
72 華鬘〔鬘、鬘〕 7,296,379,535,846,1384,1553,1779

**$4450_6$**

00 葦廬 796
43 葦〔䈇〕棧 318,1537
44 葦荻 1054
61 葦町 176
88 葦筒 412,1254
46 革鞘 320,1539
50 革囊 731
61 革躧 2056
77 革〔鞾〕屣〔鞿〕 41,223,297,705,752,940,1143,1223,1295,1487,1553,1579,1612,1641,2218,2328
韋叉〔叉〕 84,1061

**$4450_7$**

44 莓苔 2108

**$4451_4$**

42 鞋楥 735
44 鞋韈〔韤〕 114,761
77 鞋屨 1625

**$4451_7$**

86 埶钁 2111

**$4452_1$**

32 蘄州 2094
50 蘄由 321,1539

**$4452_7$**

28 勒繕 411,1252

**$4453_0$**

23 英俊 476,1336
25 英傑 461,1331,1357
27 英叡 1332
72 英髦 1994
44 芙〔扶〕蓉 67,168,661,1005,1201,2270,2301

**$4453_2$**

44 蕢草 735
88 韈等 1124

**$4455_4$**

44 韡鞋〔鞵〕 1657, 2325
46 韡帽〔悁〕 741, 2053
77 韡履 761
88 韡等 1050

**$4460_0$**

00 苗裔 277, 1464, 1476, 1808
23 苗稼 136, 984, 2279, 2284
苗稼不登 903
者 540
24 者仇 1543
44 者者 478, 1385
菌樹 2173
苜蓿 1018
茵藹 2038
茵蓐〔褥〕 61, 134, 441, 660, 706, 768, 896, 1006, 1293, 1893, 2225
60 茵國 1922

**$4460_1$**

00 苫廬 1941
苫麼也 1246
22 苫凷 2088
34 苫婆 115, 1243
苫婆羅窟 887
50 苫末羅 859
17 耆那 393, 1491
27 耆毱 1401
30 耆宿 214, 1286
34 耆婆耆婆鳥 932
44 耆艾 233, 1421, 1950
耆耋 2044
77 耆闍崛山 128, 525, 968, 2249
90 耆耄仙人 964
21 昔徭 757
27 茜色 326, 1530
44 茜草 309, 1565
27 蓍龜 1986, 2143, 2339
44 菩薩摩訶薩 969
菩薩爲一切衆生恃怙 897
菩薩無礙乘巾之出三界 894
菩薩之身爲師子座 1138
54 菩提場中 856
菩提薩埵 892
62 菩哳 410
44 薔〔薔〕薇 250, 1435, 1436
60 薔羅 23, 1230

**$4460_2$**

25 瞢健國 1876, 1951, 1970
26 瞢伽 96, 177, 1073
44 瞢〔瞢〕瞢〔瞢〕 117, 1111, 1444
瞢瞽 200, 1314
56 瞢揭釐 1955
瞢揭釐城 1968
65 瞢昧 1399
77 瞢閟 1135
95 瞢憒 86, 501, 1754, 1771

**$4460_3$**

00 苔衣 403, 1056, 1501
32 苔浮 170, 1165
17 暮習 416, 1088
蓄聚 211, 1380
25 蓄積 458, 1354
27 蓄疑 1976

**$4460_4$**

若 541
00 若癬 308, 1563
若癰 1687
若疥 308, 1563
02 若訕 390, 1801
09 若讝 1175
10 若干態 1511
若干箭 833
若盂 1444
11 若頭 1069
12 若斲〔斲〕 448, 1344
16 若醒 445, 1341
17 若耶 1194
若鸎 1573
20 若穰 328, 1532
22 若剝 1651
若僑 100, 1241
若舐 756
24 若秸 328, 1532
若牆〔檣〕 69, 663
25 若僂 1799
26 若齅 756
28 若繕 145, 996
32 若剜 448, 1344
33 若減〔減〕 580
34 若洪 1176
36 若邏 295, 1551
38 若瀇(瀇) 301, 1558
44 若蘭 462, 1358
若茜 319, 1538
45 若榛 1686
46 若媿 1946
若猥 2137
47 若起行 881
48 若麵 1572
49 若橯(撈) 311, 1567
50 若專勵 881
52 若搯〔掐〕 1646
若挑 357, 1692
53 若擯 1640
若或從事 875
54 若捺 1647
57 若蠅 1013
58 若熬 1097
若揃(槆) 303, 1559
60 若嗄 756
若是行者 934
61 若躡 1624
若瞟 376
67 若眤 238, 1428
70 若擘 455, 1351
若屬 602
若壁 1799
73 若膩 1773
77 若翳 376, 1798
79 若滕 306, 1562
80 若鏇 351, 1645
若龕〔龕〕 1029
81 若飯食時 868
83 若飴 2166
84 若鏵 236, 1425
88 若笮 1832
若籠 311, 1566
90 若卷 328, 1531
著 1159
06 著親 1055
10 著于 1858
17 著亟縛屣 1970
21 著紫瓶 1648
22 著岸 1887
著後 43
33 著褫 1071
34 著涔 260, 1481
37 著褶 307, 1563
40 著臺 1182
44 著蘅 228, 1415
著蓤 182, 1294
著茸 320, 1538
45 著麩 1456
60 著圂 192, 1307
著甲 1797
著星辰 674, 2263
67 著喉 1827
71 著脛 1828
73 著髖 1831
76 著膠 1686
77 著屐 1637, 1646, 2051
著屣 1646
82 著鎧 1275
14 苦酷 209, 1372
17 苦翟 1083
27 苦的 907

28 苦綸 437,728
34 苦瀌 177
38 苦海淪湑 883
40 苦橐〔槖〕 260,1481
42 苦瓠 745
44 苦蔘 231,1420
45 苦楝 1202
53 苦輐 682
77 苦膽 692
92 苦惱 753
28 瞽俗 2197
36 瞽視 1915
60 瞽目 481,1365
63 瞽睃 2039
40 鼙鼓 88,1070
44 茖葱（蔥） 181,1291

**$4460_7$**

10 蒼天 117,1089
11 蒼頭 255,278,1476,1829
44 蒼茫 406,1504
57 蒼蠅 764

**$4460_9$**

26 蕃息 20,95,187,804,1264,1302
77 蕃邸 2003
蕃屏 414,1086

**$4461_1$**

56 蓖（蜱、蓖）麻 40,176,411,756,1253

**$4462_1$**

21 苛虐 2047
30 苛察 2151
42 苛剋 252,1842
60 苛暴 26,1232,1958
61 苛呵 413,1255

**$4462_7$**

00 葡齏〔韲〕 18,803
17 藹君子 2030
34 藹法師 1988
40 藹吉支 1464
44 藹藹 2164
60 藹羅伐拏 1776
藹羅筏拏 496,1744
21 荀能 50,958
30 荀避 481,1365
47 荀杞 1019
87 荀欲 504,1757
44 萌芽〔牙〕 511,1457,1764
蕩花 2132
60 萠昜 2146

**$4463_1$**

30 蘸之 1185

**$4464_1$**

薜 886
30 薜室羅末拏 2313,2325
44 薜荔 16,63,199,650,778,801,1314,1900,2029,2338
薜荔〔茘〕多 678,1225,2216
薜荔中 1099,1273
73 薜陀論 2326
薜陀咒 2318
80 薜舍 1014,2250,2310
薜舍離 2306,2318

**$4464_7$**

11 菽〔菽〕彌 170,1165
22 菽〔菽〕側 347,1666
27 菽〔菽〕身 352,1642

**$4466_4$**

44 藷藷 1634
47 藷根 1944

**$4470_0$**

10 斟一杓 1233
17 斟酌 301,739,782,1557
80 斟羹 1844

**$4471_0$**

00 芒衣 634
44 芒草箭 867
77 芒屩 2083,2151

**$4471_1$**

00 蓖麻油 826
10 老死笮 1840
11 老輩 1436
15 老聃〔聃〕 1985,1993,2000,2120
24 老貓 2326
老皺 1051
30 老窘 415
老叜〔叟〕 85,1062,1594,1956
34 老邁 10,297,849,1553
44 老姥 278,1476
老姥齋 1933
老耄 297,554,774,791,1021,1553,1888
47 老姆 1871
63 老瞎 252,1842
37 甚深妙 974

**$4471_2$**

00 苞裹 836
30 苞容 1004
也字 541
39 也娑 906

**$4471_4$**

04 耄熟 447,1343
44 耄耋 2136
58 芼扮 1643

**$4471_6$**

00 菴摩羅樹 689
10 菴惡 42
32 菴浮梨摩國 887
34 菴婆羅多迦 1436
37 菴没羅 506,1759
菴没羅果 半娜娑果 567
菴没羅果 597,617
46 菴鞮 306,1562
50 菴末吒 1857
56 菴提 1926
60 菴〔菴〕羅 165,1002,1008
菴〔菴〕羅果 944,958,1404
菴羅衛林 440,1005
菴羅林 901
菴羅女 959
菴羅樹女 961

**$4471_7$**

00 世享 85,1062
世主天 461,1356
02 世語〔話〕 752
31 世福 1514
37 世祖燾 2144
44 世蕲 2124
50 世事譊譊 777
60 世界名多羅 863
世界名尸利 863
世羅烏波 503
世羅鄔婆 1756
77 世間共度 859
80 世尊凝睟 860
21 巷術 393,1491
22 鬱〔鄹〕川 1925
44 芭蕉 566,618,729,1058,1225,1861,2220,2253
40 薹棱 1969
45 薹楝 2226

**$4472_2$**

02 鬱訓 330,1534
10 鬱爾 470,1328
11 鬱頭藍弗 963
17 鬱烝〔丞、蒸、烝〕 43,408,453,821,944,959,1250,1349
24 鬱特 46
26 鬱皃 255,1829
27 鬱多羅鳩婁 1802
鬱多羅僧 298
鬱〔欝〕多羅僧伽 716,756

鬱〔欝〕多羅僧　1554
鬱〔欝〕多羅究留　1437
28 鬱馥　493，1741
34 鬱婆尸女　931
36 鬱〔欝〕禪耶城　1857
43 鬱柲　2132
44 鬱茂　1001
鬱埻　1237
46 鬱鞞　1890
60 鬱曇鉢林　953
66 鬱單曰　380，1781
鬱單越　250，866，1008，1260，1435
鬱單越國　932
67 鬱哆　87，1256
73 鬱〔鬱〕陀伽　955
80 鬱金　493，1186，1742
95 鬱快　461，1357

**$4472_7$**

04 勘劾　2034
14 勘耐　625
17 蕗耶　174
劫　973
21 劫〔刧〕比羅國　606
劫比羅　734
劫比拏王　482，1321
30 劫〔刧〕賓那　895，969
34 劫〔刧〕波育　15，799
40 劫布呾那國　1949
50 劫〔刧〕掠　1578，2076
劫中飢饉　869
60 劫貝　295，1552
劫貝娑花　954
44 葛藟　1875，1932
50 葛粹〔辣〕都　2189

**$4473_1$**

44 芸荄　1584，1599
芸薹　1193

**$4473_2$**

34 㲈被　1643
44 蓑草　1897

**$4474_1$**

75 薛蹟　2151

**$4477_0$**

15 甘蔛盛金　960
24 甘甜　1436
37 甘澱　1905
44 甘〔竿、干、苷〕蔗〔柘、䗪〕　82，136，176，198，233，300，550，588，605，609，636，752，769，786，845，920，984，1117，1422，1464，1556，1861，1896
甘蕉　342，1662
甘菩遮國　887
甘執　468，1326
54 甘蟒　2176
64 甘嗜　39，1858
77 甘脆〔脃〕　1248，2286，2298
78 甘膳　36，300，704，931，1556
87 甘鍋　50
甘饌　231，301，481，1365，1419，1557

**$4477_2$**

44 菡萏花　894
菡藺〔萏〕　915，1051，1225，2220，2181，2222，2253

**$4477_7$**

00 萏摩　438
09 萏誂〔謎〕　439
27 舊欵〔款〕　234
42 舊垗　2096
47 舊款　1423
98 舊鼈　741
44 菅草　50，960，1905
菅茅　464，1360
菅葉　1826
菅蔽　2174
84 菅針　26，1232

**$4480_0$**

44 萯莢　2123

**$4480_1$**

00 共度　1123
15 共臻　674
21 共鯁　1944
26 共鰒　1397
38 共激　2077
58 共轍　2124
62 共嗤　1620
共賜　181
63 共貯　695
64 共賭　1544
共睹　333，1290，2164
80 共美　862
00 其音清亮　881
其痔病　1631
12 其水瀰疾　934
21 其頷　1448
其纏　1633
22 其剩　1240
其絧　1584
25 其穗　816
26 其鰓　1197
28 其徽　1986
32 其湩　1521
33 其心曠然　879
其心彌廣　878
其心泰然　902
35 其減　1406
41 其柄　777
44 其莖　689
46 其相炳著　958
47 其靶　1605
其聲所暨　859
49 其杪　269，923，1476
56 其操　1953
60 其量七肘　884
62 其蹬　576
71 其腰　1858
其曆　1600
其脞與膞　888
72 其盾　1979
其鬢　689，774
77 其擥〔擥〕　1200
其月冊　1976
79 其胖　2125
88 其鏃　46，951，1870
89 其鐺　2167
90 其掌安平　888
其炷　710
95 其性嫈惡　952
99 其瑩　2077
46 楚䄻〔都〕　2036
54 楚撻〔橽〕　45，452，732，949，1348
88 楚箠　2044
77 趬脚　353，1640

**$4480_6$**

00 黄病　1174
17 黄鸝　434，721
21 黄能　2127
23 黄豺　1620
24 黄皺　463，1359
29 黄毯　770
34 黄法氍　1923
41 黄柄　741
44 黄藺　2180
62 黄嚗　1579
72 黄髯　192，1307
75 黄鼬　21，805
77 黄鵙　575
83 黄鉞　2003
08 貰許　1280
31 貰酒　1982
41 趌趣　326，1529

**$4480_9$**

21 燓此　1238
78 燓除　2020
90 燓火　1618，1966
27 焚身　37，931

31 焚漂 1195
33 焚滅 1381
44 焚蕩 1280
焚爇 1210,2238
50 焚聿 1957
94 焚燎 460,493,746,755,1216,1356,1604,1741,2214
焚燒 132,232,478,488,976,1384,1420,1736
97 燓灼 685

**$4481_7$**

14 葅醢 2122
28 葅鲊 454,1350

**$4482_1$**

46 蕲鞞 178

**$4488_6$**

44 蘞苦 367,1732

**$4490_0$**

21 樹稽 91,1259
22 樹觚桵 781
24 樹岐 861
27 樹脩 458,1354
44 樹荄 269,420,781,1462,1478
樹莖 1074
樹林蓊鬱 901
48 樹增 477,1384
49 樹杪 470,857,1328
51 樹揩 420,1462
54 樹�〔勣〕 2074
樹持刺刺 964
77 樹膠 1637
34 村渚〔落〕 155,837
41 村墟 728
47 村栅〔柵〕 404,1502
50 村屯 14,799
77 村隖 1441
44 槲樹 2302
47 槲橄 280,1465

**$4490_1$**

23 禁我 1859
34 禁滿 309,1565
48 禁婂 1927
60 禁圄 350,1655
86 禁錮 2132
46 蔡帤 2006
48 蔡樽 2078
64 蔡蹜 174,779
90 蔡愔 1879,1911,1932,1948,1985,2020,2046,2143

**$4490_3$**

00 縶意 1978
20 縶維 1594,2098
23 縶縛 1183
24 縶紲 146,997
28 縶〔繫〕以 2147
40 縶在 1708
44 縶藷 2337

**$4490_4$**

茶 540,886,906
00 茶〔荼〕帝 230,1418
茶麼 122,1188
36 茶迦 249,1820
44 茶蓼 2016,2177
50 茶毒 245,505,596,1429,1758
56 茶揭 346,1660
茶扨尼 1122
68 茶黔 115,1243
10 藥石 374,1789
藥王菩薩咒 991
27 藥名阿藍婆 908
藥名楞伽利 958
藥名娑呵 956
34 藥汁名訶宅迦 908
44 藥樹名珊陀那 908
46 藥榑 1856
50 藥囊 764
77 藥叉 432,542,713
82 藥銚 2037
88 藥篋 302,1559
43 綦博 1050
44 藥葉 303,1559
蓁莌 2179
45 蘗〔�〕株 1877,1959
62 蘗踏婆 1163
67 蘗路茶 1126
68 蘗蹉 1166
27 蘗魯 1175
51 某摽 1647
93 葉粽 2201

**$4491_0$**

21 杜衡 2337
27 杜多 435,471,541,552,587,1330
杜絶諸惡道 906
杜郵 2027,2122
46 杜〔社〕棹 411,1252
77 杜門 106,1272
80 杜龕〔龕〕 1934

**$4491_1$**

27 槎匀窂 1137

**$4491_2$**

28 枕僧伽胝 1704
47 枕狗 954

**$4491_4$**

10 權下 843
16 權〔摧〕現 1013,1019
80 權會 2105
86 權智 1138
88 權斂 1936
97 權惛〔楈〕 257,1480
25 桂生 523
44 桂橑〔橑〕 2184
槿華 1901
蘿菔〔菔、蔙、蔔〕702,961,1129,1141,1595,1607,1628,2270,2303
蘿蔓 1968
蘿蒚徬 2185
77 樿眉 769

**$4491_7$**

00 蘊摩 114,1159
44 蘊其 1918
蘊其深解 906
蘊蕪 1395
植 874
22 植種 1107
27 植衆 544,559,573,641
30 植之 795
44 植葆 2166
植樹 187,1302
植榛 1982
49 植妙因 1078
26 杌白蔕 2173

**$4492_1$**

44 薪積〔積〕 1057,1673

**$4492_7$**

22 藕絲 731,2270,2289,2302
44 藕花 1859
23 穤稂 2149
26 穤稗 1651,1884,2139
90 穤米 91,1259
26 蒳偈 257,1480
42 樠櫟 1990

**$4493_1$**

57 蘸擔 1598

**$4493_2$**

11 榬〔猿〕頭 243,1411
44 菘菁 228,1416

**$4493_4$**

08 模〔摸〕放 506,1760
41 模楷 2082
48 模樣 1951

**$4494_0$**

44 蒴藤 385,1793

**$4494_1$**

41 檮杌 1997,1999
65 檮昧 1194,2335

**$4494_{3}$**

24 藕佉　2268

**$4494_{7}$**

05 枝竦　1613
24 枝岐　1241
27 枝條　547
32 枝派　731, 1952
40 枝棭（掖）　69, 161, 663, 1060, 1298
41 枝柯　1151
44 枝蔓　744
48 枝榦　1700
49 枝梢　1149
48 棱杵　1810

**$4495_{4}$**

40 樺木　1771
樺皮　116, 358, 377, 411, 487, 1126, 1252, 1594, 1693, 1735, 1799, 2271, 2284, 2300
44 樺樹　1578

**$4496_{0}$**

00 枯瘁　1201
枯瘠　2196
枯癎　216, 1665
01 枯顇　549, 622
10 枯醮　2286
36 枯涸　547, 590, 607, 620, 844, 903, 1024, 1178, 2223
40 枯槁〔稾〕　124, 137, 443, 446, 696, 903, 984, 1105, 1111, 1222, 1239, 1280, 1296, 1342, 1958, 2217, 2237
44 枯荄　2128
74 枯腊　2130
82 枯鑠　2065
90 枯悴　1020
96 枯燥　768, 1592

**$4496_{1}$**

10 藉五輪　1279
17 藉已　1879
21 藉此　1016
27 藉身　12, 271, 850, 1524
28 藉以　735, 1997
46 藉如來　730
88 藉餘　1406
40 桔皮　829
67 桔略　150, 1009

**$4496_{4}$**

80 楉矢　1971

**$4498_{6}$**

07 横郭　311, 1566
26 横縵　2011
30 横居　1586
41 横〔擴〕概　310, 1565
48 横㮔　2131
60 横羅　981
17 櫕酪　1442
27 櫕峰〔峰〕　707
53 櫕成　1322
41 攢櫨　787

**$4499_{0}$**

23 林巘　2169
27 林壑　1441, 1985
28 林微　40
林微尼園　937
44 林麓　147, 998, 2089
林藪　138, 190, 214, 453, 768, 868, 986, 1018, 1023, 1041, 1287, 1305, 1349, 2097, 2101
林藤　506, 1759
48 林檎　2116
87 林邠　254, 996

**$4499_{1}$**

10 棕王　1286
76 榡髀　296

**$4499_{4}$**

榡　942

**$4513_{0}$**

44 坱鬱　2172

**$4514_{3}$**

41 塼板　2202
50 塼未　731

**$4519_{0}$**

20 垛香　1169

**$4522_{7}$**

00 猜度　450
10 猜焉　74, 670
17 猜忌　1935
21 猜慮　1186, 1617
27 猜疑　274, 441, 646, 1006, 1124, 1520, 1616, 1681
40 猜嫉　2064
43 猜貳　439, 814, 1984
48 猜嫌　1218
72 猜隱　2097
77 猜阻　495, 1293, 1743

**$4523_{0}$**

22 麩片　1109

**$4541_{0}$**

姓　973
42 姓靳　2108
44 姓蕢　2067
47 姓麴　2191
80 姓俞　2065, 2087

**$4542_{7}$**

45 姉妹　556
50 娉妻　41, 940
90 娉半支迦　1248

**$4543_{0}$**

21 姨態　105, 1164
50 姨夫　71, 671

**$4544_{7}$**

95 婧精　1110

**$4548_{1}$**

47 婕妤　1977, 1981, 1985, 2020, 2143

**$4549_{0}$**

11 姝麗　769, 875, 1055, 1138, 1248
24 姝特　776
40 姝大　43, 945
41 姝妍　1437
47 姝好　132, 791, 977, 1082
49 姝妙　453, 1349
98 姝悦　1175

**$4553_{0}$**

47 鞅靷　401, 1499
90 鞅掌　333, 415, 1086, 1545, 2150

**$4554_{0}$**

24 鞬德　417, 1089
47 鞬拏　1923, 2073
51 鞬撅〔橛〕　282, 1431
73 鞬陀〔咃〕　83, 257, 1060, 1480

**$4559_{0}$**

21 鞢師迦花　2270
61 鞢嘌多　2269
86 鞢羯頗梨　1041

**$4590_{0}$**

01 杖〔枝〕敲　259, 1505
46 杖塊　535, 567
48 杖幹　949
51 杖挃　99, 1271
52 杖撥　1543
杖捶〔棰〕　732, 1469
杖刺　743
83 杖鉞　1970
84 杖鑽　324

**$4592_{7}$**

17 柹〔柿〕子　1130
43 橚槮　2185
44 橚苯蓴　2173
50 槔〔槔〕　224, 1488

**$4593_{2}$**

82 隸鑠　443

**$4594_{0}$**

40 楗椎〔稚〕　1656, 2327
47 楗槌　1058

**$4594_7$**

10 樓至如來　906
47 樓櫓　36, 761, 795, 842, 930, 1095, 1171, 1436, 1726, 1812
樓櫓却敵皆悉崇麗　864
樓柅　96
50 樓由　285, 699, 1473
63 樓睟　84, 1061
73 樓陀天　956
74 樓馱　969
77 樓閣延袤　877
88 樓纂　351, 1645
29 棲甃　2030
36 棲泊　88, 1070

**$4594_7$**

40 構木　1178
50 構畫　1679
70 構甓　2104
79 構隙　1937
44 柟薪　282, 1430

**$4595_3$**

51 棒打　735

**$4596_3$**

04 椿詵　2087
44 椿菜　1141
椿菌　1989, 2075, 2138

**$4596_6$**

11 槽頸　577
41 槽櫪　1935

**$4598_6$**

28 櫕躾　1716

**$4599_0$**

41 株杌　558, 613, 716, 921, 934, 1031, 1138, 1332, 1680, 1906, 2256

**$4599_4$**

32 榛叢　1634
40 榛木　52, 964, 1887, 2189
41 榛梗　479, 1382, 1386
44 榛林　1836, 1907
榛莽〔莽〕　227, 1415

**$4599_6$**

30 楝宇　861, 894
48 楝幹　1913
40 楝〔楝、揀〕木　340, 1661
44 楝〔楝〕樹　223
楝樹　1488
楝葉　1626

**$4600_0$**

01 加誣　217, 1403
22 加梨加龍　73
34 加被　909
加祐　553
加祐　443, 1180
65 加趺　128, 502, 970, 1755
74 加陵毗伽　1287
77 加尸　70, 664

**$4601_0$**

21 旭上　2322
60 旭旦　1595
旭日　1085, 1207, 2037, 2210
67 旭照　807

**$4601_3$**

42 尳尯〔㞂〕　320, 1539

**$4611_0$**

06 覩謁　874
坦　982
23 坦然　135, 155, 569, 636, 836
38 坦道　1405
44 坦蕩自心　897

**$4611_3$**

57 塊擲　634
88 塊等　558, 596, 617

**$4611_4$**

40 埋大盆　1019

**$4612_7$**

41 場壠　472, 1330
88 場篇　1574

**$4615_6$**

21 墠上　1970
77 墠周　1968

**$4620_0$**

46 狐獲　109, 193, 212, 832, 1307, 1367

**$4621_0$**

21 觀行　38
27 觀詧〔察〕　1042
觀身如篋　956
41 觀垣　360, 1696
44 觀世音　123
67 觀矚　1438, 1440, 2169
70 觀肪　1478
74 觀膜　1463
88 觀銓　157, 1037

**$4621_4$**

46 猩猩〔狌狌〕　73, 82, 227, 276, 317, 669, 1255, 1415, 1536

**$4622_7$**

25 獨躊　2181
77 獨股　1143
獨股杵　1157
27 猾急　1953
40 猾獷　1960

**$4623_2$**

00 猥雜〔襍〕　549, 590, 608
17 猥承　1956
20 猥乘　1457
猥垂　1972
25 猥生　2192
27 猥多　94, 231, 330, 1263, 1420, 1533
38 猥濫　2144
40 猥來　2060
44 猥媟　1240
77 猥鬧　1624

**$4624_7$**

44 幔幕　1167
70 幔障　1019

**$4624_8$**

43 玁〔獫〕狁　1916, 1931, 1972, 2020, 2065, 2077, 2110, 2148
玁狁烽爟　2107

**$4625_0$**

10 狎惡　510, 1763
狎下　1453
17 狎習　69, 296, 663, 1552
46 狎貔　1836

**$4626_0$**

00 猖言　2033
04 猖誖　2015
41 猖狂　25, 348, 493, 1232, 1667, 1742, 1860
61 猖蹶〔厥〕　481, 1365, 1958
88 帽等　374
帽（帽）簪　2086

**$4632_7$**

27 鴑鳥　1284
28 駕以駿馬　879
76 駕駟　60, 659, 2230
77 駕馭　879, 1953, 2295

**$4633_0$**

17 恕已　44, 946
44 想其容止　897

**$4640_0$**

00 如癡　562
如瘡　543
如瘋　2274
如盲　562
如盲聾　860
如瘂　562
如瘖　1056
如癰〔癰〕　543, 588, 1675
01 如聾　562
04 如熟烏麩　1827
10 如弶　377, 1798

如霹靂 1462
如三禪樂者 957
如霰 401,1498
11 如珂 992
如礪 89,1070
如砥〔祗〕 287,1454
12 如砥掌 699
如孔雀胭 689
如種 72,667
15 如磔 1909
16 如砰 344,1658
19 如稍 72,482,632,667,1366
20 如膀 88,1069
如重雲 861
21 如絙 244,1412
如衢〔衢〕 632
22 如稱 1107
如川鶩 860
如斷生瓠 961
如牝 498,1747
如僕 562,625
23 如毬 722
如我惟忖 889
如綫 1837
24 如借 754
如牆 1199
如甜〔甛〕 234,1423
26 如貔 2168
27 如龜藏六 933
如幻 638
如魚在鏉 954
如衆繢 863
28 如織 1865
29 如秋髡樹 953
30 如濟客 907
如穴 1720
如窯〔窰、窑〕 781
33 如瀉 2107
34 如婆羅痆斯 1778
36 如遏壐多 1708
37 如澗響 2161
如氾 610
如漁 900
39 如瀅瀞水 1852
40 如孛 369,1814
如來十力 962
如來室 986
如來槊 1125
41 如標 1262
如麵 255,1829
如杌 1198
如猛 180,1076
42 如坻 2029
如櫼 1371
如析 754
如札 490,1738
44 如荻 379,1796
如猫伺鼠 937
如蔑〔篾〕 206,1337
如芰 385,1793
如世生盲卒無覩 860
如樹心有蝎 1679
如蘊 228,1416
如縶 213,1367
如芉〔羊〕 1703
如蓖麻子 938
46 如鞞世 1381
如塊 1323
如如 478,1385
如榻 1955
如獮 385,1793
47 如趁 691
如榍 735,1609
如鳩 464,1360
如穀 1899
48 如乾草積 891
50 如搯 247,1817
51 如虹蜺色 893
如虹拖暉 1047
如拒 382,1783
如蚖 1833
如蛭 1404
52 如撲 1811
如塹 809
53 如蛾 1322
55 如弗 398,1496
56 如蜎 1876
57 如蜺 1051
如搯 350,1648
60 如貝 58,656
如景 180,1076
如羅睺羅 929
如圈 372,1816
如是觀行 934
如是儀則 877
如罩 220,1484
61 如毗濕飯怛羅 483,1321
62 如睡 1398
64 如噎 1923
65 如睫 375,1789
如晴 379,1779
67 如鶡 275,797,1525
如踞 161
如鷃 472,1330
71 如厭 345,1659
如槩 370、1814
72 如斤 352,1640
73 如駝〔馳〕食蜜 51,960
75 如駛 1464
76 如陽燄水 1285
77 如臼 1440
如尼拘陀樹 958
如屈屢拏没魯荼 1703
如陶 380
如犀 739,1059
如閻浮提 938
如瞖 1224
81 如釘橛 1143
如鈷〔鈷〕 482,1321
83 如鑪 1031
如鋪多外道 1970
如鍼 376,1798
84 如鑄 1127
如鑽燧 867
85 如鍊 1031
87 如鋒 1013
如餉 86,1063,2197
88 如篩 99,491,1270,1739,1773
如箕 1440
如鎌 1389
如餅 1721
如笮〔苲〕 193,371,1132,1308,1815,1909
90 如券〔券〕 1337
92 如燈滅 1827
94 如燎 531,566,580,602
如燒杌樹 1592
97 如爛 1091
42 姻媛 279,1465
45 姻媾 86,1062,1874

**$4641_0$**

17 妲己 2020
47 妲妃 2160
66 妲囉 1194

**$4641_1$**

00 媲摩 1961
10 媲不 2160
26 媲偶 2043,2176
36 媲邏吒 1718

**$4641_3$**

10 媿焉 1999

**$4643_4$**

22 娱樂 61,118,660,793,894,1057,1077,1256

**$4644_0$**

婢 972
04 婢諶 111,825
79 婢媵 395,1492

**$4645_6$**

46 嬋娟 2288

**$4651_7$**

44 韞蓄 1681
46 韞韣 2138
60 韞異 2002
80 韞兹 2075

**$4652_7$**

27 鞙紐〔紉〕 322,1541

**4653$_3$**

51 韉攝〔襵〕　285，1473

**4654$_0$**

00 鞞麼　2229
鞞摩肅　1913
17 鞞瑠璃　913
18 鞞醯〔醯〕勒　1436
22 鞞梨　1885
27 鞞侈　58，186，1301
鞞侈遮羅那　657
30 鞞索迦國　1877
35 鞞禮多　1186
44 鞞世　210，1379
46 鞞鞞　85，1062
60 鞞羅尸　1232
鞞羅羡那　1523
62 鞞呼　16，801
73 鞞陀梨山　884
77 鞞闌底　2311
80 鞞舍　380，1781
84 鞞鐃贏鼓　770

**4658$_1$**

06 鞮譯〔譯〕　839，2004，2036
17 鞮歌　170，1165
26 鞮伽　376，1798

**4661$_0$**

17 覩彙〔彙〕　2170
50 覩史多　433，715
覩史多天　474，1334
60 覩羅緜　569

**4662$_1$**

10 謵栗　378，1795
22 謵梨　113，1158

**4672$_7$**

26 朅伽　469，1139，1327
27 朅盤陀國　1971，2077
34 朅達　1342
朅遠　446
44 朅地羅　511，1765，2313
朅地羅鈎　1721
朅地羅木　1574
朅地洛迦　491，1774
朅藍婆　440，817
朅樹羅　1013

**4673$_2$**

39 袈裟　294，868，1551，2226

**4680$_4$**

60 趣早穀　357

**4680$_6$**

賀　943
30 賀字　586
93 賀糝　2287

**4681$_0$**

10 覲天　2042
38 覲遊　1628，1636

**4690$_0$**

00 相庇映　861
相率　294，1551
相應　1405
01 相譜　252，1841
相敦〔棠、振、棖、撐、樘〕　98，111，171，255，273，311，375，782，1093，1270，1515，1566，1789，1830
10 相干　272
相要　366，1731
14 相磕　364，1729
15 相礫　1894
18 相磋　209，1373
相敢　347，1666
20 相穒　1597
21 相槩　256，1830
相黏　1600
22 相紃　2084
24 相繚　2002
25 相舛　2135
26 相和　61，201，660，1315
相貌〔貌〕　971
27 相貿〔贸〕　2016
28 相繳　1178
29 相伴　1142
34 相瀠　417
35 相遺　1557
相遺　300
38 相激　1439
40 相柱〔拄〕　70，665，1128，1151，1192，1194，1236，1247
44 相薄　409，1250
相枕　2053
相著　609
51 相揩　335，703，762，1092，1388，1546
52 相掺　1216，2214
相撲〔撲〕　223，941，988，1136，1487，1599，1606
55 相攢（欑）　364，386，1729，1794
56 相扣　10，849
57 相扠　138，988，1136，1599
相掐　1864
58 相扮　1849
60 相跓　1235
61 相哂　1899
62 相鄺　1909
相踵　1648，1942
63 相跋　347，1665
67 相嘲　397，1495
相蹐　180，1076
77 相鬬　1987
78 相敷　1900
84 相鑽　1092
93 相煽　2169
94 相憎　2061
97 相糅　487，1719，1735
20 榴吞　417
44 榴煮　245，1428
23 枷縛　1020
47 枷杻　1169
71 枷壓　780
82 枷鎖〔鎖〕　676，732，774，810，1050，1163，2265，2295
69 椒畔跦剢㖃題啾呿咥　1253

**4690$_4$**

59 架抄　84，1061
78 架險航深　855
80 架釜〔釜〕　1877

**4691$_0$**

85 櫬〔攙〕鉢　299，1555

**4691$_3$**

00 槐庭　1972，1984

**4691$_4$**

41 橿栢　2107

**4692$_7$**

00 榻席　2327
88 榻（搨）坐　762
14 楊確　2015
18 楊玠　2020
21 楊衒之　2014
44 楊葩　1941
楊榷　1987，2024
48 楊松玠　2008
80 楊鑣　1963
26 楞伽　151，1045，1046，1926，2225
66 楞嚴　843，1236
40 枵（枵）行　1583，1598
43 楊棧　178

**4694$_0$**

26 椑伽　111
40 椑柿　1954
42 椑〔捭〕桃〔挑〕303，344，1559，1658
45 椑樓　178，1095
60 椑〔捭〕羅　213，1319

**4698$_0$**

22 枳低　1955
枳利　170，1165
40 枳孃　676

46 枳椇 2037
60 枳園 1913
枳園寺 1982
62 枳吒 1580,1597

**$4702_7$**

00 鳩摩 57,655
鳩摩羅設摩 503,1756
鳩摩邏多 487,1735
17 鳩那羅 82,1117
20 鳩集 463,1359
27 鳩槃〔盤〕荼 711,858,979
鳩盤吒 810
鳩夤 778
31 鳩洹 146,997
37 鳩溜 1456
鳩遬 157,1068
41 鳩垣 70,664
44 鳩蘭 1195
47 鳩翅羅鳥 954
50 鳩攤 15,800
鳩夷羅鳥 124
69 鳩畔吒 1225
74 鳩馱迦延 2260
77 鳩留秦佛 951
27 鴆鳥 2196
28 鴆〔酖〕煞 386,423,1794,1839
30 鴆之 1937
31 鴆酒 1240
50 鴆毒 271,787,1942,2104
81 鴆餌 350,1655

**$4711_1$**

66 坭囉〔羅〕 410,1251
86 坭錍 83,1060

**$4711_7$**

圮 977
12 圮〔圯〕裂 1630
22 圮〔圯〕岸 2318
25 圮〔圯〕傳驛 2055
40 圮壞 1954
圮塝 805,1944
42 圮〔圯〕坼 21,132,457,1353
51 圮〔圯〕頓 215,1288

**$4712_0$**

30 均亭 2285
67 均贍 895
埛〔坰、垌〕野 455,1351,1616
77 均尸 443
剎〔膝〕骨 540

**$4712_7$**

塢 942
11 塢瑟膩沙 1123
34 塢波 1165
塢波塞迦 2273

**$4713_2$**

00 艱(艱)辛 553
77 塚〔塜〕間 594,613

**$4713_4$**

44 墶〔墶〕埣 1439,1713

**$4713_8$**

00 懿摩 1868
12 懿列王 2005
20 懿乎 386,1787
24 懿德 2070
39 懿沙 780
55 懿典 2192

**$4716_8$**

17 豁瑕 767
50 豁夫 674,2263

**$4717_2$**

28 堀倫 1938

**$4717_7$**

55 埳井 2147

**$4718_2$**

30 坎窟 1019,1613,2279
40 坎壈〔壈〕 2033,2083,2101

**$4721_0$**

00 帆主 1209
12 帆飛 1053
43 帆柁 1936
44 帆者 403,1501
57 帆挽 25,1232
08 狙詐 2026,2111,2162
30 狙之 2160
46 狙玃 2139
80 狙公 2025

**$4721_2$**

00 匏瘡 1188,1193
匏癬 317,1536
20 匏雙 1776
35 匏沸 302,1558
匏潰 449,1345
37 匏初生 672,766
40 匏赤 1936
77 匏凸 425
88 匏節 234,1422
33 翹心 522
40 翹大指 1193
44 翹勤 578
翹英 2191
51 翹指 2202
60 翹足 644
77 翹脚 1858
40 匏木 1052
72 匏瓜 2154
98 犯忤 424,1863

**$4721_4$**

46 幄幔 187,1302

**$4721_7$**

07 猛毅 194,1308
12 猛烈 153,966
71 猛厲〔勵〕 695,717
60 猊國 2043

**$4722_0$**

20 狗齩 23,221,375,1230,1485,1790
47 狗獺 341,1662
57 狗齧 1872
67 狗踞 2011
狗踞狐蹲 2158
27 麴鴒 158,1037
44 麴蘗〔糵〕 507,1675

**$4722_7$**

12 郁烈 926
26 郁伽 172,747,784,1929
郁伽長者 954
27 郁多 245,1428
28 郁佡〔企〕 83,1060
44 郁耆 1444
47 郁鳩 15,800
郁郁 2334
60 郁羅 411
44 鶴樹 1395
63 鶴唳 2255
88 鶴籥 2075
44 帑藏 145,253,837,994,996,1960,2076,2151
28 郗儉 2148
40 郗嘉賓 2137
47 郗〔卻〕超 1999,2034,2143
90 郗愔 2038
94 郗恢 1878,2115
50 鸛蚊 2039
90 鸛雀 1813
鸛雀 368

**$4723_4$**

46 猴玃 2196

**$4724_7$**

22 殺亂〔敿〕 2013,2122
25 殻生 1839
28 轂以 1576
50 轂中 2125
43 狻〔蒐〕狩 2027,2128
46 猳玃 84,172,344,784,1658

**$4726_9$**

86 幡鐸 620

**$4728_2$**

04 歡誐 1590
33 歡心 1997
40 歡喜 1704

46 歡娛　86, 450, 506, 1062, 1346, 1759

**$4728_6$**

23 獺弁　2114
40 獺皮　322, 1541

**$4729_4$**

42 猱猨　1985, 2012, 2148, 2159

**$4731_7$**

46 赩如　1237
47 赩赩　405, 1503
97 赩爛　1197

**$4732_7$**

郝　682
47 郝郝凡　448, 1344
鸕鶘　1135
71 駑馬　198, 1313
73 駑駘　1978, 2011
77 駑與驥足　2158
85 駑鈍　2039

**$4733_4$**

61 怒唬　2137
90 怒拳　1872
93 怒憾　463, 1359

**$4734_7$**

10 赧而　1221, 2217
赧王　2009
23 赧〔赦〕然　45, 577, 949, 1993, 2074
24 赧皺　1439
60 赧畏　2041
96 赧〔赦〕愧　458, 1354
30 赧容　1573

**$4740_1$**

10 聲覃　1880
12 聲〔声〕聒　242, 426, 1411
42 聲嘶　40
44 聲懋　2074, 2084
61 聲嗄　2112
62 聲曖　1872
76 聲颺　2109

**$4740_2$**

17 翅翮　1722, 2308
翅羽　628
57 翅搜　98, 1270

**$4741_0$**

00 執〔執〕麈尾　2051
19 執稍　1154
57 執契　1369
88 執鑰　2086
27 妲侈　1030
67 妲眵　156

**$4741_4$**

55 嫋曲　1992

**$4741_7$**

43 妃嬪　2237
44 妃妓　1902
48 妃娣　1707

**$4742_0$**

10 朝貢　511, 1765
30 朝宗　189, 1304
44 朝菌　327, 1531, 2020, 2027
60 朝睟　2199
63 朝晡　1295
68 朝曦　2322
69 嫺睒　155, 837

**$4742_7$**

娜　540, 676
30 娜字　586

**$4744_0$**

奴　971
24 奴僮　2114

**$4744_7$**

20 報讎　1291
29 報償　792
30 報賽　402, 1500
22 好樂　135, 982
37 好浄　579
40 好憙　770
55 好拂　82, 1118
98 好忤　147, 998
97 嫂怪　2307

**$4748_2$**

44 嫩草　1573
嫩花　759

**$4749_2$**

46 妳媪　2178

**$4750_2$**

25 擊牛乳頃　1368
拏　541, 906
30 拏字　396, 586, 1493
34 拏汝　1058
36 拏迦　1399
40 拏吉尼　1233
46 拏枳你　1126

**$4751_6$**

27 輓網　569, 636
44 輓著　310, 1566

**$4752_0$**

00 鞠育　107, 409, 1242, 1250
26 鞠和衍那國　1950
27 鞠躬　251, 1627, 1841
41 鞠頰　277, 1469
77 鞠閔　155, 837
48 鞆鞆　269

**$4753_2$**

40 艱難　137, 472, 985, 1330

**$4754_7$**

17 轂取　1094
22 轂乳　1248
44 轂其乳　1198
22 穀乳　1199
20 穀〔轂〕千　1886
52 穀捋　1437
57 轂輞　1018, 1097, 1154, 1387, 2311
轂輞軸　642
30 簸愬　552

**$4758_2$**

01 歎訝　2096
34 歎波那食　94, 1262
62 歎吒　1810
80 歎羡　739
93 歎惋　1132

**$4760_1$**

00 謦瘷　1897
07 謦欬〔咳〕　140, 300, 331, 739, 782, 990, 1034, 1048, 1130, 1135, 1150, 1278, 1324, 1534, 1556, 1589, 1592, 1600, 1607, 1629, 1635, 1907, 1913, 1921, 1927, 1978, 1982, 2068, 2116, 2202, 2296, 2327
62 謦唾　1124
26 砮得砥　2150
47 磬聲　1256, 1935

**$4760_9$**

28 馨馥　1041

**$4762_0$**

00 胡麻屑　1142
30 胡寔健　1951
胡寔健國　1950
44 胡荽　1941
胡荾　319, 348, 1537, 1667, 1701
67 胡〔踀〕跪　1144, 1162, 1260
88 胡等　481, 1365
胡篋　2191
07 翸翊　2168

**$4762_7$**

10 都不可得　876
32 都澌　246, 1429
33 都梁　227, 1415
37 都鄴　1915
50 都較　82, 159, 919, 1118
60 都曇　448, 1344
88 都籬　1656

**$4768_2$**

23 歘然　195, 248, 403, 1310, 1501, 1818, 1854, 1891, 1903
47 歘歘　107, 1242
71 敧〔敧〕仄　384, 1791

**$4772_0$**

00 刼庀拏 1505
21 刼比羅 1055
94 刼燒 863
01 却敺〔敲〕
573, 930
21 却粜 1633
30 却實 678, 1234
32 却派 2079
17 切已 132, 976
18 切磋 1873, 1885
22 切刹〔刹〕 7
28 切以爲臛 952
78 切膾 743

**$4772_7$**

67 邯鄲 2136
邯鄲淳 1985

**$4774_7$**

穀 901
14 穀破雛行 2052
22 穀出 376, 1791
77 穀卵 555

**$4777_2$**

罄 855
06 罄竭 187, 274,
461, 1302, 1331,
1357, 1519
25 罄佛 2192
40 罄志 2230
50 罄盡 1017
58 罄捨所珍 880
80 罄無 2067
92 罄爓 2044

**$4780_2$**

21 趁行 303, 1559
40 趁〔趨〕走 15,
46, 799, 951

**$4780_4$**

60 趣足 25
80 趣谷 82, 1118

**$4780_6$**

04 超諸等列 874
21 超卓 87, 1116
23 超然出現 878
43 超越 682
52 超挺 713
60 超四大而高視 855
61 超踔 279

**$4780_8$**

44 趯者 1123
47 趑趄 2003, 2055,
2183

**$4782_0$**

42 期剋〔尅〕 20,
804
57 期契 557
71 期頤 286, 1456,
1879

**$4782_7$**

00 鄬亭湖 1981,
2046

**$4785_6$**

99 鞞熒 2137

**$4788_2$**

07 欺詭 2146
09 欺誚 1954
23 欺紿 2184
28 欺侮 72, 668
44 欺勎 812

**$4790_3$**

綮 942
30 綮字 586
42 綮斯 1163
60 綮羅花 1213

**$4791_0$**

20 楓香木 1178
41 楓櫨 2173
72 机隥 725

**$4791_2$**

24 枹休羅蘭 1001
44 枹鼓 1052, 1983
46 枹加 2121
51 枹打鼓 1092

**$4791_4$**

17 櫂子 318, 1537
43 櫂柁 2184
22 極劇 1106
57 極擊 543
67 極鄙 382, 1782
極蹺 542
96 極爆〔爗〕 527,
543, 578, 588,
2250

**$4791_5$**

杻 140
43 杻械枷鎖 1195
杻械枷鎖瘡疣 673
76 杻陽 2163

**$4791_7$**

40 杞梓 2076, 2094
57 杷〔把〕搔 1606,
1851
62 杷吒羅長者 962
86 杷钁 1579

**$4792_0$**

10 棚覆 1574
21 棚上 1585, 1599,
1636
50 棚車 1648, 1939
77 棚閣 89, 117,
169, 230, 311,
791, 835, 1005,
1029, 1111, 1114,
1418, 1566
11 构瑟耻羅 1505
17 杓子 2021
欄 972
29 欄〔闌〕甃 2012,
2159
42 欄〔闌〕楯 8,
37, 129, 573, 699,
756, 847, 862,
912, 924, 932,
1029, 1038, 1056,
1075, 1077, 1171,
1436, 1809, 1875,
1884, 1936, 2222,
2227
48 欄檻 1203, 1958
30 桐宮 2154
櫩宇 2163
40 枸奢得子及紝
婆子 745
46 枸枳羅鳥 948
47 栒〔拘〕櫞（掾）
498, 1747, 1778
栒〔拘〕櫞花 484
40 柳杭 1053
94 柳忱 2001
99 柳惔 2001
44 杒樹 2153
77 撊〔梱、搵、扛〕輿
〔轝〕 227, 1415,
1916

**$4792_2$**

40 樛木 147, 998
55 杼軸 1940, 1948,
1991

**$4792_7$**

17 椰〔梛〕子 342,
908, 1663, 1877,
1944, 1960, 2257,
2305
椰子果 1129
椰子漿 2190
45 橘柚 1599, 2336

**$4793_2$**

17 根子 948
根子莖子節子
合子子子 1443
20 根系 482, 1366,
1979
41 根杌 1181
42 根機 1019
43 根栽 452, 628,
1050, 1348, 2313
45 根株 634, 703
49 根梢 1612
72 根鬚 811
85 根鈍 1033
21 楇鼓〔鼓〕 1002,
1092
51 楇〔擿〕打 631,
763, 1216
52 楇捶〔棰〕 1108,
2138
60 楇罵 1284
87 楇鎚 1186
33 椽梁 1505
40 椽柱 742
43 椽杙 1955
46 椽梠 132, 977
47 椽〔掾〕桷 351,
384, 1645, 1792

**$4793_4$**
楔 908
40 楔木 2326
**$4793_7$**
16 槌〔搥〕砰 244, 1412
77 槌胸〔胷〕 573, 2252
**$4794_0$**
17 柵子 178, 1170
40 柵〔栅、栅〕欐〔籬〕 294, 1551, 1574, 1600
30 椒房 397, 1495
50 椒掖 1921
椒闈 1977
**$4794_7$**
25 穀積下 939
28 穀穭 1211
44 穀積 40
53 穀麩(䴸) 330, 1534
28 椴作 1130
37 穀凈〔浄〕 1872
殺 983
**$4795_2$**
46 欅〔撑〕棹 225, 310, 1490, 1566
欅〔撑〕棹 225, 310, 1490, 1566
**$4796_1$**
10 檐霤 2071, 2078
30 檐扃〔扃〕 2002
36 檐邊 85, 1062
88 檐〔擔〕登 2013, 2159
**$4796_3$**
27 櫓船〔舩〕 295, 1552
**$4796_4$**
21 格上 285, 1473
60 格量 459, 1355
41 椐梧 1992
67 椐路 1252
**$4796_7$**
27 梠多 1346
80 梠雉迦 1969
41 楣棖 150, 830
47 楣楹 2144
**$4797_2$**
53 楢〔插〕盛 676, 2266
**$4798_0$**
41 榠櫨 1156
**$4798_2$**
87 杴鉏 402, 1500
**$4798_6$**
11 槓頭 334
75 槓體 1942
**$4799_4$**
08 槺施烏翎 1130
40 楺木 1997
88 楺等 2158
**$4810_7$**
00 盞〔醆〕座 2107
**$4811_7$**
23 圪然 278, 1476
**$4812_7$**
17 坋那 339, 1660
30 坋之 768
**$4813_6$**
27 螫物 1052
50 螫蟲 112, 670
68 螫噉 545, 588, 619
**$4814_0$**
00 救療 135
30 救之 1250
52 救援 455, 1351
**$4816_6$**
10 增靄 2132
11 增彊 809
20 增乘 1406
21 增上慢 974
60 增足 367, 1732
**$4824_0$**
20 散香 41
24 散他迦多衍那 457, 1353
27 散多尼迦 932
48 散麨 1701
73 散陀那花 948
**$4826_1$**
17 猶豫 131, 380, 450, 553, 556, 611, 974, 1302, 1331, 1346, 1723, 1780, 2275, 2322
46 猶如獼師 940
77 猶闋 2115
94 猶惊 2065
麨 1441
30 麨蜜 1967, 2188
81 麨飯 1109, 1636
**$4828_6$**
46 獫獵 1875
**$4832_7$**
01 驚訝 1936, 2114
驚讐 2075
60 驚眩 1934
62 驚跳 2056
67 驚躍 812
70 驚駭 8, 447, 577, 847, 865, 1032, 1035, 1120, 1343, 1715, 1726, 1959, 2235
73 驚飈 1635
77 驚覺 1890
79 驚飈 1397
91 驚懾 1956
92 驚悸 84, 397, 441, 1006, 1495, 1514
93 驚惋 333, 1544
96 驚愕〔愣〕 726, 982, 1131, 1620, 1919, 2299
驚惶 559
驚惕 1171, 1977
97 驚慴 1240, 1710, 1726
**$4834_0$**
30 赦宥 345, 426, 1659, 1851
**$4841_6$**
36 婠〔娩〕澤 1175
**$4841_7$**
00 乾痟 1647
乾痟病 1651
39 乾消 296, 1553
44 乾藍澱 1154
45 乾坤 673
48 乾麨 1939
49 乾麨 731
53 乾拭 1153
61 乾曬 94, 1262
66 乾曝 456, 472, 1330, 1352
73 乾陀呵晝 69
乾陀呵晝菩薩 664
乾陀羅 2242
乾陀羅國 887
乾陀山 884
乾陀誇 1170
乾陀越國 69, 664
74 乾腊 1961
77 乾腒 2155
乾闥 970
乾闥婆 128, 858, 931
乾闥婆城 885
96 乾燥 138, 736, 986, 1023, 1067, 1772, 2062, 2299, 2313
**$4842_7$**
24 翰牘 2192
60 翰墨 524
**$4843_2$**
00 妐言 248, 1818
44 妐姑 117, 1111
**$4843_7$**
09 嫌誚 2105
23 嫌代去 1656
30 嫌害 617
40 嫌嫉 1851
72 嫌隟 1564
79 嫌隙〔隟〕 309, 1576
97 嫌恨 632
**$4844_0$**
07 教詔 39, 130,

871,936,972
34 教汝醫法 935
37 斡運 2025
**$4846_1$**
30 嬒害 1183
90 嬒懠 1184
39 始娑囉 1177
52 始播 1159
**$4850_2$**
22 擎乳湩 1463
28 擎以 2108
67 擎跽 2132
90 擎拳 1897
92 擎燈 1850
**$4852_7$**
11 鞹頭 2328
**$4860_1$**
30 警宿 326,1529
警寤 234,1423,2321
33 警心 309,1565
77 警覺 488,1180,1234,1677,1699,1736,2274
**$4864_0$**
10 故二 294,1550
72 故質 118,1091
04 敬諾 1523
34 敬逵 148,999
37 敬淑 1185
63 敬戢 2039
96 敬憚 1722
**$4880_1$**
趁 1125
**$4880_2$**
10 趁而 397,1494
31 趁〔趂〕逐 24,1230
**$4891_1$**
21 槎上 1906
37 槎〔柤〕瀨 505,1758,1774
27 柞條 1939
**$4891_2$**
46 椸架 253,278,994,1475
**$4891_7$**
40 杚〔扢〕土 246,1429
50 檻車 275,1524,1901
71 檻〔擥〕匱 326,1530
**$4892_1$**
40 榆枋 2147
榆皮 736
**$4892_7$**
20 梯航 1973
22 梯隥 220,502,716,747,1222,1485,1572,1604,1707,1755,1837,1946,1971,2189
梯嶝 1320
梯山 1949
39 梯〔拂〕淡 170,1165
40 梯㭨 259,1838
41 梯梐 780
42 梯橙 821,1856,1920
44 梯基 1998
梯者 2188
45 梯隸 158,1037
60 梯羅 1256
62 梯蹬 646,1013,1577
27 枌鄉 2168
34 櫛沐 1974
40 櫛梳 283,1431,2126
88 櫛箆〔比、批、枇〕1940,1914,1922,2001,2071,2145
**$4893_2$**
41 松櫝 2036
48 松榦 1599
**$4894_0$**
14 杵破 903
40 杵索棓杈 1123
20 檄〔撽〕締 115,1243
71 檄壓 1810
72 枚駈 1826
**$4894_1$**
47 栟櫚 1973
**$4894_6$**
87 樽俎 2041
**$4894_7$**
20 栴香 2163
26 栴綴 2143
40 栴檀 636,857,1012
栴檀香 556
**$4895_1$**
40 样來 2322
**$4895_3$**
00 檥方 1395
34 檥法舟 1939
**$4895_7$**
30 梅窒 122,1188
96 梅怛麗藥 508,1761
**$4896_7$**
19 槍矟 1130,1216,2190
44 槍林 691
52 槍刺 99,1271
77 槍貫 404,1502
**$4898_6$**
57 檢〔撿〕繫 140,810,991,2265
88 檢策 2236
**$4918_9$**
72 尮髭 1678
**$4922_0$**
44 麨麩 281,1444
87 麨糉 308,1564
95 麨〔麫〕粖 1148
97 麨〔麰〕䅘 318,1536
**$4928_0$**
38 狄道 2331
46 狄鞮 2149
**$4942_0$**
00 妙音遐暢無處不及 857
14 妙翍〔翅〕 1682
20 妙香氤氳 861
30 妙瀍 2295
34 妙法蓮花經序品第一 968
47 妙翅 576,2319
妙翅鳥 1674
62 妙氈 1201
66 妙躅 1650
75 妙賾 2143
85 妙鍵 1046
88 妙飾 1379
**$4952_7$**
50 鞘中 243,1411,1700
**$4958_0$**
22 鞦轡 740
鞦紖 15,800
45 鞦鞅 1707
**$4972_0$**
21 尠能 2053
26 尠得 1454
31 尠福 1185
44 尠薄 792,813
86 尠智 1023
**$4980_2$**
30 趙瀛 2086
50 趙肅 1921
70 趙璧 2339
**$4991_1$**
46 桄桯 2079
48 桄梯 465,1361,1708
**$4991_4$**
27 樘身 1836
40 樘〔牚〕柱 18,174,778,803
50 樘中 1157
**$4992_0$**
杪 981
25 杪生 1902
**$4992_7$**
44 梢枝 1148
**$4999_4$**
08 檁敦觸 951
88 檁鈐 1907

## 5


**$5000_0$**

50 丈夫　866

**$5000_6$**

00 中庸　475, 501, 1334, 1754
20 中夭〔殀〕　380, 435, 474, 489, 725, 902, 1334, 1737, 1780
27 中的　307, 462, 644, 1358, 1563
中級　244, 1412
中名　489, 1737
30 中宵　903
中逭　1514
35 中洟　754
42 中析　327, 1530
44 中藤　1381
50 中毒　561, 576
61 中曬　298, 1554
64 中嚏　210, 1374
67 中眵　418, 1811, 1844
78 中陰有三種食　958
87 中饌　1956
98 中悔　880
車　906, 972
11 車渠　971
20 車乘〔乘〕　129, 569, 723, 809
24 車鴐聲　1465
26 車伽　411
32 車漸　1911
47 車轂　1708, 1884
52 車轢　270, 362, 1796, 1887
53 車轆　1580
車軾　419, 1806
54 車轅　730
55 車軸　730
57 車輅　449, 820, 1120, 1192, 1194, 1200, 1345, 2275, 2288, 2308, 2321
車輾　1601
58 車軨　288, 1461
67 車路　435, 723
71 車匿　758
72 車兵象馬步兵　961
77 車輿　52, 307, 869, 964, 1563
81 車釭　98, 157, 702, 1037
88 車箱　1103
17 串習　1031, 1331, 1381
22 串樂　190, 1305
27 串脩(修)　367, 1733
20 史儁　2015
27 史僋　2010
77 史冊　2010
88 史籀　1875
23 申縮　761, 1523
33 申述　383, 1783
46 申恕　379, 1779
41 曳韁　1627
62 曳踵　1927

**$5000_7$**

04 事譊　173
34 事泄　1874
88 事緐　1940

**$5001_4$**

00 推度　693, 1679
推摩　1617
04 推剹〔剢〕　2110, 2335
10 推石　1401
12 推延　1599
20 推手　736
22 推山　824
28 推徵　557, 604
30 推究　603
38 推迮　1887
44 推著　554
47 推鞫〔鞠〕　1240, 2022
50 推攘　1295
51 推排　132, 977, 1657
56 推揖　2022
96 推燥　1471, 1517
04 擁護　1012
17 擁帚　2165
21 擁衛　602
36 擁遏　493, 1741
44 擁萃　2075
55 擁曲　570
72 擁腫　1858
77 擁閉　720
88 擁篲　686
17 轅刃　1102
47 撞弩　106, 1269
57 撞擊　618, 1770, 2035, 2337
80 撞鐘　1238, 1899

**$5001_6$**

00 擅立　506, 1759
27 擅名　452, 1348
80 擅美　705

**$5001_7$**

00 抗言　1984
21 抗衡　209, 1373
22 抗轡　1985
27 抗禦　421, 1833
30 抗迹　1986
34 抗對　596
36 抗禪師　1936
抗邈然　1474
44 抗莖　2173
51 抗拒　726

**$5001_8$**

10 拉天　2023
57 拉搯　2319

**$5002_7$**

10 擿玉毫　1961
11 擿瑠〔瑠〕璃　2174
26 擿白　2181
42 擿機　2134
59 擿撲　2075
60 擿恖〔思〕　2105
11 擿頭　1987
17 擿取　2324
44 擿花　297
擿芝　1572
60 擿果　1597
80 擿會　1984
34 揥婆　386
45 揥隸〔隸〕　159, 1036
63 揥跋　422, 1852
50 搒掠　1470
53 搒抬　194
88 搒笞　781, 2237
54 攜持　769

**$5003_0$**

00 夫鹿　1857
02 夫訕　2120
22 夫嵐摩　1802
29 夫峭　2169
47 夫聟〔壻〕　1469
70 夫甥　1460
80 夫人采女　864
25 奭〔爽〕失　735
57 央掘利魔羅　1724
58 央數　779

**$5003_2$**

攘　712
00 攘衣　276, 1518
22 攘〔禳〕災〔烖、灾〕　1151, 1851, 1857, 2026, 2153
35 攘袂　207, 1371, 1966
37 攘禍　1474
48 攘故　1511
70 攘臂　92, 153, 454, 966, 1259, 1350, 2000, 2231
攘臂瞋目　900
71 攘厭　236, 1425
80 攘舍　321
87 攘郤〔卻〕　1024
22 夷耑　282, 1431
32 夷湍　234, 1422
33 夷滅　190, 285, 1305, 1473
38 夷塗　441, 1007
46 夷坦　860
62 夷則　922
77 夷邸　1972
夷騶　413, 1254

78 夷險道　898
98 夷敞　913
夷悦　506,1759
27 擿解　298,1555
36 擿迦　1163
40 擿去　82,1117
44 擿花　1554
擿著　1441
60 擿口　198,1312
88 擿笴國　2190

**$5004_0$**

00 擜〔椨〕塵　404,1502
抆摩　531,580,602
33 抆〔校〕淚　442,749
53 抆拭　509,1763
54 抆〔挍〕摸　377,1588,1799
60 抆足　818
88 抆飾　1918

**$5004_1$**

27 擗匈　1657
44 擗地　982,1023,2299
60 擗口　235,270,1423
61 擗咥　170,1165
67 擗踊　843

**$5004_4$**

02 接踵　1919,2033,2332
22 接[illegible]　2115
27 接紐　2074
43 接[illegible]　2037

**$5004_7$**

60 [illegible]量　2267
77 [illegible]開　1234,2287
掖門　1933

**$5004_8$**

03 較〔較〕試　748,2337
08 較論　1959
09 較談　2059,2136
10 較而　2042
23 較然　675,2264
30 較定　1874
較之　234,1423
42 較坻　84,1061
44 較其　1977
67 較略　145,996
11 捽頭　2120
33 捽滅　346,1659
77 捽〔[illegible]〕母　233,1422
88 挍飾　899

**$5006_1$**

12 掊發　95,1264
掊水　346,1659
22 掊刮　322,1540
31 掊汗　347,1665
40 掊土　1525
44 掊地　398,1496,1873,2326
52 掊刺拏　1386

**$5006_7$**

26 搪觸　1181
53 搪〔唐〕揬〔突〕　121,185,1278,1300,1896

**$5009_4$**

27 擵多　1716
58 擵拾　1925

**$5009_6$**

01 掠語〔詆〕　236,1425

**$5010_6$**

00 畫度宮　118,1077
97 畫焰摩羅棓　1169
12 畫水　930
14 畫礸　1187
17 畫碌　2202
21 畫師　1222
24 畫牆　2314
25 畫繢　1187
40 畫棓　1187
44 畫地　1196
87 畫鷁　2029

**$5010_7$**

00 盎甕〔瓮〕　1585,1591,1600
37 盎祁羅　1166,2280
蠱　1024,1159
25 蠱魅　1018
38 蠱道　39,58,199,249,309,545,588,605,619,657,937,1067,1219,1295,1314,1466,1565,1819,1831,2216
蠱祥　413,1254
40 蠱爻　2043
42 蠱狐　147,176,257,786,997,1480,1912
50 蠱毒〔毐〕　11,810,850,882,1246,2269
盡　974
26 盡儩〔澌〕160,916
盡県〔梟〕　346,1660
40 盡坑　2122
47 盡聲　1812
55 盡抹　984

**$5012_3$**

55 蠐螬　1575,1596,1705,1722

**$5012_7$**

10 螭面　914

**$5013_1$**

57 蟭螟　2178

**$5013_2$**

24 蠰佉　2136
80 蠰舍　1539

**$5013_4$**

52 螏蟍　1063

**$5013_6$**

50 虫蛀　341,1662
20 蟲〔虫〕豸　277,396,1455,1494,1513,2109
22 蟲〔虫〕齲　368,1813
蟲毐〔毒〕　2245
27 蟲鳥　2179
30 蟲窠　1137
50 蟲〔虫〕蠧〔蠹〕　345,1659
52 蟲螘　1204
56 蟲蝗　99,1270
57 蟲〔虫〕螟　152,1050
蟲[illegible]　1081,1574
58 蟲〔虫〕蟻　154,835,1138
60 蟲唼　1909
77 蟲〔虫〕胆〔蛆、胚〕　46,456,496,539,585,950,1016,1352,1723,1745
24 蠢動　2257
50 蠢蠢　521,673,1924,2032,2332
51 蠢蝡　2126
30 蠹害　2043
40 蠹木　2013,2159
50 蠹蟲〔虫〕　162,177,797,1040,1895
60 蠹羅綿　442,1042
42 蟲(蠱)狐烏　1927
88 蠹簡　1963

**$5014_0$**

00 蚊〔蟁〕蝱〔虻〕　553,610,725,732,765,780,825,1018,1066,1155,1407,1504,1902,2065,2251,2273,2283,2295
44 蚊幮　1613,1625
54 蚊蟣　1719
蚊蚋〔蜹〕　60,659,795,882,1013,1032,1045,1238,1717,2244
58 蚊蟻　2310

**$5014_8$**
01 蛟龍　109,404,832,1502,1166,1214,2280
50 蛟螭　2133
52 蛟虬　212,1367
**$5022_7$**
00 青瘀　579
青瘀(脈)　58,199,498,529,533,656,694,1313,1578,1610,1680,1723,1746,1777,1851,2240
青〔靑〕麢　2113
17 青翠〔翆〕　719
21 青〔靑〕紅　109,918
22 青綾　2180
24 青紺　1716
26 青稞　1126
28 青稊　1598,1627
青緻　1999
38 青溦　331,1534
青淤　1388
44 青〔靑〕黄　409,1250
青荄　2180
青茜　1397
51 青虹　334,1546
57 青輅　2309
青蠅　2253
62 青呱　1928
77 青膇　1511
88 青箱　2084
08 冑族　2317
22 冑〔胄〕胤　151,829
23 肅然　1110
26 肅穆　601
30 肅宸　2038
**$5023_0$**
20 本系　2335
27 本名禕　2076
**$5032_7$**
26 鳶伽　1891
27 鳶俱尸　1195
鳶崛　1927
鳶崛鬘　1821
鳶崛摩羅　960
30 鳶窶利　1877
57 鳶掘　1291
**$5033_3$**
08 惠施　9,848,869
12 惠砵　1811
21 惠舸　1990
60 惠晷　686
**$5033_6$**
97 忠恪　248,1818
00 患痔　2306
60 患累　1097
64 患噎　306,1562
**$5034_3$**
17 專己　506,1759
74 專勵　1293
**$5040_4$**
妻　972
34 妻汝　190,1305
47 妻孥　461,1357,1913,1959,2106,2146
79 妻媵〔妻艛〕　1675,2110
36 婁迦讖　1918
60 婁星　16,800
**$5050_3$**
25 奉倖祿　935
34 奉法　1657
37 奉祿　38
44 奉贄　1875
46 奉覲　534
50 奉賁　1949
77 奉属　577
80 奉養　879
87 奉餉　321,1539
**$5050_7$**
10 毒不能中　908
29 毒餤　714
30 毒滴　762
44 毒薑　83,1060
47 毒鳩　414,1086
48 毒螫(蝥)　59,657,1098,1576
50 毒蟲　588
52 毒刺　716,720
54 毒蟒　1518
毒虵　694
74 毒豨　506,1759
27 毒壑　1240
63 毒獸　2197
80 毒〔毒〕氣　2139
**$5055_6$**
14 轟磕　1148
23 轟然　2318
44 轟鬱　794
50 轟轟　242,420,1410,1807
**$5060_0$**
24 由緒　406,1504
27 由旬　36,972
30 由褅　149,1009
44 由藉　2195
48 由乾　11,850
由乾陀山　956
56 由提迦花　689,955
67 由鄙　498,1746
**$5060_1$**
08 書識　305,1561
25 書紳　2028
58 書撤〔檄〕　1716
**$5060_3$**
24 春鮪　2165
44 春蒐　2126
54 春蛙　2038
99 春鶯　575
**$5071_7$**
17 屯聚　505,1759
30 屯庀　2189
屯蹇　254,995
71 屯蹷　1874
77 屯門　335,1546
**$5073_2$**
24 囊裝　1999
27 囊吧　1863
34 囊襻〔襻〕　341,1661
52 囊括　2194
囊撲　1240
**$5077_7$**
00 舂磨　304,1560
54 舂擣　1580,1597,1617
76 舂暘　385,1793
90 舂米　1097
97 舂炊　1892
**$5080_6$**
27 貴糴　1598
30 賷寶　2039
40 責索　39
責索無所　935
**$5090_0$**
00 末度迦果　496,1744
末摩　432,445,714,1341
17 末那　478,1384
18 末瑳寶　706
22 末利　119,797
末利花　990
末利香　870
26 末伽梨　953
31 末祏　2037
34 末達那果　481,816,1365
42 末坻　778
末坻　96
47 末奴沙　502,1755
54 末擔畢彈　1184
56 末揭梨子　2318
58 末搓　1152
60 末羅羯多　442,1042
66 末踟　159,1036
73 末陀酒　472,1330
77 末尼　475,1335
末尼珠　432
18 未聆　145,996
20 未孚　110,157,169,1005,1069,1117
22 未制　1656
24 未纘　2070
35 未逮　744

37 未泯 1880
44 未爇 2098
46 未旭 2152
51 未攄 1961,2026
66 未曙 2321
71 未階 1196
80 未愈 471,1329
87 未鍜 2169
90 未嘗 130,477,488,875,972,1384,1736
40 耒木 100,1241
57 耒耜 1997
61 耒呵 412,1253

**$5090_2$**

棗 1188
40 棗核 1600
76 棗陽 2054

**$5090_3$**

30 素泣謎 448,1344
40 素嫉 2111
素在 40
素在後宮 937
45 素靺 1192
56 素捏 1167
67 素略多惹那 1121
96 素怛纜 470,1212,1328
素怛纜毗奈耶 1725

**$5090_4$**

21 橐師 1797
23 橐〔韛〕袋 456,1352,2319
30 橐扇 1609
50 橐〔韛、韝、鞴、鞲〕囊 24,269,311,421,510,776,781,1231,1462,1478,1566,1703,1763,1777,2231
25 秦佚 2009
30 槖扇 735
50 槖囊 695
88 槖〔槖〕籥〔龠〕710,1323,1399,2121,2152

**$5090_6$**

24 東鰈 2002
32 東漸 2077
43 東域 522
44 東莞〔莞〕 2053,2061,2078,2079,2200
55 東弗于逮 938
61 東毗提訶 474,885,1334
67 東踊 556
68 東瞰 2162
東㬝 2168
71 東甌 2089
72 東陲 523
77 東闈 1928
東膠 2006
79 東勝身洲 528,1224

**$5094_1$**

00 辢〔辣〕辛 1939
24 辢他 541

**$5101_0$**

10 輒正 1830
33 輒述 1651
67 輒呵 1547
17 批〔枇〕那 243,1411
44 批其顙 1957
53 批捥〔椀〕 396,1494
72 批尼 1320

**$5101_1$**

09 輕誚 590,608,621,820
10 輕叒 527
22 輕佻 109,918
26 輕傷 109,832
34 輕泄 1192
35 輕泆 190,1305
36 輕邈 268,1518
44 輕蔑〔篾、懱〕 139,211,442,560,594,609,783,934,988,1058,1212,1380,2213
47 輕縠 460,1356,2296
55 輕捷 1671
60 輕易 66,653
62 輕蹈之 944
66 輕躁 43,305,325,707,766,776,815,945,952,1275,1292,1326,1526,1528,1561,1577,1671,1860
71 輕贏 156,1271
77 輕闉 228,1416
97 輕惘 1917
14 排〔棑〕穳 643,1584
23 排俊 1945
30 排空 524
36 排湯 237,1427
50 排擠 243,1411
排抗 1874
排搪 1887
53 排擯 1238,1396,2126
72 排盾 1703,1715
83 排鑹 1599
88 排筒 221,1485
60 攞黑 1810

**$5101_2$**

17 軛取 580
42 軛靭 359,1694

**$5101_4$**

44 挃〔桎〕者 302,1558

**$5101_6$**

00 摳衣 2026,2095,2173

**$5101_7$**

08 拒敵 2276
38 拒逆 608,622,627
22 攎〔櫨〕掣 133,146,244,425,448,487,539,585,979,997,1344,1412,1735,1774,1863

**$5101_8$**

90 揎小 1885

**$5102_0$**

22 軻梨 11,850
44 軻藍塚間 824
33 打治 705
40 打棓 820
42 打剎 2095
43 打杙 1592
44 打鼓時 913
52 打撲 299,1556,1607
54 打搭 1600
55 打棒屠割 892
打揵稚 1722
56 打摑 152,1046,1169
57 打擲 596
打擲埠洲 960
58 打攥 1616
60 打駡〔罵〕 1676

**$5102_7$**

44 搙〔槈〕蒲 40,937,2306
50 輛車 2189
88 擩箭 275,322,1524,1540

**$5103_2$**

10 振于 161,796
17 振羽 1967
27 振多摩尼 2286
28 振給 215,235,1287,1424
30 振濟 95,1264
56 振擺 321,1540
60 振旦 84,380,1061,1780
95 振悚 1861
96 振爆 40,938
97 振恤〔卹〕 455,895,1351
16 據〔摭〕理 1403

98 據慠 568
44 掾地 1181

**$5103_6$**

44 攄〔櫖〕蒲 1050, 1291, 1642
攄其 154, 835

**$5104_0$**

08 扞敵 1624
43 扞城 2150
30 軒窗〔牕〕 145, 253, 994, 996, 1067
軒宇 1054
48 軒檻 770, 878, 922, 1974
66 軒皡〔皥〕 1868
77 軒闥 145, 996
88 軒飾 130, 972

**$5104_1$**

44 攝聾 123, 1194
63 攝噂 1127

**$5104_3$**

25 搙績 1877

**$5104_6$**

掉 1146
00 掉衣 318, 1536
10 掉弄 694
11 掉頭 1891
20 掉手 1130
23 掉戲 736, 952, 1394
24 掉動 1860
59 掉捎 351, 1649
70 掉臂 301, 352, 1558, 1642
77 掉舉〔擧〕 530, 580, 592, 771, 1405, 1672, 1714
92 掉悸 1895
98 掉悔 2195

**$5104_7$**

21 扳上 253, 1843
22 扳〔板〕稱 187, 1302
擾〔擾、擾〕亂 353, 545, 561, 681, 1048, 1151, 1296, 1640, 1859
24 擾〔擾〕動 478, 763, 1385
50 擾〔擾〕攘 2119
92 擾〔擾〕惱〔惱〕 529, 625, 579

**$5104_9$**

17 抨略 1049
22 抨乳 229, 1417
26 抨線 1121
60 抨界道 1148
62 抨則 194, 1309

**$5106_0$**

10 拓石 454, 1350
40 拓境 1958
41 拓頰 2308
44 拓地 19, 803
63 拓跋〔祏拔〕 2015, 2336
85 拓鉢 2285
20 拈香 1124
57 拈掐 925
88 拈筏 493, 1741
30 揩定掌 1145

**$5106_1$**

00 指麾 23, 1229
指瘃 320, 1539
指斥〔斥〕 1102, 1322
01 指訂 2073
10 指覈 2073
30 指適 2086
40 指柱 1149
42 指轄 322, 487, 1540, 1735, 1771
43 指截 1178
48 指皦 2295, 2288
50 指擿 2076
指擿 2312
51 指攉 416, 1087
指拈 1721
指挃 344, 1665
52 指撥 1854
指撝 396, 1494
指揞 311, 357, 1566
53 指摋 1129
57 指攬 352, 1640, 2302
指擢 1889
63 指蹴 237, 1426
指蹴也 1597
70 指擘 2269
72 指鬘 500, 1753
指爪〔抓〕 992, 1104, 1888
73 指臏 966
76 指髀 1831
77 指屈 1540
指屜〔屈〕 322
81 指鈷 1320
指鏄 1133
25 揞〔揞〕紳 1961, 1975, 1986, 2013, 2028, 2120, 2146, 2334

**$5106_2$**

00 揩摩 781, 1631
21 揩齒 1248
34 揩泄 1574
53 揩拭 736, 1441, 1717
揩揬 921
85 揩缺 1581

**$5106_6$**

23 搵然 1933
35 輻湊 2065
53 輻轄 769
55 輻輳 1951
輻軸 1387
57 輻輞 2284
58 輻輪 636
88 輻等 1734

**$5108_6$**

22 擷〔櫍〕利 412, 1253

**$5109_1$**

10 摽瓦礫 524
56 摽揭 2052
57 摽擊 579, 601

**$5110_1$**

00 整〔整〕衣 1521

**$5111_0$**

10 虹電 503, 1757
虹霓〔蜺〕 646, 922, 1237, 1856, 2200, 2275
47 虹起 1268
52 蚍蜉 161, 920

**$5111_1$**

蚖 978
53 蚖蛇 133, 381, 1210, 1781, 2212
57 蚖蠍 1195
58 蚖蝮 2281

**$5111_4$**

26 蛭鱓 1596
50 蛭蟲〔蝱〕 96, 317, 1013, 1536
52 蝘蜓 416, 1088, 2066

**$5111_6$**

57 蝹拘 378, 1795

**$5112_7$**

24 蠕動 1239
50 蠣蟲〔虫〕 417, 1089, 1888

**$5113_2$**

26 蝝觸 1588, 1893, 2113
44 蝝地 1471

**$5113_4$**

24 蝡〔蝡〕動 195, 231, 776, 779, 794, 832, 1055, 1059, 1073, 1093, 1110, 1273, 1294, 1296, 1309, 1420, 1511, 1642, 1809, 1821, 1888, 1900, 1904, 2075, 2125, 2137
51 蝡蝡 2111

**$5126_0$**

11 帞頭 281, 1443

**5131$_7$**
10 甎石　1471,1966
甎瓦　716
40 甎土　1438
41 甎坯　329,1532
47 甎墚　1608
51 甎揩　1603
57 甎墼〔墼〕　1585,1952
60 甎壘　1436
64 甎跗　1162
80 甎龕　1968
**5134$_7$**
33 敷演　1472
**5148$_6$**
81 顤領　18,802
34 頓袪　2075
48 頓槍　282,1430
54 頓拙　758
62 頓躓　369,1520,1814
71 頓顙　1938,1949
98 頪弊　815
**5193$_1$**
51 耘〔耔〕耨　1710,1863
78 耘除　41,868,940
87 耘鉏　1171
**5194$_3$**
耨　1296
40 耨檀國　2187
**5201$_3$**
挑　892,900
08 挑施　1325
17 挑取　303,816,1559
22 挑出　1036
27 挑象　1869
44 挑其　45,1292,1888
47 挑却　709
60 挑〔捲〕目　93,616,626,743,1262
67 挑眼　595,722,753,834,1799,2189
77 挑與　1040
80 挑善行眼　1721
90 挑火　1261
**5201$_4$**
摧　977
13 摧殘已　1406
14 摧破　1400
27 摧衂　2057
33 摧滅　526
37 摧過咎　739
44 摧茹　91,1259
50 摧拉　162,796
摧捽　1458
52 摧折　1195
87 摧鏵〔锋〕　686
24 托動　900,2232
捶　902
25 捶牛　1707
44 捶楚　814,2235
捶鼓　1092
51 捶打　130,562,595,625,690,783,972,1104
54 捶拷　1397
捶撻　506,1760
57 捶擊　2287
**5201$_6$**
52 攬攬　1620
**5201$_7$**
21 搋須　371,1815
44 搋落　92,1260
88 搋築　327,1531
**5202$_1$**
17 折谷(角)　646
23 折伏　557,813
45 折樓蟲　381,1782
47 折翅　2065
62 折吒王　1857
77 折骨　1292
43 斬截　796
**5202$_2$**
04 肜謹　2057
26 肜俣〔肜俣〕　1183
**5202$_7$**
攜(擿)　1977
90 攜(擿)光　1973
00 揣摩　1237,2036
揣文　2101
26 揣觸　366,1732
64 揣財　1854
80 揣食　878
揣義　1024,1880,2143
07 撟設　473,1333
08 撟詐　557
22 撟亂　1331,1736
撟僞　2022
09 撝談柄　1998
10 撝面　1581
30 撝空　1016
80 撝義　458,1354
10 攜一　2201
12 攜引　1955
20 攜手　1458,1641,1957
81 攜瓶　1940
28 攜〔檇〕從　459,1355
拶煞　422,1851
50 輲車　1933
**5203$_0$**
21 抓斂　1894
52 抓捶　1523
60 抓甲　1982
90 抓掌　709
**5203$_4$**
10 撲碎　1169
14 撲破　1897
47 撲殺　1886
撲　1159
21 撲皆　1222
25 撲佛　1905
30 撲之　1600
33 撲滅　1957
50 撲搘　2175
80 撲翦　1970
撲令　134
90 撲火　1860
44 揆模〔摸〕　552,591
62 揆則　59,200,658,1314
**5204$_0$**
00 抵言　253,1843
30 抵突　777
50 抵推　349,1655
94 抵慲　181
10 抵玉　2162,2168
90 抵掌　2021
**5204$_1$**
24 挺動　1859
挺特　708
27 挺角出　1436
35 挺冲和　1974
40 挺土　272,1519
44 挻〔埏〕埴　17,217,368,391,422,435,723,801,1051,1339,1721,1812,1852,1937,1988,1996,2077,2101,2119,2229
**5204$_2$**
07 捋調　1861
22 捋乳　1131
27 捋身　1909
**5204$_4$**
10 捿不　216,1665
捿而　1109
20 捿〔棲〕手　351,418,1649
24 捿彼　256,1479
25 捿使　1633
78 捿腹　1604
90 捿掌　1203
20 捼手　1811
27 捼繩　1617
**5204$_7$**
12 捊水　319,1538
44 捊地　1885,1908,2110
00 撥帝　2189
17 撥聚　328,1531
撥取　1219

22 撥掣 1831
27 撥胷 2064
44 撥劫 1905
撥世 1772
77 撥開 327, 1142, 1531
80 撥無 612, 1331
91 撥煙霞 522
10 援西 2165
22 援緇 1944
72 援盾 371, 1815
74 援助 14, 244, 333, 390, 799, 1412, 1544, 1802
授 984
27 授幻 1926
53 授戉 2126
69 授啖 415, 1087
53 撥〔樱〕搣 159, 246, 918, 1429
撥拔 1472

**$5206_3$**

51 輜軒 2185

**$5206_4$**

52 括括 369, 1813

**$5206_9$**

14 播殖 158, 1037, 2133
32 播發 416, 1088, 1889
44 播蔑 2191
播植 1879
47 播拏 1175
58 播輸鉢多 490, 1739

**$5207_2$**

00 搖裔 708
38 搖激 1142
50 搖車 736
57 搖擊 682
04 拙訥 211, 819, 1380
37 拙澀 632

**$5207_7$**

11 插頭 2190
28 插作 1199
34 插〔捶〕婆 107, 438, 1242
插漢 2036
40 插在 736, 1609
44 插者 2108
插枝 678
60 插口 1938
插四 1149
80 插入 1135
88 插箭 2284
33 搯〔掐〕心 505, 1759, 1774
37 搯〔掐〕漏 2110
67 搯叩 1831

**$5209_4$**

00 轢帝王 2151
04 轢諸 193, 1308
10 轢碎 413, 1205, 1254
23 轢我 1091
27 轢身 91, 1259
44 轢其 232, 1420
47 轢殺 1853
44 採菽氏 601
採苣 2154
50 採摘 644, 2072
採摭 1916
51 採擷 2085
55 採揀 121, 1036
57 採掇 1144
60 擽罪 1909
61 擽啄 91, 1259

**$5210_0$**

23 劃然 2194
45 虯棟 1968

**$5210_4$**

塹 864
50 塹中 759

**$5210_9$**

11 鑿琢 2115
80 鑿金陵 1912

**$5211_0$**

50 虬螭 250, 1435, 1441

**$5211_1$**

52 蚯蚓 178, 735, 2299

**$5211_6$**

30 蠟蜜 1440

**$5211_8$**

22 蝗出 1222
30 蝗穴 2218
77 蝗卵〔夘〕 1688

**$5212_1$**

56 蜥蜴〔蝪〕 1267, 1489, 1727

**$5213_6$**

00 蜇痛 1575
48 蜇螫 1902, 2244

**$5213_9$**

50 蟋蟀 1682, 2083

**$5214_0$**

21 蚔行 1717
57 蚔蛆 146, 997

**$5214_7$**

47 蝯猴 214, 1287
58 蜉蝣 1977, 2010

**$5215_3$**

17 蟣〔蟣〕蝨 556, 611, 1217, 1624, 1775, 1908, 2214, 2273

**$5216_9$**

01 蟠龍 44, 90, 947, 1053, 1258
08 蟠於 1122, 1192, 2290
24 蟠〔蟮〕結 255, 497, 1704, 1746, 1773, 1829, 1831, 1903
30 蟠竄 2168
40 蟠木 1971, 2124
42 蟠桃 686
44 蟠蘭椿輪 93, 1262
55 蟠曲 478, 1103, 1385
73 蟠臥 1896
77 蟠屈 2164

**$5222_2$**

10 彭而 2180
23 彭然 249, 1819
32 彭淵 2090

**$5230_0$**

54 剸拱 312, 1567

**$5233_2$**

10 慙惡 402, 1500, 1974
13 慙恥〔耻〕 631
47 慙赧 1631, 1970
91 慙悟 2049
96 慙愧〔媿〕 562, 1075, 1091, 1788, 1885, 2238
慙惕 2040

**$5241_4$**

00 毿衣 321, 1539
62 毿毿 47, 952

**$5250_0$**

33 剗治 370, 1814
38 剗海 2021
44 剗草 343, 1663
52 剗鑿 1934
60 剗跡 2089, 2183
剗足 285, 1473
80 剗貪 117, 1111, 2180

**$5260_1$**

27 誓多林 442
誓衆宣威 909
47 誓期自勉 892

**$5260_2$**

20 暫乘 688
24 暫特假寐 905
52 暫搗 2075
55 暫替 271
56 暫損 1249
63 暫瞚〔瞬〕 845, 2272
64 暫時 1438

**$5280_1$**

10 蹔霽 1967
58 蹔捨 557
67 蹔眴 759

**$5290_0$**

02 刺端銛 1055
40 刺木 1130

47 剌殺 759
52 剌〔刺〕剌〔刾〕 946,1857
77 剌股 2097,2105
17 剌那 56,367,655,1732
36 剌渴 1858
40 剌夵 151,829
44 剌惹 438
剌也 412,1253
47 剌拏 1394
52 剌剌脚 1223

**$5291_4$**

20 耗爲 1184
33 耗減 1457

**$5300_0$**

08 掛旛 2151
86 掛錫 2189
10 挒二頭指 1128
40 挒左 1122
挒左指 2290
28 刱〔創〕作 2025
43 刱始 1632
82 戈鋋劍戟 869

**$5301_1$**

10 控弦 454,787,1350
22 控轡 762
控制 1455
24 控告 190,1305
26 控總 1945
27 控御 1615
30 控寂 521
17 挖那 716
22 挖掣 1903

**$5301_2$**

44 搶芙蓉 2029

**$5301_6$**

07 揎調 425

**$5301_7$**

11 挖頭 1596
17 挖取 1707
33 挖縛 1289
53 挖〔扼〕捥〔椀、擊、腕〕 422,454,508,1350,1761,1834,1924,2021,2028,2067
80 挖尊者 1592
46 軶觀 1511
50 軶中 1709

**$5302_7$**

17 輔弼 161,909,966
21 捕盧沙邪 447
42 捕獵放牧 895
44 捕榇伐素 1580
47 捕狚 357,1691

**$5303_0$**

41 扶柩 1936
47 扶柳 1913

**$5303_2$**

06 拯親 1841
44 拯世 2111
57 拯拯 2089

**$5303_3$**

23 撚綫 1121,1625,2270,2313
24 撚彼 2268
25 撚縷 1637
30 撚之 1142
34 撚為 1167,1177,1581
40 撚索 1196
44 撚劫貝綫 1591
53 撚成 1198,1202,2284
72 撚髭 310,1566
80 撚羊毛 1606
90 撚糠 1617

**$5303_4$**

17 捩取 1902
21 捩齒 734,1609
22 捩出 1152
27 捩繩 221,1485
56 捩撮 1811
61 捩曬 321,1540
88 扶箭 1325

**$5303_5$**

撼 1128
11 撼頭 1811
20 撼手 1235,2287
撼爲鈴 1144
30 撼之 2112
40 撼喜見城 1907
51 軾軻 1063

**$5303_7$**

07 摭詞 1572
30 摭實 2024
摭之 1881,1926
52 摭採 1884

**$5304_0$**

00 軾座 1626
21 軾處 1580
71 拭脣 1193
80 抃〔拚〕舞 214,245,1287,1413,1643

**$5304_2$**

00 搏鹿 194,1309
17 搏取 1440
22 搏山 2188
30 搏之 1836
31 搏逐 721,1167
54 搏掩 256
56 搏撮 133,979
57 搏齧 1902
62 搏踏 258,1480
68 搏噬 92,1260,2240
85 搏蝕 2265

**$5304_4$**

00 按摩 814

**$5304_7$**

07 挍〔搜〕記 2200
30 挍進 2146
37 挍選 2072
56 挍揚 840
65 挍購 1964
71 挍原 2196
77 挍問 1618
20 撤〔撮〕集 1944
30 撤寫 1880
27 拔身 121,1036
30 拔扈 146,997
拔濟 597,621,912
40 拔有 561
43 拔〔狀〕栽 254,1829
44 拔茇(芺) 236,1425
拔萃 2142
拔其 1196
48 拔猶預箭 897
56 拔提達多 931
拔提王 953
57 拔擢 64,282,652,1430
74 拔陂 179,1075
拔肋 1263
88 拔箭鏃 1059
拔鏃 920
73 軷陀 174,180,778,917

**$5305_0$**

21 摵背 93,1262
51 輱軻 423,1838,1853
60 攕羅 2183

**$5307_7$**

53 輨轄 15,154,800

**$5308_6$**

00 擯〔檳〕庰〔屛〕 752,1579,1581,1598,1604,1618,1631,1868
擯棄 1049
22 擯出 746,1284,1656
33 擯〔擯〕治 1928
35 擯遣 721
44 擯落 1944
60 擯(擯)罰 1878
62 擯黜 511,817,1765,1868
78 擯除 1651
80 擯人 1285

**$5309_4$**

40 捺〔探〕古 1007

**$5310_0$**

00 或瘻 386,1794
或痰 590

或言波耶　950
或言婆梨　950
或言鬱特　950
10 或覆或傍住　861
或奇　89, 1114
或云波耶　950
20 或魋　1828
21 或虜　334, 1545
或縹　781
23 或牟薩羅　891
或躭　1828
24 或甜　795
或鱙　437, 727
27 或級　12, 851
或級其頭　892
或名簡言詞　865
或名性超邁　865
或歃　2323
或修或短　862
28 或以妙義授非其人　893
29 或艨〔縢〕　1136
30 或窳　225, 1490
31 或溤　760
34 或渚　456, 1352
35 或遺　10, 849
36 或裸　2249
38 或濫　819
41 或枯　1590
44 或摹　2004
或藕　634
或芋　634
45 或榛　456, 1351
47 或翹　470, 1328
或獺　385, 1793
或趫　494, 1742
50 或推　814
52 或撥　1687
或撟　560
53 或控　1626
56 或攫〔瓝〕　539, 585
或蛸　385, 1793
57 或齧　727
或掐　1150
或挽　1598
或擲　564
61 或啄　539, 585
63 或吮　437, 727
65 或晴　446, 1342
或嘯　1860
70 或擘　1581, 1625
77 或豎　844
或展　1136
82 或钀　1128
88 或築　448

**$5310_7$**

10 盛夏水長　944
63 盛貯　546, 619, 809
72 盛髮之帒　741
80 盛金盞　1154
88 盛篅〔箭〕　262, 1843
96 盛燥　1072

**$5311_1$**

15 蛇〔虵〕虺　198, 387, 1071, 1239, 1313, 1464, 1787
21 蛇衛旃檀　913
34 蛇〔虵〕池　245, 1413
44 蛇〔虵〕蠆　269, 346, 610, 1477, 1660, 1902
48 蛇螫　296, 1168, 1552, 1656
51 蛇蚖　1098, 1173, 1512
蛇蛭鱓　1575
54 蛇〔虵〕蟒　1325, 2196
57 蛇〔虵〕欶　186, 1301
蛇〔虵〕蠍　547, 725, 1156, 1163, 1407, 1505, 1585, 1776, 2279, 2301
58 蛇〔虵〕蜕　403, 1501, 2267
60 蛇羅羅縛奢沙娑呵　42

**$5311_2$**

20 蜿垂　2167
50 蜿蟺　2120
55 蜿轉　981

**$5311_6$**

51 蝗蜚　1837

**$5312_7$**

51 蝙蝠　310, 487, 695, 1292, 1565, 1735, 2012, 2159

**$5313_2$**

57 蝚螋　114, 1159

**$5315_0$**

50 蛾蚊　1773

**$5320_0$**

00 成辦　816
04 成熟　1177
10 成霾　1238
25 成積　1922
成眚　2178
47 成觳　210, 1379
57 成擔　176, 1081
71 成胚　781
77 成釁　1948
87 成鏘　1630
88 成簣　1971
97 成爛　2124
17 戌那　1764
34 戌達羅　546, 559, 589, 1014, 2250, 2310
36 戌邏　814
73 戌陀羅　470, 1328
22 戜亂　1974
80 戜翦　2030
23 咸綜　2239
咸綜鬼彪　919
咸綜無遺　906
77 咸闈　2029
91 咸慳　2101
50 威惠　1999
威肅　588, 605
90 威光赫弈　857, 896
91 威懾　1951, 1956

**$5322_7$**

10 甫爾　74, 669
21 甫此　26, 1233
90 甫當　62, 200, 649, 1314
88 鬻〔必、鬻〕築〔栗〕　393, 1136, 1491, 2255

**$5333_0$**

32 惑塹　2013
88 惑箭　2226
24 感德從化　878
38 感激　1887
92 慼忻　697

**$5334_2$**

12 専弘　839

**$5340_0$**

10 戒雷　141, 991
42 戒欔　1650
44 戒蘊　548
66 戒躅　1937
21 戎貊　2149
27 戎貉　1986
46 戎狛　2062

**$5370_0$**

80 戊斧　1268

**$5373_2$**

20 裘毳　1238
36 裘褐　1966

**$5380_1$**

30 蹙之　2132
31 蹙頞　760, 2147, 2172
44 蹙其上節　1148
46 蹙如　1144
蹙如寶形　1143
77 蹙眉　1141, 2272

**$5400_0$**

00 拊膺　464, 1360
20 拊手　487, 1735
27 拊匈　245, 1413, 1864
30 拊肩　1595, 1637
44 拊革　469, 1327
50 拊抃　145, 996
拊奏　1717

57 拊擊　2253
58 拊撫　70,664
55 抖捒　1573,1841
58 抖〔斗、十、斟〕擻〔藪〕　111,220,305,329,389,793,1273,1484,1533,1561,1620,1643,1720,1800,1941,2325
35 擳溝　1889

**$5401_1$**

10 撓吾　426,1851
22 撓亂　528
27 撓色　201,1315
30 撓容　2008
33 撓滅　156
36 撓濁　47,458,952,1354
40 撓大　45
撓大海　950
51 撓擾〔擾、擾〕　345,1614,1659,1861
57 撓攪　50,465,481,960,1178,1361,1365,1628,1721,1810,1855
59 撓撈　261,1512,1843
80 撓令　305,1561

**$5401_2$**

27 拋身　2191
51 拋打　2190
56 拋撮　1240
57 拋擲　1892
85 拋鉢　417,1089

**$5401_4$**

20 擡系　2203
25 擡使　1940
37 擡裙　1589
70 擡腁　1125
77 擡〔檯〕舉　363,1606,1797
挂　898
21 挂緌　2162
44 挂其　440
51 挂輕　1143
60 挂置　365,1731
73 挂髆　1605,1938
77 攉(權)輿　673

**$5401_6$**

01 掩襲　329,1200,1232,1532
10 掩面　221,1485
掩雲　1914
掩正　1650
21 掩齒　2167
35 掩袜其眼　1142
36 掩遏　636
37 掩泥　544,588,605,619
43 掩博　372
44 掩蔽　1297
67 掩曜　2067
77 掩骼　2089

**$5401_7$**

00 軌度　863
25 軌生　1778
44 軌地　421,1833
67 軌躅〔躅〕　524,1973,2169
88 軌範　488,533,556,578,591,813,1736
10 抴電　235,1424
15 抴穮〔枻穤〕　170,1165
23 抴我　393,1491

**$5402_7$**

00 掮摩　465,1361
26 掮觸　495,1743
07 ⿰扌希設　2175
44 ⿰扌希草　352,1642
33 拷〔栲〕治　1281
44 拷〔栲〕楚　737
50 拷(栲)掠　764,1273,1516,1853
47 拗怒　2243,2339
50 拗拉　1627
52 拗折　1150
53 拗捩　2112
71 拗脛　396,1494
77 拗舉　1935,2162

**$5403_0$**

軑　34

**$5403_2$**

10 擝弄　1909
41 轅楄　36,930
53 轅軶　769,1593,1707
55 轅軸　1441

**$5403_4$**

10 摸買　1512
26 摸鼻　1440
34 摸法　304,1560
51 摸揩　1975
54 摸搽　349,1655
57 摸鑿　1600
62 摸呼律多　844

**$5403_8$**

17 挾帚　2102
24 挾先　327,1531
27 挾怨　744
47 挾轂　1953
50 挾書　2146
54 挾持　25,1231
77 挾閣　898
80 挾八　2168
85 挾〔挾〕鉢　311,1566

**$5404_1$**

11 持瓨　1040
20 持毳　455,1351
22 持轡　1437
23 持綫　1369
26 持鱢　1941
30 持床　1512
32 持業釋　479,1386
40 持棓　1155,1193
43 持戟(戟)　244,346,1660
44 持鞬　330,1533
48 持櫛　1900
49 持梢尾　920
50 持摭　2068
56 持操　2061
57 持擢　404,1502
60 持羂　503,1756
72 持髻　440,637,1006
75 持駛水　1012
83 持鉾　303,1559
87 持釪　1446
88 持籌　1826
持笏　2017,2072
持簪　1611,2315
持鎌　1828
89 持鍬　1233,2294
20 擣香　699,792
28 擣以　678
44 擣藥　1096
65 擣味　2034
88 擣簁　139,816,824,989,1019,1192

**$5404_7$**

00 披謗〔訴〕　1211
10 披栗吒　1891
21 披纚　287,1454
22 披片　816
披緇　2243
44 披薜荔　2059
55 披拽　1142
56 披擐　782,2296
77 披閱　210,497,1379,1394,1745,1975
21 技〔抜〕術　559,1018
32 抜業　1331
44 技〔抜〕藝　557,593,624,675,2264,2309
40 擭堆　1646
44 擭草　256,1830
54 擭持　279,1475
81 擭飯　346,1660

**$5406_1$**

00 措〔厝〕言　482,1366,1936
90 措〔厝〕懷　1922,1986
30 搭肩　1940
67 搭眼　107

搭眼方道　1242
87 搭鈎　1577
**$5406_4$**
搘　1125
**$5408_6$**
20 攢集　1581
44 攢茂　1041
攢藥　1646
58 攢搓　2319
攢捻　1192
61 攢呵尼　1160
77 攢眉顰蹙　1574
82 攢鋒　2251
88 攢箭　233
44 轒媎　2111
51 轒轤　326,1529
**$5409_0$**
84 掭〔楙〕鋤　112,670
**$5409_1$**
24 捺龢　1151
30 捺之　1144
44 捺〔榛〕落〔洛〕迦　487,734,827,1218,1382,1394,1397,1687,1735,2244,2321
60 捺羅　1163
66 捺囉　676
76 捺髀　1552
攃　1159
**$5409_4$**
30 搽字　586
**$5409_6$**
16 撩〔撩〕理　301,1154,1557
22 撩亂　1597,2189
28 撩僧　1984
30 撩戾　1285
40 撩去　1646
50 撩擿　1810
57 撩擲　99,837,1271
77 撩舉　1580
撩與〔与〕　343,1664
**$5411_1$**
54 蟯蛸　1240
**$5411_2$**
27 虵鴿　2064
47 虵獺　1441
57 虵醫　1126
**$5412_7$**
17 蛃了　1849
50 蛸虫　1259
蛸蟲　91,421,1464,1478,1909
77 蛸母　225,1490
**$5413_2$**
54 蠓蛃　1682
**$5413_4$**
17 蟆子　172,362,765,783,1796
**$5413_8$**
54 蛺蝶〔蜨〕　1217,1585,1599,2215
**$5414_3$**
蟒　981
11 蟒悲泣　1981
蟒頭　1919
27 蟒身　1724,2015
53 蟒蛇〔虵〕　245,780,1081,1131,1224,1428,1858,2022,2219,2273
67 蟒吸　1370
**$5414_4$**
27 蟒身　135
91 蟒類　1717
**$5414_7$**
21 蚑行　67,90,168,349,661,767,1004,1115,1279,1524,1642,1654,1871,2135
蚑行蠕動　1471
27 蚑多　156,1030
57 蚑〔蚑〕蜂〔螽、蜂〕　193,424,1073,1113,1307
**$5415_3$**
54 蠛蠓　1717
**$5416_0$**
54 蛄蟥　99,1270
**$5416_1$**
58 蛣蜣　1873,1992
**$5418_6$**
57 蟥蜂　329,1533
**$5440_0$**
47 斠格　247,1817
**$5482_7$**
37 勣深　1923
**$5494_7$**
敕　1125
**$5500_0$**
27 丼〔井〕絡　2087
54 井蛙〔鼃〕　1575,1589,2020,2123,2154
**$5500_6$**
39 拽娑二合字　586
47 拽聲　1177
**$5500_7$**
27 㧁身　91,1259
**$5502_7$**
30 拂字　1191
00 弗靡　2040
18 弗聆　2011,2158
22 弗緇　2059
28 弗傲　2177
34 弗婆提　250,381,866,1435,1781
36 弗涅　2059
39 弗沙　871
90 弗省　2155
17 拂帚　1627
40 拂去　757
41 拂柄　1089,1646
90 拂懍國　1970
35 拂〔拂〕之　413,1254
**$5503_0$**
44 抉其　1619
60 抉口　1617
抉目　734,1609,1955,1961
**$5503_2$**
30 摙〔摶、捐〕之　414,1255
**$5504_0$**
00 揵度　97,356,1164
12 揵沓和　64,652,766
揵沓惒　1082,1297
24 揵稙　348,1667
35 揵連　1274
40 揵椎　14,306,799,1142,1301,1562,1891
44 揵茨　308,1564
51 揵抵〔坻〕　189,423,1304,1839
57 揵搥〔鎚〕　1083,1107,1401,1923
64 揵吔　825
71 揵陟　278,395,758,1476,1492,1836
73 揵陀　1024,1515
揵陀羅　63,651
**$5504_3$**
10 搏不　1614
搏霄　1618
28 搏儛　1831
43 搏截〔截〕　193,1308
44 搏若　1103,1592
46 搏如　764,1080,1673
50 搏中　1700
52 搏搖　2027
56 搏撮　1464
57 搏擊（繫）　491,1739
搏挽　726
73 搏颸　1965
80 搏食〔飡〕　296,379,754,770,830,963,1141,1388,1447,1553,1690,1779,1858,1868,1884

81 搏飯　1444
10 轉霍　109, 918
20 轉依　1445
41 轉樞　1144
58 轉蛻　1239
66 轉躁　1885
88 轉鐩　1872

**$5504_7$**

10 搆百　635
25 搆牛　234, 774, 1423
27 搆角　1370
52 搆捋　936
77 搆鵬鴳之寓言　1997

**$5506_0$**

20 抽毳紡緜　1097
47 抽杈　1887
57 抽擲　682, 1141, 2282
88 抽簪　2332
87 軸鐧〔鐗〕　402, 1500

**$5507_7$**

60 揩日　1572

**$5508_1$**

00 捷辯　768
捷疾　710, 753, 1098, 1455, 1690
01 捷語　1599
22 捷利　1018, 1179
30 捷竄　1956
34 捷對　721
35 捷速　529
44 捷樹　361, 1696
55 捷慧　725
77 捷（揵）闥婆烏　932

**$5509_6$**

56 揀〔柬〕擇　1169, 2222, 2236, 2259

**$5510_0$**

58 蚌蛤（龕）　451, 737, 1347, 1610, 1678, 2123

**$5510_8$**

28 豊〔豐〕稔　1343

**$5512_7$**

52 蜻蜓　365, 1730

**$5513_3$**

54 螔蛄　2020, 2135

**$5514_4$**

52 螻蚓　1940
58 螻蟻　1149, 2251, 2283

**$5514_7$**

53 蚺蛇　341, 1662

**$5516_0$**

50 蚰蟲　420
52 蚰蜒　133, 308, 978, 1067, 1167, 1217, 1408, 1462, 1564, 1773

**$5517_7$**

40 彗孛　2062, 2290
60 彗〔篲〕星　43, 96, 186, 311, 482, 673, 676, 944, 1017, 1025, 1301, 1366, 1567, 2265

**$5519_0$**

18 蛛蝥　1051, 1975, 2125
52 蛛蝑　412

**$5523_2$**

00 農商〔賨〕　214, 1287
50 農夫　489, 1737

**$5533_7$**

01 慧鸗　2100
07 慧詡　2078
11 慧璩　2067
慧頵　2098
14 慧瓚　2105
17 慧瓊　2201
18 慧瑜　2098
22 慧嵬　2064, 2187
慧琮　2109
23 慧巘〔巚〕　1941, 1943, 2109
46 慧觡　2072
慧旭　2067
61 慧昞　2095
慧晅　2087
慧顒　2144
62 慧眺　2100
75 慧賾〔賾〕　1370, 1917, 1923, 2036, 2074
80 慧無厓　1256
88 慧銓　2114
91 慧炬　1650
92 慧愷　1394, 1983
96 慧懁　2100

**$5550_6$**

輂　972
51 輂軒　757
77 輂輿〔轝〕　129, 449, 746, 792, 1221, 1345, 1440, 2313

**$5560_0$**

17 曲磵　2309
25 曲僂　358, 1693, 1723
27 曲錭　1185
30 曲戾　140, 990
41 曲櫺　81, 742
44 曲枝　162, 1040
50 曲蟺　222, 279, 358, 1474, 1486, 1693
54 曲撩　841
76 曲隈　212, 1367

**$5560_3$**

10 替不　233, 1422
80 替善　495, 1743

**$5560_6$**

44 曹植　1985

**$5580_1$**

04 典誥　157, 1037
典謨　2331
52 典刑伐　494, 1742
81 典領　297, 1553

**$5580_6$**

22 費秏　1515
71 費長房　1880

**$5590_0$**

14 耕殖　1187, 1993
27 耕墾　1584, 1613, 1223, 1684, 2218, 2312, 2327
51 耕耘　1615
77 耕馭　1719

**$5594_7$**

44 耩地　2159

**$5599_2$**

44 棘林　2048
棘樹　1399
52 棘〔棘〕刺〔刺、朿、莿、葪〕　740, 825, 834, 1078, 1081, 1256, 1408, 1860, 1887, 2197, 2301

**$5600_0$**

00 扣玄機　2070
11 扣頭　1296
20 扣絃　469, 1327
21 扣齒　1987
57 扣擊　211, 500, 813, 1149, 1224, 1380, 1753
64 扣時　1651
77 扣開　187, 1302
扣門　1607, 1612
80 扣瓮　326, 1529
82 扣劍　390, 1801
85 扣鉢　1677
拍　1235
10 拍石　311, 1567
11 拍頭　924
23 拍毬　1292
27 拍〔柏〕毱　44, 454, 948, 1350
拍匊　1807
28 拍煞　275, 1524
44 拍地　759
71 拍長　84
拍長者　1061
拍髀〔髀〕　1860, 1885
73 拍〔柏〕臏　161,

254, 995
12 摑裂 400, 836, 1497, 1717
27 摑網〔網〕 2134
69 掬畔 412

**$5601_{0}$**

00 規〔規〕度 509, 1763
54 規〔規〕摸 609, 627, 2073
81 規矩 2194
87 規欲 39

**$5601_{1}$**

40 擺木 398, 1496
52 擺撥 341, 1662, 2071, 2098
53 擺揬 1720
44 輥芥 2190

**$5601_{4}$**

24 捏彼 1175
28 捏作 352, 1642
30 捏進力 1144
50 捏素 1198
72 捏所 1237
87 捏塑 2271
88 捏飾 1180
攞 886
30 攞字 116, 1274, 2239

**$5601_{7}$**

10 搵三甜 1247
17 搵取 154, 835, 2202
38 搵塗 1136
44 搵蘇 1193, 1248, 2296
搵藥 1192
67 搵嚕地囉 2299
挹 855
35 挹清流 1572
44 挹其 687
50 輼輬 1878, 1934, 2115

**$5602_{7}$**

00 揭帝 444, 683
揭彦 122, 1188
13 揭職國 1950
22 揭梨醯 1551
27 揭鳥 1855
43 揭棧 1171
44 揭薜 92, 1257
揭地洛迦 1739
揭坩 2102
揭其 2075
56 揭揭 1037
揭提 159
67 揭路荼 433, 534, 715
揭路荼王 1012
72 揭質 778
86 揭錫 1935
00 捐棄 1222, 2218
52 捐揞 1692
58 捐捨 138, 705, 721, 986
30 暢適 810
33 揚治 234, 1422
88 揚簸 1446, 1626

**$5603_{0}$**

08 摠論 2152

**$5603_{2}$**

12 輾裂 2062
24 擐彼 827
27 擐身 1198
40 擐大悲甲 907
44 擐帶 593
60 擐甲 366, 459, 842, 922, 1197, 1355, 1708, 1731, 2099, 2218, 2241, 2255, 2302, 2310
75 擐體 1629
77 擐服 1143
82 擐鎧 533, 590
95 擐精 1223

**$5604_{1}$**

00 揖讓 99, 1270
擇 541
33 擇滅 1405, 1709
57 捍挌〔格〕 195, 1310
64 輯睦 74, 669

**$5604_{7}$**

00 撮〔撖〕摩 166, 725, 1003, 1237, 1797
撮磨 646, 715, 1225, 1892, 2220
17 撮取 1525
21 撮上 768
44 撮〔撖〕其 1323, 1984
67 撮略 1649, 1935
10 攫面 1889
44 攫其 317, 1535
61 攫啄 220, 1484
78 攫〔⿰國爪〕腹 505, 1758, 1774

**$5605_{0}$**

31 押額 181

**$5605_{6}$**

51 撣指 1197, 1855

**$5608_{1}$**

03 提詑 159, 1037
11 提頭賴吒 384, 1792
26 提和 1170
提和竭 64, 651
28 提儆 1407
31 提洹竭佛 113
34 提婆達多 816, 986
38 提渝 1456
44 提蘘 16, 800
46 提堤犀魚 2243
50 提撈 2194
52 提撕 1953, 2075
54 提挾 2077
57 提挈 1914
77 提挌 120, 1274
80 提舍 871
99 提惔 150, 1008
10 捉弦 2182
14 捉瑱 324, 1543
46 捉塊 757
53 捉祕 168, 1005
55 捉拽 1831
58 捉攬馬一毛 825
71 捉脛 309, 1565
72 捉腨 1611, 1626

**$5608_{6}$**

00 損瘦 1471
52 損耗 791, 907
90 損炷 1702

**$5609_{4}$**

17 操刀 405, 1503
21 操行 868
22 操觚 1689
操紙 808
30 操之 1912
45 操杖〔扙〕 357, 368, 422, 1692, 1812, 1852
47 操枹 2116
操柳〔柳〕枝 1915
48 操翰〔乾〕 1964, 2010
84 操鈹 2168
88 操筆 1913, 2048

**$5610_{0}$**

50 蛔蟲 1196

**$5611_{0}$**

58 蜆蛤 1711

**$5611_{1}$**

17 蜫蝨 363, 1797
28 蜫以 150, 1008
88 蜫等 221, 1486
44 蜫勒 186, 1301
50 蜫蟲〔虫〕 191, 436, 725, 1306, 2122
58 蜫蟻 1583, 1608, 1616, 2152

**$5611_{4}$**

50 蝗蟲〔虫〕 181, 210, 236, 321, 694, 775, 825, 1181, 1374, 1425, 1539, 2299
蝗毒 2064
53 蝗蛾 1575

**$5612_{7}$**

11 蜎蜚 67, 117, 661, 1089, 1093,

1872
12 蜎飛　19,231,349,779,794,803,832,1059,1095,1273,1420,1654,2125
52 蜴蜥〔蜥〕　108,224,1136,2214,2274
**$5613_1$**
50 螺〔嘿〕蟲〔虫〕　422,1834
**$5613_2$**
12 蠉飛　179,776,1294
51 蠉蝡　2127
**$5613_4$**
58 蜈蚣　133,146,978,997,1167
**$5614_0$**
22 蜱犁　23,1230
60 蜱羅尸　25
75 蜱肆　228,1415
**$5615_6$**
12 蟬聯　2021,2200
蟬引　2180
58 蟬蜕〔蜕〕　419,1862,2064
**$5619_3$**
螺　973
00 螺文　711
10 螺王〔玉〕　45,949
23 螺縮　1809
27 螺角　1200
52 螺蚳　2176
57 螺蝸　643
60 螺貝　693
**$5619_4$**
00 蜾蠃　1937
56 蜾螺　2127
**$5671_0$**
23 覩然　924
**$5698_6$**
10 積而　2029
**$5701_0$**
40 扤〔杌〕去　327,1531
**$5701_1$**
22 扼犁　98
**$5701_2$**
10 抛三　1844
44 抛其石子　1125
10 抱不　235,1424
抱弄　1714
21 抱須彌　963
66 抱蹋　2183
77 抱卵　376,1791
**$5701_3$**
拯〔极〕　38,685,869
27 拯物　2068
30 拯濟　534,583,712,1040,1080,1191,1522,1588
37 拯〔极〕溺　706,2055,2082
53 拯拔　197,480,1312,1387,1649
80 拯含　522
58 攙搶〔槍〕　1948,2003,2138
**$5701_4$**
44 擢芳林　1079
48 擢幹　857
50 擢本　913
70 擢臂　319,1538
86 擢知　2096
52 握槧　675,1949,2264
**$5701_6$**
00 攬屏　397,1495
12 攬水　1233
34 攬池　2313
80 攬令　1192
00 挽底　1163
08 挽於　1860
17 挽弓　1235,1870
21 挽顗　2104
22 挽出　303,503,1560,1756
挽綖　324,1543
23 挽我　1104
51 挽攝　1176
88 挽箭　824
20 輓住　844
**$5701_7$**
把　891
40 把棓　757
62 把鬭　1812
90 把拳　410,1249,1251
**$5702_0$**
00 拘辨荼　97,1164
拘摩羅天　956
拘文花　786
07 拘畝那花　719
09 拘謎陀國　1950
17 拘礙　560,594,1836
拘那含牟尼　951
拘那牟尼　870
拘翼　64,257,651,704,1480
19 拘瑣　1888
22 拘利　832
拘紖　246,1429
23 拘峻　87,1256
拘牟頭　2213
拘牟頭花　1213
25 拘律陀　710
27 拘槃荼　952
拘物頭　2227,2232,2308
拘物頭花　864,930
拘貿〔貿〕陀　715
30 拘遮羅　295
31 拘福(樞)　334,1546
36 拘遲　179,1076
44 拘茂陀花　1289
拘某陀花　555,574,592
拘耆　171,1093
拘耆羅　214,1287
拘蘇摩　2223
拘蘇摩花　877
拘執　948
拘縶　642,647,1176,1953
46 拘枳　181
拘枳(抧)羅鳥　508,768,1761
拘枳羅　710,1210
47 拘〔拘〕翅〔翄〕　232,1059,1420
拘橼花　1390
拘郗羅
57 拘攔荼　765
62 拘吒聚落　908
拘吒賒摩利　1436
68 拘賒梨子　2260
69 拘睒　1811
拘睒彌(弥)　754,1874,1885,2189
拘睒彌國　921
70 拘躄　941,1872
72 拘胝　720
73 拘陀長者母　961
拘陀羅女　929
77 拘閡　2065
拘具羅花　922
拘留孫　904,2279
拘屢　233,380,1422,1780
拘貿　433
拘尸　1280
拘尸那　2232
拘尸那城　929
拘尸那國　677
78 拘鹽　1110
79 拘隣(鄰)　87,231,258,382,1115,1419,1444,1782
拘驎　2189
80 拘舍拔提城　959
拘美　1996,2034
88 拘篋　410,1252
92 拘剡彌　952
15 捫珠　2131

33 捫淚 75,639,679,764,785,923,2098
捫心 2040
54 捫持 1200
捫摸 11,213,296,445,775,849,882,1090,1171,1225,1319,1341,1552,1837,1893,2219,2225,2244
60 捫足 440
掬 1159
08 掬於 1272
17 掬取 1439
27 掬〔匊〕物 1122,1197,1234
34 掬滿 762
41 掬𢿱〔散〕 1168
44 掬林 83,1060
50 掬中 796
57 掬抱 236,1424
18 掏致 786
22 掏出 160,918
57 掏攬 2035,2337
28 輞傷 2315
52 輞轢 1945
57 輞掾 1130
81 輞釭 401,1499
58 抑挫 73,634,668
47 輣轂 569,636

5702$_2$

11 摎項 107,413,1242,1254
27 抒(杼)船 372,1816
40 抒大 187,1302
50 抒盡 1905
80 抒〔杼〕氣 82,222,1255,1486

5702$_7$

08 擲於 2296
10 擲石 45,949
17 擲碣 2066
26 擲線 111,1274
43 擲梭〔挼〕 334,1545
44 擲著 1196
45 擲杖處 792
34 擲汝 1466
41 擲散 1145
51 擲甎 1577
54 擲拋 345,1659
60 擲羂〔罥〕 228,952,1416,1858
66 擲躅 1178
17 搦取 250,1435,1437
26 搦觸 448,1344
47 搦殺 2309
88 搦箭 372,1816
90 搦拳 171,1008
17 掃〔埽〕帚 1440,1951,2076
31 掃灑 166,1003,1650
43 掃㪇 302,1558
88 掃箒 319,327,1530,1538,1608,1895
21 擒處 2076
擒上 1617
40 擒力 1812,2235
79 擒〔勝〕𣁾 709,1775
21 扚行 1634
57 搊擲 1143,1235,2268,2287
搰搰 2199

5703$_1$

77 揌門 1909

5703$_2$

04 輾諸 223,1487
22 輾斷 825
33 輾〔輾、輾〕治 308,1564,1652
17 掾及 934
45 搗棒 1831
50 搗搒 1832
51 搗打〔朾〕 45,709,732,749,774,780,1261,1674,1705,1727,1885,1905
搗打楚撻 892
52 搗撲 797
55 搗揵揮 1082
87 搗鑱 841
46 揔〔捴〕猥 777,1820,1889
51 揔攝〔攝〕 530,1629

5703$_4$

00 換衣 123,1193
27 換久 1081
56 撻撲鬼 413
撻撲鬼寒癖 1254

5703$_6$

00 搔痒 1904
18 搔醞 825
24 搔動 2195
54 搔摸 347,1666
55 搔揵地雞 1436
58 搔蛘 247,1818
80 搔首 2040
22 搔〔搔〕刮 1850

5703$_7$

52 搥撲〔撲〕 93,1258
71 搥壓 189,1304

5704$_0$

34 扠波 413,1254
67 輙呞 335

5704$_1$

09 搛諂 249,321,378,403,1819
29 搛儻 1154
59 搛擋 343,1501,1539,1664,1795

5704$_7$

08 撥〔撥〕放 1595,1601
51 撥〔撥〕打 1611,1635
56 撥〔撥〕拍 1582,1598
12 投礫 1240
22 投掣 821
30 投竄 694,814
投穽 397,1495
32 投淵 1860
40 投壺 1292
47 投趣 563,596
50 投夾 345,1659
54 投挂 1124
56 投捭 1458
58 投輪 454,1350
71 投匭 2023
88 投簪 1912,2050
17 輟已 875,1582,1595
23 輟我 333,1544
27 輟身要用 880
44 輟草 178
輟其 493,1742
58 輟軫 1923
63 輟哺 2053
20 搜集 1984
27 搜〔接〕綴 674,2263
57 搜擢 2077
44 掇其 2075
58 掇拾 2072
60 掇置 423,1839
53 掫拭 546

5705$_0$

51 拇指 841,1162,1225,2220,2279

5705$_1$

47 揮狗 378,1795

5705$_6$

12 揮斫 682,1143,2282
17 揮刀 508,1761
揮刃 449,1345
33 揮淚 89,231,1114,1419
38 揮涕 276,1519
57 揮擊 1168
97 揮颯 2099

5706$_1$

10 擔死人 1826

20 擔重擔　840
22 擔山林　441, 1007
27 擔負　694, 1261
40 擔樵　1515
43 擔〔檐〕棺　1887, 1988
55 擔簦　1809
56 擔揭　94, 1263

**$5706_2$**

00 招痾　1939
26 招僊　2134
56 招提　350, 1649
招提僧坊　955
22 摺山嵩　2102

**$5706_4$**

21 輅上　326, 1529
50 輅車　1620
67 据路　410

**$5706_7$**

20 掮稚迦　1877
27 掮多　450
掮多比　1674
38 掮道　2034
40 掮難　1129
50 掮摭　1954, 1976, 2032, 2104, 2169, 2331
52 掮採　2078
58 掮〔攟、擽〕拾　227, 274, 907, 1415, 1520, 2071, 2225, 2340

**$5707_2$**

25 掘生地　1383
27 掘墾　1890
37 掘深　1197
掘鑿　1715
40 掘坑　1656
掘去　1125, 1185, 1199
掘土　180, 1159
44 掘蔭臽　1902
掘地　300, 678, 1556
55 掘井　830
57 掘挽　1969

**$5707_7$**

15 掐〔搯〕珠　1122, 1175, 1177, 2108, 2256, 2288
28 掐〔搯〕傷　208, 300, 1372, 1556
44 掐〔搯〕其　1201
57 掐〔搯〕齧　385, 1793
58 掐〔搯〕數　678
掐〔搯〕數珠　1151
80 掐念珠　1130

**$5708_1$**

10 撰焉　1370
20 撰集　140, 383, 990, 1783
87 撰銘　426, 1863
23 擬我　371, 1815

**$5708_2$**

50 軟夫　192, 1306
軟中　379, 1779
91 軟惬　232

**$5708_6$**

08 擯於　1141
11 擯頭　1546
17 擯習　550

**$5709_4$**

03 探識　786
30 探察　418
38 探道　171, 1093
44 探其　237, 1426
50 探本　148, 998
54 探摸　95, 1264
61 探啄　449, 755, 1345, 1774
67 探喙　492, 1740
75 探〔撩〕賾〔賾〕　523, 1996, 2030, 2041, 2199, 2334
52 揉搂　463, 1359

**$5711_0$**

44 蛆（蛆）蓋　404, 1502
48 蛆〔蛆〕螯　124, 209, 271, 455, 1283, 1350, 1373, 1677
50 蛆蟲　737
58 蛆蟻　424, 1863
61 蛆毗　323, 1542
97 蛆爛　1200

**$5711_7$**

00 蠅蝱　1217, 2215
54 蠅蟣　171, 1093
57 蠅蛆〔胆〕　18, 802, 2314
58 蠅蟻　1268
61 蠅嚕　368, 1812
蠅呞　1633
74 蠅墮　1859
77 蠅蚤〔蚤〕　1407, 1448
26 蜺纓　2011
80 艷美　760

**$5712_0$**

57 蝍蛆　2021, 2175

**$5712_7$**

00 蝸嬴　550, 590, 608, 1169, 1504
27 蝸角　2009, 2025
50 蝸蟲〔虫〕　470, 1328
55 蝸牛　1678
25 蛹生　1870
71 蛹蠶　1940
59 蠨蛸　503, 1757

**$5713_2$**

12 蝝飛　1511, 1904

**$5714_7$**

27 蝗〔皇、蝗〕螽　1217, 1584, 1599, 2215
44 蝦蟇〔蟆〕　737, 769, 1080, 1166, 1169, 1216, 1399, 1700, 1890, 2253, 2312

**$5715_4$**

21 蜂紫　1050
30 蜂窠　1861
44 蜂薑　384, 1792, 2282
48 蜂螯　38, 934
50 蜂蟲〔虫〕　249, 1819
52 蜂採　1859
58 蜂蟻　1575

**$5716_1$**

34 蟾婆　1194
58 蟾蜍　207, 1338

**$5718_0$**

51 螟蝠　1937
53 螟蛉　1916
58 螟蛉　1217, 2127, 2214
79 螟螣　2043

**$5718_2$**

10 蠍王　1927
52 蠍蜇　1398
72 蠍所　1614

**$5718_7$**

54 蚆蠖　377, 1713, 1757, 1773, 1799

**$5721_7$**

60 艶黑　1127

**$5722_7$**

27 鶺鴒　1961

**$5725_7$**

03 静謐　1957, 1972, 2110
21 静慮　433, 469, 716, 1327, 1673
44 静蔆　686
66 静躁　2193

**$5742_7$**

80 郪人　2106

**$5743_0$**

67 契明疇　2184

**$5750_2$**

41 擊櫪　1641
44 擊鼓　975
45 擊檬　2151
52 擊擽　1464
55 擊揵槌　1971
82 擊劍〔劒〕　454, 1350

**$5760_1$**

20 砦統 2136

**$5777_2$**

10 齧下脣 1141
21 齧齒 2231, 2267
22 齧斷 1957
44 齧其 1954
50 齧毒 826, 1136
56 齧損 2298
71 齧脣〔唇〕 796, 1821
80 齧首 1774
90 齧半 1595, 2202

**$5790_3$**

00 絜裹 340, 1660
11 繫項 1196
23 繫縛 553, 1138
28 繫纜 1589
35 繫袜 1125
57 繫蝦蟇 691
繫擦〔檫〕 268, 1518
72 繫鬆帶 1578
77 繫閉 746
繫脚拽 1893
80 繫(係)念 57, 557, 655, 457, 1094, 1353, 1837

**$5798_2$**

00 欶癰 2325
22 欶乳 52, 236, 964, 1425
40 欶太 297, 1553
50 欶毒 1168
51 欶指 331, 352, 1534, 1640

**$5798_6$**

20 賴締 52

**$5801_1$**

00 搓摩 107, 1242
25 搓縷 1127, 2273
28 搓以綫 1155
80 搓合 1133, 1234

**$5801_2$**

拖 906
30 拖〔扡〕字 199, 1313
55 拖〔扡、拕〕拽〔抴〕 244, 1412, 1885

**$5801_4$**

10 挫惡 925
23 挫外道 1942
27 挫身 1001
34 挫汝 481, 1365
44 挫其鋭 2074
50 挫拉 1991, 2075, 2109
52 挫折 1577
53 挫捩 248, 1818
71 挫辱 642, 726, 1127
72 挫颮 1179
88 挫鋭 1959
96 挫慢 1998

**$5801_6$**

50 攬掠 1885
攬束 1279
90 攬光 1246

**$5801_7$**

50 轞車 2144

**$5801_9$**

00 捦牽 330, 1533
21 捦齣 222, 1487
30 捦之 2179

**$5802_1$**

輸 678
11 輸頭檀王 93, 937, 1262
17 輸琛 1974
34 輸波迦羅 2340
48 輸敬 425, 1477
51 輸拒 111
67 輸賝 1875, 1997, 2002
56 揄揚 1686

**$5802_2$**

30 軫宿 99, 1271

**$5802_7$**

14 輪灒 1577
18 輪駑 2165
27 輪奐 1974, 2028, 2102
42 輪埵 60, 571, 637, 659
47 輪轂 2320
49 輪楻 1127, 1150, 2285
52 輪轢 1513, 1872
60 輪圍 461, 1357
輪圍山 474, 1334
83 輪鑹 1596
40 擒去 1023
44 擒〔捦〕獲 233, 1211, 1422
擒縶 642

**$5803_1$**

00 撫膺 2340
10 撫而 1957
44 撫其孤弱 899
56 撫拍 1578, 1619
62 撫踵 2123
97 撫恤 107, 1242

**$5803_2$**

15 捻珠 1177
17 捻取 1235
40 捻檀 1233
51 捻挃〔桎〕 233, 1422, 1893
57 捻掇 2095
60 捻置 343, 1663
88 捻箭 124, 817, 1110
99 捻燮〔變〕 416, 1088

**$5803_3$**

00 捴諦 1389

**$5804_0$**

22 撤懸 2063
25 撤俸 2005
40 撤去 1594
57 撤軔 2026
62 撤睡盖 907
78 撤膳 2095
30 敉之 411, 1253

**$5804_1$**

00 拼度 193, 1308, 1439
10 拼〔栟〕石 342, 1663
17 拼弓 1869
20 拼〔栟〕毳 328, 1532
30 拼之 244, 1412, 2001
40 拼〔栟〕直 255, 371, 1815, 1829
拼壇 1234
44 拼地 297, 1553
拼其 1203
60 拼量 505, 1758
27 拼繩 1152
60 軿羅 2000

**$5804_6$**

44 撙蔽 1886
51 撙頓 839
66 撙唱 2051
77 撙興 2339

**$5806_1$**

17 拾取土塊 952
51 輶軒 1876, 2040, 2175

**$5806_4$**

03 捨諠 528
捨 541, 943
04 捨諸罪軛 867
10 捨一切烏波提涅槃法 892
30 捨字 586
42 捨橃 1917
46 捨覩嚧 2300
51 捨軛 526, 578
53 捨捉 1269
58 捨撤 2169
61 捨喫 1459
88 捨鑑 422, 1852

**$5808_6$**

50 撿束 868
54 撿撓 226, 1413
56 撿押 349, 1654
57 撿繫其身 879
72 撿髮 305, 1561
77 撿問 816
撿閱 1630

**$5810_1$**
整 982
08 整旆 1591
16 整理 1208
38 整道 2016
60 整旻 340, 1661, 2106
**$5811_1$**
53 蜣〔蜣〕蜋〔螂〕 738, 933, 1217, 1523, 1921, 1982, 2215, 2244
57 蚱蜢 261, 1481
**$5811_3$**
24 蜕〔蛻〕化 1874
**$5811_6$**
50 蜕虫261, 1482
**$5812_7$**
50 蝓蟲 1853, 1895
56 蝓螺 422, 1852
**$5814_7$**
蝮 978
44 蝮蠆 1873
48 蝮螫 146, 996
50 蝮蛸 272, 1519
57 蝮蠍 37, 133, 933, 1173, 1210, 2212
**$5815_3$**
12 蟻飛 794
17 蟻子 1647
41 蟻垤 279, 399, 1497, 2168
44 蟻封 348, 1667
71 蟻䙅〔腰〕 730
**$5816_1$**
54 蝤蝶 113, 1158
**$5821_4$**
18 釐改 2073
**$5822_7$**
27 務解 735
**$5824_0$**
17 敷啓 72, 668
28 敷鮮 1808
40 敷在 45
敷在身邊 949
42 敷析 2047
44 敷蓐 1967
98 敷〔𢾺〕愉 268, 395, 1493, 1518, 1979
**$5825_1$**
犛 975
25 犛〔犛、犛、氂、犛〕牛 131, 307, 322, 390, 718, 731, 763, 834, 1049, 1210, 1224, 1541, 1563, 1595, 1606, 1636, 1640, 1642, 1958, 2168, 2191, 2211, 2219, 2328
犛牛形 361, 1670
30 犛之毛尾 1946
**$5834_0$**
99 𢾺榮 1650
**$5844_0$**
00 數應 1194
17 數取趣 533
26 數得 1859
28 數以 690
40 數垓 1297
46 數如是沙等恒河及經末云數佛世界 679
58 數數 602, 643, 1014, 1177, 1261
60 數罟 2128
數噫 1249
數量 628, 1406
61 數嚱 1249
63 數瞚 505, 1758
67 數瞤 1179, 1886
80 數分 680
86 數知 57, 137, 655, 984
**$5880_6$**
00 贅疣 2114
11 贅頭 320, 1539
**$5894_0$**
48 敕警 1970
**$5901_2$**
02 捲誘 785
11 捲脊 961
20 捲手 1320
23 捲縮 796
44 捲華 2184
46 捲相 1059
47 捲杷 1008
51 捲打 1596, 1832, 2321
57 捲扠 1906
77 捲屈 1888
**$5902_0$**
21 抄虜 452, 1348
50 抄掠 39, 768, 936, 1675, 2189
52 抄撥 405, 1503
80 抄前箸後 944
**$5902_7$**
22 撈出 2311
44 撈其 1844
50 撈接 107, 409, 1242, 1250
55 捎拂 1644
**$5905_0$**
30 拌之 1202
**$5905_9$**
59 轔轔 2167
**$5908_9$**
44 掞藻 2165
70 掞雅 2074

## 6

**$6000_0$**
21 口銜 689
口紫 1681
38 口道 1152
40 口爽 43, 217, 945, 1339
46 口如啞羊障 888
50 口中上腭 1828
52 口插 1178
64 口噤 84, 247, 274, 302, 436, 1061, 1105, 1558, 1817, 2029
68 口吃 1634
**$6001_0$**
71 盳階 2039
**$6001_1$**
60 睆睆 1901
**$6001_4$**
03 唯識論 217
04 唯諾 1460
23 唯然 75, 137, 531, 545, 679, 709, 812, 826, 974
27 唯伺 540
唯仰 47, 952
47 唯極 544
60 唯目 497, 1746
64 唯嘆 169, 1072
72 唯髻 988
77 唯局 510, 1764
17 瞳子 1512, 1701
66 瞳眖 398, 1496
60 睢睢 2061
61 睢吁〔盱〕 173, 778
62 睢叫 256, 1479
**$6002_3$**
21 嚌齒 1958
**$6002_7$**
28 昉以 808
30 啼泣 745
63 啼唳 1903
**$6003_1$**
71 噍牙 10, 849
91 噍類 1950
**$6003_2$**
20 眩受 1071
22 眩亂 1721
24 眩動 1185
53 眩惑 11, 231, 850, 1195, 1419, 1896, 1985
60 眩冒 1873
眩目 1396
眩愚 2122
66 眩眳〔瞑〕 247, 1817
67 眩曜 501, 1445,

1754,2110
77 眩瞖 547,607,915,1394,1396,2245

**$6003_6$**

00 噫病 1676
16 噫聖 2192
20 噫乎 275,1521
26 噫自 308,1564
50 噫夫 2249
60 噫噫 378,1795
61 噫嚱 410,1251
64 噫吐 1525
80 噫氣 390,1614,1788

**$6004_4$**

20 睃毛 1999
唆 981
50 唆盡 1591
60 唆唆 320,1538
63 唆吮 795
67 唆嗽 98,1270
80 唆食 36,94,135,464,930,1200,1263,1291,1360,1718,1861

**$6004_8$**

30 睟容 2166,2176
77 睟周 2076
80 晈鏡 894

**$6006_1$**

36 暗遇 93,1257
44 暗者 2025
60 暗噫 222,323,353,1487,1541,1640
61 暗呃 426,1851
64 暗唶 93,260,279,1262,1476,1481
暗 942
37 暗冥 1212
85 暗鈍 622
61 喑唔 1841

**$6008_2$**

62 咳唾 2027
88 咳笑 253,995

**$6008_6$**

27 曠絶 985
44 曠劫 859

**$6010_0$**

16 日磾 1876,2127,2150
42 日䵷〔䵷〕 259,1505
43 日嫪 1516
51 日虹 21,805
60 日暴〔㬥〕 40,58,359,443,585,656,765,938,1105,1694,1861
日躋 2230
61 日旰 1594,1916,1943
65 日昳 156,319,1453,1537
77 日月失度 2265
85 日蝕 705
40 旦爽 2001

**$6010_1$**

06 目竭嵐 1139
24 目佉 1249,1927,1929
28 目佮 107,1242
37 目〔自〕冗〔宂〕 170,1165
40 目真鄰陀 710
目真隣陀窟 887
目真隣陀山 889
50 目揥〔褅〕 107,1242
55 目揵 128
目揵連 716,1702
60 目眩 413,451,471,1254,1276,1298,1329,1347,1809
目眩瞖 590
64 目呿 409,1251
目眏 1286,1472
67 目瞤 1023,1902,2324
68 目踰 124,176,1172
71 目脂鄰陀 719
目脂鄰陀山 434
80 目企 409,1251
85 目鍵連 1126,2272
95 目精 1237
64 曰喃 417,1089

**$6010_4$**

00 量度 699
08 量旋 989
27 量纔 635
33 量褊 2064
60 量跡 161,966
17 罣〔罜、罫〕礙 7,51,56,138,293,477,526,655,682,705,846,860,986,1099,1213,1383,1550,2225
罣礙鎧 1007
墨翟 2016,2119,2153
25 呈佛 389,1800
26 里程 93,1262
44 里巷 166,296,1003,1553,1857
77 里閈 472,1330
27 罿絧〔網〕 2165
30 星宿 39
37 星潯 2038
38 星迸 490,1738
44 壘堞 249,1434,1436
47 壘柵 343,1663
57 壘墼 1612

**$6010_7$**

10 罝〔罝〕弶 458,494,1354,1674,1742,1775,1788
27 罝〔罝〕兔〔菟〕 450,475,1335,1346,1616
60 罝罘 2087,2175
罝罟 152,1046
罝羅 217,1403
12 疊磑 1438
44 疊栱 787
48 疊榦 2075
26 置梟 2107
30 置居 1605
40 置棓 1130
47 置帕 1938
74 置胯 2289,2297
80 置普光明藏 870
98 置槊 1127

**$6011_1$**

13 罪戮 1860
21 罪愆 1212
30 罪戾 48,954
44 罪藪 1283
77 罪釁〔舋〕 12,703,851,1277

**$6011_2$**

27 蹠向 309,1565

**$6011_4$**

10 雖不踰本 906
21 雖緬 2193
36 雖温 2121
44 雖蓮 2028
60 雖暴〔㬥〕 394,1492
61 雖蹶 497,1746
65 雖跌 367,1733
70 雖騂 2131

**$6012_7$**

12 昜水 1923
昜水上 2072
24 勗〔勖〕勉 89,119,168,268,279,336,1005,1114,1431,1547
43 勗哉 2015
74 勗勵 419,1806
50 蜀蟲〔虫〕 378,1799
67 蹄喙 1505

**$6013_0$**

32 跡泜 2034
37 跡深 423,1839

**$6013_2$**

10 暴露　194, 1309
21 暴虐　903
26 暴鰓　2136
31 暴漲　1853
44 暴繭　298, 1555
61 暴曬　25, 1231, 1597
96 暴燥　1358
27 蹠〔蹝〕倶羅　1102

**$6013_7$**

30 踧實　2178
踧之　1933
63 踧踐　124, 1283
80 踧翁　417, 1089

**$6014_1$**

27 躃絶　1888
44 躃地　41, 135, 758, 939, 1191
67 躃踊　2333

**$6014_7$**

64 蹪跣　349, 1654
79 最勝　1011

**$6015_3$**

27 國名達利鼻荼　897
國名輸那　900
40 國土名那羅素　898
43 國城財貝　882
50 國中　1466

**$6016_1$**

10 踣面　1149
88 踣鈴　175, 828
44 踣地　2284

**$6020_7$**

79 号滕　121
98 号憎　125

**$6021_0$**

00 四方搗　1188
四廈　1877
10 四百四病　938
四覆　1405
12 四殂　67, 661
20 四雙　599
四維　75, 679, 896
21 四衢　47, 132, 600, 619, 1830
四衢道　864
22 四倒　560
四種毒蛇　939
26 四伽陀經　951
27 四級　1294
四伺　1405
28 四徼　64, 304, 345, 651, 1453, 1561, 1658
30 四竇　156, 1030
四流漂汨者　907
四瀛　2028
31 四河　109, 918
32 四洲　433, 716
34 四瀆　253, 994
36 四邊緣　1142
四瀑　1940
38 四激　1172, 1826
40 四十八年　935
41 四橛　1618
四柯　1840
42 四柧　90, 1258
43 四梡　1690
44 四埶　325, 1528
四棱　385, 1793
四植　157, 1069
48 四枚　1019
53 四軶　1672
57 四繫　531
58 四蛘　1444
60 四疊　186, 297, 1301, 1554
61 四毗陀論　955
62 四跳　1203
63 四吠陀　1054
66 四踝　526
68 四睇　2076
71 四馬駟　931
76 四隅　831
77 四層　238, 1428
80 四無所畏　962
83 四錠　162, 796
22 見斷　329, 1532
30 見寶　138
41 見杌〔杌〕　1324, 1389, 1700, 1723
44 見薪　1054
53 見擯　987
58 見擒　1956
71 見甌　1827
77 見邸　160
98 見幣　1112
47 兒嫂　2327

**$6021_1$**

00 园方　1961
38 罷遊觀時　903
47 罷極　113
60 晃昱　1237, 1901
67 晃曜〔燿〕　570, 637, 869, 915, 1007, 1015
90 晃焴　108, 1267
96 晃煜　67, 91, 326, 661, 1082, 1259, 1530, 1808, 1932, 1955
98 晃爚　1184

**$6021_6$**

30 覔突〔窔〕　250, 1435

**$6022_1$**

30 罽〔罽〕賓〔賔〕　920, 1195, 1208, 1394, 1912, 2017, 2038, 2210
73 罽膩色迦王　2188

**$6022_3$**

00 界廣　2181
57 罾搦　374, 461, 1357, 1789

**$6022_7$**

00 圖衣　1940
圊廁　15, 48, 754, 799, 829, 954, 962, 1591, 1600, 1635
40 圊内　351, 1645
50 圊中　2065
60 圊圂　1445
77 圊屏　762
03 易識　718
06 易韻　237, 1426
08 易誨　882
20 易爲　597
易兮　808
21 易處　1261
26 易得　1406
27 易解　544, 718
60 易見　1214
77 易與　763
10 罥弶　328, 1429, 1532
27 罥〔罥〕綱〔網〕　638, 870, 1015
40 罥〔罥〕索　37, 933, 1397, 1870
21 鬲師　2100
23 鬲然　112, 670
28 咼徹　109, 918
67 咼明　2169
60 吊〔弔〕唁　282, 1430
72 胃脬　58, 656
77 胃膽脾　1325
胃〔胃〕膽　1706
97 囧〔冏〕灼　120, 1276

**$6023_2$**

00 圂廁（厠）　146, 329, 997, 1533, 1644
14 圂豬〔猪〕　83, 434, 481, 721, 1255, 1365
35 圂神　1276
36 圂邊　1249
74 圂豬　409, 1251
47 晨朝　35
48 晨翰　929
63 晨晡　900

**$6024_0$**

60 尉羅　2122

**$6024_7$**

00 旻方　365, 505, 1199, 1224, 1593, 1731, 1758, 1775, 1788, 2219
30 旻塞　925, 1895,

1901, 2085
**$6025_3$**
08 晟論　2174
**$6030_7$**
60 囹圄　13, 38, 406, 463, 478, 722, 814, 852, 903, 922, 935, 1219, 1359, 1385, 1504, 1525, 1700, 1726, 2003, 2215, 2237
**$6032_7$**
60 罵詈　138, 775, 987, 1651
**$6033_0$**
34 恩造　450, 1346
67 恩吻　2026
思　974
48 思趁　1857
55 思搆　642
66 思蹋　1237
**$6033_1$**
00 黑瘦　2312
08 黑説大説　452, 1348
21 黑纑　402, 1500
黑縹　1556
27 黑豹　1969
黑黧　448, 1344
41 黑皯　395, 1493
51 黑蚖　1275, 1326
57 黑蜂　2217
60 黑黯　446, 1342
63 黑黲　1177
70 黑駮　725
71 黑黶　187, 250, 450, 1301, 1346, 1435, 1459, 1584
81 黑糯　446, 1342
羆　939
10 羆面　914
11 羆頭　1894
21 羆虎　1858
羆熊　1129
71 羆驢　490, 1738
**$6033_2$**
00 愚癡　1687
07 愚戇〔戅〕　90, 253, 387, 424, 435, 480, 508, 724, 790, 834, 994, 1073, 1115, 1359, 1386, 1762, 1787, 1863
27 愚魯　460, 1356
30 愚叜〔叟〕　2142
40 愚獷　2022
44 愚蒙　508, 1762
50 愚惷〔惷〕　369, 422, 440, 1033, 1062, 1627, 1814, 1852
愚蠢　85
64 愚黠　2138
73 愚騃　724, 790, 835, 1441, 1581, 1832, 1908
91 愚悏　1976
**$6034_3$**
22 團欒　91, 401, 1127, 1259, 1499
60 團圞　2273
**$6036_1$**
46 黯如　1085
**$6039_6$**
22 黥劓　2014, 2159
**$6040_0$**
14 田殖　300, 1557
30 田家　287, 1461
40 田墌　1934
42 田獵　138, 2258
44 田芓　329, 1532
田埜　2155
58 田蚡　2125
63 田畯　93, 824
64 田疇　26, 1233
田畦　1575, 1584, 1596
77 田隖　213, 1368
34 旻法師　1936
**$6040_1$**
39 旱澇　2102, 2257, 2299
**$6040_3$**
10 暴〔暴〕惡　535
**$6040_4$**
23 晏然　105, 224, 1489
30 晏安　332, 1164, 1544
**$6040_6$**
60 罩羅　458, 1353
77 罩网　1677
88 罩籠　405, 1503
**$6040_7$**
曼　971
10 曼王　390, 1802
15 曼〔鼻〕殊顔華　70, 664
曼殊　1929
曼殊沙等　932
曼殊室利　1066
25 曼倩　1976
44 曼荼〔茶〕羅　682, 2213, 2268, 2285
73 曼陀吉尼池　1218
曼陀羅　870
曼陀羅花　932
74 曼馱多　498, 1746
80 曼今　309, 1564
**$6041_6$**
08 冕旒〔鎏〕　1056, 2100, 2137
77 冕服　1051
**$6042_7$**
50 禺中　1840
**$6043_0$**
08 因於撫擊　877
20 因舫　360, 1695
27 因的　45, 949
41 因坧　68, 160, 663, 916
因桴（捊）　46, 951, 1401
46 因堤　176, 786
47 因楔　1048
因榍　152, 1046
52 因扺　1108
因彭　2176
56 因提黎天　956
73 因陀羅　771, 862, 962, 1055
因陀羅尼羅　888, 896
因陀羅網　896
77 因風濟　883
81 因釭　237, 1427
84 因鑽　46, 950
85 因鈇　230, 1418
98 因燧　46, 950
10 昊天　2333
**$6043_6$**
47 奰怒　2183
**$6044_0$**
20 昇航　1572
**$6050_0$**
00 甲麝　2274
25 甲縺　1961
50 甲冑〔胄〕　9, 48, 253, 348, 457, 595, 868, 1522, 1667, 1842
**$6050_4$**
16 畢殫　1241
37 畢洛叉樹　904
40 畢力迦　712
畢力迦香　954
44 畢萃　1993
畢藺陀筏蹉　631
62 畢唎�　1175
65 畢唻　1904
66 畢哩　678
74 畢陵伽婆蹉　969, 1893
80 畢舍遮　438, 486, 1734
畢舍遮鬼　810
85 畢鉢羅風　456, 1352
**$6050_6$**
30 暈適　1237
39 暈淡　1145

51 暈虹　1130
84 暈錯　1179
60 圍買　229,1418
73 圍陀　1055

**$6052_1$**

00 羈底　1452
08 羈旅　1953
10 羈死　2039
20 羈纏　481,1365
24 羈他　62,650
38 羈游　1958
羈遊　449,1345
44 羈縶　25,283,1231,1432
88 羈籠　1079

**$6052_7$**

00 羈縻　1916,1923
22 羈制　1276
27 羈役　1888
29 羈〔鞿、羈〕絆　159,919,1454,1571,1579,1593,1596,1630,1811
30 羈客　2073
44 羈勒　1809
45 羈〔羈、羈〕鞅　896,1854,2211,2225
57 羈縶　883,2246
60 羈羅　757
82 羈〔羈〕鎖〔鏁〕　935,1209

**$6060_0$**

10 冒〔冐〕死　191,1305

**$6060_1$**

00 詈瘡　332,1535

**$6060_4$**

00 啚度　504,1757
02 晷刻　363
37 晷漏延保　900
44 晷落　2232
03 圖讖　2046
24 圖牒　1374,2083
30 圖〔啚〕之　390,1802
44 圖苗　248,1818
50 圖書印璽　893
56 暑耜　1217,1990
60 固唯　489,1738
81 固鍇　2176
90 固悋　2288

**$6060_6$**

27 罾網〔網〕　116,1274

**$6062_0$**

00 罰謫〔摘〕　302,1558
62 罰黜　214,450,1287,1346
83 罰錢　227,1415

**$6066_0$**

品　968
27 品彙　1571,2023
44 品者　928
91 品類　1592

**$6071_1$**

50 昆〔蚰〕蟲　524,1131,2151,2203
80 昆弟　70,172,283,671,783,1431

**$6071_2$**

25 圈牛　1178
77 圈門　1701

**$6071_7$**

50 邑中　167,1004

**$6072_7$**

12 昂形　2098
38 曷漩　1919
60 昴星　16,800,822

**$6073_1$**

00 曇摩蝉　1982
曇摩讖　1993
曇摩蜱　1920
11 曇斐　2061
曇彌蜱　1881
曇瑎　2112

**$6073_2$**

00 衺〔表〕裹　1443
曩　942
03 曩誐　1247
08 曩於福城　907
27 曩久　1808
曩修　1023
30 曩實　1972
曩字　586
44 曩世　858
曩昔〔昝〕　86,387,459,1115,1355,1446,1787
45 曩構　2030
38 畏塗　859
90 畏省　47
44 園林　601
園林名嵐毗尼　904
46 園觀　981
60 園圃　9,405,848,868,1503

**$6080_0$**

00 只底舸　1802
17 貝子　1849
貝　975
24 貝牒　855
27 貝多　677
44 囚縶　1280,1718
80 囚普　1163

**$6080_1$**

是　973
00 是瘋　2176
是瘻　2176
是瘍　2176
17 是羣　1625
22 是祟　1516
26 是觸　1280
28 是筏　359,1693
是鮮　478,1384
30 是這　780
31 是禎　1382
37 是渾　478,1384
52 是挺　330,1533
53 是捄　200,1315
64 是疇　502,1756
04 異熟　473,1332
22 異係　245,1413
25 異生　432,501,715,1754
異生性　473,1333
56 異操　2052
58 異轍　2164
24 足皴　1970
40 足右指蹴　1613
61 足蹶　1905
足躡　1008,1464
足跖　416,1088
足趾　438
62 足踹　1617
足踏　753
64 足跂　1295
65 足趺隆起　904
67 足跟　636,711,731,888,1098,1577,1604,1724,1941,2228
72 足腨　1828
足岳　525

**$6080_6$**

30 圓穹　1975
34 圓湛　2041
44 圓棋　2188
58 圓整　1139
90 圓光一尋　884

**$6082_0$**

17 罽那　188,1303

**$6088_6$**

77 贔屓　237,1426

**$6090_1$**

27 罘網　1220,2216

**$6090_3$**

24 纍紲　1051,1055,1989
27 纍危　2184
28 累稔　1985
34 累染　1011
62 累躓　2064

**$6090_4$**

00 困瘵　1888
62 困躓　1986
28 果從兜率　904
44 果蓏　936,986,1073,1090,1176,1463,1647,1889
50 果辝〔辣〕　495,

1744, 1776
48 曓〔暴〕乾　448, 1344

**$6090_6$**

62 景則　112, 782
77 景風　156, 1271

**$6091_4$**

羅　969
00 羅亶　1926
羅亶經　1276
羅麼　17, 802
羅摩王　953
07 羅韶　170, 1165
09 羅謎〔謎〕　17, 802
10 羅弶　2307
12 羅毦　23, 51, 1230
22 羅齵　149, 1009
24 羅憊　116, 1243
26 羅和　179, 1171
27 羅倪　174, 778
30 羅寇　152, 965
31 羅濾　1940
34 羅婆果　1328
36 羅湜　114, 1159
42 羅刹　930, 992
羅刹可畏　931
羅刹鬼王　905
羅刹娑　492, 614, 624, 628, 1740
43 羅犮私婆迷　2188
44 羅薜　170, 1165
羅芀　348, 1667
羅莎訶　37
46 羅媿　20, 804
47 羅縠　215, 1185, 1288, 2028, 2075, 2165
54 羅轒　270, 1477
56 羅捭　178, 1171
60 羅罩〔罩〕　673, 2262
67 羅睺　35, 857, 970, 2290
羅睺羅　969
羅呢　410
73 羅陀　149, 1009
76 羅脾　1892
77 羅閱　61, 294, 649, 779, 1551
羅閱國　794
羅閱祇　786, 962, 1297
羅閱祇城　1082, 1810
80 羅差　14, 799
94 羅惰　973
羅怙　1927
羅怙羅　479, 631, 1386
98 羅斃　23, 1229
21 罹此　2198
28 罹咎　1953

**$6092_7$**

10 羂弶〔弶〕　208, 1372
17 羂取　529, 579
23 羂縛　1032
27 羂網〔冈、網〕　690, 1066
40 羂索　477, 796, 1020, 1102, 1384, 1592, 1715, 1926

**$6101_0$**

00 毗離耶　989
毗摩颰羅　1000
毗摩羅闍　956
毗摩質多　953
毗摩質多羅　857, 932, 970
毗〔毘〕齊〔齋、齋〕　389, 1800
01 毗訶羅　494, 1743, 2307
11 毗瑟笯　502, 1755
毗瑟笯〔弩〕天　461, 471, 1330, 1356
17 毗瑠璃王　953
毗那怛迦　491, 1739
毗那〔郍〕夜迦　2303, 2341
毗耶離　165, 1002
18 毗醯勒　774
21 毗盧　393, 1491
毗盧擇迦　711
毗盧宅迦王　480, 1387
毗盧遮那　857, 2259
毗盧遮那摩尼寶　898
22 毗嵐　8, 841, 847
毗嵐弭儈　1052
毗梨耶　867
毗利耶　722
24 毗佉擔　886
26 毗伽羅論　938, 955
毗伽摩　728
27 毗〔毘〕紐〔鈕〕　246, 1155, 1194, 1291, 1429
毗紐〔鈕〕天　950
34 毗婆沙　356, 486, 1690, 1734
毗婆舍那　959
毗婆舍那河　959
毗婆尸　368, 871, 1812
毗婆尸佛　955
36 毗濕〔溼〕婆風　456, 1352
毗濕縛羯磨天　502, 1755
毗濕縛藥　442, 1042
39 毗迷蹄　825
毗沙門　384, 858, 992, 1792, 2286
毗沙門王　931
40 毗柰〔奈〕耶〔邪〕　441, 618, 1006, 2326
44 毗蒴　1158
毗茤　113
毗藍風　867
毗蘭多　709
毗〔毘〕若南婆薄八底也社底　1406
45 毗樓博叉　858
50 毗婁真王　953
51 毗攝浮　440, 820
毗挃〔桎〕　171, 1092
60 毗羅柢子　1237
毗羅婆果　470
毗羅胝子　2260
73 毗陀　381, 1782
毗陀發妙光　884
77 毗留博叉　384, 1792
毗留勒叉　384, 1792
毗尼　875
80 毗簷闍　1286
毗舍　934, 2275
毗舍闍　903, 980
毗舍闍王　887
毗舍浮　871, 2279
毗舍離　886, 931
毗舍離城　959
毗舍離國　677
毗舍佉　383, 734, 1791
毗舍佉王　953
毗舍佉優婆夷　930
毗舍衆　883
85 毗鉢舍那　529, 813, 867, 2240, 2255, 2297
毗鉢尸　820, 2279
88 毗簸奢　1700
毗笈摩藥　907

**$6101_1$**

㬎　676, 1159
00 㬎衣　1574, 1877, 2188
14 㬎菝　1168
34 㬎〔曬〕婆　15, 154, 800

40 囉在　1604
46 囉袈裟　1959

**$6101_2$**

嘘　884
64 嘘〔噓〕唏　1460，1870
80 嘘氣　2011

**$6101_4$**

14 咥耽　412，1253
21 咥師　253，1843
22 咥低　413，1255
46 咥挐〔拏〕　179，1171
63 咥喊　17，802
66 咥哩迦　1573
30 ⿰口垔字　396，1493
36 ⿰口垔迦　93，1257
44 ⿰口垔者　153，966
45 ⿰口垔隸〔隷〕　17，802
60 ⿰口垔羅婆那　742
77 ⿰口垔尼　74，669
61 啀喋　250，1435
睚〔矔〕眦〔䁋〕　269，424，1113，1477，1902，1941，2160

**$6101_6$**

00 曙夜　346，1660
26 曙偈　159，1037
32 曙近　722
26 咺伽迦嚕哩醯　1252
咺伽　1260
27 嘔多　22，1229
嘔血　211，1366
38 嘔逆　737
61 嘔嘅　389
80 咺公　2095

**$6101_7$**

30 嚧遮那　1139
44 嚧地囉　2271
61 嘔嘔　1859
啞啞　450，1346
啞啞而笑　2257
62 唬咷　1274

**$6102_0$**

呵　541
05 呵諫　612
17 呵郅　1243
22 呵梨勒　383，1783
呵利帝　2286
64 呵叱　25，327，440，451，1232，1347，1531
65 呵嘖　597
66 呵喝　435
67 呵嚠　93，1257
呵嗽　110，724，1275
75 呵膢　188，1302
77 呵鵰　1929
啊　942

**$6102_7$**

23 眪然　1396，2196
40 眪有　2060
44 眪〔昺〕著　209，247，782，1023，1373，1817，1886
64 眪睞　777，1284，1835，1991，2113
67 咂嗽〔欶〕　368，1439，1812，1896
80 咂食〔飠〕　492，726，732，1240，1740，1774

**$6103_1$**

噁　2268

**$6103_2$**

33 啄心　1864
40 啄木　1826
68 啄噉　529，533，1215，2214
啄噉　579
69 啄啖　1686
80 啄食　1199，1903

**$6104_0$**

00 呀瘷　454，1350
77 呀骨　225，1490
21 盱〔旴〕衡　1968，2021，2083，2127
68 吁嗟　2325
吁嗞　2246
77 吁與　68，662

**$6104_6$**

00 啅帝　178，1170
61 啅啅　16，801
30 哽塞　1515
64 哽〔嗄〕噎　35，730，817，907，929，1104，1218，2241，2319
46 瞫鞸　170
86 瞫知　1183

**$6104_7$**

27 眅多　22，1229
62 嗄吼　383，1791
65 嗄嘍　23，1229

**$6105_3$**

64 噦吐　216，1665
噦噎　44，454，947，1350，1873
68 噦嗌　2289

**$6106_1$**

21 噆膚　2177
80 噆食　421，1462，1478

**$6108_6$**

31 嚬溼⿰弓㐱　1170
43 嚬妒　771
53 嚬蹙　775
嚬蹙不喜　893
嚬慼　692
63 嚬嘁　526，1220，2216
嚬⿰口蹙　632
77 嚬眉　682

**$6109_1$**

77 瞟翳　357，1692

**$6111_0$**

21 趾步　689
60 趾蹠　2076
67 趾跪　1988

**$6111_1$**

36 躧褐　2161
60 躧足　2135

**$6112_7$**

44 蹐地　1998

**$6113_2$**

67 踉跪　1174
踉跽　779

**$6114_1$**

躡　867
10 躡霜　522
17 躡瑠璃　1618
22 躡懸絙　2049
37 躡襈〔⿰木巽〕　121，1431
40 躡女裙　2106
50 躡畫　1187
62 躡蹈　1831
80 躡金　675，2264
躡金屣　748

**$6114_6$**

57 踔擲〔躑〕　271，1326
60 踔〔趠〕足　175，1104

**$6116_0$**

10 跖下　367，1732
77 跕〔跕〕屣　2037，2173

**$6116_6$**

23 踾然　1878

**$6118_2$**

17 蹶取　168，1005
21 蹶比　17，801
22 蹶倒　244，1412
25 蹶失　433，716
44 蹶地　260，1481
62 蹶蹟　371，1816
77 蹶舉　286，1458

**$6121_7$**

02 號訴　728
07 號詢　817
27 號絶　1517
29 號⿰舟券〔勝〕堅固如來　1279
30 號泣　2236
47 號歎　1812
62 號叫　1121
號咷　149，186，285，694，1000，1023，1301，1473，

1886, 1941
號嗁 1864
66 號嘷 2245
號哭 35, 929, 1295
67 號呴 440
80 號會 1075

**$6131_4$**

60 黫黑 250, 1435

**$6136_0$**

09 點謎 1162
21 點額 1182
71 點黶 1631

**$6138_6$**

44 顯著 1856
52 顯授 1031
90 顯炫 1185
98 顯敞 719, 1017, 1138, 1950, 1967

**$6148_6$**

61 顒顒 90, 1258, 1886

**$6173_2$**

18 饕餮〔飻〕 149, 193, 415, 437, 450, 568, 729, 767, 1000, 1035, 1087, 1308, 1346, 1595, 1611, 1629, 1672, 1706, 1807, 1852, 1860, 2326
21 饕穢 285, 1473
22 饕亂 107, 1242

**$6180_1$**

21 匙匕 319, 1537
22 匙孿〔攣〕 829
88 匙箸 2191

**$6180_8$**

20 題牓 2057
68 題敂 412

**$6183_2$**

08 賑施 2060
28 賑給 705, 823, 2200, 2224
80 賑貧 2065
97 賑恤 813, 1214, 2160, 2213

**$6184_6$**

34 贉婆 113, 1158
46 贉鞞 1165

**$6184_7$**

17 販鬻 1220
40 販賣 695, 775
販賣〔𧶠〕 1641, 1657, 1889
販樵 1598
60 販易 692

**$6201_0$**

吼 871
02 吼謑 1179
47 吼聲 821
64 吼嚾 418

**$6201_3$**

36 眺迦維 1961
60 眺日 417
62 眺望 770

**$6201_4$**

吒 541, 906
20 吒齏 222, 1486
30 吒字 396, 1493
36 吒迦 446, 1342
64 吒吔荼組拏 42
68 吒睇 1162
30 睡寤 741, 1022
睡寥 1014
67 睡眠 552, 1405, 1512
睡瞑 258
32 唾涎 1831
33 唾濺 159, 918
34 唾汁 84, 1061
35 唾洟 448, 1344
40 唾壺 297, 1553, 2188
61 嚾喋 133, 979, 2259
嚾喋嘷吠 749

**$6201_8$**

34 瞪對 2180
36 瞪視 2077
67 瞪〔眙、治〕矚 106, 151, 419, 1045, 1272, 1806

**$6202_1$**

10 嘶碎 271, 1837
14 嘶破 744, 831, 1860
30 嘶字 213, 1319
47 嘶聲 26, 451, 471, 1232, 1329, 1347
66 嘶喝 72, 668
10 听爾 1998
23 听然 2182
44 昕赫 278, 1476, 1869
49 晰妙 1395
62 晰晰 1725

**$6202_7$**

00 喘瘶 450, 1346
26 喘息 762, 767, 1453, 1464, 1511, 1592, 1978
47 喘欷 1855
62 喘喘 1891
96 喘懼 1054
62 嚆唎 1130

**$6203_0$**

⿰國瓜 1889
12 ⿰國瓜〔⿰國介、⿰酉瓜、⿰扌覆〕裂 13, 58, 193, 656, 852, 1308, 1959
⿰國瓜烈 1398
14 ⿰國瓜破 1438
58 ⿰國瓜攥 1181
23 呱然 395, 1493

**$6203_1$**

44 曛黃 1603
曛暮 462, 1358, 1957

**$6203_4$**

34 睽違 1376
67 睽眼 22, 1228
37 嗘泥 1243
嗘泥呵郅 116

**$6203_6$**

09 嗤〔蚩〕誚 504, 1200, 1354, 1725, 1758
20 嗤往 2163
48 嗤嫌 1614
88 嗤〔蚩、欸〕笑〔笑〕 15, 52, 232, 304, 501, 622, 764, 800, 832, 963, 1029, 1060, 1291, 1421, 1560, 1588, 1701, 1754, 1890

**$6204_0$**

14 眡聽 2119
44 眡其 1292
64 呧噠 1254

**$6204_6$**

17 嚼已 1900
21 嚼齒 1068, 1194
30 嚼之 1603
60 嚼噍 2112
66 嚼咽 1292, 1397
80 嚼食 349, 1668

**$6204_7$**

10 暖而 2038
22 呼梨 409, 1250
50 呼患 170, 1165

**$6204_9$**

52 呼剌 447, 1343
66 呼呷 362, 420, 1796, 1807
67 呼〔唿〕吸 1514, 1858
68 呼哈 245, 1413
呼噏 93, 770, 1262
87 呼欲 1853

**$6205_0$**

嚹 712

**$6205_2$**

21 瞬〔瞚〕頃 830, 1085
24 瞬動 1773, 1868
26 瞬〔瞚、眒〕息 564, 596, 706, 1222, 1614, 2124, 2246

60 瞬〔瞚〕目 1124, 1178, 1185, 1247, 2233
80 瞬命 1369

**$6207_2$**

咄 982
10 咄弄 1236
43 咄哉 489, 594, 1737, 1772, 2104
60 咄男 136, 296, 533, 1552
咄異哉 2131
62 咄咄 1166, 1895
咄吒迦音 1047
63 咄咤 412
64 咄叱 1858
67 咄嚕唵 1197
80 咄善 43

**$6209_3$**

34 喙婆 1137

**$6210_0$**

11 剔項 1496
87 剔鉤 396, 1493

**$6211_4$**

氈 980
00 氈衣 1438
25 氈縷 1121
44 氈花 1215
46 氈絮 1699
12 毾㲪 44, 92, 232, 306, 948, 1260, 1421, 1455, 1562, 1909
70 毾壁 72, 672
37 踵逸軌 2074
46 踵相 90, 1258
80 踵前 1576

**$6211_7$**

88 蹏筌 2123

**$6211_8$**

37 蹬祁 412, 1253

**$6212_7$**

60 蹻足 359, 1694, 1725
61 蹻跖 2128
77 蹻脚 352, 1642

**$6213_4$**

21 蹊徑 623, 1900, 1966
31 蹊逕 2098

**$6214_4$**

28 踒傷 278, 1475

**$6216_3$**

44 踏蕎 1200
踏者 1181

**$6217_7$**

蹈 870
01 蹈龍宮 808
24 蹈彼門閫 901
30 蹈空 714
蹈之 2232
40 蹈七 138, 985
44 蹈地 1090
61 蹈躡 730
64 蹈躪〔躏〕 188, 1303
66 蹈蹋 1872

**$6218_6$**

03 蹟咤 412, 1253
17 蹟礙 82, 117, 279, 371, 834, 1111, 1117, 1457, 1816, 1835, 2095
22 蹟利 113, 1158
30 蹟害 2321
51 蹟頓 70, 252, 399, 665, 826, 1153, 1496, 1585, 1616, 1633, 1842, 1936

**$6220_0$**

11 剔頭 2328
22 剔斷 1939
40 剔肉 228, 1415
72 剔鬢 1273
78 剔除 797
80 剔翦 1988

**$6221_4$**

82 氍〔毹、氍〕毹〔毺、㲣〕 44, 304, 719, 948, 1152, 1286, 1455, 1561, 1584, 1599, 1610, 1627, 1635, 1636, 1650, 1681, 1864, 1904, 1940, 2327

**$6237_2$**

00 黜庌 1891
10 黜而 189, 1304
44 黜者 1293

**$6240_0$**

64 別時 786
86 別知 906

**$6280_0$**

20 則爲不斷 897
21 則便謝 891
26 則得永斷 955
64 則晞 376, 1790
71 則曆 192, 1306
77 則凹 386, 1794

**$6282_7$**

28 賜以 1926, 1984
80 賜金 299, 347, 1556, 1666

**$6283_7$**

37 貶退 435, 722
60 貶量 1734
62 貶黜 1219

**$6292_2$**

32 影透 1213

**$6301_0$**

17 吮已 1442
22 吮乳 2250

**$6301_4$**

30 咤之 68, 662
64 咤嘖 350, 1649

**$6301_6$**

12 喧聒 1592
60 喧梟 1630

**$6302_7$**

22 哺乳 1887
39 哺沙 169, 1071
52 哺刺拏 1613, 2318
64 哺時 187, 297, 730, 1106, 1302, 1553
65 哺嘍 410, 1252
66 哺囉 92, 1257

**$6303_4$**

00 唉痾 258, 1480
08 眣䬾 1938
38 眣澮 2109
17 吠瑠璃 491, 535, 572, 689, 817, 1740
22 吠嵐婆 497, 1745
吠嵐僧伽 720
25 吠佛 1455
44 吠藍婆風 456, 1352
吠世師 477, 1383
61 吠囇 2190
68 吠〔趺〕嚂 410, 1252
74 吠陜 2280
80 吠舍 470, 559, 1328
吠舍釐國 606
96 吠憚 2253

**$6304_2$**

噂 676, 943
30 噂字 586
54 噂擦 1163
60 噂日囉 2301
66 噂囉咽天 1233
77 噂輿方 1139
60 噂嗻 1533
噂唼 2274
噂嗾 99, 329, 346, 352, 402, 1128, 1270, 1500, 1595, 1601, 1629, 1635, 1640, 1646, 1660

**$6305_0$**

00 喊言 253, 414, 1086, 1843, 1844
67 喊喚 390, 1788
63 喊喊 94, 425, 1263
64 喊〔咸〕呿 17, 801
67 眸路 92, 1257

哦啹 414,1255
77 䁍陷 274,1519

**$6306_0$**

20 咍雙玄 2184
23 咍然笑 2322
88 咍笑 349,1654

**$6306_1$**

41 瞎獼猴 734,1887
44 瞎瞽 320,1539
瞎者 409,1251
98 瞎鼈 1920,1982
67 嗐哆 149,1009

**$6306_2$**

67 䁚眼 22,1228

**$6306_6$**

39 㗄娑呼浮 410,1251

**$6308_6$**

67 矉眼 729

**$6311_2$**

55 踠轉 1870
60 踠足 2026

**$6311_4$**

11 蹴彌山 1892
44 蹴其臆 1957
45 蹴株 1835
66 蹴〔蹵〕蹋 97,167,185,1004,1164,1270,1300,1401,1439,1633
44 跎騎利 412,1253

**$6312_7$**

61 蹁躧〔躚〕 237,1426

**$6313_4$**

52 跃折羅 2268

**$6314_7$**

03 跛詑 23,1229
22 跛山 1151
30 跛涪婆 406,1504
跛扈 2139
跛窶 2314
31 跛渠 332,361,1535,1670
跛涉 1858
35 跛迭 443
36 跛邏攙 1725
37 跛祿迦國 1949,1950
跛祿羯呫婆國 1969
40 跛南國 1938
跛難陀 970
42 跛橙 386,1787
44 跛〔跃〕苓 376,1798
46 跛楞迦 1176
47 跛塀 81,741
56 跛提 1891
67 跛跙 118,1076
73 跛陀 1078,1274
跛陀婆羅 766,916
76 跛駋羅 1177

**$6315_0$**

10 戢不 387,1787
30 戢之 1888
40 戢在 89,234,368,1114,1423,1812
44 戢藏 415,1087
戢 1251

**$6315_3$**

61 踐躡 1775,1968
62 踐踏 771
66 踐蹋 678,1717,1828,1895

**$6323_4$**

10 猒〔厭、猒〕惡 210,366,566,633,690,695,755,1379,1731
29 猒〔厭〕倦 541,596
44 猒苦 1521
60 猒〔厭、猒〕足 541,571,610,695,741,763,1859

**$6332_2$**

40 黲布 1940

**$6333_4$**

默 974
23 默然 1895
47 默赧 1588
67 默啜 1993

**$6355_0$**

00 戰痏 1034
01 戰讋 2166
34 戰灤 170,1165
51 戰掉 36,929,1023,1043,1179,1195
71 戰頊 158,270,1470
91 戰慄 561,616,625,747,842,933,1110,1213,1992
92 戰悸 1934
95 戰悚 744

**$6363_4$**

67 獸呴 2131

**$6373_2$**

00 饕意 1111

**$6382_1$**

貯 899,907
10 貯而 796
12 貯水 723
17 貯聚 693,775,937
21 貯貲貨 1572
25 貯積 780,1203,1684
44 貯蘇 643
48 貯麴 1606
66 貯器 307,845,1563

**$6384_0$**

28 賦給 50,958
77 賦與 301,1557

**$6384_2$**

68 賻贈 2100
83 賻錢 2051

**$6385_3$**

87 賤糴 1598

**$6386_0$**

02 貽訓 2335
22 貽彩 1977
71 貽厥 2200
88 貽範 1959

**$6400_0$**

34 叶婆 154

**$6401_0$**

30 叱之 1307
61 叱呵 100,1241
66 叱喝 1141
32 吐涎 1370
37 吐溜〔澑〕 2179
40 吐核在地 945
80 吐谷渾 1876
46 唬如 177
唬如幻 1073
62 吒〔叱〕吒 1860
67 吒〔叱〕噉 1577

**$6401_1$**

08 曉誨 907
44 曉薊 2128
68 曉喻 458
91 曉悟 896
曉悟群蒙 866

**$6401_2$**

18 咃珍 1170
44 咃者 651

**$6401_4$**

10 哇哥 2154
17 哇歌 2019
47 哇聲 1994
11 畦瓏 1677,1709
22 畦稻 1778
50 畦中 1724
67 畦啜 2064
69 畦畔 334,1546
20 嚾舌 1827
48 嚾猶 280,1465
62 嚾吼 1908
嚾呼 149,1000
66 嚾罵 1513
40 眭希寂 2023

**$6401_6$**

唵 681
00 唵摩羅 1285
11 唵砧 1236
27 唵句 17,802
34 唵婆 170,1165
47 唵婦 92,1257

64 唵嗒　157,1068
86 唵鞞　156,1030
90 唵米　421,1838
27 晻〔腌〕忽　260,1481

**$6401_7$**

21 嗑齒　2132
63 嗑嚩　541
嗑嚩二合字　586
嚂　681

**$6401_8$**

10 噎不得納　1907
30 噎塞　764,2196
61 噎噦　1599,1629
80 噎氣　2035
81 噎饑　1584
34 曀染　2139
70 曀障　1268

**$6402_7$**

00 唏帝　179,1171
22 唏利　410,412,1251,1253
45 唏隸〔隸〕　16,800
60 唏詈　119,1172
44 囒地　116,1243
吶其　158,1034
48 睎乾　245,1428
60 睎晨　2091
88 睎坐　1453
56 [口帶]提　100,1241
60 瞞羅　281
73 瞞陀　365,1731
64 呦呦　123,1278,1908
66 唷咽　98,1270

**$6403_0$**

22 吠(吠)嵐婆風　1708

**$6403_1$**

00 囈言　2320
01 囈語　345,1658
30 呿字　58,656
56 呿提　192,1306
64 呿咤　412
73 呿陀羅尼橛(撅)利濘　411,1252
62 嚇呼　401,1499

**$6403_2$**

00 矇〔豚〕盲　95,1264,1903
15 矇瞶　118,1091
63 矇瞍　2011

**$6403_4$**

03 嘆咤　242,1410
12 暵發　719
28 暵徹　1077
38 暵澈　766
40 暵奪　720
44 暵蔽　528,574,635,692,1225,2220,2226
嘆莼伶咤　1251
嚛〔嘆〕花〔莼、莼〕　410,412
66 噠覶　1469

**$6403_8$**

67 眏眼　2111

**$6404_1$**

00 時痕　480,1365
02 時瓢　498,1747
15 時臻歲洽　855
23 時縛迦　437,728
29 時餤　1094
50 時攘　1871
60 時醫　324,1542
88 時笮　343,1663
97 時爥　1951
37 疇咨　439,808,814
44 疇昔　707
71 疇隴　1952
疇匹　68,662,791,1291

**$6404_7$**

43 吱越　259
70 吱〔吱〕駐　92,1257
62 哮吼　49,451,749,891,957,1347,1674,1718,1861,1901,2099
哮呼　244,1412,1871
64 哮嚇〔哧〕　95,1264
65 哮吽　471,1329
63 脖瞎　1241

**$6405_3$**

30 曦戾　1828

**$6405_6$**

64 暐暐〔暐暐〕　387,1787
暐曄　704,963,1457

**$6406_0$**

64 睹艶　2229

**$6406_1$**

00 咭帝　1194
62 咭唎　681
23 嗒然　150,1009
80 嗒兮　97,1164
40 皓大　388,1800
60 皓旲　153,835
皓昊　154,835
42 嗜甛　1828
嗜慾〔欲〕　1925,2000

**$6406_4$**

17 喏那　1396
44 喏也　410,1252

**$6406_5$**

22 嘻梨　170,411,1165,1252
45 嘻隸〔隸、疑〕　16,83,800,1060
60 嘻羅　178,1171
76 嘻陽　2167

**$6408_1$**

02 瞋謑　1184
27 瞋佷　877
40 瞋恚　1861
44 瞋蔽　693
嚔　1525
27 嚔移　157,1037
48 嚔故　322,1541
64 嚔噴　1607
嚔時　1629
39 哄娑〔婆〕　412,1253

**$6408_6$**

31 噴灑　83,1026,1060
62 噴吒　1458
64 噴嚔　1133,1135,1589
67 噴鳴　278,1476,1870

**$6409_0$**

64 啉啉　106,409,1241,1250

**$6409_1$**

28 噤齘　255,1829,1831
30 噤塞　388,1801
47 噤切　345,1659
60 噤口　2300
63 噤戰　194,1308,2049,2188

**$6409_4$**

30 嗏字　396,1493
50 嗏〔嚓〕末都　422,1851
67 瞸眼　21,1228

**$6409_8$**

67 睞眼　306,1562
唻　414

**$6410_0$**

63 跱蹴〔踟蹴〕　410,412,1253
跱　1251

**$6411_1$**

21 跣行　1937,2144
34 跣襪　276,1519
40 跣走　1966
44 跣韈　1852
60 跣足　1197,2190,2301
77 跣脚　2318

**$6411_4$**

21 跬步　1581,1971,2021,2176

**$6412_1$**
61 踦䟭 1295
**$6412_7$**
20 跨千古 2077
21 跨上 116, 1274
22 跨懸度 1974
50 跨秦 1572
60 跨罩 2076
71 跨馬 150, 334, 1009, 1545
**$6413_4$**
77 躂脚 336, 1547
**$6414_1$**
00 跱立 1820, 2153
64 躊躇〔躕〕 110, 201, 275, 484, 501, 1116, 1135, 1315, 1393, 1523, 1583, 1618, 1684, 1724, 1754, 1771, 1788, 1966, 2324
**$6414_7$**
21 跂行 1906
60 跂羅 115, 1243
62 跂踵 2145
77 跂鳳 2012
跛 540, 942
30 跛蹇 15, 65, 653, 698, 781, 799, 1039, 1057, 1276, 1864
跛字 585
64 跛跂 1439
70 跛躄 1184, 1472, 1629
80 跛羊 2120
**$6415_3$**
10 踤〔跨〕王 815
52 踤轢 2097
61 踤躡 2087
**$6416_1$**
61 趌蹶 1901
**$6416_4$**
21 躇步 112, 387, 415, 670, 1087, 1788, 1820
60 躇足 1810
**$6418_1$**
21 蹎僵 446, 1342
62 蹎躓 2023
**$6419_4$**
36 ⿰足荼迦羅毗 1897
60 蹀足 175, 1104
69 蹀躞 2121
**$6431_1$**
10 黮霸 2167
**$6431_2$**
27 默色 2319
**$6431_6$**
60 黤黯 1486
黤黑 1453, 1907
63 黤黲 1285
64 黤黤 273
黤黮 120, 147, 222, 372, 394, 997, 1274, 1492, 1657, 1816
**$6432_7$**
60 黝羅 23, 1230
**$6436_1$**
10 黠不 609
55 黠慧 552, 573, 792, 1066, 1221
80 黠人 1474
**$6437_0$**
34 黚婆 805
黚婆利 21
**$6438_6$**
13 黷武 1878
**$6480_0$**
24 財貨 473, 1333
64 財賄 94, 173, 249, 270, 390, 421, 747, 775, 784, 1030, 1262, 1470, 1802, 1819, 1833, 1949
財贖 1222
65 財購 114, 785
98 財弊 280, 1465
**$6482_7$**
24 賄貨 462, 753, 1358
67 賄賂 160, 918, 2076
44 勛華 2033, 2332
**$6486_0$**
62 賭⿰貝烏 1613
71 賭馬 2111
**$6488_6$**
10 贕〔贖〕不 1656
30 贖之 1515
**$6500_0$**
吽 682
30 吽字 1236
64 吽嚇 1871
71 吽臛 1129
**$6500_6$**
24 呻他 409, 1251
61 呻號 2114
64 呻噤 2113
68 呻吟 1615, 1902, 1934
**$6502_7$**
26 嘯和 2225
28 嘯傲 2083
62 嘯吒 2177
67 晴明 474, 1334
78 晴陰 109, 918
**$6503_0$**
00 呋帝 92, 1257
44 映蔚 2161
68 映瞰 638
67 昳眼 22, 1229
**$6504_4$**
22 嘍梨 16, 800
33 嘍濘 15, 799
**$6504_7$**
63 噠咤 411, 1253
**$6506_6$**
64 嘈囋 2030
嘈啐 1964, 2173
**$6508_1$**
睫 904
67 睫瞤 97, 1026, 2298
**$6508_6$**
58 嘖數 1090
**$6509_0$**
00 昧瘴（⿸广章） 257, 1480
49 昧鞘 1202
85 昧鈍 613, 625
60 味羅 115, 1243
87 味饌 744
**$6509_3$**
17 嗦翼 1683
**$6509_6$**
20 ⿰口柬爲 2176
21 ⿰口柬銜 1013, 1991
51 ⿰口柬指 1901
**$6513_0$**
43 趺載 2162
**$6514_3$**
76 ⿰足專〔⿰月鳥、膞〕腸 756, 1000, 1821, 1886
**$6516_3$**
38 踳淪 2134
74 踳駁 1988
**$6517_7$**
74 踳馳 2074
**$6518_1$**
40 踕來 1238
**$6584_7$**
64 購贖 1657
85 購缽 272, 1524
**$6600_0$**
00 呬摩怛羅國 1970
18 呬醯 2213
66 呬呬 116
00 咽病 318, 1537
咽瘤 286, 1445
67 咽咀 878
**$6601_0$**
07 呪詛 508, 1067, 1180, 1247, 1525, 1761
67 呪呴 413, 1254
08 嚫〔䞋、儭〕施 1154, 1913, 1965, 1977, 2078, 2147
10 睍爾 2097
77 睍翳 368, 1813
23 睍然 2062

22 哯出 301,1557
67 睍睴 22,1228
24 呾他揭多 2322
30 呾蜜國 1950
50 呾辪〔辣〕健國 1950
60 呾羅 2229
66 呾呾羅 49,956
86 嘪錫 2095

**$6601_4$**

囉 942
47 囉栘 17,802
04 囉繭 111
24 囉他二合字 586
26 囉緹 15,799
27 囉綠 16,801
30 囉字 585
42 囉剎娑 561
44 囉惹 1195
63 囉咤 23
67 囉呢 1251
68 囉吟 19,804
77 囉闍 1149

**$6601_7$**

00 唱底迦 498,1747
27 唱多羅僧 507,1760
唱俱吒坐 1141
30 唱遮 489,1737
32 唱逝尼國 1573
34 唱波拕 1406
唱達洛迦 815
唱達洛迦曷邏摩 510,1764
43 唱柁〔柂〕南 479,490,1331,1386,1504,1679,1684,1738,2307
53 唱拕 445,1341
61 唱噱 2174
66 唱呾 1876
唱呾羅僧伽 1580
68 唱〔嗢〕蹭 493,1741
73 唱陀南 1143,2268
85 唱鉢 433,483,1036
唱鉢羅 451,505,1347,1401,1759,2213,2258,2308
唱鉢羅花 555,574,592,1213
86 唱羯 207,1338
96 唱怛羅 488,1682,1737
唱怛羅僧 1679

**$6602_7$**

10 喟而 157,1069
23 喟然 112,274,285,417,670,1089,1473,1519,2030
27 呪 937
64 喟嘆〔歎〕 331,1534,2245
10 喝死 375,1276,1790
27 喝烏 2166
28 賜縑 2100
56 賜蜆 2164
喝捍國 1951,1967
60 喝國 1949
64 喝吐 226,1414
66 喝咽 2168
喁喁 254,274,995,1475,1520,1870,1998,2138,2166,2175
67 睗〔睗〕眼 21,1228

**$6603_1$**

12 嘿酬 1914
17 嘿已 2164
23 嘿然 840,1203

**$6603_2$**

嚗 1158
47 嚗翅 113

**$6603_3$**

12 嚜水 334,1545

**$6603_4$**

63 瞑(䁾)咤 275,1521

**$6603_6$**

61 嗵嚧 834

**$6604_0$**

61 啤呲 1513
67 睥睨 1446,1821,1832,2076

**$6604_1$**

62 嗥〔嘷〕叫〔叫〕 721,755,1724
嗥咷 1873
63 嗥吠 134,979,2259
66 嗥哭 842

**$6604_4$**

63 嚶鳴 252,1842
66 嚶嚶 176,1107

**$6604_7$**

60 嚗羅 346,422,1659,1852

**$6606_0$**

26 唱和 297
44 唱薩 340,1661
65 唱嘯 1050
66 唱唄 1040
67 唱响 402,1500
80 唱令家 475,1335

**$6608_0$**

24 唄贊 2110
27 唄響 1153
66 唄唱 1935
71 唄匿 296,1553

**$6608_1$**

68 嚏吟 410,1252

**$6609_4$**

03 曝〔曝〕誐 1181

**$6610_0$**

65 蹦趺 639,678,699,1213,2223,2251
61 蹦蹶 81,326,741,1529,1923,2060,2079,2095
65 蹦跦 2192

**$6612_7$**

11 蹋頭 1149
蹋張 94,1263
12 蹋發 1596
17 蹋刀山 1479
21 蹋處 2286
30 蹋之 2062
44 蹋芭蕉 1859
蹋蓮 1025
56 蹋蜱 413,1254
62 蹋蹈 1831
63 蹋蹴 1478
64 蹋蹀磚 2101
72 蹋臘驃 912
30 踢突 194,1308

**$6619_4$**

22 躁利 1777
24 躁動 379,453,501,716,744,827,865,1015,1025,1033,1048,1224,1349,1754,1780,1863,2219
27 躁急 476,1336
43 躁求 1879
48 躁警 480,1364
51 躁擾〔擾〕 591,609,622,752,781,821,1400,1514,1685,1689,1807
53 躁慼 832
58 躁蛘 1478
踝 1128
73 踝腕 760

**$6621_4$**

00 瞿摩夷 678,1138,1236
17 瞿耶尼 866
21 瞿師 153
瞿師羅 939,965
22 瞿低比丘 962
23 瞿縛迦 1762
瞿然 2024
26 瞿伽離 954,962
34 瞿波理迦 816

瞿波洛迦　500，1753
39 瞿沙經　479，1386
47 瞿翅羅鳥　357，1691
50 瞿拉坡　432，714
瞿夷　13，758，852
54 瞿摸怛囉　1138
60 瞿曇氏　865
61 瞿嚧　122
瞿嘘　1112
73 瞿陀尼　250，1435，1781
瞿陀身　961
84 瞿餕伽山　1876

**6621$_7$**

07 咒詛　750，906，2245，2291
22 咒鹹　1911
37 咒撰　1152

**6624$_8$**

11 嚴麗　856，1103
14 嚴酷　1704
18 嚴酢　453，743，1349
37 嚴潔　1121
46 嚴駕　298，1555
50 嚴肅　905
58 嚴整　713
80 嚴公　2121

**6640$_4$**

00 嬰妄想　902
嬰疢〔疹〕　1403
04 嬰諸疾病　827
10 嬰孩　482，941，1366，1405
20 嬰纏　440，819
60 嬰咳　185，1300
77 嬰兒　39，490，936，1035，1738

**6640$_7$**

23 矍然　1236

**6642$_7$**

26 嬲觸　1458
60 嬲〔嫐〕固　162，1040

**6650$_6$**

17 單已　1857
單孑　94，251，1263，1841
27 單縫　100，1241
47 單拏人頭梏　1137

**6666$_0$**

00 嚻塵　194，1309
21 嚻虛　1705
24 嚻動　605，1400
54 嚻撓　2102
71 嚻〔嚚〕匾　1578

**6666$_3$**

25 器仗　361，450，858，1346，1696
43 器械　161
77 器具　1904
器皿　2311

**6666$_8$**

00 嚚謗　1769
24 嚚〔嚻〕升　277，1469
43 嚚埃　2320
47 嚚〔嚻〕聲　1599，1608
77 嚚〔嚻〕舉　455，1351，1688

**6671$_0$**

20 咢亏〔乎〕　1207
25 咢〔喪〕失　554
80 咢命　545

**6671$_7$**

12 罨水　100，832
26 鼉鰐　386，1794

**6681$_0$**

22 貺幽　2003
35 賮遺　2059，2096

**6686$_0$**

68 賵贈　285，1473，2147

**6701$_0$**

35 咀沫　445，1341，2257
50 咀春草　2164
62 咀嚼　133，482，505，737，978，1366，1648，1706，1758，1773，1939

**6701$_1$**

17 眤那　412，1253
56 眤揭爛陀　2318
73 眤陀　1257
32 眤近　435
47 眤好　1619
73 眤陀　92
77 眤邸　409，1251
眤闍　178，1170
眤閭　124

**6701$_2$**

24 咆烋　2113
27 咆響　2102
44 咆勃　451，1347，2021
咆地　93，1262
64 咆哮　248，1819
65 咆吽　471，1329

**6701$_7$**

00 睨鹿牀　2146
21 睨眥　1902
57 唲掘　410

**6702$_0$**

01 嘲〔謿〕謔　405，1503，2061，2097
02 嘲〔謿〕話　145，327，996，1531
04 嘲〔謿〕讌　149，1000
07 嘲調　50，455，960，1351
08 嘲説　255，1829
09 嘲誚　568
23 嘲戲　19，803
30 嘲之　1921，2051
64 嘲囈　111，1076
24 瞤動　94，251，390，422，1145，1218，1264，1801，1834，1841
95 瞤精　1183
04 明諜　1179
25 明練　896
26 明齅　2198
38 明逾　1023
42 明析　1919
44 明喆〔哲〕　145，214，242，996，1071，1287，1410，1844
47 明帆　207，1338
明轂　51
60 明〔朙〕星　1209，2211
67 明矚　860
68 明踰　272，1524，2193
97 明煥　1294
明恂　1983
明惲　2191
99 明鋈　1180
60 吻口　1843
68 吻噬　1991
17 叨承　855
27 叨佷　378，1794
34 叨沐　1074
44 叨𦽺〔簉〕　2034，2335
21 囑步簁　826
眗　1900
眗頊　1855
36 眗涅　410，1251
60 眗目　2139
22 啁利　115，1243
60 啁噍　2125
62 啁哳　2180
67 啁調　1809
44 叩地　368，1813，1864
63 呴喊　92，224，1257，1489
67 唧唧　208，403，1372，1501
74 朙〔明〕膜　1619
80 呞食　23，1230
67 瞷眼　306，1562，1634

**6702$_7$**

00 矚奕　2033

30 矚之 1964
10 㖇耳 326,1529
14 眵䜴 1170
33 眵淚 195,424,1192,1309,1839
38 眵涕 1136
42 眵垢 509,1762
56 眵提 18,802
63 眵聹 539,584
23 喎偏 2096
30 喎戾 762
84 喎斜 1085
哆 906
30 哆字 58,199,656,313,2239
41 哆姪 123,1194
50 哆攤 124
60 哆羅 411,1252
71 哆唇 1583,1598
61 嗚咂我口 951
62 嗚呼 997
63 嗚噈 257,1479
64 嗚噎 1968,1978,2062
66 嗚咽 2100
67 嗚嚕捺囉叉 1129
44 嗚鼙 1618,2064
47 嗚枹 2185
56 嗚蟬 2173
62 嗚呼 146
64 嗚呦 160,918
80 嗚鏑 1972
嗚禽 2184
84 嗚鐃 2037
47 𠺕犯 1657
57 唏軥 402,1500
60 囑累 563,990

**$6703_2$**

10 眼不謾顧 1175
60 眼瞳 357,1691
眼瞳子 780
眼眩 94,1262,1465
63 眼睹 200,1314
64 眼睞 2009
眼瞙 1588
眼䀹〔睞〕 187,1302,1369,1808,1820,1835
65 眼睫 233,600,637,1102,1422,1700,1831,1869
眼睛 570,2217
67 眼眵 388,754,1175,1779
眼眠 253,1843
眼眴 756,1446
68 眼瞼 117,310,364,419,488,1098,1111,1178,1566,1729,1736,1770,1834
72 眼脈 2285
74 眼膜 1856
77 眼陷 193,1308
眼瞖 1031,1142
88 眼篋 375,1789
21 喙觜 1446
71 喙長 647
62 睩瞬〔瞚〕 326,1529

**$6703_4$**

00 喉痺 108,1242
38 喉衿 1336
44 喉棱 83,1060
61 喉嚨 91,1258,1463
67 喉吻 873,1942
76 喉腭 712
77 喉閉 226,1414
88 喉筒 456,1352
31 喫酒 173,778
68 喫噉 19,803
62 喚哳 147,998
64 噢喃 16,801
噢噎 94,1263,1899
67 噢咿 186
噢咿 118,161,274,279,414,920,1086,1091,1105,1301,1475
睺睺 1260

**$6704_7$**

04 吸諸風 1464
12 吸水 508,1761,1970
27 吸船 1904
44 吸著 167,1004
57 吸欶 1246,2107
68 吸噉 1185
80 吸氣 2026
83 吸鐵 1054
87 吸歃 1204
90 吸粹 1240
95 吸精氣 810
22 呡利 414
62 呡唎 哦喔 婆抵 1255
34 啜褡 2139
44 啜菽〔菽〕 2115
68 啜噉 1858
90 啜嘗 423,1839
47 眠帊 2152
60 眠眩 38

**$6705_6$**

10 暉霍 1858
24 暉豔〔艷〕93,771,1262
37 暉滄 1200
60 暉昱 2246
64 暉暵 689

**$6705_7$**

53 咿拔 1037
55 咿扶 159

**$6706_1$**

27 瞻仰如來仁及我 889
30 瞻察 130
34 瞻婆 123
瞻婆城 958
43 瞻博迦 719
瞻博迦花 635,816
44 瞻蔔 140,167,916,990,1004,1054,1157,1193,1223,2168
瞻蔔伽 73,669,710,711,2250
瞻蔔花 864
瞻蔔迦花 908
50 瞻奉撫對 903
61 瞻眄 749
62 瞻眺 1176
64 瞻睹 1121,2175,2271
67 瞻矚 1145,1871
68 瞻盼 1642

**$6706_2$**

23 嚠牟 175,829
34 嚠波 215,1288
62 昭晣（哲、晰）1875,1975,2165

**$6706_3$**

44 嚕地囉 2298

**$6706_4$**

略 676

**$6707_0$**

22 吔利 170,1165

**$6707_2$**

62 囓嚼 1155

**$6707_7$**

30 啗之 1955
40 啗肉 2231,2242
62 啗嚼 1608
88 啗餅 1656

**$6708_0$**

60 瞑目 443,471,1105,1329
瞑眩 271,1688,1837
97 瞑恨 1907

**$6708_2$**

08 嗽於 19,803
28 嗽齘 402,1500
63 嗽吮 402,1500
67 嗽喉 255,1829
吹 973
20 吹毳 295,1551
27 吹角 975
吹敂 2014
37 吹潩 1657
38 吹激 1891

61 吹噓　2075
68 吹嗷　112,670
71 吹脹　735
88 吹篪　386,1794
吹笳　261,1843
吹笙　154,835
62 噉〔歠〕哳詀　448,1344
71 噉驃　1246

**$6709_2$**

17 㖿耶　410,1251

**$6710_4$**

44 墅姹　2079

**$6710_7$**

10 盟死　259
52 盟誓　65,83,387,653,1788

**$6711_2$**

21 跪拜　767
23 跪伏　818

**$6711_4$**

躍　976
49 躍鞘　2163

**$6712_2$**

野　942
10 野干　133,300,487,1210,1556,1735,2176,2325
30 野字　586
42 野狐　1897
46 野媪　2083
47 野娜　438
71 野鼊　1019
野馬　66,653

**$6712_7$**

踊　976
27 踊身　1260
67 踊〔踴〕躍　639,1081,1195,1213
44 跢地　275,1524
61 踻躤　1974
62 躑跳　1320
66 躑躅〔躅〕　173,395,747,756,784,924,1493,1944
躑躅葉　2266
躑躅花　1167
67 踴躍　637,697,1194

**$6713_2$**

10 踉而　2162
30 踉室　2063
78 踉除　825
65 踉趺　2318
66 踉踝　1268
70 踉膀　301,1557

**$6714_0$**

23 踧然　2122
64 踧踖　257,475,1335,1480,2052,2182

**$6714_2$**

67 踌踌　1964

**$6714_7$**

67 蹾跚　2001

**$6716_4$**

24 踞牀　349,1655
44 踞草　1020
踞地　1941
踞其　1090
26 路伽耶陀　987
34 路渚　383,1791
36 路迦耶經　763
62 路話　2060

**$6719_4$**

47 蹂婦　1604
48 蹂塲〔場〕　193,1308
63 蹂踐　1810

**$6722_0$**

80 嗣前　489,1737

**$6722_7$**

80 鄂公　1983
87 鸜鵒　747,774,914,1157,1441,1601

**$6731_7$**

61 黷黚　1827

**$6732_7$**

44 黟荼　22,1229
48 黟乾　21,805
60 黟羅　21,805
77 黟〔黔〕闐　92,1257

**$6733_2$**

35 煦沫　416,1088
35 煦沫　1162

**$6733_6$**

30 照痡　1830
67 照矚　477,1384
82 照鑠　2095

**$6742_7$**

00 鶡摩　260,1480
17 鸚鵡　37,574,636,688,747,1048,1811,2211,2250,2281,2309
52 鸚哲　113,1158

**$6754_0$**

62 鞞吒羅　83,1060

**$6762_7$**

00 鄙褻〔褻、褻、褻、褻〕　209,223,253,1373,1488,1843,1951,1956
21 鄙穢　593
26 鄙俚　471,503,1329,1756,2125
44 鄙媟　1573,1578
鄙媟語　1584
63 鄙賤　865,1859
67 鄙郢　558,1992,2116
71 鄙陋　1701
91 鄙悼　48,954

**$6772_0$**

12 翾飛　273,1073,1519,1642,2135
40 翾走　1973
77 翾鵬　2040

**$6772_7$**

27 鶡鶡　1820
鶡鷄　774
37 鶡冠　2011
60 鶡旦　2119
67 鶡鴨　109,171,832,966,1093
27 鶡鷄　97,575,698
77 鶡鳳　575

**$6782_0$**

28 賙給　1224,2219
30 賙窮　1896
48 賙救　190,1305

**$6786_1$**

07 贍部　491,1739
贍部果　1055
贍部金　2312
贍部捺陀金　433,719
贍部檀金　689
贍部洲　474,589,618,1334,2218,2265
17 贍及　162,796
43 贍博花　434

**$6801_1$**

64 嗟嘆　148,999
91 嗟慨　1270
93 嗟惋　1719,2079

**$6801_4$**

67 脞眼　22,1228

**$6801_7$**

00 嗌瘫　922
30 嚂字　1141
66 吃哩爹　2271
67 吃叨　424,1113
80 吃人　334,1546

**$6801_8$**

00 噬齌　1239
04 噬諸　9,848
噬諸煩惱　868
57 噬齧　693

**$6802_1$**

25 喻健達羅　1739
27 喻旬　832

**$6802_7$**

12 盼水　2183
24 盼鮒　2137
17 嗡取　1221
嗡取　2216
68 嗡噬　288,1461
77 嗡風　196,1310

80 喻氣 105,1164
喻人 1158
81 喻飯〔噉〕 303,346,352,1642,1559,1660
46 盼覩 173,217,1403
60 盼目 1870
71 盼長路 2189
61 睇眄 1912
68 睇人 2177
63 吟哦 287,1454
65 吟嘯 770,2112
77 吟欣 176,1172

**$6803_1$**

68 膴膴 1961

**$6804_0$**

22 噉舐 1523
24 噉他 1598
40 噉肉 2063
44 噉菻 1637
62 噉嚼 1192,1579
80 噉食 146,1522
23 瞰然 94,1263,1903
44 瞰若 1514
38 敃遊 1615,1967,2087
42 敃獵 690,988,1067,1220,1576,2066
64 嗷嚾 280,1443
67 嗷喚 912
叹咀 147,235,998,1131,1424
68 嗷嗷 252,282,416,1087,1430,1842
嗷咩 150,1009
88 瞰等 2073

**$6804_6$**

62 噂嗒 2022

**$6805_1$**

64 咩咪 1255
68 咩咩 325,1529

**$6805_3$**

44 曦赫 543
60 曦景 2026

**$6805_7$**

37 晦冥 500,1753,1859

**$6806_1$**

10 哈焉 2036

**$6806_2$**

哈 681

**$6806_6$**

22 噲樂 276,1525
23 噲彖 2148
77 噲鬪〔鬬〕 422,1852

**$6808_6$**

10 瞼下 2105
21 瞼上 1192
27 瞼翻 1631

**$6811_1$**

蹉 541
44 蹉者 63,651
61 蹉躡 1970
64 蹉踖〔蹅〕 105,148,999,1164
65 蹉跌 110,1117
68 蹉蹌 743

**$6812_1$**

00 踰摩 7,846
08 踰於 165,547,593,797,1002,1808
11 踰珂 637
21 踰須彌 860
25 踰健達羅 491
28 踰繕那 483,491,530,689,1068,1321,1739,2280,2284,2297,2320
43 踰城 185,912,1300,2323
48 踰增 1859
76 踰隍 464,1359
77 踰閫 2100

**$6812_7$**

02 蹌剖 1711
24 蹌彼 824
蹌牆 1906

**$6814_6$**

21 蹲處 768
蹲行 1637
44 蹲地 961,1611
67 蹲跪 1601
蹲踞 134,727,869,914,979,1130,1139,1141,1197,1233,1464,1513,1605,2294
74 蹲膜 2128
88 蹲坐 1721

**$6816_6$**

26 蹭伽 426
62 蹭蹬 2125

**$6816_7$**

44 蹌地 1889
60 蹌踣 244,1412

**$6832_7$**

27 黔黎 524,1022,1106
53 黔蛇〔虵〕 323,1542
61 黔毗 208,370,1371,1815
80 黔首 2042,2050,2146
61 黔啞 170,1165

**$6834_6$**

64 黭黮 1811

**$6884_0$**

25 敗績 91,1259,2326
27 敗衂 870
40 敗壞 604

**$6884_1$**

58 賆贅 1918

**$6886_6$**

35 贈遺 190,694,1304
38 贈送 1597

**$6889_1$**

86 賒羯羅 769

**$6889_4$**

24 賒〔賖〕躭〔眈〕 280,1465
44 賒貰 249,1819

**$6901_2$**

98 睠悦 2078

**$6901_4$**

27 瞠尔 386,1787

**$6902_0$**

23 眇然 442,510,1275,1764
34 眇漭(㵱) 456,1352,2014,2193
36 眇漫 2077
眇邈 2011
44 眇莽 1997
46 眇觀 1651
60 眇目 136,983,1583,1598
67 眇眼 21,1228
69 眇眇 160,917,1997

**$6902_7$**

91 哨類 2175
嘮 933

**$6903_1$**

37 矘朗 2182
67 矘眼 21,1228

**$6905_0$**

64 畔喋婆 1719
68 畔睇 1575,1578,1588,1604,1611,1634

**$6908_0$**

46 啾堤 414,1255
67 啾唧 146,396,997,1494
68 啾吟 389,1801
69 啾啾 236,326,1238,1425,1530

**$6908_9$**

00 睒摩 438,1025
10 睒電 1456
11 睒彌葉 1361
17 睒子 1913,1926
睒子經 1881

27 睒倏 2138
34 睒婆 37, 410, 1251
睒婆利 931
50 睒奉 2076
睒末梨 490, 1738
66 睒暘 419, 1806
67 睒眼 22, 1228
69 睒睒 1901
11 啖彌葉 465
30 啖之 2083
60 啖圂蟲 1513
69 啖啖 1463

**6909$_4$**

10 眯覆 481, 1365
60 眯目 2008

**6911$_2$**

11 蹉脊 1612
23 蹉縮 846
67 蹉跼 457, 472, 1136, 1330, 1353, 2067
77 蹉脚 1635

**6914$_7$**

64 蹬蹀 925

# 7

**7010$_1$**

30 壁蹇 778
64 壁跛 1283

**7010$_3$**

10 璧玉 535, 2244
19 璧璫 2002

**7010$_4$**

17 壁蝨 1290
44 壁枝 1007
70 壁陪 2063

**7021$_1$**

00 颰麼二合字 586
颰磨 541
21 颰便 771
31 颰灑 2185

**7021$_4$**

00 雕文 37
雕文刻鏤 932
03 雕鷲 1048
27 陏阜 634
60 雅思淵才 869

**7022$_3$**

臍 1129
21 臍上 1197
27 臍胷 1387
50 臍〔齎〕中 526, 916
58 臍〔齎〕輪 1223, 2226
71 臍腰 2294

**7022$_7$**

00 肪膏 342, 1269, 1285, 1286, 1358, 1610, 1663, 1685, 1858
77 肪冊 58, 115, 199, 259, 359, 421, 538, 584, 656, 1313, 1694, 1838
12 劈裂〔裂〕 44, 702, 948, 1320, 1614, 1811, 1940, 2133, 2188
14 劈破 1590, 1600
40 劈去 1477
17 防那 452, 1348
27 防禦 242, 707, 1410
36 防邏 381, 496, 1745, 1781
51 防扞〔捍〕 1708, 1715
52 防援 487, 1735, 1770
20 臂傭 924, 1025, 1809
70 臂牖 747
73 臂膊 761
臂髆 1198
82 臂釧 762, 1129, 1442, 1970
86 臂錕〔銀〕 415, 1087
71 肺肝 1644
74 肺肭 1840
77 肺腎〔腎〕 538, 584
肺腴 91, 421, 1259
80 肺俞 1463

**7023$_2$**

52 隊塹 456, 1352
70 隊阬 2312

**7023$_6$**

00 臆度 1047
24 臆皺 732

**7024$_6$**

44 障蔽 1014, 1250
60 障累 681
77 障閡 759, 1175, 1183
障翳 1289

**7024$_7$**

腋 1129
10 腋下 1837
17 腋已下 1647
54 腋挾 1608

**7024$_8$**

80 脺俞 1478

**7028$_2$**

41 骸柩 2055
77 骸骨 529, 533, 540, 583, 1022, 1718
骸骨 579

**7031$_4$**

37 駐罕 2163
46 駐趩 2167
60 駐景 2025
66 駐蹕 1972, 2098

**7033$_2$**

80 驤首 1976

**7038$_2$**

33 駭浪 480, 1364
53 駭躄 2247
60 駭曰 1959
77 駭服 1985, 2201
96 駭怛 2127
駭惕 1897
97 駭忸 1983

**7040$_4$**

00 孌妾 415, 1087
40 孌女 2198
71 孌臣 1988

**7050$_2$**

10 擘而 2105
12 擘裂 763, 835, 948, 1873, 1885
14 擘破 1939
27 擘身 1438
28 擘傷 1905
擘以 1716
37 擘過 1142
44 擘地裂 2191
擘蓮花 1144
60 擘口 1598
75 擘胂〔膑〕 505, 1758
77 擘開 1195, 1235, 2294
擘腴 1774

**7060$_1$**

11 礕礰 1861
68 譬喻 975

**7064$_1$**

20 辟手 443, 1105
28 辟從 271
40 辟支佛 973
辟支佛地 861
48 辟散 2199

**7073$_2$**

28 襞作 403, 1500
44 襞褺〔褺〕 1620, 1941, 2321
襞欝 196, 1311

**7080$_1$**

21 躄〔躄〕行 352, 1640, 1915
44 躄者 926

**7110$_4$**

26 壓舶 2190
27 壓身 1204
35 壓〔壓〕油 141, 818, 992, 1273
44 壓地 769

52 壓挘〔栘〕　222，1486
88 壓〔厭〕笮〔荮〕　84，222，435，724，1061，1486

**$7110_6$**

01 暨龍朔　1279
10 暨于　2126
暨于法界　875
20 暨乎　739，840，1971，1973
22 暨山　1055
31 暨迺　2032
50 暨夫　1963
80 暨今　145，389，996，1800

**$7113_6$**

00 蠶衣　2175
22 蠶絲　1176，1581
44 蠶繭　748，1048，2250

**$7121_1$**

28 歷穡　40
42 阮韜　2078
66 脛踝　510，1764，1777，2273
72 脛脡　1512
77 脛骨　382，1782
74 脛肘　303，1559
76 腓髀　114，1158

**$7121_2$**

04 陋訥　508，1761
10 厄至　260
78 阨險　1956

**$7121_3$**

25 魘魅　1187
26 魘〔厭〕鬼　149，1000
44 陋者　706
48 陋故　1702
71 陋長　570
90 陋劣　621，720，739，756，1096，1225，2242
陋小　451，1346，1633，1677

**$7121_4$**

00 腟底　179，1173
屋廬　231，1420
10 屋雷（霤）　334，343，1545，1663
30 屋宇　159，506，917，1759
44 屋甍　2113
47 屋檐　329，1533
80 屋舍室宅　929
22 陻山　2114
30 隁塞　1642，1674
31 隁江　1772
30 陛〔狴〕牢　277，1514，2021
40 髊內　844
77 髊股　1441
42 陛楯　1203
56 陛提　243，1411
71 臛臛〔腌腌〕婆　492，1741
77 壓閈　750

**$7121_6$**

44 脏囊　17，801
11 膒彌　84

**$7121_7$**

17 瓵子　47，166，1003
41 瓵〔瓬〕柯　210，1379
71 臚脹　285，781，1473

**$7121_9$**

44 飃〔飄〕鼓　222，1486
飃薄　1781
76 飃颾　67，454，661，1349
73 胚〔肧〕胎　147，269，998

**$7122_0$**

00 阿底目多迦　719
阿麼　886
阿摩勒　938
阿摩勒果　166，956，1003
阿摩勒水　950
阿庾多　898
01 阿譚　417，1089
04 阿竑　178，1170
06 阿竭陀藥　939
10 阿死羅摩登祇栴荼　464，1360
11 阿彌陀　174，778，985
阿彌陀佛　886
阿顫　413，1254
17 阿那邠坻　954，1289
阿那波那　955
阿那含　874，991
阿那羅王　899
阿那婆達多　970
阿那婆達多龍王　885
阿那婆王　908
21 阿盧那跋底香　899
阿盧那花　871
阿盧那香　898
阿須倫〔輪〕　62，649，697，766
22 阿嵦殊喹　1172
阿梨耶〔阿犂邪〕　25，1232
阿利羅跋提河　35，929
阿私陀仙　955
阿私仙　986
阿軝　93，1257
23 阿耄荼　1960
阿耄荼國　1970
25 阿練兒　748，775
阿練若　479，541，587，987，1385，2252
26 阿鼻　129，954，971，2218
阿鼻地獄　875
阿鼻旨　492，1740
阿俾　149，1009
阿伽　486
阿伽伽　1734
阿伽陀藥　907，947
27 阿你乞縱鉢你　696
阿紉　18，802
阿叔迦樹　945，961
阿儵　1821
阿修羅　857，931，970
28 阿僧　973
阿僧伽　480，1387
阿僧祇　932
阿僧企耶　469，1208，1327，2211
阿偷　1074
阿艄　411，1252
30 阿遮利耶〔邪〕　435，453，722，1349，2308，2328
阿字爲初　695
31 阿溼婆氏多　689
阿祉　410，1251
32 阿浮　410，1252
阿祇利　182
34 阿波會天　64，651
阿波邏羅　1955
阿波摩羅　823
阿波魔那天　1270
阿婆魔羅　948
阿婆頗娜伽　1142
36 阿迦花　215，1288
阿迦尼沙詫　913
阿迦尼吒天　877，909
阿迦抳吒　971
阿迦膩吒　2218
阿迦膩吒天　1171
阿邏荼迦邏摩子　647
阿濕薄迦　1580
阿濕摩揭拉婆　1075
阿濕摩揭婆　443
阿濕毗膩　844
37 阿禬　176，1172
阿泥盧豆　1096

阿泥盧馱 2314
阿泥律陀 442，504，1075，1757
阿遬 284，1469，1922
阿遬達 1913
阿洫 283，1454
阿逸多 879，953，988
40 阿難 969
阿難慙 1466
阿難陀 631
41 阿標叉 1887
42 阿坻 1290
44 阿姞 122，1189
阿蘭拏 24，757，1231
阿蘭那行 75，679
阿蘭若法 856
阿茂咤 1278
阿耆波瀰 1877
阿耆利 775
阿耆尼國 1949，1950
阿耆陀 953
阿耆陀翅舍欽婆羅 2260
阿若多 815
阿若憍陳如 2249
阿若憍陳如 969
阿薩闍病 74，669
阿世耶 469，1327
阿菟羅 1887
阿顛〔顛〕底迦 474，1334
45 阿樓那香 877
46 阿鞞 57，134，655，1075
阿鞞跋〔拔〕致 980，1285
47 阿奴律陀 503，1756
50 阿摖 708
阿車波坻 1099
阿末多 2318
阿末羅 437
阿末羅果 729
阿史波室多 2250
阿素洛 431，542，713
阿夷恬 168，1005
51 阿耨 970
阿耨達 524
阿耨達池 934
阿耨多羅三藐
阿賴耶 821
三菩提 864，957
52 阿剌 443
阿插（插） 161，966
53 阿戍笴 2190
56 阿揭陀藥 479，867，1386
阿蜱 413
阿提目多 710，990
阿提目多伽花 955
58 阿輸迦 443，1280
阿輸迦 波吒羅迦膩羅花 怛羅尼 瞿怛羅尼 719
阿輸柯 1802
阿拼〔梯〕 149，1009
60 阿羅荼 815
阿羅漢 873，929，991
阿羅訶〔呵〕 962，973，2254
阿羅羅 964
阿羅羅阿波波 948
阿蹬 176，1172
61 阿毗達磨 813，2326
阿毗曇 356，1690
阿毗脂地獄 1438
62 阿呼 336，410，1252，1547
阿吒筏底城 694
阿吒嚩迦 711
阿噎 176
63 阿跋多羅 1045
阿跋多羅寶 151
阿吠邪鄧瑟嘧羅 1969
64 阿疇那 1260
阿嗉〔嗉〕 412，1253
67 阿眵 107，1242
阿路猱 1960
阿昵 150，1008
68 阿蹁闍 119，797
70 阿膻 178，1170
72 阿臘 1810
阿氏多 500，1753
73 阿颰 1920
阿陀那識 1406
77 阿闍底迦 474，1334
阿閦 71，671，985，1012，1024，1926，2259
阿閦〔閦〕婆 783，828，991，1324
阿閦鞞 175，1141
阿閦佛 1057
阿閦鞞 2287
阿闍梨 294，340，873，1551，1660，2257，2294
阿闍世 931，954
阿闍貰 1880，1927
阿履那 23，1229
阿釁 699
80 阿差末 836
阿含 950
阿會亘修天 1270
阿會亘修天 68，663
阿俞 157，1068
88 阿笈摩 477，497，813，1384，1406，1714，1746，2310
90 阿惟三佛 62，649
阿惟顏 65，87，653，1116
阿惟越致 763
阿惰 150，1009
阿毟 969，1074，2223
阿毟樓馱 895，959
阿毟婆多 1651
阿 681，916
88 厠篋 331，1534

**7122$_1$**

27 陟屺 1973，2001
74 陟阽 2095
90 斷米 424，1113

**7122$_7$**

18 鴈鶩 212，1367
27 鴈〔雁〕鴿 120，1113
30 厲渡 282，1430
47 厲聲 840
76 膈脾 1840

**7123$_1$**

07 鼴記 1169
17 鼴子 1439，2317
23 鼴然 156
60 鼴黑 1705
61 鼴點 571，637
77 鼴月 1138

**7123$_2$**

17 脹那 801
26 脹鰓 1635
34 脹滿 731
61 脹頸 2301
27 豚臭〔魚〕 2125
55 展〔展〕轉 1286

**7123$_3$**

71 愿愿 2035，2338

**7123$_4$**

00 厭〔猒〕該 63，651
80 厭人 13，798
厭〔猒〕食 529，579
90 厭恔 247，1817
93 厭憾 542
98 厭悔 1096
11 厭背 593

44 腴藕梢 1180
腴葉(菜、業) 396,1494

**$7123_6$**

80 蜃龕(蛤) 2012

**$7124_0$**

08 牙旗 319,348,1537,1667
28 牙鬣 2271
44 牙莖 567,597
47 牙皰 387,1787
48 牙嫩 2189
64 牙跂 234,1423
67 牙囓蟣蝨 2191
71 牙匳 1932
81 牙頜 1122
71 肝隔 91,1259
75 肝肺 1522,1706
76 肝膶 770
77 肝膽 1214,2213,2238

**$7124_2$**

14 底磧 2089

**$7124_4$**

27 腰〔膂〕絛 1127,1198,1575,1613,1723,1939,2269,2299
40 腰膂 526
71 腰〔膂〕骬〔髂〕115
73 腰髆 2272
腰髖 1285
74 腰胯(膂髈) 761
76 腰髁 736,1612
77 腰印 1139

**$7124_7$**

08 反旆而歸 1583
10 反覆 705
16 反魂 808
21 反支 1826
30 反戾 1447
31 反襦 1648
35 反遺 70,664
56 反握 2011
57 反擲 1597
59 反抄 1641
60 反足鬼 704
68 反噬 1993
71 反壓 1595,1601
72 反質 489,1737
73 反蹙 2289
22 燹戀 1022
燹〔愛〕 942
64 厚噎 213,1319
74 厚膜 2245
67 髏〔骾〕喉 1611

**$7125_2$**

10 壓下 1629
40 壓在 1939

**$7126_0$**

27 阽危 2162
陌 990

**$7126_1$**

00 脂膏 2280
17 脂那 171,1092
38 脂漾 231,1419
70 脂肪 1810
73 脂膩 762
74 脂髓 1438
脂髓膿 1150
77 脂冊 762
脂腴 401,1499
94 脂糂 1499
脂糂 401
95 脂糟 1840
00 脂膏 2280
17 脂那 171,1092
21 㕓處 1592

**$7126_2$**

17 階砌 708
階砌户牖 856
27 階級 1234
47 階墀 2222
階墀軒檻 895
48 階梯 1835,2195
72 階隥欄楯 895

**$7126_3$**

21 脣齶 216
脣頞 117,1089
60 脣口丹潔如頻婆菓 898
67 脣〔脣〕吻 901,1239,1633,2233
脣哆 1902
76 脣〔脣〕腭〔膠〕1048,1289

**$7126_6$**

70 膈臆 1964,2169

**$7126_9$**

88 曆筭 2230

**$7128_0$**

00 仄席 2095
71 仄陋 1617,2077

**$7128_1$**

23 靨然 2144

**$7128_6$**

14 願聽 843
26 願得備瞻侍 905
61 願(顧)眄〔盻〕9,46,231,304
85 頗鉢羅衣 1952

**$7129_6$**

48 原赦 121,1278
71 原陘 1951
76 原隰 80,647,740,807,2230
94 原燎 2033,2333

**$7131_1$**

01 驪龍 418
15 驪珠 2012,2026,2159,2338
22 驪山 2102
53 驪戎 2114
77 驪駒 2168

**$7131_6$**

25 驅傳 74,669
27 驅役 724
31 驅逼 534
驅逐 1388
35 驅遣 591
53 驅擯〔擯〕829,1199,1204,1717,1777,2300
驅蹙 221,1485,1909

**$7131_7$**

50 驢車 954
77 驢騾 1987,2022
78 驢斅 1908
71 駈驢 245,283,309,370,1428,1454,1564,1815,1897,2000

**$7132_7$**

11 馬珂 1463
21 馬師滿宿 963
27 馬名婆羅訶 250,1435
43 馬楯 2053
44 馬芹 1019
65 馬蹟 416,1088
67 馬喙 2120
77 馬鬬 1810
88 馬篼 2053

**$7134_3$**

40 辱來 168,1005

**$7138_1$**

73 驥駿馬 763

**$7139_1$**

驃 681
30 驃騫 387,1787

**$7140_4$**

34 嫛婆 273,1285

**$7143_0$**

35 孓決 1398
47 孓起 572

**$7148_6$**

85 頞鉢羅花 1129

**$7171_1$**

23 匡我 1854
74 匡助 503,1756
81 匡領 404,1502
26 匹偶 760
30 匪宜 511,1764
60 匪唯 642
77 匪局 1915
96 匪惶 283,1431
97 匪懈 875,1951

**$7171_2$**

44 匠棋 2138
80 匠鏞 1977
99 匠瑩拭 643
71 匾匳〔匲〕140,

400, 990, 1123, 1186, 1104, 1498, 1634, 1876, 1902, 1950

**$7171_4$**

10 既恧 1991
12 既磔 2087
26 既自充足 930
40 既悳〔慎〕 2047
56 既覯 1983

**$7171_6$**

00 匿疵 865
04 匿訑〔詑〕 97, 697
17 匿已 1777
23 叵我 62, 171, 247, 649, 1030, 1093, 1817
26 叵得 1886, 1890
36 叵遇 1872
44 叵堪 1463
46 叵觀 490, 1738
60 叵思 132
叵思議 859
71 叵階 2108
80 叵差 1466
86 叵知 718
92 叵惻 2033
27 區疑 282, 1432
62 區別 100, 833
68 區畛 2174
63 匣貯 1240

**$7171_7$**

17 臣奰 2038
24 臣僚 493, 1741
臣佐吏民 982
20 巨獰 2182
21 巨絚 1820
26 巨細 214, 1287
27 巨壑 469, 1327, 1376
巨身 139, 988
30 巨富 510, 1764
37 巨溟 1686
38 巨海 75, 673
40 巨力 458, 1354
43 巨幟 1963
47 巨縠 1971
79 巨勝 477, 1384
84 巨鑊 2138
62 甌別 331, 1534
66 甌器 1599
77 甌閩 1923, 2073

**$7171_8$**

00 匳底 569, 636, 659, 1286
17 匳子 1731
80 匳鏡 1976
88 匳篋 2071
10 匱正法 548
20 匱乏 433, 448, 572, 716, 1020, 1250, 1344, 1383
34 匱法 607
82 匱餒 2084
94 匱惜 758

**$7173_2$**

05 長訣 153, 965
17 長取 366, 1731
18 長鶩 1940, 1948
21 長絚 1960
23 長綫 1897
25 長生樂 1196
29 長餤 2169
40 長椎 695
44 長者 166, 897, 1003
長者子懼波羅 908
50 長表 137
長表金剎 984
長攤 181
52 長抓 1826, 1857
54 長揸 2042, 2175
55 長捷 2076
56 長挹 1239
60 長罹 2200
66 長嬰疾苦 891
67 長跪 192, 1306
長跽 189, 1303, 1477, 2046
74 長膗 1938
76 長胭 1860
77 長風 866
79 長塍 2177
81 長短 916, 1919
92 長惛 2155
96 長憚 1624

**$7174_7$**

30 敺〔毆〕之 1921, 1936, 1989
37 敺〔鼓〕漏 175, 828

**$7176_1$**

77 鼯鼠 2036

**$7178_6$**

21 頤貞 2191
35 頤神 2065
81 頤頷 527, 2228

**$7190_4$**

21 槩上 299, 1555
43 槩杙 2322
60 槩曰 1935

**$7210_0$**

13 劉瓛 2061
14 劉勔 2001
17 劉璆 1918, 2335
27 劉向 2336
28 劉繪 2079
33 劉湑〔涓〕子 2010
39 劉遴 2005
46 劉韞 1934
52 劉虬〔虯〕 1914, 2064
64 劉勰〔勰〕 2061, 2078, 2132
93 劉悛 1934, 2068

**$7210_1$**

17 丘聚 1082
30 丘穽 2085
34 丘禱 2052
40 丘坑 137, 984
丘壙 817
41 丘墟〔墟〕 1438
丘垤 160, 918, 2121
80 丘慈 98

**$7210_9$**

72 鬘鬟 1437

**$7211_1$**

72 髭鬢 762, 1616

**$7212_1$**

10 斲石 2099
11 斲頂 1864
17 斲取 1969
40 斲木 1997
45 斲〔鄧〕梀 272, 1519
57 斲掘 1629
72 斲彫 1961
斲斤 1439, 1523, 1608
80 斲斧 374, 1789
斲錐 1993
97 斲鑿 1913

**$7220_0$**

04 刷護 793
27 刷身 1850
33 刷心 2107
51 刷批 1601
92 刷削 1634
07 剛毅 19, 457, 803, 1353
41 剛橛 169, 1071
42 剛靳 159, 919
98 剛愎 191, 1306, 2150
10 刖耳 1264, 1833
12 刖刵 2176
20 刖手 732
26 刖鼻 743
44 刖其 108, 1267
刖其手足 960
52 刖挑 2231
60 刖足 50, 95, 435, 456, 642, 722, 1352

**$7220_2$**

72 鬖髟 2182

**$7221_0$**

00 飀亮 2173
72 颲颲 2178

**$7221_1$**

11 髡頭 1886, 2012
24 髡彼 1615
32 髡割 1634

38 髡道　2127
44 髡樹　47
84 髡鉗　257,1480
92 髡削　2038

**$7221_4$**

00 腫疱　590,620
47 腫皰　547,607

**$7221_6$**

12 臘沓子　2256
23 臘縛　482,1366
25 臘佛　352,1642

**$7221_7$**

11 髡頭　1273
髡頭沙門　1905
72 髡鬍　1521
44 胞草　771
46 胞想　775
76 颾〔摇〕颺　794,1797,2314
巵〔卮、巵〕中　299,1555
34 巵〔巵〕滿　2153

**$7222_1$**

00 所禀（稟）　382,576,603,1782
所度　382,1782
07 所詭　2192
所認　297,1553
08 所詮　210,541,1379
10 所惡　36,930
所覃　1984
所吞　38,468,486,1327,1734
11 所翫　1067
17 所孕　476,1336
20 所往　138
21 所虧　758
22 所蚩　481
24 所射　1857
25 所使　981
26 所保　296,1553
所鯢　1689
30 所遮　534
31 所漂　740,791
所憑　809
32 所祈　450,470,1022,1328,1345
34 所泄　707
35 所湊　704
36 所遏　387,1787
38 所淪　506,1759
40 所賫〔齎〕　817,2243,2340
所難　982
43 所貳　692
44 所蔽　1407
所薦　439
所莅　2125
所嬈　433,1052
所縶　646
所螫　453,1349
47 所都　443,1275
所好尚　869
所趣　974
48 所螫〔螫〕　381,1083,1152,1781,1891,2017
50 所惠　452,1348
所摭　2124
52 所蜇　1156,1397,1591
53 所搏　1605
56 所押　233,1421
57 所拘　1019
所齧　1199,2300
所蛆　1448
所報　821
58 所擒　1601,1857
60 所罥　197,1312
所圖　167,1004
所眩　778
62 所蹈　569,636
67 所吸　1987
77 所閡　1886
所翳　1103
80 所鐫　2144
81 所頒　501,1754
84 所鎮　211,367,1380,1733
88 所鑑　1853
90 所眥〔眥〕　1686
94 所恡　534
99 所縈　74
11 斤頭　320,1538
12 斤斵〔斲〕　24,1231,2320
52 斤劖　1651
12 斵斫　1049,1216,2214

**$7222_2$**

24 彫牆　2182
30 彫窻　787
彫窘　1923
47 彫楹　2001
53 彫搣　2184
55 彫輦　1079
72 彫斲　1689
85 彫鏤　923
88 彫飾　1095,1627

**$7222_7$**

20 腨傭直　1470
21 腨上　844
46 腨相　1289
60 腨足　1596
71 腨脛　1268
77 腨〔踹〕骨　45,540,949,1448,1831
21 鬊須　1104
44 鬊落　633
72 鬊〔剔〕髮　756,2039
鬊髏　350,1655
78 鬊除　603,757,920
72 髣髴　941,1811,1873,1888,1954,1985,2030,2063,2194
鬠髮　1877,1958
鬘鬚　2189

**$7223_0$**

21 爪齒　538,758,1268
40 爪壞　952
54 爪擭　1844,1897
56 爪攫〔剻〕　94,1263,1850
58 爪拚　298,1555
44 瓜蔓　1199
44 瓠〔瓠〕其　156,1030

**$7223_2$**

80 底分　1850

**$7223_7$**

21 隱須　197,1312
29 隱嶙　1959
31 隱遯　2032
32 隱遁　279,1475,2332
44 隱蔽　566,577,1017
47 隱机　2024
54 隱擦　1175
61 隱賑　2172
64 隱噎　231,1419,1872

**$7224_0$**

71 阡陌　394,1492

**$7224_4$**

72 骽腨　1601

**$7224_7$**

10 髮下　1216,2214
60 脬胃〔腨〕　538,584
74 脬膜　81,744
77 脬尿〔尿〕　231,1419

**$7226_1$**

44 后蔑　1459

**$7226_2$**

33 腦濺　385,1794
47 腦根　226,1414
70 腦胲　45,359,744,1694
腦胲諸脉　949
74 腦膜　538,584,1269,1285

**$7227_2$**

23 朏然　2124
72 朏朏　2184

**$7228_6$**

44 鬚〔須、鬒〕蘩

1112, 1139, 1141, 1182, 2237
72 鬚〔鬢、須〕髮〔髪〕 587, 633, 745, 757, 764, 1644, 2033, 2077
鬚鬣 1959

**$7229_{1}$**

76 隰陽 287, 1461

**$7229_{3}$**

08 ⿰骨系放 2126
30 ⿰骨系⿱穴女 2169

**$7230_{0}$**

71 馴巨 2042

**$7231_{1}$**

駈 983
53 駈擯 813

**$7231_{4}$**

71 駈馬 227, 1830

**$7232_{7}$**

25 驕佚 2282
27 驕侈 2231
驕倨 771

**$7233_{2}$**

27 鬉角 2105

**$7234_{7}$**

72 駿髦 1220, 2216
77 騣〔鬉、鬃〕尾〔尾〕 699, 1594, 2086

**$7237_{7}$**

23 騷鹹〔騻〕 396, 1494

**$7239_{1}$**

32 騄割 1514

**$7240_{0}$**

15 删珠 170
17 删那 18
40 删去 378, 1795

**$7240_{7}$**

88 鬘等 1397

**$7242_{0}$**

10 彤雲 2163
23 彤〔肜〕然 403, 1500
40 彤赤 1139
44 彤華 280, 1465
88 彤管 1976

**$7244_{7}$**

20 髮毛 538
髮舜 328, 1531
34 髮被 294, 1551
49 髮杪 91
髮杪 1259

**$7250_{0}$**

15 刪珠 1165
30 刪定 1196, 2070
33 刪補 1649
44 刪〔删〕地 116, 1243
72 刪刪 803
92 刪削 1928

**$7250_{7}$**

72 髩鬐髮 817

**$7260_{1}$**

16 髻環垂鬟 898
72 髻鬉 741

**$7260_{2}$**

22 髻齔 1522, 1925, 1943, 1973, 2049, 2073, 2230
髻丱 1942
80 髻年〔秊〕 1617, 1982, 2047, 2109

**$7260_{4}$**

00 昏瘤 2182
04 昏詖 2078
10 昏〔昬〕霾 1395, 2114
21 昏鯁 2008
44 昏墊〔墊〕 1049, 2000, 2020, 2030, 2154
77 昏翳 621
72 髻〔髻〕髮 245, 1429

**$7271_{4}$**

00 髦彥 1959, 2088
23 髦俊 1957
71 髦馬 1414
77 髦〔氉〕尾 45, 97, 950

**$7271_{6}$**

20 鬣毛 912

**$7273_{4}$**

77 鼷鼠 91, 133, 245, 425, 457, 978, 1167, 1259, 1353, 1429, 1464, 1860, 1970, 1975, 2013

**$7274_{0}$**

30 氐宿 189, 1303
34 氐波 412, 1253
80 氐羌 1919

**$7277_{2}$**

29 岳嶸 1993
64 岳峙 2200

**$7280_{1}$**

21 兵伍 196, 1311
25 兵仗 07
44 兵革 16, 801
兵荐 1916
53 兵戈 88, 605
71 兵斯 385, 1793
72 鬒髮 1065

**$7280_{6}$**

27 質物 1290
質疑 156
42 質樸 699

**$7321_{1}$**

11 陀弭 178, 1170
14 陀破 377, 1799
17 陀那婆神 931
20 陀穰 1062
24 陀縿 1125
30 陀塞羇 1903
37 陀遬 174, 778
60 陀羅 1799
陀羅驃 950
陀羅花 971
陀羅羅仙 955
陀羅弭拏咒 712
陀羅尼 858, 970
陀羅尼帝替 712
陀羅尼中云帝隸阿惰僧伽兜略 992
陀羅尼中字 676
陀羅破 377
66 陀睍 16, 801
陀哯 16, 801
68 陀咩 107, 1242
80 陀俞 85
88 髖〔骯〕節 378, 1795

**$7321_{2}$**

20 腕手比丘 963

**$7321_{3}$**

10 颷爾 2163
17 颷〔飇〕聚 98, 704
77 颷擧 2084
97 颷〔飇、飆〕焰 351, 1645
71 髖臚 460, 1356
76 髖髀 496, 1745, 1777
77 髖骨 45, 359, 455, 540, 585, 949, 1351, 1694, 1782
臗〔髖〕骨 1705

**$7321_{4}$**

颰 969
73 颰陀 124, 128, 1108, 1250, 1882, 1913, 1929, 2258
颰陀和羅 1038
颰陀羅 1170
颰陀婆〔波〕羅 784, 970, 1324
颰陀師利 1278
颰颰 1936

**$7322_{7}$**

74 脯腊 237, 1426, 1682

**$7324_{0}$**

56 膩擺 1163
62 膩吒 1869
77 膩眉 1840

**$7324_{2}$**

00 髆齊 1176
17 髆及郄 1576

20 髆傭 2299
40 髆有 731
70 髆腋 570,637
77 髆骨 540,585
髆印 1128

**$7326_0$**

17 胎孕 1248,1861
47 胎觳 2110,2152,2194
74 胎膜 1717
77 胎卵 1673

**$7326_4$**

76 髂髀 398,1496

**$7327_2$**

22 �崖 1368

**$7328_6$**

11 臏頭 413,1254
32 臏割 903,2237
36 臏迦 84,1060
73 臏陀 1052
44 髕〔髖〕也 105,1164
72 髕腨 94,1263

**$7331_1$**

20 駝毛 348,1667
71 駝馬 1966

**$7332_2$**

46 驂駕 118,159,169,918,1005,1091

**$7332_7$**

27 騙象 159,919

**$7333_4$**

00 騃癡 1072

**$7334_7$**

00 駿疾 36,742,930,1268
駿疾如 931
37 駿逸 2051
55 駿捷 2056
60 駿足 1835
71 駿驥 2001
駿馬 50,443,959,1105
75 駿駃 2183

**$7336_0$**

60 駘足 1376,2070

**$7339_8$**

77 駼〔駼〕馭 2146

**$7372_2$**

73 鬖鬖 1971

**$7410_4$**

00 墮廁 1407
64 墮喏 697

**$7420_0$**

21 肘行 1619
48 肘梯 1597
60 肘量 842
73 肘腕 268
26 附舶 1943
30 附之 1907
27 尉伺 85

**$7421_0$**

10 肚不虫 771

**$7421_1$**

18 陸殄 1236

**$7421_2$**

阤 977

**$7421_4$**

00 陞座 1181
26 陞舶 1594
22 陸倕 2079
34 膗婆 1775
膗染指之黿 1998

**$7422_1$**

22 隮岸 2115

**$7422_7$**

00 脇痛 561
10 脇不親物 2105
77 脇骨 540,585
80 脇尊者 509,1763
00 脪帝 96
10 肋二十四 731
77 肋骨 58,455,656,1351
21 勵行 1140
46 膢鞨 2275
74 胯膝 1600
勖勖 19,803

**$7423_2$**

17 隨耶利 64,652
22 隨嵐 1905
26 隨舶 1914,1922
34 隨漢 2089
47 隨好 888
54 隨挂 1215
26 膝伽 16,800
58 膝輪 637
66 膝〔厀〕踝 1216,2274
72 膝腨 699
74 膝脇 1827
77 膝〔厀〕股 460,1355
27 髓血 762
72 髓腦〔𡿺、䐉、惱、隋〕 569,698,707,723,797,819,1001,1215,1269,2250
76 髓髆 1827
88 髓餅 319,1538
54 肱挾〔挟〕 345,1659

**$7423_4$**

21 膜拜 2042,2166,2175

**$7423_8$**

22 陜山 274,1524

**$7424_7$**

03 陵誐 1247
21 陵虛 531
26 陵鯉 385,1793
28 陵嶒 400,1498
37 陵遲 272,1524
40 陵奪 875
44 陵蔑他人 902
52 陵轢 1990
06 陂諟 120,1274
26 陂泉 689
31 陂河 814
32 陂濼 21,251,805,1435
34 陂池 217,312,1323,1567,2232,2279
36 陂澤 321,868,1540
37 陂湖 529,706,2307
88 肢節 1180

**$7426_0$**

27 賭𩖩 147,998

**$7430_0$**

71 駙馬 2324

**$7431_1$**

17 驍勇 285,436,726,1128,1155,1473
25 驍健 511,1765,1778
40 驍雄 1971
55 驍捷 106,1272
56 驍捍 2110

**$7431_2$**

18 馳騖 915,1052,1976,2055
24 馳動 367,1733
31 馳逐 894
75 馳騁 47,135,450,690,691,703,764,774,791,812,951,982,1098,1346,1504,1612,2029,2197
77 馳驟 523

**$7431_4$**

32 驩州 1938,2101

**$7432_1$**

44 騎驀 1142

**$7433_0$**

馱 942
30 馱字 586
40 馱索迦 474,1334
47 馱都 438,496,636,730,1744
67 馱嗽 92,1257
30 慰安 859
63 慰賻 2094
77 慰閱 2015

**$7433_8$**

00 隳廢 1956

40 隳壞 2107
71 隳肝 2040

**7434$_{0}$**

00 駁雜 2040
27 駁色 357，1692
38 駁道 2010

**7434$_{7}$**

36 駿迦山 1877
73 駮駥 1808

**7435$_{4}$**

77 驊騮〔驑〕 1878，2020

**7438$_{1}$**

71 騏驥 162，1040，2011

**7439$_{4}$**

78 驝〔馲、槖、驝〕馳〔駝、駞、駞〕 134，179，435，724，794，981，1124，1217，1397，1832，1921，1960，1969，2120，2215

**7480$_{9}$**

33 熨治 300，1557

**7521$_{0}$**

76 胜臊 1970

**7521$_{8}$**

體 678
00 體羸 2055，2083
體瘃 347，1666
22 體胤 194，449，1309，1345
24 體皺 1809
92 體悸 1886

**7523$_{2}$**

膿 992
27 膿血 235，1196，1424，1478，1685，1827，1860，1934
31 膿河 1393
97 膿爛 529，1016
膿爛 579

**7523$_{4}$**

00 膜裹 2033
16 膜理 1971，2334

**7524$_{0}$**

47 腱拏 414，1255

**7524$_{3}$**

20 膊傭 711

**7524$_{4}$**

72 髏髩 1970

**7524$_{7}$**

50 膭〔膿〕中 311，1567

**7528$_{1}$**

80 腆美 268，1431

**7528$_{6}$**

隤 976
27 隤綱〔網〕 1650，1941，1965，2032，2037
隤紐 2332
30 隤穴 819
37 隤運 1279
40 隤〔隮〕壞 1598，1621
隤壤 1727
47 隤〔穨〕圮 1954，1957
73 隤〔穨〕陀〔陊〕 2109，2181
80 隤年 2199
90 隤光 2028

**7529$_{6}$**

26 陳堡 1978
44 陳荄 1977

**7530$_{6}$**

10 駛雨 2197
12 駛水 767，1873，2073
17 駛氹 777
30 駛流 468，678，696，714，819，823，866，1032，1326，1399，1504，1614，1809，1835，2246
31 駛河 49，754，956，1885，1956
43 駛哉 921

**7532$_{7}$**

13 騁武 922
14 騁功 2131
24 騁壯恩 1375
55 騁棘 2199
76 騁駬 1395
95 騁情 1862

**7536$_{1}$**

23 驁然 89，1114

**7539$_{6}$**

21 駷順 2182

**7570$_{7}$**

40 肆力 135，982
30 帥之 335，1547

**7576$_{0}$**

88 齟等 222，1487

**7578$_{6}$**

10 蹟不可見 1879

**7620$_{0}$**

11 胭頸 1261
胭項 1188
27 胭匈 1162，1809
67 胭喉 1322
81 胭頷 2091

**7621$_{0}$**

20 覥往 2182
76 颶颶 2179

**7621$_{2}$**

46 颺帤 113，1158
97 颺帆 1919

**7621$_{3}$**

10 隗磊 1808
37 隗通 2179
76 隗隗 2184

**7621$_{4}$**

26 腥臭 744
73 腥膆 802
76 腥臊 18，72，453，633，668，1123，1236，1349，1474，1906，1997
32 隍壍 1078，1572
34 隍池 434，720

**7621$_{7}$**

00 膃摩 17，801

**7622$_{7}$**

00 陽病 320，1538
01 陽聾 236，1425
27 陽郗 2115
97 陽焰 618
陽爓 1146，1854
98 陽燧 121
陽燧 1278
70 腸肺 769
74 腸肚 1857
75 髑髏 189，585，731，769，1169，1196，1268，1304，1603，1828，1857，2235
77 髃骨 1610
隅隩 2072

**7623$_{2}$**

21 隈處 304，1560

**7624$_{0}$**

00 髀病 1148
髀痛 1159
18 髀醯得枳 1626
21 髀上 1809
40 髀肉 2324
62 髀踵 253，994
70 髀膗 1369
71 髀脛 1041，2283
72 髀腨 714
73 髀髆 711
74 髀膝〔厀〕 1123，1268
髀脇 1047
77 髀〔踱〕骨 260，540，1448，1723
脾 886
72 脾腨 1162
77 脾膽 538，584
脾腎〔腎〕 1214，1268，1706，1870，2213

**7624$_{7}$**

00 腭〔齶〕痛 226，1414，1676
67 腭喉 1711
56 隁提 1276

**$7628_0$**
80 胑分　1175
**$7628_1$**
44 隄封　839
70 隄〔堤〕隌〔塘〕 41,271,382,494,708,939,1399,1686,1690,1742,1782,1873
隄防　297,769,1553
**$7628_6$**
10 隕下　415,1087
**$7629_4$**
00 臊疾　1905
73 臊陀　401,1499
17 髁已下　843
27 髁龕　1619
74 髁肋　317,1535
77 髁骨　225,1490
**$7630_0$**
30 駟字　1181
駟　972
71 駟馬　36,129,1879,2339
**$7639_3$**
71 騾驢　794
75 騾騣　1841
騾騣　251
**$7680_8$**
77 咫尺　1375
**$7710_0$**
40 且㡖〔幢〕　1876
60 且置　873
61 且斅〔斅〕　2043
**$7710_3$**
00 璺瘂　1150
12 璺〔璺〕裂　1577,1592
14 璺破　1625
37 鑿〔鑿〕泥　637,1711
鑿泥邪蹲　1355
37 鑿泥耶　459
鑿泥耶仙鹿王腨　570
56 鑿攞陀　886
60 鑿〔礐〕羅鉢　1636,1927
鑿羅　114,1158
鑿羅跋底　1628
鑿羅跋那　865
鑿羅葉　1012,1166
**$7710_4$**
11 堅頸　455
堅硬〔鞕、鞕、鞭〕　698,731,795,844,863,1032,1382,1479,1585,1630,1647,1684,1702,1859,1939,2327
14 堅勁　325,473,1332,1350,1529
20 堅毳　2130
堅手及持鬘　1733
22 堅凷　153,966
28 堅緻　1183
30 堅牢　1296
43 堅�勒　1999
44 堅著　60,196,659,1311
47 堅翅　559
堅靭　308,1563
60 堅固鎧　1096
82 堅鎧　1256
**$7710_7$**
00 閤席　2060
28 閤以捨囉梵　1139
77 閤閭　2026
閤門　1454
86 閤智字　1144
10 閤耳目　1985
27 閤〔閤〕衆　259,1838,2201
40 閤境　2099
60 閤羅　1294
盥　1832
20 盥手　117,1111,2086
31 盥洒〔洗〕　73,633,668,829,1141,1922,1952,2056,2072
37 盥漱　1648,1871,1938,1965,2037,2173
88 盥飾　1200
90 盥掌　9,848,868
**$7710_8$**
10 豎石　1630
25 豎伸　1182
41 豎橛　1523
47 豎栅　2062
61 豎匙　1590
24 闓化　273,1518
**$7712_1$**
07 鬬〔鬭〕諍　841,1277,1857
45 鬬構　1057
**$7712_7$**
翳　886,942
08 翳說羅　1943
10 翳覆　1443
11 翳麗　1162
18 翳醓呬　1130
37 翳泥耶　1187
44 翳薈　1395,1976
翳其　1297
翳荼迦　755
59 翳蠕　2148
60 翳暗　581
翳目　8
翳日　171,1093
翳眩　1382
61 翳咥　170,1165
67 翳眼　1211
70 翳障　1185,1857,2222
77 翳闇　532,841
**$7713_6$**
17 蚤〔蝨、蝨〕蝨　737,1200,1611,1839
26 蚤得　1837
47 蚤起　1836
38 閩海　2185
43 閩越　1375,1933,2071
44 閩藪　2132
88 蝨〔蚤〕等　1217
**$7714_7$**
00 毀讟　462,1358,1958,2136
12 毀剥　1986
毀形降脱　904
21 毀〔諠〕呰　533,560,591,843,1057,1443
毀呰　36,136,299,476,495,785,869,930,983,1336,1556,1743
54 毀挓　1079
90 毀悴　1293
98 毀懱　625
**$7714_8$**
36 闞澤　1878,1984,2015,2020,2143,2336
37 闞迴　2099
**$7715_3$**
40 閾内　299,1555
**$7716_4$**
71 闊陿　1142,1151
**$7720_7$**
00 尸棄　858,871
尸棄毗　711
22 尸佉　21,805
尸利毱多　954
尸利沙　74,636,669,710
尸利沙果　962
尸利夜神　859
34 尸波羅蜜　867
60 尸羅　718,989
尸羅匐　1857
尸羅幢　862
61 尸毗王　964
73 尸陀林　383,1791
90 尸半尸　461,1357

**$7721_0$**

00 風痺 386
風疸 1174
風痰 1055
風瘻 2106
風癇 732,2228
10 風霽 278,420,1475,1807
22 風齲 119,1172
34 風濤 769
41 風狂 549
44 風黃淡熱 899
70 風雅典則語 882
71 風飀 1773
75 風駛 1945
79 風颾〔颸〕 446,1342,1722,1976
00 夙夜 136,983
10 凡百 455,1351
46 凡猥 817
50 凡夫嬰妄惑 895
13 鳳瑄 2168
30 鳳穴 839
44 鳳翥 1977
77 鳳凰 1211,1978,2212
鳳翳 278,1476
阻 608,814,1279
17 阻礙 2078
33 阻涘 2183
40 阻壞 563,596,749
21 肌膚 1127
27 肌色 1071
40 肌肉 698,832,1889,1906
75 肌體 1861
77 肌肥〔肥〕 745,765
21 几上 1512
42 几橙 1682
21 胆佞〔佞〕 20,804
30 胆户 23,1230
50 胆蟲 （虫） 169,222,371,1072,1486,1815,1851,1859,1894,1909
57 胆蠅 238,1427
98 胆弊 333,1545

**$7721_1$**

00 尼摩羅天 64,651
尼摩拏 1325
尼夜摩位 826
12 尼延底 495,1743
21 尼師壇 526
尼衞 350,1649
26 尼伽羅樹 944
34 尼婆羅水 950
35 尼連禪河 73,668
41 尼坧 72,667
47 尼殺曇分 2217
尼韜 16
48 尼乾 138
尼乾陀 953
尼乾陀若提子 2260
尼乾子 215,937,1288
52 尼剌 492,1740
55 尼揵荼書 478,1385
尼揵荼書計羅婆論 730
尼揵子
57 尼拘 74
尼拘蔞園中 1448
尼拘律樹 898
尼拘陀 669,769,950,957
62 尼吒 129
64 尼咤 410,1251
73 尼陀那 876
77 尼民達羅 491,1740
尼民陀羅山 889
尼民陀山 884

**$7721_2$**

00 屍疰 1196
70 屍骸 146,997,1399,1610,1857
73 屍陀林 152,1046
10 脆不 273,1519
27 脆〔胞〕危 738,1610
37 胞初生 638
60 胞罠（罠） 282,1430
73 胞胎 11,60,198,308,487,548,607,659,780,850,1035,1313,1564,1735
77 胞段 876

**$7721_4$**

隆 855
22 隆崫 2153
30 隆窊 2163
37 隆渥 2073
55 隆替 522
73 尾骼 225,1413
82 尾鑠 1159

**$7721_6$**

00 閱哀 1456
11 閱頭檀 90,1258
60 閱眾 1371
77 閱叉 63,650
17 覺已 60,658
22 覺胤 1239
30 覺寤 46,476,693,793,923,1222,1289,1383,2236
44 覺樹初綠 1945
46 覺觀 960
91 覺悟 903,951,1293
94 覺勬 2063

**$7721_7$**

兜 711
00 兜率 1054
兜率哆 388,1778
兜率天 961
兜率陀 696,858,1403
18 兜鍪 94,1262
21 兜術 758
兜術宮 1808
兜術天 791
24 兜仇 16,801
34 兜婆 281,421,1462
39 兜沙 917,1918
兜沙經 1880
兜沙羅色 908
兜娑 1160
60 兜羅綿 689,949
兜羅貯 1641
兜羅毦 960
02 尻端 2087
10 尻〔戾〕不 303,1559
27 尻血 1828
44 尻也 105,1164
77 尻臀〔臀〕 400,1498
10 肥〔肥〕丁 251,321,1539,1841
15 肥醲 1025
32 肥遁 2019
35 肥濃 1020
71 肥脹 1858
72 肥腯 2137
77 肥脆 247,1817
肥腴 172,784,2174
40 兕〔兇、兕〕來 153,966
77 兕犀 401,1498

**$7722_0$**

00 周章 134,980
10 周帀 180
17 周玘 1933
21 周顗 1913,1986,1999,2136,2143,2165
22 周利槃特 954
28 周給 907
30 周寰 574
周窮 167,1004
36 周迴旋轉 934
40 周墇 977
50 周挍 896

60 周羅 12,385,851,1793
61 周顒 2061,2078
68 周睇 2076
周瞰 1935
69 周啖 1655
70 周障 133,1181
71 周匝填飾 879
73 周陀莎伽陀 985
76 周髀 2144
77 周聞 881
周聞十方 861
78 周覽 580
90 周憧 845,979
02 陶誘 1917
16 陶現 109,918
21 陶師 294,723,1551
25 陶練 451,1347
30 陶家 40,494,1743
陶家輪 937
31 陶河 368,1813
33 陶演 249,1820
陶冶 99,1270
41 陶坏器 807
84 陶鑄 1986,2119
87 陶釣 685
12 脚登 1900
62 脚踏 1146,2309
65 脚跌 1606,2314,2327
66 脚踝 2328
脚踼 759,1439
67 脚跟 1194,1407,2325
72 脚腨 1869
73 脚陀迦旃延 2318
00 脚瘴 1992
脚瘇 221,1485
12 脚聯 419,1806
40 脚夾〔夹〕 343,1663
61 脚躡 1821
62 脚踏 1908,2282
65 脚跌 949
72 脚腨 303,1559
86 脚錠 2300
10 罔不均 859
21 罔上 2111
23 罔(罔)然 168,248,1005,1818
40 月支 98
60 月暈 1142
71 月厭 2270
82 月釤 841
85 月蝕〔蝕〕 43,311,944,1211,1247,1567,1851
21 月虧 1952
30 月竊 2026
71 月曆 1200,1203
12 用磑 2197
27 用紓 1934
34 用袪 1940,2086
45 用欜 1398
47 用麴 335,1546
50 用蟲水 1585
52 用剗 376,1791
56 用暢 508,1761
62 用氈 2266
69 用啖 350
15 同臻 523,1145,1888
21 同愆 1632
28 同齡 458,1354
44 同萃 706
同嬉 2038
46 同楊 2106
78 同臨有截之區 854
80 同鑣 2165
82 同剉 435
95 同爐 2033
24 朋儔 464,1360
26 朋侶 622
40 朋友 504,1757
90 朋黨 606
25 朋生 559
40 胸脅 1268

**$7722_2$**

20 膠香 930
21 膠黏〔粘〕 743,1711
33 膠濘 1720
34 膠漆 1788
56 膠輵 2340
77 髎骨 382,1782

**$7722_7$**

00 咼衺 1605
10 咼面 154
11 咼張 1678
30 咼戾 115
84 咼斜 140,923,990
00 邪魔之道 883
20 邪僻 191,724,1306
21 邪行 556
22 邪僞 988
25 邪佚 472
26 邪鬼魅 1828
27 邪旬 1267
50 邪蠱 1012
80 邪命 557
98 邪忤 86,1063
00 鴉音 97
60 鴉足 489,1737
03 鵰鷲 133,539,585,737,774,930,978,1021,1464,1616,1632,1830,1857,1889
87 鵰翎 1169
11 彎頭 84,1061
10 彎〔彎〕不 1179
11 疊〔疊〕張 247,1817
23 疊伐 2042
33 疊心 531,580,602
35 疊遘 2123
12 骨瑣〔鎖、鎖〕 540,585,1056,1686,1734
47 骨胞 363,1797
48 骨幹 156,195,369,1038,1310,1813
57 骨撾 1198
74 骨髓 538,1012
77 骨骼 1827,2133,2169
骨陷 208,1372
95 骨粖 1200
16 局〔局〕理 1400
17 鵬翼 1600,2011
63 鵬鷃 2139
77 鵬舉 2097
17 鵰瑀 575
21 隖盧頻螺 1707
34 隖波離 631
34 隖波索迦 1155
鄌 2094
22 鄌縣 2061
闔 865
24 闔〔鑰〕牡 305,344,369,1561,1658,1813
27 鴞響 2155
48 局故 1720
56 局提 1937
74 局隨增 1734
67 鶻鵅 2190
70 鶻髗 1130
77 屩屐 395
屩履 1492
10 屬〔属〕耳 210,442,479,1379,1386
屬于 979
20 屬續 2123
40 屬有 808
41 屬圩 1461
42 屬斯 503,1756
60 属累 140
40 希有 560

**$7723_1$**

44 爬地 1455
48 爬散 1601
56 爬摑 2322
62 爬勵 1573
44 爮地 1584,1902
62 爮勵 1625

**$7723_2$**
02 限劑 940,1320
71 限隔 543
50 隳中 287,1461
**$7723_3$**
26 腡伽 678,1176,1235,1248,2199,2269
37 腡逢 363
60 腿足 738
**$7723_4$**
26 膖臭 1901
71 膖脹 58,656,819,1723,1859,2202
30 隩室 1369,1952
76 隩隅 2096
77 戾〔屄、㞙、鹵、屎〕屍〔屎、泥、尿〕 356,538,584,838,1261,1691,1706,1831
**$7723_7$**
21 腴旨 2084
37 腴潤 1967
98 腴悦 1178
**$7724_0$**
30 腡液 795
77 腡〔腡〕兜 58,657
76 屏限 39
**$7724_1$**
21 屏〔屛〕處 139,988
屏毖 282
52 屏撥 1986
78 屏除 1017
80 屏氣 509,1763
99 屏營 124,173,258,777,1444
**$7724_4$**
00 屢辯 482,503,1366,1756
14 屢聽 110,1117
40 屢奮 2340
**$7724_6$**
56 犀提 83,1060
**$7724_7$**
00 服膺 482,1366
27 服御 185,1300
77 服闋 2084
10 閉三惡道 1002
20 閉手時 950
27 閉向 318
77 閉尸 473,1333
閉尸鍵南 1671
80 閉氣不喘 961
10 孱焉 259
17 孱那 343,1664
23 孱然 1879,2014,2015,2136,2159
71 孱鴈 1838
12 殿斫 411
殿斫郁羅 1252
履水韈 1907
34 履襪 67,661
40 履乾 350,1655
53 履軾 2099
63 履〔屨〕踐 562,626,616,1016,1078
77 履〔屨〕屣 1139,1261,1853,1895
履屨 1601
40 股肉 187,1302
74 股肱 416,1088,2231,2326
77 股間(閒) 312,1567
40 屐支 322,1541
**$7725_1$**
羼 541
00 羼底 722
羼帝 1058
56 羼提 867,912,989,1039,1048,1090,1285,1403,1879,1888,1905,1927
**$7725_3$**
25 犀牛 174,785,828,2238
27 犀角 1032
44 犀枕 2104
80 犀首 2010
77 閡閡 2006,2256
**$7725_4$**
02 降誕 2314
10 降雹 141,991
22 降制 705
23 降伏魔官 937
30 降窸 1443
降注 13,798
31 降灑 696
降祉 1925
34 降澍 632,676,695,1218,2266
66 降蹕 2060
71 降脹 579
胮〔胮〕脹 528,533,632,1057,1404,1515,1578,1680,1777,2231,2240
**$7726_1$**
01 膽讐 397,1495
17 膽勇 1130,1861
**$7726_4$**
00 居廝 1893
28 居倫 82,1117
31 居滏 1471
32 居泜 1872
40 居士名鞞瑟胝羅 901
30 胳肩 125,1075
32 屠割 879
41 屠圩 287
42 屠獵 2226
77 屠兒 138,988,2258
78 屠膾 546,589,1398
80 屠羊 380,494,1742,1780
83 屠餓 2178
**$7726_6$**
23 層巘 2090,2094
27 層級 474,492,1332,1334,1741,1968
45 層樓 706,1440
67 層曜 2026
77 層閣 393,1491
**$7726_7$**
10 屈于〔於〕1949,1964
24 屈彼 738
37 屈郎迦 1944
47 屈都 1572
77 屈屈彼 1610
88 屈節 1607
20 眉毛 117,1111
65 眉睫 1000
**$7727_2$**
01 屈戇婆 1700
10 屈无(元) 262,1843
40 屈奇 172
屈支國 1949,1950
屈柱 1235
44 屈蔞草 1233,2294
77 屈屈吒山 1959
22 陋斷 819
**$7727_7$**
21 陷此 273,1518
22 陷㙞 1998
24 陷他 2200
30 陷〔臽〕穽 1222,2164,2217
**$7728_0$**
33 閡心 702
**$7728_1$**
77 屣履 795
**$7728_2$**
17 欣豫 72
22 欣樂 566,642
74 欣慰 893
96 欣懌 272,1524,1888
45 欥隸 439
77 歆歆 222,329,

1487, 1533

**$7728_6$**

77 隮〔頹、積〕毀 132, 1633, 1608, 2105, 2191

**$7729_1$**

69 際畔 2236

**$7729_4$**

47 隙穀 357, 1691

**$7730_4$**

21 闥領 1615

**$7731_0$**

71 駔馬 2165

**$7732_0$**

50 駉末 2138

**$7732_7$**

00 舃帟 2006

21 舃〔舄、潟〕鹵 463, 1359, 1877, 1952, 1960

騶虞 2002

77 鷩闥 1246

87 鶩〔鵝〕鴒 1168, 1616, 1943

**$7733_1$**

00 黧離 113, 1158

60 黧羅葉 446, 1342

86 黧羯 439

15 熙融 1968

93 熙〔熈〕怡 57, 509, 526, 578, 655, 682, 846, 1025, 1080, 1081, 1204, 1276, 1286, 1762, 2224, 2255, 2258, 2272, 2297, 2282, 2310

93 熙怡微笑 888

**$7733_2$**

21 驟徙 1948

22 驟轡 1615

27 驟移 1961

34 驟澍 1166

驟淹 1958

46 驟駕 1023

74 驟墮 186, 1301

71 騄驥 2146

**$7733_6$**

24 騷〔騷〕動 108, 1267, 1870

46 騷韝 1205

51 騷擾〔擾〕 1875, 2144

56 騷揭多 478, 1385

61 騷〔騷〕毗羅 2305

77 騷騷 248, 1818

**$7733_7$**

08 閟於 1961

17 閟蹬 490, 1738

22 閟彩 1571

30 閟塞 379, 1795

91 悶愊 （幅） 149, 1000

**$7734_0$**

10 馭一境 2021

22 馭牝 2321

30 馭宇 1041, 2295

馭之 1879

34 馭法 182, 258

44 馭者 1437

50 馭車 388, 1801

馭青 1620

60 馭曰 2030

71 馭馬 2326

**$7734_7$**

22 駊皤 122, 1189

駊皤訶 1194

23 駊然 1986, 2149

31 駊灑 2037

63 駊嚩 1180, 2267

64 駊跛 17, 802

72 駊騔 2302

77 駊駊 1153, 1199

騣騣 2185, 2199

**$7736_4$**

78 駱駞 1585

93 駱懺 96

**$7740_0$**

17 叉殂 1915

37 叉泯 1394

44 叉荷 474, 1333

79 叉胼 287

97 叉烙 2113

叉 906

47 叉拏叉拏間 913

79 叉勝 1461

**$7740_1$**

27 聞物國 172, 783

28 閈傷 917

罕〔罕〕 668

30 罕究 1927

40 罕有 734

**$7740_7$**

00 學贏 1636

04 學諸技藝 937

16 學殫 1976

23 學綜 2001

36 學泅 367, 1732

46 學架 808

58 學搸〔樣〕 456, 1352

46 叟婢 113, 1158

**$7742_7$**

07 鶵鶵 348, 1667

27 鶵鳥 310, 375, 1566, 1789, 1908

40 鶵肉 318, 1537

**$7743_0$**

23 闋然 2034, 2072, 2334

30 闋寂 1937

44 闋其 2030, 2178

**$7744_0$**

44 册地 22, 1229

52 册授 2073

44 丹枕 44, 132, 576, 948, 977

47 丹墀 1938

98 丹慊 2023

**$7744_1$**

02 開剖 45, 731, 905, 950, 958, 1185

開誘 2009

10 開霍 1889

38 開豁 1236

40 開士 71, 671, 782

42 開坼〔塝〕 366, 1731

48 開燧 2055

51 開拆〔拆〕 728

開拓〔祏、柘〕 281, 399, 1497, 2078

53 開専 1203

54 開披 270, 1518

77 開闡 138, 602, 987, 1022, 1406, 2236, 2246

開闔 90, 1258

開闢 505, 722, 1758, 2239

開闊 148, 153, 834, 999, 1458

88 開篋 1406

**$7744_3$**

36 開邏 694

77 開闔 397

**$7744_7$**

36 异還 1897

77 段段 1908

**$7748_2$**

00 闕庭 105, 1164

**$7750_0$**

14 母豬 1715

22 母彪 1584

44 母芰 113, 1158

60 母邑 479, 1386

74 母脇 2238

**$7750_2$**

23 掔我 275, 1521

27 掔俱 84, 1061

44 擧世 895

**$7750_6$**

00 羀〔羀〕瘦 1510

22 犨出 344, 1658

56 闡提 1285

73 闡陀 1322

闡陀論 476, 1336

86 闡鐸迦 476, 1336, 1614

60 閳愚 2138

**$7750_8$**

10 舉要言之 882
31 舉頦 1200
44 舉著 699
47 舉帆 95, 1264
54 舉措〔厝〕 26, 1232, 2153
60 舉足將步 888
75 舉體燋然 895
94 舉恃 488, 1736

**$7755_0$**

00 冊〔册〕立 2312

**$7760_1$**

醫 981
00 醫療 610
10 醫王 1011
38 醫道 135
44 醫藥 535, 572, 843, 1067
醫者 490, 1031, 1738
10 礐玉 1931, 1971
21 礐虛 1619
37 闍冥 563
44 闍蔽 842
50 闍中藤〔藤〕 1376
85 闍鈍 1058
57 瞖賴 2064
77 闍闍 254, 995

**$7760_2$**

17 留〔畱〕邵 230, 1418

**$7760_4$**

闍 541
22 闍梨 868
56 闍提 990
闍提比丘 957
闍提首那 964
61 闍毗 930
44 闍葭 2189
60 瞖目 493, 555, 847, 1742
瞖眩 478, 1385
66 瞖矖 712
67 瞖瞑 1861
瞖眼 1393
74 瞖膜〔瞙〕 465, 729, 895, 1175, 1185, 1361, 1769, 2224, 2237, 2285
60 瞖羅 1614
瞖羅葉 1606

**$7760_6$**

60 閶邑 461, 1357
77 閶闔 1997

**$7760_7$**

04 問詰 542, 619
07 問訊 840, 988, 1446
24 問緒 1398
35 問遺 1474
43 問婈 2063
22 間斷 678
24 間峙 1956
40 間杏〔世〕 2184
52 間插 1139
64 間〔閒〕跱 195, 1310
77 間關 97, 192, 699, 1306
間間 48, 954
79 間隙 2183
80 間無空處 891
間無空缺 933
84 間錯 2306
86 間鉫 794, 1899
22 閫側 2116

**$7762_7$**

77 鷳鷳 384, 1792, 2181

**$7764_1$**

20 闢重關 1279
60 闢圓 686

**$7768_2$**

00 歠糜 340, 1661
10 歠〔歡〕醨 2034, 2336
17 歠粥 319, 333, 1537, 1544
87 歠欲 1628
歠飲 537

**$7771_6$**

27 闟身 425, 1863
30 闟塞 89, 1114
77 闟豎〔竪〕 1616, 1948
80 闟人 23, 216, 1230, 1665, 1966, 2014

**$7771_7$**

48 鼠塲〔傷〕 227, 1414
鼠檻〔擥〕 308, 1564
62 巴吒 51

**$7772_0$**

00 即瘳 2060
02 即剖 2029
09 即譪〔讌〕 1175, 1195
10 即碎 842
21 即便寤寤 883
即便有娠 962
22 即劓其鼻 960
26 即覰 404, 1502
40 即士釋 479, 1386
44 即募 1891
即莧 1992
53 即掠 1141
57 即探 278, 1475
61 即嘘 1854
64 即晞(睎) 418, 1319, 1834
70 即斃 325, 1528
71 即厭 192, 1307
00 印度 493, 1741
10 印可 488, 1736
印璽 151, 831, 882, 2245
34 印黏 2229
70 印駐 156, 1031
80 印鏡 1404
93 印〔爬〕織 359, 1693
27 印物 1379
77 印印 147, 998

**$7772_2$**

24 嚮〔鬱〕峙 1915

**$7772_7$**

00 邸店 1180
75 邸肆 447, 1343
77 邸閣 416, 1088
20 鷗香 2181
27 鴟〔鵄、鴟〕鵂 207, 368, 421, 1095, 1371, 1440, 1462, 1464, 1812, 1903
鴟〔鵄〕梟 133, 539, 585, 930, 977, 1608, 1833, 1858
鴟鳥 769, 1881
44 鴟猪 256, 1830
52 鴟撥 1619
67 鴟〔鵄〕吻 770, 2102
鴟鴞 1991
88 鴟等 1770

**$7773_2$**

32 閬州 2155
44 閬苑 1997
50 閬中 2063
77 閬風 362, 1796, 2053, 2136
闐闐〔闐〕 459, 1355, 1952, 1964, 1971

**$7773_3$**

77 鼨鼠 804

**$7774_7$**

40 鰕壞 1627
57 毆〔敺〕擊 453, 475, 815, 1335, 1349

**$7775_7$**

72 崢嶸 440

**$7777_0$**

00 門裹 1858
30 門扂 1201
門扉 1967
41 門楏 1586, 1599
門橛 1059

門框　1632
門樞　80,741
44 門堞〔壤〕　73,635,669
46 門梱　387,1787
47 門楣　322,1541
門檐　1575
73 門阬〔院〕　2113
77 門闔　1495
門閫　12,40,67,170,243,278,307,321,353,360,405,661,738,741,768,782,826,851,923,926,938,1007,1092,1198,1248,1284,1411,1476,1503,1540,1563,1642,1694,1708,1901,2233,2296,2308
門闑　150,320,342,353,831,1538,1640,1662
門闥　861,2222,2228
門閾　89,233,287,387,423,844,1114,1421,1454,1787,1852,1908
81 門鑮　1935
88 門篋　765
30 凹窠　225,1490
77 凹凸　213,400,735,1371,1498
47 卵〔夘〕觳〔殼、㲉、㲉〕473,489,611,623,761,962,1036,1333,1673,1682,1703,1738,1773,2241

**7777$_2$**

27 關綴　1041
30 關〔闗〕塞　1213
關店　1897
36 關邏　775
70 關防　880
71 關纇　2201
77 關閉　505,1758
關鬮〔鑰〕　138,437,729,986,1078,1191,2240
85 關〔闗〕鍵　90,434,457,722,1128,1353,1973,2039,2266

**7777$_7$**

00 閻魔王　885,2226
32 閻〔閶〕浮提　250,381,866,931,935,1074,1435,1781
閻浮金　936
閻浮檀　2222
閻浮檀金　861
閻浮提金　984
60 閻羅　286,1447
閻羅界　863
22 凸出　484,1390
73 凸髖　117,304,1089,1561
78 凸腹　224,1489

**7778$_2$**

22 歐變　2324
27 歐血　1959
38 歐逆　1676,2306
44 歐熱血　627
61 歐噦　1921,2048,2341
64 歐吐　410,1251
76 歐陽　2072,2201
歐陽紇　1376
歐陽頠　1375,1983

**7780$_1$**

01 具譚　287,1461
22 具幾　243,1411
44 具茨　2124,2152
79 具騰　247
88 具篪　397,1495
31 興渠　106,359,381,710,1694
34 興澍　710
44 興葺　1976
興藁　1781
66 興矍　1707
43 闃城　1963
64 闃噎　1632
闃噎　2036
77 闃闃　1990
闃闃　274,1105
闃闠　2077
輿　972
46 輿櫬　2130
54 輿軗　2066
65 輿趺　600,636
66 輿䚕　2048
88 輿篃　738

**7780$_6$**

04 賢護　99,832
20 賢儁　1445
52 賢哲　451,1347
貫　879
17 貫習　98
28 貫徹　1384
60 貫邑　1293
86 貫鉀　837
77 闠閙　1703
賢　942

**7780$_7$**

00 閃摩　321,1539
01 閃誑　223,1488
10 閃電　1166,1441
17 閃子　1154
60 閃見　368,1812
82 閃鑠　259,1838
92 閃爍　1169
37 尺鴳　2020
47 尺椽　2002
54 尺蠖　194,503,1309,1703,1708
67 尺鷃　450,1346,2154,2335

**7780$_9$**

30 爨之370,1815

**7782$_7$**

22 鄮〔鄮、鄮〕縣　1921,2162
44 鄮塔　1931,2066

**7790$_3$**

10 緊可　1689
22 緊〔殴〕梨　83,1060
37 緊泥　1725
17 緊那蟲　1856
緊那羅　858,931,970
20 緊紡線　731
34 緊池果　1224
36 緊迦羅　828
緊祝迦　774
47 緊韌　2115
54 緊捺洛〔落〕433,534,505,715,1759
55 緊捷　1180

**7790$_4$**

21 闌衡　2005
22 閑樂　1858
38 閑裕　207,1371
43 閑婉　794
67 閑暇　766
98 閑敞　2104
40 桑梓　1945,1966,2077
44 桑椹　1991
47 桑檠　2155

**7790$_6$**

47 闌格　310,1566
闌拏　1041
60 闌圈　411,1253

**7810$_4$**

25 墜生　1017
27 墜久〔文〕　172,784
78 墜險　712

**7810$_7$**

17 監礙　70,664
81 監領　15,800
鹽　2034

**7810$_9$**

08 鑒於　394,1492
10 鑒面　1628

21 鑒能　2164
30 鑒察　1606
67 鑒照　1683

**$7811_7$**

28 鑑〔鑒〕徹　739

**$7821_6$**

21 脱能　44
37 脱過　301,1557
48 脱故　39
61 脱躧　1926,2088
77 脱屣　2000,2033,2074,2202
72 覽厎　1927

**$7821_7$**

隘　855
30 隘窄　2273
38 隘道　745
71 隘陋　1209,2211
90 隘小　1850

**$7822_7$**

60 腸胃〔冐、腈〕　1214,1268,2213,2231,2238

**$7823_1$**

00 陰〔陰〕瘧　454,1350
21 陰頽〔頹〕　216,1665
64 陰曀　188,1303
65 陰晴　209,1373
73 陰臆　1188
98 陰燧　377,1798
00 陰疼　2015
77 陰〔陰〕尻　1861
78 膴膴　2164

**$7823_2$**

78 隊隊　243,1411

**$7823_3$**

27 隧級　441,1006
72 隧隥　1707

**$7824_0$**

27 肸〔肹〕響　1931,1978,2051,2075

**$7824_7$**

35 腹潰　249,1819,1899
56 腹拍　1892
60 腹羅　343,1664
71 腹脹　1192,2312
73 腹骼　114,1158
74 腹肋　1174,1268,1575,1596

**$7828_6$**

04 險詖　739,782,1958,2296
險詖不修德　860
10 險惡　548
21 險徑　2197
23 險峻　1219
險巇　2152,2188
38 險道　609
40 險壙　691,825
險難　559
60 險易　898
73 險隵　332,1544

**$7829_4$**

21 除穢忿怒尊　1137
22 除刮　1603
23 除垒　1096
30 除禳　1175
40 除去　37,934
44 除苹　344,1665
47 除却塹　1059
57 除摒　269,1476
60 除圂〔溷〕　1826,1831
62 除剔　172,783
72 除鬚　764
80 除愈　39,139,293,623,935,989,1550
84 除饉　71,172,272,671,783,1520,1525

**$7831_2$**

24 駞貓　1770
60 駞口　730
71 駞〔駝〕驢　600,1049,1068,2258,2273

**$7833_4$**

80 愍念　69,663,1203

**$7834_1$**

30 駢賓　2003
47 駢栂　1985
57 駢拇　2149
60 駢羅　1204,1956
68 駢蹤　1571
77 駢闐　1593,1633

**$7844_0$**

30 斆之　1130

**$7850_2$**

24 擎〔擎〕彼　227,1415

**$7872_7$**

77 鼢鼠　2159

**$7876_6$**

05 臨訣　2082
17 臨卭〔邛〕　2065
27 臨御大國　878
29 臨峭　2108
32 臨洮　1875
臨沂　1913
臨淄　2060,2124,2136
34 臨沘〔洮〕　2145
47 臨猊　2014
62 臨曖　2002
67 臨睨　2071

**$7921_8$**

12 飈發　1957
51 飈(飇)揩　1136
90 飈〔飈〕火　293,1225,1550,2220
44 颵〔颵〕夢　412,1253

**$7922_7$**

00 勝〔勝〕辯　1279
27 勝〔勝〕身洲　618,2218
72 勝〔勝〕氏樹　172,783
勝鬘　1913,2083
77 勝隙〔陴〕　397,1494
27 陗急　2101
陗絶　1877,1959
50 騰書　376,1798
67 騰〔驣〕躍　1054,1275,1326
70 騰〔驣〕驤　1594,2337
80 騰羡　1817
97 騰焰　481,1365

**$7924_4$**

24 膢德　122,1112

**$7925_9$**

77 隣隊　281,1430

**$7928_6$**

10 臢〔𦪈〕一人　1932
60 臢最　678

**$7929_6$**

23 隙牖　2184
50 隙〔隙〕中　364,1603,1729
80 隙氣　2106
90 隙光　2252

**$7935_9$**

73 驎陀　2256
77 驎駵　2133

## 8

**$8000_0$**

00 八方幡色　1137
八廉　341,1662
10 八百万　140
14 八功德水　930
20 八隻　599
22 八種術　935
24 八紘　839,1965,2004,2043
27 八凱　1997
八伊帝曰多伽經　951
八儁　2121
30 八窖　234,1423
34 八法　952
40 八大河　935
八大净物　940
八大人覺　938
八十朶　1166
八十四者惺　1403
八十種好　944

八十種禎　2010
41 八棹　1997
42 八柧　281，1443
八埏　1973，2036，2099，2162，2337
44 八藏　99，1271
八梵　9，848
八稜　230，1418
45 八株　1887
46 八楞　1935
50 八由行　67，661
52 八蜡　2160
60 八罡　448，1343
61 八顆　123，1193
67 八暇　1406
70 八臂天　956
73 八駿　2020
80 八無暇（暇）　441，1006
88 八篛　370，1815
90 八惟无（無）　64，652
00 人文　854
10 人王都邑　887
36 人邏　335，1546
39 人迷四忍　855
40 人鞆〔鞲〕　2130
41 人杌　1052，1400
44 人莽娑　2274
54 人蟒　1891
58 人捨　506，1760
60 人羂　1891
63 人戢　2194
71 人靨　18，803
74 人髓　576
00 入衷字　585
10 入天祠　937
入一豆稽　825
20 入雒　1985
22 入嵐毗尼林　1849
28 入艙　2178
34 入池自撫鞠　903
40 入支　375，1790
44 入苦籠檻　877
入藕絲孔　885
48 入檻　1826
60 入里　139，988
71 入陛　352，1642
入匣　88，1070
83 入館　119，1110
88 入笴　278，1475
入篕　2068

**8010₁**

企　712
00 企摩　340，1661
07 企望　243，346，370，1411，1659，1815
21 企行　334，352，1545，1640
24 企牀〔床〕　312，1567
44 企薩　1893
90 企懷　2193

**8010₂**

18 並鶩　1571，2154
22 並稱　1887
43 並懤　2179
59 並掞　2168
77 並凹　1932

**8010₄**

11 全碩　344
00 坌塵　1078，1464
10 坌面　1889，1896
23 坌我　577
27 坌身　845，1917，1929，1982
28 坌以　763
30 坌之　49
44 坌其身　1023
坌者　1472，1873
57 坌擲　1908

**8010₇**

00 益疾　1973
44 益其精爽　859
01 盆瓶　1478
50 盆盎　1643
80 盆瓮　1337

**8010₉**

金　971
00 金痍　97
12 金璞　638
14 金礦（礦）　42，497，672，707，766，944，1014，1054，1706，1746
19 金瑣　1454
21 金紫　1261
24 金牀　710
金牒　61，660
25 金縷　766
27 金貂　2158
金絛　1721
30 金扉　234，1423
金寶　1436
40 金幢　2197
金椎　37
金椎鉞斧　932
41 金柄　712
42 金剎　137
44 金植　282，1430
46 金帽　2325
金櫸　42
金壜　1179
47 金翅　1020，1858
金翅鳥　1436
48 金槍　375，1790
49 金桄　244，1412
金鞘　418，1809
50 金瓮　252，1842
51 金甎〔磚〕　1112，1243
55 金拂　108，1267
60 金日磾　2047
金星　2265
68 金贈　1107
71 金匱　1973
72 金剛　678
金剛杵　864
金剛槩　1175
金剛拳　682
金剛爲鬚　991
金剛齊　857，860
金剛紫　1808
金剛齊佛　902
74 金脇　1436
77 金屣　1457
金屑　2242
80 金鑛　1238，1262
81 金鉅　1102
金鈚　157，1069
金鉦　88
82 釜銚　702
金鋌　233，1016，1023，1193，1422，1478，1582，1598
84 金鈹　409，1251
金鍱　70，665
86 金鏝　413，1254
金鎞　2185，2241
金鑐　965
87 金鋼　965
88 金篦　941
金筬　1203
金箭　1810
金鑰　2105
金鏃　2004
89 金鎖　706
90 金光朙〔明〕　1011
95 金粖　1128
84 釜鑊　744，1290，1954
88 釜篦　1632
釜鍑　41，385，940，1793

**8011₄**

11 錐頭　2190
87 錐鋸　1937
錐鍘　97，1164
27 鐘炙　1871
28 鐘以　87，1116
72 鐘髮　334，1546

**8011₆**

71 鏡匳　1648，1939

**8011₇**

10 氲靄　2201
00 鎬京　1978
38 鎬遊　2009
06 翁親　343，1664
10 鐫石　1993，2002，2336
30 鐫之　1918，1922，1936，2071
37 鐫鑿　1969

44 鑴勒 2102
61 鑴題 1625
85 鑴鏤 1957
17 翕習 125,1075
23 翕然 1959,2059
27 翕響 190,1305
67 翕眼〔眠〕 257,1480
97 翕欻 2124
42 翦剋 1593

**$8013_7$**

12 鐮斫 1584,1599

**$8014_1$**

40 鐴土 347,1666

**$8014_8$**

14 鉸破 1625
17 鉸刀 221,1485,1606

**$8020_7$**

00 今享 252,1842
27 今般涅槃亦破四魔 934
68 今贈 118
78 今臉 330
94 今惰 2029

**$8021_1$**

06 差誤 1239
25 差〔𢀩〕舛 735,1323,1573
40 差難 1959,2109
60 差羅波尼 295,1552
65 差〔荖〕跌 777,1446,1643
78 差脫 977
10 乍可 505,1758
乍可量 874
26 乍得 115,1076
47 乍起 211,1380
30 龕〔龕〕室 91,770,986,1033,1259
47 龕堀 1681
30 龕〔龕〕窟 1140
62 龕別 1922
56 羌揭梨 1140

**$8021_3$**

77 兊兒 287,1461

**$8021_5$**

47 羞赧〔赦〕 1607,1725

**$8021_7$**

37 氛沵 2037
氛祲(祲) 2003,2111
47 氛郁 606,620
77 氛翳 281,395,1493
80 氛〔氳〕氲 108,638,915,1205,1261,1440,2079,2226,2302

**$8022_0$**

00 介意 333,1544
50 介胄 1218
60 介品 2177

**$8022_1$**

00 前庌 369,1813
60 前四十年 939
68 前蹤 523
00 俞文 2015
27 俞多 195,1309
俞急 135,982
俞旬 62,650,767
60 俞曰 260,1481
12 斧斫 1859
19 斧稍 1247
37 斧鑿 1290
44 斧藻 2078
82 斧劉 335,1546
86 斧钁 1584,1599
87 斧槊 2269

**$8022_7$**

00 分齊 638,1403
02 分劑 841,1233
分剖 1102
20 分受 1860
分位 1406
21 分衞〔衛〕 87,151,350,829,1116,1649
23 分牻 299,352,1555,1641
26 分恕 1913
27 分級 1436
分解 198,596,1312
33 分減施 875
34 分逵 259,807,1838
41 分壃 1443
42 分析〔拚〕 447,696,718,923,1048,1094,1343,1398,1404,1770,2311
47 分圮 1911
62 分别 989
63 分賦 110,1116
68 分晰〔昣〕 120,1274
73 分陀利 66,2308
分陀利花 930
74 分陜〔陝〕 74,669
80 分鑣 1375,1912,2027
88 分箭 1179
27 剪稠 673
53 剪拔 816

**$8025_1$**

27 舞兔 2009
62 舞蹈 2314

**$8026_7$**

00 倉廩〔廪、亩〕 151,406,707,755,831,845,1221,1279,1504,1891
24 倉儲 1850
30 倉窖 845
77 倉與篅 1610
88 倉篅 2229

**$8030_7$**

04 令諸世事悉得宣敘 901
11 令碩 1658
16 令殞 2274
23 令我載此乘 896
26 令緝 2200
28 令馥 1932
44 令瞽 1219
47 令翹 310,1566
77 令擘〔擘〕 1133
78 令臉 1534
90 令卷 309,1565
97 令熇 1618

**$8033_1$**

00 無〔无〕瘢 178,1103,1128
無底 68,663,1059
無方無隅 886
無高倨心 902
無主無待 893
01 無頦 1098
02 無端底總持經 1982
無譏醜 905
05 無請 156,1030
10 無畺 1977
無釀 1906
11 無玷 1928
12 無水不能爛 1403
17 無礙 130,974,1196,2125,2177
無瑕 2274
無翼 618
無聰〔聰〕敏 875
20 無秉作 793
無乏 507,1760
21 無上法雨 934
無行神通 826
無緩〔綆〕 1611,1626
22 無〔无〕崖 352,1641
無變無易 587
無係 258,1480
23 無縛無解 535
28 無復 128,969
無咎 186,1301
無倫匹 858

無秅　447,1342
30 無賽　150,830
無穴　1625
35 無遺隱　860
36 無邊辯　537
無邊身　933
37 無遐邇　881
無資　2016
38 無濫　1772
40 無〔无〕辜　47,507,953,1761,2333
無爽〔爽〕　88,1069,2087
無希　983
無有瘡疣　893
無有蓏　1826
41 無樱　1965
42 無垢餧　1039
無圻　156,1069
44 無〔无〕喆　119,1110
無棼　157,1069
無藁　2308
無嬈　1256
無著無行　893
47 無〔无〕垠　171,1041,1093,1571,2133
無翅　573,601
無垛　25
49 無梢　738
50 無毒虐　880
無〔无〕央　58,138,657,766,986,1108,1170,1284
無央數　859,1001
無央數劫　892
無中息　892
51 無軛〔軶〕　13,852
52 無〔无〕援　194,1309
無暫已　862
54 無撓〔橈〕　432,713
55 無費　1406
無〔无〕替　361,885,1670
56 無耦　63,651
無擇報　1139
57 無揉　1926
58 無蛘　1001
60 無躔　2165
無量義處　970
無易　604
61 無斁〔斁〕　2030,2076,2085,2134
63 無猒息　860
無猒足　860,1224
66 無躁競心　878
67 無明鷇　1679
無明鷇〔𪈷、[㲉/卵]〕　695,1067,1148,1581,1593,1612
無暇　553,568,593,610,817
無歇　1018
70 無胲　114
71 無陋　553
無厭〔懨、𣢾〕　561,746,1096,1208
72 無所　39
無所觸嬈　892
無所顧戀　875
無所拒　870
無所適莫　875
無所畏省　952
73 無膩　1059
77 無閡　1293,1379
無間　1182
無間然　882
無尼延底　638
無屈撓行　874
無翳　826
無用捘底　1849
無蚤　72,662
無鞶　841
78 無險詖故　892
79 無隙　1685
80 無恙　115,414,1076,1086,2193
85 無缺　580
86 無智膜　722
87 無鉤　633
88 無繁　503,1756
無鏃箭　1168,1582
94 無怙　2247
無怯　568
96 無憚　1983
無慍　272,1518
無慍暴〔暴〕　882
58 恙蛘　1606

**$8033_2$**

10 煎憂　1869
99 煎炒　385,1794
17 念務皆息　883
21 愈緶　2165
60 愈晬　2162
34 忿懟　436,725
47 忿怒　2290
64 忿叱　379,1795
97 忿恨　2247

**$8033_3$**

31 悆遽　730,783,1214,1505
00 慈意　141
慈意妙大雲　991
21 慈仁莅物　880
82 慈鎧　1030

**$8033_7$**

00 兼該　344,1658
22 兼利　869
23 兼綜　1138
32 兼迥　2097
44 烋煮　372,1816
46 烋如朱之鼈　1998

**$8034_6$**

10 尊云戌拏　1764
30 尊宿　905
60 尊嚴　857

**$8040_0$**

07 父毅　1991
17 父珢　2098
34 父禕　2096
47 父蝦　2055
72 父彤　1914

**$8040_4$**

03 姜斌　1987
44 姜苟兒　1993

**$8040_7$**

00 孳産　511,1765,1778
25 孳生　1178
01 夔龍　1990

**$8040_8$**

傘　874
52 傘插　2307
77 傘屧　459,1355
80 傘〔繖、繖〕盖〔葢、蓋〕　693,1013,1127,1131,1139,1152,1584,2273,2282

**$8041_4$**

27 雉鳥　223,1487
44 雉堞　573,2229
雉堞崇峻　899

**$8042_7$**

24 禽貘　400,1498
63 禽獸　1092,1131,1205,1278

**$8043_0$**

30 美適　682
85 美餗　2028
37 矢溺　287,1461
71 羹臛　329,1437,1585
74 羹臛　761,1533,1593,1599,1620,1681
80 奠食　335,1547

**$8044_1$**

21 并饗　242,268,1410,1431
51 并擩　328,1532

**$8050_0$**

00 年方　876
21 年齒　879
27 年紀　139,989
44 年耆　1808

68 年踰 687

**$8050_7$**

00 每言 504,1758
28 每作 131,976
72 每剟 1945
91 每慨 1963

**$8051_3$**

44 毓萌 1918

**$8051_6$**

21 氈穢 2191
26 氈臭 22,1229
76 氈腥 1939,2202
79 氈勝 1647

**$8055_3$**

00 義褱〔褒〕 1991
44 義藉 2040

**$8060_1$**

71 酋長 1979
00 合裹 1186
10 合霤〔雷〕 318,1537
17 合沓 2108
42 合棔 770
44 合蔟 1247
67 合掔〔捥〕 1157,1176
85 合鍊 1128
00 普該 1571
10 普霔 2225
普霅 136
15 普臻 1017
28 普馥 1939
普徽 125,784
38 普洽 689,755,807,983
44 普莎訶 498,1747
51 普振 861
67 普照無私 889
71 普暨 1016
94 普燎 1144
96 普燭 452,1348
00 首廬〔盧、盧〕361,1670
01 首訶既那天 651
首訶旣那天 64
37 首冠十力莊嚴之冠 879
43 首戴 1179
46 首楞伽摩 477,810,1383
首楞嚴 912,913
首楞嚴三昧 962
50 首掠 1928
61 首矖 124
73 首陀 380,883,934,1781,2275
首陀婆娑 393,1491
77 首閈 2162

**$8060_2$**

28 含以 65,1730
50 含蠢 1239
62 含嚼(#) 1680,2091
77 含膠 1976
97 含燠 2005

**$8060_4$**

00 舍廬 375,1789
21 舍衛國 75,679
22 舍利 129,887,971
舍利弗 895,959,969
舍利子 433
34 舍婆提城 959
舍婆提國 953
36 舍迦囉 913
40 舍支 885,953
41 舍櫨 1901
44 舍勒 327,1530
52 舍摅洲 492,1740
60 舍羅 439,814
64 舍喃 186,1301
71 舍脂夫人 962

**$8060_5$**

00 善府 190,1305
善言開喻 891
02 善誘 1202
10 善覈 2192
24 善射〔躲〕 567,638
27 善縫 765
善綴 765
31 善濡 1256
32 善業 70,670
41 善標 1854
44 善權〔攉〕 605,797
51 善扼 1381
善軛 468,623,1326
53 善軶〔梔〕 211,625,628,637,1380,1400,1610,2226
54 善挾 221,1485
64 善財言唯 897
66 善唄 1927
73 善髆 1584
77 善馭 24,1231
86 善知識者是我師傅 897
善知識之所致耳 907
99 善瑩 1442

**$8060_6$**

10 曾不顧懼 900
12 曾孫 2318
20 曾爲羯利王 640
37 曾瀾 278,1476
67 曾眴 703,1869,1888
72 會盾 2150

**$8060_8$**

00 谷廄(廐) 1811
27 谷響 569,602,1016,2255,2287

**$8061_7$**

80 氤氲 151,604,829,1185,1440,1604,2223

**$8062_7$**

00 命衮 2166
30 命濟 2050
命之同坐 900
80 命命 14,794
命命鳥 502,576,990,1755

**$8071_6$**

17 饘粥 2083

**$8071_7$**

25 乞縷雇織 1641
27 乞匃〔匄、匄、匃、丐〕 38,58,86,455,494,657,756,763,778,934,1032,1059,1217,1286,1320,1351,1575,1592,1743,1886,1891,1942,2215,2239
31 乞灑 943
乞灑二合字 586
43 乞貣 1955

**$8073_2$**

21 公頠 2072
41 公嫗 1294
21 食〔飠〕頃 563
27 食饞 778
28 食以 195,1309
35 食洟 1162,1163
37 食麪 1121
食汷 1163
食汷者 1162
43 食棧 327,1531
44 食椹 1988
食蔑 399,1496
食芋 73,668
64 食噎 1887,1986
67 食啗 768
68 食噉 980
食昨殘肉 1584
74 食髓 1163
77 食尻 1460,1901
88 食篇 441,1252
90 食米齊宗 483,1390
27 養匃 1630
83 養飤〔飤〕 332,383,495,1543,1556,1743,1791
44 兹基 152

**$8077_2$**

11 龕頂 2183

**$8080_6$**

貪 974

18 貪饕〔飻、餮〕 87,301,361,835,1115,1296,1557,1576,1581,1589,1670

20 貪齩 481,1365

24 貪竗 1124

26 貪鯢 1292

27 貪色鬼魅 931

40 貪恚 1197

44 貪婪 456,1033,1352,1952,2122

51 貪輒 501

53 貪軛 1754

64 貪瞋癡 787

75 貪駛 742

80 貪羨 1071

88 貪飻(飻) 333,778,1545

94 貪惏 26,1232,1940

30 貧窶〔寠〕 9,120,149,168,259,414,738,848,1000,1005,1086,1277,1514,1593,1648,1838,1939,1951,2106,2322

貧窮孤露 879

71 貧匱 67,302,493,661,809,827,1121,1235,1558,1742

**$8088_6$**

21 僉皆 11,849

23 僉然 74,247,672,698,1109,1525,1817

僉然備 903

僉然坐 861

60 僉日 2197

91 僉悟 2136

**$8090_4$**

91 余慨 2009

**$8091_7$**

00 氣瘷 388,403,1501,1801

01 氣讋 2182

34 氣泄 351,1649

61 氣噓 953,1272,1523

氣噓旃陀羅 957

64 氣噎 1835

65 氣唻 216,1665

79 氣騰 486,1734

90 氣劣 235,1424

92 氣悖 2153

99 氣縈1056

**$8111_0$**

17 鉦子 1292,1633

**$8111_1$**

21 鉦鼓〔鼓〕 2091,2094

**$8111_7$**

00 鉅鹿 2035,2145

33 鑪冶 50

50 鑪橐 100,833

71 鑪隁 2079

82 鑪錘 1997,2115,2130

87 鑪鍋 25,1231

鉔鍜 252,1842

**$8112_0$**

釘 678

15 釘礫 181,765

30 釘之 1438

41 釘橛 壆裂 朾杙 1600

釘橛(橜) 1592,1624,2305

44 釘其 1247

**$8114_0$**

13 釬瓚〔瓚〕 275,1518

22 釿山 2166

84 釬鍱 1634

**$8114_7$**

30 鍐字 1141

**$8116_0$**

07 鉆部盧 1687

15 鉆礫 1220

17 鉆子 1626

40 鉆椎 695

53 鉆拔 734,1609

81 鉆鉦 1215,2214

**$8118_6$**

11 鎮頭 118,232,350,418,419,1091,1649,1806

**$8119_1$**

84 鏢鑽 302,1558

**$8128_6$**

08 頒於 1975

24 頒告 1222,2110

30 頒之 1938

66 頒賜 461,1357

**$8138_6$**

24 領徒一萬 898

35 領袖 1208

**$8141_7$**

00 矩方 1201

矩摩邏多 507,1760

44 矩韈囉 1163

50 矩拉婆 1724

矩拉婆洲 492,1740,1774

81 矩矩吒 1943

11 瓶瓨 1523

39 瓶沙王 294,1551

71 瓶甌 1399

瓶匜 2173

80 瓶瓮 1893

84 瓶罐 176,1081

瓶鑽 735

99 瓶罃 125,784

**$8141_8$**

19 短稍 841

21 短綅 2055

26 短促 559,594,1012,1284,1388,1859

34 短襻 1619

36 短褐 2174

71 短陋 556

80 短命 767,1716

**$8152_7$**

06 羺羯帝 1170

44 羺莎 669

80 羺〔羺〕羊 217,298,1394,1402,1555

羺 73

**$8159_6$**

82 瓶瓶〔瓨〕 181,774

**$8168_6$**

11 頜頭 1420

40 頜有 731

50 頜〔頜、頤〕車 114,371,738,1158,1610,1815

58 頜〔頤〕輪 455,1351,1700,1723

70 頜臆 570,637

77 頜骨 45,540,585,949,1706,1840

**$8171_7$**

25 鼅〔蜘、鼅〕鼄〔蛛〕 1191,1387,1829

**$8172_0$**

87 飣餖 1854

**$8174_0$**

21 餌能 483,1401

44 餌藥 1021

48 餌松术 2065

60 餌星髓 2174

80 餌食 200,1315

**$8174_7$**

80 飯食 75,231,1419

81 飯餌松术〔朮〕 1997

**$8178_6$**

00 頌瘦〔瘦〕 134,980

77 頌叉 2213

**$8190_4$**

84 槊矱 2005

**$8210_0$**
13 剑殘 2076
30 剉之 416,1088
44 剉草 1580,1597
47 剉切 402,1500
52 剉斬 1832
54 剉持 390,1788
78 剉膾 724
釧 898
**$8211_3$**
84 銚鑚 161,1060
**$8211_4$**
15 鍾玦 1979
21 鍾虡 2145
**$8211_8$**
10 鐙王 2124
67 鐙明 1821
90 鐙炷 1290
鎧 987
25 鎧律師 1651
鎧仗 597,868,2241
48 鎧翰 257,1480
60 鎧甲 567,833
**$8212_2$**
89 釤鍬〔鍪〕 318,1537
**$8214_1$**
45 鋌杖 1203
83 鋌鎔銷 1364
96 鋌燭 1892
**$8214_7$**
44 鐓樹 253,994
鐓樹國 1869
**$8216_3$**
85 錙銖 419,1834,1862,2106,2125,2198
**$8216_4$**
17 銛刀 1958
22 銛利 152,207,475,492,755,1335,1338,1724,1740,1774,1856
26 銛白牙齒 880
52 銛撥 1183
銛剗 1130
**$8216_9$**
80 鐇斧 385,1793,2061
**$8217_0$**
21 鉔穢 1403
**$8219_4$**
00 鑠底 1130,2280
08 鑠訖底 1126,2301
10 鑠靈 1987
鑠石 2000
46 鑠如 145,996
鑠枳底旛 1186
80 鑠金 2025
82 鑠鏤 2275
86 鑠羯羅 1396,1710
**$8220_0$**
17 剃刀心 1138
**$8221_1$**
44 毻落 400,1498
**$8231_4$**
17 毻羽 400
**$8240_0$**
18 矧敢 2160
**$8242_7$**
01 矯誑 587,827,1580
16 矯現 614
21 矯穢 586
22 矯亂〔乱〕 488,694,813
矯轡 2183
30 矯害 533
60 矯異 212,1367
矯足 2159
88 矯飾 434
**$8254_0$**
30 羝蜜梨迦 1396
80 羝羊 297,1394,1523,1553,1875
**$8260_0$**
00 創病 767,1038
創痛 1470
創痍 46,950
創疣 765,1275
12 創孔 296,1553
22 創〔刱〕制 1573,1603
34 創被 1811
47 創皰 43,785,944
44 剞其 1614
**$8273_4$**
77 飫鳳 2071
**$8274_0$**
87 餪餬 149,307,435,442,462,723,936,1000,1358,1563
**$8274_4$**
10 餧五夜叉 2191
21 餧此 413,1254
42 餧狐狼 754
44 餧者 2064
83 餧〔餒〕餓 286,1459
87 餧飢 1836
88 餧〔萎〕飤〔飰〕49,299,955,1584
**$8280_0$**
19 劍矟 740,1860
22 劍〔劒〕刎 111,1274
48 劍韒 1811
52 劍捋〔桴〕371,1816
57 劍把 2269
**$8312_7$**
24 鋪綺帊 576
**$8313_2$**
89 鋃〔銀〕鐺 120,256,1277,1479
**$8315_0$**
00 鍼盲 2084
10 鍼石 808
12 鍼孔 912
21 鍼紫 1831,1832
23 鍼綫 1974
26 鍼鼻 1649
52 鍼刺 1021
73 鍼脉 1919
77 鍼風 1711,1827
84 鍼鑽 1463
87 鍼〔針〕鋒 1862,1873,2286
88 鍼〔針〕筩 1593,1646
鍼筒 361,1670
11 鐵項 1439
鐵砧〔椹、碪〕 91,221,323,1259,1485,1542,1909,1932
14 鐵磺〔鑛〕 1726,1935,2115
19 鐵矟 1176,2309
21 鐵紫〔觜〕 24,449,755,1230,1345,1724,1909,2319
25 鐵䌷 385,1793
鐵仗 492,1740
29 鐵絆 1893
40 鐵棓 1215
41 鐵橛〔橜〕 1131,1167,1239
43 鐵杴 1608
鐵械 2066
鐵杙 194,386,1308,1794
45 鐵槽 755
47 鐵杈 1216
鐵杷 377,1799
鐵杴 1605
48 鐵槍 212,230,259,1367,1418,1838,2106
50 鐵囊 1215
51 鐵軒 1829
52 鐵剗 212,1367
54 鐵蟒 1909
55 鐵弗 193,255,448,1308,1344,1829
鐵搏 816
57 鐵輞 1522

58 鐵鏨 250,1439
鐵轞 1908
67 鐵〔鐡〕喙 146,997
71 鐵壓 2164
77 鐵臼 212,1215,1367
80 鐵〔鐡〕鏟 1397,1832,1908
81 鐵〔鐡、鐵〕鉆 91,222,365,448,1259,1344,1439,1486,1715,1731
鐵弗 255
鐵鉆拔 1915
82 鐵銛 1608,1629
鐵錘 221,1485
鐵鋌 1128
83 鐵釴 1886,1909
鐵鍼 1808
84 鐵〔鐡〕鏶〔鏶、鍱〕 190,749,1293,1305,1473,1582
鐵鑊 735
85 鐵〔鐡〕鈌 250,1435
鐵鏤 1914
86 鐵鐶 2203
87 鐵鎚 735
88 鐵鐓 416,1088,2106
鐵箸〔著〕 735,1811
鐵篩 1908
89 鐵鎖穿 2062
97 鐵烙 344,1664
15 鉾穳〔穳〕 1020,2132
19 鉾稍 744,827,2252
72 鉾盾 74
41 鐵標 1031
88 鐵鋭 2169
72 鐵〔鐵〕爪 1438
87 鐵鋸 1903
80 鉞斧 37,844,1041,1122,1126,1196,1216,2286,2287,2299

**$8315_3$**

30 錢雇 278,1475
64 錢賄 1600

**$8316_8$**

30 鎔流 1216
33 鎔冶 1923,2072
36 鎔濕 1582
39 鎔消 1849
72 鎔斲 1934
84 鎔鑄 1957
85 鎔鍊 641
87 鎔鈞 2060
鎔銅 480,735,763,796,1275,1364,1399,1609,1719
88 鎔笵 2088
89 鎔銷 96,1014,1024

**$8318_1$**

44 錠撩 1297
90 錠光 9,197,698,776,848,1311,1874
96 錠燭 112,284,670,1109

**$8318_6$**

83 鐀〔鐀、實〕鐵〔鐡〕 1130,1176,1203

**$8340_0$**

60 翂見 638

**$8370_0$**

21 飲此 270

**$8372_7$**

95 餔糟 2034,2336

**$8374_0$**

48 餅麯 1612
80 餅食 1604

**$8375_3$**

38 餞送 332,1543

**$8376_0$**

30 飴之 1986
30 飴蜜 425,1862,1863

**$8377_7$**

80 館〔舘〕舍 437,727

**$8410_0$**

87 鏉銅 1129

**$8411_1$**

32 銑鋈 2012,2158
80 鐃鏡 145,320,996,1538
87 鐃銅 131

**$8411_2$**

34 鈂婆 150,1009
55 鈂扶 374,1789

**$8412_7$**

33 鋤冶 921
鏑 34

**$8414_1$**

10 鑄一 1200
21 鑄師 1112
30 鑄寫 2202
80 鑄金 713,1388
85 鑄鍊 707

**$8414_7$**

17 鈹刀 308,1564
36 鑊湯 755,1172,1644
40 鑊內 1578
77 鑊腳 914

**$8415_4$**

83 鏵鍼 645
89 鏵鍬 227,1414

**$8416_1$**

07 錯〔鐠〕謬 1107,1721
23 錯綜 468,1326,1331,1964
25 錯續 151
28 錯繪 1045
44 錯勃 116
97 錯糅 711

**$8417_0$**

81 鉗鑷 2241
85 鉗鍵 1979
87 鉗鋷 907

**$8418_1$**

11 鎮頭迦果 940
28 鎮煞 248,1818
60 鎮星 2290

**$8418_6$**

10 鑽可 1461
11 鑽研 2061
12 鑽孔 1605
17 鑽酪 1631
26 鑽〔鑚〕息 1710
27 鑽身 1438
鑽仰 874,1375
28 鑽作 1582
30 鑽穿 1832
鑽之 1964
31 鑽溼木 2196
52 鑽搖 936,1056
78 鑽燧〔燧〕 1996
90 鑽火 1172,1275,1511,2195
98 鑽燧 199,509,1313,1320,1351,1389,1762

**$8419_4$**

00 鍱裹 2267
78 鍱腹 1984,2000
83 鍱鐵 1967
84 鍱鍱 1905

**$8424_7$**

40 皴去 1112

**$8471_1$**

38 饒裕 178,1170
80 饒人 1836
饒益 985

**$8471_4$**

21 饉綆 960,2309
87 饉飢〔饑〕 1550

**$8471_8$**

60 饐口 282,1432

**$8472_7$**

87 餚饌 836,1644,1648,1907
88 餚饍 742,824,1140

**$8473_8$**

88 餗餅 1148

**$8474_7$**
27 餕身 1125
**$8490_0$**
44 斜勒 1131
68 斜瞰 2036
**$8511_0$**
17 鉎刃 2097
**$8511_7$**
17 鈍刃 2133
47 鈍根 720, 1197
**$8513_0$**
00 鉢摩波底 1849
10 鉢盂 301, 1557
11 鉢頭摩 2258
15 鉢建提 947
22 鉢孌 1595, 1601
24 鉢特 433
鉢特摩 505, 1759
鉢特摩花 555, 574, 592, 715, 719, 1213
鉢特磨 2213
26 鉢和蘭 118, 1107
鉢和羅飯 284
32 鉢近 802
37 鉢郎 17
50 鉢晝羅 950
52 鉢剌 1238
鉢剌婆 1968
54 鉢拕 378, 1795
60 鉢羅和飯 1109
鉢羅奢佉 474, 1334
鉢羅腎禳 1321
62 鉢喇 1194
鉢喇底木叉 2326
77 鉢壆〔疊〕 1634
80 鉢爹 802
42 鉄櫝〔攅〕 277, 1455
72 鉄質 120, 1472, 1836, 2198
83 鉄鉞 401, 1219, 1498, 2215
33 鈌〔鈌、鈌〕減 593, 620, 690, 786, 1108, 1277
**$8514_0$**
鍵 541
20 鍵乎 1395
35 鍵連 1243
40 鍵南 446, 474, 490, 1334, 1342, 1682, 1738, 1802
88 鍵鑰 1916
**$8514_4$**
48 鏤檻 2005
**$8519_6$**
鍊 34
33 鍊治 1042, 2243
52 鍊蠟 1142
83 鍊鐵 386, 1794
**$8541_4$**
00 雞裏 1656
21 雞上 348, 1666
32 雞壍 1597
47 雞柵 1589
77 雞間 735
**$8553_2$**
12 羠形 361, 1670
**$8560_0$**
30 舑字 1176
39 舑泮 1195
65 舑吽 1129
85 舑舑 2267
**$8573_0$**
22 缺崖 833
37 缺漏 1322
47 缺犯 1079
53 缺戒 1066
80 缺盆骨 1887
**$8578_6$**
34 饋汝 347, 1666
35 饋〔饋〕遺〔遺〕160, 236, 832, 916, 1170, 1425, 1460, 1955
**$8610_0$**
10 錮石 197, 1312
71 鈿厠 2247
鈿厠其間 884
88 鈿飾〔飭〕1143, 1179, 1203, 2268, 2297
**$8612_7$**
00 蠲棄 1007
40 蠲去 703
64 蠲嗜欲 1878, 2020
78 蠲除 38, 136, 460, 479, 537, 583, 791, 860, 934, 983, 1080, 1297, 1356, 1386, 1404, 1580, 1769
80 蠲愈 1016
99 蠲勞 712
10 錫貢 82
14 錫珪 74
40 錫賚 461, 483, 1118, 1331, 1357
56 錫扣剖 1959
82 錫钂 1180
22 錫鸞 2123
47 錦鞔 1154
80 錦衾 443, 1105
**$8613_2$**
82 鐶釧 1176, 1219, 2216, 2223, 2284
87 鐶鈕 1605
**$8613_4$**
85 鋘鉄 339, 1660
**$8614_0$**
53 鉀拔 159, 1037
56 鉀提 83, 1060
60 鉀羅 225, 1490
88 鉀箭 335, 1442, 1546
**$8614_1$**
鐸 678
41 鐸攲拏 1616
77 鐸印 1139
**$8614_7$**
12 鑊斲〔斵、斮〕 41, 300, 1556
73 鍑陀 151, 831
80 鍑慈 1904
**$8615_0$**
22 鉀綤 2302
50 鉀胄 1858
**$8618_1$**
53 鋜成 1145
**$8640_0$**
00 知諳 2315
04 知諸稱謂 891
知諸制令 891
26 知觸 2195
37 知漏 1448
60 知量 681
77 知局 1389
80 知鉉 1923
**$8652_7$**
00 羯磨 294, 873, 1049, 1057, 1551
04 羯諾迦牟尼 439, 813, 2279
10 羯霜那國 1950
11 羯耻那 475, 1335, 2328
羯玼 1163
20 羯雞怛諾迦寶 1387
22 羯利 353, 1640
羯利藍頞部曇 1714
羯利沙鉢那 438, 730
羯利王 442
25 羯朱嗢祇羅國 1969
27 羯鷄都寶 576
羯句忖那 2280
31 羯沘 2279
36 羯邏 2253
羯邏藍 735
37 羯洛 438
羯洛迦孫馱 439, 813
羯洛迦孫馱如來 820
44 羯若鞠闍國 1968
46 羯鞞 1821
52 羯剌藍 489,

1671, 1737, 1802
羯剌羅 1406
60 羯羅藍 473, 1333
羯羅那 481, 1365
羯羅頻伽〔迦〕 433, 443, 460, 576, 718, 1075, 1355
61 羯毗 87, 1115
62 羯吒布怛那 438
羯吒布但那鬼 810
羯吒私 490, 1738
羯吒斯 461, 1357
66 羯囉赧 1194
67 羯鴨 161
74 羯陵伽國 1079
羯隨 120, 1277
77 羯闌鐸迦 2306
84 羯餕伽國 1877
85 羯羠 108, 146, 997, 1267

**$8660_0$**

12 智璀 2096
16 智璪 2106
17 智琚 2096
18 智璥 2070
21 智僊 1915, 2072
智顗 1880, 2194
28 智敫 2072
38 智瀲 2022
57 智碧 2099
62 智昕 74, 670
64 智曀 87, 1256
78 智鑒〔鑒〕 195, 1310
80 智鉉 1916, 2073
81 智鍇 2104
84 智鑽 1857
92 智愷 1402
98 智敞 2061

**$8671_1$**

85 餛飩 321, 1540

**$8672_7$**

63 餳哺 81
83 餳餔 744

**$8711_2$**

21 鉋須 52

**$8711_3$**

27 鑱身 1609
52 鑱剌〔剡、剜、剌〕 92, 143, 182, 210, 221, 340, 505, 1259, 1374, 1485, 1661, 1759, 1774
83 鑱鉞 1247, 2269

**$8711_4$**

23 鏗然 87, 157, 699, 1069, 1116, 1917, 1935, 2073, 2075
86 鏗鍠 2032, 2332
87 鏗鏑 1974, 1989
鏗鏘 100, 394, 833, 1492, 1967, 2053, 2200

**$8711_5$**

30 鈕居 1608

**$8712_0$**

00 鈎牽 1859
19 鈎瑣 766
21 鈎蘗 1104
27 鈎〔鉤〕鵅 276, 364, 400, 1498, 1729
鈎〔句、怐〕紐 1597, 1607, 1611, 1626, 1635
鈎綴 738
28 鈎躰〔射〕 1050
37 鈎深 2134
47 鈎欄〔闌〕 741, 1969
51 鈎〔鉤〕掾 377, 1799
54 鈎〔鉤〕挂 390, 1801
72 鈎斲 1404, 1574, 1596
81 鈎〔鉤〕餌 52, 964, 1718, 1859, 2217
鈎鈲 1516
88 鈎策 1572
89 鈎〔鉤〕鎖 697, 699, 827
30 鈎索 675
10 銅壼 2188
24 銅魁 252, 347, 1666, 1841
41 銅橛 194, 1308
47 銅杓 2303
52 銅揩 1974
53 銅拔 975
80 銅釜 1909
82 銅鑞鍮石 2202
銅銚 1657
83 銅鈸 693, 794, 1059
銅鍼 829
84 銅鏶 745, 1051
銅鍱部 483, 1401
87 銅鈕 2203
19 釖矟 1903
30 鉤索 2264
67 卸騧 2151

**$8712_2$**

19 鋢矟矛 932
80 鋢斧 1246
88 鋢箭 1404

**$8712_7$**

50 鍋中 735
72 钃斤 1149
80 鎢錥 273, 1286, 1904

**$8713_2$**

銀 971
10 銀礦 1180, 1966
21 銀柴 255, 1829
24 銀牒 2005
27 銀盌 2164
44 銀榼 2000

**$8713_7$**

51 鎚打 766
54 鎚擣 743
77 鎚印 1139
81 鎚鉆 776
84 鎚鑽 1969
鎚鏶 2066
87 鎚鍛 1833
鎚銅 1128, 2274

**$8714_0$**

19 釵璫 1184
77 釵股 248, 1818
81 釵鈲 1442

**$8714_2$**

80 鏘金 2079
87 鏘鏘 2000, 2096

**$8714_7$**

00 鍛磨 1057
21 鍛〔鍜〕師 735, 781, 1381, 1593, 1604, 1620
80 鍛〔鍜〕金 638, 1474, 1702
83 鍛鐵 695
17 鏺〔鐖〕翮 118, 1113, 1969

**$8715_4$**

19 鋒矟 1148
21 鋒穎 2076
22 鋒〔鋒〕利 570, 637
鋒出 1859
37 鋒遨 108, 1112
44 鋒〔鏠〕芒 49, 736, 957, 1438
80 鋒鏑 2046, 2056, 2098
86 鋒鍔〔鍔〕 1942, 2133
88 鋒鋭 1577

**$8716_0$**

07 銘記 405, 1503
44 銘其 1862
77 銘譽 286, 1458

**$8716_1$**

52 鉛槧 2172
60 鉛墨 2102
86 鉛錫 975, 1055, 1133, 2240, 2306

**$8716_4$**

27 鋸解 616, 724,

1215, 1671, 1705
43 鋸截 915
71 鋸牙 1858

**$8718_2$**

20 欽重 497, 1745
34 欽婆羅衣 930
47 欽歎 896
80 欽羡 247
歙人精氣 1163
91 歙煙 1632, 1908

**$8719_4$**

80 鍒金 1915, 2071

**$8722_0$**

14 翔翍 1218

**$8722_7$**

07 邠郊 1977
27 邠鄉 2163
37 邠祁文陀弗 68, 662
41 邠坻〔坻〕 48, 387, 1446, 1474, 1788, 1892, 1901
51 邠耨 87, 1115, 1471
邠耨文陀 1059
邠耨文陀弗 175
邠耨文陀尼子 63, 650, 1007

**$8732_0$**

17 翎羽 1497, 2192

**$8733_8$**

88 慾箭 682

**$8738_2$**

78 歉腹 2177
80 歉食 245

**$8742_7$**

11 鄭頸 2090
44 鄭藹 2142

**$8752_0$**

37 翔鶤 2012
44 翔翥 1964

**$8752_7$**

27 鵜鶘怛諾迦寶餘 480
87 鵜鵜 159, 919

**$8754_7$**

80 羖羊〔羊〕 311, 348, 1442, 1567, 1667, 1904, 2256, 2267, 2327
81 羖攊 107, 1242
82 羖羝 940

**$8762_0$**

38 卻送 2298
90 卻粒 768

**$8762_2$**

23 舒縮 1237
59 舒捲 1188
88 舒篋 2184

**$8762_7$**

07 鴿鵰 575
27 鴿鵠 81, 169, 326, 742, 1071, 1529
47 鴿鶴 1456
08 鄯於沮沫 1971
80 鄯善〔鄯〕 21, 805, 1921, 2050
鄯善國 1876
20 鴿雛 97
27 鴿鶵 1023, 1026
鴿色 540
76 郤陽 2106

**$8768_2$**

00 欲廛 1687
欲度溝洫 901
02 欲詆 260, 1481
欲剖 577
11 欲研 1236
21 欲行天色行天 697
27 欲紹 579
28 欲作 347, 1666
29 欲償 1656
30 欲渡者檄 1269
欲遮準陀 1719
34 欲澍 834
36 欲涸 1022, 1851
38 欲道口 1859
50 欲摘 842
欲撞 65, 653
52 欲撲 824
欲蜇 1616
欲攢 818
53 欲擯 1039
56 欲扣 562, 595, 617, 626
57 欲齧 1890
欲抒〔杼〕 325, 1529
58 欲數 1859
60 欲躃 261, 703, 1843
63 欲墜 824
64 欲睎 2098
67 欲喫 399, 1497
68 欲嗛 2128
72 欲質 269
17 欿取 1152
欿粥 1620
96 欿烟 331, 1534

**$8771_0$**

00 飢羸 608
27 飢愁 2176
82 飢餒（餧） 147, 998
84 飢〔饑〕饉 167, 293, 382, 491, 704, 707, 940, 1004, 1012, 1078, 1082, 1150, 1162, 1578, 1739, 1783, 2257, 2306

**$8771_2$**

00 飽齎 1891

**$8771_3$**

64 饞嗜 458, 1354

**$8772_0$**

00 飼鷹 1878
21 飼〔飤〕虎 1876, 1902
24 餉佉 1079
餉佉 450, 470, 1328, 1345, 1701, 1710
26 餉伽 2309
60 餬口 179, 256, 1103, 1615, 1830, 1961, 2083
87 餬餬 1042

**$8772_7$**

27 鶿鵹 100, 1241

**$8773_4$**

96 餱糧〔粮〕 25, 155, 837, 1232, 2039

**$8778_1$**

77 饌具 1456
87 饌餟 423, 1839

**$8778_2$**

14 飲酣 274, 1519, 1863
28 飲以甘露 907
飲齕 2169
34 飲洊 2064
37 飲漱 1181
63 飲吮 925, 1719, 1961
77 飲屣 449, 1345
82 飲餧 39
飲餧調釋 935
83 飲餞 1961
84 飲餂 425
90 飲光部 497, 1745
95 飲憓 2135

**$8781_0$**

14 俎醢 415, 1087, 1987
32 俎割 194, 1309
40 俎壞 936
77 俎肌 2198
俎几 121, 1836

**$8790_4$**

17 槊〔矟〕刃 1591, 1600, 1628
77 槊〔矟〕印 1123, 1181, 1199, 1200, 2300

**$8810_1$**

88 箜篌 577, 678, 948, 2212, 2232, 2287, 2297, 2319
箜篌琵琶鐃 975

**$8810_4$**

11 坐頭 252, 1842

13 坐殯 2098
21 坐處痺 1465
坐此 48
24 坐峙 1984
34 坐袪 2024
41 坐枯 1585
75 坐肆 44
60 筌蹄〔蹏〕 1917, 1918, 1975, 1996, 2039, 2147, 2249, 2334

**$8810_7$**

21 笪步 1201

**$8810_8$**

36 笠澤 2100

**$8811_4$**

21 銓衡 2148
37 銓次 1932
60 銓量 389, 462, 470, 493, 1329, 1358
銓日 1801
80 銼鑪 346, 1665

**$8811_6$**

22 鋭利 446, 1342
25 鋭秣陀國 1950

**$8811_7$**

00 鑑亡 2074
24 鑑徒 1188
44 鑑地 521
88 筑笛 345, 1659

**$8812_1$**

10 鍮石 763, 1178, 1337, 1582, 1921, 1958, 1967, 2055, 2271
鍮石末 1198
34 鍮婆 231, 1420

**$8812_7$**

34 鈐波 344, 1658
61 鑰匙 251, 342, 1663, 1841
88 �竹 924

**$8813_2$**

52 鈆槧 2068
86 鈆錫 131, 816
95 鈆〔鉛〕性 360, 1695
90 鎵火 1201

**$8813_4$**

27 鏃身 1706
88 鏃箭 1442

**$8813_7$**

42 鎌刈 1337, 1832
86 鈴鐸 1019, 1106, 1141, 2256, 2275, 2295

**$8814_2$**

34 簿漠 1442

**$8814_6$**

21 簿上 415, 1087
88 簿筏 324, 1542

**$8815_3$**

20 籤牓 1917
52 籤剌〔剌〕〔刺〕 1611, 1626
61 籤題 2025

**$8816_7$**

17 鎗子 1608
19 鎗矟 1240
23 鎗然 2047
47 鎗杓 2202
82 鎗銚 328, 1531
84 鎗鑊 1628
86 鎗鍠 2107
88 鎗鎗 122, 1077

**$8818_1$**

21 鏇師 58, 198, 325, 656, 1313, 1529
66 鏇器 311, 1566
77 鏇脚 1627
80 鏦金 2177

**$8821_1$**

15 笮融 2119
23 笮伏 272
28 笮作 1530
44 笮甘露 1826
27 笮絶 416, 1088
20 筦維 2146
44 籠騎 325, 1528
60 籠罩 114, 785, 1986, 2053, 2074
50 篚中 1903

**$8821_4$**

篧 114

**$8821_7$**

88 笎笷 225, 1489

**$8822_0$**

44 竹荻 636
竹葦 530
86 竹鎞 277, 1455
88 竹篦 1615
竹笪〔笪〕 366, 385, 1731, 1793
竹笴稍 2100
竹篙 328, 1531
竹筥 325, 1528
竹篋 360, 1695
竹籤 1605, 1619
竹笏 282, 1430
竹篣 332, 1535

**$8822_1$**

19 箭矟 725, 746
28 箭躲〔射〕 1296
42 箭栝〔括〕 319, 386, 465, 1361, 1538
50 箭中 45, 949
80 箭鏑 199, 1314
箭金 226, 1413
88 箭笴 207, 230, 1338, 1419, 1600
箭簳 1591
箭筈 560, 613, 1787
箭笮 177
箭鏃 762, 2245, 2300

**$8822_7$**

00 篇衣 1631, 1635
21 篇上 312, 1567
30 篇窖 1596
40 篇內 1600, 1618
53 篇成 345, 1658
80 篇倉 1710
筋 908
00 筋牽 1097
20 筋纏 754
22 筋緩 1447
40 筋皮 1890
72 筋脈〔胍、脉〕 455, 637, 1033, 1071, 1080, 1261, 1351, 1609, 2231, 2273
74 筋陡 397, 1495
77 筋骨 443, 699, 747, 1022, 1105, 1269
筋骨髓 834
50 篘〔篘〕中 299
簫 948, 975
11 簫瑟 930, 2233
16 簫環 1370
47 簫殼 2073
88 簫〔蕭〕筑 88, 1070
簫笛 131
簫笛 1580
第 968
21 第頟 1080
88 第纂 2155
24 簡牘 1053, 2024
57 簡靜 465, 1361
77 簡閱 115, 1076
簡冊〔册〕 2024
40 篙樀〔擿〕 325, 1528
41 篙棹 1589
45 筒槽 2202
88 篣籬 2310
篣筵 1600

**$8823_2$**

24 篠〔篠〕繞 1865
87 篆銘 2053
88 篆籀〔籀〕 1942
篆篠庵 2086

**$8824_3$**

10 符璽 2027
41 符坑 786
58 符撒〔檄〕 213, 1368

**$8824_7$**

00 笈摩 1396

27 笈多 1002,2155
52 笈播羅 1182
70 笈防鉢底 631

**8825$_3$**

00 箴帝 2147
18 箴醯鏃 113
56 箴規 1924,2332
08 筏〔橃〕諭 639,679
27 筏船 295,1552
60 筏羅捺斯 2298
筏羅痆斯 2284
68 筏蹉 1699
筏喻 75,2256

**8826$_1$**

00 簷廡 1237

**8828$_1$**

46 篵楊 1651

**8829$_3$**

88 籐笋 730

**8829$_4$**

88 篠蕩 2160

**8830$_3$**

00 籧廬 2024
88 籧〔篴、蘧〕篨〔蒢〕 1925,1978,2110

**8830$_6$**

27 簉多 73,669

**8833$_5$**

篋 1158

**8833$_8$**

17 簝子 2300

**8834$_1$**

04 等謝 486,1734
14 等磺 1770
22 等胤 474,1334
28 等咎 131,976
34 等澍 136,983
等為 526
等祐一切 896
36 等視 35
等視衆生 929
37 等涌 532
46 等觀 165,1002
77 等屧 335,1546

**8840$_6$**

篳 1205
77 篳尸 217
篳尸伽 1402

**8841$_4$**

00 矬痔 1398
16 矬醜 819
71 矬陋 135,549,764,981,1105,1132,1704,2112
80 矬人 46,950

**8842$_7$**

16 矯理 2025

**8843$_0$**

36 笑〔笑〕視 493,1741
68 笑睇 450,510,1346,1763
71 籅厠 16,801
77 籅叉 414,1255
籅尼 115,1243

**8843$_2$**

88 箛簇 342,1663

**8843$_8$**

88 筴箸 335,1547

**8844$_1$**

37 笄漱 1191

**8844$_2$**

00 簙弈嬉戲 894

**8844$_6$**

56 算擇 96,1034

**8844$_7$**

40 筊赤建國 1949

**8846$_3$**

47 笳聲 384,1792
67 笳吹 24,1231,2106
88 笳竽 176

**8846$_6$**

28 矰繳 1220,2088,2200,2216

**8850$_3$**

44 箋〔菨〕其 275,1521,1894

**8850$_7$**

60 筆墨 753
箏 948
88 箏笛 354,2232
箏笛 1644,2255
92 筆削 855

**8852$_7$**

20 鞴韄 1760,1987,2147

**8854$_0$**

55 敏捷 923

**8855$_7$**

00 篝立 2309

**8860$_1$**

23 簪紱 2040,2175
27 簪佩 2131

**8860$_3$**

60 笞罰 463,1359
笛 948,975

**8860$_4$**

57 箸攪 1128
77 箸屐 1601
88 箸笭 2113

**8862$_7$**

50 笥中 273,1518
87 笥轂 1453

**8864$_1$**

08 籌議 729,1023
60 籌量〔量〕 612,1157,1322,1394,1699
60 籌置 1894
88 籌策 813

**8870$_0$**

27 飤鳥獸 1889
30 飤之 2065
47 飤猛 1225
60 飤四部 1905

**8871$_1$**

47 篦杓 1580
57 篦攪 2269
88 筐箕 2310

**8871$_3$**

篋 907
88 篋簏 1906
篋笥 100,170,253,692,833,994,1187

**8871$_7$**

08 餼施 268,1517
80 餼羊 2027,2039,2137
44 笓〔笔〕蘇 123,1193
90 管兊〔光〕 1808

**8872$_7$**

17 節子 948
66 節踝臁滿 958
88 節節解 767
91 節類 228,1416
22 飾僞 1072
25 飾繢 2131
28 飾繪 2020
77 飾邪 778

**8873$_3$**

00 簒立 1967
38 簒逆 160,917
40 簒奪 2257
43 簒弑 1953
77 簒居 41,939

**8873$_6$**

64 餡時 1192

**8874$_1$**

21 餅黏 301,1557
81 鉼缸 2257

**8874$_6$**

87 鐏俎 1998

**8877$_2$**

45 箘杖 2043

**8877$_7$**

27 管御 442
53 管轄 2098
77 管闔 2009

**8879$_4$**

10 餘不重受 883
15 餘殃 560
29 餘膹 1137
42 餘姚塢 2052
47 餘堉 2318
83 餘餘〔餕〕 324,1542
91 餘熠 2145,2169
95 餘燼 1215

**$8880_1$**
32 簨業　2177
67 箕踞　2012, 2159
**$8880_6$**
21 簣上　2108
88 篔簹　1977, 2181
**$8884_0$**
10 斂靄　2025
17 斂翮　2089
32 斂衽　524, 1973
51 斂指　260, 1481
77 斂〔⿰僉殳〕骨　271, 1524
**$8884_7$**
23 簸儜曳　1129
27 簸多龍王　1278
30 簸之　2309
46 簸鞞　1170
88 簸箕　1378
**$8884_8$**
44 籢鼓　19, 804
**$8890_2$**
04 策〔筞〕謀　324, 1528
27 策疑　2183
74 策〔筞〕勵　540, 730, 1015, 1187, 1576, 1674, 2244
**$8890_3$**
繁　651
00 繁褢　105, 1164
21 繁縟　1874
21 繁衍　389, 1801
27 繁稠　1446
29 繁臢〔賸〕　1928, 2340
38 繁複　2077
44 繁者　63
67 繁夥　2168
01 纂龍樹　2331
20 纂集　1621
21 纂行　370
27 纂〔纂〕修　145, 235, 1424
44 纂茂　1880
71 纂曆〔曆〕　677, 1974
71 纂歷　2294
**$8890_4$**
10 築平　678
35 築神廟　2056
52 築搋　396, 1494
64 築時　323, 1541
71 築階　1200
**$8891_4$**
50 籠中　227, 1415
**$8896_3$**
00 箱庾　2174
88 箱篋〔篋〕　344, 547, 590, 607, 621, 753, 775, 940, 1578, 1665
**$8912_0$**
14 鈔功　1187
27 鈔綴　1513
50 鈔擿　2114
63 鈔賊　1281
**$8912_7$**
10 銷礦　644
銷雪　566
22 銷耗　2241
26 銷釋　810
33 銷減　696
銷滅　635, 692
43 銷杙　1876
78 銷除　1066
82 銷鑠　1175, 1185
83 銷鎔　1724
**$8918_0$**
82 鍬鍤　2096
**$8918_6$**
12 鎖聯　2077
26 鎖自然　2115
43 鎖〔鎻〕械　1072, 1234, 1250

## 9

**$9000_0$**
00 小羸　1966
小疣　843
21 小愆　1999
22 小凷　371, 1816
26 小鱓　1592, 1600
27 小毬　1615
小移　2066
38 小迸　381, 1781
41 小枯　1938
42 小橃　756
小札　455, 1351
44 小莖　136
46 小榻　1199
47 小杓　2202
50 小螭　91, 1259
小蟲　693
小棗　762
52 小挑　704
54 小蛃　2086
55 小摶　1601
60 小團　1637
71 小甌　2063
**$9001_0$**
31 忙(忷)遽　2319
50 忙囊　712
**$9001_1$**
27 恍忽　1403
**$9001_4$**
惟　973
10 惟于頗羅天　64, 651
14 惟礎　1878, 2162
21 惟仁　866
90 憧〔幢〕憧　415, 1087
**$9001_7$**
91 忼慨　1375, 1688
98 忼愾　284, 1827
**$9002_3$**
33 懠心　1179
**$9002_7$**
97 慵懶　2317
**$9003_1$**
90 憔〔顦〕悴〔顇〕　136, 558, 593, 612, 747, 982, 1578, 1606, 1725, 2223, 2305
**$9003_2$**
17 懷〔褢、褱〕孕　194, 388, 394, 511, 550, 591, 609, 622, 1031, 1309, 1492, 1765, 1779
21 懷態　1644
27 懷兔　484, 1393
懷兔非月　1393
31 懷迂　2309
35 懷迪　1984
40 懷木朽　1907
懷姙〔妊〕　712, 1079, 2313
48 懷媮諂想　1297
49 懷柈　1900
54 懷挾　1112, 1892
87 懷鉛〔鈆〕　2041, 2074
93 懷憾　72, 632, 668
98 懷敞　2072
91 慷慨　112, 157, 670, 1037, 1471, 1874, 2331
**$9004_6$**
96 憧惶　901
**$9004_7$**
00 惇庬　2120
40 惇直　22, 1229
50 惇史　2147, 2155
惇肅　570, 600, 637
**$9006_1$**
44 愔鬱　2097
90 愔愔　362, 1796
**$9006_4$**
38 恪逆　1472
94 恪〔吝、悋〕惜〔㥥〕　821, 983, 1015
**$9008_2$**
10 ⿰忄亥焉　417, 1089
21 ⿰忄亥步　423, 1839
**$9009_4$**
23 懍然　2053, 2085, 2113
71 懍〔懔〕厲　207,

1371,1859,2152,2176
90 懍懍〔懔懔〕1884,1958
**$9010_4$**
14 堂礎 2088
44 堂樹 856
90 堂堂 157,1069
**$9020_0$**
22 少彎 1193
63 少戢 1967
**$9021_1$**
12 光瑞 1967
44 光茂 856
67 光明鑒徹 880,885
68 光踰暾日 879
72 光腨 1809
82 光鑠 1872
93 光熾 1398
97 光燭 1128,1175,1289
光燿(耀) 81,1117
98 光爚 2180
99 光瑩〔鎣〕 860,1175
**$9021_4$**
47 雀堠 110,1275
**$9021_8$**
64 尬跗 2066
**$9022_7$**
00 常衮 675,2264,2294
11 常預 542
12 常聯 1126
14 常聽 747
20 常爲 970
22 常山王確 2005
26 常鯢 709
40 常有希望 936
44 常莅 2094
47 常翹 41,940,1019,1219
58 常摐子 2010
62 常嘑 573
62 常眩 223,1488
67 常踞 1448
77 常擥 180,1076
88 常笮 1902
93 常慘〔慘〕 697
08 尚論 470,1328
尚於 980
16 尚殞 75,673
80 尚年 503,1756
**$9023_2$**
01 豢龍 2145
**$9033_1$**
52 黨援 1955
**$9041_3$**
39 毚迷 2213
44 毚暮 120,1276
**$9042_7$**
57 劵契 1598
67 劵〔券〕别 277,1837
**$9043_0$**
41 尖幖 736
**$9050_0$**
10 半豆盧呬得迦 1580
40 半椽娑 488,1736
44 半堞 1972
46 半檡迦 706
47 半娜娑果 597,617
50 半由旬量 884
72 半腨 1940
77 半闍羅長者母 961
半闍羅天 956
88 半筊蹉國 1876
90 半粒 162,796
**$9050_2$**
01 拳敲 331,1535
20 拳手 2257
23 拳縮 737
26 掌縵 731
51 拳擢 328
52 拳攎 226,1414
54 拳捶 1532,1597
67 拳擥 1576
71 拳毆 1616
74 拳肘 1591
**$9060_1$**
27 嘗血 1858
36 嘗澡 674
67 嘗啜 1706
69 嘗〔常〕啖 177,1106
**$9060_3$**
10 眷西海 1948
12 眷祗途 2074
22 眷戀 155,836
61 眷眄 2038
77 眷屬 1171
**$9060_6$**
21 當盧 281,1443
22 當斷 36
當斷其舌 931
26 當褁 234,1422
27 當紹 1016
當梟〔梟〕 1896
28 當以五繫 939
30 當宁 687
35 當潰 1860
41 當敧 331,1534
64 當跨 1149
77 當舉其尸 961
**$9071_2$**
23 卷縮 40,449,1345,1685
44 卷褺 344,1664
**$9077_5$**
26 嘗鯢 1678
67 嘗啜 1672
80 嘗食 537
**$9080_0$**
24 火燎 286,1447,2322
27 火鷄 464
火炙 737,743
28 火艦 2050
33 火浣布 114,759
44 火蕩 2077
48 火檻 1922
50 火蟲樂火 960
火擿 1325
火袠 1138
51 火排 230
52 火蝩 511,1765
60 火星 2265,2290
75 火阱 1900
83 火鎔 420,1807
92 火燔 1513
火煖 1225,2220
94 火燎 1055
火炳〔蒳、焫〕 227,1415
95 火燼 396,1494
火糟 188,237,494,644,1303,1426,1742
96 火煬 418
97 火燗 1393
火焰 1686
98 火燧 360,1695
**$9080_1$**
21 糞〔棄、坌〕穢 914,1083,1215
40 糞〔坌〕壤 167,639,1004
47 糞〔坌〕却 354,1644
57 糞掃 591,765
糞掃衣 594,690
77 糞屎 734
87 糞鍋 1610
**$9080_6$**
36 賞迦羅 1195
40 賞賚 1906
**$9080_9$**
10 炎石 491,1739
44 炎熱 909
炎薵 2088
60 炎旱 46,94,951,1263
80 炎羲 2110
94 炎燎 469,1327
97 炎爂 2071
**$9081_4$**
20 炷焦 1704
**$9081_7$**
60 炕〔亢〕旱 818,845

76 炕陽　75
90 炕樵　1809
**$9082_7$**
57 熇拘　1492
熇拘羅王　394
77 熇即　415,1087
**$9083_2$**
11 炫麗　1041
60 炫目　2123
96 炫煌　71,671
97 炫焕　796
炫燿〔耀〕　749,1031,1951,2066
**$9086_7$**
96 熗煨　89,277,448,492,755,1114,1215,1344,1469,1589,1724,1733,1740,1774,1864
**$9088_2$**
44 炫熱　151,831
**$9088_9$**
10 焱王　1170
**$9090_4$**
06 米彈羅　1125,1186,2301
21 米黏〔黏〕　341,1662
31 米禰迦　1176
32 米潘　272,327,1520,1531
45 米隸耶酒　472,1330
47 米穀　1884
49 米麨〔麨〕　1182
83 米餅　1178
**$9091_7$**
90 秔米　925
**$9091_8$**
80 粒食　1998
**$9093_2$**
糠　974
20 糠〔糠〕穬　1885
21 糠穢　2317
28 糠〔穅、糠〕稽　529,579,745,1437,1868,2198
43 糠〔穅〕麩　1591,1629,2256
44 糠〔康〕菩　223,1488
45 糠麩　2202
91 糠〔穅〕粃〔秕〕　1197,1682,1912,2301
95 糠糟　1269
**$9094_8$**
27 粹多　122,1188
52 粹哲　2061
**$9101_1$**
23 恇然　1376
40 恇孃　146,274
50 恇攘〔穰〕　997,1105
94 恇怯　399,1497,1951,1954
30 憴〔攏、籠〕戾〔悷〕　167,458,478,495,745,764,1004,1297,1385,1678,1699,1744,1776,1855,1876,1902,1950,2230
91 悱悱　1976
94 悱憤　2168
**$9101_3$**
愜　869
00 愜意　333,1544
23 愜伏　1967
73 愜陀羅尼　1082
**$9101_4$**
23 慨然　674
25 慨律藏　2187
37 慨深　522
47 慨歎　94,561,1263
91 慨悼　965
**$9101_6$**
25 恒佚　687
26 恒伽河　885
恒鰃　1016
31 恒河沙　930
36 恒邊沙　1099
39 恒沙　971
46 恒架　72,662
54 恒挂　753
63 恒戢　169,1005
84 恒鉗　411,1252
**$9103_2$**
07 悵望　496,1745
23 悵然　753
93 悵悢　36,930
95 悵怏　43,468,945,1327
**$9103_4$**
10 懊爽　500,1753
17 懊弱　42,941,1953
47 懊根　364,1729
50 懊夫　2011,2075
90 懊劣　835
**$9104_1$**
01 懾龍　2148
23 懾伏　109,197,1116,1312,1891
24 懾化　2067
48 懾驚　415,1087
**$9104_6$**
77 悼屈原　2340
91 悼慨　251,1841
92 悼悸　1853
**$9106_0$**
23 怙然　370,1815
60 慖眩　935
**$9106_1$**
42 悟斯道　858
**$9108_9$**
11 愥〔懊〕頂　1578
**$9109_4$**
慄　984
**$9121_7$**
77 瓤〔瓡〕堅　207,1338
**$9148_6$**
44 類槲　1958
**$9181_4$**
20 煙熏〔熏〕　1128
44 煙華　1968
88 煙等　1393
91 煙煐焭　1199
97 煙焰　647
23 燿〔熣〕然　1295,1809
**$9181_7$**
33 爐冶　958
83 炬鋮　506,1759
93 炬熾　532
**$9182_7$**
00 炳意　1110
16 炳現　1140,1144,1234
23 炳然　860,1077,1914,2026
炳然顯現　888
44 炳蔚　2123
炳著　711,1222,1614
67 炳曜　2253
**$9183_4$**
22 煐種　1710
27 煐身　1671
34 煐法　1001
77 煐服　1940
煐覺　1837
95 煐性　675
96 煐熅　1477
**$9184_6$**
27 燂身　19,803
74 燂〔燅〕賭〔豬、猪〕　193,1308,1909
44 焯熱　277,1514
**$9186_1$**
95 熸〔熸〕燼〔夷〕　150,830
**$9188_6$**
00 煩疼　1192
37 煩冗　2022
煩寃〔寃〕　94,147,404,596,998,1263,1502

42 煩嬲 1708
44 煩苛 350,1655
46 煩挐 1918
煩猥 2016
47 煩拏 1911
66 煩躁 1472,2195
92 煩惱擾濁 862
煩惱障 1407
煩惱轂 1097

**$9188_9$**

44 烦〔煐〕蘇 736
80 烦氣 40
91 烦煙光 1235

**$9189_1$**

47 熛起 1512

**$9191_0$**

90 粃糠 1884

**$9191_7$**

46 粔粲 118,1111

**$9192_7$**

33 糲心 2184
90 糯米 678

**$9194_6$**

93 糧糝 1941

**$9194_7$**

60 敉罪人 1908

**$9200_0$**

00 惻度 1262
98 惻愴 468,1326

**$9202_1$**

22 忻樂 583,1080
43 忻求 568
96 慚愧 618

**$9202_7$**

00 憍高 722
17 憍盈 896
28 憍傲 817,1702,1901
37 憍逸 609
40 憍奢邪 1287
憍奢耶 14,215,799,930,936
44 憍梵波提 956,969
憍薩羅國 606,677,768,783,952
50 憍拉婆 1049
60 憍曇彌 939,987
69 憍睒尸染反彌國 677
75 憍陳那 497,631,815,1745
憍陳如 2254
77 憍舉 533
憍尸迦 543,961
96 憍慢 1830
憍慢貢高 935
98 憍慠 752
92 惴惴 415,1087

**$9204_7$**

29 悸愁 1808

**$9206_2$**

23 惱縮 846
34 惱瀎 258

**$9206_4$**

04 惛熟 1394
07 惛戇 2014
30 惛〔昏、惽〕寐 919,1403,2236
34 惛〔惽〕沈 552,1396,1672,1674
惛漠 2046
44 惛〔昬〕耄 432,715,757,2197
90 惛〔惽〕悴 237,1426
94 惛〔昏〕懵〔瞢〕1241 ,2086
23 恬然 57,655
恬然宴寂 878
30 恬寂 1718
35 恬神 1572
63 恬默 1176
93 恬怡最勝道 860
96 恬怕 727,738,836
98 恬愉 2083
99 恬惔〔澹、淡、憺〕111,192,243,782,1256,1306,1411,1871,1886,2194

**$9207_7$**

10 慆耳 2178

**$9220_0$**

00 削稾 1964,2027

**$9250_0$**

80 判合 48,954

**$9280_0$**

00 剡魔 438
剡魔王 811
22 剡縣 2064,2078
剡山 2051
32 剡浮 364,383,1730,1791
剡州 2177
40 剡木 1931
46 剡埤 113,1158
50 剡東 1913

**$9281_4$**

00 甋席 1939
62 甋氉 924

**$9281_8$**

53 燈盛 326,1530
81 燈鑪 40,938
90 燈炷 908,1583,1899,2242
94 燈燎 710
97 燈燭 2201

**$9284_6$**

90 爝〔爊〕火 2009,2017,2026,2034,2075,2147,2335

**$9284_7$**

99 爛〔爝〕螢 2152
21 煖順 1382
26 煖觸 1054

**$9286_9$**

27 燔身 272,1524
燔炙 2182
30 燔之 255,1829
77 燔屍 2065
94 燔燎 182,1295
燔燒 146,349,369,997,1654,1813
95 燔燼 2140

**$9289_4$**

00 爍底 1137,1163,1198
27 爍身 1216
36 爍迦囉 1238
92 爍爍 2138

**$9294_7$**

97 粰糟 320,1538

**$9301_2$**

20 惋手 51
47 惋歎〔嘆〕 161,920
58 惋撫 675,2264
91 惋慨 1920
97 惋恨 86,1935

**$9301_4$**

44 恮懵 2116

**$9302_2$**

01 慘頳 1705
12 慘烈 455,1351,1951
23 慘然 694,1441,1886
30 慘害 1613
33 慘心 1239
50 慘〔傺〕毒 73,668,820,1522,1864
慘毒〔毐〕苦 914
71 慘〔慘〕厲〔癘〕692,819
87 慘舒 1937
90 慘悴 1858
96 慘惕 1894

**$9302_7$**

46 怖桿國 1949

**$9303_2$**

18 悛改 1574,1576,1593,1919
93 悢悢 177,1107,1907,1935

**$9303_5$**

憾 681
11 憾彌 1163
28 憾鞈 1202
40 憾喜 90,1258

97 憾恨 1225,2219

**$9304_7$**

34 悛法 424,1862

44 悛革 2086

**$9305_0$**

78 懺除 878

98 懺悔 785,888,1555

**$9306_0$**

30 怡適 720

56 怡暢 2254

怡暢心 899

96 怡懌 15,49,800,956

98 怡悅 43,474,840,945,1334

**$9309_1$**

21 悰上人 2032,2038,2331

**$9309_4$**

33 怺心 2159

96 怺愓 122,157,278,1069,1077,1476

**$9325_0$**

36 戩遏 1262

83 戩鹹 2027

**$9383_4$**

95 焌燼 2132

**$9385_0$**

熾 980

17 熾确 1971

22 熾劇 1857

23 熾然 1058,1283

28 熾徹 1175

53 熾盛 530,2290

**$9392_2$**

34 糝婆 96

46 糝帽地 2258

**$9399_4$**

34 粽婆 113,1158

**$9400_0$**

忖 973

00 忖度 1370,2133

**$9401_0$**

94 恇怖 1177

**$9401_1$**

27 慌忽〔惚〕 67,661,699,1905

94 慌慌 115,1076

**$9401_4$**

40 懽喜 1881

93 懽慘 1931

**$9401_6$**

01 惓襲 26

**$9402_7$**

10 怖霤 92,1257

23 怖縮 1899

31 怖遽 43,944,1090,1294,2078

64 怖嚇 169,838

70 怖駭 285,1473

91 怖懅 1885

92 怖悸 258,1444

27 愶將 285,1473

30 惰窳 2115

38 恊〔協〕洽 1376

**$9403_1$**

怯 988

00 怯羸 1007

10 怯下 722

17 怯弱 82,571,636,637,696,1096,1117,2288

60 怯畏 622

90 怯劣 692,1701

91 怯惊 182,1955

94 怯怖 589,627

96 怯憚 479,721,1386,1618

怯懼 645,1032,1217

**$9404_1$**

60 恃是 60,658

77 恃巳〔己〕 561

94 恃怙 10,48,612,848,955

恃懺 1680

**$9404_7$**

10 悖惡 455,1351

24 懮動 223,1488

28 忮收 390,1786

60 忮羅 188,1303

**$9405_3$**

08 懺於 1297

16 懺醜 2064

24 懺他 1183

**$9406_0$**

94 怙恃 1031

**$9406_1$**

21 惜軀 1214

43 惜哉 561

**$9406_2$**

10 懵焉 678

30 懵字 2298

77 懵學 2199

95 懵憒 1063

**$9406_4$**

11 惜頭 179

17 惜那 917

**$9406_5$**

28 憘以 744

47 憘起 1401

**$9408_1$**

28 慎儆 19,803

**$9408_6$**

12 憤發 473,1333

22 憤亂 724

34 憤懣 1682,2019,2033,2333

40 憤恚 72,436,488,572,632,667,726,1737

50 憤毒 8,847,865

**$9408_9$**

00 恢廓 254,995,1285

10 恢畺 1948

12 恢弘 110,275,1116,1521

21 恢上 1110

40 恢大 68,662

77 恢闊 145,996

94 恢恢 2077,2096

**$9409_4$**

94 惵惵 2134

**$9481_1$**

13 燒殯 1612

44 燒爇 402,1202,1500

50 燒掠 1986,2064

64 燒時 57,655

76 燒膠 1439

85 燒鍊 638

91 燒焯 1175,1202

92 燒爍 1200

燒炷 835

94 燒焫〔焫〕 146,997

95 燒燼 456,1352

燒煉 643

97 燒烙 192

**$9481_2$**

20 炧垂 2130

**$9482_2$**

44 爩熱

**$9483_1$**

67 爀曜 1136

**$9483_4$**

60 熯晨 2139

**$9485_6$**

46 煒如 1912

60 煒晃 1907

64 煒曄〔爗、燁、曄、爆、暈〕 14,52,269,798,915,1072,1204,1470,1518,1899,2008,2059,2022

94 煒煒 1472,1572,1820

**$9488_6$**

94 熕熕 1512

**$9489_6$**

77 燎邪宗 1364

**$9490_0$**

16 料理 1187

60 料量 87,1116

**$9491_1$**

47 糂胡 1150

90 糂米 335,1546

**$9492_7$**

80 糒食 2101

**$9500_6$**
95 忡忡 170, 1165
**$9501_0$**
10 性爾 871
22 性嵐 1322
30 性戾 46, 951
34 性袪 1581
66 性囂 491, 1739
性躁 1905
**$9501_6$**
23 憧然 424, 1839, 2038
**$9502_7$**
36 情溷 2142
71 情槩 2095
92 情悸 1853
44 怫鬱 270, 422, 1470, 1834
**$9503_0$**
22 快樂 1856
23 快然 389, 1801
95 快快 1959, 1979, 2193
**$9503_3$**
12 憓飛 2085
22 憓利 2066
30 憓流 2033
**$9504_4$**
28 悽傷 1022
57 悽挽 1978
95 慺慺 159, 917
**$9504_7$**
08 怏〔快〕説 1074
**$9508_1$**
66 慪嘿 2172
96 慪懢 2068
**$9508_6$**
22 憒亂 167, 1004, 1007, 1037
50 憒〔憒〕內〔吏、鬧〕41, 60, 139, 300, 451, 474, 561, 658, 693, 745, 764, 842, 940, 989, 1008, 1032, 1038, 1042, 1057, 1103, 1334, 1346, 1403, 1556, 1593, 1859, 1869
51 憒擾 1028
95 憒憒 1474, 2086
**$9509_6$**
91 悚慄 449, 708, 828, 1144, 1345
96 悚懼 810
97 悚慴 2034, 2334
**$9581_7$**
20 燼爲 1175
**$9592_7$**
00 精廬 349, 1107, 1654
10 精覈 157, 1069
21 精衛 575
22 精彪 2195
27 精懇 471, 1329
30 精進鎧 1143
53 精捘 1985, 2192
90 精粹 1052, 1973
97 精粗 2143, 2164
**$9596_6$**
20 糟糠 1112
33 糟滓 764
96 糟粕 70, 181, 664, 1879, 2086
糟 974
**$9599_0$**
粖 984
20 粖香 913
44 粖薪 1721
**$9600_0$**
27 悃御 1175
47 悃款 2023
91 悃愊 2050
96 悃悃 1975
94 怕怖 1248, 1598
**$9601_0$**
10 恱焉 2148
23 恱然 2199
27 恱忽 168, 191, 507, 1004, 1172, 1306
22 怛利 1394
26 怛剎尼 1919
27 怛你也 933
28 怛纜 451, 681, 1347
41 怛垤他跸計嘶嘶囉跸計曷勞 37
44 怛薩阿竭阿羅訶三耶三佛 63, 650
47 怛娜 92, 1257
66 怛囉二合吒 1236
88 怛策(筞)迦 481, 500, 1365, 1753
**$9601_3$**
10 愧〔媿〕恧 1047, 1223, 1615, 1985, 2218
11 愧〔媿〕耻 783, 1016
40 愧韃 209, 1373
64 愧踖 208, 1372
97 愧忸 1981
98 愧怍 2043
**$9601_4$**
00 悝商 2152
22 惶亂 501, 1754
31 惶〔遑〕遽 771, 2049
44 惶荒 169, 1005
92 惶悸 208, 1372
94 惶怖 980
惶慌 67, 661
惶惶 160, 917
96 惶懼 624
44 懼嬈 1895
63 懼咤 115, 1258
50 悍表 1400
**$9601_7$**
31 愢遽 1516
37 愢遲〔遟〕 94, 1263
53 愢感 740, 1285
95 愢快 2150
96 愢愢 247, 791, 1817
97 愢恨 841
33 愠心 108, 199, 1267, 1314
40 愠恚 404, 1502
97 愠恨 145, 212, 996, 1367
60 愠暴 2245
**$9602_7$**
23 愕〔愣〕然 117, 1001, 1089, 1104
26 悁〔悄〕自 1326
40 悁嫉 1477
53 悁感 105, 1164
96 悁悒 416, 1088
60 愒日 2176
72 愒所 1985, 2149
96 愓愓 251, 275, 1517, 1521, 1841
悁 1789
**$9604_7$**
28 慢傲 541
慢聳 2074
40 慢幢 2198
56 慢捍 921
68 慢瞼 1056
**$9605_0$**
91 怦爐〔爈〕 85, 1062
**$9605_6$**
27 憚多家瑟詫 1939
44 憚其 685
**$9609_4$**
18 悷敢 192, 1306
**$9680_0$**
96 烟熅 2010
97 烟爛 1701
**$9681_0$**
10 覢電 23, 398, 1230, 1496
82 覢鑠 351, 1645
**$9681_1$**
96 焜煌 109, 173, 258, 261, 777, 918, 1283, 1445, 1477, 1843, 2003, 2036, 2095

**$9681_4$**

96 煌煌 792

**$9681_7$**

46 熅相 1136
92 熅煖 1130

**$9681_8$**

98 煜〔焴〕爚〔爚〕 145,174,192,227,779,996,1181,1307,1415,2037

**$9682_7$**

00 煬帝 1965,2021,2105,2151
22 燭幽夜 1862
44 燭樹 347,1666

**$9683_2$**

12 爆〔爆〕裂 796,1885,2095
14 爆破 1903
44 爆其 280,1465
47 爆聲 134,979
90 爆火 208,1372
93 爆〔熚〕熾 1860
50 煨𤈦 2143,2169
95 煨燼 1580,1597,1920,1934,2028,2050

**$9686_1$**

93 燔煽 1136

**$9689_4$**

25 燥牛糞 781
31 燥溼 2229
32 燥溪 2269
48 燥故 1388

**$9691_4$**

63 糧貯 769

**$9701_0$**

77 恤民 235,1423

**$9701_4$**

慳 974
37 慳澀 736
40 慳嫉 1082
慳吝〔吝〕 473,922,1333
42 慳垢 1677
80 慳人 1406
94 慳悋〔悋〕 564,591,596,610,2239
94 慳惜 1096
30 怪〔恠〕之 136,982
38 怪迮 399,1497
44 怪其 2113
96 怪愕 2321

**$9701_5$**

47 忸赧 1988
80 忸金 2041
97 忸怩 118,1091,2074

**$9701_7$**

00 怉裹 2113

**$9702_0$**

10 憫而 2061
18 憫殤 2021
23 憫然 2106
30 憫泣 257,1480
63 憫默 2056
22 忉剎 847
忉利 38,1026,1973
忉利天 870,932
23 惘然 2035,2144
96 惘悒 2193
91 惆悵 36,61,576,660
97 恂恂 155,258,767,1445,1974,2005,2043,2095,2110,2152,2193

**$9702_7$**

21 慯態 350,1655

**$9703_2$**

85 慁鈍 793

**$9703_4$**

40 懊恚 461,483,1331,1357
47 懊歎 1675
92 懊〔怏〕惱〔憹、惱〕 86,1023,1063,1821,2177
98 懊悔 1105

**$9704_7$**

10 慽爾(尔) 464,1360
23 慽然1026
34 悢沈 1405

**$9705_2$**

懈 973
00 懈廢 529,727
23 懈〔觧〕怠 130,380,545,558,579,766,973,1001,1035,1082,1094,1277,1321,1780
26 懈息 596
29 懈倦 553,1214
71 懈厭 1900
74 懈墮 1212

**$9706_1$**

10 憺爾 2029
21 憺慮 674
96 憺怕 137,153,432,455,478,497,510,539,585,619,697,703,767,790,834,984,1000,1029,1071,1140,1284,1351,1385,1464,1675,1725,1745,1763,1820,1853
98 憺愉 1837

**$9706_2$**

00 慴魔 2043
23 慴伏 151,829
30 慴竄 171,1093
94 慴怖 1628

**$9706_4$**

44 恪恭 781
恪勤 1879
94 恪慎 2095
77 惛悶 844

**$9708_6$**

17 慣習 388,591,609,645,863,892,1014,1048,1224
60 慣見 672
94 懶〔懶、嬾、孏〕惰〔惰、媠、墮〕 612,618,695,707,833,915,1014,1025,1058,1224,1588,2259

**$9752_7$**

29 郷伴 82,1117

**$9781_2$**

30 炮字 116,1274
39 炮沙 411,1252
44 炮者 153,966
90 炮爊 2177

**$9781_7$**

47 熖穀 108

**$9782_0$**

00 爓魔鬼界 595
30 爓肩 1075
38 爓瀹 2128
10 炯電 2139
23 炯然 601,1235,1463,1933
28 炯徹 1880
26 爛臭 819
40 爛壞 592,2202
90 爛〔爤〕糞〔坌〕 550,608
44 灼熱 414,1086
96 灼〔竹〕惕 145,248,282,996,1432,1819
97 烔烔 85,1062

**$9782_7$**

00 熇〔焰〕疼 268,1523
30 熇之 1195
17 郯子 2043

**$9783_4$**

10 燠醯 92,1257
20 煥乎 2070
67 煥明 8,847
97 煥爛 794,1194,1323,2275

94 熢爟 2003

**$9784_6$**

40 焬去 1219,2216

**$9784_7$**

30 燬之 452,1348

**$9785_4$**

98 烽燧 2333

**$9786_2$**

97 熠燿 152,208,1051,1372,1617,2000,2138,2182
熠熠 1241
炤燿 1297
炤炤 2137
炤灼 1874

**$9786_4$**

烙 1307
60 烙口 19,804

**$9787_7$**

00 焰〔熖〕魔〔摩〕432,714
67 焰明 145,996
79 焰飈 460,1356
91 焰熛 269
22 焻〔熇〕稻 2267

**$9788_2$**

10 欻不 1879
欻爾 473,528,561,579,1333,1854
23 欻然 132,448,573,591,645,708,809,976,1001,1023,1183,1344,1383,1522,1621,1723,1773,1861,1919,2047,2225,2252
28 欻作 623,628
37 欻逢 2182
40 欻來 2017
欻有 1702
28 炊作 1446,1656
77 炊爨 1238,1604,1907

**$9791_0$**

10 粗弶 1833
22 粗緦 1625
26 粗自 50,1214
粗自供足 958
28 粗絣 1612
36 粗褐 1861
37 粗〔麁、麤〕澀〔澁、歰〕153,868,939,990,1225,1379,1463,1860,1874,1884,2084
粗澀毬褐 962
40 粗〔麁、麄、麤〕獷 52,471,558,691,699,725,752,765,816,825,865,925,963,1038,1052,1072,1103,1225,1329,1401,1576,1684,1820,1869,1887,1897,2244,2296
粗有 1951
41 粗鞭 1598
粗鞕 1725
52 粗撲 1651
58 粗拼 1597
60 粗見 1074
72 粗毦 1657
77 粗舉〔擧〕697,768
粗舉都駮 836
粗與 2187

**$9792_0$**

77 糊膠 1909

**$9793_4$**

90 糇粒 2091

**$9794_7$**

33 糓治 1815

**$9799_4$**

00 糅雜 1941
10 糅瓦石 1964
28 糅以 88,1069,1648,2097
34 糅波 170,1165
40 糅在 1583
50 糅毒 415,1087

**$9801_6$**

17 悅豫 473,2243,877,1333,2313
90 悅〔俒〕憶 414,1086
96 悅懌 168,1005

**$9801_7$**

23 慨然 2135

**$9802_1$**

22 愉樂 2146
36 愉漫國 1950
40 愉喜 1123
98 愉悅1179

**$9803_1$**

23 憮然 190,275,1305,1524,2131,2176

**$9803_2$**

98 忪忪 1853,1902,2197

**$9803_7$**

00 慊言 2105
10 慊至 351,1645,2200
27 慊貇 1977
44 慊苦 72,662
47 慊切 2067
97 慊恨 592,610,623,1293
98 慊慊 2178

**$9804_0$**

24 慠繞 1900
96 慠慢 720,758

**$9805_7$**

37 悔過 1260

**$9806_1$**

12 恰到 2017
21 恰須 829
33 恰述 2077
46 恰如 2190
77 恰周官 2091
98 恰恰 415,1087

**$9806_6$**

10 憎惡 57,655,764,939
48 憎嫌 1186
80 憎前 1904
23 憎然 109,918

**$9821_2$**

26 斃鬼 414,1086
44 斃地 83,1255
斃者 2096

**$9824_0$**

00 敝玄 1336
敝庳 1584
10 敝露 298,1554
33 敝治 370
51 敝軒 2078
99 敝恍 2179
40 敝壞 558
42 敝皤 1887
80 敝前 1187

**$9832_7$**

23 鷩弁 2042,2175

**$9833_4$**

10 憋惡 1095,1453
43 憋妒 1903
95 憋性 1513

**$9844_4$**

00 弊瘵 2193
10 弊惡 945,987
40 弊壞 593,1859
41 弊尫 1445

**$9860_4$**

44 瞥若 2138
46 瞥想 2136
60 瞥見 1458,2097

**$9871_7$**

20 鼈皺 1576
41 鼈獼猴 1912

**$9883_3$**

80 燧人 2024
84 燧鑽 1860

**$9884_0$**

96 燉煌 1002,1876,1913,1920,1927,1965,2047,2062,2187,2337

**$9891_1$**
43 粹哉 389,1800
**$9892_7$**
17 粉瑪 575
23 粉黛 2201
56 粉捏 2286
**$9893_1$**
88 糕餅 1606
**$9901_1$**
80 恍兮 2029
**$9901_1$**
97 恍惚 835,2193,2307
**$9905_8$**
28 憐傷 835
**$9905_9$**
78 憐愍 564,1214
**$9908_0$**
23 愀然 207,1371,1591,1971,2107,2151,2152
**$9910_3$**
23 瑩然 1238
28 瑩徹 1143,2239,2272
瑩徹心城 905
33 瑩心 2074
瑩治 633
46 瑩如 1236
53 瑩拭 1033
67 瑩明 2259
75 瑩體 1605
88 瑩飾 1221
96 瑩燭 857
**$9910_4$**
43 塋域 1955
**$9910_8$**
10 豋豆 371,1815
**$9910_9$**
11 鎣麗 1178
28 鎣徹 1144,1296
鎣以 574
37 鎣净 1294
44 鎣其 2039
53 鎣拭 1710
67 鎣明 2169
88 鎣飾 631,727,1389,2115
**$9913_6$**
67 螢暉 808
90 螢火 530,719,1098
92 螢爛 2065
**$9923_2$**
12 滎水 422,1852
**$9940_4$**
47 嫈嫇 192,254,925,995,1307,1870,1886
67 嫈瞑 350,1655
**$9941_7$**
46 煢〔惸〕獨 399,1034,1496,1966,2237
46 煢獨羸頓 876
58 煢嫠 2030
92 煢〔焭〕悸 123,1278,1908
99 煢煢〔惸惸〕 1092,2085,2107
**$9942_7$**
00 勞廢 148,999
20 勞乎 233,1422
29 勞倦 2215
40 勞來 157,260,461,1037,1357,1481
勞賚 1446
51 勞擾〔攖〕 187,1302,1985
**$9950_2$**
11 犖確 1202
**$9960_6$**
00 營辦什物 906
21 營衛 86
28 營從 137,189,985,1304
45 營構〔搆〕 645,729
51 營耨 440,820
60 營壘 359,1694
營署 327,1530
**$9980_9$**
53 熒惑日 2300
92 熒爓 1972
**$9982_0$**
47 炒穀 73,668
91 炒粳 19,803
**$9990_3$**
20 縈纏 1719,1975
24 縈繞 1144,1169,1234,2301
27 縈身 1106,1196
44 縈帶 708
47 縈郄 1614
57 縈繫 1858
60 縈羅 1635
**$9990_4$**
11 榮冀 168,1005
22 榮樂 426,1864
47 榮聲 1983
**$9992_0$**
90 粆糖 1663

# 索引後記

索引是一部工具書不可或缺的組成部分，在某种程度上也可以説是一本書的眼睛。索引除了方便讀者快捷檢索到所需内容外，還提供讀者諸多重要的研究線索。拙校《一切經音義三種校本合刊》出版後我們即着手編撰筆畫和四角號碼索引以便學界使用。本索引不僅具有方便檢索的功能，而且從中可見《一切經音義》的用字特點以及漢唐至宋遼方俗口語白話詞和外來詞的概貌，可供學者按圖索驥進行相關的研究。有鑒於此，我們擬進一步在此基礎上逐一辨析《一切經音義》所釋詞語，承已有研究成果而進行新的開拓，着手編纂反映當代水準的《一切經音義俗字典》和《一切經音義詞典》。

拙校《一切經音義三種校本合刊》後記曾説道："古人云校書如同掃落葉，旋掃旋生，掃一遍就會發現一些疏失。學無止境，點校古書也同樣無止境，點校後我們才深感自己學識不足之甚。我們雖力圖達於完善，然限於學識和能力，點校中的錯訛在所難免，且這三種《一切經音義》的篇幅龐大繁雜，難免前後有失照應，或有誤點誤校之疑，而整部書稿由我注釋，校勘和點校皆由我審定，自當文責自負，容有機會時再作修訂。"在編撰《索引》時，我們又逐一核查了底本，掃了一遍落葉，果然又發現了一些疏失，有印刷中的訛誤，也有點校中的訛誤，尤其是當時《玄應音義》與《慧琳音義》是先後付印，校樣也是先後分校的，因而同一詞的用字往往有失照應。爲此我藉編撰《索引》的機會根據凡例對《玄應音義》與慧琳轉録《玄應音義》的部分用字作了統一，[1]對印刷中的訛誤和誤點誤校等錯訛作了勘誤和校補。王華權和許啟峰協助我作了核查，蕭旭也作有補校，謹此致謝。當然掃了這一遍落葉，難免還會有一些疏失。正如拙校後記所説，"儘管點校此書本是一件吃力不討好的工作，但套用佛教的説法，這也是一種功德，且確也是可見功力之作，與當今時下一些急功近利趕時髦的泡沫之作不啻有天壤之别"。點校古書本就是無止境的學習，且拙校可以説是古籍數字化的一個嘗試，在異體字和俗訛字的統一處理方面還處於篳路藍縷的探索階段，容或有一些考慮不周之處，謹在此請相關各學科領域的方家多多指正，以便拙校有機會修訂時能夠更爲完善。

拙校出版後得到學術界的重視，榮獲北京大學第十三届王力語言學奬二等奬[2]和全國優秀古籍圖書奬二等奬。海德堡大學主持的歐洲跨國漢學研究課題《新編漢學文典》據拙校建立了《一切經音義》資料庫。承學界賢哲和同仁奬掖關愛，我在整理校注《一切經音義》三種校本中又續有所得，所獲甚豐，著有《玄應和慧琳一切經音義研究》[3]。近些年來學界在佛經的文獻研究和語言研究方面已取得較多成果，佛經音義研究也成爲國際漢學研究中的一個新的熱點。2005年我們已成功主辦了首届佛經音義研究國際學術研討會，出版了會議論文集《佛經音義研究》。[4]今年

---

1 有些不涉及辨析字形的異體字、俗字據凡例酌情改用通行的繁體字或習見字者未作改動。如《玄應音義》卷二十三釋《對法論》第一卷淩蔑："力承反，下莫結反。淩，相侵犯也。蔑，相輕傷也。"《慧琳音義》卷四十七轉録爲："淩蔑：'力丞反，下莫結反。淩，相侵犯也。蔑，相輕傷也。'"校注本據凡例酌情改《慧琳音義》所釋正文中"淩"爲"凌"。

2 一等奬空缺。

3 徐時儀《玄應和慧琳一切經音義研究》，上海人民出版社2009年版。

4 徐時儀等編《佛經音義研究——首届佛經音義研究國際學術研討會論文集》，上海古籍出版社2006年版。

九月我們又將主辦第二屆佛經音義研究國際學術研討會，來自中國大陸各地和港臺地區以及韓國、日本的八十多位專家學者將共聚一堂，就佛經音義的版本、校勘、文字、音韻、辭彙等諸方面的研究進行更爲深入的研討，展示學界在佛經音義研究方面的最新成果，促進佛經音義研究的進一步深入。

知無涯，學無涯，誠如虞萬里《從儒典的"音義"説到佛典的〈一切經音義〉——寫在〈一切經音義三種校本合刊〉出版之際》一文所説，"三部《音義》有寫本、藏刻本、校刻本、排印本、影印本等，歧異錯舛，不一而足。近百年來印刷術飛速發展，佛典整理也在大規模地進行，但因音義本身特點，需要對佛學及文字、音韻、訓詁均有一定造詣的學者方能勝任，且必須有堅忍不拔之精神的學者方敢肩任，所以現代意義上的校勘整理本一直付之闕如。近日收到出版社惠贈的《一切經音義三種校本合刊》三巨册，誠可謂煌煌巨著"，"三部《音義》共一百三十五卷，實際字數近二百萬字，引書七百多種，加之前面所説玄應《音義》之複雜版本和慧琳、玄應《音義》包容與異同的狀況，校勘工作極爲繁複。據統計，單就校記字數即約三十多萬，其所花精力之大可以想見"。"當然，篇幅如此之大，涉及面又如此之廣，應對乏術，顧此失彼，也都是情有可原的"。[5]事物都是後出轉精的，點校古書的甘苦親有體驗才能冷暖自知，而數字化則是古籍編排出版的大勢所趨，我們所作嘗試還有很多不足，尤其是我們這次的嘗試主要在於以高麗藏本爲底本進行點校，凡高麗藏本不誤而他本誤者，一般不出校勘記，删去了初校稿中大量磧砂藏、金藏、永樂南藏、敦煌和吐魯番寫卷、日本藏聖語藏和石山寺、金剛寺、七寺、西方寺、東京大學和京都大學所藏寫卷及獅谷白蓮社本、頻伽精舍本和大正藏本等誤而高麗藏本不誤的校勘記，未能一一注出高麗藏和磧砂藏、金藏、獅谷白蓮社本等各本的所有異同，也未能一一注出這三部《一切經音義》所釋一千四百多部佛經和所引經史子集數百種古籍與今傳本的所有異同，還有待在此基礎上再出會校會注的校注本。我們相信在拙校的基礎上今後當會有更好的校注本問世。這樣的校注本將是一個工作量更大的功德，然而也是今後條件允許時必須進一步再做的工作，從而使佛經音義的研究能够建立在更爲扎實的文獻學研究基礎之上。佛經音義的校勘和研究好比進入深山大海打獵捕魚，不是三五十人可漁獵盡的，在此我們期待着能有更多的學者關注我國傳統古典文獻中這一瑰寶，投入到佛經音義的校勘和研究中來。

本索引的筆畫和四角號碼分别由王華權和劉景雲編撰，我作了審校和注釋，並對拙校作有一些勘誤及補校。本索引的出版得到王興康先生、李明權先生、虞萬里先生和童力軍先生等的大力支持，謹此深以爲謝。限於精力和時間，其中或有偏失疏漏，亦祈請方家同仁指教賜正。

徐時儀

2009年9月初稿，2010年7月定稿於上海師範大學古籍研究所

5 虞萬里《從儒典的"音義"説到佛典的〈一切經音義〉——寫在〈一切經音義三種校本合刊〉出版之際》，康熙字典暨詞典學國際學術研討會（山西陽城，2009年7月）論文。